亞洲人物史

〔2－7世紀〕

2

GREAT FIGURES *in the* HISTORY *of* ASIA

世界宗教圈的誕生與群雄割據的東亞

世界宗教圏の誕生と割拠する東アジア

編者的話

姜尚中

人之所以對歷史產生興趣，其根本乃是對人的關心。就像《史記》是以〈列傳〉為支柱一般，史家在史書中貫注全心全力的，也是評傳。於是，我們著眼於不論是誰都會自然抱持的好奇心，構想出這套由著名、無名人們的評傳積累而成、進行描述的《亞洲人物史》。作為討論對象的地域，包括了東亞、東南亞、南亞、中亞、西亞，也就是足以用「亞洲」一詞指涉的整體領域。我們集結了在現代亞洲史研究中具代表性的編輯委員，經過數年反覆協議，發掘出各領域的主人翁、副主人翁，以及圍繞在他們身邊人們的關聯性，從而形成充滿魅力的小宇宙。

當我們在選定人物之際，重視的關鍵要素是「交流」。所謂交流，不限於交易、宗教、思想、藝術傳播等和平友好的事物，也包括掠奪、侵略、戰爭等激烈衝突。我們在每一卷中，針對整個地域的人物群進行鉅細靡遺的配置，並以跨越各個小宇宙的方式，將之聯繫起來；從第一卷到最終卷，大致是按照時代順序安排。透過這樣的構成，我們讓一種堪稱與縱觀式地域史迥然相異的「亞洲通史」形象，自然而然地浮現出來。透過這項由承繼東洋史研究深厚基礎的人們合力進行的嘗試，我們期望相異文化圈、言語圈的讀者，都能有共享的一日到來。

序言

李成市

本卷主要以二世紀到七世紀，於亞洲史舞臺活躍的人物為對象。一如「世界宗教圈的誕生與群雄割據的東亞」這個書名所示，本書最先介紹的是，讓世界三大宗教的佛教與伊斯蘭教得以在這個時代擴張勢力，教義得以傳播至特定的地區、部族、民族所不可或缺的經典，以及與這些經典有關的人物。

在佛教進入東亞時，東亞正值超越部族合併的征服活動與政治整合活動四處興起的時期。中國大陸、朝鮮半島、日本列島也慢慢地形成堪稱現代國家原型的政體，而本書介紹的是為如此動盪的時代增色的人物史。

佛教是世界的主要宗教之一，而在觀察佛教傳播的時候，往往會將注意力放在佛教經典是超過一千年的歲月之內，一本一本陸續誕生這點，這部分也與在相對較短的時間之內就整理成冊的《聖經》或是《古蘭經》不同。時至今日，佛教經典已被分類為經藏、律藏、論藏這三大分類，而這三大分類又被稱為「三藏」。一般認為，從佛陀入滅之後，到這些經典完成編撰之前，總共進行了三次佛典結集（編輯會議）。雖然佛教教團在這個過程之中不斷地分裂，但在第二次結集之後，各部派都擁有專屬的三藏，也進入了部派佛教時代。

上座部佛教（大乘佛教眼中的小乘佛教）傳承的是由巴利語寫成的佛典，主要的傳播地區為斯里蘭卡、緬甸、泰國這些南部地區。其中最為有力的部派為在印度北部、喀什米爾普及的說一切有部，擁有的是以梵語傳承的經典。

最初大乘佛教的經典是由犍陀羅語寫成，進入四—五世紀之後，再慢慢地謄寫為梵文版本。一般認為，大乘佛教的核心思想為「空」，眾所周知，能正確認知空觀的是「般若智慧」。大乘佛教是於貴霜帝國將勢力擴張至北印度、百乘王朝將勢力拓展至南印度的時候形成。另一方面，於斯里蘭卡、南印度普及的上座部佛教則是於五世紀之際，奠定了巴利三藏的基礎，將佛教帶往全然不同的方向，也將大乘經典定位為異端的佛典。

另一方面，伊斯蘭教則是七世紀初期，於阿拉伯半島的麥加形成，當時的麥加正急速地城市化與商業化。眾所周知的先知穆罕默德原本是串連敘利亞與葉門兩地的商隊貿易商人，降臨在他身上的神啟則在他死後被編撰為《古蘭經》。《古蘭經》揭示了許多以商業行為或契約為基準的規範，而所謂的伊斯蘭化正是西亞與周邊地區被編入商業網絡的過程，橫跨亞洲與非洲的伊斯蘭世界也在這個過程慢慢形成。

這股伊斯蘭的能量於七世紀後半至八世紀初期，從波斯灣傳至印度洋一帶，等到穆斯林商人於八世紀前後造訪中國的廣州、杭州、揚州的貿易港口之後，這股伊斯蘭的能量才正式進入中國。尤其到了阿拔斯帝國的時代之後，波斯人與阿拉伯商人便將大量的南海舶來品帶入唐代的廣州。最近的研究指出，收藏於日本奈良縣東大寺正倉院的南海香木或是藥物，很有可能來自位於伊斯蘭商業網絡東側邊陲地帶的中國江南地區。伊斯蘭世界除了非洲與歐洲的貿易圈之外，也包含東南亞到東亞的貿易圈，簡單來說，伊斯蘭世界塑造了一個世界貿易圈。

在進入這個時代之前的四世紀後半，佛典由中亞佛僧鳩摩羅什等人譯成漢文，佛教也隨著這些漢譯佛典為中國社會所接受。當時的中國經歷了延續四百年的漢朝滅亡與三國鼎立的時代，中國大陸的華北也因為北方民族入侵而陸續出現被稱為五胡十六國的異族政權。反觀江南一帶，則以三國吳的首都建康（南京）為中心，陸續出現東晉、宋、齊、梁、陳的漢人王朝（六朝）。

雖然於華北成立的異族政權積極接納佛教，但此時的中國史最引人注目的莫過於中華世界從單一文化轉型為多元文化這點。雖然異族政權之一的前秦以破竹之勢攻城掠地，卻在淝水之戰（三八三年）敗給東晉，國力也因此由盛轉衰，而中國大陸則在這段時期前後出現了許多自稱皇帝或天子的王朝。比方說，自稱皇帝而建立的國家共有十三個，這些擁有不同天下觀的皇帝也導致多個彼此獨立的中華世界誕生。朝鮮半島的高句麗也感受到這股變動，日本列島的倭國亦於焉誕生。

相較於上述的北方王朝，自詡為繼承漢朝正統，以建康為核心，在江南一帶誕生的王朝則為了維護中華正統而致力興學。這些於南朝開花結果的文藝也與佛教文化一起傳入朝鮮半島的百濟，再傳至新羅與日本列島。

進入隋唐時期，分裂了二百七十年之久的中國總算統一，但隋唐兩朝對高句麗的遠征又在東亞造成劇烈的震盪。當時各國互相傾軋的力道越來越強，中國、朝鮮半島、日本列島的各國雖然積極拓展外交，但最終還是破局，也將這個區域帶向戰爭。最終，延續八百年命脈的高句麗滅亡，與日本列島的倭國交流長達三百年之久的百濟也滅亡，與唐朝發生激烈衝突的新羅則祭出整合舊高句麗、百濟遺民的政策，試著讓那些於幾百年之間形成的不同政體、社會、文化融合。

在日本列島方面，在派出高達二萬七千人的百濟援軍之後，王室的內部產生分裂。雖然王室企圖重整國體，但最終卻促成了日本國號與天皇尊號的出現。若從宏觀的角度來看，這個過程可說是替朝鮮半島、日本列島與中國王朝從西元前開始接受中國文化，長達八百多年的交流做了一個總結。在接受漢字、儒教、漢譯佛教、律令以及其他中國文化之後形成的東亞文明圈，可說是由這個時代的戰亂與興亡所催生的成果。

本卷介紹的每個人都是在亞洲大陸動盪時期誕生的人物。如今我們處在一個因為民族與宗教而彼此隔閡的時代，這些隔閡也讓現代人陷入莫大的煩惱之中，所以現代人應該會對這個時代的人物史產生共鳴，也能從中汲取不少智慧才對。

亞洲人物史2
世界宗教圈的誕生與群雄割據的東亞

目次

第四章　六朝時代為什麼存在？
——亞洲著名文集《文選》的誕生
齋藤希史

第七章　高句麗隆盛

——四至五世紀的朝鮮三國與倭國

井上直樹

第八章 朝鮮半島的六世紀——百濟中興與新羅崛起

田中俊明

凡例

＊本書的結構是，首先敘述各章的中心人物，接著針對該人物周遭的重要人物，再來是其他相關人物，分別立項進行敘述。不過，也有不採這種形式構成的例外章節。

＊日本、中國的人名、地名，以漢字為準，除此之外的人名及地名，則以當地音之中譯表示。

＊關於外語文獻的翻譯，沒有特別要求的部分，皆依執筆者為準。又，關於日本的古代典籍等，也會依執筆者進行適宜易讀的整理。

＊引文中的執筆者補注，原則上使用括號。

＊年代原則上是用西曆（陽曆）標記。關於月日，在採用西曆之前的東亞地域，也有按照陰曆標示的章節，但除此之外的地域，沒有特別要求的部分，都是以西曆標記。

＊伊斯蘭圈的伊斯蘭曆等，換算成西曆時會橫跨兩年的情況，原則上是在底下用「／」號來連結標記（如「一四〇〇／一年」等）。

＊人物的實歲與虛歲，尊重執筆者的標記。

＊本書包含有以現代來說會被視為歧視的用語和表現手法，不過這都是基於史料等的記述；因為是理解人物與時代重要的線索，所以原則上不會任意加以更替。關於這點，還請務必深切理解。

世界宗教圈的誕生與群雄割據的東亞

第一章　大乘佛教的成立

齋藤　明

前　言

在釋迦牟尼[1]（約前四六三—約三八三年）的時代之前，佛教還只是以恆河中段流域為據點的新興在地教團，普及地區差不多是現代的比哈爾邦到北方邦東部的中印度，也包含佛陀誕生地藍毗尼，以及尼泊爾南部的特萊平原。佛陀滅度之後，佛教便從西印度傳入德干高原一帶（南傳），再傳入西南方。

讓佛教更加普及與傳布的是孔雀王朝第三代國王阿育王[2]（約前二六八—約二三二年在位）。他在羯陵伽戰爭這段時期皈依了佛教之後，除了在王朝邊陲地帶宏揚佛法，也於各地樹立刻有法敕的石柱、岩石與石板碑文，傳揚人類的應有姿態與應該遵守的規範，而這些應有的姿態與規範便是佛教之中的「法」（Dharma），阿育王甚至將自己的皇子摩哂陀（Mahendra）派往斯里蘭卡傳道，自此為當地奠定了上座部佛教的基礎。

阿育王死後，孔雀王朝隨即分裂，並在五十年之後，也就是西元前一八〇年左右，被將軍弗沙蜜多羅（Pusyamitra）所滅。弗沙蜜多羅之後於華氏城（又稱巴連弗邑，現稱巴特那）設立首都，開創了巽伽王朝。據傳篤信婆羅門教的弗沙蜜多羅曾迫害佛教徒，這也是印度首次的滅佛（佛教迫害）。就連最早出現的大乘經典《般若經》也遭遇正法覆滅的危機。佛教之所以會遭遇這次危機與當時社會、文化的變遷有關，比方說，當時的婆羅門教一邊與各種土著信仰融合，一邊轉型為印度教，而且還得到各地王族的支持。

在這次危機之後，波斯裔貴霜王朝於西元前一世紀末期，脫離伊朗裔遊牧民族的大月氏，並將勢力延伸至由西土耳其斯坦、阿富汗，以及部分巴基斯坦組成的西北印度到北印度一帶，還汲取了各種東方與西方的文化，到了二世紀，迦膩色伽王[3]（約一四四—約一七三年在位）特別保護佛教，佛教美術也是在這個時代，於犍陀羅與馬圖拉一帶開花結果。

在德干高原與南印度一帶，娑多婆訶王朝（即百乘王朝、案達羅王朝）趁著孔雀王朝衰退，於西元前三世紀左右興起後，掌控了阿拉伯海與孟加拉灣一帶的港灣城市，也隨著東西雙方的貿易而繁榮。雖然娑多婆訶王朝建立了純粹的印度式王國，也以婆羅門教為國教，卻也給予佛教庇護，因此案達羅佛教美術也於奎師那河河口一帶的阿馬拉瓦蒂或是位於上游的龍樹山（舊稱毗遮耶普里）日漸興盛。

綜上所述，大乘佛教就是於貴霜王朝將勢力延伸至北印度、娑多婆訶王朝將版圖拓展至南印度的時期正式登上舞臺。雖然這兩個王朝都在三世紀之際式微，卻為東西雙方的交易奠定了基礎，也促進了東西雙方的文化交流，許多僧院與佛塔也於這段時期建造。

龍樹（約一五〇—約二五〇年）

一、龍樹與其名

娑多婆訶王朝末期到西元三世紀前半滅亡之後，太陽王朝（一稱甘蔗王朝）統治了奎師那河流域，而龍樹（Nāgārjuna，又稱龍猛）則是活躍於案達羅地區的南印度婆羅門教學僧。

龍樹這個名字的原文為「Nāgārjuna」，是由梵語的「Nāgā」（眼鏡蛇）與「Arjuna」這兩個單字所組成。Nāgā是印度自古以來敬畏的蛇神，在佛教之中是佛陀在菩提樹下冥想時，為佛陀擋住暴風雨的五頭（或是七頭）目支鄰陀蛇王。由於中國大部分的地區（除了部分南部地區之外）都沒有眼鏡蛇，因此才將眼鏡蛇譯為「龍」這種象徵皇帝的神獸或靈獸，比方說，將「Nāgārjuna」一詞譯為「龍樹」[4]的鳩摩羅什（三四四—四一三年／三五〇—四〇九年）還是譯為「龍猛」[5]的玄奘[6]（六〇〇／六〇二—六六四年）都選擇將「Nāgā」譯為「龍」。

至於Nāgārjuna後半部的「Arjuna」則具有許多意義，例如樹名、白皙、威猛、獲得，都是其中之一，所以不難想像Nāgārjuna一詞會譯為剛剛提到的「龍樹」或是「龍猛」。

藏文譯詞「klu sgrub」的「sgrub」為「獲得」與「成就」之意，源自龍樹應邀前往地底的那迦國，並在那迦的協助之下，得到般若經廣本的《十萬頌般若經》以及建造一千萬座塔所需泥土的傳說。[7]

不過，「Arjuna」一詞在當時應該會讓人聯想到印度兩大史詩之一《摩訶婆羅多》的主角阿周那（俱盧王般度之子，也就是般度族五王子中的三男）。有趣的是，近年來的研究在十二世紀左右的《中論注「明句論」》的多注文獻之中，發現下面兩個與Nāgārjuna語意有關的說明。

Nāgā的意思為「蛇或龍」，而且Nāgā是白色的，「Arjuna」也有「白色」的意思，所以才組成「Nāgārjuna」這個單字。此外，Nāgārjuna似乎又有「讓保護神毗濕奴躺在宇宙之海上面，如白色山巒般閃耀」的龍神舍沙（Shesha）之意，……，再者Arjuna的意思是「般度王的兒子」，Nāgā則有最優秀的意思，所以「Nāgārjuna」是比「般度族五王子之一的英雄」，也就是「Arjuna」更為優秀的意思。[8]

龍　樹

以上的說明可於介紹印度教毗濕奴神的聖典《毗溼奴往世書》（*Vishnu Purana*）之中找到，其中之一的說明將Nāgārjuna比喻為讓毗濕奴神躺在上面，發出白色光芒的龍（阿難陀龍），另一個說明則是將Nāgārjuna形容為比《摩訶婆羅多》的主角更加優秀的Arjuna。相對於前者將Arjuna解釋為白色，後者則是將Nāgārjuna解釋成比英雄Arjuna更加優秀的人物。

二、龍樹的足跡

最具代表性的龍樹傳記是鳩摩羅什於西元四世紀後半到五世紀初之間翻譯的《龍樹菩薩傳》（或是內容幾乎一致的《付法藏因緣傳》）、布頓（Buston）的《佛教史》（一三二二年）或是多羅那他的《印度佛教史》（一六〇八年）。其他的大乘經典或是密宗經典也有一些相關的介紹。雖然這些都是非常珍貴的資料，但其實還有許多與龍樹有關的歷史資料，例如他與好友三人仗著隱身術潛入王宮，侵犯了宮中的美女，後續為了悔過而出家的傳說（《龍樹菩薩傳》），或是龍樹曾於那爛陀寺（建於五世紀初期的笈多王朝）寄宿的資料（雖然年代與相關事實都啟人疑竇），抑或提及他曾經試著煉金的文獻（布頓的《佛教史》與多羅那他的《印度佛教史》），以及將龍樹與西元十世紀之際的密教論師「龍呼」（Nāgāhvaya）混為一人的說法（同上），這些珍貴的歷史資料都必須謹慎保存。

一般認為，出海口位於南印度案達羅地區的奎師那河流域的龍樹山（龍樹的山丘之意）是龍樹活躍的地區，可惜的是，到目前還沒發現足以作為佐證的碑文資料[9]。

順帶一提，從碑文資料可以得知，龍樹山曾有上座部佛教的化地部、斯里蘭卡大寺派的寺院，也有大眾部佛教的多聞部與西山住部的寺院[10]。奎師那河下游右岸的阿馬拉瓦蒂曾有一座大塔，一樣是大眾部佛教制多山部的據點。這塊土地的東方也曾有東山住部這類大眾部佛教的部派設立據點。

針對開創中觀派的清辨（清辯、分別明，約四九〇—約五七〇年）撰寫《中論般若燈論》留下詳盡注釋，七至八世紀的觀誓曾說：「大眾部佛教的東山住部與西山住部也有白話版的般若經與其他大乘經典。」[11]由此可知，奎師那河流域這個龍樹的活動區域曾是大眾部佛教的一大據點，源自南印度的般若經也於此處傳揚，大眾部佛教的僧院也曾有修讀該經書的學僧。師承龍樹的聖提婆（Arya-deva、聖天，約一七〇—約二七〇年左右）應該也是這類學僧的代表之一。

先前提到的《龍樹菩薩傳》記載「已經離家入山，於一座佛塔拜謁後，便出家受戒。在九十天之內讀誦三藏經書」[12]。假設「入山」這部分正確地記述了佛塔的所在地形，那麼這座佛塔應該不是位於奎師那河右岸平地的阿馬拉瓦蒂大塔，而是位於往西回溯一百四十公里之處，座落於山谷大斜面的龍樹山大塔才對。從碑文資料可以得知，龍樹山又稱為吉祥山（Sri Parvata），這與布頓《佛教史》與其他藏傳經典提到龍樹曾於吉祥山居住的事實吻合[13]。

三、龍樹的不同樣貌

龍樹向來被認為是多本論書與注釋書的作者，一般認為，在大正新脩大藏經（大正藏）之中，超過二十本的經典是由龍樹（龍猛）所著，在藏文大藏經的論疏部（Tengyur，丹珠爾）之中，約有一百八十本著作被歸類為龍樹的作品。

由此可知，龍樹這號人物擁有多張面孔，若試著列舉與他有關的主要著作，就能從下列的著作見識他的各種身分。

（一）《中論》、《六十頌如理論》、《空七十論》、《迴諍論》，或是被定位為《中論》綱要，只有漢譯本流通的《十二門論》，以及其他空義著作的作者。

（二）被譽為佛教百科全書《大智度論》的作者。

（三）從易行道這個修行法門說明阿彌陀信仰的《十住毘婆沙論》的作者。《十住毘婆沙論》也是《華嚴經．十地品》的注釋書。

（四）《寶行王正論》（*Ratnāvalī*，寶花環之意）或是《親友書翰》（*Suhrllekha*）這類從宗教或是道德角度勸諫國王的書翰體論書的作者。

（五）由《無譬讚》這類經書組成的四讚頌或是《法界讚》這類讚頌文獻的作者。

（六）編纂醫書《蘇胥如塔妙聞集》（*Susruta*）的醫師。

（七）撰寫《略集次第》（*Piṇḍīkrama*）或《五次第》（*Pañcakrama*）的密教學者。

檢視以上著作的年代，其中（六）的部分大約是落在四—五世紀，（七）的部分則是落在西元十世紀左右，其作者與撰寫（一）的作者，活躍於二—三世紀的大眾佛教論師的龍樹應不是同一人。

雖然龍樹擁有多張面孔，但從對於後世的影響程度來看，最重要的應該是從（一）到（五）的空性論者這個身分（不過，這些是否都是同一位龍樹所寫，至今仍有爭論）。在東亞地區備受敬重的龍樹之所以會被譽為「八宗祖師」[14]，是因為龍樹被認為是《中論》以及（一）至（三）這些著作的作者。

四、佛教思想史上的龍樹

話說回來，龍樹透過《中論》這類著作，從不同的角度討論了初期般若經之中的「空」，也因此在佛教思想史締造了下列的功績。

第一項功績是他透過《中論》以及多本論書剖析了以初期大乘經典為基礎的大乘論典（阿毘達磨，Abhidharma），也就是所謂的傳統教義，為後續的唯識思想或中觀思想奠定了得以發揚光大的理論基礎。

龍樹的意圖在於論證自我、事物缺少以身心組成元素為中心的諸法或是空，也就是固有不變的本質（自性）的說法。

人類是以身體（色）為基礎發動意念（思），再透過特定的表象（想）辨識對象（識），同時感受（受）愉快和不愉快，也就是痛苦與或快樂。身心由這五種集合（五蘊）組成的說法是釋迦牟尼最重要的元素論。與這個元素論同樣知名的是說明認知構造的十八種元素（十八界）的說法，這十八種元素包含視覺器官（眼睛）在接觸顏色與形狀之後所產生的視覺（眼識），聽覺器官（耳朵）在接觸聲音（聲）之後所產生的聽覺（耳識），或是基於相同機制而生的嗅覺、味覺、觸覺，以及內心（意）對於過去、現在、未來的所有元素（法）所產生的意識。在初期佛典之中，不管是五種集合論還是十八元素論，主要都否定「我」（Ātman）的存在。在這種無我或非我的論述背景之中，許多於當時奧義書（婆羅門教的哲學文獻）登場的哲學家都認為自我的存在是不證自明的，而釋迦牟尼認為人類的煩惱根源正是加諸在「我」的枷鎖。

隨著佛教的經典或律典（記載佛僧戒律的經典）逐漸完善，對於經典的解釋或是對於教理的理論也漸漸地整理成論典（阿毘達磨）。上座部、大眾部，以及總計多達十八個的傳統部派都整理了專屬的論典。在這些部派之中，造成巨大影響的是傳入斯里蘭卡，後來又傳入東南亞地區的南方上座部，以及從印度傳入內亞，再傳至東亞的上座部系的說一切有部（強調所有法都存在的部派）。相對於實踐這些教義的南方上座部，說一切有部在理論的深化與影響這部分具有明顯的特色。雖然南方上座部與北傳的說一切有部各有特色，卻都一邊強烈地否定「自我」（Ātman），一邊強調身心的各種元素（法）實際存在；也就是「人無我、法有」這種不變的自我不存在，但是構成身心的各種元素（諸法）存在的意思。

龍樹根據所有的元素（法）皆是「空」，欠缺了固有本質的初期般若經的思想，批判了與元素（法）有關的解釋。一如前面的五種集合（五蘊）或十八種元素（十八界）所述，所有的元素都與其他元素環環相扣，因此所有元素都隨著其他元素緣起生滅，換言之，這些元素不可能具備不變的本質。

龍樹在《中論》第十五章「固有本質的考察」之中提到「固有的本質並非受創之物，與其他的事物無關」（第二偈）。反過來說，這個定義告訴我們受創之物或是與其他事物有關的東西沒有固有的本質。具備固有本質的事物不可能有所謂的因果與變化，反之，不具備固有本質的事物會隨著其他原因或特質而產生不同的作用，以及具備不同的名稱。比方說，由黏土、轆轤、陶工組成的物品會被命名為「壺」，由垂直方向的絲線與水平方向的絲線組成的物品會被命名為「布」，而完成六種修道（六波羅蜜）

的人稱為「菩薩」。因此根據龍樹的說法，「壺」、「布」或是「五蘊」「十八界」這些元素（諸法）都是一種表象，嚴格來說，「緣起」、「空」這些諸法的共同特性（法性）也是表象。

五、龍樹的思想

二真理（二諦）論

第二項功績則是龍樹認為一切皆空，也就是缺乏固有本質（無自性）這點是最高（勝義、第一義）的真理，前述的各種表象都只是因為習慣才具有意義，也是彰顯勝義所需的語言與敘述。雖然自佛教草創時期開始傳承，以五種集合（五蘊）為代表的「諸法」，以及「時間」、「因果」、「產生」、「前往」這些日常的各種概念在嚴謹的考察之下無法成立，但是當我們讓這些概念融入日常生活的語言之中，就賦予了這些概念意義，而這些語言與概念也是彰顯那些與這些語言或是概念無關的最高真理所不可或缺的東西。最高真理以及說明最高真理所使用的語言的真理，便是龍樹於《中論》第二十四章「神聖真理之考察」的第八─十偈所闡述的二真理（二諦）論。

（第八偈）諸佛是根據兩種真理（二諦）闡揚佛法，分別是世俗的真理與源自勝義（最高的意義或是目的）的真理。〔諸佛依二諦，為眾生說法：一以世俗諦，二第一義諦。〕

（第九偈）無法區別這兩種真理的人，無法了解藏在佛說深處的真實。〔若人不能知，分別於二諦，則於深佛法，不知真實義。」

（第十偈）勝義必須依賴言說才能彰顯，若無法得到勝義，就無法涅槃。〔若不依俗諦，不得第一義；不得第一義，則不得涅槃。〕（譯按：〔〕內為漢譯原文）

語言觀、空的實用性

龍樹的第三項功績在於他的語言觀，這點也不容錯過。日常的語言表現並非奠基於事物固有的本質（自性），一切都是緣起，所以在空的這個世界裡，語言表現都只是源自習慣的現象，也只有在這些習慣之中，語言表現才成立，而且這些語言表現都擺脫不了舌頭、口蓋、喉嚨這些器官，所以缺乏固有的本質，換言之，語言表現本身為空，卻是在討論所有事物為空之際所不可或缺的工具。關於這點，《迴諍論》解釋得非常清楚。一如車子雖然有空的性質，卻能完成搬運樹木、野草或是泥土這類目的，同理可證，這個道理若是套用在詞彙身上，也就是語音的話，語音是源自各種元素的質料因（構成事物的材料、元素或基質），或是口蓋、舌頭、鼻子這類輔助因而生的事物，也就是所謂的緣起之物，因此，語言雖然是空，卻能用來佐證事物缺乏固有本質（無自性）這個事實。

此外，龍樹根據這種語言觀強調的是，正因為事物皆空，缺乏固有的本質，所以「少年」才能成長為「青年」或「壯年」，「凡人」才能在經過菩薩道之後「成佛」。假設事物不為空，就等於擁有一定程度的固有本質，如此一來，將停留在這個本質之中，無法產生任何變化。因此龍樹才說：

適應空者能適應一切。無法適應空者，就無法適應一切。〔以有空義故，一切法得成；若無空義者，一切則不成。〕（《中論》第二十四章第十四偈）。

六、龍樹之後的論師與思想系譜

中觀派的誕生與其思想背景

龍樹的《中論》與其弟子聖提婆的《四百論》都成為後代中觀派論師所仰賴的論書。清辨與月稱（約六〇〇—約六五〇年）都自稱為「中觀派」。這兩位論師都大肆批評對五至六世紀的大乘佛教思想造成深遠影響的瑜伽行唯識思想。其中最大的爭議在於知覺的對象是外界的事物還是心中觀見的影像，也就是與世俗真理有關的認知問題，以及誤將心中觀見的影像投射為外界事物的「內心」是否真的存在，抑或內心又是如何理解、證明與體會與勝義真理有關的「空」或是「真實」（瑜伽行派稱為真如）。

瑜伽行派的唯識與三性說

無著（Asaṅga，約三九五—約四七〇年）與世親（Vasubandhu，約四〇〇—約四八〇年）這對兄弟根據四世紀左右的《瑜伽師地論》整理了瑜伽行唯識論。瑜伽行派是以三性論（內心的三種性質）為核心理論的學派，而內心的三種性質分別是誤將內在的認知與外在的認知對象視為主客二元並存的性質

（遍計執性），以及促成這種認知的性質（依他起性），最後則是透過智慧了解這種認知缺少了認知與認知對象這種二元元素的圓滿性質（圓成實性）。

該學派可說是在有限的意義範圍之內應用「空」的概念，卻又企圖讓「空」主體化與內化，同樣被稱為唯識論者（提倡一切皆為認知的人）的該學派除了分析日常的「識」（知覺、意識、潛意識〔阿賴耶識〕），也討論這個「識」在進行各種轉變（識轉變）之際，誤將客觀的元素（識的對象）與主觀的元素（識）分開（虛妄分別）的現象。瑜伽行派提倡的「空」就是「識」少了主觀與客觀這兩種元素的意思。此外，該學派也認為，雖然主觀與客觀這兩種元素不存在，但是誤將主觀與客觀一分為二的「識」卻具備區分這兩者的功能（分別性），也因此而存在。此外，也提到具備上述分別性的識，以及透過智慧明白沒有主客這兩種元素的內心的圓滿性質（圓成實性）並非「空」，而是存在的。

如來藏、佛性思想

瑜伽行派認為與主客二元論無關的空是本自清淨的內心，而這個本自清淨的內心被偶然的外界煩惱所汙染。這種思想系譜與如來藏的佛性思想則是一脈相傳。提倡如來藏思想的著名經典之一《勝鬘經》在闡述如來藏與空的關係時，認為如來藏的所有煩惱都是空，但佛各種不可思議的德性皆為不空。五世紀之際，以系統化的方式考察如來藏思想的《寶性論》也以「一切有情都是如來的胎兒」這句《如來藏經》的宣言為中心，詳細解說了一切的有情都為菩薩（佛子），繼承了如來的本質這點。

龍樹於印度大乘佛教思想史的定位與後續的發展

下列將以簡略的年表說明龍樹於印度大乘佛教思想史的定位，以及中觀思想史的初期、中期與後期的發展。

一世紀左右　般若經（初期八千頌系）

《十地經》等

二世紀　**一　大乘阿毘達磨＝初期中觀思想成立**

三世紀　（前—瑜珈行派、前—中觀派）

龍樹（約一五〇—約二五〇年）自稱「空性論者」，著有《中論》等

聖提婆（約一七〇—約二七〇年）著有《四百論》、《百論》等

羅羅跋陀羅（約二〇〇—約三〇〇年）著有《般若波羅蜜多讚》、《法華讚》

般若經的擴展（初期二萬五千頌）

四世紀　《中論注無畏》

青目（約三二〇—約四〇〇年）替《中論》（鳩摩羅什譯）寫注

二—一 初期瑜伽行派思想的形成

《瑜伽師地論·本地分》（約三〇〇—約四〇〇年）
（《聲聞地》、《菩薩地》↓其他諸地？）

二—二 三性說 唯識說的誕生

《解深密經》、《大乘阿毘達磨經》
《瑜伽師地論·攝決擇分》等
《大乘莊嚴經論》、《中邊分別論》
佛護（約三七〇—約四五〇年）自稱「緣起論者」，著有《中論注佛護》。

五世紀

無著（約三九五—約四七〇年）著有《阿毘達磨集論》、《攝大乘論》、《顯揚聖教論》、《順中論》等
世親（約四〇〇—約四八〇年）著有《阿毘達磨俱舍論》、《釋軌論》、《成業論》、《五蘊論》、《唯識三十頌》、《唯識二十論》、《大乘莊嚴經論注》、《中邊分別論注》等

二—三 佛教邏輯學、認識論的建立、對於無著與世親論書的各種注釋書出現

陳那（四八〇—約五四〇年左右）著有《集量論》、《因明正理門論》《觀所緣論》等

六世紀

三 中觀派＝中期中觀思想的成立與發展

清辨（約四九〇—約五七〇年）自稱「中觀派」，著有《中觀心論》、《大乘掌珍論》、《中論注般若燈論》

安慧（約五一〇—約五七〇年）著有《大乘莊嚴經論安慧釋》、《中邊分別論釋》、《阿毘達磨俱舍論實義疏》、《大乘中觀釋論》等

護法（五三〇—五六一年）著有《成唯識論》、《大乘廣百論釋論》等

七世紀

月稱（約六〇〇—約六五〇年）自稱「中觀派」、「緣起論者」，著有《入中論》、《中論注明句論》等。

法稱（六〇〇—約六六〇年）著有《釋量論》、《定量論》、《因滴論》等

八世紀

四　後期中觀思想的成立與發展

寂天（約六九〇—約七五〇年）著有《入菩薩行論》、《學處集要論》

智藏（約七〇〇—約七六〇年）著有《二諦分別論注》等

寂護（約七二五—約七八八年）著有《中觀莊嚴論》、《真理綱要論》等

蓮花戒（七四〇—約七九五年）著有《中觀光明論》、《中觀莊嚴論精釋》、《真理綱要論注》等

獅子賢（約八〇〇年）著有《現觀莊嚴論》（大注、小注）等

（中略）

十世紀　阿底峽（九八二—一〇五四年）著有《菩提道燈論》、《入二諦論》等

故根據上述的論述將龍樹定位為確立「大乘阿毘達磨」[15]，讓大乘佛教專有名詞普及的第一位論師，同時列出自龍樹之後的大乘佛教論師與思想系譜。若論龍樹的歷史定位或思想史定位，龍樹是四世紀瑜伽行派成立之前的人物，也是清辨於六世紀前期奠定中觀派之前的人物[16]。

注釋

1. 佛陀請參照第一卷第四章。
2. 阿育王請參照第一卷第五章。
3. 迦膩色伽一世請參照第一卷第十二章。
4. 「其母於樹下生下他，故命名為阿周那。阿周那為樹木之名。以龍成其道，故在名字加上龍這個字，因此得名龍樹。」（其母樹下生之。因字阿周陀那。阿周陀那樹名也。以龍成其道，故以龍配字，號曰龍樹也。）《龍樹菩薩傳》大正藏第五〇卷，185b4-5。
5. 「在中國唐朝的時候，譯為龍猛。舊版（鳩摩羅什譯）譯文『龍樹』為誤譯。」（唐言龍猛，舊譯曰龍樹非也。）《大唐西域記》大正藏第五〇卷，912b17-18。
6. 玄奘請參照第三卷第二章。

7. *The Collected Works of Bu-ston*, Part 24, Śata-piṭaka Series,vol. 64(New Delhi: 1971), Ya 99b3-5.

8. nāgaś cāsau śuklatvād arjunaś ceti Nāgārjunaḥ/ Śeṣonāgaḥ sa iva Nāgārjuno , pi/(…..)/athavā arjunaḥ Pāṇḍavaḥ/nāgaḥ śreṣṭhaḥ/ arjunāt śreṣṭho Nāgārjunaḥ/ （Y. Yonezawa,"*Lakṣaṇaṭīkā: Sanskrit Notes on the Prasannapadā(1),"《成田山佛教研究所紀要》二七（二〇〇四年）

9. 山野智惠，〈吉祥山的龍樹〉，《蓮儘寺佛教研究所紀要》一（二〇〇八年）。

10. 塚本啟祥，〈龍樹山的佛教部派〉，《印度學佛教學研究》三九－一（一九九〇年）。

11. 藏文大藏經（丹珠爾「論疏部」），德格版（sDe-dge）Za270a7、北京版 Za 321a3-4。

12. 「既出入山，詣一佛塔出家受戒。九十日中誦三藏盡」，《龍樹菩薩傳》大正藏第五〇卷，184b23-24。

13. *The Collected Works of Bu-ston*, Part 24, Śata-piṭaka Series, vol. 64 (New Delhi: 1971), Ya 100b3：「他（王子）趕往吉祥山龍樹論師所在之地。」（des dpalgyi ri la slod dpon klu sgrub bzhegs sar phyin te.）參考前述山野智惠的著作。

14. 於平安時代之前傳入的佛教八宗，指的是俱舍、成實、法相、三論、華嚴、律的南都六宗，加上天台與真言二宗派。不過，「八宗祖師」的八宗是指所有在鎌倉前期形成的大乘佛教宗派。此外，中國的八宗通常是指三論、法華、天台、律、法相、華嚴、禪、密這八個宗派。

15. A. Saito, "Is Nāgārjuna a Mādhyamika?," 望月海淑編，《法華經與大乘經典的研究》（山喜房佛書林，二〇〇六年）。

16. 齋藤明，〈中觀思想的成立與發展——龍樹的定位為何？〉，齋藤明編撰，《大乘佛教叢書 第六卷 空與中觀》（春秋社，二〇一二年）。

參考文獻

梶山雄一、瓜生津隆真譯，《大乗仏典14　龍樹論集（大乘佛典14　龍樹論集）》，中央公論社，一九七四年

五島清隆，〈鳩摩羅什訳『龍樹菩薩伝』に見られる文化史的背景——羅什撰述説の検証（鳩摩羅什譯『龍樹菩薩傳』的文化史背景——羅什撰述論的檢證）〉，《佛教大学仏教学会紀要（佛教大學佛教學會紀要）》一八，二〇一三年

三枝充悳編，《インド仏教人名辞典（印度佛教人名辭典）》，法蔵館，一九八七年

齋藤明編，《シリーズ大乗仏教 第六巻　空と中観（大乘佛教叢書 第六卷　空與中觀）》，春秋社，二〇一二年

斎藤明編，《仏典解題事典（佛典解題事典）》第三版，春秋社，二〇二〇年

中村元，《人類の知的遺産13　ナーガールジュナ（人類的知識遺產13　龍樹）》，講談社，一九八〇年

Silk, J. A. et al. (eds.), *Brill's Encyclopedia of Buddhism*, Vol. II(Lives, Leiden: Brill, 2019).

第二章 上座部佛教的形成

馬場紀壽

前　言

目前在斯里蘭卡與東南亞大陸地區普及的佛教為「上座部佛教」。由於上座部佛教不像天主教教會是經過整合的單一教團，各地區的上座部佛教都有各自的信仰與教義，只憑實地調查是無法得出「上座部佛教就是這種宗教」的定義。

儘管如此，上座部佛教的確具有日本佛教所沒有的某種同質性，這是因為上座部佛教奉古印度語言之一的巴利語為聖語之外，以斯里蘭卡大寺（Mahāvihāra）為據點的宗派所傳承的巴利語佛典，也被各地的上座部佛教奉為圭臬。

反過來說，由斯里蘭卡大寺派奠定的思想與實踐，正以各種形式在現今的上座部佛教之間傳承。如果想要一窺上座部佛教的全貌，就絕對不能忽略斯里蘭卡的大寺派。

巴利語佛典主要包含被譽為三藏的正典、這些正典的注釋書以及史書。雖然這些文獻多不勝數，但有趣的是，不管是巴利語正典、大部分的巴利語注釋文獻或是正史，都是於五世紀的斯里蘭卡編撰而成，因此五世紀絕對是巴利語佛典史上，最為光輝璀璨、最具劃時代意義的時期。

那麼，為什麼在五世紀的斯里蘭卡會發生猶如分水嶺般的大事件呢？與其息息相關的歷史背景主要可列出下列兩點。

第一點，在五世紀的一個多世紀之前，某個以斯里蘭卡大寺為據點的宗派成立。雖然這座大寺在被當成僧院使用之前就已經存在，但是當這個宗派獨立為教團後，就必須表明自己的身分，也必須向作為競爭對手的其他宗派或是供養人（尤其是王權）說明自己為何是佛教正宗的理由。

第二點，大寺派成立沒多久之後，梵語在四世紀到五世紀這段期間，於孟加拉灣一帶的南亞與東南亞地區逐漸成為通用語言，如此一來，便在各國成為官方語言，樹立了文化層面的威信，更一步步成為佛教聖典的語言，傳承巴利語佛典的大寺派也被迫面對這場語言轉型的風暴。

在大寺派面臨這些棘手的課題之際，五世紀，學僧覺音編撰了注釋書因應，史學家摩訶男也編撰了史書。之後，注釋家達磨波羅繼承了覺音的路線，編纂史書的路線也得以延續。大寺派除了透過思想與歷史強調自身的正統，還試著以巴利語書寫，藉此對抗以梵語為聖典語言的潮流。

本章要透過大寺派的覺音、摩訶男與達磨波羅的創作活動，介紹上座部佛教的特質於斯里蘭卡形成的過程。

覺音（五世紀左右）

一、大寺派的成立

西元前五世紀於北印度恆河流域形成的佛教在接下來的幾個世紀之內不斷地擴張，一步步成長為足以代表南亞的宗教，接著又於西元前後之際，以打破南亞疆界的態勢，進一步擴張至印度西北（現代的巴基斯坦一帶）、南印度與斯里蘭卡一帶，一步步踏上成為世界宗教的道路。

就在這個時期，佛教內部開始宣揚菩薩道，所謂的「大乘」也於此時誕生，同時透過貿易網路散播至印度內外，到了二世紀後半，再透過絲路從印度西北傳入東方，也就是中國一帶，至於南傳的部分，則是於四世紀初期傳入海岸另一側的斯里蘭卡。[1]這股名為大乘的新浪潮甚至傳至位於印度南方的島嶼。

佛教在當時斯里蘭卡首都的阿努拉德普勒非常興盛，到處都能看到僧院，但是在四世紀之前，這些僧院之間產生了衝突，出家教團也走上分裂的道路。在這些僧院彼此對立之前，這些位於阿努拉德普勒的僧院都是由單一的出家教團經營，之後則分裂為各自獨立的出家教團，[2]其中包含了大寺派（Mahāvihāra）、無畏山寺派（Abhayagiri Vihara）、祇多林寺派（Jetavanavihāra）。

成為獨立出家教團的大寺派的第一部文獻，就是根據歷史強調自身正統的史書，也就是根據口耳相傳的歷史或是各種文史資料所撰寫的《島史》（*Dīpavamsa*），這部《島史》差不多是在四世紀左右，最晚也是五世紀初期所寫成，[3] 大寺派也在接下來的幾個世紀持續撰寫史書。

屬於印度本土的史書一直要等到十二世紀在克什米爾寫成的《拉賈塔蘭吉尼》才算真的出現，因此《島史》可說是開創了斯里蘭卡文學的先河。

這本《島史》從釋迦牟尼在菩提樹下頓悟的場景開始，接著描繪斯里蘭卡摩訶舍那王治世的歷史，同時將重點放在大寺派的創立，簡單來說就是描繪（一）前往繼承了正統佛陀教誨的摩哂陀所率領的出家教團，[4]（二）在〔佛教被譽為〕全世界第一位人類之王的摩訶三摩多（Mahāsammata）以及釋迦族後裔天愛帝須王，（三）奉獻佛陀降臨聖地的大雲林園這段歷史。[5]

也就是說，大寺派從（一）法（結集佛說）、（二）外護者（王權）、（三）佛（聖地）三點來論證，他們是全佛教世界中最正統的出家教團。佛陀的聖地都位於佛陀活動之地的恆河流域，而在佛教各派（也就是「部派」）之中，勢力最大的「說一切有部」或是「大眾部」則主要在印度本土普及，簡單來說，斯里蘭卡不過是印度的邊陲地帶而已。但也正因如此，大寺派才敢透過《島史》大聲強調繼承佛教正統的是大寺派，不是無畏山寺派或是祇多林寺派，而且佛陀的聖地不是在印度，而是在斯里蘭卡。

二、覺音的生涯

《島史》編撰完成後，五世紀前半，斯里蘭卡的大寺派出現了一位名為覺音的學僧，這位學僧也編纂了許多作品。他將大寺派的思想整理成一套完整的系統，決定了大寺派日後的路線，也透過這些作品對斯里蘭卡與東南亞大陸地區的佛教帶來深遠的影響。

儘管覺音的名聲在外，卻很少人了解覺音的生涯，甚至沒人知道他出生於何地，但大致上可根據他作品的一些蛛絲馬跡推敲他的一生。

覺音在斯里蘭卡大量寫作之前，住在現代印度南邊的清奈。此時的他已經是佛教的出家人，常有其他出家人拜託他撰寫解說佛教聖典的義注文獻（Aṭṭhakathā）。因此他便來到斯里蘭卡首都阿努拉德普勒，利用大寺派傳承的口述資料、寫本或是其他先行資料，於四三〇年代到四四〇年代之間從事寫作活動。

一開始，覺音先撰寫了《清淨道論》（*Visuddhimagga*）。覺音有系統地整理了大寺派的實踐思想之後，便寫成《清淨道論》，因此該書無疑是覺音的代表作。整部作品由正確的生活習慣（戒）、集中心念（定）、智見（慧）這三個階段的實踐過程組成，主要目的是透過這三個階段的實踐過程達到涅槃的境界。這本著作整理了許多與修行方式有關的故事與傳承，是一本相當優異的佛教百科全書。

繼《清淨道論》之後，覺音又針對四部（《長部》、《中部》、《相應部》、《增支部》這四部經典集）依序撰寫了《長部注》、《中部注》、《相應部注》、《增支部注》這四本注釋書。這四部注釋書統稱為「四部注」。在基本思想方面，這四部注釋書一邊參考《清淨道論》，一邊仿效《清淨道論》記載了許多故事與傳承，以免內容淪為枯燥乏味。

《清淨道論》與四部論部是大部的著述。除了這五部作品之外，一般認為覺音還另外寫了七本作品[6]，儘管各界的研究者對於這項說法仍有爭議，也無從判斷這七本作品是否真的是覺音的作品，不過大寺派認為這十二本作品的確出自覺音之手。

在大寺派之中，覺音留給後世的這些作品是權威性僅次於三藏的重要經典，也是足以說明大寺派正統思想的著作。大寺派於十二世紀統一斯里蘭卡的佛教之後，斯里蘭卡的佛教便傳入東南亞大陸地區，所以覺音的作品也在斯里蘭卡與東南亞大陸地區的佛教史扮演了至關重要的角色。

三、以巴利語撰寫經典

南亞與東南亞的社會在覺音的時代迅速轉型。過去，這兩個地區與印度或是西方的貿易非常興盛，但是到了覺音的時代之後，以孟加拉灣為核心的貿易變得十分活絡，中世紀這個新時代的帷幕也隨之揭開。

五世紀初期，來自中國的佛僧法顯，以及來自印度的佛僧求那跋摩與求那跋陀羅，都從印度本土進入斯里蘭卡，並且住在當地一段時間，之後再坐船行經東南亞，最後抵達中國。四二八年與四三五年，斯里蘭卡國王剎利摩訶南派遣使者前往中國，晉見宋文帝。當時的斯里蘭卡可說是串連印度、東南亞以及遠在天邊的中國的貿易據點，也在孟加拉灣的貿易網路成為不可忽視的存在。

當笈多王朝在印度北部建立，南亞與東南亞的王權開始採納梵文為官方語言，梵文也就此成為通用語言，在這個被稱為「梵文大都會圈」（sanskrit cosmopolis）的國際文化圈之中，佛教也成為與印度教並駕齊驅的主要宗教。

在佛教各部派之中，說一切有部是在印度本土勢力最為龐大的部派，也是以梵語傳承佛典的部派。此外，以通俗語言傳承的大乘經典也於四、五世紀之後謄寫為梵文。說一切有部與大乘都是所謂的「梵語佛教」，也是「梵文大都會圈」之中的主流。

假設印度是核心，斯里蘭卡就只是邊陲地帶，而在斯里蘭卡活躍的覺音在逐漸接受梵語的南亞與東南亞扮演了特殊的角色，因為他除了摒棄梵語，只以巴利語編撰自己的作品之外，也不斷地強調只有巴利語才是得以傳承佛典正統的語言。

或許是受到大寺派的習慣影響，覺音將巴利語稱為「摩揭陀語」（Māgadhī）。「摩揭陀語」就是釋迦牟尼活躍地區的在地語言。雖然從歷史來看，巴利語並非摩揭陀語，但是將巴利語稱為摩揭陀語，具有「這是釋迦牟尼使用的語言」的涵義。

此外，覺音也強調，只有巴利語才是眾生原本的語言，意思是眾神的語言本是巴利語，但是眾神之外的人卻漸漸忘了巴利語，想要活下去的人就應該說巴利語，這也意味著覺音將巴利語定位為眾生與生俱來的語言，以及超越各種語言的語言。

覺音的語言觀與在南亞和東南亞普及的梵語佛教主流，也就是與說一切有部、大乘佛教形成鮮明的對比。不管是說一切有部[7]還是大乘佛教[8]，都認為聖者通曉「各地的語言」。這種聖者通曉「各地語言」的解釋可說是以梵語為通用語言，同時在多種語言共存的國際空間普及的說一切有部與大乘佛教才有的解釋。

反觀覺音把聖者的語言能力定義為說巴利語的能力[9]。他認為，若是達到解脫的境界或是將來確定會達到解脫的境界，就一定會慢慢地熟悉巴利語。反過來說，他不認為各種語言是平等的，他主張巴利語是芸芸眾生與生俱來的語言，是聖者通曉的語言以及是釋迦牟尼使用的語言，若從這幾點來看，巴利語絕對是足以傳承佛典的優異語言[10]。

繼承覺音這種語言論的大寺派也主張只有巴利語才是最適合傳承三藏這些佛典的語言，同時主張所有人都該以巴利語傳承三藏，而不是使用在南亞與東南亞普及的梵語。

四、實踐思想的體系化

雖然初期佛教有許多思想與實踐，但位居核心的思想是由（一）苦、（二）苦集、（三）苦滅、（四）苦滅道這四個聖諦組成的四聖諦[11]。成為梵語佛教主流的說一切有部即以這個四聖諦建立了修行體系。

這股在印度本土興起的潮流也漸漸傳入斯里蘭卡。在與大寺競爭的僧院無畏山寺的論書《解脫道論》之中，四聖諦也在修行體系中占有最重要的地位。在作為該作品核心的三段式實踐過程（（一）正確的生活習慣、（二）集中心念、（三）智見）之中，四聖諦正是第三階段（智見）的重要觀察對象。

覺音在編撰《清淨道論》的時候，參考了《解脫道論》，也繼承了《解脫道論》提出的三段式實踐過程。不過，覺音也同時從經藏第五部的《小部》所收錄的文獻（《義釋》）採用了三種完全知，將第三階段的實踐轉換成「無常諸法的觀察」，以全新的構想建構了修行體系，並從《清淨道論》刪除了四聖諦的觀察。

若從俯瞰的角度觀察南亞的佛教，覺音進行的這些編纂作業在思想史具有不凡的意義，因為在印度本土成為主流的說一切有部認為四聖諦才是實踐思想的核心，覺音卻透過「三種完全知」讓以四聖諦為核心的修行體系脫胎換骨。在《清淨道論》之中，涅槃並非觀察對象，而是解脫之後的永恆存在，因此只有涅槃才是永恆的存在，涅槃之外的一切都是無常。

說一切有部的支派經量部不認同涅槃是永恆的存在，而覺音卻將涅槃定位為永恆的存在，駁斥涅槃只是滅除煩惱的狀態。覺音在《清淨道論》之中從《小部》收錄的文獻（《感興語》、《如是語》）引用了「托缽修行者啊，不生、不起、不做、不形成之物存在」[12]。

不管是永恆存在的涅槃，還是剛剛提到的「三種完全知」，覺音的思想重點源自《小部》收錄的佛典，這是值得注意的。

五、正法的存續期間

初期佛典指出，就連釋迦牟尼也曾提到，他的教誨並非永遠不變。雖然三藏之一的《律藏》是整理了出家者生活規範以及出家教團營運方式的經書，但釋迦牟尼曾在其中預言「正法只持續五百年」[13]。這段內容也由各部派共享。

在一世紀左右，也就是在佛滅後五百年集結而成的《般若經》以及其他的大乘經典都根據這句預言，提到「正法正逐漸滅亡」這個時代認知[14]。《般若經》之一的《金剛般若經》提到，如來滅後五百年，正法逐漸滅亡之際，《般若經》將會出現。這個說法暗藏著《般若經》將取代出家教團傳承的教誨（阿含）。

另一方面，在古印度最大部派的說一切有部所傳承的佛典提到，正法的存續年數將從「五百年」延長至「一千年」[15]，也有正法將存續「一千年」的預言[16]。不過，就算正法的存續年數為「一千年」，正法應該早在五世紀之際滅亡。

就連斯里蘭卡大寺派的《律藏》也有「正法只存續五百年」的預言。覺音曾作出「正法存續年數可達五千年」的解釋[17]。覺音的時代差不多是佛滅後一千年的時代，所以若是不作其他解釋，正法將要滅亡；但如果正法可存續「五千年」的話，那麼就還能存續四千年左右。這意味著，梵語大乘經典（《般若經》或其他大乘經典）認為正法正逐漸滅亡，而覺音認為正法將繼續傳承與存續。

此外，覺音對於正法的存續採用了與其他部派不同的解釋。說一切有部主張正法是否得以存續，取決於有無「實踐法的人」[18]。同樣的，不以三藏為正法之基準的解釋早在覺音之前就已被上座部大寺派所採納[19]。

而覺音主張正法存續的基準在於「教法」（三藏）[20]。只要三藏得以傳承，相關的實踐就得以存在，只要實踐存在就能悟得，所以他主張只有三藏才是正法存續的基準。

若以覺音的見解為準，正法如今仍然存續，而存續的基準為三藏。話說回來，三藏到底是什麼？

六、確定巴利語正典

根據初期佛典的說法，佛陀入滅之後，摩訶迦葉長老（大迦葉）召集了五百位解脫的佛教弟子，整理佛陀教誨。這就是「第一次結集」，接著在一百年之後，「第二次結集」召開，各部派也共享了與這兩次「結集」有關的故事。

到了西元四世紀左右，大寺派編寫的《島史》繼承了兩次「結集」的故事，也提到「第三次結集」召開的歷史，同時指出負責傳承這些教誨的傳教者為（一）優婆離（Upāli）、（二）馱寫拘（Dāsaka）、（三）蘇那拘（Sonaka）、（四）悉伽婆（Siggava）與旃陀跋闍（Caṇḍavajji）、（五）目犍連子帝須（Moggaliputta Tissa）、（六）摩哂陀，總共有六代的師資相承。透過這六代的師資相承，經過整理的教誨才得以創造一字不差地傳至大寺的歷史。

儘管《島史》強調大寺派才是繼承正統與教誨的部派，卻未定義證明自身正統性的教誨。多次結集整理而成的教誨在各種分類概念（「法與律」、「一切藏」、「九分教」、「八萬四千法蘊」、「上座說」）之中應用，卻沒有說明這些分類概念有何意義，彼此有什麼關聯性[21]。

覺音則將這些概念（「一味」、「初、中、後」、「法與律」、「三藏」、「五部」、「九分教」、「八萬四千法蘊」）定義為「全是佛陀的教誨[22]」[23]，接著又說明這些「佛陀教誨」的「各種區分」是由第一次結集的五百位上座（長老）所制定。

覺音在將這些概念定義為「全是佛陀的教誨」時，根據明確的方針整理了提到佛典架構的先行資料，他也在這些定義之中，詳盡解說了律藏、經藏、論藏這三藏的架構，也進一步定義經藏是由《長部》、《中部》、《相應部》、《增支部》與《小部》這五部所組成，不過，覺音知道有些先行資料未將《小部》視為經藏的佛典之一，也知道有些先行資料承認《小部》為經藏的佛典之一，儘管他在自己的作品引用了這兩種先行資料，卻駁斥了前者的見解，只根據「全是佛陀的教誨」的定義採用了後者的見解。

覺音的思想可從上述的編輯作業窺見一二。這是因為對覺音來說，是否認定《小部》為經藏的佛典之一，是非黑即白的重要思想問題。

一如第四節所述，覺音在編撰《清淨道論》的時候，從《小部》的《義釋》引用了「三種完全知」的概念，並以這項概念重新建構了實踐體系。此外，在說明涅槃不只是滅除煩惱的狀態，而是永恆的存在之際，也從《小部》的《感興語》與《如是語》引用內容，作為自身論述的根據。這意味著，對覺音來說，《小部》必須是「佛陀的教誨」，也必須是經藏的佛典之一。

覺音主張，廣義的「佛陀教誨」的「各種區分」是由第一次結集的「上座」所制定，讓該定義具有第一次結集之「上座」的權威。最終，在覺音作品之中的「全是佛陀的教誨」的定義，幫助大寺派列出了專屬的權威文獻列表，也就是「正典」的列表。

雖然說一切有部也有結集佛典、師資相承這類強調自身正統性的主張，但是說一切有部的佛典往往是以口傳或是抄本的方式在廣泛的地區傳承，所以要在掌握所有具正統性且內容確定的佛典之後，再整理出讓說一切有部整體共享的佛典列表，實質上是緣木求魚。反觀覺音將大寺傳承的佛典（三藏）視為「佛陀的教誨」，便得以整理出完整的佛典列表。

此外，覺音整理的「佛陀教誨」（佛說）與「非佛陀的教誨」（非佛說）具有互斥的關係。根據覺音的說法，大乘佛典的「毘陀羅藏」（vedalla）就是「非佛說」[24]，所以「佛陀教誨」的定義也成為大寺派將大乘佛典視為異端佛典的理論根據。事實上，自覺音之後，大寺派便將大乘佛教批為「異端」。

由此可知，覺音主張在經過第一次結集的上座整理之後，除了確定哪些是具有權威性的文獻，也將這些文獻定義為「正典」，這部分是說一切有部未能企及之處。另一方面，也整理了「非佛說」這類異端佛典的列表，順勢將大乘佛經排除在「佛陀教誨」的範圍之外。換言之，當覺音透過自己的作品建立巴利語正典的地位之後，便將大寺派帶往完全不同於說一切有部以及大乘這種梵文佛教的方向[25]。

七、大寺派眼中的「上座部」

除了斯里蘭卡之外，「上座部」這個部派也於南印度東岸與東印度的孟加拉地區普及。上座部的原文為梵文的「sthaviravāda」[26]，巴利語則為「theravāda」，指的是「上座的」或是「屬於上座的」，因此上座部的意思就是「上座的部派」。若以後者的意思為準，便可譯為「上座部」[27]。

那麼，「上座部」到底是什麼意思呢？說一切有部的文獻（《異部宗輪論》）指出，佛教教團在佛滅之後徹底分裂成長老（上座）集團的「上座部」與大出家教團的「大眾部」。

不過，大寺派對於「上座部」這個名稱的解釋有些許出入。比方說，《島史》將第一次結集的長老所整理的教誨稱為「上座說」，也將這個詞彙當成部派的名稱，所以「上座說部」指的是以長老（上座）整理的教誨為準則的部派[28]。覺音則引用上座部的同義語，另將第一次結集稱為「上座結集」。不管是《島史》還是覺音的作品，「上座（說）部」的「上座」都是指「號召結集的上座」[29]。

這裡的重點在於覺音賦予「第一次結集的上座」全新的意義。換句話說，（一）出席第一次結集的五百位「上座」是阿羅漢（解脫的聖者），所以每位上座都通曉巴利語。此外，（二）都達到涅槃的境界，成為唯一的永恆存在。（三）在主張佛陀的教誨將延續「五千年」[30]的第一次結集之中，（四）這五百位上座「制定」了「全是佛陀的教誨」的「各種區分」，如果將覺音的這項新主張與梵文佛教比較，便可得到下列的結果。

覺音認為（一）聖者的語言能力就是通曉巴利語的能力，與通曉所有語言的梵文佛教（說一切有部與大乘瑜伽行派）的主張不同。（二）覺音根據「三種完全知」重新建構了實踐體系，與透過四聖諦建構實踐體系的說一切有部不同。（三）大乘佛經（《金剛般若》）認為正法將在佛滅之後的「五百年」逐漸滅亡，覺音則認為，依三藏為存續標準的正法可存續「五千年」。（四）相對於沒有正典的說一切有部，覺音確定了巴利語正典的範圍，也將大乘佛典定位為異端佛典。

對大寺派來說，「上座部」的「上座」是「參與結集的上座」，所以覺音對於「第一次結集的上座」提出的新主張，便在覺音之後成為大寺派的自我認同[31]。換言之，大寺派在「上座部」這個與無畏山寺派等共同視為傳統的部派名稱之中，加入了自創的解釋。

自五世紀之後，覺音所屬的大寺派與接受大乘的其他部派仍在斯里蘭卡持續競爭。到了八世紀前後，無畏山寺與祇多林寺這些大乘部派得到廣大的支持。比方說，從無畏山寺的遺跡發現了以梵文刻寫的大乘（密教）經典，也就是《金剛頂經》、《寶篋印經》的陀羅尼。這兩部經書之後都由留學斯里蘭卡的不空於八世紀譯成漢文，其徒孫空海則於九世紀將漢譯本帶入日本，對東亞帶來深遠的影響[32]。

此外，在祇多林寺遺跡也找到應該是於九世紀製成的梵語版《二萬五千頌般若經》的黃金寫本，不難想像當時大乘部派得到王權支持的景象。不空從斯里蘭卡歸國後，便於七四六年晉見唐朝皇帝唐玄宗，同時將斯里蘭卡國王阿迦菩提六世（Aggabodhi）交託給他的《大般若經》（應該就是《二萬五千頌般若經》）梵語寫本隨著其他禮物獻給唐玄宗。這些從無畏山寺遺跡與祇多林寺遺跡出土的考古資料足以說明在八世紀前後，斯里蘭卡的大乘佛教有多麼興盛。

進入十二世紀之後，統一斯里蘭卡的國王波羅迦摩巴忽一世（Parākramabāhu I）大刀闊斧地改革，讓大寺派成為正統的教團，具體來說，就是讓無畏山寺與祇多林寺併入大寺，其結果就是，被認為「非佛說」的大乘經典遭到大寺派排斥。

此舉可說是堅持以巴利語佛典為正統的大寺派戰勝了以大乘佛教為代表的梵文佛教。透過「第一次結集的上座」的權威，定義「佛陀教誨」的覺音思想，在歷經數世紀之後，總算跨出大寺派，成為斯里蘭卡佛教的正統思想。

八、傳記的成立

與梵文佛教——說一切有部以及大乘佛教背道而馳的覺音之作品，在大寺派得到極高的聲望，因此在波羅迦摩巴忽一世進行教團改革，大寺派得以統一佛教界之後，覺音的傳記也不斷地在斯里蘭卡復刻。

在十三世紀前半統整完畢的覺音傳記，先收錄於摩訶男所著的《大史》，以及續篇《小史》的第三十七章之中。接著又出現了根據《小史》內容所寫成的《佛音傳》(*Buddhaghosuppatti*)，這也是專屬覺音的傳記，而之後陸續出現的史書也都記載了覺音的生平。根據各種覺音傳記編撰而成的《小史》對於覺音的生平如此描述。

覺音在印度的菩提場（Bodhi Manda，位於菩提伽耶的佛陀開悟之地）附近的婆羅門家庭出生。精通學問與技術的他開始研究婆羅門聖典的三個《吠陀》(*Veda*)。他為了討論聖典而周遊印度之際，曾在某間僧院停留，也徹底通曉了梵文文法。察覺他是個優秀之人的離婆多（Revata）向他宣揚佛陀的教誨之後，覺音便成為這位長老的弟子，出家學習三藏。由於他的聲音如同佛陀般深妙，所以眾人便稱呼他為「覺音」（擁有佛陀聲音的人）。

當離婆多看了幾本覺音所寫的作品之後，便要求覺音將那些在第一次結集統整，後續由摩哂陀長老譯成僧伽羅文，並在斯里蘭卡傳承的那些注釋書譯成巴利語，因此，覺音便來到遙遠的斯里蘭卡，拜託大寺的出家教團讓他看一看寫本，以便撰寫注釋書。出家教團為了考驗覺音而請他展現自己的才華，於是覺音便寫了《清淨道論》。

覺音請出家者來到大寺境內的菩提樹之後，朗讀了《清淨道論》的內容。由於天人（天界的眾神）屢次將這本《清淨道論》的寫本藏了起來，所以覺音便寫了這本《清淨道論》三次。天人拿出所藏的寫本之後，發現這三本《清淨道論》的寫本一字不差，因此出家教團便連番大喊「錯不了，他就是彌勒（會於未來現世的佛陀）」，也將三藏與注釋書的寫本交給了覺音。

後來覺音便住在犍陀羅僧院，潛心將僧伽羅文的注釋譯成巴利語，上座部的論師也將覺音的注釋奉為三藏的內文。完成重責大任的覺音為了參拜大菩提樹，便啟程前往印度。

以上是《小史》的覺音傳。儘管有部分內容與歷史產生明顯的矛盾，但是卻詳述了當時的大寺派多麼尊崇交給覺音的注釋文獻。換言之，大寺的僧人除了將覺音描述成撰寫《清淨道論》與三藏注釋書的人物，更尊他為未來佛，也將覺音的作品納為正典。

此外，《小史》也讓覺音的出生地、誦讀《清淨道論》的場所，以及於斯里蘭卡的駐在地與菩提樹有所關聯，想必這是為了讓覺音與釋迦牟尼的頓悟更有關聯性的緣故吧。這本覺音傳也說明了那些存放在大寺、由覺音歸還的文獻地位多麼崇高。

自十三世紀之後，斯里蘭卡的佛教便為東南亞大陸地區的新國家所接受，所以也取代了當地的梵文佛教，而這個傳承大寺派巴利語佛典的佛教也因為大寺的部派名稱被稱為「上座部佛教」，同時也在當地普及。大乘佛教之所以在今日的斯里蘭卡或東南亞大陸地區銷聲匿跡，想必是因為上座部佛教取代了梵文佛教所致。

當大寺派的巴利語佛典在斯里蘭卡與東南亞大陸地區成為正統的佛教聖典之後，覺音也在上述的地區被奉為最具權威的學者，時至今日，他的作品仍為上座部佛教注入宛如新生般的氣息。

達磨波羅（生卒年不詳）

在覺音的作品完成後，上座部大寺派仍繼續編撰巴利語文獻，而達磨波羅就是編撰大寺派注釋文獻的人物之一，也是聲望僅次於覺音的注釋家，不過沒人知道他出生於何時，一說認為他出生於六世紀，也有六—十一世紀、十世紀、七—十一世紀這類說法，總之目前仍是眾說紛紜。

達磨波羅從地位猶如正典的三藏之中，挑出經藏的《小部》，再針對《小部》的經典撰寫注釋書，以及注釋書的注釋書，然後又針對地位接近正典的《導論》撰寫了注釋書，也替覺音所寫的《清淨道論》撰寫了注釋書。或許是因為在南印度撰寫注釋文獻，所以完全沒有與上座部大寺派大本營斯里蘭卡有關的記載。除了這部分與覺音不同之外，也使用了覺音未曾提倡的「迴向」概念。

不過，達磨波羅自詡為上座部大寺派的一員，也未曾逾越大寺的傳統，基本上繼承了覺音奠定的方向，尤其以下列三點更是明顯。

第一點，使用巴利語撰寫。在達磨波羅的時代，梵語已在南亞成為通用語言，連上座部大寺派都有使用梵語撰寫作品的出家者，不過就現存的資料來看，達磨波羅從未改變以巴利語撰寫注釋文獻的志向。

第二點，對緣起這項教法的解釋。覺音在《清淨道論》將涅槃定義為唯一永遠的法，也將緣起定義為無常諸法，《般若經》這類大乘佛典則透過「不生、不滅」的概念解釋緣起，至於達磨波羅則站在這種說法的對立面，於《清淨道論》的注釋書《第一義寶函》提到「某些人將緣起誤解為『不生、不滅』」。此舉無疑是批判以「不生、不滅」這種否定的字眼解釋緣起的《中論》與《般若經》。在上座部大寺派的達磨波羅眼中，繼承《中論》學統的人以及《般若經》的傳承者，簡直就是在眾人面前講述錯誤的緣起定義。

第三點則與巴利語正典有關。覺音曾在自己的作品定義了「全是佛陀的教誨」，而達磨波羅也繼承了這項定義。達磨波羅針對《長部注》與《法集論注》編撰了注釋書，也為「全是佛陀的教誨」這個定義下了注解，但未對覺音作品的定義提出任何異議[33]，對於被定位為「全是佛陀的教誨」的三藏，其架構與範圍也未曾加以更動[34]。

鑑於上述三點，達磨波羅的確是繼覺音之後，繼承上座部大寺派的傳統撰寫注釋文獻，在南印度強調斯里蘭卡的大寺的正統性。

摩訶男（約五世紀）

摩訶男在西元五世紀後半編撰了《大史》，而且除了這件事之外，他的生平皆是不詳。摩訶男一邊參考編撰完成的《島史》，一邊撰寫了《大史》，所以比較這兩本史書，就能知曉摩訶男的編撰方針。

《大史》幾乎繼承了《島史》的所有基本特徵[35]，而且兩書記載的時代也幾乎重疊。不過與混雜各地區語言特徵的《島史》不同的是，《大史》是以工整的巴利語寫成，也是完成度極高的韻文。或許正是基於這個原因，《大史》才得以獲得正史般的地位，後續的正史也都以《大史》續篇的形式，追加歷史方面的記載。

相較於《島史》在序文自稱「無與倫比」、「空前絕後」[36]的史書，《大史》則在序文提到史書「雖由古人所寫，但有些部分過於詳細，有些部分卻又過於簡略，而且重複的內容太多」[37]，隱然批評《島史》的內容。其實摩訶男在後者簡化了於前者重複的內容，也追加了前者所沒有的內容。摩訶男在《大史》追加了一些《島史》沒有的內容，其中特別重要的部分可整理為下列三點。

第一點，是有關「法」的編寫。《大史》與《島史》一樣，都是述說大寺的佛教正統自第一次結集之後，分裂為多個部派的歷史，不過，除了《島史》提到的十八個部派之外，《大史》另外提到一些部派，同時提到斯里蘭卡也有自佛教正統分裂的部派[38]。此外，也提到從佛教正統（大寺的正統）分裂的無畏山寺，以及從無畏山寺分裂的南寺[39]，也提到祇多林寺建於後者[40]，形同描繪了無畏山寺與祇多林寺並非佛教正統的歷史。

第二點，是與「佛」有關的編寫。《大史》與《島史》一樣，都認為釋迦牟尼降世之後，於後來興建大寺佛塔（大塔）的場所入定[41]，而且鉅細靡遺地說明了佛塔的佛舍利是真金不怕火煉的寶物。《大史》提到，佛陀預言自己入滅之後，由拘利族（Koliya）在羅摩村守護的遺骨會由龍（那伽，nāga）親手納入斯里蘭卡的佛塔[42]，緊接著又提到佛陀的佛舍利是佛陀多達八壺的遺骨其中一壺，而且一開始會納入羅摩村的佛塔[43]，之後會被恆河的洪水沖到龍宮，再由龍王守護[44]。

這意味著佛塔的佛舍利就是《涅槃經》提到的佛舍利，這是因為《涅槃經》提到佛舍利共有八壺，其中一壺為羅摩村的佛舍利，而且最終會由龍王祀奉。《大史》提到由龍王守護的佛舍利會被具有六種神通的比丘索努塔拉（Sonuttara）所奪[45]，然後帶到大寺安置，而杜圖伽摩尼阿婆耶王則將王國獻給佛舍利，並在成為斯里蘭卡國王之後建造了大寺這座佛塔[46]。

換言之，《大史》描述了《涅槃經》提到的佛舍利納入在佛陀降世之地興建的大寺佛塔的過程，一切就如佛陀的預言般發生。如此一來，在《島史》不受重視的佛塔也成為與菩提樹並駕齊驅的聖地。

第三點是與大寺的「外護者」，也就是與國王有關的編寫。《大史》詳細記載了歷代國王的傳記與在位年代，所以內容也比《島史》多出一倍以上。在《大史》之中，擴充最多的內容就屬與杜圖伽摩尼阿婆耶王有關的記載。在《大史》的三十七章之中，阿婆耶王的傳記就占了十一章[47]。尤其提到了阿婆耶王的身世，以及在大寺建造布薩堂[48]與佛塔的過程，還有阿婆耶王死後的內容，由此可知，《大史》充滿了許多《島史》沒有的記載。

相較於《島史》完全沒有說明杜圖伽摩尼阿婆耶王的身世，《大史》將他定位為天愛帝須王之弟的嫡系子孫[49]。《島史》已將天愛帝須王定位為世界第一位國王摩訶三摩多與釋迦族的後裔，而《大史》也繼承了這點，因此《大史》重新將阿婆耶王定義為摩訶三摩多王與釋迦族的後裔。

相較於《島史》以十偈[50]說明杜圖伽摩尼王建造大寺的布薩堂與佛塔的過程，《大史》透過整整五章的篇幅[51]說明，全書的精華也濃縮在這五章之中。《大史》除了提到摩哂陀長老預言阿婆耶王將建造布薩堂與佛塔之外，也追加描述了阿婆耶王決心建造的過程[52]，也透過摩哂陀長老的權威賦予阿婆耶王所建的布薩堂與佛塔正統的地位[53]。

此外，《島史》與《大史》在阿婆耶王死後的記載也大不相同。《島史》以一偈說明阿婆耶王死後轉生為兜率天[54]，《大史》則透過一整章的篇幅提到阿婆耶王命令繼任國王的弟弟完成尚未建造完畢的佛塔，以及維護佛塔和對出家教團多行布施之後，巡視了三次佛塔，並朝著佛塔與出家教團行禮才過世。過世之後，轉生為兜率天，成為彌勒的第一弟子[55]。

透過上述的編撰作業之後，《大史》強調斯里斯卡的無畏山寺與祇多林寺只是從佛教正統大寺分出去的支派（法），也提到世界第一位國王摩訶三摩多的後代杜圖伽摩尼阿婆耶王將佛滅之後，由龍王守護的佛舍利（佛）納入佛塔，以及建造布薩堂（外護者）的歷史。摩訶男也因為《島史》缺乏「佛」、「法」與「外護者」這三點，認為大寺的正統性高於《島史》。

其他人物

天愛帝須王

前二五〇—前二一〇年在位。根據《島史》的記載，他是世界最初之王摩訶三摩多王的後代，也是娶了釋迦族卡恰那為妻的般度婆蘇提婆王的玄孫，更是斯里蘭卡之王。在狩獵途中遇到摩哂陀之後皈依佛教，並將大雲林園捐給摩哂陀的出家教團與建造了大寺。儘管不是史實，但《島史》特別強調了天愛帝須王與阿育王關係匪淺。根據《島史》的記載，天愛帝須王收到了阿育王的禮物，舉行了第二次的即位儀式，也向阿育王之子摩哂陀長老皈依。之後還建造了大寺，以及邀請阿育王之女僧伽蜜多將菩提樹的樹苗帶到斯里蘭卡的大寺。

摩哂陀

前三世紀左右。根據《島史》的記載，他雖然是阿育王的王子，卻選擇出家，成為目犍連子帝須的弟子，全面繼承結集之後的教誨。之後又遠渡斯里蘭卡傳揚佛教。在接受天愛帝須王的皈依之後，成為大寺的開宗祖師。

杜圖伽摩尼阿婆耶王

前一六一—前一三七年在位。斯里蘭卡王。打敗了從南印度率兵攻打斯里蘭卡的坦米爾人伊拉羅王，統一了斯里蘭卡。現今在斯里蘭卡當地仍被奉為從僧伽羅人手中奪回王權的英雄。斯里蘭卡統一之後，便與大寺建造了被稱為大塔的巨大佛塔以及利用九層青銅建造的布薩堂。

摩訶舍那

二七六—三〇三年在位。斯里蘭卡王，也是喬陀阿婆耶王（二五三—二六六年在位）的王子。從其兄逝多帝須王（二六六—二七六年在位）繼承王位之後，建設了運河與多達十六個蓄水池。根據《大史》

的記載，他與僧伽密多長老（三世紀左右）聯手保護無畏山寺與鎮壓大寺，但後來在部下的諫言之下悔過，之後又與帝須長老（三世紀左右）聯手，將大寺打入冷宮，並在大寺鄰近之處建造祇多林寺。因此《大史》將他形容成「毀譽參半」的人物。

維闍耶巴忽一世

一〇五五－一一一〇年在位。斯里蘭卡王。乳名為克爾蒂（Keerthi）。出生於斯里蘭卡南部的他，年紀輕輕就登上帝位，也將南印度朱羅王朝的勢力趕出斯里蘭卡，奪回古都阿努拉德普勒，統一了斯里蘭卡。除了鎮壓叛軍、鞏固國防之外，還將波隆納魯沃定為首都，修復與新增多處蓄水池，修建道路，讓荒廢許久的法院復活，以及整頓社會制度。此外，他曾派遣外交大使前往緬甸，將長老請到斯里蘭卡，以及出家受戒，闡揚三藏與三藏的注釋書，盡力復興在戰亂之中式微的佛教。

波羅迦摩巴忽一世

一一五三－一一八六年在位。斯里蘭卡王。出生於南斯里蘭卡領主的家庭，統一了自維闍耶巴忽一世之後分裂的斯里蘭卡。除了向關係破裂的緬甸蒲甘王國發兵，也應南印度潘地亞王朝的要求派遣援軍，幫助潘地亞王朝平定國內叛軍。除了軍事之外，也致力於整建蓄水池、運河與社會基礎建設。雖然當時的斯里蘭卡共有大寺、無畏山寺、祇多林寺這三個出家教團，但他卻讓這三派融合，實質上就是讓其他兩派歸入大寺派，由無畏山寺與祇多林寺傳承的大乘經典便在斯里蘭卡消失。

注釋

1. 據傳建造於三、四世紀的阿努拉德普勒祇多林寺碑文提到了以僧伽羅文指稱大乘的稱呼。
2. 根據出家者的規則，每個出家教團都達到該境界，出家者必須每個月兩次參加所屬出家教團的儀式。在阿努拉德普勒的出家教團還只有一個的時候，來自多個僧院的出家者應該是聚在一起舉行儀式，但是分裂成多個出家教團之後，便於各僧院舉行儀式。
3. 由於《島史》提到了四世紀初期在位的摩訶舍那王，所以不太可能是在四世紀之前寫成。《島史》曾多次於《律注》之中引用，其中有兩次是連同書名一併被引用（*Samantapāsādikā* I 74,75-76），另外四次（ibid. 34-35, 70, 71, 76）的引用則沒列出書名。一般認為，《律注》是在四三三—四四七年之中的某兩年編撰而成，由此可以得知，《島史》應該是在四世紀寫成，最晚不會超過五世紀初期。
4. 在正統教誨的傳承系譜之中，說一切有部與大眾部都提到正統的教誨，所以《島史》不具獨特性，但就正統教誨於「其他部派有缺陷」的這種排他性，以及只與斯里蘭卡大寺這個僧院有關的固定性來看，《島史》有其獨特性。
5. 關於《島史》的編撰細節可參考馬場紀壽，〈斯里蘭卡史書的誕生〉，《東方學》一三三（二〇一七年a）。
6. 本章是基於確定為覺音作品的《清淨道論》與四部注所寫，只要這些作品仍得到認同，便利用不為覺音所作的作品討論覺音。
7. 說一切有部的文獻《大毘婆沙論》（大正新脩大藏經版「大正」二七、九〇四上一八：諸方言辭）、《俱舍論》（大正二九、一四二上二六—二七：方言詞）、《順正理論》、《顯宗論》（大正二九、七五一上二二—二三，大正二九、九五九中六—七：諸方域俗聖言詞）都提到聖者應該通曉（詞無礙解）「各地的語言」。不過，《大毘婆沙論》根據四天王的故事提到佛陀通曉各種語言的時候，也提到「如來只會說雅利安語，不會說其他的語言」（大正二七、四一〇中，大正二八、三〇七上）。

8. 西元五世紀的無著所著的《大乘阿毘達磨集論》提到聖者（菩薩）的語言能力（詞無礙解）為「諸方言音」（大正三一、六九一中二—三），《大乘莊嚴經論》則認為聖者的語言能力為「異土言者」（大正三一、六四二中九）。

9. 《解脫道論》將聖者的語言能力定義為對於「法」的分析知（大正三二、四四四下）。因此，《清淨道論》的見解並未承襲《解脫道論》，而是覺音對大寺派獨特的見解。

10. 大寺派巴利語主義的形成過程可參考馬場紀壽，〈上座部大寺派巴利語主義〉，《巴利學佛教文化學》二九（二〇一五年）。

11. 馬場紀壽，《初期佛教——探索佛陀的思想》（岩波新書，二〇一八年）。

12. Udāna 80, Itivuttaka 37, Visuddhimagga 509: atthi bhikkhave ajātaṃ abhūtaṃ akataṃ asankhataṃ. 由於這句在《解脫道論》沒有，所以不是從《解脫道論》再次引用，而是覺音為了強調自身言論的正統性所引用的內容。

13. 根據《律藏》的記載，佛陀曾直言女性與男性都能達到解脫的境界，但是在接受弟子阿難陀的請求，承認女性出家之後，也提到原本能持續「一千年」的「正法」將只能持續一半的時間。這種說法若以現代的觀點來看，絕對是「政治不正確」的言論，但之所以會如此發言，或許是因為出家教團為平等的自治組織所致。在不允許男性出家者與女性出家者一起住的古代印度，承認女性出家的話，出家教團勢必分裂成男性出家教團與女性出家教團。換言之，「正法」恐將無法再一脈相傳。佛陀在承認女性出家之際所設置的「八敬法」讓女性出家者的地位低於男性出家者。雖然這也是「政治不正確」的規則，但是這項「八敬法」也讓女性出家教團既是自治組織，又不會完全獨立於男性出家教團。

14. 渡邊章悟，〈大乘佛典的法滅與授記的任務——以般若經為主軸〉，桂紹隆他編，《大乘佛教叢書 第二卷 大乘佛教的誕生》（春秋社，二〇一一年）。

15. 《大毘婆沙論》提到佛滅後「五百年」為解脫堅固的時期，「正法將會消滅」（大正二七、九一八上）。這個「一千年」的解釋也被世親的《俱舍論》繼承（大正二九、一五二中）。

16. 《根本說一切有部毘奈耶雜事》提到「正法在世合滿千年」（大正二四、四〇五上七）、《雜阿含》第六四〇經也提到「我之教法則千歲不動」（大正二、一七七中二三）。

17. 《律注》（*Samantapāsādikā* VI 1291）、《長部注》（*Sumaṅgalavilāsinī* III 899）、《相應部注》（*Sāratthappakāsinī* II 173）都明確提到佛滅後「五千年」為正法存續的期間。

18. 《發智論》（大正二六、一〇一八下）。這個見解對說一切有部之後的所有論書造成深遠的影響。

19. 《彌蘭王問經》針對「正法的消滅」提到「悟得」「實踐」「象徵」這三種消滅（Milindapañha 130-134），沒有提到作為「正法」基準的「三藏」。

20. 關於「正法」的部分，《相應部注》（*Sāratthappakāsinī* II 202）與《增支部注》（*Manorathapūraṇī* I 91-92）都認為只有作為「教法」的三藏才是基準。本節的細節可參考馬場紀壽，〈覺音的正法存續論〉，《東洋文化研究所紀要》一七九（二〇二一年）。

21. 馬場紀壽，〈重新考證小部的成立——與說一切有部的比較研究〉，《東洋文化研究所紀要》一七一（二〇一七年b）。

22. 「佛陀的話」（buddhavacana）常譯為「佛說」或「佛語」，但在覺音的作品之中，「buddhavacana」指的是由促進第一次結集的上座制定架構與範圍，後於其他次結集傳承的正統佛典，所以這個「buddhavacana」除了是指「釋迦牟尼」所說的話，也包含佛弟子與眾神所說的話。

23. 「佛陀的話」在《律注》（*Samantapāsādikā* I）、《法集論注》（*Atthasālinī*）之中的定義幾乎完全一致，只有些微的出入（出處皆為Pali Text Society版）。《律注》在進入內文的注釋之前，先於序文提到「《律藏》是由誰、在何時與何處宣揚」，所以針對《律藏》的由來說明了第一次結集到第三次結集，以及佛教傳入斯里蘭卡，以及《律藏》代代相傳的歷史，也於第一次結集的內文說明了「佛陀的話」的定義。《長部注》為了說明《長部》第一經〈梵網經〉的第一句（evam me sutaṃ）是阿難陀於第一次結集所說的話，花了很多的篇幅說明第一次結集，也於其中提到了「佛陀的話」的定義。《法集論注》在進入內文的注釋之前，於序文說明了「阿毘達磨」是什麼，也主張阿毘達磨就是佛說。其中提到，佛陀是最初的阿毘達磨論者（Ābhidhammika），同時有點離題地提到了「佛陀的話」的定義，之後又拉回主題，繼續討論「阿毘達磨」。

24. *Samantapāsādikā* IV 742-743, *Sāratthappakāsinī* II 201: *vetullapiṭakan ti idaṃ abuddhavacanaṃ*⋯.

25. 馬場紀壽，〈重新考證小部的成立——與說一切有部的比較研究〉。

26. 梵語碑文記載了「上座部」（sthāvirīyanikāya），所以「sthāvirīya」作為部派名使用當然不容質疑。

27. 佛教學者前田惠學認為Theravāda Buddhism這個概念不該譯為「上座部佛教」，而是該拿掉其中的「部」，直接譯為「上座佛教」。不過，不管是「theriya」還是「theravāda」，都是部派的意思，所以不譯為「上座部」，只譯為「上座」是明顯的誤譯。因此，完全不需要拿掉「上座部佛教」的「部」。

28. 在《島史》之中，「theravāda」為單數形的時候，指的是在第一次結集由「五百位上座整理的法與律」，也就是所謂的「上座說」，但是當「theravāda」為複數形的時候，就是形狀複合詞（bahuvrihi），指的是擁有「上座說的每個人」，也就是具有集團性質的部派。若是在當成部派名使用的前後文脈之中，這個詞就該譯為「上座說部」，與「上座部」這個部派名稱意思相同。

29. 意思為「上座的結集」的「therikā」是「上座部」原文「theriya」的同義語。

30. 《律注》、《長部注》、《法集論注》都曾針對第一次結集提到「摩訶迦葉長老讓十力（佛陀）的教誨得以存續五千年」（*Samantapāsādikā* I 30. 6-8; *Sumaṅgalavilāsinī* I 25. 15-17; *Atthasālinī* 27. 30-32: *Mahākassapatherena Dasabalassa sāsanaṃ pañcavassasahassaparimāṇaṃ kālaṃ pavattanasamatthaṃ kataṃ*）。繼承這句話的《大史》也提到「摩訶迦葉長老讓這個善逝（佛陀）的教誨可存續五千年」（*Mahāvaṃsa* Chap. 3, v. 38: *Mahākassapatherena idaṃ sugatasāsanaṃ/pañcavassasahassāni samatthaṃ vattane kataṃ//*）。

31. 大寺有時會將「上座部」與「分別說部」這兩個部派名稱寫在一起。就連覺音也會使用「上座的」（上座部）或是「擁有分別說的」（分別說部）修飾「住在大寺的人」。後者指的是目犍連子帝須於第三次結集闡釋的分別說，所以這兩者都是與結集有關的稱呼，也說明了大寺派的傳統與一連串的結集有關。

32. 馬場紀壽，〈陀羅尼遠渡海的另一端——斯里蘭卡的經典傳播與東亞的佛教文化〉，羽田正編，《全球歷史與東亞史》（東京大學出版會，二〇一六年）。

33. 達磨波羅在繼承「全部都是佛陀的教誨」的定義之後，將心力放在從「法」與「經」的角度統整「全部都是佛陀的教誨」這件事。

34. 達磨波羅替《導論》這本覺音未納入三藏的論書寫了注釋書，也替《導論注》這本自著寫了注釋。由於達磨波羅將《導論》定義為「佛陀的話（三藏）的注釋」，所以達磨波羅肯定認為《導論》並非「佛陀的話」，只是「針對佛陀的話所寫的注釋」。

35. 關於《大史》繼承了《島史》的哪些基本特徵可參考馬場紀壽，〈斯里蘭卡史書的誕生〉。

36. 《島史》第一章第五偈。

37. 《大史》第一章第二偈。

38. 《大史》提到代表無畏山寺派的「法喜派」與代表祇多林寺派的「薩伽利耶派」都是從上座部分裂的部派（第五章第十三偈）。

39. 《大史》第三十三章第九七—九八偈。

40. 《大史》第三十七章第三三偈。

41. 《島史》第二章第五八偈、《大史》第一章第八一偈。

42. 《大史》第三十一章第十七—十九偈。

43. 《大史》第三十一章第二一—二四偈。

44. 《大史》第三十一章第二五—二九偈。

45. 《大史》第三十一章第三〇—六八偈。

46. 《大史》第三十一章第七二—一二六偈。

47. 《大史》第二十二—三十二章。

48. 單一教團的成員，也就是出家者要每個月兩次舉行布薩，也就是聆聽波羅提木叉（出家者生活規律）的儀式。

49. 《大史》第二十二章第一—七三偈。

50.《島史》第十九章第一—十偈。

51.《大史》第二十七章第一偈—第三十二章第六偈。

52.《大史》第二十七章第一—十偈。《大史》第十五章第一六六—一七二偈也提到，摩哂陀曾向天愛帝須王預言，杜圖伽摩尼阿婆耶王將建造佛塔這件事。

53.在《島史》之中，佛受重視的大寺聖地為菩提樹，但是在《大史》之中，除了菩提樹是大寺聖地之外，佛塔與布薩堂也都是大寺重要的聖地。摩訶男之所以擴充阿婆耶王的傳記，應該是從歷史來看，佛塔與布薩堂都足以稱為聖地。

54.《島史》第十九章第二十三偈。

55.《大史》第三十二章。

追記：拙著《佛教的正統與異端——巴利語大都會圈的形成》（東京大學出版會，二〇二一年）雖有部分與本章重複的內容，但前者是為了寫成單行本而整理的內容，後者則是為了撰寫《亞洲人物史》而整理的內容。此外，關於「摩訶舍那」、「維闍耶巴忽一世」、「波羅迦摩巴忽一世」的內容，是部分修正拙稿（《岩波 世界人名大辭典》（岩波書店，二〇一三年）再引用的內容。

巴利語文獻全部都使用 Pali Text Society 版，漢譯佛典則都使用大正新脩大藏經版。

參考文獻

馬場紀壽，《上座部仏教の思想形成——ブッダからブッダゴーサへ（上座部佛教的思想形成——從佛陀到覺音）》，春秋

社，二〇〇八年

馬場紀壽，《仏教の正統と異端——パーリ・コスモポリスの成立（佛教的正統與異端——巴利語大都會圈的形成）》，東京大學出版會，二〇二二年

森祖道，《パーリ仏教註釈文献の研究——アッタカターの上座部的様相（巴利語佛教注釋文獻的研究——義注的上座部樣貌）》，山喜房佛書林，一九八四年

Heim, Maria, *The Forerunner of All Things: Buddhaghosa on Mind, Intention, and Agency*, New York: Oxford University Press, 2014.

Heim, Maria, *Voice of the Buddha: Buddhaghosa on the Immeasurable Words*, New York: Oxford University Press, 2018.

第三章 英雄做著聖人之夢
——五胡十六國時代 霸者的榮耀與挫折

佐川英治

前言

一次敗北，足以讓猶如旭日東升之勢的大帝國分崩離析。若問在中國歷史之中有沒有如此戲劇性的命運之戰，恐怕再沒有比淝水之戰更符合的例子了。

四世紀中葉前秦成立，其君王苻堅雖然出身氐族，卻成為中華之王，在短短六年之內便滅掉四個國家，統一了華北地區，從東晉手中奪走四川，創造了宏偉的帝國，讓周邊小國無不爭相朝貢，其威名甚至傳入印度與中亞，讓六十二國的國王派遣使者，造訪前秦的首都長安。儘管當時的江南還有漢人政權的東晉殘存，但隨著前秦帝國的聲勢日漸高漲，東晉的孤立早已不言可喻。

不過，苻堅的盛世猶如曇花一現。在統一華北的七年後，也就是三八三年，苻堅動員一百萬名士

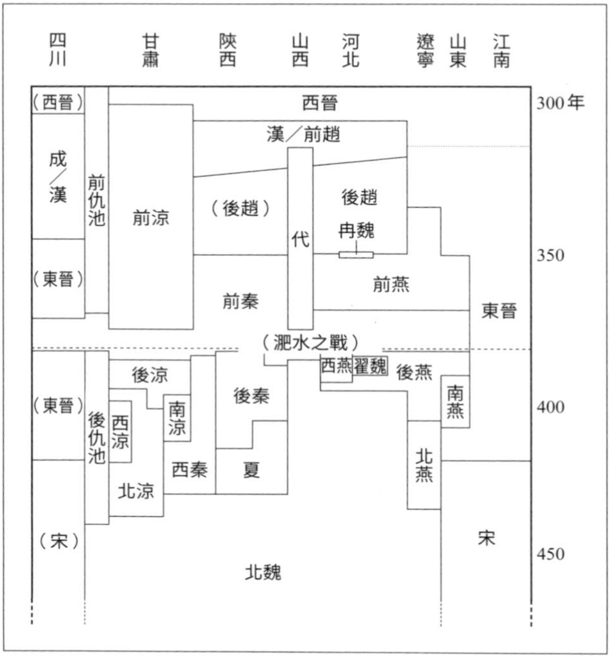

五胡十六國興亡表

兵，打算一舉征服東晉，沒想到就在準備一統天下之際，卻在淝水河畔被僅有八萬名士兵的東晉擊潰，帝國因此瓦解，苻堅也在逃亡之際被他所器重的臣子所擒，最終還落了被勒死的下場。

分裂與統一

魏晉南北朝這個夾在秦漢與隋唐大一統國家之間的時代，往往被貼上長期分裂的標籤。

更何況自西晉滅亡，進入充滿華貴氣息的北魏時代之後，許多國家在後續的一百多年之內不斷興亡更迭，就算是中國歷史的專家，也很難通曉這段歷史。

不過，即使時代如此動盪，每個人心裡都還記得那個大一統的中國。若合併西漢與東漢的時間，漢朝延續了四百年左右，而那段屬於大帝國的穩定與繁榮的記憶在漢朝滅亡之後，並未立刻成為過去。在《三國志》之中，最為知名的魏、蜀、吳都以繼承漢朝的王朝自居，也將復興帝國視為使命。

由魏國名將司馬懿（仲達）之孫司馬炎創立的西晉在二八〇年滅吳，讓天下回歸一統。不過，西晉在八王之亂這場內亂爆發後，陷入分裂的局面。三〇六年，身為四川東部土著巴人的李雄於四川創立成（成漢），三〇八年，出身匈奴的劉淵創立漢（之後的前趙），也正式揭開五胡十六國的帷幕。西晉在首都洛陽與長安被劉淵創立的漢奪下後滅亡，皇族後裔的司馬睿則於今日南京的建康重建王朝，這個王朝就是「東晉」。

進入五胡十六國的時代之後，有許多民族爭相建國，其中最具代表性的民族便是鮮卑、匈奴、氐、羯與羌，也就是俗稱的五胡，不過這五胡絕非印象中的「侵略者」，而是世代定居於中國的移民後代，因此他們除了擁有源自血脈的民族意識之外，也認同自己是中國人。一如匈奴的劉淵立國號為「漢」，他們都繼承了復興漢朝的理念。

另一方面，創建東晉的也是與司馬氏一起從華北逃至江南的移民。對這些移民來說，江南不過是一時的避難之處，華北才是難以割捨的故鄉。雖然我們將天下一統時代的晉稱為「西晉」，以及將逃至江南避難的晉稱為「東晉」，但這不過是後世為了方便區分所使用的稱呼，事實上從頭到尾都只有一個晉朝，而這個晉朝也懷抱著有朝一日，定要恢復大晉帝國的使命。

歷史的轉捩點

由於長治久安的漢朝持續了四百多年，讓每個人都認同自己是「漢人」，但是當長安與洛陽的文化往周邊地區滲透後，便推動了這些地區的發展，也喚醒了周邊民族的自我意識。此外，誕生於印度的佛教在此時傳入中國，也抓住了大眾的心，所以在進入南北朝時代之後，便出現虔誠信奉佛教，自稱佛弟子的皇帝。

中國歷史學者雷海宗將長達數千年之久的中國歷史分成兩大時期，第一個時期是在文明誕生之後，統一中國的秦漢帝國出現，古典文化於繁盛的帝國之下形成與逐步衰退的「古典中國」，第二個時期則是在外部的遊牧民族與佛教思想的影響之下，「胡漢混合」、「梵華融合」逐步成形，最後發展出現代中國文化的「綜合的中國」。讓中國從第一個時期進入第二個時期的最大轉機就是淝水之戰。這種區分時代的方式與東洋史學泰斗內藤湖南[1]提出的見解也相去不遠。內藤湖南認為，中國的歷史應可分成三個時代，第一個時代是從中國的信史開始到東漢中期，也就是中國文化逐漸向外擴展的時代（古代），第二個時代是東漢後期到西晉這段發展停滯的時代（過渡期），最後則是從五胡十六國到唐朝中葉這段外部勢力進入中國內部的時代（中世）。

換言之，苻堅是在歷史變遷期登場，為古代保留最後一絲光芒的人物。在他敗北之後，一段時代也隨之落幕。到底他是為何而戰，又是為何敗北？就讓我們從苻堅與相關人物的生涯，一起見證歷史的轉捩點吧。

苻　堅（三三八—三八五年）

一、漫長的歸途

由於苻堅原姓「蒲」，就讓我們暫時稱他為蒲堅吧。蒲堅出生於三三八年的後趙首都鄴（今河北省邯鄲市）。其母苟氏在郊外漳水河畔的西門豹祠祈子後，於夢中與神明交合，之後便懷胎十二個月生下蒲堅。據說蒲堅出生之際，整個庭院神光滿盈，蒲堅的背後還出現貌似「草付臣又土王咸陽」這幾個文字的紅色胎印。由於「草付」為「苻」，「臣又土」為「堅」，所以這幾個字暗示了「苻堅將成為咸陽之王」。咸陽曾是秦朝的首都。據說苻堅生有垂手過膝、目帶紫光之相，而垂手過膝是所謂的帝王之相，創立蜀國的劉備也擁有此相。蒲堅的祖父蒲洪便開心地替這個孩子取了「堅頭」這個乳名。

蒲洪原是定居於現今甘肅省天水市秦安縣附近的氐人。雖然這裡是黃土高原的偏遠地區，卻也是從天水往西，前往蘭州的交通要衢。如果是熟悉《三國志》的人，應該會聯想到蜀國諸葛亮「揮淚斬馬謖」的故事，因為這裡就是那場街亭之戰的地點。

蒲洪的父親是在這個地方率領小型氐族的族長。氐族是分布於現代中國西部，像是陝西省、甘肅省、四川省的藏族，過著半農半牧的生活，語言與習俗也與羌族幾乎重疊，但應該比羌族更熟悉漢語與中國文化。

擅長策略與聲望極高的蒲洪在西晉首都洛陽被漢的劉聰攻陷後，便散盡家財，召集人馬，被各部落之長擁戴為盟主。劉聰死後，漢的劉曜遷都長安，蒲洪便歸順劉曜，受封率義侯[2]。不過，漢的將軍石勒在打敗劉曜之後便往西進逼，蒲洪也順勢歸順石勒，受封冠軍將軍，負責治理西域。

石勒建立的國家稱為後趙，首都為襄國（今河北省邢臺市）。石勒原本是住在山西的羯人，後來成為劉淵的將軍，幫助劉淵平定華北東部。劉淵死後，為了與劉曜對抗而創立後趙，之後總算滅掉劉曜，建立統治華北大部分地區的強國。

石勒死後，改由族人石虎率領後趙。石虎率軍逼進長安之後，蒲洪便率領二萬戶氐族同胞投降石虎，也提出一個建議。那就是讓關中的在地勢力與氐族、羌族移居鄴。這項策略稱為「強幹弱枝」，就是透過強制遷居的方式削弱地方勢力，增加中央人口的方案。在五胡十六國的時代，這類強制遷居的政策十分常見，有時規模可達數十萬人，甚至是數百萬人。不過，一旦移民成為四處流竄的流民，治安就會跟著敗壞，所以要讓移民落地生根，領袖就必須具有超凡的領導能力。蒲洪向石虎毛遂自薦後，便移居鄴，成為流民都督。流民都督是率領以流民為軍團主力的軍職。抓住機會，飛黃騰達的蒲洪在移居五年之後，成為統率五胡兵力的都督六夷諸軍事。順帶一提，「六夷」與「五胡」一樣，都是異族的統稱，但「六夷」比「五胡」的說法更為普及。

鄴是位於漳水從黃土高原流入河北平原的必經城市。自古以來，鄴都不斷地受到洪水侵擾，但是到了戰國時代之後，西門豹治水成功，讓漳水成為灌溉用水，這一帶也成為五穀豐收的糧倉地帶。進入東漢群雄割據的時代之後，群雄之一的袁紹便以鄴為根據地，後被曹操[3]所奪，成為魏國首都。西晉左思的〈三都賦〉，曾詠嘆鄴的繁榮足以與吳國的建業（日後的建鄴、建康，今南京）以及蜀國成都媲美。順帶一提，左思的〈三都賦〉就是「洛陽紙貴」這個典故的起源。石虎在鄴建造了宏偉程度更勝當年的宮殿，其奢華程度甚至寫成《鄴中記》，就此流傳後世。

蒲堅自小居住的鄴在當時是足以與東晉首都建康並駕齊驅的中國第一城市，也是民族的大熔爐。當時的社會對宗教的接受度很高，所以來自西域的佛僧佛圖澄在石虎的庇護之下推廣佛教，任何人都能成為僧侶。雖然石勒不識字，但是石虎卻通曉儒教經典，也努力振興儒學。

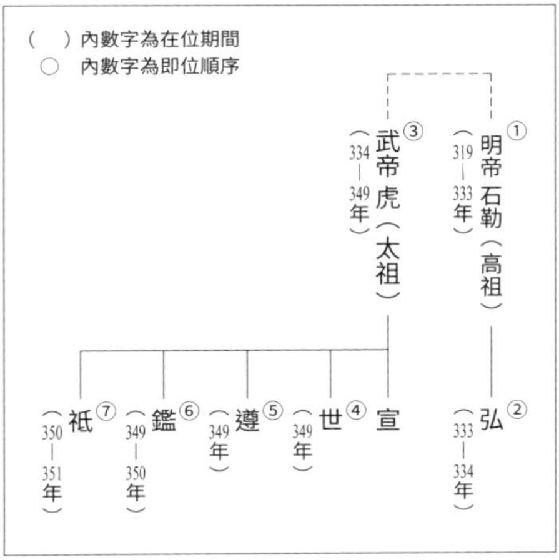

石氏（羯、後趙）世系圖

自幼聰明的蒲堅在七歲的時候，就能從他人的一舉一動察覺其真正的意圖。在石虎麾下擔任司隸校尉的徐統善觀人相，當他看到在路旁玩耍的蒲堅之後，便發現蒲堅有「霸王之相」。日後再次看到蒲堅的徐統便下車，偷偷在蒲堅耳邊說：「雖然你將來非富即貴，可惜屆時我已經不在人世。」結果蒲堅回答：「假若如此，我必不忘你的恩德。」當八歲的蒲堅展現向學之心，祖父蒲洪便開心地說：「氐人之前總給人一種愛飲酒作樂的印象，到了你這一代，總算開始對學問有興趣了。」

三四九年，蒲堅十二歲的時候，蒲洪受命管理關中，

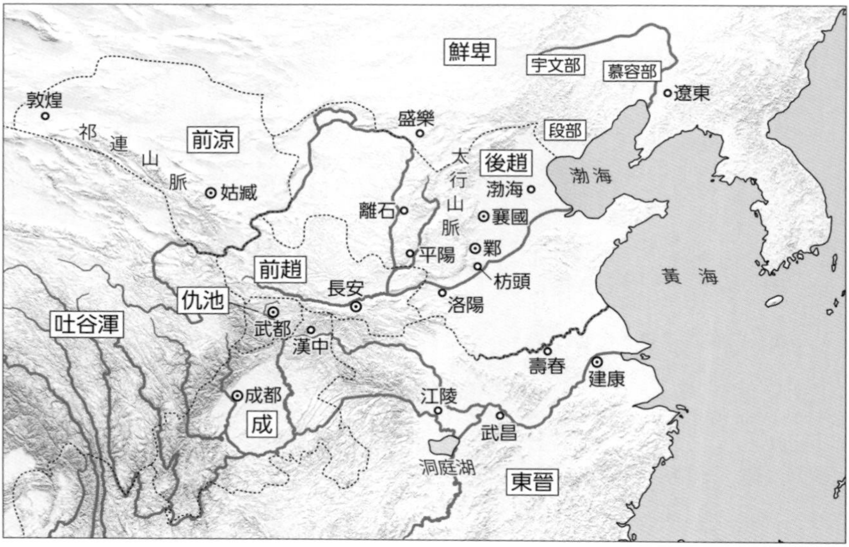

五胡十六國前期的中國

率領全家與部落前往長安赴任。但石虎也於這一年逝世，而徐統則在感嘆「世道紛亂，我已不想再戀棧」之後飲毒自殺。石虎之子石世即位後，隨即被同父異母的哥哥石遵率兵奪走皇位，蒲洪也因此被解任。怒不可遏的蒲洪便返回鄴都，留在距離鄴南方七十公里的枋頭（今河南省鶴壁市）。

過沒多久，將軍冉閔（石虎的養子石閔）便殺掉石遵，將石虎之子石鑑當成傀儡，在背後操弄權力。身為漢人的冉閔在禁止與胡人爭鬥之後打開鄴的城門，也宣布「與國同心者留，與國不同心者去」，結果一大堆想要進城的漢人與想要離城的胡人全湧至城門，場面也因此陷入混亂。擔心胡人成為後顧之憂的冉閔決心屠殺胡人，也以胡人的首級為懸賞，導致胡人不分男女老少，總共多達二十萬人被屠殺。其中有不少人因為「高鼻多鬚」，也就是鼻梁很高、鬍鬚很濃而被殺。想要西歸的流民也因此紛紛從鄴逃到留在枋頭的蒲洪麾下，蒲洪的集團也因此膨脹至十萬人的規模。

石氏的混亂為蒲洪打開了兩條路。一條是北上打倒占據鄴的冉閔，取石氏而代之。蒲洪派遣使者前往東晉後，從東晉獲得掌管河北軍政與民政的官職。此舉雖然只是為自己找一個後盾的權宜之計，但蒲洪的確想過取代石氏成為皇帝，甚至誇下海口「我奪取天下，應比漢高祖容易」。

另一條路則是返回關中，自立為王，這也是湧入蒲洪麾下的流民所希望的事。因此蒲洪便自稱大單于、三秦王。單于是匈奴王的稱號，但自從匈奴臣服漢朝，地位就低於皇帝，而在當時統率六夷的最高官職為大單于。三秦則是以秦朝首都咸陽以及漢朝首都長安為核心的關中地區，所以三秦王就是治理關中人民之王的意思。

雖然關中在秦朝與西漢時代是帝國的核心地帶，但是當東漢遷都洛陽，人口銳減，羌人與氐人也趁機湧入關中。人口遷移的結果間接導致關中的非漢人人口增加，漢人也無法再於當地發號施令。西晉末年，提倡排斥移民的江統寫了〈徙戎論〉（迫使戎狄遷徙的言論）。其中提到了「關中之人百餘萬口，率其少多，戎狄居半」。蒲洪之所以自稱大單于與三秦王，便與關中錯綜複雜的民族交雜情況有關。

到底是該前往鄴，奪取帝位，還是退回關中，觀察情勢呢？據說煩惱不已的蒲洪甚至為此求神問卜，也就是在這個時候得到「苻將稱王」的神諭，而將自己的姓由蒲改成苻，自此便改用苻姓。

或許是苻洪的舉棋不定讓人覺得有機可趁，在參加某次宴會時，苻洪被後趙將軍麻秋下毒。苻洪臨死前在床榻對其子苻健這麼說：「中原不是你兩兄弟能夠覬覦的地方，但是關中卻是能守得住的地方。等我死後，便退回關中吧。」說完這番話之後，苻洪便閉上雙眼，結束了六十六年的人生。

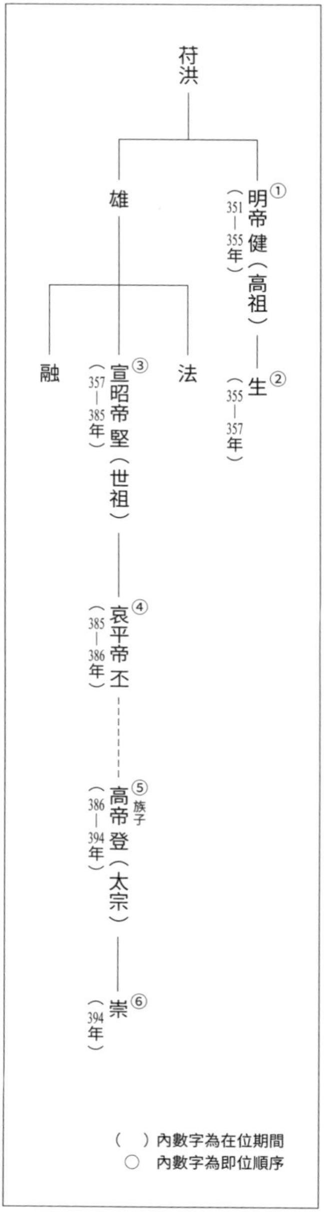

苻氏（氐、前秦）世系圖

苻洪死後，年長的苻健帶領其他兄弟前往關中，而苻健最為信任的左右手便是弟弟苻雄，而苻雄即為苻堅的父親。受苻健之命擔任開路先鋒的苻雄在拿下潼關之後，便占領了長安，而苻健則於西元三五一年正月（以下日期皆為舊曆）自稱天王、大單于，建立秦國，並於隔年正月稱帝。為了與秦始皇的秦朝，以及在淝水之戰結束後，由羌人姚氏所建立的秦（後秦）區分，史稱由苻健創立的秦為「前秦」。苻健授予苻雄東海王的爵位，也讓苻雄擔任百官之長的丞相。

苻堅來到長安這個讓他日後有機會大展身手的舞臺之際，正是他十五、六歲的時候。

二、混亂的時代

後趙瓦解後，華北的勢力版圖變得更加錯綜複雜。

位於後趙東北地區的遼河流域原本是鮮卑的地盤，段部、宇文部與慕容部這三個部族也在這裡展開一場又一場白熱化的戰爭。慕容部在接受來自中原的難民後，比其他兩個部族更早接觸中國文化，到了慕容皝的時代之後，慕容部便吞併了段部與宇文部，成為後趙的勁敵，同時也歸順東晉而受封燕王。為了與淝水之戰結束後，由慕容氏復興的多個燕國（後燕、西燕、南燕）區分，通常稱此時的燕國為「前燕」。

三四八年與三四九年，慕容皝與石虎相繼逝世。前燕這邊由太子慕容儁順理成章地繼承所有權力，後趙則如前述，陷入完全的混亂。見到後趙陷入動亂的慕容儁便發兵南下，於三五二年滅了占據鄴的冉閔，將河北納入版圖後，便對東晉產生不臣之心與稱帝，從龍城（今遼寧省朝陽市）遷都薊（今北京）。不過，今日的山西省與河南省一帶，在當時多為後趙將軍的根據地。

至於北方一帶，匈奴的部族與鮮卑的部族雖然不斷爭鬥，但是鮮卑拓跋部創立了代國，而代國之王什翼犍迎娶了慕容皝的女兒為妃，也於盛樂（今內蒙自治區呼和浩特市和林爾縣）建都，一邊吸收中國文化，一邊整頓國家的制度。

在西方一帶，漢人張氏以姑臧（今甘肅省武威市）為據點，世襲晉朝涼州刺史（刺史為管理州的長官）一職，將絲路的入口握在手中。為了與淝水之戰結束之後出現的多個涼國（後涼、西涼、南涼、北涼）區分，通常稱此時的涼國為「前涼」。前涼原本一直堅守東晉之臣的立場，但是當石虎晚年派遣將軍麻秋攻打前涼後，前涼便陷入了危機。幸運的是，石虎之死與後趙的混亂讓前涼擺脫危機。前涼與成立不久的前秦作戰之後，成功擊退前秦西進甘肅的攻勢，立下如此軍功的涼州刺史張重華也因此被東晉加封為地位高於刺史的涼州牧。

石虎之死，對東晉也造成了重大的影響。三一八年，司馬睿（元帝）在建康復興晉朝（東晉）之際，華北一帶還有許多以東晉為正統，自願稱臣的勢力存在，但是這些勢力後來被石勒與石虎一一消滅，最終只剩下東北的前燕、西北的前涼以及西方的仇池國（前仇池）。不過，三四七年，東晉將軍桓溫滅掉四川的漢（國號從成改為漢），將長江上游納入東晉的版圖，完成了莫大的豐功偉業。之後，猶如天助一般，石虎於三四九年逝世，後趙陷入內亂，許多地方勢力紛紛尋求與東晉取得合作，前述的苻洪也是其中一人。

對東晉來說，這當然是收復中原的大好機會，但是位於建康的朝廷卻作出令人摸不著頭緒的反應。以江陵（今湖北省荊州市）為據點，鎮守長江中游的西府軍指揮官桓溫占據了進軍洛陽與長安的絕佳地理位置，也再三主張北伐，但是害怕桓溫功高震主的朝廷卻故意將殷浩扶植為桓溫的對手，命令殷浩率領建康的守軍北府軍北伐。

殷浩本想以後趙歸降的羌人姚襄所率領的流民集團為先鋒，藉此奪回洛陽，但是北伐三年後，不但沒有任何成果，還導致姚襄背叛，最終在遭受桓溫的彈劾後失勢，光復中原的期待也全部回到桓溫身上。

三五四年二月，桓溫率領四萬步兵與騎兵從江陵出發後，四月打入關中，直逼流經長安東側的霸水東岸。此時長安周邊的郡縣紛紛倒向桓溫，各處無不夾道歡迎桓溫的軍隊，老人紛紛感動落淚地說「沒想到還能活著見到官軍」。儘管前秦的苻雄所率的七千騎兵與皇太子苻萇麾下的三萬精兵奮力擋下桓溫的攻勢，但是苻雄卻在此役病死，苻萇也被流箭射死。

苻雄死後，年僅十七歲的苻堅便繼承東海王一位，而失去太子的皇帝苻健則立三男苻生為皇太子。三五五年，苻健離世後，年僅二十一歲的苻生即位。

遺憾的是，苻生是一喝醉就會亂殺人的暴君，而且苻健也曾經告訴他，只要有臣子不聽話就立刻處死，所以苻生也完全實踐了先帝的教誨。

登基第三年的苻生不僅不反省，還變本加厲，陸續處死近臣與重臣，此時東晉的桓溫則奪回姚襄占領的舊都洛陽，立下彪炳戰功。其實姚襄對洛陽的居民恩惠有加，不少洛陽士女反而更懷念姚襄。

羌人姚氏的故鄉與苻氏一樣，都位於甘肅省東南地區。此外，在石虎的時代，姚弋仲與苻氏一樣，曾率眾移居河北，等到後趙瓦解後，便成為流竄於各地的流民集團。姚弋仲的兒子姚襄被桓溫趕出洛陽之後，便從山西省移動至陝西省，入侵由前秦統治的關中，但是反被前秦擊退，姚襄也因此被殺，這股勢力便被前秦吸收，姚襄之弟姚萇後來便成為苻堅的將軍，得到一展長才的機會。

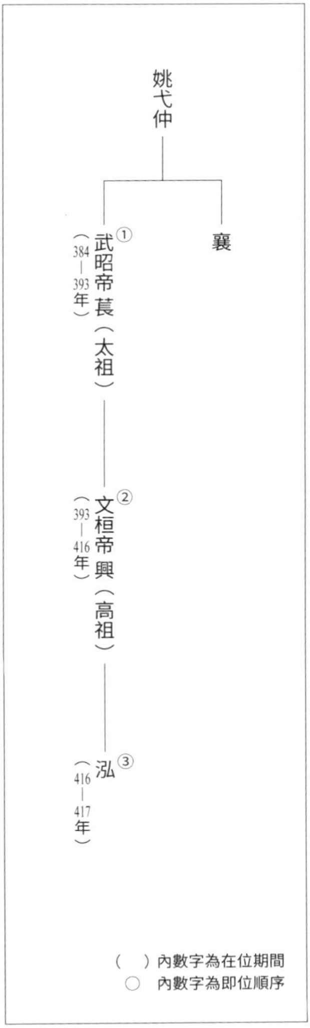

姚氏（羌、後秦）世系圖

三、開明君主登場

三五七年六月，苻堅與其兄苻法以及同伴決定發動政變，襲擊苻生的宮殿，沒想到宮殿的守軍居然毫不抵抗，於是苻堅一行人便長驅直入，成功政變，苻生被迫退位，降格為親王，之後又被處死。據說苻生臨死之際都還酩酊大醉，不省人事。

東魏楊衒之於六世紀所寫的《洛陽伽藍記》，描寫了北魏首都洛陽的繁榮，與當時的風俗文化。其中曾提到下列這個小故事。

某天，隱士趙逸來到洛陽。當他走到某處大宅門前時，深深嘆了一口氣說：「這裡在晉朝的時候是太康寺，曾有一座紅磚打造的三重塔立於此處……」，這座大宅的主人半信半疑地挖開庭院的地面，沒想到真的挖出幾十萬塊紅磚，以及描述太康寺建造過程的石碑。據說趙逸的年齡超過兩百歲，所以親眼目睹了西晉之後，每個王朝的興衰。

據趙逸所述，苻生的確非常勇猛善戰，也非常愛喝酒，卻是很有同理心的人，所以絕對不會濫殺無辜。苻生之所以被形容成窮凶極惡之徒，全是殺害苻生、奪取皇位的苻堅捏造的謊話，一切只是為了合理化自己的罪行，以及將自己塑造為賢君。

如今已無從得知苻生到底是怎麼樣的人物，不過，其父苻健曾被石虎重用，而石虎也常被史書被形容為手段殘忍的君主。也有史料指出，苻健自己曾用鋸子鋸自己的兒子。如此殘忍的苻健所選擇的後繼之君就是苻生，因此在石虎、符健與苻生身上，不難看到一脈相承的暴力傾向，也很難相信趙逸所說的

「苻生絕不會濫殺無辜」這句話。

話說回來，就算苻生是如此殘忍的人物，弒君在儒教的道德觀之中，仍是不忠不義的行為，更何況還篡位，所以苻堅難免受天下人非議。苻堅雖然即位，卻不自稱「皇帝」，而是自降一等稱「天王」，也讓其兄苻法擔任父親生前擔任的丞相一職。

苻堅之母苟氏身世不詳，但應該是來自實力堅強的氏族。苻雄死後，之所以跳過兄長苻法，由弟弟苻堅繼承王位，全是因為苻堅是苟氏之子。在苟氏眼中，年長又得人望的苻法是不容忽視的威脅，所以便與情夫李威設計陷害苻法，逼使苻法自殺。

對苻堅來說，這條血腥的即位之路充滿了愧疚；但是對當時歷經數代，好不容易從氐族族長成為中華霸主的前秦而言，的確需要急速世代交替。在許多人為此犧牲之後，建國不到七年的前秦便出現了年僅二十歲的賢君。

自稱天王的苻堅身邊有一位情同兄弟的人物，就是一生的夥伴王猛。王猛本是北海郡劇縣（今山東省壽光市）的漢人，後來移居河北。自幼家貧的王猛甚至得自己製作畚箕出售，才能幫助家裡度過難關。喜歡讀書與兵法的他曾前往鄴遊學，但無法融入都會的習氣，也為同輩的貴族子弟所輕。雖然這時候的王猛還是默默無名之輩，但他絲毫不以為意，躲進華陰的山中，等待值得自己輔佐的英雄到來。

華陰位於洛陽與長安之間，東邊還有一處名聞天下的關隘「潼關」。在這座「潼關」以西的地區稱為關西，以東的地區稱為關東，一旦進入戰時，潼關便成為決定天下歸屬的戰略要地。深諳兵法的王猛想必是知道，一旦天下大亂，潼關將成為兵家必爭之地。果不其然，東晉桓溫進軍關中之後便請來王猛，希望王猛加入陣營，但是王猛看穿桓溫之所以北伐，純粹只是為了抬高自己在東晉政局之內的聲望，並非真的想要一統天下，便斷然拒絕桓溫的邀請。

對王猛賞識有加的是苟氏的情人李威。雖然不知道李威的為人如何，但基於後述的一些事情，苻堅似乎視李威如父，在李威介紹之下，王猛與苻堅立刻成為意氣相投的夥伴。

由此可知，苻堅的母親苟氏對苻堅的影響何等巨大，甚至在決定婚配時，都聽從母親苟氏的意見，娶了苟氏的族人。如果沒有這位苟氏，恐怕前秦不會出現苻堅這位賢君。

苻堅即位後，先是任命王猛為處理聖旨的中書侍郎，之後又立刻任命王猛為始平縣縣令。始平縣位於長安以西三十公里之處，許多追隨苻洪從枋頭返回關中的人都住在始平縣，其中也有不少是從苻洪時代就擔任領袖的人物，所以拒絕政府官員的管治。王猛一到始平縣，就立刻鞭打了某位貪官，還將這位貪官斬首示眾，令全縣為之震動。

之後，苻堅在一年之內讓三十幾歲的王猛連升五級。雖然有不少皇族與舊臣對此表達不滿，但是苻堅卻反過來處罰這些官僚，漸漸地，再也沒人敢提出異議。

苻生之母強氏的弟弟強德一喝醉酒就會變得殘暴不仁，是人人避之唯恐不及的禍患，於是王猛便抓來強德處死，還讓屍首掛在市場門口示眾，彰顯苻堅的權威，這讓百官無不心生忌憚，地方豪族也因此低調行事。整個國家的治安與風氣也達到路不拾遺的境界。苻堅在看到這番景象之後感嘆地說：「如今才知道天下有法、天子為貴的道理。」

另一方面，苻堅帶頭提倡的是儒教。苻堅將推行儒教的漢武帝與東漢光武帝視為典範，復興了漢武帝創辦的太學，也就是傳授與研究儒學的機構，還讓各地成績優秀的學生或是貴族子弟進入太學讀書，而且還每個月親赴太學一次，選拔成績優秀的人，帶動以儒學為尊的風潮。

但是，儒教有所謂的華夷思想，也就是將中華視為文明開化之地，將夷狄視為蠻荒之地的思想，所以乍看之下，身為氐人的苻堅推崇儒教充滿了矛盾。

不過，在儒教之中，區分中華與夷狄的是文化，而非民族與血統。比方說，提倡性惡說的荀子認為，中華與夷狄之分不在於華人或是夷狄的血統，而在於成長的環境。不管是誰，只要改掉土著的習俗，潛心學習儒學，都能成為真正的君子。也提到推廣儒學就能實現天下一家的理想。

一方面在文明與野蠻之間劃清界線，一方面包容異族的儒教在包容各族的漢武帝之後便成為排斥其他思想的顯學，「儒學一尊」的體制也成為漢朝的統治基礎。

然而，漢朝衰退之後，出現了各種不同的價值觀，進入魏晉時期，修辭學與根據老莊思想的清談與玄學開始在貴族之間流行，儒學也因此式微，人才也不願進入太學就讀。

儒學只要研讀經典就能學會，但是文學與玄學卻需要教養才能精通，所以若非出身名門，很難掌握文學與玄學的精髓，因此這類學問在當時也被批為輕佻淺薄的學問，更何況苻堅與王猛根本不懂文學與玄學。

他們的理想就是靠著自己的雙手復興大漢帝國。

四、邁向天下統一之路

苻堅雖然與王猛齊心協力鞏固了前秦的政局，但是當時的前秦仍是四面楚歌的局面。前燕皇帝慕容儁於三五七年將首都從薊移到鄴，也陸續剿滅山西與河南的後趙殘部。河北、山西與河南在當時是中國人口最為稠密的地區，將這些地區納入版圖的前燕也一舉成為能動員一百五十萬兵力的強國。再加上山西與河南的軍閥被剿滅之後，前秦與前燕之間再沒有任何緩衝地帶，所以前秦得直接面對來自前燕的威脅。

令人意外的是，慕容儁於三六〇年病死之後，由年僅十一歲的慕容暐即位，而此時真正的實力派是慕容儁的弟弟慕容恪與慕容垂，不過早早吸收了中國文化的前燕奉行父死子繼的倫理，所以年幼的皇太子慕容暐即位後，政治以慕容恪為中心，並在數名大臣集體指導下運作。失去強大領袖的前燕暫停各項軍事活動，苻堅也因此逃過一劫。

另一方面，東晉桓溫認為這是再度北閥的絕佳機會，便對朝廷施加壓力，呼籲朝廷遷都洛陽。

在前燕這邊，替慕容暐撐腰的皇太后可足渾氏插手政治，與大臣之間心生嫌隙，可足渾氏與慕容垂的關係更是不好。三六五年，慕容恪與慕容垂一起出兵，從東晉手中奪回洛陽，又步步進逼關中，陷前秦於恐懼之中，然而慕容恪卻在三六七年病死。儘管慕容恪留下遺言，要將一切交託給慕容垂，但是慕暐卻陽奉陰違，將政權交在大伯父慕容評手中，此舉當然也是聽從討厭慕容垂的母親可足渾氏的意見。

最早察覺前燕這番動盪的正是桓溫，因此桓溫立刻建請朝廷下令，全軍討伐前燕。儘管朝廷的官僚深知桓溫野心，卻無法拒絕桓溫的要求，因為要討伐的對象是奪走舊都洛陽的前燕。三六九年四月，桓溫在得到朝廷全面支持下，率領五萬步騎北伐。

桓溫未採取從西北進軍，突襲鄴城的戰略，而是先北上，遇到濟水與黃河之後，再朝西逆流而上，從鄴城的南方進攻。此舉看似繞遠路，卻是確保後勤補給路線的安全牌，最終桓溫總算於七月抵達位於

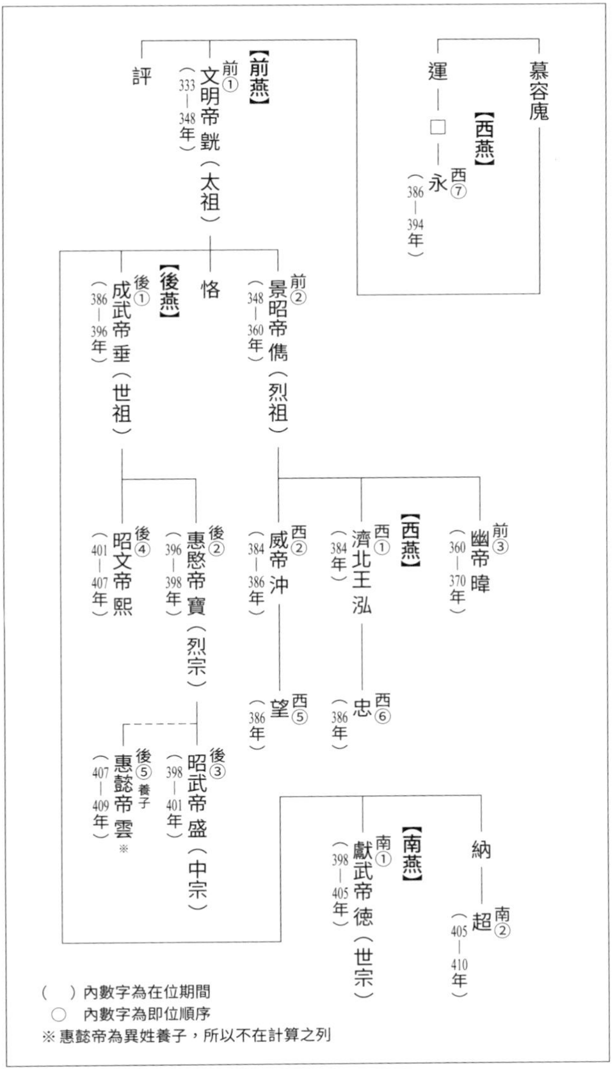

慕容氏（鮮卑、燕）世系圖

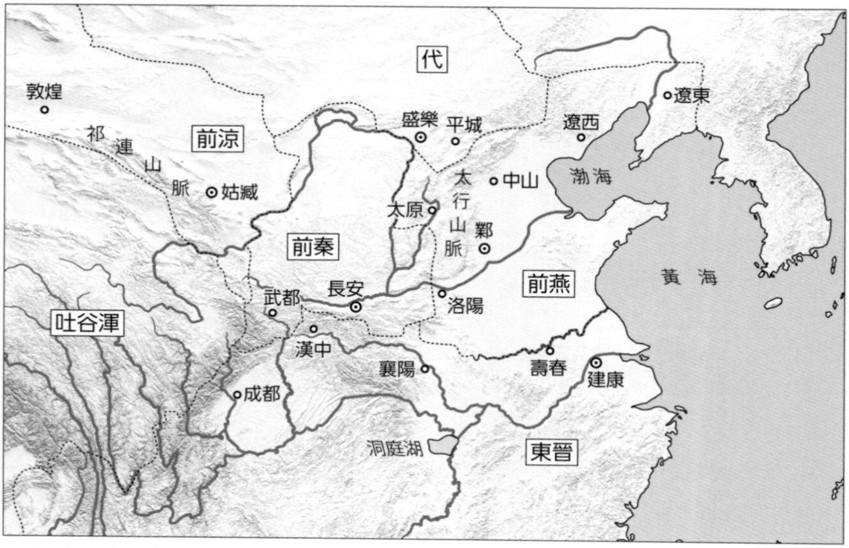

五胡十六國中期的中國

鄴城南方的枋頭。

看到桓溫軍隊迫在眼前的慕容暐與慕容評十分慌張，甚至想躲到龍城避難，也在萬般無奈之下，任命不是自己人的慕容垂為大將軍，請他鎮守鄴城。此外，還以割讓虎牢關（今河南省滎陽市）以西為條件，請求前秦派出援軍。虎牢關是洛陽盆地東側的入口，所以割讓虎牢關以西，意味著割讓洛陽。前秦在接到援兵的要求後，雖然內部有人反對，但王猛認為與其助長桓溫的聲勢，還不如留下奄奄一息的前燕，苻堅也從善如流。

當戰局拉長，桓溫的軍隊也露出疲態，喪失戰意，而且各地的補給路線也被前燕軍隊截斷。到了九月，聽聞前秦出兵的桓溫便燒掉船隻，沿著陸路撤退，結果卻被慕容垂率領的前燕軍隊與前秦軍追擊，全軍也遭受毀滅性的打擊。

此次戰勝讓慕容垂被視為救國英雄，聲望也在前燕內部水漲船高。心生嫉妒的慕容評便與皇太后可足渾氏聯手，想以莫須有的罪名處死慕容垂。先一步察覺兩人詭計的慕容垂便逃往前秦。

由於前燕曾許諾將虎牢關以西割讓給前秦，所以慕容評認為前秦應該會拒絕收容前來尋求庇護的慕容垂，沒想到苻堅不僅收容了慕容垂，還十分禮遇慕容垂，於是前燕便出爾反爾，單方面撕毀割讓的協議，只是這一切都在苻堅的算計之內。不管時代多麼紛亂，要行使暴力還是需要師出有名。苻堅以前燕反悔為由，命令王猛領兵三萬，由慕容垂帶路，以武力拿下洛陽。儘管慕容評派出十萬軍隊前往救援，但是王猛只以一萬精銳就擊敗敵人，也將洛陽收入囊中。

儘管前秦拿下洛陽，但是慕容評卻仍然低估前秦的實力，因為慕容評認為兩者之間的國力懸殊，也覺得前秦不過是困居關中的地方政權。雖然前燕內部出現了要提防苻堅與王猛的意見，但是慕容評認為這兩人沒有統一天下的野心，但他沒想到的是，苻堅與王猛等這天等了好久。

三七〇年，苻堅命王猛帶領鄧羌等十名將軍，率領六萬兵力攻向鄴城，慕容暐也下令慕容評領三十萬精銳部隊迎擊。到了十月之後，慕容評於現在山西省長治市近郊的潞川與王猛的軍隊對峙。慕容評為了長期作戰而開始屯積兵糧，但是小看前秦軍隊的慕容暐卻認為慕容評屯糧是為了中飽私囊，一怒之下便派遣使者譴責慕容評，心生恐懼的慕容評雖然立刻發兵，與敵人決一死戰，怎料前燕軍隊的士氣低迷，被王猛與鄧羌的軍隊狠狠修理，慕容評也被迫單騎逃回鄴城。

潞川之役獲勝，王猛揮軍長驅直入，幾天之內就包圍鄴城。不過，鄴城可是曹操親自修築城廓，固若金湯的城市。因此苻堅親率十萬精銳，僅七天就從長安抵達鄴城南方的安陽，還設宴款待與祖父私交甚篤的人士，宣示自己並非征服者，而是解放者。此舉讓鄴城內部出現內應，開城門歡迎前秦軍隊進城。慕容暐與慕容評逃往龍城後，苻堅便兵不血刃，進入鄴城的宮殿。慕容暐後來為前秦軍隊捕獲，慕容評則逃入高句麗，但是卻被高句麗遣送至前秦。原本由前燕統治的州郡各級長官，以及各部族的族長都紛紛臣服苻堅，苻堅也因此得到一百五十七個郡，相當於二四六萬戶，人口數為九百九十九萬人。假設關中的人口為一百萬人左右，前秦等於一口氣擴張成十倍的大帝國。

據說前秦在日後派遣使者前往高句麗的時候，僧侶也一併前去，佛教也因此傳入朝鮮。

苻堅將慕容暐與其后妃、王公百官，連同四萬戶鮮卑人一併遷至關中，接著又於次年將關東的地方勢力以及其他民族共十五萬戶遷至關中，還將前燕統治的烏桓族遷至關中，並將丁零族遷至河南一帶。烏桓族與鮮卑一樣，都是來自東北地區的東胡族，丁零則是來自中亞的突厥族。簡單來說，苻堅把那些難以處理的遊牧民族全納入自己的麾下，但是這也等於在自己的腳邊種下禍根。

苻堅滅了前燕之後，僅僅過了四個月的時間，也就是三七一年三月，便命令姚萇率領七萬步騎前往討伐仇池國。仇池國是位於甘肅省深處，靠近西藏高原的氐族之國。西晉末年獨立後，代代臣屬東晉，到了苻堅手握大權之後，又臣服於前秦。不過，三七〇年，與東晉親近的楊纂成為一國之主之後，便決定與前秦斷交，苻堅也趁機派兵攻打仇池國，將楊纂押至長安，再讓楊纂的叔叔楊統擔任前秦的地方長官。

在東晉這邊，此時的桓溫已經開始策劃成為皇帝一事。由於自己在討伐前燕這件事跌了一大跤，反而讓苻堅的前秦成為強國。對於年屆六十歲的桓溫來說，怕是沒時間等到再次北伐的機會，所以桓溫的第一步就是先迫使朝廷更換皇帝，接著再要求繼位的皇帝將皇位讓給自己。不過，桓溫最多只能做到第一步，因為繼任的皇帝一死，掌握政權的貴族謝安與王坦之便迅速立皇太子為下一任的皇帝，桓溫也因此灰心喪志而病死。

桓溫一死，名震天下的英雄就只剩下苻堅一人。在桓溫死後四個月，也就是三七三年十一月，苻堅派出三萬兵力壓制四川，失去桓溫的東晉也失去了調動軍隊抵抗苻堅大軍的指揮系統。

另一方面，前秦也於此時蒙受一大損失。三七五年，既是苻堅盟友，又貴為宰相，長期幫助苻堅操持國政的王猛病死。在苻堅的心中，王猛的地位如同諸葛亮崇高，所以便追封王猛為武侯，也宣布要完成王猛的遺志，繼續推廣儒學，並禁止老莊思想與圖讖（預言）之學，違者將處以死罪，甚至還為士兵與女官準備儒學老師。

儘管桓溫是敵人，但是當企圖一統天下的桓溫與王猛相繼過世，苻堅又是怎麼想的呢？答案就是加速統一天下的腳步。三七六年八月，苻堅派出十三萬大軍西征，滅掉受東晉冊封前涼張氏；同年十月，又命令姪子苻洛為大將軍，率領三十萬大軍前往長城一帶，並在兩個月之後滅了代國的拓跋氏。

五、帝王的孤獨

苻堅在滅了前燕之後，在短短六年之內蕩平華北所有的敵對勢力，並於隔年正月在長安舉辦盛大的朝會，東方的高句麗、新羅，與西方的雲南與四川各國也紛紛派遣使節參與。

不過，見證這場朝會的眾人一定會覺得出席者都是最近剛亡國的君主或是王公，這點很不可思議吧。一般來說，所謂的師出有名，通常是指推翻暴君或昏君，救人民於水深火熱之中的意思，因此戰敗的君主或是王公若是被俘，通常都會公布他們的罪行，給予相應的處罰。

不過，苻堅卻完全不打算處罰這些君主或王公，比方說，苻堅在滅掉前燕之後，仍然授予慕容暐與慕容評高官厚祿，也讓他們住在長安，至於投降的前涼君主張天錫也得到相同的待遇，甚至讓代國王子進入長安的太學接受教育。慕容垂曾提議以亡國之罪處死慕容評，但是苻堅卻只是將慕容評貶至邊境，負責治理郡務。

此外，代替王猛輔助苻堅的弟弟苻融也曾主張，將舊燕的王公留在長安，猶如引狼入室，但是苻堅卻回答：「朕視天下為一家，夷狄亦如赤子，不用太過擔心，也不需那麼頑固。上位者只要修德，就能遠離災厄。君子應內求諸己，何須提防外患呢？」儒教經典《左傳》提到「皇天無親，惟德是輔」的概念，記述孔子教誨的《論語》也提到「君子求諸己，小人求諸人」的概念，而苻堅也真心實踐這些概念。

簡單來說，這就是儒教的「德治」，但只有仁德是難以治國的。能做到這點的，只有堯舜這類傳說中的聖君，就連提倡認真向學、華夷皆可成為君子的荀子也提到，德治需奠基於法治，德治與法治是中國皇帝施行統治的兩個輪子。若以前秦比喻，苻堅可說是德治的象徵，而王猛則是法治的實踐者，可惜失去王猛的苻堅愈來愈偏向德治。

三七八年二月，苻堅準備發兵征服東晉，除了命令其子苻丕為大將軍，還命令慕容暐、慕容垂、姚萇總計八位將軍率領十二萬大軍，包圍位於長江中游流域最大的交通要衢「襄陽」（今湖北省襄陽市）。不過，襄陽的居民異常團結，使得苻堅遲遲無法攻下襄陽，其中尤以將軍朱序的母親韓氏號召城內女性修築的「夫人城」最具象徵意義。苻丕在費盡九牛二虎之力後，總算在隔年二月攻下襄陽城，卻也於此時明白，與東晉的這一戰，和過去那些由各民族組成，本來就居於劣勢的華北政權作戰完全不同。

包圍了一年多才攻下襄陽這件事，讓許多人開始懷疑，向來勢如破竹的苻堅的領導統御能力。此時的東晉由謝氏與桓氏聯手治理，並由謝安一手操持朝政，同時由姪子謝玄率領北府軍鎮守建康，由桓溫之弟桓沖率領西府軍鎮守長江中游。到了三七九年，東晉軍隊同時於四川與淮河展開反擊，淮河這邊由謝玄率領的北府軍捷報頻傳。

苻洛在征服代國之後，便於現代的遼寧省西部設立據點，成為統治東北地區的地方長官。三八〇年三月，苻堅想將苻洛調往四川任職時，苻洛對於被調任至邊境一事怒不可遏，便叛變自稱秦王。雖然苻洛號召鮮卑、烏桓等部族以及高句麗、百濟、新羅等國家一起推翻苻堅，可喜的是，苻洛的號召未傳至周邊的部族與國家，苻堅也迅速地鎮壓了叛變的苻洛，但這場建國之後的大動盪令首都長安為之嘩然。即使如此，苻堅仍赦免苻洛，只是將苻洛流放至邊疆。

苻堅為了避免地方長官叛變，在全國交通要衢之處設立軍事據點，也讓關中的氐族以千戶為單位，移居到這些軍事據點，再派命心腹擔任這些軍事據點的將軍。雖然此套軍鎮制度後來有些改變，但還是為北朝與隋唐兩朝沿用。不過，若將視線轉向立足之地的關中，會發現關中之內只剩下鮮卑與羌這類異族，血脈相同的氐族反而紛紛外流。

三八一年春天，東起朝鮮，西至西域，總共六十二國的使者前往前秦朝貢，但是就在這年冬天，從襄陽南下的兩萬前秦軍隊，被桓沖麾下的兩萬東晉軍隊擊潰。

三八二年，身為貴族的苻陽與王皮因謀反之罪而下獄。苻堅的母親在苻堅即位之際，殺害了苻堅的兄長苻法，而苻陽便是苻法之子。苻陽之所以謀反，是為了替無辜的父親復仇，當苻堅聽到苻陽這番抱怨之後，便哭著解釋殺害苻法並非他的意思。令人意外的是，王皮為王猛之子。王皮認為苻堅對父親王猛過於苛刻，並對於自己只能擔任虛職感到不滿。為此，苻堅不禁感嘆，向來以清廉自持、不求任何厚祿的王猛，未能將志向傳給自己的兒子。最終苻堅將苻陽與王皮分別發配邊疆。

到了四月，苻堅為了遠征東晉，命令其弟苻融為征南大將軍。前秦與東晉之間的決戰將在天乾物燥，河面下降，騎馬也能輕易渡河的冬天爆發。到了八月之後，苻堅為了讓水軍於長江順流而下，在四川悄悄地整頓船隊。

舊曆十月是進入冬季的月份，而這年的舊曆十月是陽曆十一月下旬。苻堅於首都正殿的太極殿召集群臣，宣示自己的想法。

「自吾承業，垂三十載（其實只有二十六年），四方略定。唯東南一隅，未霑王化。今略計吾士卒，可得九十七萬，吾欲自將以討之，何如？」

擔任秘書監（管理皇帝文書的長官）的朱彤立刻回應：

「陛下恭行天罰，必有征無戰，晉主不銜璧軍門，則走死江海。陛下返中國士民，使復其桑梓，然後回輿東巡，告成岱宗，此千載一時也。」

苻堅聽到這番話之後，便開心地說：

「是吾志也。」

不過，擔任尚書左僕射（行政副長官）的權翼卻提出異論。

「昔紂為無道，三仁在朝，武王猶為之旋師。今晉雖微弱，未有大惡；謝安、桓沖皆江表偉人，君臣輯睦，內外同心。以臣觀之，未可圖也。」

苻堅沉默了一會兒之後，勉強地向臣子說：

「諸君各言其志。」

擔任太子左衛率（東宮護衛部隊的長官）的石越說：

「今歲鎮守斗，福德在吳，伐之必有天殃。且彼據長江之險，民為之用，殆未可伐也。」

但苻堅突然臉色一沉地說：

「昔武王伐紂，逆歲違卜。天道幽遠，未易可知。夫差、孫皓皆保據江湖，不免於亡。今以吾之眾，投鞭於江，足斷其流，又何險之足恃乎？」

石越接著說：

「三國之君，皆淫虐無道，故敵國取之，易於拾遺。今晉雖無德，未有大罪，願陛下且案兵積穀，以待其釁。」

之後群臣開始各執一詞，鬧得不可開交。苻堅失望地說引用了《詩經》的一段內容。

「此所謂『築舍道傍』（在路邊與路人商量建造宮殿的方法），無時可成。吾當內斷於心耳。」

苻堅放棄了南征，但眾臣知道苻堅並未死心，於是便拜託深得苻堅信賴的僧侶道安說服苻堅。某日，苻堅與道安同遊東苑時，心血來潮地說：

「朕將與公南遊吳、越，泛長江，臨滄海，不亦樂乎！」

道安立刻回答：

「陛下應天御世，居中土而制四維，自足比隆堯、舜；何必櫛風沐雨？」

苻堅回答：

「天生烝民而樹之君，使司牧之，朕豈敢憚勞，使彼一方獨不被澤乎！」

道安又說：「必不得已，陛下宜駐蹕洛陽，遣使者奉尺書於前，諸將總六師於後，彼必稽首入臣，不必親涉江、淮也」。

可惜苻堅聽不進去。

此時，苻堅寵愛的張夫人也提出諫言：

「妾聞天地之生萬物，聖王之治天下，皆因自然而順之，故功無不成。是以黃帝服牛乘馬，因其性也；禹濬九川，障九澤，因其勢也；后稷播殖百穀，因其時也；湯、武帥天下而攻桀、紂，因其心也；皆有因則成，無因則敗。今朝野之人皆言晉不可伐，陛下獨決意行之，妾不知陛下何所因也。《書》曰：『天聰明自我民聰明。』天猶因民，而況人乎！妾又聞王者出師，必上觀天道，下順人心。今人心既不然矣，請驗之天道。諺云：『雞夜鳴者不利行師，犬群嗥者宮室將空，兵動馬驚，軍敗不歸。』自秋、冬以來，眾雞夜鳴，群犬哀嗥，廄馬多驚，武庫兵器自動有聲，此皆非出師之祥也。」

儘管張夫人的諫言是苻堅最為推崇的儒教教養，但苻堅卻只是如此回答：

「軍旅之事，非婦人所當預也！」

是年，前秦大豐收，肥沃的土地每畝可收成七十石的粟米，地力貧瘠的土地也有三十石的收成。此外，蝗蟲居然沒有造成農作物的損失。當時的一畝大約是五公畝，相當於兩個網球場這麼大，一石大約是二十公升。從平常一畝只能收成三石來看，這絕對是異於常態的現象。

六、淝水之戰

三八三年正月，苻堅命令將軍呂光領兵攻打西域。為的是恢復曾在西域設立都護府的漢朝昔日榮光。

到了五月，桓沖率領十萬西府軍攻打襄陽，又派出突擊隊進攻四川。戰鬥持續到七月才結束，前秦也在慕容垂的努力之下，擊退了東晉軍隊，卻未予以追擊。

於是苻堅更是下定決心遠征，下令全國成年男子每十人就有一人必須入伍，也號召二十歲以下，血氣方剛的良家子弟，組成三萬名騎兵的近衛軍。當時群臣仍反對苻堅遠征，只有慕容垂、姚萇以及這些良家子弟力勸苻堅遠征。

「鮮卑與羌族都是我們的仇敵，一直都在期待著發生些什麼事。良家子弟不知戰爭為何物，只懂得對陛下阿諛奉承，若是相信他們，假如發生萬一，將無法挽回。」

可惜苻堅還是聽不進苻融的諫言。

八月二日（陽曆九月十四日），苻堅命令苻融擔任總指揮官，率領二十五萬先鋒部隊出發。接著又

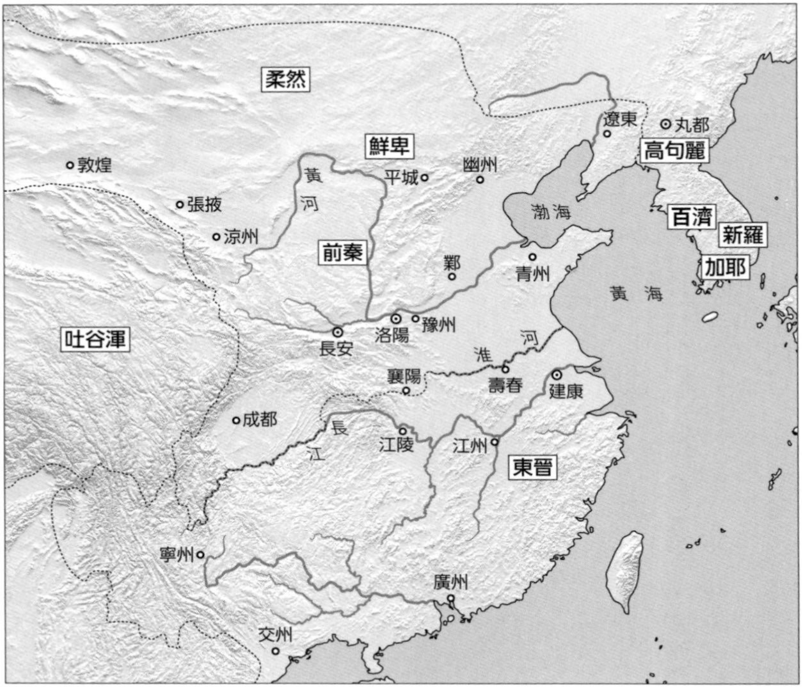

前秦東晉時代的中國

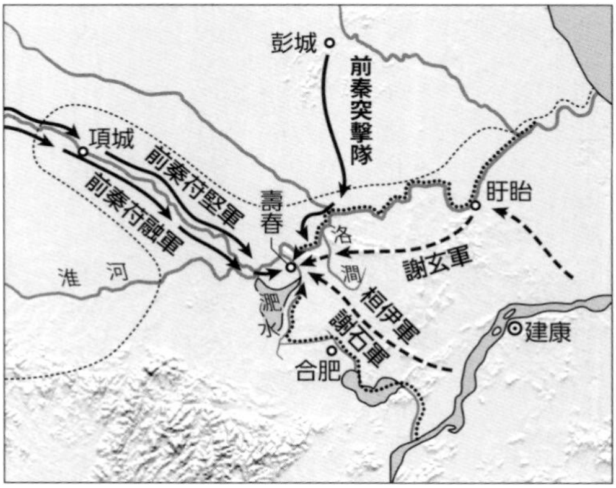

淝水之戰

於八日，苻堅親率步兵六十萬、騎兵二十七萬的主力部隊從長安出發。九月，苻堅的主力部隊抵達項城（今河南省周口市），苻融率領的先鋒部隊也抵達淮河。東晉首都建康被恐怖所籠罩。謝安為了迎擊苻堅，命令其弟謝石與姪子謝玄率領北府軍，但北府軍只有八萬兵力而已。

十月，也就是舊曆入冬之月，苻融率兵攻打淮河南岸的要衝壽春（今安徽省淮南市壽縣），輕鬆地拿下了這座城市。只要渡過眼前這條淝水，就能長驅直入，直達長江沿岸。

兵力僅八萬的東晉軍又能做什麼呢？如果自行出兵的話，敵人不可能投降吧？苻堅讓大軍駐紮在項城，僅自行率領八千輕騎與苻融的軍隊會合，還派出襄陽降將朱序，力勸謝石投降。

不過，苻堅的戰略在此時出現一個漏洞。那就是率領河北軍隊的將軍梁成應該要將從淮河下游西進的謝玄軍擋在淝水之前的洛澗，沒想到梁成的軍隊被擊敗，謝玄軍隊得以在淝水東岸布陣。此時已進入十一月，距離從長安出發也已經過三個月。要維持一百萬名士兵的吃喝，需要難以計數的糧食。假設進入正月，河面就會因為下雨或是融雪而高漲，要想渡過長江就更形困難，所以苻堅沒時間再與敵軍大眼瞪小眼。

另一方面，謝玄也想早點決戰。其實朱序偷偷地告訴謝石，前秦軍的士氣低落，只要首戰能夠取勝，必能大挫對方鬥志。因此謝玄使計，寫信給苻融，要求空出淝水西岸，讓兩軍有地方決戰。從苻融口中得知此事的苻堅認為這是絕佳的機會，也覺得擁有數十萬鐵騎的苻融足以殲滅謝玄的軍隊。

當謝玄軍隊開始渡河，苻堅便下令全軍後退，沒想到此舉引發了意料之外的結果。那就是當前秦軍開始後退，朱序便從後方大喊：「苻堅戰敗了」，誤將後退視為撤退的士兵便爭相逃亡，苻堅全軍也因此陷入混亂。渡河而來的東晉軍趁機襲擊，將前秦軍隊打得落花流水。前秦有許多士兵因為無處可逃而溺死於淝水，苻融也跟著戰死。被流箭射傷的苻堅好不容易才逃離戰場。

七、最後的英雄

當苻堅好不容易逃回長安，等著他的是鮮卑的叛亂。原本待在河南的慕容垂為了復興燕國而往東北進軍，攻打由苻堅之子苻丕鎮守的鄴城。待在關中的慕容泓則跟著響應，起兵與前秦軍展開激戰。羌族的姚萇見事已至此，便自稱萬年秦王，關中頓時陷入三股勢力互相角逐之地。

慕容泓死後，取而代之的慕容沖便率領關中的鮮卑族自稱皇帝，與慕容垂各在關中高舉燕國大旗。不敵其勢力之盛的苻堅為了東山再起，於三八五年五月，將太子苻宏留在長安，自行返回位於西方的氐族故地。苻堅好不容易抵達距離長安一百二十公里遠的五將山之後，才發現那裡已經是姚萇的地盤。

為姚萇所擒的苻堅被軟禁在寺廟之中，也不斷地被勸說將皇位

傳說中的苻堅墓

禪讓給姚萇，但是苻堅堅決不肯，還不斷地怒罵姚萇為叛徒，按捺不住的姚萇便差人絞死苻堅，苻堅享年四十八歲，張夫人則自殺。傳說苻堅的墳墓，就孤寂地座落在距離現今西安西方一百一十公里遠的彬州市水口鄉。

北宋司馬光主編的《資治通鑑》曾如此評論苻堅。有人認為，苻堅之所以失敗，全因為他饒過慕容垂與姚萇，但是我（司馬光）不這麼認為。如果苻堅持續走正道，慕容垂與姚萇絕對是有能力的臣子，只可惜苻堅因為連戰連勝而顯得趾高氣昂。

不過筆者是這麼想的。苻堅的正道是匡復漢朝與統一中華，所以苻堅之所以不殺慕容垂與姚萇，慕垂與姚萇之所以甘願事奉苻堅，都是為了追尋這個理想。當年漢朝的榮景仍留在這個時代的每個人心中，每個人也都在等待一統中華的英雄出現，所以這個時代也可說是「後漢帝國時代」，而苻堅正是順應民心，繼東晉桓溫之後出現的最後一位英雄。所以苻堅不得不發動淝水之戰，淝水之戰也被視為促使「後漢帝國」落幕的事件。

最後再介紹一個與苻堅有關的小故事。細心養育苻堅，讓年幼喪父的苻堅最終得以登上帝位的是母親苟氏與苟氏的情人李威。苻堅非常仰賴李威，直到李威去世之前，都讓他擔任重要的職務。不過，當苻堅在記錄皇帝一言一行的《起居注》發現母親與李威的親密關係之後，便氣得燒掉這本書且處罰史官，因為在中國的儒教思想之中，喪夫的遺孀若是有私通的情人，將被視為不守婦道的女人。明明苻堅對於戰敗的君主或是叛軍首腦十分寬容，但是對於母親與他人私通的行為卻是怒不可遏，可見儒教的價值觀讓我們看到想成為聖君的苻堅有多麼矛盾，以及他的極限。

淝水之戰失利後，苻堅最大的損失莫過於英雄的光環。在短時間內打造的大帝國，就像是把各種內容直接湊成一本書，再貼上一個封面而已。一旦在淝水失利，統一天下的目標變得窒礙難行，各民族便像是大夢初醒一般，紛紛撕掉這本書的封面，回到各自故事之中。

最後，鮮卑拓跋氏創建的北魏逐漸壯大，也統一了華北，南邊也由出身武人的劉裕滅掉東晉，創建劉宋，整個中國正式進入南北朝時代。此時的中國文化在與遊牧文化融合並吸收佛教文化之後，轉型為多元文化，漢朝也慢慢地淡化為過去的王朝。

劉淵（？—三一〇年）

根據唐代編撰的晉朝正史《晉書》的記載，創立五胡十六國的漢國劉淵出身匈奴屠各種，是東漢時代臣服漢朝的南匈奴單于後代。不過，屠各種並非南匈奴的貴族，只是在漢朝時代，從西北方進入中國的匈奴旁支。劉淵之所以自稱單于後代，當然是為了自抬身價。

東漢末年，魏王曹操將南匈奴的單于扣留在魏國首都鄴城，讓匈奴各部眾散居於并州。在魏國傾滅之際，出現了整合匈奴的人物，他就是劉淵之父劉豹。因此創立西晉的司馬炎將并州的匈奴重新畫分成左、右、南、北、中五部，也讓劉豹成為率領左部的左部帥。

劉淵自幼就留在洛陽當人質，也跟著學者研讀《詩經》或《左傳》這類儒教經典，成為通曉史書與諸子百家經典的文化人。劉豹去世後，劉淵繼續留在洛陽，繼承左部帥的地位。司馬衷（惠帝）的同父異母兄弟成都王司馬穎前往鎮守鄴城時，劉淵便跟著前往鄴城。

八王之亂時，司馬穎將惠帝迎回鄴城，挾天子以令諸侯，便命令劉淵率領五部匈奴鎮守鄴城。隨後，幽州刺史王浚與并州刺史司馬騰發動攻擊，令鄴城陷入困境，慌張的司馬穎便要求五部匈奴前來救援，同時命令劉淵為北單于攻打并州。《晉書》則記載，從一開始就準備背叛司馬穎的劉淵，費盡了唇舌讓司馬穎將自己派往并州。不過，《晉書》向來以晉朝為正統，對於十六國君主也多有貶抑，所以這段記載是否屬實，仍值得懷疑。

三〇四年，抵達左國城（今山西省呂梁市）的劉淵被匈奴部眾擁戴為大單于，等到司馬穎敗給王浚聯軍後，便立刻捨棄晉朝，創立漢國，自稱漢王，接著又自稱為漢朝皇室劉氏後裔，將西漢高祖劉邦、東漢光武帝劉秀以及蜀漢劉備奉為祖先。四年後，也就是三〇八年登上帝位，隔年正月又將首都遷至山西省南部的平陽（今山西省臨汾市）。到了三〇九年，命令其子劉聰率領五萬兵力攻打洛陽。不過，周長達十二公里的洛陽城牆實在太過堅固，劉聰只好鎩羽而歸。

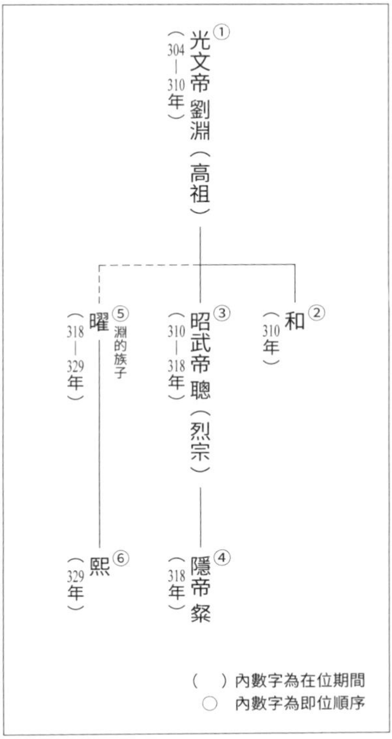

劉氏（匈奴、漢／前趙）世系圖

劉淵在自立為漢王的第七年，

也就是三一〇年病死。由於中國向來是由長子繼承皇位，而遊牧社會則透過合議的方式推舉真正有實力的人擔任領袖，繼承人的問題，便始終困擾著十六國的君主。劉淵臨終之際，依照中國的傳統立嫡子劉和為皇太子，擅長領兵作戰的四子劉聰則被立為大單于。雖然劉和在劉淵辭世後成為皇帝，但實在不得眾望，劉聰也立刻殺掉劉和，自行登上帝位，又在隔年的三一一年攻陷洛陽，史稱永嘉之亂。

附帶說一句，明代羅貫中所著的《三國演義》，起於東漢末年的黃巾之亂與群雄並立的時代，終於司馬炎創立西晉統一中國。而成書於元朝的《三國志平話》，則結束於劉淵復興漢朝。之所以會如此，應該是忌憚當時的掌權者為蒙古人。但是劉淵打著復興漢朝的旗號建國，卻也是不爭的事實。

石勒（二七四—三三三年）

石勒是上黨郡武鄉縣（今山西省長治市）的羯人，原名訇或是訇勒。祖父與父親都是小部落之長，但是父親的個性乖僻，不得眾望，所以命令訇勒整合部落，部落也總算團結起來。

一說認為，羯人是匈奴之一的粟特人，後來又被稱為羌渠，南匈奴臣服東漢之後，與匈奴一起進入中國內地。他們的特徵是五官深邃，濃眉大眼，也保有夫兄弟婚（levirate，利未婚，女性在丈夫死後嫁給其兄弟）以及匈奴與中國都沒有的火葬習俗，所以進入十六國時代之後，特地將其稱為羯或是羯胡，藉此與匈奴（胡）區分。

當并州因為八王之亂而爆發饑荒，全家離散的訇勒只好淪為乞丐，四處流浪。而此時陷入內戰的西晉軍隊正為了籌措軍費而買賣胡人，所以匐勒也被軍人擄走，並在飽受虐待之後賣給地主。地主一開始只將匐勒當成奴隸，但是沒多久就還給匐勒自由之身。由於匐勒頗有才幹，又是懂得報恩的人，所以地主覺得他與其身為奴隸在田裡工作，不如以自由之身發揮長才，才是真的為了自己著想。等到石勒稱王，該地主也成為當地的縣令。

懂得分辨馬匹優劣的匐勒雖然得以在牧場工作，但是又被軍隊擄走。匐勒趁隙逃走後率領牧童，成為盜賊頭目，也總算嶄露頭角，自此改姓為石，改名為勒，也攀附八王之一的司馬穎，得到晉朝的官職。不過，司馬穎大敗於死對頭司馬越之後，得知劉淵被擁立為大單于的石勒立刻廣邀交好的部族首領前去投靠劉淵，也被劉淵封為輔漢將軍與平晉王。雖然這兩個頭銜都是不具實權的虛職，但足以讓石勒感激涕零。

自此，石勒便為了劉淵與劉聰這對父子鞠躬盡瘁，也踏上了平步青雲之路，最終還得以全權負責與河南、河北的晉朝勢力作戰。對石勒來說，最強的敵人就是統治河北北部，吸納段部與宇文部這些鮮卑族的幽州刺史王浚。而石勒知道一心打算稱帝的王浚會失去民心，所以先與王浚虛與委蛇，再私底下勸王浚稱帝。在王浚眼中，石勒雖然很會領兵打仗，但是胡人不可能成為中華之主，只能選擇依附之路，所以覺得石勒不過是因為自己得勢，才前來投靠。於是王浚未加防範，將石勒迎入自己的居城，石勒便不費一兵一卒綁了王浚。石勒成為河北最強大的軍閥之後，劉聰封他為大都督陝東諸軍事、東單于，並授予冀州幽州牧的官職，坐擁漢國東半部的江山。

三一八年，劉聰在漢國首都平陽辭世，由其子劉粲繼位。不過，外戚靳準卻殺了劉粲，自稱大將軍與漢天王，還派遣使者至東晉，並以「自古以來沒有胡人當天子」為藉口，希望東晉冊封他為藩屏（靳準之亂）。此時坐鎮東方的石勒以及坐鎮西方、以長安為居城的皇室劉曜也各自出兵平叛，劉曜也因此成為漢皇帝。照理說，石勒此時應該被劉曜封為趙王，但是劉曜害怕石勒功高震主而撤銷，石勒一怒之下，便撂下「管他是趙王還是趙帝，我自己就可以當上」，自此與劉氏分道揚鑣。

三一九年六月，劉曜遷都長安，將國號改為趙，石勒也於襄國建都，立國號為趙，但是他故意不稱帝，僅自稱趙王與大單于。兩邊的國號都源自戰國時代的趙，所以為了區分，將前者稱為前趙或是漢趙，將後者稱為後趙或是石趙。

石勒的後趙可說是強敵環伺，北有鮮卑與烏桓，南有東晉，西有前趙。三二九年，石勒打敗劉曜與其後繼之君，成功滅掉前趙，一介胡人的石勒也幾乎拿下了整個中原，成為中華之主。接著於隔年的三三〇年登上帝位，是年五十七歲。不過，石勒剩下的時日並不多。三三三年，臥病在床的石勒雖然擔心死後的安排，最終還是不敵病魔，結束了波瀾萬丈的六十年人生。

石虎（二九五—三四九年）

石勒親族之一的石虎自幼就被石勒的父親領養，而當石勒一家因為饑荒而各奔東西，石虎就跟著石勒之母王氏流離失所。之後被西晉的并州刺史劉琨抓住，作為人質。三一一年，石勒在劉聰麾下成為一股強大的勢力，而劉琨為了籠絡石勒，便讓石虎與王氏一起回到石勒身邊。雖然無從得知石虎在這段期間嘗盡多少辛酸，但此時的石虎已經變成極度凶暴，放蕩不羈的青年。

當石虎十八歲的時候，由於實在太過荒唐，讓石勒氣得想殺之而後快，但最後在王氏的請求之下逃過一劫。撿回一命的石虎雖然稍微收斂，但是行徑還是相當殘酷。不過，身高超過一百八十公分，又兼具臂力與靈活身手的石虎，的確是石勒麾下不容忽視的一名猛將，行軍打仗時，總是一馬當先，所以石勒也慢慢地對石虎疼愛有加。

離開漢，自立為趙王與自稱大單于的石勒任命石虎為單于元輔（大單于的輔佐官），命令他指揮近衛軍。不過，石勒在稱帝的時候，未將大單于這個位子交給石虎，而是讓給皇太子石弘，這讓石虎氣得整夜睡不著覺，不斷地抱怨「明明衝鋒陷陣的都是我」。石勒非常了解石虎的個性，石勒的臣子也常常苦勸石勒殺了石虎，但石勒始終下不了手。

三三三年，石勒逝世後，石弘為了明哲保身而請石虎繼位，但是石虎並未答應，而是要求石弘繼位，石虎則擔任丞相、魏王與大單于，將政權牢牢握在手裡。石勒之妻劉氏與石弘的兄弟有鑑於此便起兵討伐石虎，卻還是被石虎殲滅，石弘也被迫退位，降級為親王。

三三四年，受群臣擁戴的石虎故意不稱帝，而是自稱居攝趙天王[4]，飽受淫威的石弘也於此時被殺害。隔年，石虎將據點鄴城定為新都，並在鄴城與舊都襄國建造了宏偉的宮殿。襄國的太武殿東西寬達一百一十公尺，南北長達九十八公尺，除了有發光的漆瓦與金銀飾柱之外，以大理石裝飾的地板底下還能容納五百名守衛。此外，石虎也採用了九品中正制這項魏晉時代使用的人才選拔制度，積極整頓官僚體系。三三七年正月，石虎即位大趙天王。與石勒不同的是，石虎能夠讀懂漢文，所以也自行研究儒教經典。

此外，石虎也利用佛教教化人心。由於僧侶佛圖澄從石勒時代就受到重用，也積極推廣佛教，所以信奉佛教的胡人也不在少數，石虎也敬佛圖澄為「大和尚」，盡力推廣佛教。某次石虎詢問臣子，能否向中國民眾宣揚佛教，結果遭到著作郎王度等人強力反對。王度主張「佛乃外國的神明，不是中華的天子該祀奉的對象。佛教於漢朝傳入之後，只有來自西域的外國人可以建造佛寺，中國人則被禁止出家。現在該做的事情是讓出家為僧的中國人還俗」。石虎卻宣示「我雖來自邊境，萬般僥倖才得以成為中華之主。不過，祭祀是該尊重的習俗。不管是外國人還是中國人，只要有心向佛都可以出家」，讓所有人都可以自由地信仰佛教與宣揚佛教。

儘管石虎想透過佛教團結國內上下，但是最令他煩惱的莫過於後繼者的問題。殘暴不下於其父的太子石邃對於宮中的政治毫無興趣，整天只知道打獵與嬉戲，甚至強行闖入臣子的家中，燒殺搶奪也不以為意。在屢次被石虎鞭打責備之後，石邃對父親的恨意也愈來愈深，最後終於藏不住心中的殺意。得知此事的石虎在一怒之下，殺掉石邃與他的妻小共二十六人，還把所有人的屍體全塞進一個棺材埋進地底。之後又殺死東宮的臣子以及黨羽，總人數多達兩百人以上。

三三九年，石虎首次自稱天子，並將大單于之位授予新太子石宣。此時後趙北邊的前燕慕容皝也自稱燕王，在與鮮卑的代王什翼犍聯姻之後，對後趙施加壓力。三四一年，東晉冊封慕容皝為燕王。由於燕為戰國七雄之一，所以這算是將異族立為中華之王的首例，此舉當然是為了牽制後趙，不讓後趙南下。

三四七年，石虎為了讓所有人知道誰是後繼之君，命令太子石宣巡視各地。當石宣領著十八萬大軍，高舉天子大纛從都城出發時，坐在宮殿目送太子出發的石虎便心滿意足地說：「有我父子如此，哪怕天崩地裂，國家也必然安泰，之後就抱著兒子或孫子，開心度日吧。」

不過，對於才快六十歲的石虎來說，引退這件事還言之過早。石虎透過疼愛比石宣更年幼的石韜，宣示「權力還在本天子手中」。如此引起兄弟之間互相猜忌，石宣因而派人暗殺了石韜。石虎認為此舉猶如謀反，便殘殺石宣與其東宮臣子共三百人，同時殺死五十名宦官，還將東宮的十萬多名衛士流放西域。在這件事結束之後，石虎改立年幼的石世為太子。石世的生母劉氏是被石勒所滅的前趙皇帝劉曜的女兒。被流放到西域的東宮衛士叛變也點燃了日後內亂的火苗。

三四九年正月，總算稱帝的石虎已經染上重病，也於同年四月結束五十五歲的生涯。雖然石世繼承了帝位，但在位僅三十三天就被同父異母的兄長石遵逼下帝位，也因此被殺害。不過，石遵在位一百八十三天之後，就被石虎的養子石閔（冉閔）所殺，石虎的三十八個孫子也在日後被這位石閔屠殺。

桓溫（三一二—三七三年）

譙國龍亢縣（今安徽省懷遠縣）的桓氏一族是漢朝儒學者桓榮的後裔，桓溫之父桓彝最初事奉西晉惠帝，永嘉之亂後，改投江南司馬睿（晉元帝）帳下，司馬紹（明帝）的時代，擔任都城建康南方的宣城郡（今安徽省宣城市）太守〔內史〕。

桓溫十六歲的時候，爆發了蘇峻之亂，[5]桓彝迎擊叛軍而戰死。桓溫在十八歲之後，潛入背叛父親、勾結叛軍的縣令喪禮，殺死這位縣令的三個兒子，為父親報仇雪恨，也得到眾人的讚賞。

自從被明帝選為長女女婿之後，桓溫便踏上青雲之路。三四五年，鎮守長江中游流域的西府軍統領荊州刺史庾翼過世後，年僅三十四歲的桓溫被破格拔擢，繼任為荊州刺史。擅於行軍打仗的桓溫一上任就訂立了自行率軍征服後蜀成漢的計畫。如果後趙在此時趁機南下，這項計畫就會失敗，但一切就如桓溫所預料的，石虎果然只打算坐山觀虎鬥。三四七年三月，成功拿下成漢之後，蜀地總算重回晉朝懷抱。

立此大功的桓溫雖然一躍成為眾人眼中的英雄，卻也為建康的朝廷所忌憚。三四九年，石虎死後後趙分裂，桓溫便立刻向朝廷請命北伐，但是朝廷並未允許，反而改派揚州刺史殷浩北伐。儘管殷浩的目標只是奪回舊都洛陽，卻大敗於姚襄的流民集團，也因此被解除職務。殷浩一被解任，桓溫便立刻從江陵北上，攻入由前秦苻健統治的關中。雖然桓溫的軍隊最終在前秦軍隊拼死抵抗之下退兵，卻曾一度逼近前秦首都長安，還擄回關中的三千戶人家。

三五六年，桓溫向司馬聃（穆帝）上表十數次，建請司馬聃遷都洛陽，修復西晉帝陵。雖然遷都是不切實際的提議，但是朝廷也無法違抗收復中原這個大義，便任命桓溫為征討大都督，負責領兵北伐，於是桓溫再次從江陵北上，攻入洛陽，也成功趕走姚襄，奪回洛陽，修復先帝陵墓。

三六二年，前燕軍隊逼近洛陽之後，桓溫再度提倡遷都洛陽一事。隔年，朝廷任命桓溫為大司馬、都督中外諸軍事，更命令桓溫擔任揚州牧，桓溫也將據點移至建康南方的姑孰（今安徽省馬鞍山市），因此得以直接影響朝廷的決策。

當軍勢漸盛的前燕拿下洛陽之後，三六九年四月，朝廷授予桓溫兵權，讓桓溫得以調動鎮守長江下游的北府軍，桓溫也帶著北府軍討伐前燕。當桓溫行軍至枋頭時，戰局陷入膠著，到了九月之後，軍糧告罄，接著又在退兵之際被前燕的慕容垂追擊，損失了三萬兵力，桓溫卻將敗戰的責任全推給率領突擊隊的豫州刺史袁真。袁真死後，其子袁瑾勾結前燕與前秦起兵造反，被桓溫平定，桓溫的聲望反而因此更高。

因北伐失敗而名聲受損的桓溫打算透過皇帝來操縱朝政。三七一年，桓溫逼司馬奕（廢帝）退位，擁立先帝之子司馬昱（簡文帝）為帝，隔年，簡文帝病危之際，一心認為自己會被推舉為帝的桓溫，卻被朝廷的謝安與王坦之奪走政權。失望至極的桓溫沒多久就病倒，最後於三七三年結束六十二歲的人生。

三十年後，其子桓玄迫使司馬德宗（安帝）禪讓帝位並建立桓楚之後，立刻追謚桓溫為皇帝，讓桓溫在名義上稱帝，桓溫恐怕作夢都沒想到會有這麼一天吧。

謝安（三二〇—三八五年）

謝安出身陳郡陽夏縣（今河南省周口市）名門謝氏，自幼就被桓溫的父親桓彝認為「此子樣貌非比尋常」。年屆弱冠（二十歲）的謝安愛好清談，也被當時握有權勢的望族王導賞識。

最初謝安擔任的是著作佐郎（輔佐著作郎的官職），但是他立刻稱病辭官，回到會稽（今浙江省紹興市）〔東山〕隱居田園，也與書法大家王羲之以及高僧支遁等人一同遊山玩水，縱情於詩文之間。後來雖然多次任官，卻屢屢辭官，最終被判禁錮終身（終生不許為官）。不過，朝廷高官司馬昱（後來的簡文帝）曾說：「願意與他人同樂的謝安，不可能不願與人共苦，只要時機成熟，他一定會出山。」

謝安在六位兄弟之中排名第三。長兄謝奕是豫州刺史，謝奕亡故之後，繼承刺史一職的四弟謝萬在三五九年討伐前燕之際吃了大敗仗，導致淮河以北的各郡被奪，也因此被剝奪貴族身分，淪為一介庶民。當時的謝安雖然已經四十歲，決心任官，替謝氏一族解決眼前的危機。

謝安一開始為桓溫所用，在大將軍府擔任幕僚。等到謝萬病死後，便辭職返家，後來成為吳興郡（今浙江省湖州市）的太守。雖然在任時沒有特別顯著的政績，但據說謝安離開吳興郡之後，當地人民無不懷念。過了沒多久，謝安便被召入朝廷，擔任掌管人事的吏部尚書以及其他的要職。

三七二年，簡文帝辭世，隔年桓溫過世後，繼立的司馬曜（孝武帝）年僅十一歲，眾望所歸的謝安便被委以朝廷重任。此時前秦苻堅已滅掉前涼與代國，統一了華北地區，瞬間成為東晉的一大威脅。謝安為了與桓氏維持均勢，將西府軍交給桓溫之弟桓沖，也將北府軍交給自己的姪子謝玄（謝奕之子），準備與前秦決一死戰。

三八三年，淝水之戰爆發後，謝玄打敗了苻堅，讓東晉脫離險境。據說捷報傳回朝廷時，謝安正與來客下圍棋。讀完捷報之後，謝安便將來信放在一旁，面不改色地繼續下棋。來客問謝安戰場勝敗如何，謝安淡淡地說「小兒輩遂已破賊」。對奕結束，送客出門之後，內心狂喜的謝安居然不知道自己在跨過門檻時，不小心折斷了屐齒。一般認為，這是後世為了稱頌謝安所捏造的故事（謝安折屐），但也被載入《晉書》。

在淝水之戰成為救國英雄的謝安被寄予統一中國的厚望，也從全國十九州之中，拿到十五州的軍權，並出兵北伐收復黃河以南的領土。可惜因此遭受皇室嫉妒，屢屢被掌權的會稽王司馬道子找麻煩。謝安決定離開建康遠離政爭，前往北府軍據點之一的廣陵（今江蘇省揚州市）都督北伐軍事。原本謝安是為了東山再起才在會稽隱居，可惜壯志未酬，在淝水之戰結束才兩年，也就是三八五年因病回到建康，不久便在建康結束了六十六歲的人生。

慕容垂（三二六—三九六年）

慕容垂是鮮卑前燕慕容皝的第五子，身高七尺七寸（約一百八十五公分），生有垂手過膝之貌。慕容垂原本的名字為「霸」，但被同父異母的兄長慕容儁所忌，所以當慕容儁繼承王位後，便被迫改名為「䨇」，之所以如此改名，全是因為慕容垂曾因為墜馬而缺了門牙（䨇的意思為「缺」）。後來拿掉「夬」邊，直接改名為「垂」。

三四九年，石虎過世後，後趙陷入一片混亂，慕容垂勸慕容儁進軍南方，慕容垂擔任先鋒。前燕打敗冉魏之後，拿下河北一帶，慕容儁便立刻稱帝，不再向東晉稱臣，慕容垂也被冊封為吳王。

不過，慕容儁的皇后可足渾氏與慕容垂的妻子段氏交惡，便謊稱段氏詛咒自己，將段氏打入大牢，還對段氏嚴刑拷打，直到段氏死去。之後慕容垂雖然娶了段氏的妹妹為妻，但是可足渾氏不承認這樁婚姻，命令慕容垂娶她的妹妹為妻。想必這是因為可足渾氏嫉妒段氏鮮卑望族的身分吧，慕容垂也因此對可足渾氏懷恨在心。

慕容儁死後，其子慕容暐繼位，朝政由慕容恪、慕容垂兄弟，及慕容皝的弟弟慕容評一同操持。等到慕容恪一死，慕容評便與皇太后可足渾氏聯手，讓慕容暐疏遠慕容垂。儘管慕容垂已遠離政治核心，但是當他於三六九年擊退東晉的桓溫，解除前燕的危機之後，慕容評便心生嫉妒，打算捏造罪名，誅殺慕容垂。此舉迫使慕容垂逃到苻堅帳下尋求庇護。隔年，前秦苻堅滅掉前燕，慕容暐與可足渾氏也被擄至前秦首都長安。

在苻堅麾下擔任將軍的慕容垂十分活躍。在眾臣紛紛反對苻堅與東晉決一死戰之際，只有慕容垂獨排眾議，支持苻堅的決定。苻堅雖然於三八三年的淝水之戰遭受毀滅性的失敗，但是殿後的慕容垂軍隊毫髮無傷，所以苻堅才得以逃到慕容垂身邊。

慕容垂得到苻堅的允許，得以前往苻堅之子苻丕鎮守的舊都鄴城之後，便率領鮮卑的部隊往東邊出發。不過，苻丕懷疑慕容垂有二心，拒絕讓慕容垂入城，所以慕容垂便於隔年正月自稱燕王，號為燕元，脫離前秦的掌控（此為後燕），不過，這時候的慕容垂還是打算成為前秦帝國的藩屬。

在苻堅為姚萇所害的隔年，也就是三八六年正月，慕容垂以六十一歲之姿稱帝。此時可足渾氏已於長安去世，還被苻堅以前燕皇后之禮大葬，但是慕容垂除了剝奪可足渾氏的皇后稱號，還將可足渾氏排除在皇室之外，讓可足渾氏淪為無法享受皇室祭祀大禮的庶民。

慕容垂之後當了十年皇帝，其間滅了突厥系的翟氏在河南創立的翟魏，以及山西的西燕，幾乎收復了全盛時期的前燕領土。到了晚年之後，魏王拓跋珪（北魏道武帝）崛起，也進入兩雄相爭的局面。

慕容垂於三九六年病死。隔年，其子慕容寶繼承帝位。慕容寶敗於拓跋珪之後，首都中山（今河北省定州市）也淪陷，後燕慢慢地凋零，最終走上滅亡之路。北魏統一華北地區，終止十六國時代則是四十年之後的事情。

其他人物

劉曜

？—三二九年。前趙（三〇八—三二九年）的第五代皇帝，是為劉淵一族。根據《晉書》記載，劉曜身高九尺三寸（約二百二十三公分），長有垂手過膝之相。雖然鬍鬚只有一百根左右，每根有五尺（約一百二十公分）長。拉弓可射穿一寸（約二．四公分）厚的鐵板，而且熟諳兵書。

第三代皇帝劉聰在位時，劉曜負責治理長安；在平定靳準之亂後稱帝，也將首都遷至長安，將國號從漢改為趙。劉淵雖將西漢高祖與東漢光武帝奉為祖先，但是劉曜卻一改前例，只祭祀匈奴的冒頓單于。後續十年，與石勒的後趙在中原分庭抗禮，晚年為病所苦，沉浮於酒海之中。三二九年，與石勒在洛陽交戰後被捕，據說當時依舊喝得酩酊大醉。前趙在劉淵成為漢王之後，僅二十五年就滅亡。

佛圖澄

二三二—三四八年。據傳他來自天竺或是西域。在西晉末年的三一〇年來到洛陽後，想在洛陽建造佛寺，但是遭受劉曜攻擊的洛陽陷入混亂，便隱身荒野，觀察世道。當他看到石勒的軍隊濫殺無辜，威懾百姓，又殺害了許多僧侶之後，便希望透過佛教讓石勒改過向善。由於石氏一族本來就是來自西方的胡人，所以佛圖澄認為石勒很有可能會接受佛教。佛圖澄擅長咒術，也擁有千里眼，可以在必要的時候興雲布雨、醫治病人，還能看透國家興亡與人的生死。《高僧傳》記載了許多佛圖澄這類不可思議的事跡。

佛圖澄總共在全國建造了八百九十三處佛寺，門徒多達一萬多人，所以擁有專屬自己的資訊網。石勒與石虎似乎都只將佛圖澄當成政治與軍事的顧問重用。據說佛圖澄最後在三四八年後趙首都鄴城過世，享年一百一十七歲。

冉閔

？—三五二年。冉魏（三五〇—三五二年）的皇帝。魏郡內黃縣（今河南省內黃縣）人。近年來的資料（北魏〈染華墓誌〉）指出，他的姓很可能不是「冉」，而是「染」，不過本章依照慣例，暫定為冉。冉氏出身漢朝武門，西晉瓦解後，冉閔的父親冉良隨著名為「乞活」的流民集團流浪。冉良在十二歲的時候為石勒所擒，後來由石虎養育，遂改名為石瞻。石虎對於勇猛果敢的石瞻疼愛有加，更將其子石閔當成孫子疼愛。在石虎麾下擔任將軍的石閔很早就覺得苻洪絕非池中物，所以力勸石虎殺了苻洪。

石虎瀕死之際立幼子石世為太子，而石閔則建議年長的石遵篡奪帝位，因此立下擁立石遵為帝的大功。不過，石閔與石遵立刻爆發衝突，石閔也殺了石遵，改立石遵之兄石鑑為帝。之後，鄴城爆發一場又一場腥風血雨的權力鬥爭，二十萬名胡人也在石閔的煽動之下被屠殺。三五〇年正月，石閔得到「繼承趙的是李氏」的讖文，便將姓氏從石改成李，立國號為衛。此時的君主稱號應該是天王[6]。到了閏二月之後，李閔殺死石鑑與其他石虎的孫子共三十八人，接著在稱帝後，將姓氏改回原本的冉，改立國號為魏。當時的人認為冉閔是漢人，但是當冉閔與在襄國稱帝的石祇開戰之後，為了拉攏胡人，將自己的兒子冉胤任命為大單于。就傳統而言，漢人不會擔任單于一職，所以將兒子任命為大單于的冉閔恐怕沒有所謂的民族意識可言。三五一年四月，冉閔總算打敗石祇，滅了後趙，卻在隔年四月被南下的前燕將軍慕容恪打敗，最後被送到龍城處死。

慕容暐

三五〇—三八五年。前燕最後一位皇帝。慕容暐為前燕皇帝慕容儁的第三子，於三五七年成為皇太子。其母為可足渾氏。三六〇年，慕容儁去世時，慕容暐才十一歲，所以政局由慕容恪、慕容垂、慕容評以及可足渾氏掌理。等到慕容恪去世，慕容垂被慕容評、可足渾氏聯手排擠，也因此流亡至前秦。

三七〇年，慕容暐被苻堅抓住後，便與皇族以及四萬戶鮮卑人一同被遷至長安，不過，苻堅卻給予慕容暐以及他的兄弟高官厚祿。苻堅在淝水之戰失利後，慕容暐仍在長安事奉苻堅，但是他的兄弟慕容泓與慕容沖卻相繼背叛前秦，還包圍了長安城，準備暗殺苻堅，最終慕容暐便因暗殺之罪而被處死。

慕容泓

？——三八四年。西燕（三八四——三九四年）的開國君主。是前燕皇帝慕容儁與可足渾氏的兒子，也是慕容暐的弟弟。前燕滅亡之際，與慕容暐一同被遷至長安。

當慕容垂在鄴城成為燕王後，事奉苻堅的慕容泓便率領關中的鮮卑人起兵造反，也自稱濟北王，還立慕容垂為丞相與吳王。接著派遣使者前去晉見苻堅，希望將慕容暐迎回舊都鄴城，藉此復興燕國，成為前秦的鄰國。這項請求被苻堅拒絕後，便攻入長安，改元燕興，創立西燕，但由於個性冷酷，最後被部下所害。

慕容沖

三五九——三八六年。西燕的第二代君主。慕容沖是前燕皇帝慕容儁與可足渾氏的兒子。前燕滅亡時，與其兄慕容暐、慕容泓一起被遷至長安，但是得到苻堅的賞識，成為平陽郡的太守。之後響應慕容泓的造反，在慕容泓被殺之後，被擁立為皇太弟。

慕容沖與身邊的人都希望能夠回到舊都鄴城，復興燕國，但是鄴城已被慕容垂占據，所以就算回到鄴城，也只能屈居慕容垂之下，因此慕容沖無論如何需要迎回慕容暐，讓慕容暐登上帝位，所以便領兵攻向長安。苻堅一怒之下，便以慕容暐也有可能造反為由，屠殺慕容暐一家，以及城內所有鮮卑人。慕容沖只好自稱燕國皇帝，決心為慕容暐報仇雪恨。與苻堅纏鬥半年後，總算將苻堅趕出長安城。

慕容沖本來打算留在長安，培養自己的勢力，最後卻被希望東歸的將軍所殺，這個集團也在擁立慕容一族的慕容永之後離開長安，回到東方在山西南部建立屬於自己的勢力，但最後為後燕的慕容垂所滅。

姚弋仲

二八〇—三五二年。姚氏原本是羌族的領袖，在歸順東漢後，受封歸順王，得以定居於南安郡赤亭縣（今甘肅省隴西縣）。永嘉之亂爆發後，姚弋仲率領數萬羌人與漢人前往榆眉（今陝西省千陽縣）。後來在前趙及後趙任官，在石虎的時代率領部眾移居河北。最終在石虎去世、後趙瓦解之際過世，享年七十三歲。

姚襄

？—三五七年。姚襄是姚弋仲的第五子。十七歲的時候，身高就有八尺五寸（約二百零四公分），據說站著就能垂手過膝。除了長得高大威武之外，還博學多聞，也擅長辯論，所以名聲甚至傳入東晉。雖然姚弋仲有四十二個兒子，但在麾下部眾的強烈要求下，姚襄成為了繼承人。東晉的殷浩認為姚襄必成後患，所以多次派出刺客暗殺，但每次刺客都被姚襄的人格所感動而放棄任務。

姚弋仲死後，姚襄率領部眾南下，擊潰殷浩的北伐軍。原本想繼續攻打洛陽，卻敗於桓溫手下。之後雖然打算西進，攻打前秦苻生的關中，又被苻生派出的苻堅軍隊打敗，也因此被處死。

姚萇

三三〇—三九三年。後秦（三八四—四一七年）的開國君主。姚萇是姚弋仲之子，姚襄之弟、也是四十二位兄弟之中排行二十四的兒子。其兄姚襄敗給苻堅之後，他便與其他兄弟投降前秦，成為苻堅麾下的猛將，在遠征仇池與前涼的戰役中立下不少功績，最後也被封為益都侯。

淝水之戰結束之後，繼續留在苻堅陣營的姚萇，輔佐苻堅之子苻叡與慕容泓一戰，沒想到苻叡戰死，擔心被問罪的姚萇便選擇逃亡。最後得到隴西一帶的世族擁戴，自稱大單于與萬年秦王。當苻堅逃到五將山的時候，姚萇抓住苻堅，要求苻堅禪位，但苻堅不從，便下令絞死苻堅。

三八六年，慕容永率領鮮卑人離開長安返回東方之後，姚萇便進入無主的長安，自立為帝，之後也與苻堅一族的苻登繼續作戰。最終在三九三年去世，享年六十四歲。姚萇死後沒多久，其子姚興便打倒苻登，為姚氏與苻氏漫長的征戰畫下句點。

道安

三一二—三八五年。又名釋道安。出家前的姓氏為衛。故鄉在現今河北省的道安自幼雙親亡故，所以在親戚的家中長大。擁有超凡記憶力的他只需要一天就能記住一萬字的經典。出家後，在後趙首都鄴城成為佛圖澄的弟子，並在山西的山中建造佛寺，推廣佛教。當石虎去世，後趙瓦解，便前往襄陽宣揚佛教，負責將佛典翻譯成中文。道安的翻譯與注釋也成為日後中國翻譯佛典的典範。此外，道安也製作了漢譯佛典的綜合目錄。中國僧侶以「釋」為姓，也是始於道安。在備受東晉名士推崇之下，道安的名聲也傳入建康的朝廷。

在道安待在襄陽時，苻堅不斷地表達自己內心的尊敬，也不斷地捐贈來自外國的珍稀佛像。東晉準備攻入襄陽的時候，還請道安移居長安。道安在學術方面的造詣非常深厚，當時的人們甚至認為，不以他為師的人都不值得一提。淝水之戰結束，前秦將要滅亡之際，道安在長安去世，享年七十四歲。

拓跋珪

三七一—四〇九年。北魏（三八六—五三四年）的開國君主，也就是道武帝。拓跋珪又名什翼圭，是代國之王什翼犍的孫子。年幼喪父的拓跋珪在苻堅滅了代國的時候才六歲，所以沒被擄到長安，而是留在代國舊地。苻堅將代國的部族拆成東西兩部，由匈奴獨狐部的劉庫仁以及鐵弗部的劉衛辰分別治理東部與西部。拓跋珪則在母親的部落，也就是東部的賀蘭部長大。

前秦瓦解後，拓跋珪在三八六年被推舉為代王，後來改稱為魏王，並創立北魏。在祖母的兄弟後燕慕容垂的協助之下，擊敗獨孤部這些實力強大的部族，順利整合遊牧部族。於慕容垂晚年與後燕相爭，並在慕容垂死後隔年攻陷後燕首都，得以進軍中原，之後於三九八年將首都從盛樂移至平城（今山西省大同市），並且登上帝位。

注釋

1. 內藤湖南請參照第九卷第八章。
2. 東漢時代賜給歸順漢朝的周邊民族首長的稱號。漢朝透過賜予率眾王、歸義侯、邑君、邑長這些官爵，讓周邊民族的首長成為自己人，再讓這些首長擔任度遼將軍、使匈奴中郎將、護羌校尉、護烏桓校尉這類異族統御官，或是邊郡的屬國都尉，讓這些首長與漢朝的敵對勢力作戰。
3. 曹操請參照第一卷第十一章。
4. 天王是這個時代才有的特殊稱號，五胡君主為了自謙而不稱帝時，就會自稱天王。居攝則是代替天王行事的稱號，有進一步自謙的意思。
5. 三二七—三二九年之間，長江北部的軍閥蘇峻起兵背叛東晉。東晉首都建康也因這次的叛亂而燒成灰燼。
6. 《晉書．穆帝紀》與〈染華墓誌〉提到，冉魏在建立魏之際自稱「天王」，但是從冉魏將兒子封為「王」這點來看，他絕對是自稱「皇帝」，因此應該是在建立衛的時候自稱「天王」。

參考文獻

會田大輔，《南北朝時代——五胡十六国から隋の統一まで（南北朝時代——從五胡十六國到隋朝統一）》，中公新書，二〇二一年

荒川正晴責任編集，《岩波講座世界歷史6　中華世界の再編とユーラシア東部 四～八世紀（岩波講座世界歷史6 中華世界重新整編與歐亞大陸東部 四～八世紀）》，岩波書店，二〇二二年

市來弘志，〈中国における「淝水之戦論争」について（中國的「淝水之戰爭論」）〉，學習院大學文學部編《研究年報》四二，一九九六年
岡田和一郎、永田拓治編著，《漢とは何か（什麼是漢？）》，東方書店，二〇二二年
小野響，《後趙史の研究（後趙史的研究）》，汲古書院，二〇二〇年
川本芳昭，《魏晉南北朝時代の民族問題（魏晉南北朝時代的民族問題）》，汲古書院，一九九八年
川本芳昭，《東アジア古代における諸民族と国家（東亞古代的民族與國家）》，汲古書院，二〇一五年
川本芳昭，《中国の歴史5　中華の崩壊と拡大（中國歷史5　中華的瓦解與擴張）》，講談社學術文庫，二〇二〇年
窪添慶文編，《魏晉南北朝史のいま（魏晉南北朝史的現況）》，勉誠出版，二〇一七年
谷川道雄，《增補　隋唐帝国形成史（增補　隋唐帝國成立的歷史）》，筑摩書房，一九九八年
田村實造，《中国史上の民族移動期——五胡・北魏時代の政治と社会（中國史上的民族遷徙期——五胡．北魏時代的政治與社會）》，創文社，一九八五年
古松崇志，《シリーズ中国の歴史3　草原の制覇（中國歷史系列3　稱霸草原）》，岩波新書，二〇二〇年
堀敏一，《東アジア世界の形成——中国と周辺国家（東亞世界的形成——中國與周邊國家）》，汲古書院，二〇〇六年
三崎良章，《五胡十六国の基礎的研究（五胡十六國的基礎研究）》，汲古書院，二〇〇六年
三崎良章，《五胡十六国——中国史上の民族大移動（五胡十六國——中國史上的民族大遷徙）》新訂版，東方書店，二〇一二年
南川高志編，《歷史的轉換期2：三七八年．崩解的古代帝國秩序》，臺灣商務，二〇二一年

蔣福亞，《前秦史》，北京師範學院出版社，一九九三年
田餘慶，《東晉門閥政治》改版，北京大學出版社，二〇一二年

第四章

六朝時代為什麼存在？

——亞洲著名文集《文選》的誕生

齋藤希史

前　言

二二〇年（建安二十五年正月，以下的日期皆為陰曆），曹操（一五五—二二〇年）去世，長子曹丕（一八七—二二六年）繼位為魏王，同年十月，獻帝劉協（一八一—二三四年）舉行禪讓儀式，曹丕創立魏國與登基（文帝），年號黃初。不過，蜀國與吳國也各自建國與稱帝，未臣服於魏國，所以三國繼續互相爭鬥。在這個過程之中，特別值得注意的是文帝於太子時代為了建立評議天下事的基準而寫的《典論》，以及在即位之後，下令編纂類書（依照主題從典籍抄寫的文章）始祖的書籍《皇覽》，將知識整理成一套完整的系統。儘管當時仍因三國鼎立而陷入混亂，但此舉無疑是為了再建構中華文明。

魏國於二六三年滅了蜀國，此時第四代皇帝少帝曹髦（二四一—二六〇年）已被司馬昭（二一一—

二六五年）的部下所殺，改由元帝曹奐（二四六—三〇二年）即位。曹奐當然是司馬一族的傀儡，魏國將是短命王朝也不言而喻。二六五年，司馬昭去世後，繼任晉王的司馬炎（二三六—二九〇年）迫使元帝禪位，登上帝位創立晉朝（武帝）。首都則沿用魏國的洛陽。二八〇年（太康元年）平定吳國，自此，中國在東漢滅亡六十年之後，總算再次統一，法律與各項政令與制度也漸趨完善，陸機、陸雲（二六一—三〇三年）兄弟與顧榮（？—三一二年）這些吳國的文人也移居洛陽，與張華[1]（二三二—三〇〇年）、左思（二五〇？—三〇五？年）、潘岳（二四七—三〇〇年）這些本來就住在洛陽的文人一起孕育詩文的新潮流。在文學史上，也根據此時的年號將這波詩文新潮流稱為太康文學。儘管朝代從魏更迭為晉，中華文明的復興卻未曾停歇。

不穩定的統一

遺憾的是，政局穩定的期間實在太短。三〇〇年，爆發了司馬一族內鬥的八王之亂。雖然懷帝司馬熾在三〇六年即位後，內亂暫時平息，但是這場內亂卻導致晉朝境內的北方民族獨立與叛亂。由匈奴族劉淵所建立的漢趙（後來的前趙）此時不斷擴張勢力。劉淵死後，其子劉聰於三一一年（永嘉五年）攻入洛陽，並在洛陽城內極盡燒殺搶奪之能事，讓洛陽頓時化為一片焦土，懷帝則是被擄到漢趙首都平陽（山西省），並於三一三年被處死。懷帝被處死的消息傳來，其姪司馬鄴在長安即位（愍帝），卻在三一六年，從長安被擄到平陽，後於隔年的三一七年被處死。當時的司馬鄴只有十八歲而已，統一天下的晉朝也就此滅亡。

新的中心

受懷帝之託，負責治理江南與相關軍務的琅邪王司馬睿自三〇七年開始，以建業（由於愍帝的名字為鄴，所以為了避諱，建業於三一三年改稱建康，也就是今日的南京）為據點，不斷地擴張勢力，在聽聞愍帝被擄至平陽後，便自稱晉王，改年號為建武，再立建康為首都。當愍帝的訃聞傳到建康，司馬睿便於三一八年改年號為太興元年，正式成為晉朝皇帝（元帝），以延續王朝的名義。

不過，名義終究只是名義，晉朝仍是失去中原，不得不流亡南方的政權，這當然也是時代的一大轉捩點，所以就歷史而言，通常將三一六年之前的晉朝稱為西晉，並將之後的晉朝稱為東晉。之所以稱為東晉，是因為建康在地理位置上，比洛陽更加偏東，但西晉與東晉之間不只是地理位置的差異。直到隋朝於五八九年統一中國之前，黃河流域與長江流域不斷上演朝代更迭的戲碼，分裂與戰亂的時代也延續了二百七十年之久。

對於被南下的北方民族趕到長江流域的漢人來說，首都建康是他們的根據地。吳國孫權於二一二年在此建造了面向長江的石頭城，也修建了水陸交通網，同時將建業立為都城。被元帝立為晉朝首都的建康若真是中華文化的中心，當然得設置宗廟與社稷，以及在南郊設立祭壇，才符合繼承天命的王朝在此安身立命。

不過，在剛剛南遷至建康的時候，每個人都認為遲早有一天要奪回中原，也覺得建康不過是洛陽的替代品。可是，當南北的邊界逐漸底定，建康也一步步成為實質上的王都。以建康為國都的王朝分別為

平城
幽州
雁門
渤海(南皮)
渤海
并州
(太原)
臨淄
汾
水
鄴
斥丘
泰山
隴西
涇 水
黃
河
甄城
琅邪
陳倉
扶風
馮翊
梁州
(陳留)
沛
渭
水
長安
華山
函谷關
洛陽
下邳
彭城
(徐州)
譙
南陽
(宛)
淮
水
漢 水
汝南
京口
建康
益州
(成都)
襄陽
義興
吳
太湖
荊州
(江陵)
長 江
江夏
尋陽
(江州)
宣城
新安
武昌
會稽
始寧
彭蠡沢
洞庭湖
廬山
東陽
臨海
豫章
湘州
(長沙)
沅
水
臨川
永嘉
衡山
安成
衡陽
晉安
零陵
湘
水
始安
始興
蒼梧
廣州
交州
(交趾)
0
300km

《文選》相關地圖

吳、東晉、宋、齊、梁、陳，而這些王朝統稱為「六朝」，如今也以「六朝時代」或「六朝文化」指稱四至六世紀江南的時空背景。之所以在學術或文化上使用這類稱呼，當然是因為建康這座王都十分繁榮與成熟，而梁朝正是建康最為成熟的朝代，《文選》則是當代的文學象徵，負責編纂與冠名的是昭明太子蕭統。本章打算從昭明太子來爬梳歷史，探討六朝這個時代為何存在。

昭明太子（五〇一－五三一年）

一、政爭與文雅

六朝的記憶

「六朝」到底是從什麼時候成為江南歷代王朝的總稱呢？至少不會是陳滅亡沒多久之後的事情才對。史學家劉知幾是在七〇八年，在〈上蕭至忠論史書〉提到「兩京三國」[2]以及對應的「六朝江左」[3]，此時陳雖然已經滅亡一百二十年，但「六朝」這個用詞似乎用得太早，比較像是為了湊成對句才使用這個詞彙，無法確定「六朝」一詞在此時已經成為江南王朝的總稱。其實在唐朝的時候，將六代皇帝的治世稱為六朝的例子並不罕見。[4]

昭明太子

另一方面，中唐詩人開始喜好六朝這個用語也值得玩味。八二六年，造訪建康宮殿遺跡的劉禹錫曾詠嘆「清江悠悠王氣沉，六朝遺事何處尋（清江悠悠流著，但帝王之氣已不復見，六朝的那些往事又於何處消失了呢？）」[5]這或許算是很早使用「六朝」一詞的範例，此外，杜牧曾於八三八年，在為官之地宣州（安徽省）的開元寺詠嘆「六朝文物草連空，天淡雲閑今古同（六朝繁華已成過去，眼前只剩草色連空，天淡雲閒的景象倒是古今未變）」[6]，則可說是最膾炙人口的例子。儘管建康被譽為金陵，但是壯麗的城市景觀早已被隋軍破壞，到了唐代之後，也被降為江寧縣這種地方都市，這不禁讓人覺得，六朝這個用語雖然讓人遙想當年的文化有多麼璀璨，卻也不免讓人聯想到亡國的悲愴之情。

此時的首都已遷回長安與洛陽。[7]或許將建康作為國都，中華天子偏居建康的這段過去解釋成一時的權宜之計也不為過。儘管洛陽與長安曾在安史之亂被占領，但是叛亂最終還是結束了，洛陽與長安還是恢復為國都了，並未重演六朝的悲劇。

不過，詩人卻不這麼覺得，總是刻意喚起亡國的記憶，將心中那份對於六朝的憐愛寄託於詩文之中。因為他們非常明白，他們每天寫的絕句或是律詩這種近體詩[8]是六朝的貴族與文人在吟詩作對之中形成的格式，若無六朝的文化事物為底蘊就無法寫詩。剛剛引用的詩之中，也提到了「六朝遺事」或是

「六朝文物」，所以「六朝」這個詞彙在詩文之中，已經成為文學用語。

話雖如此，六朝可不是只有文雅的貴族世界。自東晉之後，政權就不斷地在宋、齊、梁、陳朝代之間流轉，從這點也可以發現，權力有大半的時間都處在不穩定的狀態，就算擔任官吏或是幕僚，也有可能因為陷入政爭或是陰謀而與死亡為鄰，與北方各國的戰爭也讓很多人陷入水深火熱之中。在談論六朝的文化之前，讓我們先了解這個陷入混亂與瞬息萬變的時代。

名門與寒門

在司馬睿將首都遷至建康之後，司馬一族雖然得以維持血脈，但是晉朝卻不復原貌，因為此時必須面對的是由華北來的新移民與江南舊住民融合而成的社會。在移居至建康的名門之中，以山東琅邪郡王氏與河南陳郡謝氏最有實力，一直以來，這兩族的實力都凌駕於江南豪族之上。儘管雙方還是會互相傾軋，但是名門之間會透過一些謀略維持統治的局面。另一方面，在北伐立下汗馬功勞的桓溫（三一二—三七三年）這類劍指帝位的軍事能臣，通常能左右政局的走向。儘管謝玄（三四三—三八八年，是當時宰相謝安〔三二〇—三八五年〕之姪）於三八三年淝水之戰打敗了將華北一帶納入囊中、準備將矛頭指向進攻江南的前秦苻堅，謝安死後，政局立刻陷入混亂，桓溫之子桓玄（三六九—四〇四年）便得以控制建康與掌握政權，最後於四〇三年迫使安帝禪位並建立桓楚，半年後，被出身於下級士族（寒門），卻擁有政治與軍事才能的劉裕推翻，晉朝也得以暫時復活，劉裕也因為戰績輝煌而擔任官職最高的相國，同時受封宋公。可惜的是，重複的戲碼一再上演，四二〇年，劉裕迫使恭帝禪位並創立劉宋，這意味著階級低於司馬氏、王氏或是謝氏這類名門的下級士族成為皇帝。

宋武帝劉裕在即位兩年後辭世，其長子少帝劉義符繼位，但兩年後被迫退位，其弟文帝劉義隆也被推上帝位。尊重世族的文帝雖然穩定了政局，開創了元嘉治世，但是奉命輔政的弟弟劉義康卻不斷拔擢中下階層的士人，文帝之子孝武帝劉駿也不斷提拔寒門子弟。這應該是非世族出身的皇帝想鞏固自身權力才有此舉。

儘管文帝的治世長達三十年之久，但是劉宋在四五〇年的北伐失敗之後，走上衰敗的道路。當時的劉宋陷入文帝被皇太子劉劭殺害，三個月之後劉劭也被處死的混亂之中。孝武帝劉駿雖然企圖力挽狂瀾，卻還是擋不住衰敗的命運，劉宋也與前朝一樣，在四七九年將帝位禪讓給武人蕭道成（四二七—四八二年），蕭道成創立了蕭齊。

文化的成熟

儘管蕭齊是只維持了二十三年的王朝，卻也是六朝的轉捩點。身為第二代皇帝的武帝蕭賾（四四〇—四九三年）的長子文惠太子蕭長懋（四五八—四九三年）與次子竟陵王蕭子良（四六〇—四九四年）都信仰佛教，學術造詣也完全不遜於名門子弟。在武人出身的皇帝開創王朝，世族與寒門不斷交流的過程中，新文學（學問與詩人）也在政權從劉宋轉交給蕭齊的過程之中誕生，而皇子正是推動新文學的核心人物。在一代又一代的寒門士族與世族互相接觸與對抗之後，文化總算得以成熟，世族也獲得了全新的視野與領域。自劉宋之後，所有的王朝都是由武人創立，這點也是在觀察六朝這個時代之際，不容忽視的現象。

有熟稔文學風雅之事的年輕皇子，當然也有仗著權力恣意妄為的皇族。蕭齊東昏侯蕭寶卷於十七歲即位之後便成為一代暴君，於是同族的蕭衍便擁立蕭寶卷之弟蕭寶融（和帝），討伐東昏侯，並在接受和帝禪讓之後，創立了蕭梁。這是五〇二年發生的事。下一節將介紹在這樣的狀況，即六朝的時空背景之下，新文學誕生的過程。

二、薈萃與交流

名士匯聚

六朝的文雅世界是由華北新移民的世族所建立的。

劉宋武帝劉裕的姪子劉義慶（四〇三—四四四年）所編的《世說新語》提到，從長江對岸遠渡而來的諸公會在天氣晴朗的日子（美日）[9]，於建康的長江沿岸的新亭聚會。某天，周顗（二六九—三二二年）便在宴會感嘆「明明這裡的風光與洛陽同樣明媚，但是山河卻截然不同」，眾人聽到這句話之後便相視流淚，只有王導（二七六—三三九年）勃然大怒地罵道：「如今正是該收復中原之際，怎麼會在此時哭泣呢？」（〈言語〉篇）。周顗為汝南安城的周氏，王導為琅邪的王氏，兩者皆為名門出身，也是當時的高官。從這篇內容可以發現，西晉洛陽的集會原封不動地搬到長江南岸，名門之間也持續交流。

王羲之（三〇三—三六一年）的蘭亭集會也是名門交流的例子之一。三五三年（永和九年）三月三日，會稽內史王羲之[10]邀請素與王氏一族往來的謝安、謝萬、許詢、孫綽以及四十幾位名士，於會稽山山腳的蘭亭召開上巳節[11]宴會。知名的〈蘭亭序〉正是於這場宴會寫成。從〈蘭亭序〉之中的「是日也，天朗氣清」可以知道，當天的確是「美日」，眾人也於這場宴會吟詩，後來這些詩被編為詩集，王羲之也為這本詩集寫序。

其實宴會與詩詞向來息息相關。從《詩經》的時代開始，公開宴會就有固定要唱的歌，若是由地方相關人士舉辦的宴會，則會一起唱些屬於這塊土地的歌，私人宴會則會即興創作。每位與會人士替宴會作詩與記名的年代可追溯至東漢末年，年號則是建安年間（一九六—二二〇年）。自古以來，源自歌謠的詩都被認為是集體創作，而不是個人創作，當「賦」[12]這種文體於東西漢盛行之後，個人的姓名才被標記為作者。換言之，文人的力量也是透過賦來展現的。

當漢朝的五言歌謠開始流行，擅長文藝之事的士人於二世紀末開始重新寫詩[13]，也為文學帶來了轉機。這些新詩有些可當成民間歌謠的樂府創作歌詞吟唱，有些則不行。比方說，前者以〈短歌行〉（《文選》卷二十七）這類曹操所寫的樂府最為知名，後者則以王粲[14]（一七七—二一七年）的〈七哀詩〉（《文選》卷二十三）最為有名。順帶一提，〈七哀詩〉主要是描述董卓摧殘長安之後，王粲從長安逃出來的過程。

這些士人也很擅長將宴會的情況寫成詩。尤其是在曹操或曹丕召開的宴會之中，曹植與「建安七子」之一的王粲、劉楨（？—二一七年）、應瑒（？—二一七年）更是能隨時為主辦人以及宴會寫下祝福之詞，偶爾也會寫下自己的感慨，比方說，劉楨與應瑒於二一七年橫行的瘟疫亡故之後，痛失好友的曹丕便為了追思他們而編了《鄴中集》[15]，建安的宴會也被形容成新文學誕生的場合。在過了快兩百年左右，知名文人謝靈運寫了〈擬魏太子鄴中集詩八首〉（《文選》卷三十），主要是摹擬曹丕、王粲、陳琳、徐幹、劉楨、應瑒、阮瑀、曹植等八人在《鄴中集》裡所寫的詩，並將摹擬曹丕所寫的序放在開頭，這說明當時就認為文人飲宴寫詩的風氣始於建安年間。另外要注意的是，這些宴會都是由魏國太子主辦的。一如後述，魏晉六朝的太子或是地位猶如太子的人，除了在政治扮演重要的角色，也是學問或文學的核心人物，可說是重要的文化推手。

宴客的來賓獻詩，主人也以詩回應，然後再將這些詩編成詩集，並為詩集寫序的例子不少，比方說，西晉石崇的〈金谷詩序〉或是潘岳的〈金谷集作詩〉（《文選》第二十卷）都是流傳後世的例子之一。據說王羲之聽到自己與〈蘭亭序〉被拿來與石崇及〈金谷詩序〉相提並論之後無比開心（《世說新語．企羨》），可見王羲之對於金谷的宴會知之甚詳。於宴會吟詩、寫序，並將這些詩編成詩集，不是王羲之發明的事情，而是自建安以來的習慣，而王氏與謝氏帶領的文潮也透過這些大大小小的交流維持下來。被形容成「風格高峻」（《宋書．謝弘微傳》）、不愛與人打交道的謝混[16]，只喜歡與有才氣的同族之人來往，例如他只與謝靈運、謝瞻[17]、謝晦（三九〇—四二六年）或是謝弘微以文會友，史稱「烏衣之遊」。順帶一提，烏衣之遊的「烏衣」源自王謝貴族居住的烏衣巷。

寒門的文人

話說回來，前面也提到，六朝的主角不只是名門。在這個時代裡，出身寒門的士族除了擔任實務官僚，也會擔任軍人，發揮軍事長才，其中當然也有文學造詣深厚的文人。

比方說，以〈遊仙詩〉（《文選》卷二十一）、〈江賦〉（《文選》卷十二）展現文才的郭璞（二七六—三二四年）便是其中之一。在此順便介紹一個小故事。據說蕭梁的江淹（四四四—五〇五年）曾在夢中遇到一位自稱郭璞的人，對方要他把五色筆還給自己，這就是江郎才盡的典故（《南史》卷五十九〈江淹傳〉）。郭璞的父親郭瑗雖然官至建平（四川省）太守，但最初只是出身低微的尚書都令史，一般認為，他應該是出身寒門庶族。擅長占卜之術的郭璞常精準地預測未來，南渡之後，成為宣城（安徽省）太守殷祐的參軍，之後又被宰相王導提拔為自己的參軍，最後則被元帝司馬睿任命為著作佐郎。明帝司馬紹（二九九—三二五年）在還是皇太子的時候，就與溫嶠（二八八—三二九年）、庾亮（二八九—三四〇年）經常來往，而郭璞也因為自身的才能與學識得到重用。不過，史書也記載「璞既好卜筮，縉紳多笑之」，酷愛占卜之術的郭璞常被縉紳取笑（《晉書．郭璞傳》），郭璞也常抱怨官職太低，配不上自己的才能。由此可知，不是所有的名門都會根據能力拔擢寒門士族。

比郭璞晚一百四十年出生的鮑照也是知名的寒門文人。《文選》收錄了他的兩首賦與十八首詩，在宋代僅次於四十首詩入選的謝靈運，以及入選賦一首、文五首、詩二十一首的顏延之。謝靈運是名門子弟，顏延之雖然自幼父亡，家境貧寒，其曾祖父卻曾經擔任東晉太子中庶子[18]與國子祭酒（國子學長官），進入成帝司馬衍的時代（三二五—三四二年在位）之後，便官至右光祿大夫。反觀鮑照卻是出身不明。不過，鮑照仍以其自身的文才受到賞識，進入江州刺史臨川王劉義慶的帳下服務之後便平步青雲。熱愛文學的劉義慶曾延攬當時享有盛名的袁淑（四〇八—四五三年）、陸展（？—四五四年）、何長瑜（？—四四三年），鮑照也得以躋身其中。四三九年，鮑照才二十幾歲而已。

根據《南史》的記載，鮑照在初次拜見劉義慶的時候，便準備獻詩明志，但由於身分低微，而被旁人以「不可掃了大王之興」的理由阻止，據說鮑照當下便說「自古以來，有多少英才就是這樣被埋葬的呢？大丈夫到底要與這些無聊的人混在一起多久呢？」最終，鮑照的詩得到劉義慶的賞識。從這段記載也可以發現，當時視寒門文人如無物的風氣，以及寒門文人反抗潮流的志氣，有些貴族與名門也的確懂得賞識有才之人。正因為六朝是充斥著混亂與不安的時代，所以到處都有這種魚躍龍門的機會。順帶一提，陸展從年輕的時候就以自身的文筆聲名大噪，何長瑜則與謝惠連（三九七／四〇七—四三三年）、荀雍、羊璿之被稱為謝靈運的四友，常與謝靈運一同遊山玩水、舞文弄墨。換言之，鮑照雖然與袁淑、陸展、何長瑜不屬於相同的社交族群，但是鮑照留下了二百四十首作品，袁淑、陸展、何長瑜的詩文卻幾乎都已佚失。

宋武帝劉裕也是從寒門武人登上皇位的人物。雖然他與學問的緣分不深，卻尊重文人，也會設宴邀請文人寫詩。劉裕曾在重陽節的時候，在彭城（今江蘇省）郊外戲馬臺舉辦歡送宴，謝瞻於這場宴會所寫的〈九日從宋公戲馬臺集送孔令〉（九日，於宋公戲馬臺的集會歡送孔令）便被收入《文選》（卷二十）。詩名之中的「宋公」指的就是劉裕，因為劉裕於四一八年被封為宋公與相國。彭城為劉氏故地，劉宋也以彭城為根據地。

據說劉裕曾脫口說出自己也要作詩，身邊的近臣謝晦一聽到便急著代替劉裕寫詩，因為謝晦知道劉裕不懂寫詩。胸無點墨的劉裕之所以會想寫詩，是因為不想輸給文人嗎？還是突然想起劉邦的〈大風歌〉或是曹操的〈短歌行〉呢？最終謝晦代替劉裕所寫的詩為「先蕩臨淄穢，卻清河洛塵」（先清蕩臨淄的汙穢，再洗淨河洛的塵埃）（《南史．謝晦傳》），簡單來說，就是在稱頌劉裕平定北方蠻族的功績。此外，從劉裕與高僧慧遠、覺賢往來密切這點來看，劉裕對佛教也有一定的理解，這也是不可忽略的部分。儘管這有可能只是因為當時的風氣所致，但絕不能將劉裕當成是個只懂行兵作戰的尋常武夫。

皇子的學友

皇子通常都會在豐富的文物與優秀的文人圍繞之下長大，當然也會出現傾心文學的皇子。比方說，拔擢鮑照的劉義慶是如此，命人收集鮑照詩文的蕭齊文惠太子蕭長懋也是如此。文惠太子的祖父齊太祖蕭道成雖然自稱西漢丞相蕭何的子孫，但其實出身卑微，與劉裕一樣是從一介武人登上皇位。史書曾記載蕭道成因為太喜歡《左傳》，甚至讓文惠太子默背整本《左傳》，由此可知，蕭道成對於學問的景仰與劉裕相同（《南齊書．文惠太子傳》）。齊太祖死後，由長子武帝蕭賾繼位，政局也維持了十年左右的穩定，史稱永明之治[19]。長子文惠太子與次子竟陵王蕭子良也在這樣的環境之下愛上學問與寫文章，許多文人都在文惠太子的東宮或是竟陵王的西邸聚會。被稱為「竟陵八友」的謝朓、任昉、沈約、陸倕、范雲、蕭琛、王融、蕭衍也成為齊梁時期的文學梁柱。順帶一提，從「永明初，高〔祖〕選友、學，以〔謝〕顥為竟陵王友」（《南齊書》卷四十三），或是「永明元年，竟陵王子良表置文、學官，以〔何〕昌宇為竟陵王文學」（同前）的記載可以得知，皇族親王的友學是一種官職的設計[20]。

若問魏晉時期的年輕皇族身邊有沒有很多文人圍繞的話，應該會立刻想到前述的魏國曹丕。西晉建立東宮的制度之後，便十分重視太子的教育，當代最頂尖的文人也會奉命擔任太子的老師。自幼以聰穎聞名的愍懷太子司馬遹（二七八—三〇〇年）身邊有太子六傅的何劭[21]、張華[22]，從吳國來到洛陽的陸機後來也成為太子洗馬。到了東晉之後，在明帝司馬紹還是皇太子的時候，王導、周顗、庾亮、溫嶠就紛紛來到東宮。孫盛編寫的《晉陽秋》就曾以「雅好辭章，談論辯，明理義。與二三君子並著詩論，粲然可觀。於時東宮號為多士」來形容司馬紹。其中的「東宮號為多士」也曾用來形容吳國孫權之子，也就是宣太子孫登（二〇九—二四一年）。與其說是沿用，不如說此一人才薈萃的情況就是會以這種句子來形容（《三國志．吳書．孫登傳》）。學富五車的學者除了為備受期待的年輕皇子講解經典，還會與皇子一同討論，以及寫作詩文，同時也能得到屬官的地位。儘管有不少天子就像是前面提到的東昏侯，年紀輕輕即位後便擅權專政與濫殺無辜，但是也有樂於吸收名門累積的學問、天賦異稟的皇子，而新文學也會從這樣的空間誕生。比方說，蕭子良召開的文學集會便是如此，參與其中的八友之一的蕭衍，正是後來創立蕭梁的武帝。

三、《文選》的誕生

正統與新變

儘管蕭齊於四七九年從劉宋接受禪讓，但是蕭齊的治世只維持了二十餘年，最後於五〇二年將寶座讓給蕭梁。不過，前面也提過，這般朝代更迭也孕育了一大轉機。

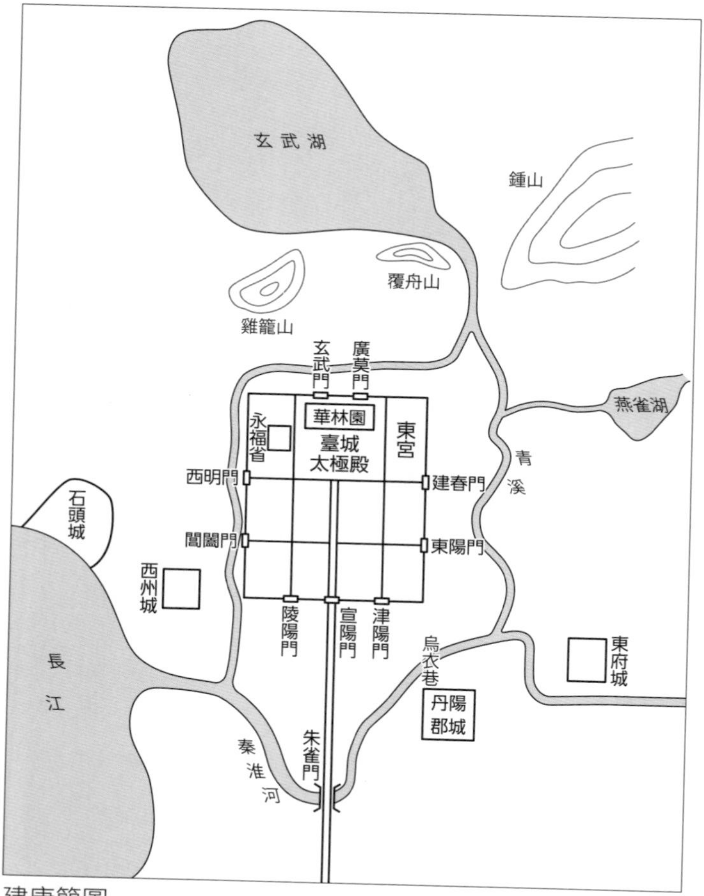
玄武湖
鍾山
覆舟山
雞籠山
玄武門
廣莫門
燕雀湖
華林園
永福省
臺城
太極殿
東宮
青溪
西明門
建春門
石頭城
閶闔門
東陽門
西州城
陵陽門
宣陽門
津陽門
烏衣巷
東府城
長江
丹陽郡城
秦淮河
朱雀門

建康簡圖

簡單來說，東晉是勉力留住中華王朝命脈的時代，劉宋是將江南打造為新的文明中心，不再是避難之處的時代。實現元嘉之治，維持三十年治世的文帝劉義隆設立了儒玄史文（儒學、玄學、史學、文學）四學館，之後又復興了國子學[23]。大中華這個概念是由禮樂所支撐，而制定禮樂則需要典籍與學問。東晉末年，劉裕成功北伐，暫時收復了洛陽與長安，但是創立劉宋之後便受到統一華北（四三九年）的北魏阻擋，無法再於中原立足，所以才必須將建康重新打造成文明的中心。

繼承文帝遺志的孝武帝劉駿重建了東晉南渡之後失去的明堂，重建國都的體面。明堂是國家舉行儀式的場所，東晉時期，也有不少人認為該在建康重新建造明堂，但是最終仍以奪回洛陽為優先。從前述王導斥責周顗的小故事也不難想像會是這個結果，只可惜大環境早已改變。

能讓被逐出中原的自己保有中華正統的是文化。南朝與北朝除了互爭地盤之外，也常進行外交，所以就算是無法在軍事占得上風，南朝還是會極力保住文化上的優勢，絕對不會讓出繼承正統的寶座。東晉的元帝採納王導的提案，命令干寶（？—三三六年）編撰《晉紀》[24]，可說是晉王朝的份內之事；但是宋文帝命令裴松之（三七二—四五一年）替陳壽的《三國志》加注釋，則是為了繼承漢朝之後的歷史正統。另一方面，順陽范氏的范曄（三九八—四四五年）之所以在被貶為宣城太守的時候撰寫《後漢書》，一方面是為了繼承國家正統，更大的一部分是因為自詡為名門士族[25]，但是身為士人的自負卻也撐起了六朝。

前面提過，劉宋國運走到盡頭，由蕭齊接棒，政局於武帝永明年間進入穩定之後，文人紛紛湧入其子文惠太子與竟陵王的身邊，但其中真的對後世造成深遠影響的是「竟陵八友」。一如《梁書・庾於淩傳》〈附弟肩吾傳〉所說：「齊永明中，文士王融、謝朓、沈約文章始用四聲，以為新變。」首次將中文的聲調應用於詩文創作，追求音律之美的正是竟陵八友。劉宋先是繼承了傳統，蕭齊則將傳統轉換成資產，再朝著創造近體詩的方向前進，也就是所謂的「新變」。這是在東晉南渡一百六十餘年之際發生的事情。

為什麼能夠朝著近體詩的方向前進呢？原因之一在於年輕的皇子創造了不論出身高低，只求自由交流的空間。以「八友」為例，王融與謝朓固然是來自北方的名門，而陸倕也是江南的名門，但是沈約卻是出身江南的武人世家，東晉時期的貴族主義已然消失。即使出身寒門，只要學富五車，就能參與交流。在這個透過才能評價彼此的場合裡，追求創新的思潮壓過守成的想法也是理所當然的趨勢。從蘭亭集會也可以發現，當時的集會具有一些遊戲的元素，例如，若是在酒杯轉到面前時還無法寫出一首詩，就得罰酒；或是透過抽籤的方式決定詩的題目或聲韻；這些遊戲元素都讓集會朝競技的方向發展，至於判斷文采優劣的方法，則決定於集會的性質。

皇子創造的空間雖然與距離政治的遠近有關，其中也帶有個人的色彩。比方說，文惠太子的東宮位於王宮之內，但是竟陵王的西邸卻位於王宮北部的雞籠山，據說除了「八友」之外，許多文人也紛紛前往造訪。如果交流的規則愈少，就愈有機會催生新的志向。自古以來，詩文是從人與人之間的交流累積而來，但是在進入六朝這個時期之後，人們發現這些交流本身的價值，新文學也在這些交流的場合誕生。這些交流不是為了進一步強化階級之分或是鞏固政治權力，而是在這個充滿聚散離合的世上，交流本身就具有價值，而交流的核心就是文學。假設這個說法成立，竟陵王仿效魏文帝曹丕命人抄寫典籍重點再進行分類的《皇覽》，另外編纂《四部要略》一千卷，不只是要宣示自己是中華文化的繼承者，也是為了有志向學的人所設置的場域。從這點來看，這也算是某種集會。

話說回來，「八友」之一的蕭衍來自與蕭齊的蕭道成同族的寒門。蕭衍的父親蕭順之與蕭道成從小就是知交，後來擔任蕭道成的副將，立下不少汗馬功勞，也替蕭齊的創建做出不少貢獻，可惜後來被高帝蕭道成之子，也就是武帝蕭賾疏遠。儘管後來受武帝之命，討伐武帝之子蕭子響，但是後來武帝後悔殺了兒子這件事，蕭順之也因此遭受不公平的待遇。話說回來，還是有人非常欣賞蕭衍在軍事、政治、學術、詩文的天分。儘管蕭賾十分忌憚，但是宰相王儉一見到蕭衍便認為蕭衍必將稱王。

文惠太子病死半年後，武帝跟著駕崩，永明之世也就結束，政局再次陷入混亂。國力充沛的北魏也趁機再度南侵。永明之世結束不到十年，蕭衍便發揮自身才能開創了梁朝，政局的混亂也比預期更早平息。被譽為「自魏晉以降，未或有焉」（《梁書．武帝紀》）的盛世也自此揭開序幕。

理想的皇太子

五〇一年，出生於襄陽的蕭統是蕭衍三十八歲才生下來的第一個兒子。其母丁令光（四八五－五二六年）代代定居襄陽，在蕭衍從四九八年擔任雍州刺史，以襄陽為根據地的時候，成為蕭衍的側室。蕭衍將他們母子留在襄陽，順著長江而下，擁立和帝攻打東昏侯盤踞的建康之後，便進入建康。之後蕭衍也將母子接來建康並接受禪位。蕭衍成為蕭梁第一代皇帝，也就是武帝的時候，剛好是蕭統出生的隔一年。

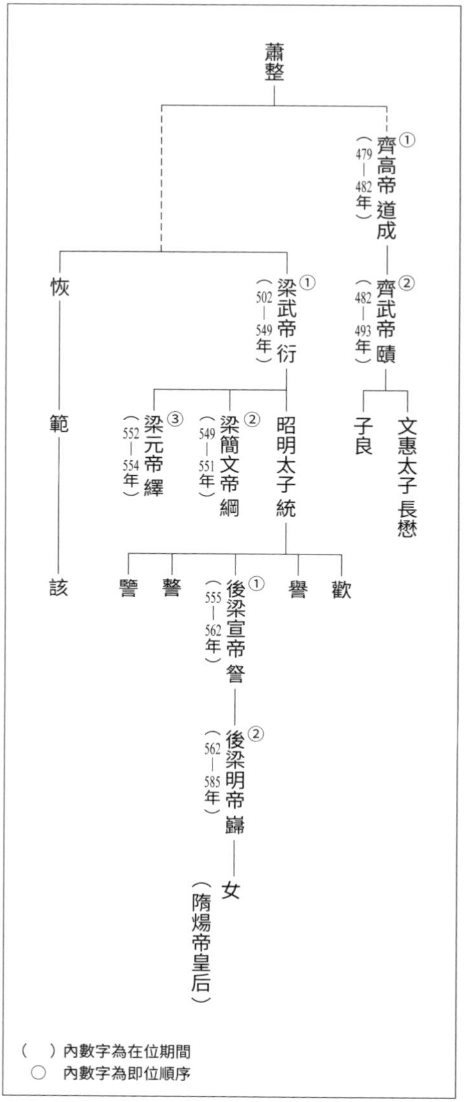

蘭陵蕭氏

蕭統在這一年被立為皇太子，母親也被封為貴嬪。就慣例而言，一旦被立為皇太子就會搬到東宮，但是太子還年幼，所以留在宮中，東宮的官員也紛紛來到宮中，前往太子就學的永福省。從武帝命令擔任吏部尚書的范雲兼任太子中庶子這點，足見武帝對蕭統的期待。根據史書的記載，蕭統三歲研讀《孝經》與《論語》，五歲便能默背五經。由此可知，他接受的是儒學教育。

蕭統後來於五〇六年搬到東宮，卻因為離開父母親的身邊而悶悶不樂，所以每五天拜見武帝一次之後，會於永福省停留幾天才回到東宮。之所以會有這段傳聞，應該是為了彰顯他與生俱來的孝順。五〇七年，尚書令沈約兼任太子少傅，五〇九年，太子在講解完《孝經》之後，便於國子學舉行祭祀孔子的儀式。儘管他的身邊有才高八斗的輔弼之臣，但當時的蕭統還只是個未滿十歲的少年。

總之，勤學仁孝的太子宛如王朝前途無量的象徵。武帝於五〇五年設置五經博士，以及開創提倡儒學的五館，當然與太子通熟五經有關。太子講解《孝經》的國子學是前一年奉武帝之命所創建。眾所周知，武帝晚年醉心於佛教，但是對武帝來說，儒學與佛教並非對立的，而且除了武帝是佛教徒，連文惠太子、竟陵王都是佛教徒，竟陵王的西邸也常有高僧進出，所以不難察覺佛僧與六朝的文化集會關係密切，若能通熟儒學、道教與佛教，反而能夠得到眾人贊賞。不過，治世之學仍是儒學，而且儒學也是中華的傳統。就這層意義而言，先從《孝經》與《論語》學起才符合常理，而且不是只有昭明太子如此，據說蕭衍的弟弟蕭恢「年七歲，能通《孝經》、《論語》義」（《梁書》卷二十二）。由於昭明太子是在更小的年紀就開始學習，所以更顯特別。此外，史書將他描寫成最有文雅之情，也最為理想的皇太子。在此直接引用《梁書．昭明太子傳》的描述。

> 太子美姿貌，善舉止。讀書數行並下，過目皆憶。每遊宴祖道[26]，賦詩至十數韻。或命作劇韻[27]賦之，皆屬思便成，無所點易。

太子容貌端正，舉手投足皆美。讀書時，總是一目數行，過目不忘。每次出遊或是舉辦送別會，總能寫出十幾首詩，就算被要求以可用定數較少的韻部賦詩，也總能立刻寫好，而且事後不需要再修改。

容貌與舉止並非獨立評論的元素，還包含了外顯的才能與精神。除了人的容貌之外，山水之美之所以能以詩文描述，在於山水擁有不可見的特別力量，而這種特別力量向外顯露時，便是我們心目中的美。這與在名山吸收靈氣就得以長壽的道家思想有著異曲同工之妙。因此，史書的這段記載並非將容貌、舉止以及智慧拆開來描述，而是因為太子是高貴的存在，方能兼具容貌與才能。

讀書時「一目數行」算是常見的敘述，比方說，建安七子應瑒的祖父應奉就有「一目五行」的能力（《三國志．魏書．應瑒傳》裴松之注引華嶠《漢書》），昭明太子之弟蕭綱的傳記也提到蕭綱具有「一目十行」的能力（《梁書》卷四）。在此要注意的是，在集會寫的詩會被讚賞，從現場會被要求以困難的韻部寫詩這點來看，不難了解六朝這類詩文交流的集會會是何種樣貌，又為什麼會得到好評。其實武帝承襲竟陵王的集會也不是太難想像的事，假設這類集會是在經過歲月的累積之後，才發展到這種地步，那麼昭明太子絕對是六朝的寵兒。順帶一提，昭明太子的詩雖然只留存了三十首，但是從〈和武帝遊鍾山大愛敬寺詩〉（《梁昭明太子文集》卷二）來看，武帝之詩有二十七韻，但是昭明太子為了武帝只使用了二十韻，便不難想像他其實不願炫耀才能。

昭明太子長大成人後便勤於政務，也不會責備犯錯或是奸巧之人，其仁義也得到眾人稱頌。他除了拔擢才學之士，還熟讀典籍以及與學者討論，有時間的話，還會寫寫文章。正因為他過的是這樣的生活，所以東宮藏書多達三萬卷，名士也紛紛聚於東宮，史書甚至將這種情況評為「文學之盛，晉、宋以來未之有也」（《梁書．昭明太子傳》）。

此外，昭明太子還很喜歡山水，曾於東宮庭園的玄圃園挖出水池並建造假山，還與名士共遊之。某次於池中泛舟時，突然有人建議「此中宜奏女樂」，但太子不答，只念了左思〈招隱詩〉的「何必絲與竹，山水有清音」。可見太子不愛歌舞音曲。

可惜的是，昭明太子雖然擁有如此才能，卻英年早逝。五二六年，母親過世後，過於悲痛的他在五年後，也就是五三一年因病離世，諡號昭明，年僅三十一歲。

總集的精華

直到前一節為止，主要是根據《梁書》的記載，介紹昭明太子的生平與評價，至於《文選》的部分，《昭明太子傳》只在最後如此描述。

> 所著文集二十卷；又撰古今典誥文言，為《正序》十卷；五言詩之善者，為《文章英華》二十卷；《文選》三十卷。[28]

《正序》的部分早就佚失，也未見於史書的目錄記載。《文章英華》雖然得以傳承至唐代，但後來還是佚失。反觀《文選》則成為人手一本的經典。話說回來，《文選》一開始並非古典，那麼在當時，又被編為何種典籍呢？

簡單來說，《文選》就是從先秦到梁的文章之中挑出優秀的文章，再加以分類的文集。文章分成有韻與無韻兩種，詩則屬於有韻的文。《文選》的分類包含賦、詩、騷、七、詔、冊、令、銘、誄（哀祭文）、哀、碑文、墓誌、行狀、弔文、祭文等，總共有三十七類[29]，收錄篇數將近八百篇，但每一類的作品數量並不平均，光是賦與詩就超過卷數的一半，也只有這兩類還以主題細分。這種選集稱為總集[30]，最早的總集是西晉摯虞所編的《文章流別集》三十卷，如今只剩下斷簡殘篇。此外，據《梁書》所載，《文選》一書共三十卷，現在通行的版本則為六十卷。

在《文選》出現之前，六朝時期已經編纂過許多總集。《隋書·經籍志》所列舉六朝的總集，便有東晉謝混的《文章流別本》十二卷、劉宋劉義慶的《集林》一八一卷[31]、《集林鈔》十一卷[32]、蕭齊孔道的《文苑》一百卷、《文苑鈔》三十卷、蕭梁沈約的《集鈔》十卷、蕭梁丘遲的《集鈔》四十卷。《文選》應該也有不少向這些前例致敬之處。這類總集也帶動了日後編撰類書的風潮，例如前文提到的竟陵王《四部要略》就是其中一例。在蕭梁這邊，武帝之弟安成王蕭秀命令劉孝標（四六二—五二一年）編撰《類苑》一二〇卷[33]，武帝也於五一六年命令太子詹事（掌管太子宮中事務的官職）徐勉廣邀學士至華林園，編撰《遍略》。徐勉邀來何思澄、顧協、劉杳、王子雲與鍾嶼之後，耗費了八年的時間，編出七百卷的內容[34]。相較於類書是從典籍摘錄，總集則以詩文為主，所以兩者的性質迥異，但是都能突顯編纂者或是編纂團體的學識多麼淵博。類書與總集的確相當方便，但也不容忽略其實用的部分。不過所謂的編纂過程就是學士們的集會與交流，至於挑選內容的討論過程等於是學士將從過去到現在的所知所學化為白紙黑字，以及整理成一套系統。比方說，總集突顯了學士認為哪些詩文為經典，所以就這層意義而言，編纂這類書籍的另一層用意在於讓太子或皇族舉辦的集會與交流得以流傳後世。

史書並未記載《文選》是於何時成書。由於當時的總集不會挑選生人的作品，所以《文選》應該是從最晚去世的陸倕歿年（五二六年）到昭明太子歿年（五三一年）的這五年之間編成。目前雖然不知道編撰《文選》的動機為何，但是從東宮藏書三萬卷以及眾多學士聚集這兩點來看，昭明太子的確擁有得天獨厚的環境。《梁書．王筠傳》提到「昭明太子愛文學士，常與筠及劉孝綽、陸倕、到洽、殷芸等游宴玄圃」，劉孝綽傳也提到「時昭明太子好士愛文」，同樣列舉了這五位文學之士。話說回來，玄圃遊宴盛行的時期遠比《文選》成書來得更早，所以很難就此斷定與《文選》的編纂有關係。倒不如說，昭明太子與青年時期熟識的學者分離後，在替母親服喪時，打算以自己的名義編纂總集，釐清自己的文學之路。一說認為，實際負責編輯的是劉孝綽，但也有學者主張是昭明太子獨力編纂，也有人認為是由太子主導，劉孝綽從旁輔助，但不管哪種說法屬實，《文選》的確是從蕭梁的東宮而生，而且沒過多久，《文選》的擁有者便去世了。此外，蕭統有五個兒子，但是被立為皇太子的卻是梁武帝蕭衍的第三子蕭綱。蕭統的長子蕭歡於五四〇年，在江州刺史任上過世，其他的兄弟也於梁末的混亂之中流離失所，《文選》能夠保存下來，或許只能說是一種偶然。

蕭統的伯父蕭恢之孫蕭該撰寫《文選音》（《文選音義》）已經是隋朝的事，到了唐代之後，揚州的曹憲講解《文選》，其門下弟子李善又為《文選》追加了詳盡的注解，《文選》才正式成為必讀的經典。為什麼不是其他的著作，而是昭明太子的《文選》雀屏中選呢？李善的〈上文選注表〉提到「後進英髦（英才），咸資準的（手本）」，但從收錄作品的時代、分量、文體與分類來看，《文選》的確都是適合講學的書籍，而且昭明太子的名號也很管用，因為昭明太子本身就是勤勉向學的皇太子。

若從後世的角度來看，《文選》與經書或史書截然不同，因為收錄於《文選》的文章是由不同的人與立場寫成，所以每一篇文章都有獨立的主題或是對象，呈現的方式也各有不同。比方說，有些是私領域往來的詩，有些則是具有公文性質的文。從描述壯麗都州的賦開始，到哀悼亡者的文結束。到底文章要呈現的是什麼？又想打動什麼？而為了這些目的使用了哪些撰文技巧？以及引導後世的人們思考這些問題，絕對都是這本著作的魅力所在。類書的文章之所以多為不完整，不外乎是因為先有整體的架構，之後再將文章塞進這個架構所導致，文章也有不同的呈現手法，但是《文選》卻不是從詩文摘錄文句，再加以排列組合，因為這麼一來，就無法了解詩文的主題或是對象，詩文也無法在這個世界扮演應有的角色。

傳入朝鮮半島與日本列島的《文選》的確是在學習表現方式時的重要範本，若能從中學習漢字的音義，應該就能讀懂大部分的文章。至於根據格式與目的分類的文章則具有例文的功能。有標準這點真的是太讓人感謝。另一方面，這本《文選》也能告訴我們該如何撰寫文章。儘管《文選》是以六世紀初期的眼光編纂的詩文集，但是在經過一千五百年之後卻仍精彩如昔，古典的價值也從此而生。

陶淵明（三六五—四二七年）

一、逃離動亂

六朝古都的建康讓江南成為文雅之地。晉、宋、齊、梁這些王朝的興衰交迭也帶來了某些變化與成熟。最終，南渡的人無法回歸故土，在軍事方面也屈居北朝下風，這也讓學術與文章成為對抗北朝的重要手段。昭明太子體現了六朝的文雅，也被視為後繼之君。我們該如何看待這位昭明太子特別喜歡陶淵明，甚至為陶淵明編纂詩文集與撰寫傳記這件事呢？這是因為就算陶淵明與昭明太子的時代相同，雙方恐怕也會因為距離過遠而無法來往。

陶淵明的曾祖父是晉朝名將陶侃（二五九—三三四年），因軍功彪炳而受封長沙郡公。不過，陶淵明的父親早逝，所以名不見經傳。陶淵明的母親就是以「孟嘉落帽」故事名聞遐邇的孟嘉之女，應該是在陶侃牽線下，嫁給陶淵明的父親。雖然陶淵出身江南，但算不上是名門，卻也不算是庶民，大概是只要有才學就有機會飛黃騰達的社會地位。

陶淵明

《宋書．隱逸傳》提到陶淵明於四二七年過世，享年六十三歲，所以他應該是在三六五年出生，也是東晉哀帝過世的那年。一說認為他的名字為潛，一說認為是淵明，也有人認為他的字是淵明或是元亮[35]。由於名與字的涵意通常相承，所以從潛與淵明或是淵明與元亮都有意義相同的字（潛與淵、明與亮）這點來看，使用哪個名或字都不奇怪，陶淵明也有可能自己改名換字。

沒有太多資料告訴我們，年輕時期的陶淵明究竟是何模樣。他在〈雜詩十二首〉的第五首回顧了自己少壯的時候，形容當時的自己「猛志逸四海，騫翮思遠翥」（勇猛的志向如同駿馬在四海奔馳，又如雄鷹在空中遨翔），由此可看出陶淵明最初是想離開故鄉尋陽的，不過他直到三九三年才出任居住地江州的祭酒（學校的行政官職）。儘管他沒多久就辭職，但從〈庚子歲五月中從都還阻風於規林〉（於庚子年五月中旬從都城回家，卻於規林受風阻擾）這兩首詩可以得知，他在庚子年（四〇〇年）之前，曾有一段時間待在建康。這兩首詩是在陶淵明打算從建康順著長江回到尋陽時，在規林（今安徽省宿松縣）遇到強風，無法搭船的時候所寫，比方說，「其一」的「延目識南嶺，空嘆將焉如」[36]（舉目遠眺南嶺，卻只能感嘆將何處去），就描述了當時的情景。至於「其二」的「自古嘆行役，我今始知之」（古人感嘆行旅之苦，我如今才了解）；「靜念園林好，人間良可辭」（默想家中園林的美好，早該擺脫世俗）則說明他的歸鄉之情有多麼深切，都城又是多麼痛苦的地方。直到四〇五年之前，陶淵明都是桓玄、劉裕與劉敬宣（三七一—四一五年）的幕僚，後來得知母親去世，才打算回鄉。這對寒門士人來說，也是理所當然的處世之道。

此時的桓玄統治了長江中游一帶，並在四〇二年進入建康，隔年稱帝，立國號為楚，但是轉眼之間，又於四〇四年為劉裕所滅。不難想像當時的時局變化有多麼激烈，對於底下的幕僚來說，又是多麼痛苦的時期。如果能在軍事或是政務嶄露頭角也就罷了，偏偏陶淵明沒有這方面的心思。他在這段時期寫的詩只傾訴了自己的歸鄉之情有多麼濃烈，卻沒有任何懷才不遇的不滿，顯示就算他在這些方面真的有一些才能，他也不想爭名奪利。

最終，他沒有依附握有實權的人，也沒有成為輾轉各地的幕僚，而是在接近故鄉的彭澤縣擔任縣令。他在公田上種滿酒米的軼事也讓人莞爾一笑。但是眾所周知的是，他只當了八十幾天縣令就主動辭職，一邊說著「歸去來兮」，一邊回歸故居。自此在能眺望廬山的鄉里生活了二十二年，置身於六朝動亂之外。

二、名士與隱者

陶淵明的出生地尋陽郡柴桑縣隸屬於現今江西省九江市，北邊是長江，南邊是廬山，東邊則是彭蠡澤（現在稱為鄱陽湖）。隸屬長江中游江州的尋陽郡是當時的交通要衢，也是能夠順著長江，一路駛向建康的重要軍事據點。桓玄於四〇三年篡得帝位之後，便將安帝幽禁於尋陽。時光荏苒，四六六年劉宋晉安王劉子勛在尋陽稱帝，一時之間，氣勢甚至高於建康的明帝，換言之，尋陽並非與建康政爭無關的僻遠之地。

陶淵明之所以能與顏延之相遇，也是因為顏延之於四一五年之際前往尋陽，擔任江州刺史劉柳的功曹[37]所致。顏延之自幼喪父，家境貧寒，但是卻博覽群書，享有「文章之美，冠絕當時」（《宋書．顏延之傳》）的美譽，後來也進入後將軍[38]劉柳的帳下，而當劉柳成為江州刺史，顏延之便跟著來到尋陽。陶淵明於四二七年辭世之後，顏延之立刻寫了〈陶徵士誄〉（《文選》卷五十七），讚揚陶淵明的生存之道。這個誄提到了「自爾介居，及我多暇，伊好之洽，接閻鄰舍。宵盤晝憩，非舟非駕」（你遠離世俗之後，我也有時間，志趣相投的我們偶爾在晚上散步，或是悠閒度日，既不搭船，也不坐車）[39]，也記錄了兩人把酒言歡的內容，例如顏延之說「獨正者危，至方則礙」，陶淵明便以「違眾速尤，迕風先蹶」回應。

顏延之提到所謂的正道會招致危險與阻礙，陶淵明則說眾者與時勢難違，才能都是虛幻之物，名聲也終將消失。或許重點在於後者。顏延之之所以認為陶淵明這番話是「叡音」（充滿智慧的言語），也覺得自己該引以為戒，「誰箴余闕（缺點）」，不正是因為陶淵明看穿了顏延之才是對自己的正道、才能與名聲自負之人嗎？

出身名門的顏延之藉著自身的才能嶄露頭角，並在三十幾歲之後，才認識陶淵明，所以陶淵明的這番話或許真的打醒了顏延之。陶淵明本身不討厭文學的集會與交流，從「飲酒」或是「雜詩」這些詩作也可以得知他喜歡將自己的想法寄託在詩文之中，但其實與別人交流的詩作也不少，只不過他討厭在這類場合爭名，也不喜歡自己的詩作被別人以名氣的高低評論。或許身為六朝名士的顏延之對於才華與名氣特別敏感吧。雖然兩人在某些部分志氣相投，但是陶淵明始終知道自己不同於顏延之那群人。

顏延之傾其才學所寫的精巧文辭十分受歡迎，有不少作品都被《文選》收錄，其數量之多，在劉宋文人之中僅次於謝靈運。雖然〈陶徵士誄〉完全沒提及陶淵明的詩文，但是對顏延之來說，陶淵明應該是圈外賢士，不是他比拼名氣高低的對象。顏延之的性格較為偏激，地位也有高有低，但是能夠於劉宋任官，又能在七十幾歲壽終正寢，或是記取了陶淵明給他的忠告。陶淵明在六朝的定位也正是如此。

順帶一提，不是所有的隱士都像陶淵明這樣。比方說，於廬山隱居的周續之就在劉宋永初年間（四二〇—四二二年）被邀至都城講學，顏延之在反駁周續之的釋義之後，也因此聲名大噪。不過，早在這件事之前，陶淵明就於四一六年的時候，以〈示周續之祖企謝景夷三郎〉（寫給周續之、祖企與謝景夷這三個人）一詩，批評周續之為了江州刺史檀韶講學一事。就當時的情況而言，就算自稱隱士，也很難自立於圈外，或許昭明太子之所以傾心於陶淵明，而不是其他隱士，也與這點有關吧。

三、圈外的存在

其實陶淵明位於兩個圈圈的外面。其一是位於名士匯集的朝廷之外，其二則是位於其他隱士之外。自從東漢之後，隱逸便成為士人之間的處世之道，但是到了六朝之後，隱士成為社會框架之一，換言之，隱士已是公認的某種社會地位。比方說，在同是尋陽柴桑出身的人之中，還有一位名為翟法賜的隱士。在《宋書．隱逸傳》之中，他的部分剛好排在陶淵明前面。就讓我們一起讀讀看這部分。

> 翟法賜，尋陽柴桑人也。曾祖湯，湯子莊，莊子矯，並高尚不仕，逃避徵辟（任官的命令）。矯生法賜。少守家業，立屋於廬山頂，喪親後，便不復還家。不食五穀，以獸皮結草為衣，雖鄉親中表，莫得見也。州辟主簿，舉秀才、右參軍、著作佐郎、員外散騎侍郎，並不就。後家人至石室尋求，因復遠徙，違避徵聘，遁跡幽深。……後卒於巖石之間，不知年月。

翟法賜自己、父親、祖父、曾祖父都拒絕任官，也自稱拒絕出仕是「家業」。至於為什麼會接到任官的命令，這是因為當時普遍認為，邀請隱身山野之間的賢者，是為政者職責所在，也是彰顯自身才德的行為。至於翟法賜一家為什麼拒絕，是認為一旦如前述的周續之那樣接受徵召，身為隱士的格調很有可能會降低。比方說，《文選》便收錄了孔稚珪（四四七—五〇一年）的〈北山移文〉。這篇文章主要是揶揄曾在建康北部的鍾山（今紫金山）隱居的周顒在任官之後，又想回到鍾山的舉動。不過，的確有不少隱士不斷地經營自己的名聲，以便謀取世俗的官位，所以才會出現翟法賜這種頑拒世俗，也不願努力耕織，同時拒絕與他人交流的人物。陶淵明的確也是隱士，卻未仿效翟法賜的作法。

昭明太子的〈陶淵明傳〉雖然承襲了沈約《宋書．隱逸傳》的內容，但還是有一些不同。比方說，昭明太子將沈約形容陶淵明「潛少有高趣」的部分改成「博學善屬文，穎脫不群，任真自得」，雖然只是小改，卻暗示著昭明太子多麼喜歡陶淵明的文章。此外，昭明太子曾提到一則未載於《宋書》的小故事，某天江州刺史檀道濟（檀韶之弟）來拜訪陶淵明的時候，以《論語》的「賢者處世，天下無道則隱，有道則至」力勸陶淵明出仕當官，但是陶淵明卻以「潛也何敢望賢？志不及也」（我不想當什麼賢者，想當也當不了）一口回絕，另外昭明太子也提到陶淵明批評周續之的詩，這兩件事都可看出陶淵明在昭明太子心目中的地位。位於權力核心的太子往往仰慕圈外的隱士，而陶淵明正是太子心目中那位隱士。

陶淵明與其他同時代的隱士一樣都以撫琴為樂，但根據沈約與昭明太子的話說，陶淵明對於音律不甚了解。雖然不知道無弦琴的故事是真是假，不過從陶淵明不愛比較優劣的個性來看，這故事的確有可能是真的。陶淵明的詩通常與田園生活的苦樂有關，也讓人進一步了解生命的有限。雖然陶淵明不與名士往來，但是他的詩還是描述了他與鄰居之間的和睦。比方說，〈諸人共遊周家墓柏下〉（一群人在周家之墓的柏樹下遊玩）這首詩，就是其中一首。

今日天氣佳，清吹與鳴彈。感彼柏下人，安得不為歡。清歌散新聲，綠酒開芳顏。未知明日事，余襟良以殫。

「柏」是柏科的側柏，常與松樹一起種在墓地附近。這首詩的意思是，替親戚掃墓，一邊感受生命有限，一邊享受宴會，胸中的憂悶也一掃而空。

此外，在與鄰居一起去河邊玩樂之際所寫的〈遊斜川〉這首詩的序也是其中之一。開頭的「辛丑正月五日，天氣澄和，風物閒美，與二三鄰曲，同游斜川」，讓人想起王羲之〈蘭亭序〉的「永和九年，歲在癸丑，暮春之初，會于會稽山陰之蘭亭，脩禊事也。群賢畢至，少長咸集」，以及「是日也，天朗氣清，惠風和暢」，但齊聚的是「鄰曲」，而不是名士這點，與〈諸人共遊周家墓柏下〉這首詩相同。陶淵明最終以「悲日月之遂往，悼吾年之不留。各疏年紀鄉里，以記其時日」替序作結。寫詩的只有陶淵明，其他人只是記錄名字、年紀與鄉里，或是還有其他寫詩的人，卻沒有提及重要的參與者姓名，而是姑隱其名，但至少這不是比拼詩文的場合。[40]

《文選》收錄了〈挽歌詩〉、〈雜詩二首〉、〈讀山海經〉詩、〈歸來去辭〉，總共收錄了陶淵明九首作品。或許從今日的角度來看，會覺得九首有點少。謝靈運有四十首詩被《文選》收錄，顏延之的賦、詩、文也被收錄了二十七首，所以只有九首作品被收錄的陶淵明的確遠遠不及上述兩人。不過從主辦烏衣之遊的謝混只被收錄了一首詩，以及跟著謝混參與烏衣之遊的謝瞻也只有五首作品被收錄來看，九首不算是太少。就當時評論文章的基準來說，能有九首被收錄已經不錯。說得更精準一點，儘管陶淵明是圈外人，但是《文選》還是選了他這麼多首作品，正是因為住在田園，眺望名僧修行的廬山，與顏延之交流，以及與村民同樂的陶淵明像是某種媒介，某種讓《文選》知道外界的人物。昭明太子在收集陶淵明的詩文之後，編纂了《陶淵明集》，也寫了序文。儘管《陶淵明集》已經佚失，但是序文卻留了下來。太子在序文提到「余愛嗜其文，不能釋手，尚想其德，恨不同時」，一說認為，這篇序文是在五二七年寫成，假設此說屬實，寫序的時期恰巧與編纂《文選》的時期重疊。這意味著太子發現在《文選》所代表的六朝文雅之外，還有陶淵明這樣的人物，而在東宮玄圃園之外，還有百姓居住的田園。

曹植（一九二—二三二年）

曹植字子建。父親曹操與正室劉夫人育有兩子，與第三位正室的卞夫人（後來的王后）之間育有丕、彰、植、熊四個兒子。據傳才華洋溢的曹植備受曹操期待，也在近臣丁儀與楊脩的協助下與曹丕爭奪繼承權。失敗之後，文帝曹丕即位，曹植也因此受到冷遇，失意終生。《三國志．魏書．曹植傳》提到，曹植十歲時，就能默背《詩經》、《論語》與數十萬字的辭賦，也擅長寫作文章，某次曹操懷疑曹植找人代筆，便要求所有兒子在剛建造完成的銅雀臺作賦，沒想到曹植立刻作好，由此可知，曹植也屬於文才出眾的皇子之一。

仔細計算，曹植被選入《文選》的文章或是詩篇接近四十首，在數量上僅次於陸機與謝靈運，比曹操、曹丕更加出色，從建安年間到魏國創立為止，無人能出其右。要注意的是，他擅長的文體很多，其中包含賦、四言詩、五言詩、樂府、七、表、書與誄。

若從寫作者如何呈現自我的角度，將他被收錄的篇章分成四大類，可分成漢代古詩、樂府，或是仿效其他文體所寫的詩、賦、七；以及在宴會所寫的詩；還有送給摯友與兄弟的詩、書簡，或是哀悼摯友與兄弟的誄；以及獻給文帝曹丕或明帝曹叡的詩與表。第一類是擺脫傳統窠臼的全新創作，有時還帶有一些寓意。建安文人在舉辦文學集會時，會透過這類詩文的競賽認同彼此的才能。比方說，知名的〈洛神賦〉（《文選》卷十九）就是曹植根據宋玉所寫的〈神女賦〉（同前），另外修改修辭方式與情節而寫成的作品；但從王粲或楊脩也寫了〈神女賦〉這點來看，〈洛神賦〉恐怕不是曹植的原創。第二類是在宴會所寫的詩，也是類似詩文競技之下的作品，創作的的個性也充分反映於寫作技巧上。《文選》除了收錄了曹植的作品，也收錄了曹丕、王粲、劉楨、應瑒的作品，讓後人遙想建安年間的宴會盛況。

第三類，寫給摯友的詩或是書簡的重點不是炒熱宴會的氣氛所寫，而是能否忠實呈現寫作者的心情。知名的長詩〈贈白馬王彪〉（《文選》卷二十四）就提到，二二三年，曹植（當時為雍丘王）與同母兄任城王彰，以及異母弟白馬王彪一同前往洛陽（朝京師），沒想到曹彰在洛陽猝死，曹植也不能與曹彪結伴返回封地[41]。對此感嘆不已的曹植便寫了一首由七章組成的長詩送給曹彪，以表悲憤之情。若是未曾經歷曹植的境遇與心情，就無法了解這首長詩之中的悲憤之情，而這首長詩也是專為送給曹彪所寫。最後一類則是上呈文帝或是明帝的表文，寫作者也一定是曹植。這些表文不會像詩那樣表達情緒，而是希望透過道理說服文帝或明帝。二二八年上呈明帝的〈求自試表〉（《文選》卷三十七）與二三一年再次上呈明帝的〈求通親親表〉（同前）都是極佳的例子。表文通常有固定的格式，但是讀起來卻像是曹植親口說的話。

公開的文章通常都是為了特定目的所寫，所以格式也通常是固定的。漢朝之後的賦雖然題材較為自由，但是以過去的體驗或感慨為主軸所寫成的賦，應該是在東漢之後才出現，更何況漢代的五言詩到底是為了表現什麼主題的文體，至今尚未界定。在這種情況之下，曹植居然能在成熟度參差不齊的各種文體之間悠遊，以及透過截長補短的方式創造了全新的文體，也在這個過程之中，得到讓創作者及呈現手法融入各種場合的修辭技巧。

昭明太子在為《文選》所寫的序提到，天子的車駕原於手推車，厚冰也是由水凝固而成，只是「踵其事而增華，變其本而加厲」；也提到「物既有之，文亦宜然」。像曹植那樣十歲就能默背數十萬字的辭賦，熟悉之前的各種文章，與文人同場競技，尋找新的呈現手法這點，可說是先一步實踐了〈文選序〉所提到的概念。尤其在文帝即位之後，曹植也被迫接受了接下來的命運，所以他不再隱身於文章之後，而是透過各種文體發表自己的意思，改變了詩文的型態。

曹植從賦到誄的作品也為《文選》這個總集奠定了基礎。

謝靈運（三八五—四三三年）

謝靈運因其祖父謝玄為康樂公，所以又稱為謝康樂。史書沒有記載他的字，《文選》也直接使用他的名字。謝靈運自幼好學，博覽群書，文章之美，在江南無人能出其右。這段《宋書》的敘述聽起來很老套，但是從喜歡奢華，車馬、服飾皆引人注目，令眾人紛紛效尤這點來看，謝靈運的確是名門貴公子。四〇五年，成為琅邪王司馬德文（後來的恭帝）的參軍，之後又歸入以長江上游的姑孰為據點的撫軍將軍劉毅帳下，四一二年，劉毅遷至江陵（荊州），謝靈運也跟著前往，但是在劉毅被劉裕誅殺之後，謝靈運又成為劉裕的屬官，進入宮中，官拜祕書丞[42]。內亂爆發後，與他一起烏衣之遊的謝混被劉裕所殺。

謝靈運在劉裕掌權時，曾擔任中書侍郎，也成為劉裕世子義符（後來的少帝）的黃門侍郎（近臣）。奉命前往彭城，慰勞北伐成功的劉裕大軍時，謝靈運寫了篇幅極長的〈撰征賦〉。不過，在接受禪位的劉宋任官時，只讓他寫文章，未讓他參與國政。對此不滿的謝靈運在少帝即位之後，便對權臣提出異議，也因此被權臣排擠，最後被貶至遠離京城的永嘉（今浙江省溫州市）擔任太守。

對謝靈運來說，這次貶官可說是因禍得福。在任上醉心山水的他完全不關心百姓的訴求。或許是玩了一年讓他心滿意足後，他便辭官，回到本籍的會稽盡情寫詩。〈山居賦〉描寫了他搬回會稽的生活。當他的詩傳至京城，大家便爭相抄寫，一夜之間，士人與庶民都知道會稽這個地方。從這個小故事不難發現，六朝多麼推崇詩了。

文帝即位後，再次徵召他入朝為官，命令他整理宮中典籍以及編纂《晉書》。儘管得以成為文帝的近臣，卻還是不能參與國政。內心愈來愈不滿的謝靈運最後便辭官回到會稽，與族弟謝惠連、何長瑜、荀雍、羊璿之一同遊山玩水，謝惠連這四人也就被稱為謝靈運四友。

謝靈運的遊山玩水可不只是悠哉地欣賞景色，而是一邊開山闢嶺，不惜更換新的屐齒，也要踏遍深山每條道路的活動。由於父祖輩留下了一些資產，所以他也會從事一些開山拓湖的工程，最終與會稽的地方官發生衝突，還被一狀告上朝廷。文帝為了不讓謝靈運回到會稽胡鬧，便讓他擔任臨川（今江西省）內史，以平息這場風波；但他又像擔任永嘉太守的時候一樣荒廢政事，結果又遭人彈劾，甚至還因為違反聖旨而被視為謀反。愛才的文帝讓他降死一等，流放廣州，但在押送途中，他企圖逃跑，最後在廣州被處死。

回顧謝靈運的一生，可以發現，卓越的文才並非參與國政的保證，即使是名門，也會受到行政的束縛。與被捲入晉宋更迭混亂，選擇歸隱山林的陶淵明比較，謝靈運的社會地位與對能力的自負，都與陶淵明形成鮮明的對照；就算是與文才齊名的顏延之比較，他的結局也與顏延之截然不同。《文選》收錄了謝靈運四十首詩，數量僅次於陸機，不過他的賦與表皆未被《文選》收錄，這點與有許多官方文章被收錄的顏延之也迥然有異。雖然謝靈運的詩作廣受好評，但也只因為詩作而得到青睞。〈九日從宋公戲馬臺集送孔令〉詩（《文選》卷二十）或〈從遊京口北固應詔〉詩（《文選》卷二十二）這類在公開場合寫的詩也會入選，但這些詩無法改變天下。

謝靈運之所以想要參與國政，或許是因為忘不了曾祖父之弟謝安與祖父謝玄的豐功偉業，也或許正如陸機所說的「機負其才望，而志匡世難」（《晉書．陸機傳》），士人當以匡扶天下為己任吧。可惜謝靈運的志向未被接受，也只好另闢屬於自己的天地。我的世界領有山水，這的確會撼動王權的秩序。或許謝靈運正是因為縱情山水，才讓自己的死亡提早到來吧。

其他人物

阮　籍

二一〇—二六三年。字嗣宗，父親為阮瑀。阮瑀是建安七子之一，隨伺曹操身邊，寫了許多書簡與檄文。《文選》收錄了他的〈為曹公作書與孫權〉（卷四十二）。在軍營立刻寫好這類書簡是他的重要職務。《晉書．阮籍傳》提到，阮籍的個性放縱，有時會把自己關在家裡好幾個月，沉浸於典籍之中；有時則會走進深山，流連忘返數日之久。此外，他也很愛喝酒，琴也彈得很好。《世說新語．任誕》篇也提到，當時的人們將他與嵇康、山濤以及其他人稱為竹林七賢。阮籍也留下不少小故事，例如對於講究繁文縟節的俗人就翻白眼，對於風流有才之人就青眼有加。為了在司馬氏專橫的魏國末年明哲保身而選擇韜光養晦。

阮籍的作品被《文選》收錄是〈詠懷詩十七首〉（卷二十三）、〈為鄭沖勸晉王箋〉（卷四十）、〈奏記詣蔣公〉（同前）。〈詠懷詩〉如今有五言八十二首與四言十三首傳世，其中的五言十七首收錄於《文選》。

這些詩並未說明寫詩之際的情況，讀者可透過「詠懷」推敲寫作者的想法，不過就如撰寫《六臣注文選》的李善注在〈詠懷詩〉的題名底下引用蕭齊臧榮緒的《晉書》所提到的「五言陳留八十餘篇」，如今仍無法斷定這些詩的主題為「詠懷詩」。正確來說，讀者可從這些詩讀到不同於古詩與樂府的寓意，從中感受到「詠懷」的主題。在《文選》編纂之前替這些詩寫注的顏延之或沈約正是這樣的讀者。

二六三年，魏元帝曹奐為了冊封司馬昭而發出六次敕命，但司馬昭卻屢屢回絕，擔任司空的鄭沖為了與群臣一起苦勸司馬昭接受冊封，而請阮籍寫了勸進文，這就是〈為鄭沖勸晉王箋〉，與〈詠懷詩〉的定位可說是完全相反。若從《文選》的角度來看，這當然也是該收錄的作品。《晉書》提到喝得酩酊大醉的阮籍完全忘了這件事，等到使者來了之後，才總算開始寫，但是沒多久就寫好，而且完全沒有任何修正的地方，《世說新語．文學》篇也提到，鄭沖派遣使者委託阮籍撰寫勸進文的時候，阮籍剛好宿醉在床，不過被叫起來之後，當場寫好，就交給使者帶回去。不管是《晉書》還是《世說新語》的記載，都代表沒有文章，政治就無法推動。〈奏記詣蔣公〉則是在二四二年左右寫成。太尉（三公之一，主掌軍事）蔣濟（？—二四九年）聽聞阮籍的才氣，想要徵召他，阮籍為了拒絕便寫了這篇文章。可見文章也是在濁浪滔滔的亂世之中明哲保身之術。

陸機

二六一—三〇三年。字士衡，孫吳名門，祖父陸遜曾官至丞相，父親陸抗曾擔任大司馬。陸機自年輕的時候就寫得一手好文章，對儒學也有深入的研究。二八〇年，吳國滅亡後，便隱居十年，也寫了上下兩篇的〈辯亡論〉（《文選》卷五十三）。太康（二八〇—二八九年）末年，與弟弟陸雲一同前往洛陽，受張華知遇之恩，文名得以遠播。二九〇年，武帝司馬炎駕崩之後，洛陽的皇親與國戚不斷互相結黨與傾軋。與陸機同鄉的人勸陸機返回吳地，但是陸機卻回答「機負其才望，而志匡世難」，未接受對方的建議（《晉書．陸機傳》）。就算是陸機如此有才能的人，還是被捲入懷疑與讒言的漩渦之中，三〇三年，於異鄉被誅殺。

若從收錄的篇數與字數來看，陸機是最多作品被選入《文選》的文人。理由與曹植相同，在於他的文體非常廣泛。比方說，「連珠」（頂真）這種文體是多用對句、結構工整的韻文，一般認為這種文體始於漢代，但是《文選》收錄了陸機五十首超過兩千字以上的〈演連珠〉[43]。此外，陸機還透過〈文賦〉這篇文章討論了文章創作原理，而就這篇文章所定義的優質文章而言，〈文賦〉算是獨開先河的作品。至於〈辯亡論〉或〈五等諸侯論〉（《文選》卷五十四），這些論也透過對仗的形式或是韻律之美追求論點的正當性。自中唐以後，要寫「論」可使用古文，但是在《文選》的時代，只能以駢文寫論[44]，若不在對句下工夫，論理的過程就顯得呆板無趣。在對句放入語彙或是典故，以及透過複雜的對仗建構更有層次的論理過程，正是陸機的嘗試，這也可說是繼承了蕭統透過《文選》的序所表達的文體意識。

另外值得注目的是，陸機那沿用樂府與古詩的題目，但企圖提升修辭技巧的擬詩也有二十九首被《文選》收錄。這是《文選》定義的優質修辭技巧的實例，《文選》之所以在卷三十後半到卷三十一的部分以陸機的詩為開頭，將這些擬詩視為「雜擬」，也是為了定義修辭技巧。

順帶一提，當時與陸機齊名的潘岳。雖然被選入《文選》的作品篇數不及陸機，但是在字數方面卻勝過陸機。不過，潘岳的文體僅限於賦、詩、誄與哀，這意味著潘岳只在敘述特定的情感時，在修辭下工夫。

顏延之

三八四－四五六年。字延年。顏延之的賦、詩、序、誄、哀共有二十七首被《文選》收錄。特別值得注意的是，其中有許多作品都是奉劉宋文帝之命所寫，所以不難發現顏延之為了皇帝絞盡文思寫作。比方說，〈赭白馬賦〉（《文選》卷十四）就是其中一例。文帝向來將武帝贈送赭白馬（馬鬃為紅色與白色的馬）視為愛馬，所以在這匹馬死掉的時候，文帝命令顏延之寫賦，這篇賦就是〈赭白馬賦〉。此外，〈宋文皇帝元皇后哀策文〉（《文選》卷五十八）也是顏延之為了文帝所寫。至於〈應詔讌曲水作詩〉（《文選》卷二十）與〈三月三日曲水詩序〉（《文選》卷四十六）也都是顏延之於四三四年（元嘉十一年）三月三日，在文帝宴會所寫的作品，如果加上其他的作品，有接近半數以上都是官方文章。

另一方面，〈北使洛詩〉（《文選》卷二十七）這類於旅行之際寫的詩，或是回給謝靈運的詩，則吐露了顏延之對人生的感慨與歸隱的心思。如果搭配陶淵明的誄或是只詠嘆竹林七賢的阮籍、嵇康、劉伶、阮咸、向秀的〈五君詠〉來看，便不難明白《文選》之所以挑選顏延之的作品，完全是因為顏延之的文才。

蕭子良

四六〇—四九四年。字雲英，是蕭齊武帝的次子，兄長為文惠太子蕭長懋。《南齊書．竟陵文宣王子良傳》對他的描述是，從年輕的時候就不囿於世俗的價值觀，身邊圍繞著來自天下各個角落的有才之士，也擅長訂立有趣的志向，每當客人於夏季造訪，便會準備瓜飲與水果，然後請客人閱讀年輕士人所寫的文章，以及位居高位的朝臣所寫的文章，還會請客人抄錄。在文學集會之中，這種主人必不可少。四八七年成為司徒[45]之後，便移居雞籠山的官邸，命令學士抄寫五經與百家，也模仿曹丕的《皇覽》，編撰《四部要略》一千卷，更請來名僧宣揚佛法，以及以新的音韻誦經。蕭子良認為佛教除了教義之外，其音韻也該共享，這點也值得我們留意。

根據《南齊書》的記載，雞籠山是四三八年，劉宋文帝劉義隆請來雷次宗（三八六—四四八年）設立學館的場所（《宋書．隱逸傳》），之後文帝又為了喜歡在僻靜之處閱讀文章與書籍的第七子建平王劉宏蓋了別邸，其中盡是山水之美。從這些敘述來看，雞籠山絕對是適合舉辦文學集會的場所。《文選》卷六十有一篇由任昉所寫的〈齊竟陵文宣王行狀〉，其中描述了蕭子良的生平，也提到蕭子良「乃依林構宇（林子之中蓋屋子），享受山中生活的情景。同時還提到蕭子良寫了〈山居四時序〉，可惜未能流傳後世。

《南齊書．劉繪傳》提到，永明末年，好寫文章與談義的人士皆於竟陵王西邸集會，〈王僧孺傳〉的附傳提到蕭子良於夜裡召集學士之後，在蠟燭加上刻度，並以每寸四韻為基準，但是後來又嫌這樣的規則太過簡單，便另外訂定在打響銅缽的時候決定韻，並在銅缽聲響消失之前完成詩的規則，不過很少人能夠達成。這段描述不只讓人遙想當時文學集會的情景，也讓人明白能召開如此集會，全是因為主人的人品所致。或許是因為《南齊書．竟陵文宣王子良傳》將蕭子良的文章評為「雖無文采，多是勸戒」，所以《文選》未收錄蕭子良任何詩文，不過蕭子良絕對是催生《文選》的人物。

謝朓

四六四—四九九年。字玄暉。在竟陵八友之中，最多詩文被《文選》收錄的一位[46]。若單就收錄篇章多達二十三首來看，在數量上僅次於陸機、謝靈運、曹植、江淹與顏延之；更厲害的是，詩的部分多達二十一首。的確只有詩才能透過文字敘景、抒情與調和聲律之美，而《南齊書．謝朓傳》也形容謝朓「長五言詩」（擅長五言詩），並引用沈約的贊語「二百年來無此詩也」，這也說明了《文選》挑選文章的標準。

謝朓曾於永明年間擔任小十歲的隨王蕭子隆（四七四—四九四年）的文學（於諸王身邊負責文章與學問的近臣），等到蕭子隆赴任荊州刺史之後，謝朓又被蕭子隆日夜召見，長達三年之久，可惜最終因為蕭子隆聽信讒言而被遣回京城。於返京途中，謝朓曾寫了一首〈暫使下都夜發新林至京邑贈西府同僚〉詩（《文選》卷二十六），其中的「秋河曙耿耿，寒渚夜蒼蒼」，與其說是敘景，不如說是表達心情的句子。順帶一提，與謝朓同年的蕭衍也在荊州擔任隨王的屬官。

回到建康之後，等著謝朓的是齊武帝去世之後的混亂，在皇位屢屢易位的過程之中，蕭子隆被蕭鸞（之後的明帝）所殺，謝朓也不斷地擔任不同的官職。最終之所以能於四九五年離開建康，擔任宣城太守，全是因為身為詩人所致。在擔任太守之前，不管是在荊州或是建康，都必須在混亂的秩序之中，找到安身立命之處，但是成為太守之後，雖然治理的範圍不大，卻能得到些許的自由。儘管在宣城只擔任了不到一年半的太守，在這段時間所寫的詩反而有更多被收錄至《文選》，也成功地讓讀者從謝朓的詩作之中，感受謝朓透過五感所描繪的江南景物之美。雖說六朝的山水詩都是發掘江南之美的作品，但相較於謝靈運以非日常的知覺勾勒這些美景，謝朓卻是從親眼所見、親耳所聞的感覺寫詩。謝靈運透過跋山涉水的方式體會江南景色之美，而謝朓則是睜開雙眼與張開雙耳，靜靜地感受江南。

李白喜歡謝朓的寧靜澄明，尤其將宣城視為謝朓的詩作空間，想必他也知道《文選》挑選謝朓詩作的用意吧。

沈約

四四一—五一三年。字休文。沈氏為吳地世族，在東晉時期，因為參與孫恩之亂而被嚴重打擊，但是祖父沈林子在劉裕開創宋朝時立下軍功而受到重用，父親沈璞也得到文帝重用，可惜在四五三年，被聽信讒言的孝武帝誅殺。勤學的沈約於劉宋時期擔任尚書度支郎，進入蕭齊的時代之後，轉為事奉文惠太子蕭長懋，於東宮校閱四部圖書，深得太子的信賴，也得以出入蕭子良的身邊。《梁書．沈約傳》也有「時竟陵王亦招士，約與蘭陵蕭琛、瑯邪王融、陳郡謝朓、南鄉范雲、樂安任昉等皆遊焉，當世號為得人」以及「高祖在西邸，與約遊舊」的記載，而沈約在這些人之中，是最年長的一位。

在蕭衍考慮接受禪位時，沈約與范雲皆勸蕭衍接受，因此沈約當上尚書左僕射，范雲則當上尚書右僕射。雖然沈約曾於宋、齊、梁三朝任官，是不受擺布的個性，但也不擅長政務，可見能夠得到禮遇，全因為他是文人。博聞強記的沈約收集了二萬卷的書籍，在《晉書》、《宋書》、《齊紀》這類史書，到《宋文章志》都有不少著述，文集也多達一百卷，不過《梁書》卻認為謝朓擅長寫詩，任昉工於文章，沈約兩者都擅長，也都不擅長。沈約共有十三首詩、四首文被選入《文選》，若單就數量而言，詩的部分不及謝朓，相較於有二首詩、十九首文被選入《文選》的任昉而言，在文的部分又不及任昉，所以《梁書》對於沈約的評論不容否定。

不過，沈約在建立詩文的聲律理論這點，的確做出極大的貢獻。從《南齊書．陸厥傳》的記載可以得知，永明末年，沈約、謝朓、王融曾頻繁地合作詩文，而深諳聲韻的周顒也相當重視音律，所以根據平上去入四聲[47]制韻的詩文便就此誕生，這種詩文世稱「永明體」。一般認為，沈約曾提倡四聲說，但有一說認為，沈約不過是利用了周顒的《四聲切韻》。由於周顒也精通佛學，所以的確有可能具備四聲的背景知識。沈約也有可能在當時的學問之中，得到不少心得。不論如何，這些新的嘗試要能實踐，就必須有頻繁交流、關係密切的團體幫忙。周顒不太可能僅憑一己之力就完成將四聲嵌入詩文的規則，因為這通常得集眾人之力，才能制定這類規則。由此可知，沈約擁有謝朓、王融這些優秀的夥伴是何等幸運的事。

王融雖然只有文入選《文選》，一首詩都沒被採用，但絲毫無損於他們集會的意義。

劉孝綽

四八一—五三九年。名冉，字孝綽，自幼擅於詩文，其舅王融曾說：「我不在這個世上之後，天下的文章將由這個孩子一肩扛起」，可見王融多麼贊賞劉孝綽。據說其父劉繪（四五八—五〇二年）曾為蕭齊武帝起草詔書，但是劉孝綽在還未滿十五歲的時候就代替父親，幫忙起草詔書。從沈約、任昉、范雲以及永明年間的文人爭相來訪，足見劉孝綽名聲之盛。堂弟劉苞（四八二—五一一年）的傳（《梁書》）曾提到，蕭衍即位後，便設宴款待後進的文學之士，劉苞、劉孝綽、劉孺（四八五—五四三年）、到溉（四七七—五四八年）、到洽（四七七—五二七年）、到沆（四七七—五〇六年）、陸倕、張率（四七五—五二七年），這些文士後來也在御史中丞任昉的地方聚會，史稱「蘭臺聚」（《南史．到溉傳》）。此外，根據《南史．陸倕傳》的記載，任昉為後進舉辦宴會時，只邀請了殷芸（四七一—五二九年）、到溉、劉苞、劉孺、劉顯（四八一—五四三年）、劉孝綽與陸倕，就算是公子王孫也不能參加，這類宴會史稱「龍門遊」。前面已經提過，他們會在昭明太子的地方遊宴，劉孝綽絕對是其中的佼佼者，甚至太子的文集也由他一人負責編纂。

簡單來說，他們這些「竟陵八友」的子弟總是在不同的場合不斷聚會。這些聚會之所以不那麼封閉，與評論詩文之美的標準已經界定這點有關。最初劉孝綽與到洽的交情不錯，但是〈劉孝綽傳〉卻提到恃才而驕的劉孝綽總是看不起到洽，常於宴席之間嘲笑到洽的文章，由此看來，劉孝綽也中了競逐才名的毒吧。不論如何，劉孝綽的文章的確於當時流行，早上寫好的篇章會立刻被抄寫，到了下午便廣為流傳，這也難怪會由他主持《文選》的編纂，只不過世人寧可在這本著作冠上昭明太子的名號。

劉勰

約四六六—約五二一年。字彥和，出身寒門，自幼喪父，但貧而好學。未娶妻的他拜於僧祐（四四五—五一八年）門下求學，製作了佛典的目錄。住在建康郊外鍾山定林寺的僧祐是精通律藏、編纂《出三藏記集》與《弘明集》的知名學僧，曾被蕭齊竟陵王蕭子良與蕭梁武帝蕭衍所看重，邀至建康講解佛經，也吸引了不少聽眾。齊梁時期的建康本就是佛教徒聚集的空間，這也當然影響了文學的發展。

劉勰之所以能夠名傳後世，在於他針對文原論、文體論與創作論所寫的《文心雕龍》，這部以對句與典故寫成的《文心雕龍》也是在當時環境之下誕生的著作。雖然《文心雕龍》的成書年代不詳，但應該是在劉勰於天監年間（五〇二—五一九年）任官之前，也就是在定林寺求學之際寫成。

任官後，劉勰歷經了多個官職，最終兼任東宮通事舍人，深受昭明太子知遇之恩。雖然不知道劉勰是否打算將《文心雕龍》獻給太子，但劉勰肯定希望有人成為《文心雕龍》的讀者。《梁書．劉勰傳》提到，劉勰曾於路旁等待沈約的駕車，為的是與沈約見上一面，當他將《文心雕龍》獻給沈約時，沈約驚為天人，便將《文心雕龍》常置於桌上。

《文心雕龍》是根據漢譯佛典的議論文以及重視對句的駢文所寫成，所以只熟悉現代文章或是唐宋後古文的人，恐怕會覺得很難讀懂。換句話說，若不是當時的人恐怕無法閱讀與書寫這種文體，而《文心雕龍》正是透過這種文體剖析文學，所以內文當然艱澀難懂。要想了解六朝這個時代的思潮，手邊有一本與《文選》相同重要的《文心雕龍》，絕對是意義非凡。

徐陵

五〇七—五八三年。是與庾信（五一三—五八一年）齊名的六朝末代文人。曾奉蕭梁簡文帝蕭綱之命，將歷代詩作編纂成《玉臺新詠》十卷，而挑選標準則是當世之詩，也就是所謂的「新詠」，這點可說是與《文選》互為對比。除了收錄在世作者的詩，也收錄有益於現代詩的歷代詩作。此外，王融的詩雖然未被選入《文選》，卻有不少首入選《玉臺新詠》。至於沈約的詩則有三十一首入選，而且除了一首詩之外，沒有任何重複。由此可知，《文選》與《玉臺新詠》是根據完全不同的主旨所編成。

徐陵的父親徐摛（四七四—五五一年）很早就事奉蕭綱，一生幾乎都是蕭綱的近臣。熱中於創新詩文風格的徐摛於蕭綱舉辦的集會催生了「宮體」，這種詩體也得以流傳於世。徐陵也與庾肩吾、庾信父子一同事奉蕭綱，他們彼此交流的詩又稱為「徐庾體」。

徐陵與庾信的命運有些相似之處，都被捲入了梁朝末年的混亂，例如出使北朝卻被留在北朝，或是與北齊聯手，企圖振興梁朝，都是兩人相似之處。但相較於被迫留在北朝的庾信，徐陵卻在南朝的陳建立之後，受到朝廷重用，官居要職，也讓駢文升華為華麗與實用兼具的文體，自此成為官方文體，也得以延續下去。這也是六朝傳至後世的瑰寶之一。

注釋

1. 《文選》收錄了〈鵩鵩賦〉、〈答何劭二首〉、〈情詩二首〉。
2. 「兩京」為西漢與東漢。

3. 「江左」與江東同義，指的都是長江下游的南岸地區，但這裡指的是東晉。此外，許嵩為自己的《建康實錄》所寫的序也提到六代與六朝的字眼。一般認為，《建康實錄》是在肅宗即位的七五六年所寫成（安田二郎，〈許嵩與《建康實錄》〉，《六朝學術學會報》七，二〇〇六年）。
4. 比方說，對於郭子儀就有「以六朝立功」（《北夢瑣言》卷十四）這類形容，對於裴度（七六五—八三九年）則有「出入六朝」（《續定命錄》）這類形容。
5. 〈臺城懷古〉。臺城為六朝時期的皇居。
6. 〈題宣州開元寺水閣〉。開元寺在東晉時期為永安寺。
7. 唐代首都洛陽常發揮重要的功能。
8. 「近體詩」也稱「今體詩」，一句的字數、一首詩的句數與韻律都有規定。
9. 一般認為包含節慶或是假日這類好日子。
10. 「內史」是在諸侯領土之內推行政務的長官。此時的會稽王就是日後的東晉簡文帝司馬昱。
11. 於三月三日在水邊舉辦的消災解厄儀式。
12. 源自朗誦的賦是格式較不嚴謹的韻文，分成宮廷文人取悅君主的內容，以及抒發自身憤慨的內容。後者源自屈原的《楚辭》。
13. 《文選》雖收錄了冠有西漢蘇武與李陵之名的五言詩，但現代認為是後世之作。
14. 一八九年，董卓攻入洛陽，廢少帝、立獻帝，施行獨裁暴政。被袁紹聯軍討伐後，於一九一年火燒洛陽，遷都長安，卻在一九二年被王允唆使的呂布所暗殺。

15. 鄴城為接受東漢禪讓之前的魏國國都。
16. 生卒年不詳，只知道是謝安的孫子，擅於詩文，享有風雅之名，也娶了孝武帝司馬曜的女兒為妻，卻因為支持劉毅與劉裕對立，最終於四一二年被迫自殺。
17. 生卒年不詳，為謝靈運的徒弟。
18. 太子的近臣，相當於天子的侍中。
19. 蕭齊的年號。四八三—四九三年。
20. 「八友」不一定是「友」官，因為不可能所有學士都成為親王的幕僚。此外，一如建安七子未全員到齊過，直到建安七子過世後，才出現建安七子這類稱呼，「竟陵八友」也是進入蕭梁時期才有的稱呼。
21. 教導太子的官職。是太子太師、太傅、太子太保、太子少師、少傅、太子少保的總稱。東宮也設有其他各種官職。
22. 《文選》收錄了〈遊仙詩〉、〈贈張華〉與〈雜詩〉。
23. 國子監前身的教育機關。由西晉武帝創立。
24. 相關的文物雖已佚失，但《文選》的確收錄了〈晉紀論晉武帝革命〉與〈晉紀總論〉。
25. 《文選》從《後漢書》收錄了〈後漢書皇后紀論〉、〈後漢書二十八將傳論〉、〈宦者傳論〉、〈逸民傳論〉、〈後漢書光武紀贊〉。
26. 送別的宴會。
27. 可用字數較少的韻部。
28. 古代帝王的詞彙。

29. 計算方式眾說紛紜。
30. 個別作者的詩文集稱為別集。
31. 《隋書．經籍志》有「梁二百卷」的注記。
32. 沒有編者姓名的書物以編者未詳標記。
33. 應是五〇九年左右。
34. 《南史》卷七二。《隋書．經籍志》提到「華林遍略六百二十卷 梁綏安令徐僧權等撰」。
35. 《宋書．隱逸傳》記為「陶潛，字淵明，或云淵明，字元亮」，昭明太子的〈陶淵明傳〉則記為「陶淵明，字元亮，或云，潛，字淵明」。
36. 南山，也就是廬山。
37. 官職名稱。負責人事的幕僚。
38. 官職名稱。共有前、後、左、右四位將軍。
39. 能自由行動的意思，沒有任何隨從跟著，只有兩個人培養感情的意思。
40. 四〇一年。一說認為這個時期在歸隱之前，所以應該是辛酉（四二一年）才對。
41. 文帝不僅提防曹植，也擔心諸王威脅自己的地位，所以採行了諸王禁止來往的政策。（曹植詩序云：「有司以二王歸藩，道路宜異宿止，意毒恨之，蓋以大別在數日，是用自剖，與王辭焉，憤而成篇。」）
42. 祕書省的次官。在六朝時，出身名門的人擔任清官，出身清寒的人擔任濁官，而祕書省的官職屬於清官。之後就任的中書侍郎與黃門侍郎也都是清官。

43. 從劉孝標為其加注這點可知，六朝的「演連珠」有極高的評價。

44. 重視對句與聲律的文體。於六朝時期興盛，到了唐代卻成為批判的對象，但是直到清朝為止，都當成官方文體以及形式文體使用。

45. 最高官職的三公之一。負責規劃百姓的福利與教育。

46. 在「八友」之中，只有蕭衍與蕭琛沒有任何作品被選入《文選》。

47. 平、上、去、入這四聲是以音節的高低抑揚（平、上、去）以及以p、t、k這三個子音收尾的「入」分辨漢字發音的標準。一般認為，六朝時期的人們在學習了佛經的韻律之後才注意到這四聲。

參考文獻

會田大輔，《南北朝時代——五胡十六国から隋の統一まで（南北朝時代——從五胡十六國到隋朝統一天下）》，中公新書，二〇二一年

網祐次，《中国中世文学研究——南斉永明時代を中心として（中國中世文學研究——以南齊永明時代為主）》，新樹社，一九六〇年

岡村繁，《文選の研究（文選的研究）》，岩波書店，一九九九年

釜谷武志，《新釈漢文大系 詩人編1　陶淵明（新釋漢文大系 詩人篇1　陶淵明）》，明治書院，二〇二一年

川合康三等譯注，《文選　詩篇》全六卷，岩波文庫，二〇一八—一九年

川本芳昭，《中国の歴史5　中華の崩壊と拡大（中國的歷史5　中華的崩壞與擴大）》，講談社學術庫，二〇二〇年

興膳宏、川合康三，《文選》，角川書店，一九八八年
興膳宏編，《六朝詩人傳》，大修館書店，二〇〇〇年
興膳宏，《乱世を生きる詩人たち——六朝詩人論（生於亂世的詩人——六朝詩人論）》，研文出版，二〇〇一年
興膳宏編，《六朝詩人群像》，大修館書店，二〇〇一年
興膳宏，《中国詩文の美学（中國詩文的美學）》，創文社，二〇一六年
森三樹三郎，《梁の武帝——仏教王朝の悲劇（梁武帝——佛教王朝的悲劇）》，法藏館文庫，二〇二一年
吉川忠夫，《劉裕——江南の英雄 宋の武帝（劉裕——江南的英雄　宋武帝）》，中公文庫，一九八九年

第五章 王朝的興亡與皇后的命運——隋唐革命

村井恭子

前言

隋煬帝（楊廣）之妻蕭皇后的本名不詳。這或許是因為當時的女性只有家世受到重視，個人則不太重要，所以即使貴為皇后，名字卻不詳的例子並不少見。蕭皇后恰巧在歐亞大陸東部史的變動時期出身，而中國在這個不足半世紀的時期之內，歷經了多次統一與分裂，最後大一統的中國又併吞了蒙古。

南北朝末期，北周外戚楊堅在中國建立隋朝（五八一—六一八年）[1]之後，於五八九年滅了南朝的陳，完成統一中國大業。這意味著，從西晉以來，為期約二百七十年的南北分裂總算畫下句點。緊接著隋煬帝又立刻採取積極的對外政策，出兵遠征高句麗。遺憾的是，遠征高句麗失利造成了各地群雄割據、人人稱王與稱帝的分裂局面。群雄之一的李淵（唐高祖）即位後，創立了唐朝（六一八—九〇七年），接著第二任皇帝唐太宗（李世民）打倒了竇建德、王世充以及其他勢力，再次統一了中國（六二八年）。

隋唐王朝統一中國以及後續的分裂都對周遭地區造成莫大的影響。若問隋唐時代的國際關係如何，大部分的人會立刻聯想到通往西域諸國的絲路貿易、高句麗遠征、來自日本的遣隋使、遣唐使，但其中最值得注意的莫過於隋唐兩朝與北方遊牧帝國突厥之間的關係。突厥在中國南北朝的時候進入全盛時期，版圖甚至拓展至中亞一帶，但是隋朝在統一中國之後，巧妙地利用了離間計讓突厥分裂，然而當中國於隋朝末年陷入混亂之後，蒙古的東突厥（第一汗國）一時間重返強盛，與唐朝勢成水火，等到唐太宗再次統一了中國，便順手滅了東突厥。儘管這段時期只有短短的半世紀之久，中國卻吞併了蒙古，換句話說，南北融合的中國誕生了（六三〇—六八二年）。此次的南北融合也與蕭皇后息息相關[2]。

這個時期的中國正值動盪時期，大小不一的王朝不斷更迭與興衰，南朝梁武帝、昭明太子的嫡系蘭陵蕭氏的血統以及身為隋煬帝皇后的立場，都讓蕭皇后這位女性的人生如同波浪般翻騰。本章要透過蕭皇后的一生觀察歐亞大陸東部歷史的變動期，以及左右此時歷史趨勢的多位女性。

蕭皇后（約五六六—六四七年）

一、從晉王妃升格為皇太子妃

嫁入隋朝

「占卜為吉」。五八二年（開皇二年），某位占卜師在後梁的宮殿對著一位女孩這麼說。前一年才讓周隋革命成功，剛登基成為隋帝的文帝（楊堅）正如火如荼地制定開皇律令或是建造新都大興城（西安），迅速推動各項政令，與各方勢力加深關係也是亟需推動的新政之一，文帝打算從後梁皇室替次子晉王楊廣選妃，所以才派遣占卜師前往後梁選拔王妃。

南朝的梁因後繼者問題與侯景之亂[3]（五四八—五五二年）陷入混亂之後，昭明太子蕭統的第三子蕭詧（宣帝）在北方的西魏支持下建立了另一個梁朝[4]，而這個梁朝就是後梁。雖說是王朝，但後梁其實不過是個占有江陵（荊州，今湖北省）一帶的小國，是被西魏與北周操控的傀儡國家。但自古以來，江陵就是長江中游流域的戰略要地，所以西魏與北周才會利用後梁控制這個地區，將後梁當成攻略南朝陳的前線基地或是與南朝陳之間的軍事緩衝地帶。此外，西魏與北周也不承認南朝陳的革命，所以才將後梁扶植為繼承正統的王朝，藉此與南朝陳抗衡。隋朝也繼承了這條路線。

修復後的蕭皇后鳳冠

在北周末期，大丞相楊堅與尉遲迥這些反楊堅派爆發軍事衝突之際，後梁第二任皇帝明帝（蕭巋）未與反對派站在同一陣線，也因此得到文帝青睞。對於後梁來說，能透過聯姻與如日中升的隋朝交好可說是天賜良機。

不過，明帝的內心其實非常焦慮。這是因為他與皇后、後宮嬪妃所生的女兒都被前面那位占卜師斷為「不吉」。無計可施的明帝便突然想起還有一位被自己放逐的女兒。江南一帶有「不養二月出生的小孩」這個習俗，所以明帝才會將二月出生的親生女兒送給弟弟蕭岌。不過，蕭岌夫妻沒過多久就過世，所以又交給舅舅張軻養大，這個親生女兒當時虛歲十七歲左右。[5] 雖然比十四歲的晉王大了幾歲，但問題不大，於是明帝便從張家叫來女兒，再請占卜師看相。

「占卜為吉」。這位突然被叫入宮中的女兒被選為晉王楊廣的妃子，準備以蕭妃的身分嫁入隋朝。

這位晉王楊廣正是日後的隋朝第二任皇帝煬帝，隨著煬帝即位，她也成為蕭皇后。

祖國後梁滅亡與隋朝一統中國

蕭妃的曾祖父昭明太子編撰的《文選》收錄了西晉張華記錄宮中女性生活心得的〈女史箴〉，其中提到了「婦德尚柔」（婦人之德以柔順為尊）、「婉嫕淑慎」（溫順嫻靜，謹言慎行）這類儒教所描繪的理想女性樣貌，蕭妃也是完全符合這番敘述的淑女。此外，蕭妃還是懂得判斷情勢，愛好學問、擅寫詩賦、精通占卜的才女。文帝非常開心能替兒子迎娶如此優秀的妃子，晉王本人也十分敬愛蕭妃。聽聞女兒如此受到寵愛，後梁明帝也總算鬆了口氣地說：「這麼一來，吾國必將安泰。」不過，時代的齒輪也於此時開始轉動。

文帝對突厥所使的離間計奏效後，突厥於五八三年分別為東西兩部，隋朝暫時免去北方的威脅之後，隋朝在軍事方面便優於南朝陳，後梁的存在價值也跟著消失。五八七年，文帝將後梁第三代皇帝蕭琮招來首都長安的大興城之後，便設法「留住」蕭琮，同時讓隋朝的軍隊進駐江陵。後梁這邊，則由蕭琮的叔父蕭巖帶領文武百官與十萬庶民流亡至南朝陳，文帝便順手廢了後梁，還賜予官位給蕭琮，將蕭琮納為臣子。於南北分裂時代只具其形、不具其體的後梁王朝也於建國第三十三年滅亡。此時距離蕭妃嫁入隋朝只有五年，蕭妃也只有二十二歲而已。

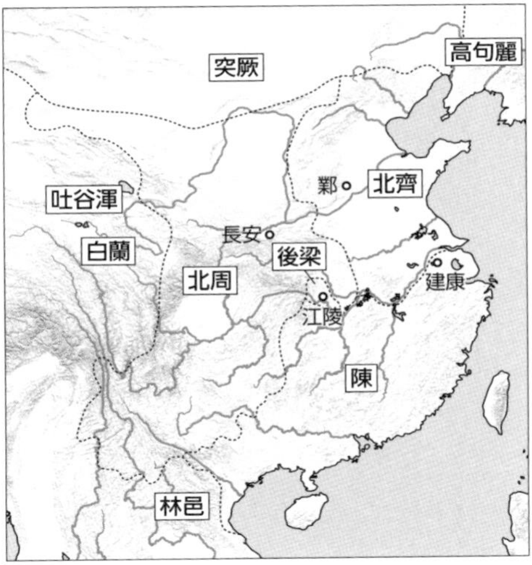

隋建國前的狀況

另一方面，接受後梁流民的南朝陳本身也如風中殘燭，朝不保夕。照理說，北朝分裂為互相牽制的兩大勢力，華北統一與隋朝建國又打破了勢力均衡，南朝陳應該與北方的突厥一樣，無法置身事外才對。

不過，南朝陳第五代皇帝陳叔寶（陳後主）居然在此時建造豪奢的宮殿，還讓美女日夜隨侍在旁，每天盡情飲酒作樂，完全不顧政治，國家也因此不斷地衰敗。五八八年，隋朝命令晉王楊廣為總司令官，帶領五十萬大軍攻打占據長江河口到現代四川省一帶的南朝陳。隔年正月（以下的年份與月份都是陰曆），南朝陳隨即滅亡，貴為南朝貴族文化核心的首都建康（南京）也殘遭蹂躪，陳叔寶與底下的王公貴族、官僚所囤積的大量書籍、寶物都被押送至文帝所在的長安，中國也總算在時隔大約二七〇年之後再次統一，隋朝首都大興城自此成為「天下」的中心。

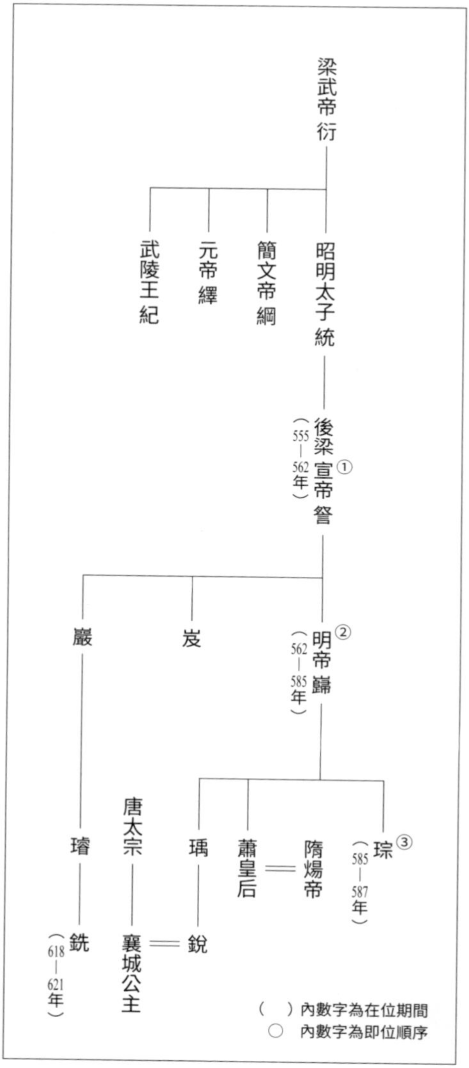

後梁（蕭氏）世系圖

文帝、獨孤皇后夫婦與蕭妃

出身南朝名門的蕭妃如何看待公公婆婆文帝與獨孤皇后（獨孤伽羅）的夫婦關係，又是如何以女性的角度，看待北朝出身的皇后呢？

名門出身的獨孤皇后是自視甚高，又很有主見的女性，在結婚之際，要求文帝不准娶妾，維持一夫一妻的關係。自古以來，中國王朝為了傳宗接代都會充實後宮，唯獨隋朝在獨孤皇后在世時，因為受限於結婚的誓約導致文帝沒有納妃，這可說是前所未有的舉措。所幸獨孤皇后為文帝生了五個兒子。

獨孤皇后也熱中於政治，文帝與大臣執政時，獨孤皇后會派出宦官，打探文帝的工作情況，對政策提出許多有益的意見，如果自己的親戚扯上任何官司也不會徇私，要求文帝公平審判。

一如「牝雞晨鳴」（母雞在黎明時候啼叫）這句話所諷刺的[6]，當時的儒教社會瀰漫著女性不該參政的風氣。其實獨孤皇后雖然積極參與政治，卻否定女性參政這件事，一心只想著輔佐文帝。換句話說，獨孤皇后既有北方女子的風範，卻又了解儒教的價值觀，但是在蕭妃以及其他來自南方的人眼中，如此積極的獨孤皇后算是異類。

比方說，南朝出身的知識分子顏之推就曾大致地描述了南北女性的差異。南方的女性較少外界的交際，家計也只仰賴丈夫，北方的女性則會親自持家，一旦有任何紛爭還會透過訴訟解決，也會為了孩子的工作以及丈夫的升遷四處奔波。夫婦之間常以「你這傢伙」或是「喂」稱呼彼此（《顏氏家訓．治家第五》）。由此可知，北方的女性比南方女性更加自主，北方的夫婦則是家庭的共同經營者。

順帶一提，獨孤皇后死後，徹底得到「解放」的文帝便大肆整頓後宮，也因此病入膏肓。臥病不起的文帝曾在病榻感嘆：「倘若皇后在世，寡人絕對不會是這種死法。」由此可知，獨孤皇后對文帝是多麼重要的人。一如篡奪北周之際，皇后以「騎虎難下」（大事已然，騎虎之勢，必不得下，勉之）的比喻鼓勵文帝篡奪北周，這對夫婦同心打造了隋朝，也在過程之中建立了牢不可破的信賴關係。

從晉王妃升格為皇太子妃

假設獨孤皇后有缺點，那就是希望身邊的人能與自己一樣，擁有互相信賴的夫婦關係。尤其當文帝與尉遲迥的孫女（當時為宮中侍女）「外遇」之後，獨孤皇后的心頗為衰折（《隋書．后妃傳》），轉而將所有的期待一股腦壓在兒子身上。

不過，長子，也就是皇太子楊勇的後宮卻是妻妾如雲，昭訓（後宮嬪妃的稱號）雲氏也是最受寵愛的妃子，與正室擁有相同的待遇，反觀正室的元妃卻得不到楊勇的寵幸，心臟病發後，兩天就猝死。元妃其實是獨孤皇后替長子從西魏皇室挑選的女性，皇后對於楊勇冷落元妃這件事非常憤怒，甚至懷疑元妃的死因是毒殺，而且元妃死後，雲氏便握有後宮的生殺大權，獨孤皇后也愈來愈不滿。

三子，也就是秦王楊俊也營造了豪奢的宮殿，整天與數不盡的愛姬在裡面享受。由妒生恨的正妻崔妃便哄騙楊俊吃下有毒的瓜子，讓楊俊一病不起，最終楊俊便在六〇〇年早逝，年僅三十歲。

既然長子與三子如此不堪，父母當然會將注意力放在次子，也就是楊廣夫婦身上。早就想將皇太子之位占為己物的楊廣也總是演出一副符合父母期待的模樣。他先是將自己的愛妾藏了起來，假裝自己只與蕭妃一起生活，如果父母的使者來訪，不論對方身分高低，都會帶著蕭妃出門迎接對方；如果父母親

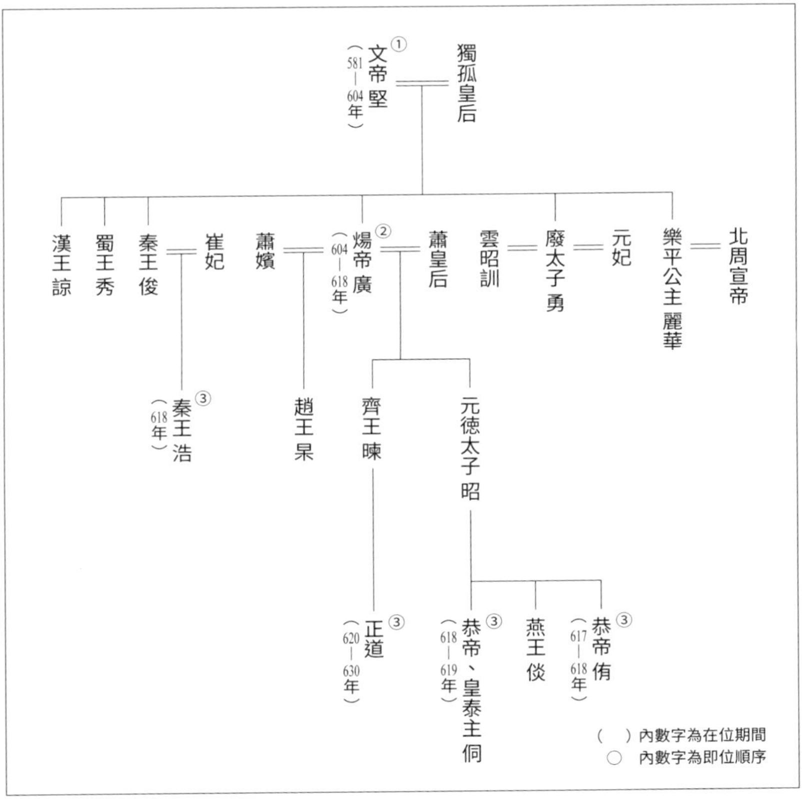
文帝堅 ①（581—604年）
獨孤皇后
漢王諒
蜀王秀
秦王俊
崔妃
蕭嬪
煬帝廣 ②（604—618年）
蕭皇后
雲昭訓
廢太子勇
元妃
樂平公主麗華
北周宣帝
秦王浩 ③（618年）
趙王杲
齊王暕
元德太子昭
正道 ③（620—630年）
恭帝、皇泰主侗 ③（618—619年）
燕王倓
恭帝侑 ③（617—618年）
（　）內數字為在位期間
○內數字為即位順序

隋（楊氏）世系圖

臨，則會讓所有姬妾躲到其他房子，然後讓年邁的僕人換上粗糙的衣服工作。此外，家中的一切用品都力求樸素之外，還故意剪斷樂器的琴弦，讓這些樂器布滿灰塵，也不舉辦宴會，盡力假裝自己非常節儉。這在蕭妃眼中，看起來就像是鬧劇，但是文帝與獨孤皇后卻輕易相信了。

楊廣特別討獨孤皇后喜歡。當時還是揚州總管的他準備從長安返回任所時，為了與皇后道別而進宮。見到皇后便哭著說，皇太子很討厭他，他很害怕自己總有一天會被毒殺。皇后聽完之後，氣得質問楊勇與雲氏，也下定決心要廢嫡，剝奪楊勇的太子之位。皇后將生了一堆兒子的雲氏批成「猶如豬狗」，卻讚美蕭妃「非常惹人疼愛」，對楊廣來說，蕭妃既是出身名門的賢妻，更是他手裡的一大武器。

獨孤皇后與楊廣便一步步推動楊勇廢嫡的計畫。除了皇后平常勸文帝廢嫡，還讓擁護皇太子的重臣高熲失勢。楊廣這邊則派出宇文述與楊素，偷偷地將皇太子失德失才的行徑上呈文帝。六〇〇年，文帝總算宣布廢嫡，無計可施的楊勇只能淪為庶人，楊廣則被冊封為皇太子，蕭妃也被冊立為皇太子妃。獨孤皇后在看到新的皇太子夫婦產生後，想必是滿心歡喜，只可惜她於西元六〇二年的時候去世，未能看到日後骨肉相殘的悲劇以及王朝的滅亡。

二、從皇太子妃升格為皇后——以煬帝的治世為中心

於隋朝統治江南的蘭陵蕭氏

六〇四年（仁壽四年）七月，於文帝駕崩之後即位的煬帝，在隔年正月將年號改為大業，同時立蕭

妃為皇后。這是她嫁入隋朝第二十三年，也是在她三十九歲發生的事。

煬帝即位之際，么弟漢王楊諒起兵造反，但瞬間就被鎮壓。煬帝在即位前後便構陷兄弟與兄弟的家人，或是透過暗殺的手段，一一除去這些兄弟與眷屬。另一方面，煬帝則重用外戚，也就是蕭皇后的家族。比方說，後梁最後一位皇帝蕭琮，以及蕭皇后的兄弟與親戚，都得到遠比自身才能更高的隋朝內職，朝廷清一色都由蕭氏一族掌權。

其實文帝從後梁皇室替兒子迎娶晉王妃的另一個理由，就是看在蘭陵蕭氏的家世與名望。一直以來，蘭陵蕭氏都是南朝齊、南朝梁的皇室，也是英明好學的家族，尤其梁武帝昭明太子的嫡系子孫後梁皇室，更可說是南朝文化的象徵，在北朝的人們心中，絕對是特別的存在。

不過，文帝討厭奢侈，重視儉樸，對於南朝那些華麗的貴族文化嗤之以鼻。反觀煬帝從還是晉王的時候，就深深地被南朝文化吸引。其實他是在與蕭皇后結婚之後才開始接觸南朝文化。煬帝本身是愛好學問的知識分子，也深深愛上蕭皇后的聰慧與教養，所以總是會要求蕭皇后教他江南方言的吳語，或是寫一些梁、陳的宮體詩。早在他攻入建康之際，便親眼看到了蘊藏南朝文化之最的華麗宮殿與美麗庭園，也在藏寶庫看到了精心製作的寶物與大量的藏書。這對煬帝都是莫大的衝擊，也對他即位之後的施政造成深遠的影響。

南朝陳滅亡後，隋朝也未能順利統治江南一帶。江南的人們對於新的統治者非常反感，各地也不斷傳出造反的消息。明白這些造反無法只憑武力解決的文帝便於五九〇年，任命熟悉南朝文化的煬帝為揚州總管，要求煬帝以江都揚州為據點，統管中國東南部的軍務。不過，文帝不只是對煬帝有所期待，也將希望寄託在煬帝之妻的蕭皇后，以及蘭陵蕭氏的名望上。

在此試著舉出一例。後面會提到，煬帝從他的治世到他死後的這段期間，各地群雄紛起，後梁宣帝的曾孫，也就是蕭皇后的堂姪也在長江中游流域建立了一大勢力。六一七年，起兵對抗隋朝的岳州（湖南省）校尉董景珍擁戴蕭銑為首領，因此蕭銑便自稱梁公，高舉梁旗起兵造反。短短五天，跟隨他的人便多達數萬人，而且當他稱帝，改年號為鳳鳴，讓梁朝復活之際，更是成長為擁兵四十萬的一大勢力。六二一年（唐武德四年），蕭銑投降唐軍後，被押解至長安，但仍有十萬以上的江南士兵為了救他而趕來，只可惜晚了幾天才趕到。與其說這一切都是因為蕭銑個人的魅力，不如說是因為他是「梁氏之後」（梁朝子孫），帶領南朝進入最盛時期的梁朝直到隋末唐初之際，仍然深植於江南每個人的心中。

受文帝之託，統治江南的煬帝應也知道蘭陵蕭氏在江南的影響力有多大，所以才利用蕭皇后之夫的身分接近江南士人階級。為了抹去江南士人對隋朝的反感，煬帝在擔任揚州總管的十年期間，積極地起用南朝人士為官，也延聘諸葛潁、虞世南以及一百位以上在藝術或學問有造詣的學者，還設立了類似文藝沙龍的場所，藉此與這些學者頻繁交流。此外，他也常舉辦文化活動，例如他常收集書籍以及命人編修書籍，讓晉王府的圖書館愈來愈豐富。煬帝即位後，也延攬這些士人入朝為官，更允許自己特別仰慕的士人自由地出入宮中，還設宴款待這些士人。蕭皇后與後宮嬪妃每次都會參加這類宴會，與這些士人同坐長椅，以表親近。這些特別待遇早在煬帝還是揚州總管的時候就已經開始，由此可知，蕭皇后也極力促成煬帝與江南士人之間的交流。

在煬帝還擔任揚州總管的時候，為了順利統治江南推行了禮遇佛教與道教的宗教政策。他在揚州設立了四個道場，分別是慧日、法雲的佛寺，以及玉清與金洞的道觀，還請來南朝的知名僧侶或道士主持，讓這四個道場成為江南宗教界的核心。[7]在當時，江南的士人上流階層對佛教特別虔誠，所以煬帝便請來南朝第一高僧智顗，為自己授戒說法（菩薩戒），也贈予「智者」這個稱號給智顗，以彰顯自己與高僧之間的交情。

蕭皇后一家，尤其是梁武帝都是虔誠的佛教徒，後梁皇室也是江陵佛教的擁護者，智顗也與後梁皇室有著密切的關係，從他與蕭琮之間有書信往來這件事來看，煬帝之所以能夠與智顗來往，應該也與蕭氏一族有關係。

此外，蕭皇后本身也篤信佛教。六一一年，蕭皇后跟著遠征高句麗的煬帝造訪涿郡（幽州、北京），並在此時得知佛僧靜琬正於房山刻經，[8]她與胞弟蕭瑀便給予靜琬經濟上的支援。從蕭皇后與蕭氏一族對佛教的態度來看，煬帝的佛教政策應該讓蕭氏一族受惠不少。

在煬帝推行文化政策，讓南朝出身的人才紛紛來到揚州總管府之後，隋朝總算能夠順利地統治江南，南朝的文化重心也從建康移轉至江都揚州，這意味著，蕭皇后在隋朝統治江南之際，扮演了不可或缺的角色。

煬帝的各項政策與蕭皇后

煬帝與重視北周官僚的文帝不同，他讓蕭氏外戚的南朝官僚與北齊官僚紛紛入朝為官。[9]在這些官僚之中，最受重用的莫過於南朝出身的虞世基，此舉讓文帝起用的功臣楊素與賀若弼失勢之外，南朝官僚的人數也愈來愈多，也漸漸受到重用。對這些從揚州時代便與煬帝往來的南朝官僚來說，蕭皇后也是吸引他們入朝為官的因素之一吧。

煬帝為了防範北方的勢力而於各地修建了長城，此外，還在長安到江都之間大興土木，設置了四十座以上的行宮。其中最引人注目的莫過於一即位就開始建造的洛陽城與開鑿的大運河。負責營造洛陽城的宇文愷在煬帝的命令下，以南朝首都建康為藍圖，在洛陽城內設計了多條水路，將洛陽城打造成充滿江南風情的城市。或許煬帝忘不了在攻下南朝陳之後，親眼所見的建康吧。煬帝與蕭皇后結婚之後開始嚮往南朝文化，又在擔任揚州總管的時候，進一步愛上南朝文化，最終甚至在中原建造了充滿江南風情的都城。

煬帝在營造洛陽城的同時，還繼承文帝遺志，於六〇五—六一〇年開鑿大運河[10]，完成一條貫穿中國南北，全長約一千五百公里的水路。洛陽城就是這條南北物流的中繼基地，也讓洛陽城這座自古以來被視為中國核心的古城，成為兼具象徵意義與實質意義的計畫城市。雖然洛陽城只是首都大興城的副都，但其實煬帝將洛陽城視為政治與經濟的中心，洛陽也是實質上的首都。順帶一提，倭國使者小野妹子在晉見煬帝時，曾獻上寫有「日出處天子致書日沒處天子無恙」的國書，也惹得煬帝不悅，而這件事就是在這座洛陽城發生。

連接洛陽與江淮地區的大運河完成後，煬帝便以視察民情為名目，帶著蕭皇后、後宮嬪妃、皇族、官僚、僧人、尼姑與外國賓客一起從洛陽巡視至江都揚州，還為此建造了極盡奢華的遊船[11]，也就是煬帝專用的「龍舟」，以及蕭皇后搭乘的「翔螭舟」，以及為了替皇帝夫婦營造「浮景」所建造的九艘水上離宮，還為其他人員建造了不同的船隻。據說這些大小不一的船隻多達萬艘，可在大運河排成長達九十公里的船隊。這些船隻的動力當然是人力，所以每次行幸都得動員八萬名以上的船夫，而且煬帝不管經過哪個地區，都會從該地區與周邊徵收大量的糧食，後宮的女性會在吃飽後，將這些糧食埋在土裡或是丟在地上。

儘管煬帝這些勞民傷財、不顧百姓疾苦的政策飽受後世批評，但是翔螭舟或是浮景可說是為了取悅蕭皇后。由此可知，他對蕭皇后的敬愛從晉王時代開始，從來沒有一絲改變。

蕭皇后眼中的外界

自古以來，中國的天子巡視國土東西南北的行為稱為巡狩（又稱「巡守」，出自《書經．舜典》），煬帝則頻繁地行幸各地。在他在位的十四年之中，幾乎每年都會離開都城一次。煬帝曾問臣下「自古天子有巡狩之禮，而江東諸帝多傅脂粉，坐深宮，不與百姓相見，此何理也？」可見煬帝認為仿效古代聖王巡狩各地的自己是應承天命的天子。

煬帝除了在國內巡狩之外，連對外政策也御駕親征。根據《隋書．后妃傳》的記載，每當煬帝行幸，蕭皇后必定相隨，這意味著煬帝遠征與行幸時，一定會帶著蕭皇后、皇族與後宮女性。

照理說，皇后與宮中女性都被禁止與皇帝以外的男性接觸，所以幾乎不會出宮。但是煬帝除了打造了龍舟與翔螭舟之外，還命令宇文愷設計「觀風行殿」這種帶有車輪的移動式宮殿，因此可連同宮殿帶著女性行幸，蕭皇后才有機會接觸外界。煬帝的巡狩範圍非常廣闊，甚至包含突厥或吐谷渾這類北方民

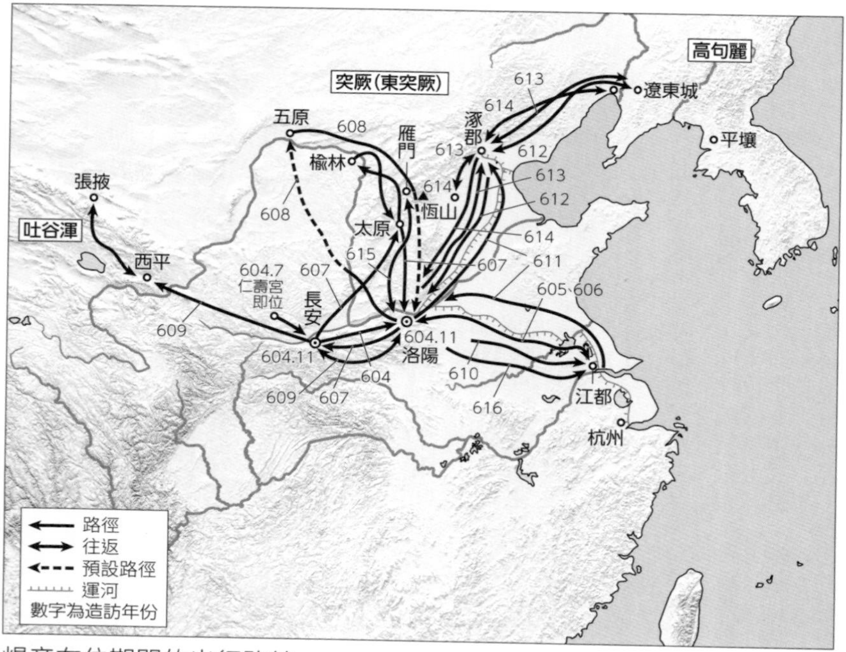

煬帝在位期間的出行路線

族的地區，但是對於自小在綠意盎然、水源豐富的江陵長大的蕭皇后來說，終年強風吹襲，眼中所見盡是草原或是荒涼的沙漠，又有何種感慨呢？

讓我們一起看看煬帝的巡狩路線吧。六〇七與六〇八年，煬帝從洛陽北上，行幸榆林（今陝西省）與五原（今內蒙），視察長城的進度。由於文帝透過離間計讓突厥分裂，而歸順隋朝的啟民可汗（可汗為遊牧民族的君主稱號）所率領的突厥勢力就是以五原作為根據地。當煬帝來到五原後，便召集啟民可汗以及底下的各部族首長，讓他們見識能容納幾千人的大型帳篷與觀風行殿，於突厥擔任隋朝官職的長孫晟還讓啟民可汗在行幸路線除草，向各部族宣揚隋朝的國威。

煬帝於六〇七年行幸之際，蕭皇后與

一位女性命運般地相遇。這位女性就是於五九九年，從隋朝下嫁啟民可汗的義成公主（或稱義城公主）。文帝將長孫晟送入突厥內部，再讓皇室女性（公主）與突厥的可汗或是下任可汗成親[12]，藉此讓突厥分裂。分裂之後的東突厥爆發了內亂，可汗也威信不再，便臣服隋朝與迎娶公主，再以隋朝為後盾，統轄底下的各部族。這也是煬帝行幸北邊，以及啟民可汗趕來除草的理由。

由於《資治通鑑》只有「蕭皇后造訪義成公主的帳幕」的簡短記載，所以不知道蕭皇后與義成公主談了什麼事情，但兩人都是遠嫁北方異鄉的女性，更是一國的皇后，或許會有一些契合之處吧。十二年之後，蕭皇后與義成公主在動盪的情況下再次相遇。

此時煬帝採用裴矩的建議，將青海當成進攻西域的據點，準備討伐吐谷渾。六〇九年，搭乘觀風行殿的煬帝帶著蕭皇后以及蕭皇后管理的其他女性巡狩西方。從長安出發之後，越過祁連山，抵達了張掖郡（今甘肅省）。在這段期間，隋朝的先遣部隊正在攻擊吐谷渾大本營伏俟城，成功趕走可汗慕容伏允。煬帝之後又從張掖郡向西出發，在武威郡燕支山設宴，招來高昌王麴伯雅與西域二十七國的使者，以及武威郡的士女，以彰顯「中國之盛」。這也讓蕭皇后有機會就近接觸這些五官與服裝皆異的西域人士。

成功討伐吐谷渾，以及與西域各國交流的煬帝便志得意滿地踏上歸途。不過，當煬帝一行人準備經過大斗拔谷（今甘肅省）的險隘小路時，突然遇上暴風雪，而且日已西沉，結果士兵有一大半凍死，馬與驢子也有八、九成被凍死。部分的後宮嬪妃與公主被迫與蕭皇后的本隊分開，還在山谷之間，與士兵睡在一起。煬帝的姊姊，也就是北周宣帝（宇文贇）的皇后樂平公主楊麗華也於此次隨駕同行。根據

《北史．后妃傳下》的記載，「樂平公主楊麗華於河西死去」，很有可能就是在這次意外殞命。由此可知，對於蕭皇后與其他隨行的女性而言，煬帝的巡幸絕非優雅的旅行，有時還是冒著生命危險的出行。

儘管損失慘重，煬帝還是回到洛陽，而且立刻採用裴矩的建議，將西域各國的首長請來洛陽，並於隔年正月十五日，在端門（南正門）之前的廣場耗費鉅資，舉辦相撲大會、雜耍表演、演奏會以及點燈儀式，而且一直舉辦到月底才停止。煬帝之所以會舉辦這些宴會，應該是基於蕭皇后也同行的緣故。此外，在舉辦這些活動的時候，洛陽城內的豐都也大肆舉辦了與西域商人交易的國際交易會。於是洛陽便於此時此刻成為中亞絲路的交易據點，以及大運河貫穿中國南北的交通節點。

在此時進入最盛時期的隋朝除了成功讓北方的突厥臣服，也討伐了西方的吐谷渾，成功擴大領土，同時還在西域各國彰顯國威，甚至東南亞與日本都派來使者朝貢。蕭皇后也在四十五歲之際，一躍成為歐亞大陸東部強國隋朝的皇后。

遠征高句麗失敗以及突厥發動的雁門之圍

直到六世紀中葉之前，現代的中國東北到朝鮮半島這塊地區是由高句麗、百濟、新羅三個國家所統治。其中以高句麗最為強盛。雖然高句麗王接受隋朝的冊封，雙方在名義上是君臣關係，但是高句麗仍是隋朝需要提高警戒的國家。六〇七年，煬帝造訪突厥啟民可汗的牙帳（相當於宮殿的帳篷）時，便親眼目睹了高句麗的使者，因此也怒斥高句麗的使者，要求高句麗向隋朝進貢，但高句麗始終未進貢。

決定遠征的煬帝為了籌措軍餉，下令開鑿永濟渠這條通往東北地區的物流路徑。這條永濟渠一完成，便立刻從南方將物資運到遠征基地涿郡，也向全國徵召兵丁。六一一年（大業七年），煬帝帶著蕭皇后從江都乘著龍舟，順著大運河航向涿郡。隔年，兵力高達一百萬名以上的大軍於涿郡集結後，煬帝便御駕親征，劍指高句麗。沒想到遇到高句麗頑強抵抗，撤退不及的隋軍也因此遭受莫大的損失，不得不鎩羽而歸。

六一三年，煬帝立刻展開第二次御駕親征，沒想到這次輪到楊玄感在後勤補給據點的黎陽造反。身為文帝重臣楊素之子的楊玄感，在父親失勢之後，就非常不信任煬帝。而為了鎮壓這次的造反，煬帝不得不讓軍隊掉頭，所以遠征再次以失敗收場。隔年，煬帝又進行了第三次親征，卻因為誤信高句麗假意投降而撤軍。

照理說，在多達三次的高句麗遠征之中，蕭皇后與其他女性應該都是待在涿郡的臨朔宮等待煬帝凱旋歸來。三次遠征失敗的同時，第一次準備遠征之際，農民出身的竇建德便起兵造反，第二次則是楊玄感這個隋朝高官造反，讓人不禁覺得，帶頭造反的首謀層級愈來愈高，造反的地區也愈來愈大，狀況愈來愈不安。其實在國內各地出現了不少糾合民眾稱王與自稱天子的人，可見隋朝的內部統治已出現破綻。此外，遠征高句麗還有高昌王麴伯雅與西突厥曷薩那可汗同行，所以遠征失敗的消息也傳至遙遠的西域各國，隋朝在國際社會的威信也一點一滴地消失。

就連蒙古地區也出現了變數。六〇九年，啟民可汗過世後，其子始畢可汗繼位，義成公主則根據突厥的夫兄弟婚（利未婚）[13]習俗，嫁給始畢可汗。始畢可汗帶著轄下的各部族讓突厥變得強大之後，心生警惕的隋朝便採用裴矩的提議，讓公主下嫁給始畢可汗的弟弟，企圖讓突厥進一步分裂，沒想到卻失敗了，而且隋朝這邊還殺害了始畢可汗的寵臣，於是始畢可汗便與隋朝漸行漸遠。

在遠征高句麗慘遭失敗後，煬帝於六一五年為了巡視北塞而往北方出發。此時義成公主派來使者，告知突厥有變之後，便被始畢可汗率領的突厥軍偷襲，煬帝一行人雖然躲入雁門城（今山西省代縣），卻被突厥軍包圍。由於始畢可汗的攻勢非常激烈，雁門郡內的四十一城有三十九城被攻陷，甚至突厥兵的箭矢還射到煬帝身邊。據說陷入極度恐懼的煬帝還抱著么子楊杲哭到眼皮都腫起來，理應同行的蕭皇后應該也陷入危境。

為了衝出困境，民部尚書樊子蓋在軍事會議上提出固守雁門城，召天之下兵前來救援的建議，以及宣布放棄遠征高句麗，授予士兵功勳，提高士兵的士氣。此外，蕭皇后的弟弟蕭瑀除了認同放棄遠征高句麗的建議，也提出「依照突厥的習俗，可賀敦（或稱可敦，為可汗妃子）也會參與兵馬之事，所以下嫁外夷的義成公主肯定會成為我國的後盾，助我們一臂之力。不妨讓她知道我們現在的困境，就算沒有任何反應，也不會有什麼損失」的建議。煬帝採用這些建議之後，城內的士兵便奮勇作戰，來自各地援軍也來到雁門城附近。此外，義成公主也騙始畢可汗「北邊告急」，讓可汗解除為期一個月的包圍，煬帝一行人才得以脫困。

不過，煬帝一回到洛陽便捨不得獎賞士兵，也對那些建議放棄遠征高句麗的人懷恨在心。順帶一提，蕭瑀的個性非常頑固，也總是毫不畏懼地提出諫言，煬帝非常不喜歡他，所以雁門之圍一解除，就立刻把蕭瑀貶到河池郡（今陝西省）。煬帝一開始是想在貴為「天下中心」的大興城重振聲勢，但是最終還是採信深知聖意的宇文述的建議留在洛陽。由於龍舟已被楊玄感燒毀，所以便重新建造比龍舟更大艘的水上宮殿，至於各地傳來的造反消息，煬帝則是一律充耳不聞。六一六年，煬帝帶著蕭皇后行幸江都揚州。

逃往江都

兩人前往的江都是煬帝還是晉王時，與蕭皇后一起立下輝煌成績的地方，換句話說，煬帝為了逃避現實，躲回他最初獲得榮耀的地方。只不過在這個時候，各地的造反勢力愈來愈強大，帝國也正步步瓦解。雖然有幾位臣子勸煬帝不要在此時行幸，卻都在煬帝的一怒之下被處死，連奉信郎崔民象都被卸掉下巴再斬首。上揣聖意的虞世基不僅一味地奉承煬帝，還不讓煬帝知道各地的叛亂有多麼嚴重。

蕭皇后也沒有向煬帝提出諫言。其實在煬帝剛即位的時候，她就曾經寫了一篇〈述志賦〉送給煬帝，希望煬帝能從奢靡之中醒悟，也為了自己身為另一半，卻沒能盡責這件事向煬帝道歉，同時委婉地闡述了為君之道。對於時刻將「牝雞晨鳴」這句話放在心中的蕭皇后來說，這已算盡了自己最大的努力了，可惜的是，煬帝並未接納。照理說，這對從揚州總管時代就一直支持夫君的她，是件非常受傷的事情，但是她與獨孤皇后不同，只選擇閉上嘴，順從自己的丈夫。

煬帝抵達江都之後，依舊過著荒唐的生活。他在宮中建造了一百間以上美輪美奐的房間，每個房間都安置了後宮的美女，每天都帶著蕭皇后與愛妾在這些房間飲酒作樂。據說煬帝總是杯不離口，隨侍的一千多名女性也總是酩酊大醉。話說回來，煬帝絕非愚昧之輩，就算近臣知情不報，他自己也知道帝國正在瓦解，所以精神狀態也愈來愈不穩定。他每晚喝著酒與占卜天象之外，又以吳語對蕭皇后說：「外間大有人圖儂，然儂不失為長城公，卿不失為沈后，且共樂飲耳！」（外面有很多人想要討伐我，但我要像長城公（陳叔寶）那樣，在下一個王朝的保護之下活下去，妳也可以像沈后（陳叔寶的皇后）一樣活下去，所以我們只管喝酒就好！）隔日又看著鏡子裡的自己，對蕭皇后說：「好頭頸，誰當斫之？」（這顆頭，會由誰斬下呢？）蕭皇后驚訝地問了理由之後，煬帝便笑著說：「貴賤苦樂，更迭為之，亦復何傷？」（貴賤苦樂總是迅速更迭，有什麼好難過的呢？）即使煬帝已陷入躁鬱狀態，蕭皇后還是陪在他的身邊，而虛張聲勢又不斷自嘲的煬帝，恐怕也是將蕭皇后視為精神支柱。

完全不打算回到長安重振國勢的煬帝，打算南下，於丹陽（今江蘇省）保存勢力，但是驍果軍這支煬帝親衛隊卻打算逃亡或是造反，因為這支軍隊的士兵通常都有家人留在長安。某位宮人聽到驍果軍的陰謀之後，便偷偷告訴蕭皇后，蕭皇后卻說：「要不要告訴陛下由妳決定。」結果當宮人告訴煬帝這件事，煬帝便氣得處死這位宮人。等到其他的宮人偷偷告訴蕭皇后，驍果軍準備造反的事情時，蕭皇后也只說：「天下事一朝至此，無可救者，何用言之，徒令帝憂耳。」（天下事一朝至此，已無可救藥，不要多說讓陛下再為這些事心煩了。）自此再也沒有人提及造反的事情。從宮人與蕭皇后的互動可以知道，蕭皇后已經放棄一切，一心只想安慰煬帝，同時也有陪著丈夫走到盡頭的覺悟。

三、流亡期（一）——煬帝之死與群雄割據

煬帝去世

六一八年（大業十四年／義寧二年）三月，右屯衛將軍宇文化及率領不滿煬帝的臣子以及驍果軍造反。淪為囚犯的煬帝被拖到發狂的士兵面前之後，又被帶到寢殿。年僅十二歲的趙王楊杲在煬帝身邊不斷哭泣，在煬帝面前被斬死，煬帝也被以身上的長巾縊殺。

早知國家即將滅亡的蕭皇后沒有露出半點慌張的神情，只是讓宮人利用床架製作棺木，將她與煬帝的遺體同葬於西院的流珠堂。煬帝享年五十。當時的蕭皇后大概是五十三歲左右。儘管兩人結婚之後，她陪著煬帝度過許多困難，但最終還是淪落到這等下場，不過她沒想到的是，新的苦難正要開始。

煬帝近臣之一的宇文述於六一六年在江都去世。他的兒子宇文化及與智及也接受了官職。這兩個兄弟是仗著父親光環、四處為非作歹的混帳，宇文化及甚至被稱為「輕薄公子」。不過，他的父親宇文述是楊勇廢嫡之際立功的功臣，弟弟宇文士及則是煬帝之女南陽公主的夫婿，所以就算這對兄弟再怎麼倒行逆施，還是能夠得到寬恕。在準備造反時，提出殺了煬帝、推行革命的是宇文智及。雖然宇文化及被推舉為叛軍首領，但是宇文化及的格局不足以樹立新王朝。

造反告一段落之後，宇文化及便自稱大丞相，統領文武百官，又逼蕭皇后立煬帝姪子秦王楊浩為帝。楊浩當然只是傀儡，實際的政權全握在宇文化及手中。等到這個體制完全建立之後，宇文化及便帶著「新皇帝」，以及蕭皇后、煬帝後宮以及臣子前往長安。

蕭皇后與隋朝的「後繼者」

在中國，推翻前朝，改立新朝的革命分成兩種，一種是有德之人以武力驅逐無道昏君的「放伐」，另一種則是前一位君主將皇位讓給有德之人的「禪讓」，但是自魏國的曹丕開始，大部分的君主都喜歡後者的方式，為的是彰顯新君主與新王朝的正當性。其實就算是以武力或是政治實力威脅君主讓位，也會透過禪讓的形式改朝換代，所以雖然煬帝已死，要想推翻隋朝，建立新的王朝，最好的方法就是先讓隋朝的嫡系子弟成為第三代隋朝皇帝，再讓嫡系子弟禪位。

煬帝與蕭皇后生了長子元德太子楊昭，以及次子齊王楊暕。皇太子楊昭是心存仁愛之人，也得到眾人的愛戴，只可惜他實在太過肥胖與勞心，最終於六〇六年去世，只留下楊侑、楊倓、楊侗這三個兒子。煬帝行幸江都之際，讓他非常寵愛的孫子楊倓同行，並讓楊侑鎮守長安，楊侗留守洛陽。

煬帝也十分寵愛長得相貌堂堂的次子楊暕，所以楊昭死後，便被視為繼任的皇太子，不過他的個性非常傲慢，又素行不良，而且也與煬帝因為異性問題而發生衝突，導致父子互相猜忌，而煬帝與蕭嬪所生的么子楊杲最得寵愛，也取代了楊暕的地位。一般認為，長子的早逝以及次子與丈夫的不睦令蕭皇后非常痛心。

宇文化及帶頭造反後，江都的隋朝皇室以及外戚蕭氏的男性不論長幼，都被一一處死。孫子楊倓很早就察覺造反的跡象，也為了通知煬帝而準備趕赴宮中，最終卻被抓住與處死。楊暕被宇文化及的士兵抓住之際，誤以為是父親煬帝派來的士兵，便感嘆地說：「陛下的使者啊，請放了我，我不會背叛國家的。」結果就在不知道被誰所抓的情況下，與兩個兒子一起被處死。其實煬帝有收到造反的消息，卻對蕭皇后說：「該不會是阿孩（楊暕乳名）搞的鬼吧？」所以兩父子沒機會見到彼此的最後一面。

宇文化及弒殺煬帝之後，打算立煬帝之弟（文帝四子）楊秀為帝，最終在各方反對之下，殺了楊秀以及楊秀的七個兒子，改立楊俊（文帝三子）之子楊浩為帝。之所以立楊浩為帝，是因為楊浩素來與宇文智及有來往。此外，待在長安與洛陽，逃過一劫的楊侑與楊侗也被造反的勢力包圍，陷入刻不容緩的困境。

群雄割據

自楊玄感造反之後，除了四川，隋朝各地都有規模不一的叛亂爆發，帶頭謀反的人包括農民、奴婢、江湖人士、僧侶、盜賊、異族、逃亡軍人、墮落的官僚，光是記錄在案的叛亂就超過兩百起以上，而且多集中於河北、山東這類運河沿岸的地區。這主要是因為在建造大運河與遠征高句麗的時候，實在太過勞民傷財所致。不過這些叛軍也慢慢地被淘汰，等到煬帝於六一六—六一七年逃往江都的時候，這些叛軍已聚攏為十五股左右的勢力，帶領這些勢力的人也紛紛稱王或稱帝，整個隋朝也陷入群雄割據的困境。

華北一帶，名門出身的李密在洛陽附近成為一股勢力，農民出身的竇建德也成為河北最大的勢力。在洛陽這邊，既是煬帝寵臣，又是西域胡人的王世充擁立越王楊侗（恭帝、皇泰主），掌握隋朝政權，也與李密、李淵的勢力互相對抗。在群雄之中，最為順利的莫過於留守太原的李淵。他於六一七年起兵

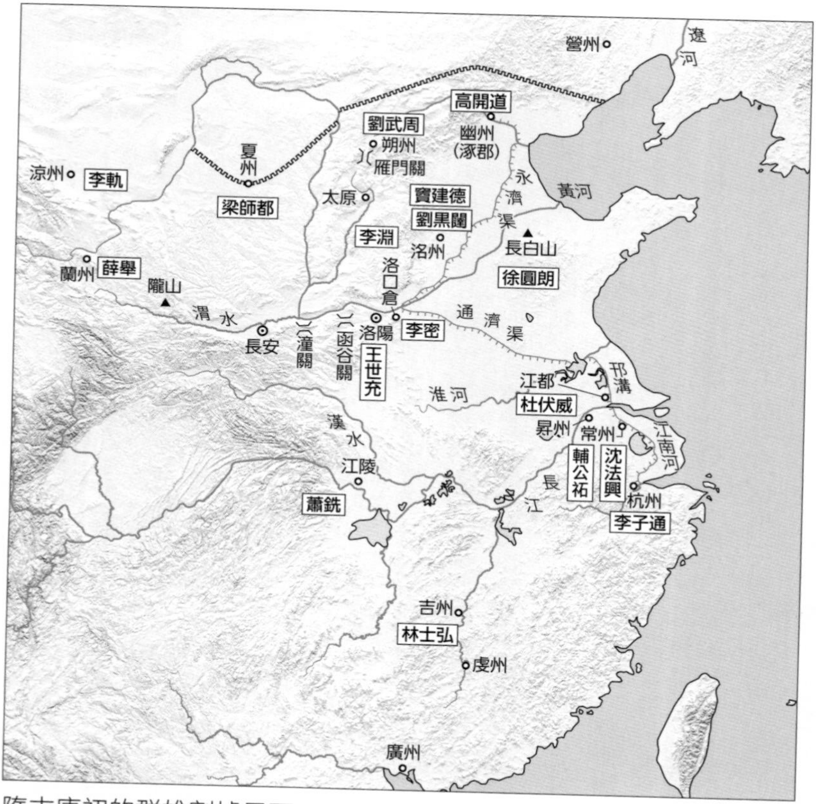

隋末唐初的群雄割據局面

後，短短四個多月就以幾近毫髮無傷的狀態攻下長安，同時還將煬帝奉為太上皇，並將十三歲的代王楊侑奉為第三代皇帝（恭帝），靠著復興隋朝的名義擴大勢力。六一八年，煬帝死訊傳開後，李淵便接受禪位，創立唐朝，改年號為武德。當時除了李淵之外，華北地區還有梁師都、薛舉、劉武周、李軌、高開道、劉黑闥等人各據山頭。

至於江南這邊，之前提到的蕭皇后堂姪蕭銑準備於江陵復興梁朝，南朝名門貴族出身的沈法興也以毘陵（今江蘇省）為據點，準備讓南朝陳復活，於長江下游流域成為一股大勢力。此外，李子通、林士弘這些勢力也各據一方，企圖一爭霸權。由此可知，此時的隋朝已是四分五裂的狀態，分裂了二百七十年的中國好不容易在文帝的努力之下統一，卻在短短的三十年後，再次陷入分裂。

四處輾轉的蕭皇后

六一八年四月，宇文化及帶著蕭皇后從江都前往長安。不過，宇文化及實在太過蠻橫，導致士兵心生不滿，首謀者之間也鬧內訌，再加上被李密的軍隊擋住去路，所以才剛到魏縣（今河北省），許多心腹便離去，大部分的士兵不是戰死就是逃亡，宇文化及的實力也不斷減弱。儘管如此，宇文化及與宇文智及這對兄弟沒有任何改善現況的計畫，只是不斷地飲酒作樂，不然就是互相推卸責任，甚至還吵到哭了出來。或許宇文化及知道自己終將失敗，所以便感嘆地說：「人終有一死，哪怕是只當一天皇帝都好。」之後便毒殺了自己擁立的楊浩而稱帝。

宇文化及稱帝後，抵達了聊城縣（今山東省），然而占據河北與山東的竇建德卻打著「替煬帝報仇」

的名義發動攻擊，宇文化及這對兄弟被抓住後，便立刻被處死。早已自稱夏王的竇建德一進入聊城縣，第一件事就是拜見蕭皇后，還自稱為「臣」，哀悼煬帝之死，蕭皇后也率領江都宮的女性以及隋朝舊部，歸入竇建德帳下。

竇建德每次都會將戰利品分給底下的將領，自己則過著清貧的生活，完全不碰那些被視為奢侈品的肉類，而這樣的品德也讓他的勢力逐漸擴大。其妻曹氏也不穿華服與配戴首飾，連奴僕都只有十幾人。根據記載，曹氏是個愛吃醋的女性，所以逼煬帝的每一位後宮嬪妃出家為尼，連蕭皇后也被她關在武弘縣的寺院（《北史·后妃傳下》），不過這些應該都是記錄者身為男性的偏見。從曹氏樸素的生活來看，她應該是擔心那些身著華服的女性對竇建德與底下的將領造成不良的影響，所以才讓這些後宮女性出家為尼，過著樸素的生活，也能藉此撙節經費。

此時發生了一件對蕭皇后來說非常嚴重的事件。在蕭皇后率領的集團之中，居然有一位女性懷了在江都宮被殺害的次子齊王楊暕的小孩，而且這位女性還在克服了千辛萬苦之後，順利產下這名男嬰。這個男嬰被取名為楊正道（或稱楊政道）。對蕭皇后來說，這位男嬰是貨真價實的孫子，不過此時她的心情卻是五味雜陳，因為次子的遺腹子誕生固然令人開心，但是在國家幾近覆滅的情況下誕生的皇室嫡子卻得背負悲慘的命運。儘管如此，蕭皇后也告訴自己，必須盡力維護這個命運注定多舛的嬰孩。

四、流亡期（二）——隋朝流亡政權誕生：返回江都

中國再次分裂與突厥

前面提到，突厥因為隋文帝的離間計而分裂，而東突厥的始畢可汗一邊整合周邊部族，擴大勢力，一邊採取與隋朝對抗的路線。當中國因為煬帝的失政而再次分裂，陷入混亂的局面後，絕對是突厥趁虛而入，拿下中國的絕佳機會。另一方面，華北的各地叛軍也為了增強軍事力量而紛紛送禮物給突厥，希望能與突厥聯手。

這類行為早在始畢可汗於雁門突襲煬帝之前就已經出現[14]，突厥支援華北反隋勢力的件數也於六一七年達到巔峰。當時約有十五股勢力各據山頭，而這些勢力有的稱王或稱帝，有些則自稱小可汗，甘於臣服突厥。

太原的李淵在起兵之初便向突厥尋求支援，曾經親手寫信給始畢可汗，內容也十分謙卑。信中提到：「我今大舉義兵，欲寧天下，遠迎主上，還共突厥和親，……若能從我，不侵百姓，征伐所得，子女玉帛，皆可汗有之。」（溫大雅，《大唐創業起居注》卷上）答應事成之後，回報超乎常理的報酬，因此才得以仗著突厥的軍勢，成功拿下長安。李淵登上帝位之後，始畢可汗立刻派遣使者來到長安祝賀。始畢可汗的目的是希望控制這股前途看好的勢力，藉此獲得經濟利益，所以才援助拿下長安並透過禪讓的方式「正式」即位的李淵。

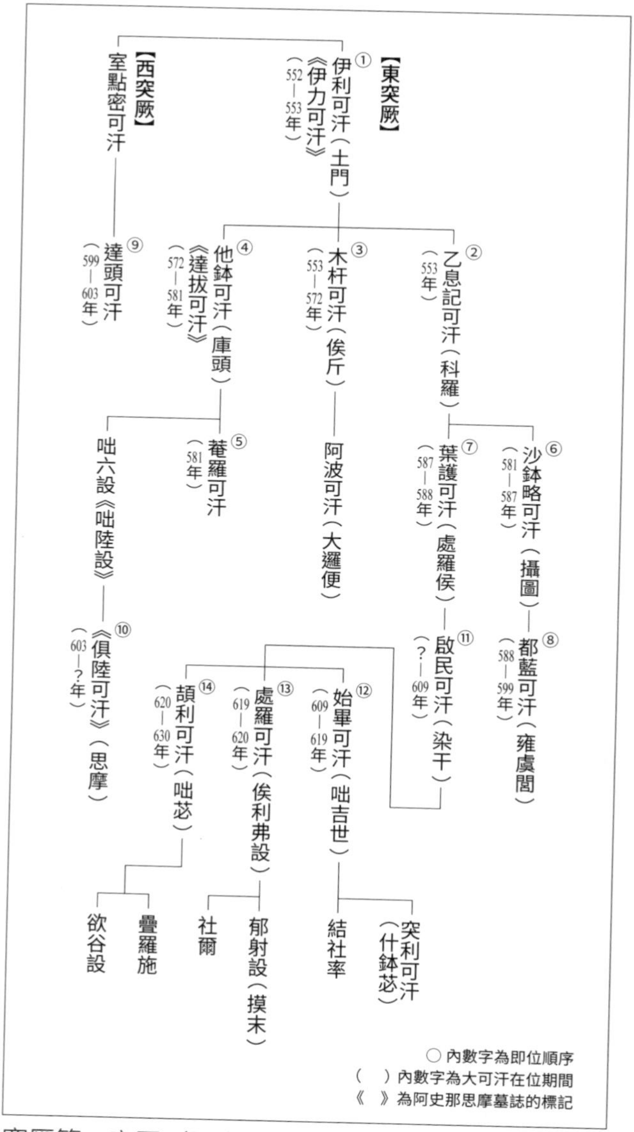

突厥第一帝國（阿史那氏）世系圖

蕭皇后與義成公主再次相逢

六一九年，始畢可汗去世，弟弟處羅可汗繼位後，突厥便改變路線，轉為支持隋朝。改變路線的原因正是義成公主。身為隋朝皇室的她聽到煬帝在江都被弒殺，以及李淵在長安接受禪讓與建國，肯定深受打擊。不過她的丈夫在雁門事件之後，便採取反隋的路線，所以她與丈夫之間應該有些緊張，關係也變得有點微妙。等到始畢可汗過世，她依照利未婚的習俗嫁給處羅可汗，確定成為可賀敦之後便展開行動。

九月，義成公主的使者抵達竇建德的地盤，要求竇建德交出蕭皇后與楊正道一行人。其實在此之前，將皇位禪讓給李淵，年僅十五歲的楊侑死去，在洛陽維持隋朝政權的楊侗也在王世充威脅之下讓出皇位並被殺害。換言之，隋朝的嫡系男子只剩下楊正道一人。照理說，竇建德對於義成公主的要求應該非常不滿，但是臣服突厥的竇建德也無法拒絕這個要求，最終只能將殺煬帝之仇的宇文化及首級當成伴手禮送至突厥，同時護送蕭皇后一行人前往突厥。

這可是蕭皇后與義成公主睽違十二年的相逢。此時煬帝已死，隋朝已然瓦解，往日繁華已如煙雲消散。看到成為俘虜、四處流離、面露憔悴的蕭皇后之後，義成公主決心振興隋朝。

隋朝流亡政權誕生

六二〇年（武德三年）二月，處羅可汗立楊正道為隋王，同時讓之前為了逃避戰火而躲進突厥的一萬多名隋朝舊臣與人民定居於定襄（今山西省），再讓他們以大利城為據點，建立流亡政權，並效法隋朝制度，建立相關的官僚體系。定襄是突厥從北部攻入華北的要塞之一，所以突厥之所以將流亡政權置於此處，為的是將這裡當成進攻華北的前線基地。

作為政治首領的楊正道當時還只是兩、三歲的幼兒，所以身為監護人的蕭皇后採用了臨朝稱制[15]，以政權代表者的身分接受突厥的指揮與推行政務。提出建立流亡政權的人應該就是義成公主。一般認為，她應該是從旁唆使處羅可汗這麼做，以回報文帝對於啟民可汗的恩情，而且隋朝若能中興，此時的援助對於隋朝絕對是一大恩情，突厥也能持續從隋朝獲得經濟利益[16]。

這個政權在此時雖然只是北邊一個小小的傀儡政權，卻是由隋朝嫡子、皇后、官僚建立的政權，不僅具有正當性，還具有行政能力，所以若能藉著突厥的軍事力量壓制整個中國，中興隋朝絕非如夢一場。至少，義成公主心裡打的是這個算盤。

而處羅可汗應該是想維持兄長始畢可汗創下的基業，隨心所慾地操控華北群雄。不過，當唐的勢力愈來愈強盛，突厥也開始有所警惕。

在此之前，唐在六一八年十月打敗李密，秦王李世民又於隔月擊敗薛舉的後繼之人薛仁果（或稱薛仁杲），成功平定隴西（甘肅省）一帶。由於陸陸續續有人歸順於唐，所以曾援助唐的始畢可汗也無法坐視不理。六一九年，始畢可汗親率大軍渡過黃河，以夏州（今陝西省）作為攻擊唐的據點。還擬定了與梁師都會兵，進攻長安的北邊，同時讓劉武周進攻太原的計畫。可惜的是，在這項計畫啟動之前，始畢可汗就死去，這項計畫也不了了之。

在此之前，始畢可汗都只是在暗地裡，間接操控群雄的「幕後黑手」，所以從始畢可汗不惜親自領兵，也要攻唐，就知道唐已經成為心腹大患。處羅可汗當然也非常了解這點，所以才會答應義成公主的提議，換言之，就是要透過流亡政權抗唐，打一場意識形態的戰爭。

不過，華北的情勢對唐有利。覺得自身岌岌可危的梁師都便向處羅可汗請命，希望處羅可汗能夠打倒唐朝。六二〇年，處羅可汗打算率領突厥與梁師都的軍隊之外，再聯合奚、契丹與其他東北部族、竇建德的兵力，從西邊的原州與東邊的幽州合圍長安，再從長安的北邊攻入長安，也企圖在拿下太原之後，讓蕭皇后與楊正道的流亡政權移入太原，在中國的內地建立新的據點。只可惜，這項計畫在實施之前，處羅可汗便猝死，所以這項計畫又嘎然而止。

突厥問題與玄武門之變

處羅可汗死後，義成公主便採取行動。由於她是啟民、始畢、處羅三位可汗的可賀敦，所以在突厥擁有絕對的地位。在挑選後繼的可汗時，她排除了處羅可汗的兒子阿史那摸末（郁射設），而是挑選了始畢、處羅可汗之弟阿史那咄苾（頡利可汗），而且還嫁給這位新任可汗。由義成公主挑選的頡利可汗當然支持義成公主。頡利可汗不僅高舉復興隋朝大旗，還採取比處羅可汗更激烈的手段，不斷地親自領兵出征，與唐朝形成對立之勢。在對唐的攻勢愈來愈激烈之下，最終得以攻入中國的內地。

至於中國國內的情勢，秦王李世民於六二一年平定竇建德與王世充，蕭銑以及其他江南勢力也接連瓦解，六二四年，位於定襄的流亡政權、梁師都、苑君璋也只剩下打著突厥的旗幟、不具任何實力的勢力。換言之，對唐來說，突厥是最大的問題。不過就在這個時候，唐朝權力中樞的皇太子李建成與秦王李世民之間的心結也浮上檯面。

高祖李淵與妻子竇皇后所生的李建成、李世民、李元吉合力幫助高祖樹立了唐朝，在三兄弟之中，次子李世民的軍功特別顯著，也因此得到眾望。感到皇太子之位不保的長子李建成便聯合嫉妒李世民的么弟李元吉，與李世民對抗，也唆使後宮女性對高祖說李世民的壞話，希望李世民能因此失寵。

此舉也影響了唐朝對抗突厥的政策。六二四年秋天，頡利可汗與小可汗突利（始畢之子）從原州入侵中原之後，長安的危機感驟升，也有人提議拋棄長安，遷都南方。高祖、李建成、李元吉都贊成遷都，唯獨李世民主張對突厥發動攻擊。結果李世民真的出兵，而且使計離間頡利可汗與突利可汗，成功逼退突厥，還與突利可汗義結金蘭，在獲得突厥的協助之下凱旋而歸。

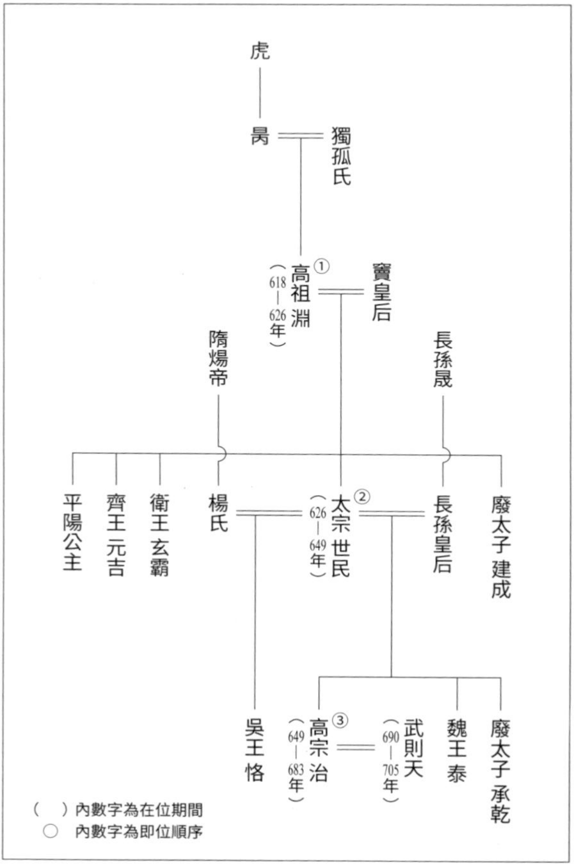

唐（李氏）世系圖

不過李建成還是不斷地在暗地裡毀謗李世民，連李世民在秦王府的部下也受到壓力，李世民甚至在某次應邀去李建成召開的宴會時大量吐血，差點毒發身亡。在突厥的問題尚未解決，國內的權力鬥爭又愈演愈烈的情況下，李世民與心腹房玄齡、杜如晦、長孫無忌、尉遲敬德合謀，決意突破這個困境。

六二六年（武德九年）六月四日，李世民偷偷地在長安城太極宮北宮門的玄武門布兵，等到李建成與李元吉入朝時，殺害兩人，再逼高祖冊立自己為皇太子。這場政變史稱「玄武門之變」。接著在同年八月九日，軟硬兼施地逼高祖退位，成為太上皇，讓自己成為皇帝。唐太宗受後世稱頌的「貞觀之治」與煬帝的統治一樣，都是從殘殺手足開始。

隋朝流亡政權的結局

突厥獲悉唐朝因為玄武門之變而陷入混亂之後，便在長安附近布兵。到了八月之後，頡利可汗率領十萬騎兵的突厥主力部隊來到跨渭水兩岸的西渭橋（便橋）的北側。才剛即位沒多久的太宗親自來到西渭橋與頡利可汗談判，同時締結盟約（渭水之盟），好不容易才成功讓突厥撤兵。儘管這次以欠頡利可汗人情的方式擺脫危機，但是對太宗來說，這次也是逼得他不得不正視突厥問題的事件。為此，太宗先統一國內。

六二八年（貞觀二年）四月，太宗平定夏州的梁師都，也總算完成統一大業。之所以有此機會，在於突厥內部也發生問題。此時的突厥正因連年大雪而鬧饑荒，再者，頡利可汗也因為重用粟特人而被族人怨恨，慢慢失去了可汗的威望，其中應該有不少人對於推舉他的義成公主不滿，轄下的薛延陀以及鐵勒（突厥系遊牧民族）各部也叛亂。

就連統治突厥的可汗一族也起了內訌。頡利可汗與突利可汗之間的衝突於此時正式浮上檯面。由於突利可汗已與太宗結拜，所以應該會覺得視唐朝如仇敵的義成公主很礙眼，此外，處羅可汗之子郁射設也因為義成公主而無法登上可汗大位，所以對頡利可汗與義成公主極度不滿。這些對於頡利可汗與義成公主組成的領導階層的反感，都讓突厥內部的衝突加速升溫。

太宗沒有錯過這個天賜良機。他除了籠絡與頡利可汗反目成仇的突厥高層及薛延陀，削弱可汗的勢力，同時強化唐朝的軍隊。接著又任命名將李靖與李勣為司令官，正式對隋朝的流亡政權與突厥發動攻擊。

當時頡利可汗的牙帳就位於流亡政權的定襄，義成公主的牙帳則位於定襄西側。六三〇年，率領三千騎兵的李靖於定襄南方駐紮，入夜之後發動突襲，被打得措手不及的頡利可汗與義成公主只好倉皇撤向北邊，此時的李靖一邊追擊兩人，一邊使計離間頡利可汗的心腹，粟特人康蘇密眼見情勢如此，便與蕭皇后、楊正道一起投降唐朝，隋朝流亡政權也在維持短短十年之後結束。

對蕭皇后的處置

在隋朝流亡政權結束之前，唐朝這邊就已經從突厥的投降者得知「中國這邊有間諜會以書信的方式，偷偷告知蕭皇后中國國內的狀況」。換言之，當時的唐朝上下普遍認為蕭皇后才是流亡政權的掌權者，所以當蕭皇后一行人抵達長安，中書舍人楊文瓘便上奏太宗，希望由他審問蕭皇后，藉此找出間諜。不過，太宗並未答應，而是以不溯及既往的態度，表示自己的寬宏大量，同時還授予楊正道唐朝官職，蕭皇后也得以保有身分地位。

儘管蕭皇后與楊正道曾是流亡政權的掌權者，但還是受到禮遇。一般認為是基於下列這些原因。唐朝李氏原本就是隋朝楊氏的姻親（唐高祖的母親是隋朝獨孤皇后的姊姊），而且推行新政之際，也是打著「重現開皇之治」（文帝治世）的口號。由此可知，就算唐朝否定了煬帝，也未完全否認隋朝，所以才沒有處罰楊正道。另一件值得注意的是蕭皇后的弟弟蕭瑀在唐朝擔任重臣這件事。他在雁門之圍結束後，被煬帝貶為地方官，但是在隋朝末年天下大亂的時候投靠唐高祖，成為唐高祖寵臣，之後也一直受到唐朝重用，擔任重要的核心官僚[17]。

義成公主之死與天可汗李世民

蕭皇后與流亡政權的人被帶到長安之後，頡利可汗與義成公主則逃往陰山，唐朝軍隊也持續追擊。六三〇年二月，頡利可汗被唐朝軍隊突襲，也因此吃了大敗仗，義成公主則是被李靖所殺，頡利的兒子（非義成所生）疊羅施也被俘。儘管頡利可汗順利逃脫，但是到了三月之後，還是被活逮並押至長安。

自此，北方遊牧世界稱霸一方的東突厥（第一帝國）滅亡，這也是讓只有中國版圖的唐朝蛻變為領有蒙古領土之大帝國的歷史事件。突厥滅亡後，底下各部族的族長紛紛來到長安晉見太宗，並且奉上「天可汗」封號。太宗也以中華世界的皇帝之姿，成為君臨遊牧世界的天可汗。之後也進軍中亞，為唐朝的繁榮奠定基礎。

彷徨的結果

過去被稱為大興城的首都如今已更名為長安城，過去的繁榮也留在年老的蕭皇后眼中，唐朝的每個人也十分敬愛這位穩重高雅的老婦人。

某天夜裡，太宗命令後宮的人換上華服，又讓整座後宮燈火通明。他與蕭皇后一起欣賞時，突然志得意滿地問蕭皇后：「朕施設孰與隋主？」（我的排場與煬帝相比如何？）看來這位年輕皇帝平常就把過世的煬帝視為勁敵[18]。沒想到蕭皇后笑而不答。不過，太宗還是不死心地一直追問，逼得蕭皇后回答說：「彼乃亡國之君，陛下開基之主，奢儉之事，固不同爾。」（他是亡國之君，陛下是開基之主，奢侈與節儉的部分當然不同。）太宗又接著問煬帝有多麼奢侈呢？蕭皇后便跟太宗形容除夕夜的時候，宮殿前面點燈的盛況，比方說，煬帝會燃燒堆成小山的貴重香木，讓無數的寶珠反射香木燃燒所發出的光芒，而這些光芒會讓黑夜有如白晝般明亮，至於數量多達兩百車的沉香以及兩百多石的甲煎香，都在一晚之間全部燒完。而蕭皇后說她所看見的，太宗在殿前燃燒的只是一般的柴木，殿內的火燭也只用了膏油，也因此煙氣薰人。這番話說得太宗啞口無言（《續世說》卷九〈汰侈〉）。從這個故事可以聽出，蕭皇后似乎以極盡奢侈與放蕩為能事的亡夫為榮。

六四七年（貞觀二十一年）[19]，蕭皇后波瀾萬丈的人生落幕，享年八十二歲，太宗下詔追諡蕭皇后為「愍」（煬愍皇后），命令朝廷三品以上的官員參加葬禮，也讓她享有皇后的待遇，還以鹵簿（天子的儀仗）與儀衛（護衛隊）將蕭皇后的棺木送至江都與煬帝合葬。蕭皇后在煬帝被宇文化及所弒之後，替煬帝做了棺木，讓煬帝得以下葬。當宇文化及一行人前往長安之後，禁軍將軍陳稜將煬帝遺體移至吳公臺下葬。唐朝平定江南後，煬帝遺體又移至雷塘改葬。蕭皇后過世後，太宗則為她與煬帝另造陵墓安葬。

二〇一三年，揚州市邗江區發現了這座合葬的煬帝陵墓（與早先誤認的煬帝陵墓所在地不同）。在煬帝的墓室旁邊發現了蕭皇后的墓室，也在陵墓內部找到了刻有「隨（隋）故煬帝墓誌」的墓誌，確定這裡就是煬帝之墓。此外，除了煬帝與蕭皇后的遺骨之外，還找到蕭皇后的鳳冠以及許多陪葬品。這些

煬帝墓

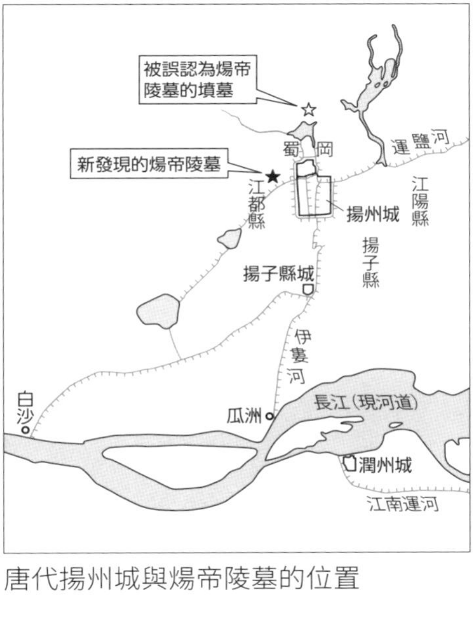

唐代揚州城與煬帝陵墓的位置

當然都是太宗為她準備的，所以蕭皇后不一定真的用過這些東西。從蕭皇后以皇后之禮出殯與下葬這點來看，足見太宗多麼敬重蕭皇后。

義成公主（？—六三〇年）

突厥啟民、始畢、處羅、頡利這四位可汗的可賀敦（約五九九—六三〇年在位）〔可賀敦亦稱可敦，即可汗之妻〕。也稱為義城公主。公主就是皇帝的女兒，也就是皇女之意。義成公主是隋朝皇室的女性，但本名不詳，至於父親楊諧與文帝有什麼親屬關係也一樣不詳。此外，中國的王朝常為了外交而將公主嫁給外國之王，此時這種公主就稱為和蕃公主。除了唐代後半期之外，大多數都會從皇室的旁系血親之中挑選適當的女性出嫁。和蕃公主的任務表面上是透過聯姻的方式，維持中國與外國之間的和平，但檯面下的任務卻是將外國以及周邊各國的情報送回母國，或是在外國的政治面與文化面發揮中國的影響力，簡單來說，就是潛入敵營的間諜。由於和蕃公主必須夠機敏，才能面對可能發生的危險，所以通常會從皇女之中挑選較有才能，而且對母國忠心耿耿的人才。

突厥在文帝的離間計之下分成東西兩部，而以蒙古為據點的東突厥又於六世紀末分成三股勢力，其中之一的領袖就是啟民可汗。文帝幫助啟民可汗成為突厥所有勢力的大可汗，又將安義公主嫁給他，鞏固唐朝與突厥之間的關係，成功馴服了突厥，而義成公主則是接替過世的安義公主，五九九年，在文帝的安排之下嫁給啟民可汗。

繼承文帝大位的煬帝最先處理的外患就是突厥。由於煬帝未曾施予任何恩惠給啟民可汗，所以才必須親自來到北邊，宣揚隋朝的威望。一般認為，第一次（六〇七年）的巡幸就是為了確認與啟民可汗之間的主從關係，並與在當地從事間諜工作的義成公主會面。

六〇九年，啟民可汗去世，由始畢可汗繼位，義成公主也成為始畢可汗的妻子。擔心突厥壯大的隋朝插手突厥的事務之後，始畢可汗便對隋朝反感。一般認為，就是從這個時候開始，始畢可汗與義成公主之間的關係變得比較緊張。

到了六一五年，始畢可汗襲擊了到北方巡幸的煬帝。由於突厥的可賀敦有資格參與軍議，所以早就知情的義成公主也事先通知了煬帝，還使計拯救困在雁門的煬帝一行人。

不過，當隋朝陷入群雄割據的困境，義成公主也面臨危機。一般認為，她是因為母國的國力與威信才得以在突厥國內扮演可賀敦的角色，一旦母國凋零，她的地位也會跟著動搖。再加上她與始畢可汗不睦，煬帝又於江都被弒，唐朝在長安建國，所以義成公主的地位更加不穩。

不過，始畢可汗到了晚年之後，也覺得勢力愈來愈壯大的唐朝是個威脅，所以便改變支援的路線，改為攻擊唐朝。儘管這個計畫因為可汗去世而未能實行，但是這對義成公主來說，絕對是千載難逢的好機會。義成公主本該因為隋朝凋零與可汗換人擔任而失勢，沒想到繼位的處羅可汗繼承兄長始畢可汗的方針，繼續對抗唐朝，也接納義成公主為妻，還在定襄建立了隋朝的流亡政權，公開表示自己支持隋朝的立場。

六二〇年，處羅可汗才剛即位就過世，義成公主也以身為前三代可汗的可賀敦之姿，介入可汗的推舉過程。處羅可汗雖然有阿史那摸末這個兒子，但是義成公主卻認為這個兒子「又醜又弱」，改為推舉處羅可汗之弟阿史那咄苾為可汗（頡利可汗），之後義成公主的弟弟楊善經又與洛陽王世充派來的使者聯手，並暗示頡利可汗「擁立楊正道成為隋朝皇帝，等於報答文帝的恩情」，唆使頡利可汗支持隋朝，於是頡利可汗便屢屢侵擾唐朝邊疆，還一再以支援唐朝建國的名義，要求唐朝回報鉅額禮物，不斷地對唐朝施加壓力。

不過，頡利可汗是個短視近利的人，除了曾經想要迎娶唐朝公主（結果沒成功），也曾經趁著玄武門之變，讓軍隊進駐至渭水河畔，最後卻因為收到太宗贈送的玉帛，以及太宗的花言巧語而退兵，然後這些都成為他多次斥責義成公主的理由。此外，他與始畢可汗之子突利可汗不和，也給了太宗趁虛而入的機會。當突厥內部因為連年大雪而內訌，東突厥便於六三〇年，被唐朝所滅。

在遭受名將李靖帶兵追擊時，想必義成公主儘管不怎麼情願，還是會想起千金公主（之後的大義公主）這位女性吧。所謂的千金公主就是在周隋革命之前，奉文帝之命下嫁給突厥沙鉢略可汗（五八一－五八七年在位）的北周趙王宇文招之女。這位千金公主因為母國被文帝所滅而懷恨在心，所以利用突厥可賀敦的地位讓突厥對隋朝發動全面性的攻擊，也讓文帝嚇得心驚膽跳。最終千金公主在長孫晟與裴矩的計謀之下死於非命。從隋朝遠嫁他國的公主應該都知道千金公主的事情，並且把千金公主當成負面教材才對，沒想到造化弄人，義成公主居然與千金公主走上同一條路。當她被李靖抓住，隋朝中興之夢也於這朔北荒涼之地，與朝露一起消失。

另一方面，頡利可汗後來也被押解至長安。由於太宗在渭水之盟欠了頡利可汗一份人情，所以便只是叱責了可汗一番，然後將可汗安置於太僕寺並給予禮遇。從結果來看，在三個帶領突厥對抗唐朝的人物之中，只有義成公主被殺害，也只有她沒被押解至長安，而是就地格殺，可見唐朝將義成公主視為最危險的敵人。此外，唐朝有可能是為了安撫討厭頡利可汗與義成公主，而與唐朝聯手的突厥領導階層，才讓為了復興隋朝的義成公主背負將突厥帶向「錯誤方向」的所有責任，同時殺害了義成公主。換言之，唐朝為了留頡利可汗與蕭皇后一命，就必須讓義成公主背負所有的過錯，並殺死義成公主。

蕭瑀（五七四—六四七年）

蕭瑀是事奉隋朝與唐朝的官僚與政治家。字時文，謚號貞褊公，是梁朝昭明太子的曾孫、後梁明帝之子，也是蕭皇后的胞弟。十歲時，陪著出嫁的姊姊來到隋朝。學問與文章俱優的蕭瑀曾為了反駁劉孝標的〈辯命論〉而寫了〈非辯命論〉，令晉王府的一眾學士刮目相看。

當煬帝還是皇太子的時候，蕭瑀是他的近臣，等到煬帝即位後，蕭瑀也因為是蕭皇后的弟弟而晉升至內史侍郎。蕭瑀的個性十分頑固，與其他蕭氏族人一樣，都是虔誠的佛教徒。某次生病時，還對家僕說：「若上天願意留我一命，大病得癒後，我便隱遁深山」，不准家僕請來醫生。當時南朝貴族所信奉的佛教受到了老莊思想的影響，所以蕭瑀才會對隱士生活有所憧憬。只是當蕭皇后聽聞此事之後，便不斷地鼓勵他為官，所以蕭瑀才決定投身仕途。蕭瑀雖然是煬帝的左右手，負責相當重要的政務，但是他的一言一行常令煬帝不悅，也因此漸漸地被煬帝疏遠。六一五年雁門之圍結束後，蕭瑀便被貶官，改赴河池郡擔任太守。

當煬帝屢次遠征高句麗失利，隋朝的治安也逐漸惡化，最終連河池郡都有山賊肆虐。在當地擔任太守的蕭瑀招募了義勇兵之後，帶領義勇兵發動奇襲，成功地剿滅了山賊，還將所有得到的金銀珠寶分給義勇兵，於是當地的人民便願意為了蕭瑀赴湯蹈火。就連群雄之一的薛舉帶著數萬兵力攻向河池郡時，蕭瑀也成功地將他擊退。之後，各路賊寇便不敢襲擊河池郡，河池郡也享有和平。從這些事跡可以得知，蕭瑀擁有極佳的政治能力，也得到眾人的好評。

六一七年，李淵平定長安之後，便延攬蕭瑀入朝為官。此舉與隋朝迎娶蕭皇后一樣，為的是籠絡南朝士人的人心，蕭瑀也順應時勢，投降唐朝。他雖然為姊姊蕭皇后擔心，但還是懂得識時務為俊傑的道理。唐朝這邊，秦王李世民擔任右元帥，負責攻擊王世充的據點洛陽。此外，蕭瑀也被任命為重要的內政職務，為草創時期的唐朝建立了各種制度。高祖非常喜歡蕭瑀，還讓他坐自己的長椅子，親暱地稱其為「蕭郎」。這除了是因為蕭瑀擁有極高的施政能力，更是因為高祖的母親與蕭瑀的妻子都是獨孤氏。此外，六二六年，李世民於玄武門之變手刃兄弟之際，是蕭瑀說服高祖讓位，在太宗即位這件事立下大功。太宗與突厥頡利可汗隔著渭水對峙，兩軍正直劍拔弩張之際，也是蕭瑀在太宗身邊待命，可見太宗多麼信任蕭瑀。

不過，大環境卻對蕭瑀愈來愈不利。從秦王時代就一直跟隨太宗的心腹房玄齡、杜如晦握有實權，位居權力核心之後，蕭瑀便彈劾房玄齡與杜如晦結黨營私，但這件事卻惹得太宗不悅，一時之間甚至還被罷官。儘管後來再度為官，卻已是位高權不重的名譽職。這與煬帝的時候一樣，他那不懂世故又頑固的個性又再次害了他。

某次太宗於宮內設宴邀請近臣時，太宗開玩笑地說：「誰覺得自己是宴會上身分最高貴的人，就先喝第一杯酒。」正當長孫無忌與房玄齡互相忌諱時，蕭瑀居然先拿起酒杯高聲地說：「臣是梁朝天子兒，隋朝皇后弟，尚書左僕射，天子親家翁（蕭瑀之子蕭鋭是太宗的女婿）」（《獨異志》卷上）。或許蕭瑀就是因為自認名門之後的傲氣以及不懂人情世故，才被周遭的人排擠吧。

六四六年，太宗剝奪蕭瑀的爵位，將蕭瑀貶為商州刺史。理由是蕭瑀宣布出家，也得到太宗的允許，卻又立刻改變心意。太宗以蕭瑀的先祖梁武帝與簡文帝耽溺於佛教而亡國為例，批判蕭瑀篤信佛教一事，也嚴厲地叱責他那輕浮的態度，認為他不適合擔任高官。不過，太宗也曾命人依照蕭瑀膜拜佛像的景象織了一幅錦繡，還將這幅錦繡賜給蕭瑀，由此可知，太宗將蕭瑀貶為商州刺史與佛教無關，單純只是因為蕭瑀的言行而已。

隔年，蕭瑀過世，享年七十四歲。朝廷也為了決定他的諡號而召開會議。一開始太常卿提出「肅」（謹慎內斂）這個諡號，但太宗認為「諡號必須符合生前的行為，蕭瑀生性多疑，所以這個諡號並不符合」。最終將諡號改為「貞褊公」（雖然忠貞，但心地狹窄）。蕭瑀臨終之際，交代子孫「遺體以單衣入葬即可，至於棺內只需要墊一層東西即可。因為他希望遺體快速腐敗，所以絕對不要放置其他的物品」。這與顏之推的遺言（《顏氏家訓．終制第二十》）相同。最終，蕭瑀的遺體因其生前功績，得以於太宗的陵墓昭陵陪葬。

唐高祖（五六六—六三五年）

唐朝第一代皇帝（六一八—六二六年在位）。本名李淵，字淑德，自稱隴西李氏，但先祖應該是遊牧蒙古東部的鮮卑人。母親為獨孤信的四女，北周明帝、隋文帝、唐高祖之父李昺的妻子是姊妹，所以彼此有姻親關係。換言之，李淵是煬帝的表親。為此，文帝對他疼愛有加，十六歲的時候就成為文帝的侍衛官，又擔任了三州的刺史。煬帝即位之後，於六一三年第二次遠征高句麗之際，負責運輸軍糧，又在楊玄感起兵造反之際，統率陝西到甘肅一帶共十三州的兵力。出身名門的李淵待人十分寬厚，所以得到地方世族的愛戴，卻也引起煬帝的猜疑。

當隋朝因為遠征高句麗失敗而動盪，李淵於六一五年奉命駐紮太原，負責鎮壓山西一帶的叛軍，以及阻止突厥入侵，隔年便直接留任當地。六一七年（大業十三年）七月，李淵總算起兵，從太原沿著汾水南下，並在十一月的時候攻陷長安，以勢如破竹之勢成就大業。

關於這次起兵的真正主謀有兩種說法。根據《舊唐書》、《新唐書》、《資治通鑑》這些主要史料的說法，首謀是李淵的次子李世民（太宗），換言之，「優柔寡斷」的李淵對於起兵這件事非常「消極」，是李世民說服李淵，李淵才願意站出來挽救混亂的情勢。此外，李世民也與負責管理煬帝行宮之一晉陽宮的裴寂合謀，讓他與李淵在宮內飲酒作樂，並讓宮女侍寢，然後故意跟李淵說「此舉犯了煬帝大忌」，營造一個李淵不得不起兵造反的狀況。

另一說則認為李淵就是首謀。在太宗透過玄武門之變即位後，太宗便插手唐朝史料的編撰，許敬宗這些史官也礙於太宗的權威，而於上述的主要史料之中，將起兵的功勞歸給太宗，而不是李淵。從不受史官編撰的《大唐創業起居注》以及史官透過史料洩露的資料來看，李淵「素懷濟世之略」（本來就有濟世之略），早有起兵之意，是個性剛毅果斷的人物。高祖的存在感之所以淡薄，有可能是因為當時這些史料還沒編撰完成。

話說回來，高祖起兵以及唐朝建國都有一些超過傳統「中國史」這個框架的事件。若將注意力放在高祖之妻竇皇后，竇皇后的母親為北周文帝（宇文泰）的女兒（襄陽公主），換句話說，竇皇后是北周文帝的孫女，其父竇毅則是於北魏末年，六鎮之亂結束後興起的匈奴費也頭部紇豆陵人。在隋文帝於周隋革命成功之際，竇皇后便痛哭失聲地說：「我真恨自己不是男兒身，否則就能挽救母親的家。」他的父親竇毅一聽到她這麼說，便慌張地摀住她的嘴，不希望被別人聽到這些話（《舊唐書．后妃傳上》）。由此可以知道竇氏一族十分憎惡隋朝。

李淵在進攻長安時，曾向在鄂爾多斯保留實力的竇氏尋求協助，希望竇氏幫忙牽制突厥和薛舉、仁果父子，所以才得以長驅直入，攻入長安。之後粟特人固原史氏、武威安氏也助李淵的唐朝政權一臂之力，因此唐朝之所以建國，與始於五胡十六國的民族遷徙、融合有關，也與中國、北亞、中亞的情勢有關。

高祖與竇皇后生了皇太子李建成、李世民、李玄霸、李元吉以及平陽公主，但李玄霸早逝，在剩下的三個兒子之中，李建成、李元吉與李世民不睦，最終才於六二六年引爆了玄武門之變。當天高祖正於太極宮的池子泛舟，等待兒子入宮晉見，沒想到李世民派來的尉遲敬德居然穿著盔甲，手持長矛入宮。

一般來說，臣子是不許以這種裝扮出現在皇帝面前的，所以高祖直到此時才知道宮內生變，也從尉遲敬德口中得知，李世民已經殺死了李建成與李元吉。最終，高祖便在臣子的武力脅迫之下，將禁衛軍的指揮權交給李世民，也將政權交給成為皇太子的李世民，並於兩個月之後讓位，成為太上皇。

其他人物

一、隋朝相關人物

隋文帝

五四一—六〇四年。隋朝第一代皇帝（五八一—六〇四年在位）。本名楊堅，諡號文帝，廟號高祖。雖然自稱漢人名門弘農華陰楊氏，但應該是於北邊定居的鮮卑人與漢人混血的家系。父親楊忠為西魏、北周的功臣。楊堅的長女楊麗華成為北周宣帝的皇后之後，楊堅便利用外戚地位專政擅權，並在成功鎮壓尉遲迥這些反對勢力之後，迫使靜帝（宇文闡）在五八一年禪位並成功建立隋朝。透過長孫晟讓北方的突厥勢力消退之餘，還於五八九年滅掉南朝陳，完成南北統一大業。在內政方面，制定了開皇律令，創立了科舉制度，還營造了首都大興城（唐朝的長安城），更創建了抑制貴族勢力的中央集權制。在宗教方面，禮遇在北周時期遭迫害的佛教。不過，到了在位的後半段之後，除了爆發繼承者的問題，獨孤皇后過世也讓楊堅流連於後宮之中，最終因此病死。《隋書．后妃傳》也提到楊堅的死因。當時的皇太子楊廣與文帝後宮的宣華夫人陳氏有染，怒不可遏的文帝希望廢太子楊勇繼位，楊廣便與楊素聯手暗殺了臥病在床的文帝。這段故事與煬帝身為「暴君」的故事雖然膾炙人口，但〈后妃傳〉的這段記錄，很可能是唐朝編撰《隋書》時被扭曲的。

獨孤皇后

五四四─六〇二年。隋朝第一代皇后（五八一─六〇二年在位）。本名為獨孤伽羅，謚號文獻皇后。父親為匈奴人獨孤信，是西魏的重臣，母親是漢人名門的清河崔氏，在家中的排名為第七女。十四歲與楊堅結婚時，要求楊堅不能與其他的女子生孩子。長女楊麗華為北周宣帝的皇后。宣帝陷入歇斯底里的狀態時，曾一度打算賜死楊麗華，不過，母親獨孤皇后在聽聞此事之後，便趕赴宮中，磕頭替楊麗華求饒，才得以大事化小，小事化無。獨孤皇后鼓勵楊堅發動周隋革命之後，又在楊堅建國後，幫助楊堅處理政務。當她發現文帝寵愛尉遲迥的孫女時，便因為嫉妒而暗殺了對方。儘管這件事最終得以與文帝和解，但是她非常痛恨打圓場的高熲將自己視為「區區一名婦人」。之後也討厭皇太子楊勇的愛妾雲氏，所以唆使文帝剝奪楊勇的皇太子之位，藉此讓擁護皇太子的高熲失勢，讓煬帝得以順利即位。

隋煬帝

五六九─六一八年。隋朝第二代皇帝（六〇四─六一八年在位）。本名楊廣，謚號煬帝。是文帝的次子，在父親即位後受封為晉王，也迎娶蕭氏為妃。五八八年，負責對南朝陳的軍事要務，並在平定南朝陳之後，成為揚州總管，讓江南歸入隋朝的版圖。六〇〇年，在獨孤皇后的運籌帷幄之下，其兄楊勇被剝奪皇太子之位，楊廣成為新任皇太子。六〇四年，文帝逝世後，便即位為皇帝，么弟漢王楊諒高舉造反大旗，所幸立刻被鎮壓。楊廣即位後，便大興土木，建造洛陽城與大運河，也積極遠征外國，但是連續三次遠征高句麗失敗後，造成各地爆發叛亂，因此楊廣便讓孫子楊侑與楊侗分別於長安與洛陽代持政務，自己於六一六年躲到江都揚州享樂。六一八年，宇文化及造反，楊廣也於此時被殺。一說認為，煬帝之所以被形容為「暴君」，全是唐朝太宗時期的史書刻意曲解的結果。

虞世基

?—六一八年。出仕陳朝、隋朝的官僚與政治家。字懋世或茂世。會稽（今浙江省）名門出身。父親為陳朝太子中庶子虞荔，弟弟則是知名書法家虞世南。虞世基自幼沉著冷靜，博覽群書，擅長草書與隸書。陳朝時期，先事奉建安王，之後在歷經大小官職後，成為尚書左丞。陳朝滅亡後，便事奉隋文帝，但是家中一貧如洗。煬帝即位後，便給予高官厚祿，與蘇威、宇文述、裴矩、裴蘊共同掌管朝政的機密，所以也被合稱為「五貴」，但煬帝特別重用虞世基。在國內陷入混亂、煬帝行幸江都之際，虞世基曾獻上平叛的對策，但是煬帝不予採用，而且在高熲這些重臣被誅殺之後，虞世基就變成只懂得阿諛奉承煬帝的臣子。六一八年，被造反的宇文化及所殺。

裴矩

五四八—六二七年。是北齊、北周、隋朝、唐朝的官僚與政治家。字弘大，諡號敬。在北齊時代事奉北平王與高平王，在北周時代受到當時的大丞相楊堅（隋文帝）拔擢。到了隋朝之後，於蕩平南朝陳、使計分裂東突厥與慰撫啟民可汗有功。煬帝即位後，命令裴矩建造東都洛陽，又多次被派往河西，負責與西域各國交易的業務。裴矩在第一次被派往河西時，就發現與西域貿易的重要性，也從西域商人問出西域的風俗民情，以及高山、河川的地理位置，還將這些資訊整理成三卷《西域圖記》獻給煬帝，讓長安與洛陽的貿易得以啟動。此外，他曾力勸煬帝討伐吐谷渾，還建議煬帝與高昌國聯手，以及使計讓西突厥分裂。當他看到始畢可汗一步步讓東突厥壯大之後，便試著用計分裂東突厥，可惜未能成功，也因此留下禍根。煬帝巡幸江都時，裴矩也隨侍在旁。煬帝死後，為宇文化及、竇建德等人所用。竇建德失勢後，投降唐朝，成為皇太子李建成的近臣。當李建成於玄武門之變被殺，裴矩便受太宗拔擢為民部尚書。

南陽公主

約五八七—?年。一般認為是隋煬帝的長女，但與蕭皇后的關係不詳。據說容貌極美，情操高尚，不管遇到什麼情況，絕對不做有失禮節的事。開皇末年（六〇〇年左右），十四歲的南陽公主奉文帝之命，成為宇文述之子宇文士及的妻子。六一八年，宇文化及殺害煬帝後，便與丈夫宇文士及一起移動到長安。當宇文化及在聊城縣大敗於竇建德，宇文士及便逃至唐朝，南陽公主則與蕭皇后一起投降竇建德。竇建德以弒君之罪為由，決定誅殺宇文化及一族，不過竇建德卻提到，南陽公主的兒子宇文禪師畢竟是隋朝的血脈，只要公主願意，他可以網開一面。到底是要以母親的身分保護兒子，還是要以隋朝公主的身分替父親報仇，對南陽公主來說，這無疑是從母子之情與孝道之間二擇一的難題。最終公主選擇了後者，含淚拒絕了竇建德的提議，宇文禪師也被誅殺。之後，南陽公主便削髮為尼。六二一年，竇建德被唐朝擊敗後，公主便前往長安，並於途中，在洛陽城下與宇文士及重逢。儘管宇文士及多次懇求，希望能與南陽公主再續前緣，但是公主不打算與宇文士及見面，也以殺父之仇為由，堅決拒絕宇文士及的提議。

楊侗

約六〇四—六一九年。隋朝第三代皇帝（洛陽政權，六一八—六一九年在位）。謚號恭帝。是六〇六年病死的元德太子（楊昭）的次子，也是煬帝與蕭皇后的孫子。六〇六年被冊封為越王。六一六年，煬帝行幸江都時，奉命治理洛陽，卻屢屢遭受李密攻擊。六一八年，得知煬帝被殺害的消息之後，在元文都與王世充的擁立之下登基，改元皇泰。當宇文化及與蕭皇后一行人抵達彭城（今江蘇省），元文都提議採取懷柔政策，暫時解除李密的問題，但是王世充反對，元文都與王世充的對立也愈來愈深。之後得以整肅元文都及其黨羽的王世充也變得專政擅權。六一九年，楊侗被迫讓位給王世充。雖然楊侗曾一度拒絕，最終還是被迫禪讓，降格為潞國公。被軟禁於深宮之中，生活只剩下青燈古佛的楊侗，到頭來還是被王世充殺害。《資治通鑑》將楊侑視為正統，所以稱楊侗為皇泰主。

楊侑

六〇五—六一九年。隋朝第三代皇帝（長安政權，六一七—六一八年在位）。謚號恭帝。是元德太子的三子，也是煬帝與蕭皇后的孫子。六〇七年被冊封為陳王，後來又被冊封為代王。六一六年，國內各地爆發叛亂，煬帝巡幸江都之後，楊侑便奉命治理長安。隔年於太原起兵的李淵攻陷長安，楊侑便成為傀儡皇帝，改元義寧。六一八年，得知煬帝被宇文化及殺害的消息後，自動將帝位禪讓給李淵，降格為酅國公，但隔年便死去，年僅十五歲。據說死因是被李淵暗殺。

二、後梁、南朝相關人物

蕭詧

五一九—五六二年。後梁第一代皇帝（五五五—五六二年在位）。謚號宣帝，廟號中宗。出身蘭陵（今江蘇省），是昭明太子（蕭統）的三子，也是蕭皇后的祖父。梁武帝（蕭衍）立蕭綱（簡文帝）為繼承人，引起蕭詧與其他皇族不滿，之後便於五四八年爆發了侯景之亂，隔年首都建康被攻陷，被軟禁的武帝也死去。簡文帝雖然得以繼位，卻成為侯景手中的傀儡。五五二年，侯景戰死後，武帝第七子蕭繹（元帝）於江陵（荊州）即位。留在襄陽的蕭詧因為與叔父元帝不睦，便投降北朝的西魏。五五四年，西魏攻陷江陵，隔年將江陵一帶賜給蕭詧，蕭詧也成為梁王，這就是後梁。蕭詧在國內自稱梁帝，定年號為大定，但是對西魏卻自稱為臣，也受到西魏監視。內心不滿受到西魏控制的蕭詧最終憂憤而死。梁朝皇室皆長於文采，蕭詧也不例外。除了著有文集十五卷，還因為精通佛教而留下許多與佛典有關的著作。

蕭巋

五四二—五八五年。後梁第二代皇帝（五六二—五八五年在位）。字仁遠，諡號明帝，廟號世宗。是昭明太子之孫，也是後梁第一代皇帝宣帝（蕭詧）的三子。辯才無礙，精通文學的蕭巋擅長拉攏臣子的心。宣帝於五六二年去世後，蕭巋便在宗主國北周武帝（宇文邕）的命令下即位，年號天保。五七七年，北周滅掉北齊之後，蕭巋進入北周首都鄴城為官，也以三寸不爛之舌博得武帝的歡心。北周末期，外戚楊堅（隋文帝）掌權後，尉遲迥與反對勢力便起兵造反。此時蕭巋轄下的將軍也想呼應這次叛變，但未得到蕭巋的允許，所以文帝才會在即位之後，從後梁替兒子挑選晉王妃。之後文帝也十分禮遇蕭巋，據說在蕭巋死去之際悲痛萬分。除了文集之外，蕭巋還著有《孝經》、《周易義記》、《大小乘幽微》。

蕭琮

生卒年不詳。後梁第三代皇帝（五八五—五八七年在位）。字溫文，諡號孝惠太子，是昭明太子的曾孫。五八五年，其父明帝（蕭巋）死去後，奉隋文帝之命即位，改年號為廣運。五八七年，被文帝召入長安的蕭琮便被留在長安，國家也跟著被廢，蕭琮被降格為莒國公，成為隋朝的臣子。煬帝即位後，便重用蕭皇后的家人，讓蕭琮成為內史令以及梁公，對蕭琮禮遇有加。蕭琮個性高貴優雅，就算遇到北朝的名門貴族，也不曾卑躬屈膝。晚年被煬帝疏遠的他，在失去靠山之後隨即死去。

顏之推

五三一—約五九〇年。南北朝末期的文人與學者。字介。顏氏是從琅邪郡臨沂（今山東省）南遷至東晉首都建康、事奉東晉的貴族，也是知名的書香世家。顏之推曾與父親顏協一起事奉梁朝湘東王蕭繹（元帝），卻在侯景之亂被押送至建康，之後又回到江陵事奉元帝。當江陵被西魏攻陷後，成為戰俘的顏之推被押解至長安，但後來與家人一起逃往北齊。之後雖然進入北周、隋朝為官，但沒多久就病死。其著作《顏氏家訓》是一部訓誡子孫為名的書，顏之推記述了自己在戰亂之際流離失所的經驗、家族道德與學問、與他人交際往來的方法，也描述了自己在亂世倖存的務實、保守態度，及對質樸踏實的家庭生活的理想。

智顗

五三八—五九七年。是創立天台宗的佛僧。俗姓陳，字德安，出生於江陵。父親是事奉南朝梁湘東王的武將。智顗自己在十五歲的時候就成為南朝梁的官員，十八歲的時候於湘州（今湖南省）果願寺法緒門下出家，之後師事慧曠。一般認為，此時的他與後梁皇室已有所來往。於大蘇山事師慧思之後，在五七五年進入天台山閉關十年，後被南朝陳延攬，遠赴建康。當隋朝開始攻擊陳，智顗便前往廬山。之後在時任揚州總管的晉王楊廣邀請下，於五九一年前往揚州，為楊廣傳授菩薩戒，也被楊廣封為智者。除了著有《法華玄義》、《法華文句》、《摩訶止觀》天台三大部經典，還寫了許多著作。此外，《續高僧傳》也記載了智顗曾為病重的蕭皇后齋戒與辦法會，蕭皇后也因此快速痊癒的故事。

三、突厥相關人物

啟民可汗

?—六〇九年。東突厥的可汗（?—六〇九年在位）。名為阿史那染干。一開始的稱號是突利可汗，是統治東突厥北部的小可汗。突厥因為隋文帝的離間計而於五八三年分裂為東西兩部，之後內部也紛爭不斷，到了六世紀末之後，突厥分裂為三股勢力，分別是大可汗的都藍可汗、夾在東西突厥之間的達頭可汗以及啟民（突利）可汗。希望突厥進一步分裂的文帝在五九七年將安義公主嫁給啟民可汗，施行懷柔政策，啟民可汗也因此遷至漠南，打算自立為王，沒想到都藍可汗與達頭可汗聯手發動攻擊，逼得啟民可汗逃至隋朝的北邊領土之中。五九九年，都藍可汗被部下殺害後，達頭可汗即位為大可汗，但是在受到隋朝攻擊後，逃至吐谷渾，啟民可汗也在隋朝的援助之下，登上大可汗之位。此外，啟民可汗是五九九年入朝晉見隋文帝之時，由隋文帝冊封的稱號。安義公主死去後，文帝再次讓義成公主下嫁給他，維持一貫的懷柔政策，也命令啟民可汗守衛隋朝的北方邊境。

始畢可汗

?—六一九年。是東突厥的可汗（六〇九—六一九年在位），啟民可汗之子。本名為阿史那咄吉世。七世紀初期，在蒙古一帶，本來臣服突厥的鐵勒諸部出現獨立的跡象，而始畢可汗再次收服這些部族，讓突厥重返光榮。在他的統治之下，突厥的版圖大幅擴張，不僅降服了東邊的契丹，還收服了西邊的吐谷渾、高昌與許多國家，據說懂騎射的士兵多達一百萬名，甚至被譽為「戎狄之盛，近代未之有也」（《通典》卷一九七），兵力之盛，可見一斑。即位之初，始畢可汗與父親啟民可汗一樣娶了義成公主，也對隋朝行臣下之禮，但是當煬帝採用裴矩的計策，謀殺始畢可汗的寵臣史蜀胡悉之後，始畢可汗便對隋朝反感。當始畢可汗看到隋朝因為遠征高句麗失利而陷入動盪之後，便率領大軍入侵隋朝，還將煬帝一行人困在雁門，同時趁機援助割據華北各地群雄，將群雄當成小可汗統治。儘管曾經協助唐高祖建國，但是當唐朝愈來愈壯大，始畢可汗便認為唐朝已成威脅。六一九年，準備率領大軍入侵唐朝的始畢可汗卻突然於發兵之前死去。

處羅可汗

?—六二〇年。是東突厥的可汗（六一九—六二〇年在位），啟民可汗之子、始畢可汗之弟。在始畢可汗猝逝後即位可汗，也娶義成公主為妻。從竇建德手中接來蕭皇后與楊正道之後，在定襄成立隋朝的流亡政權，表明支持隋朝的態度，藉此牽制唐朝。儘管表面沒有對抗唐朝，卻一直利用過去曾經援助唐朝的事情為藉口，向唐朝索要鉅額回報，唐朝這邊也是表面與突厥維持和平，私底下與突厥互相壓迫。比方說，處羅可汗在定襄設立隋朝的流亡政權時，曾為了排除統治這塊地區的劉武周（劉武周曾被始畢可汗封為定楊可汗），而援助與劉武周爭奪太原的唐朝，也因此取得定襄一帶的土地，而進一步實質統治了石嶺關（今山西省）以北的土地。此外，處羅可汗曾援助在朔州（今山西省）崛起的苑君璋，授予中國的大行臺官職，而不是傳統的小可汗稱號，讓苑君璋隸屬於隋朝的流亡政權。這些都是處羅可汗藉由支持隋朝的名義，強化自身實力的舉動。不過，如此仍然無法阻止唐朝壯大，所以便在梁師都的力勸之下，打算從北方包圍唐朝，沒想到卻在發兵之前猝死。

頡利可汗

？—六三四年。東突厥（第一帝國）最後一位可汗（六二〇—六三〇年在位）。是啟民可汗之子，也是始畢可汗、處羅可汗之弟。本名為可史那咄苾。處羅可汗猝死之後，義成公主插手可汗的選拔事宜，排除了處羅可汗之子阿史那摸末，讓頡利可汗登上可汗大位。娶了義成公主的頡利可汗繼續支持隋朝，也連年入侵唐朝，公開表示與唐朝對立。不過，他因為重用粟特人而招致同族怨恨，又因為在連年大雪的時候課重稅，導致薛延陀與鐵勒諸部造反，東突厥也因此陷入動盪。最終在遭受唐朝猛攻之下，於六三〇年被押解至長安，突厥第一帝國也因此滅亡。

長孫晟

五五二—六〇九年。北周與隋朝的武官。字季晟，諡號獻。北魏鮮卑名門出身，其兄為北周功臣長孫熾，兒子是唐太宗心腹長孫無忌，女兒則為太宗的長孫皇后。十八歲的時候，在北周被逐漸壯大的楊堅發掘，進入宣帝的時代之後，隨著遠嫁他鄉的千金公主赳赴突厥。之後因為高超的箭術深受沙鉢略可汗喜愛，最終在視察突厥國內的狀況之後回國。於隋朝建國之後潛入突厥內部，使計讓突厥分裂，也與裴矩聯手謀殺與隋朝對立的千金公主。當突厥分裂成三股勢力之後，他又讓達頭可汗底下的鐵勒諸部造反，以削弱其勢力；也協助啟民可汗登上大可汗之位。在隋朝對付突厥的各種政策中，扮演著重要的角色。長孫晟死後，煬帝在六一五年雁門之圍時曾感嘆，因為長孫晟不在，自己才會落到這步田地。

四、西域相關人物

麴伯雅

？—六二三年。麴氏高昌國的國王（約六〇一—六一三、六二〇—六二三年在位）。王族麴氏是現今中國甘肅省的世族，第一代國王為麴嘉（約五〇一年建國）。西漢曾於邊境設置屯田兵，而高昌國就是源自這項制度的漢人殖民國家，之後在沮渠氏、闞氏、張氏、馬氏、麴氏的經營下，發展為吐魯番盆地的綠洲城邦。高昌國的地理位置為中亞的交通要衝，除了代代與中國有密切的接觸之外，也與柔然、高車這些天山北側的遊牧民族過從甚密。自六世紀起，臣服突厥，麴伯雅的母親也是突厥人。儘管受到鐵勒的威脅，麴伯雅還是於六〇八年向隋朝進貢，也在煬帝巡視西域之際，親自迎接煬帝，更在煬帝第一次遠征高句麗的時候隨駕，也從隋朝迎娶華容公主，與隋朝結為親家。從隋朝回國後，麴伯雅為了抵擋鐵勒的影響力而打算改革，沒想到卻發生「義和政變」。相關的細節雖不明朗，但有史料指出，麴伯雅於六一四—六一九年逃亡國外，一時之間王權旁落，高昌國也改年號為「義和」。六四〇年，唐太宗發兵攻打高昌國，高昌國也於麴伯雅之子麴文泰手中滅亡。

慕容伏允

?—六三五年。吐谷渾國的國王（可汗，五九七—六三五年在位）。吐谷渾的王族原本是中國東北地區的鮮卑慕容部，四世紀初期移居青海地區，在與當地的藏民融合後，便建立自己的國家。魏晉南北朝時期，掌握從青海穿過柴達木盆地，直抵西域的貿易路線「青海路」，因此成為青海最大的遊牧國家。隋朝建國後，曾經擔任國王的慕容伏允之兄慕容世伏（五九一—五九七年在位）送自己的兒子進入隋朝當人質，成為隋朝的藩屬，文帝也將光化公主下嫁給慕容世伏。當慕容世伏死於內亂，即位的慕容伏允便依利未婚的習俗娶光化公主為妻。當煬帝進軍西域，遭受攻擊的吐谷渾被吞併，慕容伏允也被迫逃亡。等到隋朝於末年陷入混亂，又趁機收復故土。六三五年，慕容伏允在唐太宗的攻擊下死去，唐朝也透過宛如傀儡的國王治理吐谷渾國，讓吐谷渾臣服唐朝，六六三年在吐蕃的攻擊之下亡國。

五、隋末叛亂者與群雄

楊玄感

?—六一三年。隋朝官僚。是隋朝重臣楊素之子。其父楊素於文帝創立隋朝、統一中國、擁立煬帝、鎮壓漢王楊諒等事有功，所以楊玄感一族備受煬帝恩寵，一時之間，權勢滔天。不過，其父晚年被煬帝疏遠而死去，楊玄感也遭受煬帝猜忌，便與弟弟合謀，企圖將煬帝拉下帝位，改立秦王楊浩為帝，但最終在叔父的勸諫之下收手。六一三年，煬帝第二次遠征高句麗的時候，在黎陽負責運輸軍糧的楊玄感趁機造反，停止供給糧食給煬帝的大軍，後來還發展為一股兵力達十萬人的勢力，但最終還是被宇文述率領的隋軍打得落花流水，楊玄感便要弟弟楊積善殺死自己。雖然這場叛變在三個月之內弭平，卻讓第二次遠征高句麗失敗，也讓隋朝陷入動盪，各地的叛亂也如星火燎原之勢遍及全國。

宇文化及

?—六一九年。隋朝武官、簒位者（六一八—六一九年在位）。先祖系出匈奴破野頭（費也頭）。宇文化及是隋朝重臣宇文述的長子，弟弟為宇文智及與宇文士及。父親宇文述從北周時代便事奉隋文帝，於鎮壓尉遲迥及其反對勢力有功，也助隋文帝攻陷南朝陳，對楊勇廢嫡一事也有貢獻，所以深受煬帝信任。在父親的威名之下，宇文化及變得目無法紀，驕縱傲慢。六〇七年，煬帝行幸榆林之際，宇文化及與宇文智及因為觸犯不許與突厥交易的禁令而被剝奪身分，淪為奴隸的兩人則交由宇文述管教。六一六年，宇文述過世之際，請求煬帝赦免宇文化及與宇文智及的罪，他們兩個才得以恢復身分。宇文化及也被任命為禁衛軍的右屯衛將軍。當各地爆發叛亂，整個隋朝陷入群雄割據的困境之後，江都禁軍將校司馬德戡率領驍果軍謀反，推舉宇文化及為首。六一八年，領兵造反的宇文化及殺死煬帝，改立秦王楊浩為帝，便朝長安出發。接著以魏縣為根據地，殺了楊浩稱帝，立國號為許，改元天壽。最終被竇建德擊敗，與宇文智及一起被處死。

李密

五八二—六一九年。隋末唐初的群雄之一。字玄邃或法主。原本住在遼東的襄平郡（今遼寧省），其父蒲山公李寬舉家搬至長安，是當時的名門貴族。在父親的庇蔭之下，李密得以擔任左親侍，但是卻因為眼神過於銳利而被煬帝罷斥，過著每天讀書的生活。與楊素、楊玄感父子素有往來的李密，在楊玄感造反時擔任楊玄感的參謀，並在造反失敗後逃至東郡（今河南省）的賊軍首領翟讓帳下擔任參謀。六一七年，被翟讓疏遠的李密便殺了翟讓，自稱魏公，年號永平。掌握翟讓兵力的李密與洛陽的王世充展開一場又一場的激戰，最終於六一八年敗於王世充之後，投降長安的唐高祖。不過，他不滿唐高祖給他的待遇，便為了東山再起而造反。最終在前往東方的途中，被唐朝的追兵所殺。

竇建德

五七三—六二一年。隋末唐初的群雄之一（六一七—六二一年在位）。貝州漳南（今山東省）的農民。於煬帝第一次遠征高句麗時，被任命為二百人長，但是卻被官方懷疑與盜賊糾纏不清，導致全家被殺，他也與部下一起逃至清河郡（今河北省）的賊軍首領高士達身邊，擔任高士達的司馬，負責與隋軍作戰。高士達戰死後，便接收高士達的殘部，自成一股勢力。為人寬厚的竇建德在攻陷任何郡縣之後，都對該地的官吏與士人禮遇有加，也對敵軍的部下與戰俘十分寬大，眾望所歸的他迅速壯大。六一七年，於樂壽縣（今河北省）自稱長樂王，建元丁丑，設置官僚制度，隔年又將年號改五鳳，立國號為夏。六一九年，於聊城縣擊敗宇文化及，又於此時得到傳國的八璽，還庇護蕭皇后一行人，但是當義成公主要求將蕭皇后一行人交給突厥時，便護送蕭皇后至突厥。直到這個時候，竇建德都擁有山東、河北一帶，也與洛陽的王世充結盟，然而當王世充廢除越王楊侗，自立為帝之後，便與王世充解除同盟關係，還遷都洺州（今河北省），自稱天子。六二一年，與秦王李世民的軍隊在虎牢關展開激戰。戰敗之後，被押至長安斬首，傳國的八璽也落入唐朝手中。

王世充

?—六二一年。隋末唐初的群雄之一（六一九—六二一年在位）。字行滿，是捲頭髮的西域人，據說舊姓為「支」，至少從祖父那代開始定居於中國。王世充精通儒教經典與史書，也嗜讀兵法。於大業年間官至江都郡丞，在煬帝行幸江都之際，討得煬帝歡心。兼任江都宮監之後，裝飾宮內亭臺，取悅煬帝，得到煬帝的信任。六一三年，楊玄感造反之後，山東、江南一帶的叛亂愈演愈烈，但王世充卻成功剿平這些反賊，立下軍功。當李密率軍逼進洛陽時，煬帝任命王世充為守衛洛陽的將軍，王世充也與李密展開激戰。六一八年，煬帝被弒後，王世充與太府卿元文都等人一同扶植洛陽的越王楊侗即位。之後又肅清元文都及其黨羽，將洛陽的隋朝政權緊緊握在手裡。六一九年，強迫楊侗禪位後稱帝，立國號為鄭，年號開明。不過，他使用嚴刑酷罰統治國內，所以眾叛親離，最後又被唐朝秦王李世民包圍。陷入困境的王世充雖然向竇建德求救，但是竇建德也被李世民擊敗，所以只好投降。最終於流放巴蜀（今四川省）的途中被殺。

蕭銑

五八三—六二一年。隋末唐初的群雄之一（六一八—六二一年在位）。後梁宣帝（蕭詧）的曾孫，蕭皇后的堂姪。五八七年，隋文帝將蕭琮留在長安，同時派兵進駐江陵，所以祖父蕭巖率領後梁眾人，亡命於南朝陳，等到隋文帝滅了南朝陳，被俘的蕭巖便被處死。蕭銑雖然過著貧困的生活，但是在煬帝即位之後，便因為是外戚而成為羅縣（今湖南省）的縣令。當各地爆發叛亂，於六一七年叛變的岳州校尉董景珍便擁立梁朝血脈的蕭銑為首領，蕭銑也自稱梁公（後來的梁王），並以破竹之勢將湖南、湖北、江西北部納入勢力範圍。六一八年，登基為梁皇帝，定江陵為首都，仿效梁朝制度建立國家體制。當煬帝被弒的消息傳開，立刻有人投奔蕭銑，蕭銑也成為長江中游流域一大勢力。可惜蕭銑與轄下諸將不和，為了肅清這些將領而損兵折將。六二一年，投降李孝恭、李靖率領的唐朝軍隊，最終也於長安被處死。

梁師都

?—六二八年。隋末唐初的群雄之一（約六一七—六二八年在位）。夏州朔方（今陝西省）的地方世族出身。隋朝末年，全國陷入動盪之際，梁師都糾結徒黨殺害郡丞，起兵之後自稱大丞相。接著與北方的突厥勾結，將勢力擴張至鄰近各郡，便自稱皇帝，立國號為梁，建元永隆。與突厥鞏固關係後，帶著突厥的士兵一起攻入內地，還被始畢可汗封為大度毗伽可汗。六一九年，梁師都敗於唐軍，山西的劉武周也戰敗，梁師都麾下的武將便紛紛投奔唐朝。嗅到危機的梁師都雖然力勸處羅可汗攻打唐朝，卻因為處羅可汗猝死而未能實現。之後，梁師都又唆弄頡利可汗攻打唐朝，結果頡利可汗與太宗隔著渭水對峙。不過，梁師都生性猜疑，導致部下陸續離去，也於此時遭受唐軍攻擊。六二八年，被堂弟梁洛仁背叛，也因此被殺。

六、唐朝相關人物

唐太宗

五九八—六四九年。唐朝第二代皇帝（六二六—六四九年在位）。本名李世民，是唐高祖與竇皇后的次子。擁有軍事天分的李世民除了幫助李淵攻下長安，還平定各地群雄，讓唐朝得以擴張勢力。由於受到眾人仰望，所以李世民與兄長李建成（皇太子）及弟弟李元吉素來不睦，六二六年，與長孫無忌在玄武門殺害兄長與弟弟，奪得皇太子之位，又於同一年逼高祖成為太上皇，自己即位為皇帝。太宗於六二八年統一國內之後，便於六三〇年滅了隋朝的流亡政權以及東突厥（第一帝國），也因此被遊牧民族奉為「天可汗」。唐太宗除了制定律令、整頓官制與稅制，努力穩定國內政局之外，還以煬帝的失政為鑑，開放臣子提出諫言。其治世被後世稱為「貞觀之治」，也成為後世歷代皇帝的典範。可惜晚年三征高句麗失敗，也為了挑選後繼之君而苦惱。

李建成

五八九—六二六年。唐高祖與竇皇后的長子。謚號隱太子。於李淵舉兵之際，在河東招募兵馬，協助李淵，六一八年，李淵即位後，便被立為皇太子。之後雖然為了統一中國而與各地群雄戰鬥，但是大弟李世民實在戰功彪炳，便覺得自己的皇太子之位岌岌可危，也聯同小弟李元吉與李世民對抗。這也迫使李世民與長孫無忌、房玄齡這些秦王府的心腹策劃殺害兄長與弟弟的計謀。六二六年，李建成在玄武門被殺害。除了夭折的長子之外，李建成的兒子也被一起處死。史書記載了許多李建成與李元吉失態及膽小怕事的模樣，也強調兩人對於太宗的嫉妒之心，但一般認為，這些內容都是太宗時期的史官所捏造的。

長孫無忌

？—六五九年。唐朝的開國功臣與政治家。字輔機。父親是幫助隋朝制定對突厥政策的功臣長孫晟，妹妹是太宗的皇后，也是李承乾、李泰、李治（唐高宗）之母。從年輕時候就與太宗是摯友，在李淵起兵後，便與還是秦王的太宗一起出生入死。當太宗與皇太子李建成、弟弟李元吉的對立愈來愈激烈之後，六二六年，與房玄齡一起勸太宗發動玄武門之變。太宗即位後，官至吏部尚書與司空。之後以外戚的身分不斷壯大勢力，還於立太子之際，排除各皇子，擁立體弱多病的高宗。高宗即位後，以謀反之罪誅殺太宗與楊氏（煬帝的女兒）之子李恪。高宗打算廢除王皇后，改立武曌（武則天）為皇后的時候，遭到長孫無忌與褚遂良強烈反對，之後卻因為高宗聽信與武曌聯手的許敬宗讒言而被貶至黔州（今四川省），最終也在當地被殺。在朝為官之際，曾負責編撰國史與《唐律疏義》。

房玄齡

五七八―六四八年。唐朝初期的官僚與政治家。字喬，諡號文昭，齊州臨淄（今山東省）人。十八歲考上進士後，便於隋朝任官，之後於隋朝末年投奔李淵。事奉李世民後，因為自身才能而被譽為秦王府十八學士之首。曾將杜如晦推薦給李世民，為秦王府廣召人才。六二六年，與長孫無忌一起幫助李世民成功發動玄武門之變。太宗即位後，擔任宰相，與杜如晦、魏徵一同輔佐太宗，奠定國家的基礎，開創「貞觀之治」的盛世。

杜如晦

五八五―六三〇年。唐朝初期的官僚與政治家。字克明，諡號成，京兆杜陵（今陝西省）人。祖父與父親都是隋朝官僚，杜如晦自己也曾於隋朝任官，但途中歸隱鄉野。在李淵攻下長安之後，便立刻投奔唐朝，也在房玄齡的推薦之下，進入秦王府事奉李世民。決策力極佳的杜如晦與房玄齡並列秦王府十八學士之首。六二六年，與房玄齡、長孫無忌一起策劃玄武門之變，並於太宗即位之後，成為輔佐太宗的核心人物。與房玄齡同為唐太宗時期的名相，史稱「房杜」。

注釋

1. 一如後述，隋朝滅亡的年份有不同的定義。如果以禪位給李淵的楊侑為正統，隋朝就是在六一八年滅亡，如果以禪位給王世充的楊侗為正統，就是在六一九年滅亡，若以突厥擁立的楊正道為正統，就會是在六三〇年滅亡。
2. 日本的石見清裕與其他學者正以超越傳統中國史的框架以及歐亞大陸東部的動向，重新觀察隋唐兩朝的更迭。本章除了引用過去的研究成果，也引用了許多這些新的研究成果。
3. 侯景（五〇三—五五二年）是投降梁朝的東魏武將。由於梁朝與東魏準備議和，所以侯景便於五四八年造反，隔年攻陷首都建康（南京），再將簡文帝當成傀儡，掌握政治實權。五五一年自稱漢皇帝之後便立刻被殺。侯景之亂讓梁朝的國力大幅衰退，也讓江南社會遭遇毀滅性的打擊。
4. 為了與南朝梁區別，通常稱為後梁。
5. 蕭皇后的生年不詳，但可根據養父蕭岌的卒年（五六六年）算出大概的年齡。
6. 顏之推曾說「婦……國不可使預政，家不可使幹蠱。如有聰明才智，識達古今，正當輔佐君子，助其不足。必無牝雞晨鳴，以致禍也。」（《顏氏家訓．治家第五》）。

7. 一說認為，法雲寺是晉王府的王妃與女官布施的尼姑庵。假設這個說法屬實，蕭皇后與法雲寺的關係匪淺。

8. 自從靜琬開始於房山刻經，這項工程歷經了唐、遼、金三朝，直到明末才結束，如今以房山雲居寺石經之名名聞天下。

9. 若是分析備受煬帝信任，負責國政機密的「五貴」，宇文述、蘇威為北周人士，虞世基、裴蘊為南朝人士，裴矩為北齊人士。

10. 具體如下：通濟渠（黃河—幽州）、江南河（長江—杭州）。

11. 煬帝乘坐的「龍舟」高一〇．六公尺，長四百七十一公尺，為四層式建造，上層有正殿、內殿與東西兩側的朝堂，中間兩層則是由黃金美玉裝飾的房間，共有一百二十間，最下層是宦官的待命室。蕭皇后的「翔螭舟」則是比龍舟小一號的船，但構造相同，也有華麗的裝飾。「浮景」是三層構造的船（《資治通鑑》）。

12. 唐朝將下嫁給周邊民族的女性稱為和蕃公主。

13. 遊牧社會為了集中財產與勞動力，會在哥哥過世後，由弟弟迎娶嫂嫂，或是在爸爸過世後，由兒子迎娶庶母，這種習俗也稱為嫂婚制。信奉儒教的中國社會視這種習俗為禁忌，所以這項習俗對於從中國出嫁的女性來說，應該是非常痛苦的試煉。

14. 最早的記錄是在第一次遠征高句麗之後的六一三年，於靈武郡（寧夏回族自治區）造反的奴賊白榆妄（《隋書．煬帝紀》）。

15. 由皇太后或皇后代替年幼的皇帝坐朝，操持政務的意思。

16. 比方說，在一百四十多年之後，於安史之亂協助唐軍鎮壓叛軍的維吾爾人就年年從復興的唐朝獲得莫大經濟利益。

17. 此外，太宗的寵姬楊氏也是煬帝的女兒，儘管不知道楊氏與蕭皇后是否有血緣關係，太宗基於蕭皇后是楊氏的「母親」

的這層關係，還是捨不得處死蕭皇后。楊氏替太宗生了第三子李恪，但是在太宗指定繼承人時，李恪卻被長孫皇后之兄長孫無忌排除在名單之外。

18. 由吳兢所寫的《貞觀政要》記錄了唐太宗與臣子的議論。其中常常提到太宗批判煬帝的暴政、強調自身正當性的場面。

19. 蕭皇后的卒年以《北史．后妃傳下》為準。《資治通鑑》則將蕭皇后的卒年定為貞觀二十二年三月（庚子年）。

參考文獻

會田大輔，〈「宇文述墓誌」と『隋書』宇文述伝——墓誌と正史の宇文述像をめぐって（〈宇文述墓誌〉與《隋書》宇文述傳——墓誌與正史之中的宇文述）〉，《駿臺史學》一三七，二〇〇九年

石見清裕，《唐の北方問題と国際秩序（唐朝的北方問題與國際秩序）》，汲古書院，一九九八年

浦井公敏，〈智顗に於ける天台教観の形成と梁末江陵の仏教（智顗的天台教觀與梁末江陵的佛教）〉，《史學雜誌》六六－三，一九五七年

大內文雄，〈六～七世紀における荊州仏教の動向（六—七世紀的荊州佛教動向）〉，《大谷學報》六六－一，一九八六年

大室幹雄，《干潟幻想——中世中国の反園林都市（干潟幻想——中世中國的反園林都市）》，三省堂，一九九二年

大室幹雄，《檻獄都市——中世中国の世界芝居と革命（檻獄都市——中世中國的世界芝居與革命）》，三省堂，一九九四年

愛宕元，〈隋末唐初における蘭陵蕭氏の仏教受容——蕭瑀を中心にして（隋末唐初蘭陵蕭氏的佛教受容——以蕭瑀為中心）〉，福永光司編，《中国中世の宗教と文化（中國中世的宗教與文化）》，京都大學人文科學研究所，一九八二年

氣賀澤保規譯注，〈隋末唐初の諸叛乱（隋末唐初的諸叛亂）〉，谷川道雄、森正夫編，《中國民眾叛亂史》一，東洋文庫，一九七八年

氣賀澤保規，《中国の歴史6　絢爛たる世界帝国（中國的歷史6　絢爛的世界帝國）》，講談社，二〇〇五年

鈴木宏節，〈突厥阿史那思摩系譜考——突厥第一可汗国の可汗系譜と唐代オルドスの突厥集団（突厥阿史那思摩系譜考——突厥第一可汗國的可汗系譜與唐代顎爾多斯的突厥集團）〉，《東洋學報》八七—一，二〇〇五年

妹尾達彥，〈江南文化の系譜——建康と洛陽（江南文化的系譜——建康與洛陽）〉（一）（二），《六朝學術學會報》一四、一五，二〇一三、二〇一四年

谷川道雄，《唐の太宗（唐太宗）》，人物往來社，一九六七年

塚本善隆，〈煬帝の皇后蕭氏と蕭瑀の事業援助（煬帝的皇后蕭氏與蕭瑀的事業援助）〉，《塚本善隆著作集》五，大東出版社，一九七五年

平田陽一郎，〈周隋革命と突厥情勢——北周千金公主の降嫁を中心に（周隋革命與突厥情勢——以北周千金公主的下嫁為中心）〉，《隋唐帝国形成期における軍事と外交（隋唐帝國形成期的軍事與外交）》，汲古書院，二〇二一年（原載二〇〇九年）

藤善真澄、王勇，《天台の流伝——智顗から最澄へ（天台的流傳——從智顗到最澄）》，山川出版社，一九九七年

前島佳孝，〈隋の滅亡と禅譲革命（隋的滅亡與禪讓革命）〉，川越泰博編，《様々なる変乱の中国史（不斷動盪的中國史）》，汲古書院，二〇一六年

松丸道雄等編，《世界歴史大系　中国史2——三国～唐（世界歷史大系　中國史2——三國～唐）》，山川出版社，

一九九六年
丸橋充拓，《シリーズ中国の歴史2　江南の発展（系列叢書中國的歷史2　江南的發展）》，岩波新書，二〇二〇年
宮崎市定，《隋の煬帝（隋煬帝）》，中公文庫，一九八七年（人物往來社，初版一九六五年）
護雅夫，《古代トルコ民族史研究（古代土耳其民族史研究）》一，山川出版社，一九六七年
森安孝夫，《興亡の世界史 第5巻　シルクロードと唐帝国（興亡的世界史 第5巻　絲路與唐帝國）》，講談社，二〇〇七年
山崎宏，〈北朝末期の附庸国後梁に就いて（北朝末期的附庸國後梁）〉，《史潮》一一—一，一九四一年
山崎宏，〈晉王広（煬帝）の四道場（晉王廣（煬帝）的四道場）〉，《東洋學報》三三—三，一九五〇年
吉川忠夫，〈後梁春秋——ある傀儡王朝の記録（後梁春秋——某個傀儡王朝的記錄）〉，《侯景の乱始末記——南朝貴族社会の命運（侯景之亂始末記——南朝貴族社會的命運）》，中公新書，一九七四年
A. F. Wright 著，布目潮渢、中川努譯，《隋代史》，法律文化社，一九八二年
黎虎著，村井恭子譯，〈和親女性の常駐使節としての機能——漢代を中心に（和親女性作為常駐使節的機能——以漢代為中心）〉，《神戸大學史學年報》三六，二〇二一年
王永平，《中古士人流遷與南北文化傳播》，江蘇人民出版社，二〇一九年
崔明德，《中國古代和親史》，人民出版社，二〇〇五年
朱振宏，《隋唐政治、制度與對外關係》，文津出版社，二〇一〇年
朱振宏，〈阿史那摸末墓誌箋證考釋〉，《唐史論叢》第一五輯，二〇一二年

杜曉勤，〈試論隋煬帝在南北文化交融過程中的作用〉，《北京大學學報》哲学社會科學版，一九九九年第四期。
毛漢光，〈隋唐政權中的蘭陵蕭氏〉，《中國中古社會史論》，上海書店出版社，二〇〇二年（原載一九八六年）
李樹桐，《唐史考辨》，臺灣中華書局，一九六五年
李方，〈隋末唐初東突厥與中原勢力的關係〉，《中國邊疆史地研究》二〇〇三年第四期。

第六章
隋文帝
——時勢造英雄的皇帝

河上麻由子

前　言

在漫長的中國史之中，能同時統治黃河的北中國以及長江的南中國的王朝並不多，而在這些王朝之間，往往就是分裂與混亂的時代。在晉朝（二六五—四二〇年）於三一六年失去北中國之後，直到隋朝（五八一—六一八年），中國才再次統一，而這段二百七十三年的分裂也是中國史上最長時期的大分裂。

歷經這次大分裂之後，擔起統一中國大任的正是本章介紹的隋文帝。

歷時二百七十三年的大分裂在人民的心中種下了各種對立的種子。隋朝是於五八九年滅掉南朝陳並統一中國。當時沒有人曾經統一過中國。「到底該怎麼做，才能讓風土民情與語言都不同的人們，整合成一個國家呢？」隋文帝終其一生，致力於這項大事業。隋朝滅亡之後，他的親戚李淵建立了唐朝

（六一八—九〇七年），隋文帝的這些努力也在唐朝開花結果。

隋文帝不像故事之中的英雄，擁有卓越的能力，也沒有吸引他人的率性與開朗的個性，更缺乏讓人願意與他一同赴湯蹈火的魅力，但是，時代卻選擇了他。

歷史向來不是由英雄所創造，而是由文帝這種凡人所創造。本章將跟著文帝走過他那充滿忍耐、苦惱與冷酷的生涯，並在這個過程之中描繪邁向統一的中國。

隋文帝（五四一—六〇四年）

建造舍利塔

日本人聽到隋朝，最先想到的應該是聖德太子派遣的遣隋使，以及接待遣隋使的暴君煬帝吧，至於煬帝之父文帝，大概只知道文帝統一了天下，以及臨終時，寵姬被煬帝染指而大怒的「故事」吧。

不過，若有機會詢問古代東亞的人對於隋文帝有什麼印象，他們肯定會提到隋文帝醉心於佛教這件事。文帝在中國境內建造了一百座以上的佛塔，這項大事業甚至囊括了朝鮮半島與中亞地區。

這項空前絕後的大事業在六〇一年（仁壽元年）六月十三日（以下月份與日期均為陰曆）啟動。

門下仰惟，正覺大慈大悲，救護群生，津梁庶品。朕歸依三寶，重興聖教，思與四海之內一切人民，俱發菩提，共修福業。使當今、現在，爰及來世，永作善因，同登妙果。宜請沙門三十人，諳解法相，兼堪宣導者，各將侍者二人，並散官各一人，薰陸香一百二十斤，馬五匹，分道送舍利。往前件諸州起塔。其未注寺者，就有山水寺所，起塔依前山。舊無寺者，於當州內清靜寺處，建立其塔。所司造樣，送往當州。僧多者，三百六十人，其次二百四十人，其次一百二十人。若僧少者，盡見僧為。朕、皇后、太子廣、諸王子孫等，及內外官人，一切民庶，幽顯生靈，各七日行道並懺悔。起行道日打剎，莫問同州異州。任人布施，錢限止十文已下，不得過十文。所施之錢，以供營塔，若少不充，役正丁及用庫物。率土諸州僧尼，普為舍利設齋。限十月十五日午時，同下入石函。總管刺史已下，縣尉已上，息軍機，停常務七日，專檢校行道及打剎等事。務盡誠敬，副朕意焉。主者施行。（《廣弘明集》卷十七〈隋國立舍利塔詔〉）

此詔是於文帝六十歲生日所發。全國共有三十州被選為建塔地，其中包含黃河流域、長江下游的大城市，至於西邊則是敦煌，南邊為交州（今越南北部），北邊為定州（今定州市）。各地一律於十月八日到十五日舉辦各種儀式，至於該舉辦何種儀式則由朝廷布達，再由各地行政高層負責舉辦。

從建造舍利塔之前的大小儀式不難一窺文帝推動這項大事業的意圖。以舍利為例，皇帝會先迎入宮中供養，之後再放入琉璃瓶存放，然後將琉璃瓶放入金瓶，再以薰陸香泥封。在舍利進入各州之前，家家戶戶必須先打掃，讓所見之處皆為清潔。準備就緒之後，所有在家修行與出家的男女必須一起迎接舍

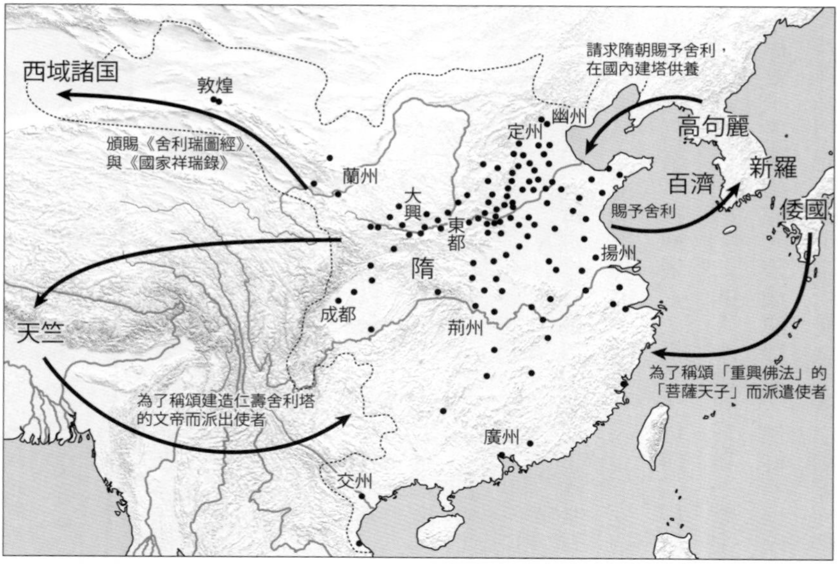

舍利塔建造地及對於外國的影響

利。以極品絹布製作的傘垂掛著美麗的吊飾，隨風飄揚的旗子美不勝收，各色花朵無不爭妍，高貴的香木也大量焚燒，一旁還有動聽的音樂伴奏。衣著端正、威風凜凜的官僚會與吟唱梵文的僧侶，以如此豪華的陣仗迎接舍利。當時與現代不同，是幾乎沒什麼娛樂的時代。如此豪奢的陣仗也令人心生嚮往。舍利抵達寺院之後，由都城派來的僧侶會先說法。等到位子坐熱之後，便朗讀文帝的懺悔文。

> 菩薩戒佛弟子皇帝某，敬白十方三世一切諸佛，一切諸法，一切賢聖僧。弟子蒙三寶福祐，為蒼生君父，思與一切民庶，共建菩提。今欲分布舍利，諸州起塔，欲使普修善業，同登妙果。為弟子及皇后、皇太子廣、諸王子孫等，內外官人，一切法界，幽顯生靈，三塗八難，懺悔行道。奉請十方常住諸佛，十二部經，甚深法藏，

諸尊菩薩，一切賢聖。願起慈悲，受弟子等請，降赴道場，證明弟子為一切眾生發露懺悔。（《廣弘明集》卷十七〈舍利感應記〉）

這篇懺悔文，看起來更像發願文。大眾聽了這些話，甚悲甚喜。無數人人拿著財物、剪下來的頭髮前往布施。雖然文帝的詔文說，布施不可超過十文錢，但這項規定很快就被打破了。七天內，男女老幼在寺院舉辦齋會懺悔與受戒，發誓「請從今以往，修善斷惡；生生世世，常得作大隋臣子」。但其實民眾是被迫發誓的。

舍利要出發往各州的時候，文帝就說：「今佛法重興，必有感應。」所謂的「感應」是指神佛對於眾生信仰的回應。當時的人們認為，當神佛回應人們的信仰，就會出現「祥兆」。這等於是「歸依三寶重興聖教」的文帝下令眾人創造奇跡，讓諸佛回應他的虔誠之心。

建塔安置舍利的三十州紛紛向文帝報告了五花八門的奇跡。龍心大悅的文帝便於六〇二、六〇四年繼續建造舍利塔，最終在全國各地建造了一百座以上的舍利塔。這項遍及隋朝全境的大事業可說是隋文帝透過佛教展示自己一統天下的偉大。於四十一歲即位的文帝在舉辦如此盛大的生日派對之前，到底走過什麼樣的人生呢？容本書於下節介紹。

那羅延

文帝出生於五四一年，諱堅，其父楊忠（五〇七—五六八年）是武川鎮（今內蒙自治區）的軍閥，史書稱其為漢人，但已無從考證。

武川鎮是鮮卑拓跋部的北魏（三八六—五三四年）攻打北部的柔然（統治北蒙古到塔里木盆地這片廣大領土的遊牧國家）的前線基地之一。位於陰山山脈南麓的這些前線基地共有六處，所以又稱為六鎮（武川鎮、懷朔鎮、撫冥鎮、柔玄鎮、沃野鎮、懷荒鎮）。駐紮在前線基地的人享有免去傜役的特權。由於當地的氣候非常嚴峻，所以人們都會互相幫助，一邊過著遊牧生活，一邊提防敵人來襲。有些人則因為立下軍功而返回都城，享受榮華富貴。

不過，當都城從平城（今大同市）遷至南方的洛陽之後，六鎮的意義就被淡忘，更糟糕的是，駐紮在六鎮的人們就算終其一生，克盡職守，也沒機會飛黃騰達，甚至還被視為賤民。在這種情況下，臣服於北魏的柔然阿那瓌便於五二三年，不斷在六鎮周邊大肆掠奪。由於朝廷遲遲無法討伐阿那瓌，所以六鎮的人們對朝廷愈來愈不信任，也愈來愈不滿，最終便起兵造反（六鎮之亂）。儘管這場叛亂被武將爾朱榮鎮壓，但是離開武川鎮的人們沒有回到顎爾多斯的北邊。團結一心的他們也在華北一帶繼續作亂。

不過，楊堅全身上下沒有一處武川鎮軍閥的模樣。據說楊堅小時候叫做那羅延。那羅延是梵語「Nārāyaṇa」的漢字，是佛教守護神的名字。從這個名字就可以知道，楊堅從小在佛教底蘊深厚的環境長大。雖然那羅延這個名字很陌生，但為了說明楊堅自小長大的環境，請容本書稱幼年時期的楊堅為那羅延。

文帝的「起居注」（皇帝公開生活起居的記錄）指出，那羅延在六月十三日誕生於同州（今渭南市）。據說誕生時，紅光滿天，紫色的雲氣充庭。這些雲的形狀猶如樓閣，接觸到衣服時，衣服會被染成紫色。史書常以紅光滿室、紫氣東來這類祥瑞之兆形容皇族或是皇后誕生的故事。從誕生時的祥瑞來看，那羅延實在不那麼特別。據說那羅延誕生那天，有位名為智仙的尼姑告訴其父楊忠：「此子受上天與諸佛庇佑」，要求將眼前這個剛出生的男嬰命名為那羅延，並交給她扶養。楊忠在接受智仙的要求之後，便將宅邸的一處劃為寺院，還做了一扇小門，方便進出。一般人應該不會將長子交給來路不明的尼姑養育，所以智仙應該是受楊忠之請而來。這座小廬被命名為般若尼寺。楊忠不曾插手智仙的養育方式，但是剛生完小孩就被迫與小孩分離的生母又怎麼受得了。某天，生母呂苦桃走進宅邸之內的寺院，抱起自己的小孩之後，還是嬰兒的那羅延突然幻化為龍，嚇得呂氏抱不住小孩。此時智仙突然出現，並告諭呂氏：「為什麼這麼輕率地接觸我的小孩呢？這小孩將來可是要統治天下的啊！」這個故事之所以提到那羅延幻化為象徵皇帝的龍，是為了暗示那羅延未來將登基為帝。在思考哪些事情造成那羅延一輩子的陰影時，出生沒多久就被迫與生母分離這件事似乎值得探討。

此時正值父親楊忠在西魏（五三五—五五六年）大展身手的時期，所以讓我們稍微了解楊忠的經歷。

據說長了一副美髯的楊忠是身高七尺八寸（以小尺計算，大約一百八十公分）的壯漢。儘管南北朝末期英雄輩出，與南朝關係緊密的楊忠仍屬異類。楊忠十八歲時，被南朝梁（五〇二—五五七年）的軍隊俘虜，在江南度過了五年的歲月。

五二八年，楊忠與流亡至南朝梁的北魏皇族元顥（？—五二九年）率領的叛軍一起回到北魏。元顥

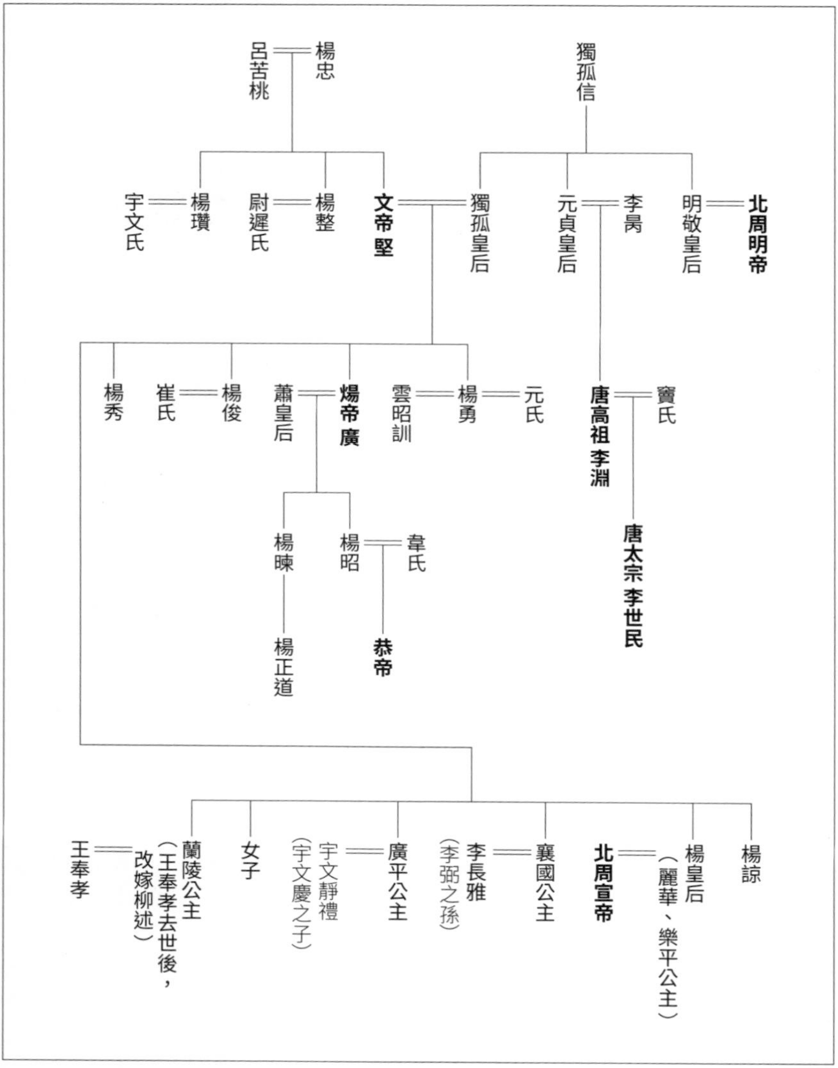
楊忠
呂苦桃
獨孤信
楊瓚
宇文氏
楊整
尉遲氏
文帝堅
獨孤皇后
元貞皇后
李昞
明敬皇后
北周明帝
楊秀
楊俊
崔氏
煬帝廣
蕭皇后
楊勇
雲昭訓
元氏
唐高祖 李淵
竇氏
楊暕
楊昭
韋氏
楊正道
恭帝
唐太宗 李世民
蘭陵公主
（王奉孝去世後，改嫁柳述）
王奉孝
女子
廣平公主
宇文靜禮
（宇文慶之子）
襄國公主
李長雅
（李弼之孫）
北周宣帝
楊皇后
（麗華、樂平公主）
楊諒

楊氏世系圖

篡位失敗後，楊忠便臣服於北魏掌權者爾朱度律（？—五三二年）、爾朱兆（？—五三三年），最終又歸入獨孤信麾下。五三四年，被高歡奪走實權的孝武帝（五三二—五三四年在位）在宇文泰的協助之下逃出首都洛陽。宇文泰為武川鎮軍閥之一，高歡則是懷朔鎮人士。宇文泰與孝武帝將長安立為新都，留在洛陽的高歡則讓十一歲的孝靜帝即位，北魏也因此分成東西兩部。

楊忠雖然跟著獨孤信駐紮荊州，但在半年後，就因為東魏兵臨城下而與獨孤信亡命於梁。這是他第二次留在江南。留在江南的這三年，楊忠得到梁武帝的禮遇，也因此留下深刻的印象。當時的南朝梁在武帝的統治之下，政局相對穩定，也因此誕生了璀燦絢爛的文化。貴族無不身著絹衣，男性無不化妝，出入都是搭車。市集到處可見來自中亞或東南亞的商品。由皇帝主導的佛教信仰之盛，足以流傳後世。看在北邊草原長大的楊忠眼中，南朝梁的文化該是多麼斑斕光彩。

五三七年，楊忠與獨孤信回到西魏。某天參與狩獵的楊忠與一頭猛獸對決時，楊忠先將猛獸的腰部夾在左側腋下，再用右手將猛獸的舌頭扯斷。看到此景的宇文泰大為歡喜，便將「揜于（猛獸）」這個綽號賜給楊忠。從這時開始，西魏的生存之戰也繼續下去。就在這戰爭看不見盡頭的日子裡，楊忠的長子那羅延誕生了，當時的楊忠三十五歲。

由於西魏能否存續都不明朗，所以楊忠也不知道自己能不能看著那羅延長大。楊忠本身有可能戰死，而他事奉的西魏也前景不明。因此楊忠把重要的長子交給尼姑養育。楊忠應該是覺得在寺院長大的男子能逃過一劫吧。認真說起來，那羅延的生母呂氏似乎來自缺乏教養的家庭。反觀智仙是熟讀佛典的一流知識分子，想當然爾會成為那羅延的家庭教師。被譽為「猛獸」的楊忠，想必是要讓得來不易的長子走上與自己截然不同的道路吧。

智仙在那羅延七歲的時候提到：「接下來會興起一股廢佛之風，一切的神明都去了西方。不過，你會成為統一天下又充滿慈愛的君主，也會振興佛教。」（《舍利感應記》）預言那羅延將登上帝位並振興佛教。

從成人到成為隨國公

五四九年，梁武帝去世。梁武帝本來打算將前來投降的東魏武將侯景（五〇三—五五二年）交給東魏，沒想到得知此事的侯景在陷入絕望後起兵造反，結果梁武帝遭到軟禁，一個人孤零零地離世。一說是餓死。想必楊忠聽到梁武帝悽慘的死狀，一定大受打擊吧。不過，這是西魏擴張領土的大好機會，而楊忠也是負責進攻南方、站在前線的一人。

五五三年，在同州寺院長大的那羅延十三歲，他在這時進入太學學習。年紀漸長的他也開始被稱為楊堅。此時的他雖然可以過著貴族的生活，但或許因為幼年在寺院長大，年輕的他顯得很老成，說得難聽一點，就是過於嚴謹與乏味的少年，也沒有找到一生的摯友。楊堅進入太學就讀的那年年底，尚書元烈因為謀劃殺死宇文泰而被依律處死。對此懷恨在心的是西魏的廢帝（五五一—五五四年在位）。宇文泰立刻逼廢帝退位，改由恭帝即位（五五四—五五六年在位）。

楊堅在太學就讀的時間非常短。五五四年，楊堅於京兆尹薛善手下擔任功曹。此時楊氏被賜姓為普六如（《北史》記載為普六茹），所以認真說來，應該稱楊堅為普六如堅才對。不過，一直改變稱呼會引起混亂，所以還是統一稱為楊堅比較妥當。同年，梁武帝七子元帝蕭繹（五五二—五五四年在位）與接替東魏的北齊（五五〇—五七七年）聯手，要求西魏歸還領土，擔任前鋒的楊忠擊敗了元帝的象軍（在象鼻裝上刀刃的軍隊），元帝也被殺害。五五五年，西魏讓武帝之孫蕭詧於此地〔江陵〕即位，「復興」了梁朝（此政權稱為後梁）。後來蕭詧的孫女與楊忠的孫子（楊廣，後來的煬帝）結婚生子，所以從楊氏來看，兩家的緣分延續了三個世代；若從蕭氏來看，則延續了五個世代。五五五年，楊堅因為父親的軍功成為車騎大將軍、儀同三司與成紀縣公。當時的楊堅才十五歲，而且一場仗都沒打過。

在五五六年九月大病不起的宇文泰於隔月去世。要集結那些受到宇文泰領導力號召的將士，就必須讓宇文泰的繼承者擁有皇帝的權威，所以繼承宇文泰基業，接受西魏帝位的是宇文泰與北魏馮翊公主（孝武帝的妹妹）所生的孝閔帝（五五七年在位）。新王朝的名字為周。顧名思義，這是仿效以洛陽為都的姬氏周朝的王朝。為了與姬氏周朝區分，通常稱為北周。

五五七年，十七歲的楊堅成為大興郡公，也得到陪伴終生的伴侶，她就是獨孤信的女兒獨孤伽羅（獨孤皇后）。當時的獨孤伽羅只有十四歲。由於楊忠跟隨獨孤信一起事奉西魏，所以兩者往來已久，楊堅等於娶了父親上司的女兒。就氏族的位階來講，獨孤氏的位階較高。楊氏是在楊忠一代才崛起的，獨孤氏則是北魏建國以來的名門貴族，而且獨孤伽羅生母的家世，是在華北漢人社會中聲望極高的清河崔氏。獨孤伽羅的長姊嫁給宇文泰的長子（明帝，五五七—五六〇年在位），另一個姊姊則嫁給西魏重臣李虎的兒子（李昺）。楊忠與楊堅透過姻親關係打入北周的上流階級，前途可說是無可限量。不過，北周的狀況十分不穩定，獨孤信被趙貴（？—五五七年）殺害宇文護的計畫牽連而被迫自殺。宇文護是宇文泰的姪子，宇文泰在臨死之際，曾拜託他照顧自己的幼子，沒想到半年後，宇文護就軟禁閔帝，讓孝閔帝的哥哥明帝即位。對楊堅而言，明帝即是妻子的姊夫。

就在這個時候，宇文護任命楊堅為右小宮伯。楊堅雖然踏上青雲之路，但畢竟此時獨孤信才被迫自殺，楊忠與楊堅兩父子絕對備受威脅，宇文護當然也提防楊忠父子，不過卻沒有與久經沙場的老將楊忠翻臉，因為剛剪除獨孤信的宇文護行事非常謹慎，希望讓楊忠的兒子與宇文泰的女兒成親，避免與楊氏一族全面對立。即使如此，獨孤信之死，還是讓從年輕就一直跟隨獨孤信的楊忠遭受莫大打擊。獨孤信被迫自殺後，楊忠打仗的方式像是不要命一般。五五八年，北齊的北豫州（今鄭州市）刺史來降，楊忠與北周武將達奚武前往救援。楊忠一行人順利進城，北齊這邊當然不會悶不吭聲，立刻派兵馳援。達奚武認為不可能死守到底之後，便由楊忠殿後，直到洛州一帶，渡過洛水之後，楊忠一行人才總算下馬休息。此時楊忠說道：「但飽食，今在死地，賊必不敢渡水當吾鋒。」（大家儘管吃飯，我們現在在死地，賊軍（北齊的軍隊）絕對不敢渡過洛水，否則將被我們擊退。）其實楊忠在北齊士兵準備渡過洛水時，自行領兵擊退北齊士兵。達奚武看到平安歸來的楊忠之後便說：「你真是男人中的男人啊。」楊忠成功地讓自己從敗軍之將成為驍勇善戰之人，也於隔年成為隨國公。

五六〇年四月，明帝被宇文護毒殺，宇文泰的四子也根據遺詔即位，是為北周武帝，不過，所有的實權還是握在宇文護手裡。武帝即位後，二十歲的楊堅成為隨州刺史，前往隨州（今隨州市）赴任。儘管宇文護多次想害死楊堅，卻都被近臣勸阻，個性本就陰沉的楊堅也因此對周遭的每個人充滿猜疑。

楊堅的家庭生活非常順遂。五六一年，長女楊麗華出生，長子楊勇也於幾年後誕生，而且都是與獨孤伽羅所生的小孩。兩夫婦約好彼此為終生伴侶，一起攜手度過南北朝混亂的末年。

五六八年，因病回到都城的楊忠沒多久便過世，享年六十二歲。由於楊忠很少在楊堅年少時陪伴楊堅，所以楊堅與楊忠的關係算是有點疏遠，卻也崇拜父親的驍勇善戰，所以在幾年後登基的楊堅才會在父親曾經征戰的沙場建造寺院。楊堅回到都城後，便繼承了隨國公的爵位。

五七二年三月十八日，發生了武帝誅殺宇文護這件大事。是日，武帝拜託宇文護管教酒品很差的生母，而當宇文護拿著武帝給他的書信，準備向武帝的生母告狀時，武帝突然從宇文護的背後攻擊他，還命令弟弟宇文直給宇文護致命一擊。雖然楊堅沒有參與這項計畫，但是武帝肯定將楊堅視為誅殺宇文護的支持者，或是覺得楊堅肯定願意支持這項計畫，所以才在誅殺宇文護的隔月立宇文贇為太子之後，於隔年將年僅十三歲的楊堅長女楊麗華選為太子妃。

五七五年七月，武帝向北齊全面宣戰。楊堅受命帶領三萬水軍從渭水前往黃河，卻因為身為主角的武帝生病而撤退。五七六年十月，武帝再次對北齊宣戰，也於這年攻下并州（今太原市），但在論功行賞的時候，唯獨不見楊堅的名字。五七七年正月，攻下北齊都城鄴城的時候，楊堅也沒有得到任何賞賜，直到楊堅與宇文憲一起攻下冀州（今衡水市），才總算被任命為定州總管。從此時北齊皇帝已經被擒來看，這次的軍功也是受惠於他人，可見楊堅與享有猛獸美譽的父親楊忠相比還是過於平凡。

廢佛

隋文帝（楊堅）曾在興建舍利塔的時候志得意滿地說「我成功地重興佛法」了。文帝之所以說「重興佛法」，是因為華北的佛教曾經歷一場滅佛浩劫，而廢佛之人正是北周武帝。誅殺宇文護而得以親政的武帝，為了統一華北而開始進行各種準備，廢佛便是其中一環。

進入四世紀之後，佛教開始在華北盛行。雖然北魏也曾經廢佛，但後來佛教還是在皇室的支持下，增加了許多信眾，也將教化僧派至各地，讓民眾在信奉佛教之餘，跟著崇拜皇帝。雲崗石窟、龍門石窟以及在日本不太知名的各處石窟寺院都可一窺當時的人們多麼信奉佛教。

筆者於二〇〇五年首次造訪雲崗石窟。坐著小巴士從大同市出發，顛簸地穿過大街小巷之後，便看到白淨壯麗的雲崗石窟佇立於清澄的藍天之下。這座以北魏皇帝為雛型的巨型如來佛擁有端莊的五官，渾身散發著清淨之美。接著筆者又造訪另一處知名石窟。北魏於四九四年將首都從平城移至洛陽，此時在洛陽附近建造的石窟正是龍門石窟。當時的人們在南北流向的伊河兩岸開鑿了許多石窟，而這些石窟在伊河兩岸綿延不絕真的十分壯觀。不過，這裡的石頭比較堅硬，所以不像雲崗石窟，可以雕出佛像，因此北魏鮮少在龍門建造石窟，反而是在首都建造設計與宮殿相去不遠，相當壯麗的永寧寺。其中以巨大的九重塔最為有名。從世界各地來到洛陽的人，只要看到永寧寺的佛塔無不瞠目結舌。就連西域的僧侶也不禁讚嘆「這裡真是佛國啊」。在歷經一千五百年的歲月之後，如今佛塔塔基還留在平原之中。

北魏分裂成東西兩部之後，兩邊的皇帝與統治者也都虔誠信奉佛教。除了皇親國戚之外，在這個戰火正熾的時代，不對，正因為是戰亂的時代，佛教才能深植人心。擁有相同信仰的人會因為地緣與血緣的關係一起建造寺院、舉辦齋會，或是造橋鋪路與挖水井，整頓在地的基礎建設，佛教信仰在當時可說是與政治、生活型態緊密結合。不過，五七三年十二月，北周武帝突然宣布獨尊儒教，道教次之，而佛教在三教之中的地位最低，接著又於五七四年五月逼僧侶還俗，回到鄉里從事生產。這應該是為了徵兵對抗北齊的準備。道教也於此時被排除。佛經、佛像、寺院均被廢棄，出家人也陸續被迫還俗，寺院長年積累的貴重物品被當成士兵的獎賞，佛像則被融為貨幣。在這段期間，養育楊堅的智仙得到楊堅的庇護。如果這件事被外人發現，楊堅應該會被處以重罪。

富國強兵的目標達到之後，武帝便滅了宿敵北齊，成功統一華北。可惜的是，五七八年，完成統一霸業的武帝居然在正值壯年的三十六歲死去。佛教徒無不異口同聲地說：「這就是佛祖的懲罰！武帝現在肯定淪入地獄受苦。」描述武帝在地獄受苦的佛教故事也大為流行。

接受禪位

武帝死後，由武帝的長子宣帝（五七八—五七九年在位）繼位。雖然宣帝在位時間不長，卻陸續祭出各項政策，例如大幅提升皇帝近臣的地位，改革樂制與服制，將洛陽重建為副都，以及允許僧人帶髮修行（菩薩僧）。

五七九年二月，宣帝於鄴城讓位給皇太子，然後自稱天元皇帝，並將居所稱為天臺，同時將繼位的靜帝（五七九—五八一年在位）的居處稱為正陽宮。由於國政執行機構仍設於天臺，所以實質上宣帝還是皇帝，靜帝也還是皇太子。天元就是儒教的至高神昊天上帝。換言之，宣帝打算讓自己成為高於皇帝的神。宣帝於五八〇年開始增設皇后，最終皇后多達五人，這真是前所未聞之事。其中一位皇后就是尉遲迥的孫女。雖然這位女性是已婚者，宣帝卻因為一見鍾情而強迫對方留在宮中，逼得對方的夫婿起兵造反，最終還被誅殺。推行前所未有的政策本來就容易招致批評，但是宣帝常命令細作調查每個人的缺失再加以處罰，或是看誰不順眼就鞭打對方，所以當然風評不佳。

宣帝自幼就接受成為皇帝所需的教育，但是武帝的教育十分偏差，比方說，宣帝愛喝酒，所以禁止喝酒。如果連該怎麼喝酒都不教，只是一味禁止的話，孩子當然會躲起來喝。而且只要宣帝犯了錯，武帝就會用鞭子責罰，還會要求宣帝報告自己的一言一行，由此可知，武帝是可怕的鷹爸。反觀宣帝的妃子楊麗華，她是楊堅與獨孤伽羅的第一個小孩，是在充滿親情的家庭長大，而且楊堅與獨孤伽羅也不曾溺愛楊麗華。接受良好家庭教育的楊麗華也是非常有主見的人，但宣帝對於這種家教良好的人嗤之以鼻，曾一度氣得要賜死楊麗華，但倔強的楊麗華仍不為所動，這也等於是提油救火，惹得宣帝更是火冒三丈。最終驚動了獨孤伽羅趕去連磕多個響頭，磕得額頭都流血了，宣帝才答應獨孤伽羅的請求，饒恕了楊麗華。楊麗華之父楊堅當然也看不慣宣帝的所作所為。據說某日，宣帝在召楊堅入宮的時候命令近臣，只要楊堅有些不尋常的舉動就殺了他，但是楊堅卻沒露出半點破綻，得以全身而退。如果宣帝活得久一點，恐怕楊堅早就被殺害，也沒機會建立隋朝了吧。什麼事都急著完成的宣帝急著推動一波又一波的改革，也往往隨著自己的心情虐待周圍的人，沒想到他居然在五八〇年五月，年僅二十二歲就去世，而且最先知道這件事的就是楊堅。

那時楊堅正官拜揚州總管，準備前去赴任。所謂的總管就是負責統治任地，擁有該地區軍事權的官職。楊堅之所以能第一手得知宣帝死去的情報，全賴宣帝近臣鄭譯與劉昉這兩位傳信之人，鄭譯更是楊堅的舊友。楊堅之所以能被任命為揚州總管，全是因為擔心宣帝對自己不利的楊堅拜託鄭譯為他助言，讓他得以遠離都城任官。楊堅利用自己與鄭譯的友情以及國丈的立場，在宮中培植盤根錯節的勢力，無怪乎宣帝會對楊堅有所警戒。

由於鄭譯與劉昉偽造了遺詔，所以楊堅得以成為靜帝的監護人，代為操持朝政。此時的楊堅才四十歲，也沒有任何彪炳的戰功，更沒有輔佐君王的經驗。也不像西魏、北周那些英雄，身邊有許多優秀的近臣，手邊也沒有能隨時調動的團練鄉兵。不管在政治還是軍事，他都不足以成為政權的中樞。楊堅對於這個天賜良機膽怯了，猶豫了，但是在背後激勵他的，正是糟糠之妻獨孤伽羅。

楊堅先是採納參謀李德林的建議，成為代表皇帝的假黃鉞、左大丞相與都督內外諸軍事，如此一來就能代替皇帝，擁有生殺予奪的權力、號令天下官僚的地位，以及指揮所有軍隊的軍權，再將靜帝曾居住的正陽宮當成自身的丞相府使用。走到這一步之後，楊堅眼前只剩下篡位這條路可選。此時能與楊堅抗衡的是北周建國之前的名將尉遲迥與韋孝寬。尉遲迥率大軍駐紮於北齊舊都鄴城，韋孝寬則領大軍屯駐於洛陽。楊堅決定使計讓這兩位名將交戰。首先他發出聖旨，召尉遲迥來長安；接著敕令韋孝寬代替尉遲迥駐守鄴城。尉遲迥當然不可能輕易讓出鄴城，便使計誘捕韋孝寬，想要抓住韋孝寬當人質；沒想到被韋孝寬識破，韋孝寬也於前往鄴城的途中掉頭回到洛陽。

尉遲迥於是開始賄賂各處實力堅強的將軍。深知必須在尉遲迥變得尾大不掉之前討伐他的楊堅，與參謀李德林商量後，李德林建議楊堅不要處罰那些收受尉遲迥賄賂的將軍，以免這些將軍心生動搖。此外，楊堅派出心腹高熲，前往說服遲遲不願出陣的韋孝寬。高熲一邊說服韋孝寬，一邊自行領兵作戰。在連番激戰之後，尉遲迥自盡，這場三足鼎立的戰爭自此少了一人。到了這般田地，任誰都覺得接下來就是韋孝寬與楊堅決一死戰，沒想到準備凱旋返京的韋孝寬居然在三個月之後就死去。大勢底定後，接下來就是如何接受禪位。準備退位的靜帝此時只有八歲，由楊堅的女兒楊麗華負責養育。偽造宣帝遺詔時，楊麗華為了保護靜帝，也表示贊成，因為她擔心北周那些具有實力的皇族會來爭奪皇位。不過當楊堅表明自己準備篡位時，楊麗華便氣得以父親為恥。看來如此倔強的脾氣是從母親繼承來的吧。接受禪位的一切戰略都由李德林擬定。楊堅於五八〇年十二月從隨國公晉升為隋王，接著在隔年二月接受禪位，而靜帝也被封為介國公。之後楊麗華雖然極力抵抗，但是被封為介國公的靜帝，最終還是於同年五月被殺害，其餘北周皇族也悉數被殺。

建國

從本節開始，讓我們將楊堅改稱為文帝吧，獨孤伽羅成為皇后，長子楊勇成為皇太子。負責輔佐新王朝的是剛剛登場的高熲、李德林以及虞慶則、韋世康、元暉、元巖、楊尚希、蘇威，這些臣子多來自關隴集團。

一如前述，宇文泰、獨孤信、楊忠皆是武川鎮軍閥，也因為他們非常團結，西魏與北周才得以成立。可是當他們握有統治關中的權力之後，只憑武川鎮軍閥是無法治理關中的，因此西魏與北周才會攏絡關中至隴山一帶的鮮卑軍人與漢人世族，歷史學家陳寅恪曾將這些故鄉與血統各異的人稱為關隴集團。這就是隋朝建國初期的脊梁骨。當建國的消息傳遍各地，許多使者便於五八一年趕到隋朝祝賀。最先抵達的是北周藩屬國後梁的使者，接著是南朝陳、東北的靺鞨、西北大國突厥的使者，以及位於東邊的百濟與高句麗的使者。

五八二年，文帝下令建造新都，便於五八二年年底將新都命名為大興城（日後的長安），接著在五八三年住進新都。之所以將新都命名為大興，是因為文帝曾被冊封為大興郡公。皇城位於北邊中心，並以朱雀街為軸心，呈左右對稱樣貌的大興城可說是美不勝收。

只有都城這種硬體是無法治理國家的，必須讓軟體面盡快跟上來。雖然隋朝繼承了西魏與北周的遺產，但大興城的文物並不多。根據隋朝大臣牛弘的說法，建國初期的隋朝所收藏的書籍只有一萬五千卷，若與南朝梁製作的宮中典籍目錄比較，連南朝梁的一半都不到，於是文帝便宣布收購書籍的命令，哪怕是只有一卷書也收購。接著又利用這些典籍整頓各種制度。要透過制度確立皇帝的地位與尊嚴，首先要制定律令，接著要整頓祭天祭祖所需的制度與設施，還要培養具有文化素養的人才，同時需要具有在舉辦儀式之時演奏的雅樂。令（行政法）與律（刑罰法）分別於五八二年與五八三年發布實施，還根據當時的年號將這些律令稱為開皇律令。此時，地方行政也變得順暢。五八三年，在牛弘的主導下，五禮（與祭祀、喪葬、相見、軍旅、婚嫁有關的禮儀）也趨於完善。為了挖掘人才而設立的考試制度也於五八七年上路，這項制度就是後來的科舉制度。至於雅樂的部分，雖然仿效了南朝梁與北周的作法，但是在五八九年滅掉南朝陳，汲取了南朝陳的知識資產之後，雅樂才算是大功告成。

文帝雖然如火如荼地推動國家建設，但在佛教信仰也一點都不馬虎。第一步，他先在其父楊忠曾經打過仗的地方建立寺院，並在此時提到父親楊忠是「用輪王之兵」。這裡的輪王是指以佛法施行統治的理想君主，也就是轉輪王的意思。佛典記載，轉輪王在某國現身後，該國不再發生災害，五穀豐收，國命延壽，周邊諸國不戰而歸順。綜觀中國歷史，只有君主會被譽為轉輪王，所以言下之意，文帝是以轉輪王這個概念，稱頌其父為篤信佛教的君主。五八二年，文帝在建設尚未完成的都城建造大興善寺。隔年為獨孤皇后的亡父建造了弘善寺，五八六年，又為獨孤皇后的亡母建造紀國寺。正所謂上有所好，下必甚焉，既然皇帝夫妻都建造了寺院，臣子當然不會沒有任何行動，於是貴族與富裕階層的庶民紛紛在新都建造寺院。

除了這些在都城建造的寺院之外，軟體部分也得整頓。北周武帝曾下令僧尼全部還俗，也就是所謂的廢佛。雖然其子宣帝停止廢佛，卻不允許僧尼剃髮。文帝即位後，在名僧曇延的建議下，允許一千多位僧侶出家。到此，寺院既成，出家者眾，接下來就需要準備僧尼研讀的經典。因此文帝除了下令收集佛典，還於大興善寺開始翻譯佛典，抄寫佛典的風氣也因此興盛。文帝時代抄寫的佛經共四十六藏十三萬二千零八十卷，修繕的佛經也多到三千八百五十三部。

既然舞臺已經準備就緒，剩下的只剩萬眾矚目的主角登場。北魏曾將皇帝稱為如來，而石窟寺院的本尊佛也是以皇帝為雛型，一如先前介紹的雲崗石窟的石佛就屬其中一例。在那之後，南北朝的皇帝也被奉為佛教的尊者，例如前面提到的，文帝引用輪輪王的概念讚美其父楊忠。

在南朝方面，自梁武帝之後，皇帝受菩薩戒的風氣盛行。所謂的菩薩戒就是為了成為菩薩而受的戒。比方說，武帝在受戒（「在家菩薩戒」）的時候，授戒的僧侶就曾問武帝「汝為菩薩嗎？」這個問題的意思是「你願意為了成為解救眾生的菩薩而修行嗎？」受戒者當然得說「是」。受菩薩戒就是為了成為拯救眾生的菩薩而修行，意思就是要成為菩薩。因此受了菩薩戒的皇帝常在懺悔文自稱「菩薩戒弟子皇帝」，梁武帝太子則稱頌其為「轉輪聖王」或是菩薩。那麼文帝想成為什麼呢？答案是菩薩。五八五年，文帝親受佛教的菩薩戒。可惜的是，不知道文帝受戒的內容為何，不過下列十條戒律肯定是文帝應守的戒律。

一、殺戒
二、盜戒
三、淫戒
四、妄語戒
五、酤酒戒
六、說四眾戒
七、自讚毀他戒
八、慳惜加毀戒
九、瞋心不受悔戒
十、謗三寶戒（佛、法、僧）。

以上十條戒律稱為十重戒。菩薩戒的內容會隨著受戒之際的法本而不同，但上述的十重戒是所有法本都會有的戒律。

文帝為了成為菩薩而遵守上述這些戒律，成為佛典正式認同的菩薩。文帝之所以在建造舍利塔的懺悔文自稱「菩薩戒佛弟子皇帝某」，就是以受戒者的身分繼承南朝皇帝自稱方式的意思。

此外，成為菩薩的皇帝等同於佛教提及的理想君主「轉輪王」，所以受菩薩戒等於有一石二鳥的效果。

統一天下

新都建設完畢，各項制度整建完畢後，隋朝便正式啟動統一天下的計畫。五八七年，文帝將後梁國主蕭琮從江陵喚來大興城。蕭琮是前國主蕭巋的兒子，也是文帝次子楊廣之妻的兄弟。當蕭琮帶著兩百名臣子進入大興城之後，便被留在大興城，隋朝將領也率兵駐紮江陵。後梁的臣民雖然群起反抗，文帝便趁機廢除後梁，被迫留在大興城的蕭琮也就此成為隋朝的臣子。

不管是華北的臣民，還是華南的百姓，每個人都對南朝梁這個將南朝帶入全盛時期的王朝有所憧憬，因此隋朝沒有一舉滅了後梁，而是先讓楊廣迎娶蕭巋的女兒，讓隋朝與後梁結成親家，藉此籠絡人心，以便與南朝陳全面對決。文帝在高熲的建議下，不斷地在收成時期佯裝出兵干擾農收，又派出細作焚燒江南的倉庫，讓南朝陳陷入疲弊，等到事前準備一切就緒，才廢掉作為雙方緩衝地帶的後梁，如此一來，就能從江陵沿著長江，直接通往南朝陳的首都建康（今南京市）。

反觀南朝陳這邊，陳後主每天過著五彩斑爛的生活。相較於歷代的南朝，南朝陳的領土萎縮許多，已變成長江下游的小國，所以大勢已經底定，隋朝就算硬拼，也一定能夠獲勝。不過生性謹慎的文帝知道，好不容易建立的隋朝很可能因為一次的失敗而瓦解，反之，若能統一天下，隋朝的權威將堅若磐石。

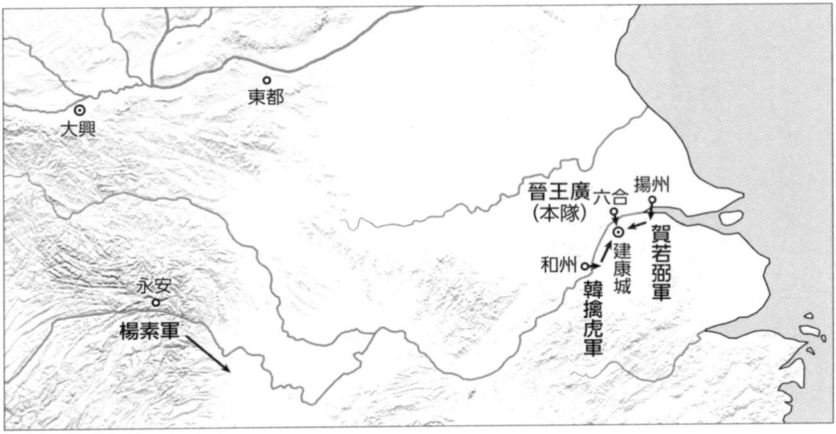

平陳進軍圖

五八八年十月，隋朝開始進軍。總司令官為高熲，水軍最高將領為楊素，全軍最高指揮官為楊廣。總兵力高達五十一萬八千人。文帝準備了三十萬張寫滿陳後主無道事跡的文書，並在江南發送這些文書，接著也答應大赦南朝陳的所有臣民，以及冊封陳後主為上柱國與萬戶公。這等於答應國主一族都能得到赦免，所以不要進行無謂的抵抗。

反觀陳後主依舊耽於玩樂，等到五八九年元旦，隋軍在都城附近出現，陳後主才知道真正的戰況。儘管召開作戰會議，但為時已晚。一月，楊廣進入建康城，先殺了南朝陳的佞臣與陳後主的寵姬，又命令高熲與裴矩（五四八—六二七年）接收宮中收藏的圖畫與典籍，還封印府庫，手邊不留半點金銀，令天下人為之讚賞。此戰讓隋朝得州三十，得郡一百、得縣四百，建康城徹底被破壞，楊廣帶著陳後主與皇親國戚回到大興城。都城這邊也舉辦了盛大的凱旋遊行，身為主角的總指揮楊廣也得到許多讚賞。

遠征高句麗

說到隋朝，就會想到屢次的對外戰爭，也會想到煬帝遠征高句麗三次，導致國家滅亡這些事情。隋朝的對外戰爭與整治國內同時進行。初期最大的敵人是突厥，但是隋朝在五八三年的時候，趁著突厥內訌而使計讓突厥分裂成東西兩部。當北周以來的最大敵人分裂，隋朝便將視線望向東部。

讓我們回溯一下歷史。高句麗是於五八一年首次朝貢，因為北周不僅冊封了百濟王，也於此時冊封了高句麗王。換言之，對隋朝而言，這兩國都是從北周繼承的臣子，但是隋朝滅了南朝陳之後，高句麗便加強軍備，固守城池。當文帝於五九〇年派遣使者前往高句麗時，指出高句麗的五項罪名：

一、壓迫靺鞨與契丹，阻礙他們向隋朝朝貢。
二、為了打造兵器而偷偷挖角隋朝的工人。
三、將撫慰高句麗的隋朝使者軟禁在使館，讓訊息無法傳回隋朝。
四、派遣騎兵殺害邊境百姓，圖謀不軌，散播不實言論。
五、派奸細潛入隋朝探聽情報。

還以下列的內容威脅高句麗：

往者陳叔寶代在江陰，殘害人庶，驚動我烽候，抄掠我邊境。朕前後誡勅，經歷十年，彼則恃長江之外，聚一隅之眾，惛狂驕傲，不從朕言。故命將出師，除彼凶逆，來往不盈旬月，兵騎不過數千。歷代逋寇，一朝清蕩，遐邇乂安，人神胥悅。聞王歎恨，獨致悲傷，黜陟幽明，有司是職，罪王不為陳滅，賞王不為陳存，樂禍好亂，何為爾也？王謂遼水之廣何如長江？高麗之人多少陳國？朕若不存含育，責王前愆，命一將軍，何待多力！慇懃曉示，許王自新耳。宜得朕懷，自求多福。（《隋書・東夷傳》）

看來文帝對於高句麗感嘆南朝陳滅亡這點非常不悅。此時江南一帶仍有反隋勢力，以幾千兵力滅掉南朝陳這類虛張聲勢的言論，反倒曝露了文帝內心有多麼焦慮。

此時高句麗王為高湯。他對於文帝這篇充滿進攻欲望的文章十分驚訝。正當高湯準備派遣使者交涉，沒想到卻病死，由長子高元代為派遣使者，文帝也暫時收回氣話，封高元為王。

不過，文帝是一旦心存猜忌，就難以抹去的個性。五九八年，文帝派遣大軍朝高句麗進攻。這一年，在突厥策動反隋活動的大義公主（原為北周的千金公主）為其夫都藍可汗（五八八—五九九年在位）所殺，也是隋朝的安義公主與突利可汗（後來的啟民可汗）成親的隔年。這意味著文帝等到北方的情勢穩定才正式對高句麗宣戰。儘管文帝誇口數千兵力足矣，但其實派出了號稱三十萬的兵力。此時高句麗正與隋朝建國以來最大勁敵突厥持續交流。想必文帝是想向高句麗的周邊各國展示隋朝的軍威吧。可惜，最終以慘敗收場。隋朝的陸軍實在太過龐大，所以兵站來不及整建，導致大軍餓著肚子前進，之後又遇到連日下雨，導致士兵體力不足。才剛走出長城，就有許多士兵開始生病。好不容易抵達遼水，卻

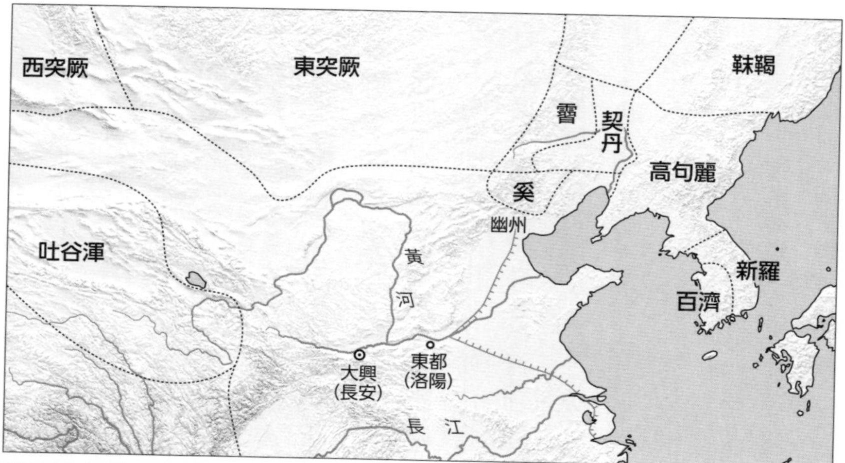

隋至唐初的周邊諸國

早已疲憊不堪。由於高句麗王於此時謝罪，隋軍才得以在保全顏面的情況下撤軍。至於水軍這邊，從山東半島的東萊往高句麗的首都平壤出發後，許多船隻便因為大風吹襲而失蹤或沉沒，不得不無功而返。在為了對付高句麗而動員的士兵之中，十之八九都喪命了。

問題是，誰該為這場敗戰負責？朝廷上下對這次出兵根本就沒有達成共識，例如擔任總指揮的高熲就反對出兵。高熲是關隴集團的核心人物，一旦高熲反對，關隴集團出兵的意願就不高。但是執意出兵的文帝還是派五子漢王楊諒擔任元帥，領著大軍出發。

獨孤皇后曾說漢王楊諒告訴她：「明明高熲一開始就說不想去，但是陛下既然執意派他跟著，我肯定會無功而返。」接著愛子漢王楊諒又哭著對皇后說：「母親的乖兒子差點就被高熲所殺。」因為第一次擔任行軍元帥而興奮的漢王向高熲提出了各種提案，但是高熲怎麼可能採納小鬼頭的提案，所以上述這些肯定是楊諒為了報復而打的「小報告」。雖說楊諒是么子，但也已經二十四歲，行為卻還是如此幼稚。

與漢王一同擔任行軍元師的王世積因為被陷害而於五九九年被殺害，與王世積走得很近的高熲也因此失勢。

文帝的孩子

文帝與獨孤皇后總共生了十個小孩，其中五個男孩，另外五個是女孩。五八一年，文帝即位時，便指定長子楊勇為太子，但是楊勇卻漸漸地失去了父母的寵愛。

建國之初，文帝某次巡幸時，曾讓楊勇代掌職務。當時隋朝朝廷準備迎接冬至，而楊勇也代替皇帝接受臣子晉見與拜賀。冬至拜賀與元旦拜賀都是重要的儀式，但是能接見臣子，接受拜賀的只有皇帝。當文帝回朝，知道這件事情之後，便禁止臣子晉見與拜賀皇太子。表面上，文帝沒有追究皇太子的責任，但是文帝卻忍不住懷疑楊勇是打算取代自己，接受臣下的忠誠之心。

下一個事件發生在五八六年。洛陽的百姓上書文帝，希望文帝將皇位禪讓皇太子。表面上，文帝覺得不能讓孩子接下重擔，自己卻過著輕鬆的隱退生活，其實內心卻十分不悅，因為那時的文帝才四十六歲，正值壯年的年紀。

這一年，梁士彥（五一五—五八六年）、宇文忻（五二三—五八六年）與劉昉因為圖謀造反而被誅殺。劉昉是偽造北周宣帝的遺詔，讓文帝得以握有大權的人物，梁士彥與宇文忻則是事奉北周武帝的猛將。參與謀反的盧賁則建議擁立備受文帝疼愛的次子楊廣，也跟楊勇示忠：「我常晉見殿下，所以受到了陛下的譴責，還請殿下明白我的誠意。」五八六年，所有人都已知道文帝將注意力放在次子楊廣身上。

新的火種開始燃燒。文帝從護衛皇族的侍官之中，挑出幹練的人物擔任自己的宿衛，高熲則於此時上奏文帝，認為拔擢強悍的侍官會導致皇太子的安全受到威脅。對此，文帝怒曰：「皇帝多有行幸，需要強悍的侍官護衛。皇太子只需要於宮內修身養德，有必要身邊隨時有強悍的侍官跟著嗎？」

文帝揣測高熲讓自己的兒子迎娶了楊勇的女兒，所以才會如此發言。順帶一提，迎娶楊勇之女大寧公主的高熲之子稱為表仁，於七世紀中葉，擔任日本遣唐使的返禮使的就是這位高表仁。

在一連串的事件發生之後，文帝開始懷疑楊勇有篡位的野心。楊勇與文帝之間產生了許多誤解。照理說，楊勇應該在此時更加注意自己的言行，但是大少爺實在太過散漫，犯了父母親最痛恨的事情，那就是異性關係的問題。五九一年，楊勇的正妃元氏過世。楊勇有許多側室，其中最受疼愛的就是雲昭訓。當時也流傳著不受楊勇寵愛的元氏是因為鬱鬱寡歡而死或是被毒殺的謠言。元氏是與西魏皇室一脈相承的女性，所以皇太子楊勇的婚姻是為了在楊氏的血統混入北魏皇室的血統，以表對北魏皇室的敬意。

文帝曾自豪地說：「歷代皇帝都會因為過於寵溺愛姬而廢儲，但是朕只有一位妻子，五個兒子都是同一個母親，是真正的親兄弟。所以隋朝不會發生妃嬪爭寵，庶子互爭，導致國家滅亡的事情。」不過，楊勇卻與側室生了長子，讓最重要的正室失意而死。元氏之死，無疑是在文帝與皇太子之間那冷到谷底的親子關係雪上加霜。文帝夫妻開始思考廢儲的問題，而且也傾向將寵愛有加的楊廣立為新太子。

文帝曾與高熲討論廢儲的問題，但是高熲卻以「長幼有序」的理由反對。儘管廢儲的計畫暫停，但是與皇太子互為姻親的高熲立場卻變得有些微妙。

反觀楊廣於五八四年，與正妻蕭氏（後來的蕭皇后）生了長子，又於五八五年生了次子，未與蕭氏之外的女性有任何小孩。隋朝皇室楊廣與梁朝皇室蕭氏的兒子，可說是南北中國歷經二百七十三年統一的象徵。而且楊廣非常節儉，對任何人都十分客氣。由於他與兄長的關係十分疏遠，只要兄長一即位，楊廣一家肯定會面臨滅門之禍，所以要想活下去就只剩下奪嫡這條路可走。

楊勇背後有高熲撐腰，所以楊廣要想奪嫡，就必須找到足以與建國功臣高熲匹敵的後盾。於是楊廣看上了楊素。楊素是隋朝首屈一指的猛將兼智將。雖然總是恃才自傲，惹人討厭，但在政治力、行動力與統御力上，還是出類拔萃，而且高熲也是楊素的眼中釘，所以當楊廣接觸楊素，楊素便欣然支持楊廣。

楊廣為了成為後繼之君，也致力於佛教信仰。在揚州任官的楊廣於五九一年仿效文帝，請來智顗授予菩薩戒。其實文帝的兒子無不為了得到文帝的寵愛而信仰佛教，但沒有一個能比得上楊廣，因為楊廣被任命統治佛教盛行之地的江南，盡得地利之便。楊廣接著在都城大興建造了日嚴寺，以表自己對於文帝的敬慕，還讓江南的僧侶住在日嚴寺，南朝佛教也以此寺為據點，在華北開枝散葉。

接著楊廣又將梁武帝放在長干寺供養的舍利安置在這座日嚴寺。文帝就在此時首次接觸舍利信仰，也連帶促成了開頭介紹的建造舍利塔事業，不過，現在必須先談談楊勇的下場。

五九四年，有人建請文帝進行泰山封禪儀式，帶頭的人就是楊廣。文帝也在接受這項建議之後，於隔年五九五年正月，在泰山大肆舉行祭拜天地的儀式。據說泰山封禪這項儀式始於傳說中的三皇五帝。西漢武帝（前一四一－八七年在位）曾經大肆舉行這項儀式，但是自從漢朝滅亡後，就一直沒人於泰山舉行這項儀式。

在如此盛大的典禮之中，楊勇毫無存在感可言。文帝命人調查出入東宮之人，也開始拔除楊勇身邊的有才之士。楊勇為了擺脫即將到來的惡運而開始求神問卜。據說占卜師告訴楊勇，他逃不過廢儲的命運，因此楊勇在東宮打造了庶民安身立命的村子，也於這座村子之中生活。只要一走進這座村子就換上布衣，走進茅草蓋成的房子，躺在稻草製作的床舖休息。他以為暫時假扮庶民就能逃過廢儲的命運。還真是心志軟弱的人啊。

六〇〇年九月，文帝從行宮仁壽宮回到大興城之後，便向東宮府的官員吐露，每次回到京師（都城）都有種進入敵國的感覺，因為文帝在仁壽宮的時候，大興城是由皇太子管理的。這番話充分表露了文帝對皇太子的敵意。文帝甚至公開表示：「那傢伙正在摧毀我的國家。」一如「綸言如汗」這句成語，皇帝說出口的話已無法收回。文帝又說了下列這番話。

> 我雖德慚堯、舜，終不以萬姓付不肖子也。我恆畏其加害，如防大敵，今欲廢之，以安天下。
>
> （《隋書・文四子傳》）

六〇〇年十月，楊勇被剝奪皇太子權位，繼任的皇太子則確定是次子楊廣，接著也於十一月舉行立太子的儀式。

舍利塔建立事業

自文帝即位以來，被誅殺或是放逐的建國功臣，除了劉昉、梁士彥與宇文忻之外，還有李德林、王世積與高熲，而且連長子楊勇也被文帝視為威脅而排除，朝廷的文武百官開始懷疑文帝的判斷力。

文帝與其父楊忠不同，沒有軍事方面的領導統御能力。五九八年在獨排眾議之下討伐高句麗的軍事行動也失敗。文帝當然也沒有任何文采可言。生性多疑、剛愎自用的他非常清楚，自己沒有領導能力，也沒有英雄光環。

但是，文帝的確是時勢所造的皇帝。如果不做任何努力，剛誕生的隋朝將分崩離析。歷盡千辛萬苦才建立的王朝怎能只維持一代呢？所以必須想辦法一改時代的氛圍。

文帝心想，有什麼方法能讓自己握有主導權，讓參與者陷入狂熱，並且將這股能量轉換成對隋朝的忠誠呢？答案就是佛教。

文帝將年號改為仁壽，並在六十歲還曆的生日命人在國內三十州建造舍利塔。

前面已經提過，楊廣將長干寺的舍利迎入日嚴寺這件事。據傳這顆舍利最初是由阿育王供養，所以梁武帝也崇拜有加。阿育王是西元前三世紀的印度國王，也是孔雀王朝全盛時期真實存在的王，之後因為庇護佛教而蔚為傳說。據傳，阿育王建造了統治閻浮提這片大陸的帝國後，以佛教為尊，尋求釋迦的舍利，還差使鬼神，同時建造了八萬四千座舍利塔。據說世界的中心有座須彌山，須彌山的東西南北各有一片大陸，而閻浮提就是位於須彌山南方的那片大陸。當時的人們認為，阿育王的帝國以及文帝的隋朝都位於這片閻浮提大陸。文帝在楊廣將舍利迎入日嚴寺之後，得知還有阿育王這個崇拜佛教的國王，所以才打算模仿阿育王，在隋朝國內建造舍利塔。此外，使用的舍利是在即位之前，由不知來路為何的僧侶所託之物。這位僧侶與智仙一樣，都預言文帝會在即位之後復興佛教。

一般認為，神佛在感應到舍利塔之後，各地便會發生奇跡（民間信仰）。在此介紹發生最多奇跡的蒲州（今永濟市）棲巖寺。九月二十三日，舍利一抵達位於蒲州州城的仁壽寺，便發生堂內盈滿佛光的奇跡。舍利於十月七日抵達棲巖寺。根據〈舍利感應記〉的記載，每隔幾日就發生地震或是發光這類奇跡，而且光芒時而貌似佛像，時而狀似樓，明明當時正值深秋，桃花與杏花卻恣意綻放，每個人也以桃花與杏花供養舍利。各州回報奇跡之後，代表百官慶賀的楊雄便認為棲巖寺因為是文帝之父楊忠所建造的寺院，所以發生了最多奇跡。順帶一提，養育文帝的智仙以及文帝的戒師曇延都來自蒲州。

源自舍利的多起奇跡是讓幫忙建造舍利塔的人感受文帝權威的重要工具。文帝當然也沒忘記將這些奇跡當成對外宣傳的工具。

六〇一年，舍利分給高句麗、百濟、新羅這三個朝鮮半島的國家。雖然不知道帶回去的舍利的下落，但是這些國家在分到舍利之後，為舍利建造了佛塔，而這些佛塔採用了仁壽舍利塔的方法，將舍利放在巢狀容器之中，再將舍利埋在地底的舍利埋納法。一般認為，舍利在六〇一年傳入朝鮮半島時，埋納舍利的方法也跟著傳入。

六〇二年，天竺摩揭陀國派來稱頌舍利塔的使者。據說使者的母國發生了地震，地面裂開，然後往裂縫一看，居然找到一塊石碑，上面寫著：「東方震旦，國名大隋，城名大興，王名堅，意建立三寶，起舍利塔。」因此摩揭陀國才請僧侶組成使者團，前往隋朝謁見。使者看到文帝建造舍利塔的豐功偉業之後無不讚嘆，回國之前，使者團之中的某位僧侶還希望能夠下賜一本記載舍利各種相關奇跡的書籍。

我們不知道奇跡是否真的發生，也不知道使者是真是假，但這些事對文帝來說，一點都不重要，真正重要的是來自釋迦誕生之地的僧侶請求宣揚文帝宗教權威的書籍。

認為這是大好時機的文帝便將《舍利瑞圖經》與《國家祥瑞錄》譯成梵文，賜給摩揭陀國的僧侶，再送至西域各國。儘管不知道這些書的內容與寫成時期，但是前者與〈舍利感應記〉類似，都記載了許多與舍利建造事業有關的祥瑞，後者則記載了在隋朝建國之後發生的祥瑞。

另一個搭上這股風潮的是倭國。倭國於六〇七年派遣了使者，派遣的過程如下。

> 大業三年，其王多利思比孤遣使朝貢。使者曰：「聞海西菩薩天子重興佛法，故遣朝拜，兼沙門數十人來學佛法。」其國書曰「日出處天子致書日沒處天子無恙」云云。帝覽之不悅，謂鴻臚卿曰：「蠻夷書有無禮者，勿復以聞。」（《隋書・東夷傳》）

其中的「菩薩天子」指的是皇帝受菩薩戒的意思。而「重興佛法」則是文帝建造舍利塔，宣告自己要「重興佛教」的意思。可惜的是，文帝於六〇七年死去，皇太子楊廣則於建造舍利塔之際即位。由於這封國書的內容有失禮之處，導致隋朝皇帝對倭國不悅，但應該還是表達了倭國多麼佩服皇帝在佛教方面的豐功偉業。

讓我們把話題拉回文帝身上。因為各地回報了民眾陷入狂熱的模樣，自信大增的文帝便立刻下令繼續建造舍利塔。幸虧舍利還有，只要再創奇跡，就有機會再得到舍利。文帝認為自己、皇后與孫子（楊廣的兒子）的食膳出現了舍利，所以下令以這個舍利建造舍利塔。文帝提到：「今舍利真形，猶有五十，所司可依前式，分送海內。庶三塗六道，俱免蓋纏，稟識含靈，同登妙果」（《廣弘明集》卷十七）。六〇二年的第二次建舍塔，將舍利放入石函的日期是四月八日的佛誕日。

六〇二年，各地也回報了大量的奇跡。瀛州（今河間市）回報說，在挖地準備埋納石函，土上居然出現寫著「轉輪聖王佛塔」幾個黑字的篆文。在佛教史上，最有名的轉輪聖王就是阿育王，所以這個奇跡無疑是將文帝稱頌為轉輪聖王，因為文帝仿照阿育王的方式，在自己的國家建造了舍利塔。

死去

六〇四年，文帝第三次命人建造舍利塔。「朕祇受肇命，撫育生民，遵奉聖教，重興像法。而如來大慈，覆護群品，感見舍利，開導含生。朕已分布遠近，皆起靈塔，其間諸州，猶有未遍，今更請大德奉送舍利，各往諸州，依前造塔。」（《續高僧傳》卷二十一〈洪遵傳〉）。同樣地，將埋納舍利的日期定為四月八日。

在第三次建造舍利塔之前，獨孤皇后於六〇二年八月去世。文帝在皇后去世之後沉溺女色，其中一位是南朝陳宣帝（五六九—五八二年在位）的女兒，另一位是南朝陳滅亡時的宮女。想必文帝也覺得自己太過放縱了，據說在病危之際曾對身邊的宮女說：「若皇后還在，我絕對不會變成這樣。」

文帝是連自己的兒子都懷疑的人，還因為懷疑兒子有篡位之心而剝奪了兒子的權位。或許是因為失去了能無條件信賴的獨孤皇后，他的精神狀態才會失常。在舍利的奇跡還沒從各地傳入宮中之前，文帝就於仁壽宮去世。

爾朱榮（四九三—五三〇年）

爾朱榮是匈奴契胡人。五二三年，六鎮之亂爆發後，便放下手邊的畜牧業，集結義兵，參與鎮壓活動。正巧在北魏這邊，與生母靈太后對立的孝明帝（五一五—五二八年在位）死去。由於孝明帝將爾朱榮的女兒納為妃子，也偷偷命令爾朱榮除掉靈太后，因此便指控靈太后毒殺孝明帝，再打著獻文帝之孫元子攸（孝莊帝，五二八—五三〇年在位）的旗號，率軍從山東的晉陽（今太原市）進軍洛陽。知道自己敗北的靈太后便出家，並在黃河渡口河陰迎接爾朱榮與孝莊帝。爾朱榮誘出主掌北魏朝政的那些人，再命令胡人騎兵部隊從四方包圍並加以屠殺。這場殺戮總共殺了兩千多人，連孝莊帝的兄弟也被殺，靈太后與幼主元釗亦沉屍黃河。

此時的爾朱榮正在猶豫，是否要就此篡奪帝位。雖然他打算以黃金鑄造自己的像，但試了四次都不成功。其實爾朱榮在打著元子攸的名號進軍之前，也曾為北魏的多位皇子鑄像，只有元子攸的像鑄造成功，所以才讓元子攸即位。這是當時遊牧民族盛行的占卜術。煬帝之妻也是透過這種鑄造占卜術決定的。爾朱榮在放棄登基後，將嫁給孝明帝的女兒改嫁給孝莊帝。

六鎮之亂爆發後，有不少人移居華北，而於五二八年四月進入洛陽的爾朱榮則準備迎擊由這群人組成的亂軍。雖然懷朔鎮出身的葛榮號稱自己手下有百萬雄兵，但爾朱榮只領了七千精銳出擊。儘管雙方兵力懸殊，但爾朱榮擁有豐沛的軍馬，所以替每位士兵都準備了備用的軍馬，還讓士兵分成幾百個小集團，進行肉搏戰。他禁止士兵斬下敵軍的頭顱，只需要以棍棒打破敵軍的頭即可。就殺傷力而言，棍棒比砍了幾個人就會變鈍的刀劍更高。爾朱榮自己也從敵軍的後方發動攻擊。

葛榮被俘後，亂軍便投入爾朱榮麾下。爾朱榮與各集團談判後，答應這些集團的人移居到想去的地方，所以剩下來的大軍瞬間煙消雲散，而那些有將才的亂軍將領也紛紛歸入爾朱榮帳下，其中最具代表性的就是宇文泰。

剛以為一切塵埃落定，沒想到流亡至梁朝的元顥（獻文帝之孫）居然率兵進攻。五二九年，洛陽被占領，趕來馳援的爾朱榮軍隊與元顥軍在黃河兩岸對峙。爾朱榮命令姪子爾朱兆與賀拔勝率領一千騎兵精銳，趁著夜晚渡過黃河發動奇襲。元顥撤退後，孝莊帝得以回到洛陽，爾朱榮也得以回到大本營晉陽。此外，楊堅之父楊忠也在此時從南朝梁回到北邊。

情勢總算穩定下來了。此時爾朱榮曾對心腹元天穆說，接下來要揮軍江南，滅掉南朝梁。從六鎮之亂總動員的兵力來看，要平定江南，一統天下也不是不可能的事。

不過，朝廷之中瀰漫著一股不平靜的氣息。爾朱榮雖然待在大本營晉陽，卻屢屢插手朝廷的事情，只要孝莊帝不從，便會怒喝：「你是靠誰才能即位的！」此時的孝莊帝可說是如坐針氈。話說回來，孝莊帝從未忘記北魏皇族、朝廷百官、靈太后、幼主被殘殺的記憶。在河陰之變遭到殺害的是他的兄弟、他的親人，以及誓死效忠的官僚。孝莊帝怎麼可能忘得了他們的哀嚎、怒吼與堆成小山的遺體呢？

五三〇年九月，爾朱榮率領數千騎兵晉見孝莊帝。從旁人來看，雙方可說是一觸即發的局勢，但爾朱榮卻不把孝莊帝當成一回事。

正所謂窮鼠齧貓，九月二十五日，孝莊帝親手殺了爾朱榮，當時的爾朱榮才三十八歲而已。

喜好騎射與騎馬的爾朱榮參加宮中的宴射（一起喝酒，練習射箭）時，只要孝莊帝射中靶，就會跳上桌子大喊快哉。喝了酒的他會變得十分爽朗，還會端坐在地，大唱鮮卑語的歌曲。如果臨淮王元彧在場，還會讓他跳敕勒歌之舞。日暮西山，宴會結束後，會與左右兩旁的人手牽手，一邊用力踩向地面，一邊跳舞與唱歌，然後慢慢地離席。

據說爾朱榮的酒品不太好，喜怒哀樂也非常激烈。不過，他擁有一副白皙的美貌，手臂也十分強壯，還擅於計謀，個性也比常人開朗，是一位喜歡唱歌跳舞的將軍。正因為小時候過的是遊牧生活，所以才一直保有北方遊牧民族的文化。或許正是因為如此，爾朱榮在平定六鎮之亂後，才會有那麼多人才來到他的身邊吧。

攻陷洛陽的爾朱兆、爾朱世隆（爾朱榮的堂弟）將殺害爾朱榮的孝莊帝擄到晉陽殺害。爾朱榮死後，爾朱氏爆發了後繼者之爭，爾朱榮麾下的高歡便趁機崛起，取爾朱氏而代之。

宇文泰（五〇五─五五六年）

字黑獺，一家都是匈奴人。宇文泰出生於武川鎮，父親為宇文肱（？─五二六年），母親為王氏。宇文泰是身高八尺（以小尺計算為一八四公分），天庭飽滿，髮長及地，蓄有一副美髯的美男子。自年輕時期就格局極大，身邊也聚集了不少人才。

參加六鎮之亂的宇文泰，在爾朱榮平定叛亂之後，便跟隨爾朱榮的部將賀拔岳，並在賀拔岳麾下屢立戰功，成為賀拔岳的左膀右臂。

五三四年二月，賀拔岳在平涼（今甘肅省）被侯莫陳悅（？─五三四年）所殺，當時的宇文泰負責治理夏州，所以賀拔岳的將士便帶兵來到夏州，拜託宇文泰幫忙報仇雪恨。如果成功的話，宇文泰便可繼承賀拔岳的勢力。於是宇文泰便帶著輕騎出發，成功擊敗侯莫陳悅。

是年七月，孝武帝為了從專橫的高歡手下逃脫，便拜託宇文泰讓他逃到長安。當時的孝武帝只剩下皇帝的權威，除了掌權者從高歡換成宇文泰之外，手上還是沒有半點實權。北魏的氣數在此時可說是走到盡頭了，孝武帝也於這一年年底殞命。皇位由孝文帝之孫元寶炬（文帝，五三五─五五一年在位）繼承，西魏就此成立。

掌權之後的宇文泰非常忙碌。除了一邊整頓國家，還得與東邊挾持孝靜帝的高歡，也就是東魏作戰。宇文泰與高歡之間爆發了多場激戰，但最重要的一戰莫過於沙苑之戰。

五三七年八月，宇文泰帶領李弼（四九四─五五七年）、獨孤信，共十二名將軍朝東方出兵。行前宇文泰宣示：「與爾有眾，奉天威，誅暴亂！」也嚴禁行軍之際燒殺掠奪，最終宇文泰的軍隊順利抵達弘農。

率領十萬兵力迎擊的高歡從蒲坂渡過黃河。蒲坂到長安的距離約有一百公里。由於宇文泰的軍隊不足一萬兵力，所以便從弘農回到關中，固守城池。高歡的軍隊雖然抵達華州，但是華州刺史王羆（？—五四一年）拒絕開城，還對勸降的高歡說：「這座城就是我王羆的墳墓！不管是生是死，我都要留在這座城，不怕死的就儘管來吧。」高歡眼見王羆準備抗戰到底，便繞過華州，率軍渡過洛水。

眼前雙方兵力懸殊的宇文泰對麾下各將說：「高歡越山渡河，遠來至此，天亡之時也。吾欲擊之何如？」諸將認為寡不敵眾，提議等高歡再往西邊一點，再見機行事。不過，宇文泰覺得：「歡若得至咸陽，人情轉騷擾。」趁著高歡的軍隊剛抵達的時候，便可殺他個措手不及。

宇文泰在渭水搭建浮橋，只讓士兵帶足三日的軍糧就渡過渭水。

十月癸巳早晨，宇文泰與高歡的軍隊在沙苑對峙。宇文泰聽取李弼的建議，在渭曲擺出背水之陣。右翼為李弼，左翼為趙貴，同時命令士兵拿著武器，躲在蘆葦叢中，聽到鼓聲再衝出來攻擊。

到了下午（申時），高歡的軍隊抵達渭曲。高歡麾下的斛律羌舉向高歡進言：「黑獺之所以一步不退，是因為等不到軍糧與援軍。只要試想他的心情就不難明白，他一定會作困獸之鬥。我軍若是繞過他們，直指咸陽，一定能不費一兵一卒，拿下唱空城計的咸陽。」不過，諸將的意見並不一致。高歡的軍隊就在彼此鬧成一團的情況下開戰。

高歡眼見宇文泰身邊的兵力不多，便在軍隊尚未整隊的情況下令進攻。就在兩軍一觸即發之際，鼓聲響起，宇文泰的士兵一邊大喊，一邊一躍而出，于謹（四九三—五六八年）與其他將領率領的六軍紛紛加入戰場。右翼的李弼率領精銳六十騎（《北史》記為九十騎）攔腰截斷高歡的軍隊。明明兵力相差懸殊，結果卻是宇文泰大勝。高歡軍隊戰死者高達六千餘人，投降者逾二萬餘人。儘管高歡率領殘兵敗部趁著夜色逃走，但在宇文泰的追擊下，再一波的損兵折將。最終，又有五萬人投降，周邊勢力也如雪崩般，紛紛歸屬西魏。

如果宇文泰此戰敗北，華北應該會被東魏統一，楊堅也沒有機會站上歷史的舞臺，因此這可說是決定了天下誰屬的戰役。

這場戰役結束之後，宇文泰在二十年後，準備接受禪位的時候死去，等到宇文泰的四子，也就是北周武帝統一華北時，時間又過了二十年。

高歡（四九六—五四七年）

高歡雖然自稱是渤海出身的漢人，但其實來自懷朔鎮，所以很有可能是鮮卑人。個性冷靜沉著的他，眼光如炬，顴骨高聳，齒如白玉。雖然家貧，但在妻子娘家的資助之下買了馬，才得以成為馬隊隊長。

參與六鎮之亂的高歡最初是在柔玄鎮杜洛周的麾下，不過他很快就對這個軍團死心，與妻子、盟友連夜逃走，改投葛榮帳下，但是過沒多久，又轉投爾朱榮旗下。爾朱榮的麾下有同為北邊出身的劉貴，所以在劉貴的推薦之下，高歡得以見到爾朱榮一面。爾朱榮讓高歡跟著自己去馬廄。當時馬廄之中，有一匹性格剛烈的野馬，爾朱榮命令高歡剃下這匹馬的馬鬃，沒想到高歡沒兩下就達成任務，還跟爾朱榮說：「御惡人亦如此馬矣。」建議爾朱榮清君側，建立霸業，博得爾朱榮歡心的高歡就此成為爾朱榮的近臣。

五三〇年，孝莊帝殺害爾朱榮，爾朱兆與爾朱世隆也展開報復，但高歡並未參與此次弒君，因為高歡認為有更重要的事情要做。

此時葛榮轄下的人開始造反。六鎮之亂猶如盛夏熯火，餘燼不滅。爾朱兆與高歡討論對策之後，高歡認為不太可能蕩盡高達二十萬人的殘黨，所以建議爾朱兆派遣心腹統率這些殘黨。高歡麾下的賀拔允（四八七—五三四年）剛好在場，便說只有高歡適合這個任務，沒想到高歡立刻毆打賀拔允，打得賀拔允的牙齒都掉了。這可是將二十萬名百姓納為己用的任務，如果高歡真的接下這個任務，肯定會引起爾朱兆的提防之心。高歡甚至建議處死賀拔允，但這麼一來，反而讓爾朱兆更加安心。不過，這很有可能是高歡與賀拔允事先商量好的一齣戲。

爾朱兆在宴會上喝得酩酊大醉，高歡擔心爾朱兆酒醒會收回成命便急忙出發，將殘黨全部納為己有。在帶領這些殘黨前往東邊時，高歡從爾朱榮的妻子手中奪走了三百匹馬。儘管後來爾朱兆親自前來問罪，沒想到高歡居然能夠讓拔刀的爾朱兆心軟，甚至還與他結為兄弟。看來高歡更攻於心計。

率領北鎮遺民抵達山東之後，高歡便與不斷發動反爾朱氏運動的高乾（？—五三三年）以及封隆之（四八五—五四五年）結盟，散布爾朱兆要讓所有六鎮遺民成為契胡人（爾朱氏為契胡人）的奴隸。失去故鄉，無以為生，又無退路的六鎮遺民便對爾朱氏產生反感。

五三一年六月，高歡舉兵。作為號召大旗的是渤海郡太守元朗（後廢帝，五三一－五三二年在位）。隔年，高歡占得鄴城之後，爾朱氏便集結，準備討伐高歡。面對來勢洶洶的二十萬大軍，高歡的軍馬只有兩千多匹，步兵也不到三萬，沒想到高歡居然自斷退路，讓士兵拼死作戰，最終還獲得勝利。爾朱兆逃至山西後，於五三三年再次被高歡擊敗，最後只得自殺。

此時的天下有兩位皇帝，一位是鄴城的後廢帝，一位是爾朱氏在洛陽扶植的節閔帝元恭（五三一－五三二年在位），但皇帝只需要一位。高歡於五三二年四月進入洛陽，將節閔帝軟禁於佛寺。不過，由他擁立的後廢帝不過是景穆太子（第三代太武帝的長子）的玄孫。由於高歡希望找到更適合繼承皇位的皇室血脈，便哭著拜託百般不願意成為皇帝的元脩（第六代孝文帝之孫）登基，成為孝武帝。五月，節閔帝被酖殺，後廢帝也於十一月被殺。孝武帝在看到那些被迫即位的皇帝陸續被殺後，當然會覺得下一個就輪到自己，所以在跟宇文泰交涉之後，便在高歡領兵逼近洛陽的時候急忙逃至宮外，連收拾細軟的時間都沒有。

高歡進入失去主人的洛陽之後，便擁立十一歲的孝靜帝即位（東魏成立），再帶著四十萬戶百姓遷都鄴城，連洛陽的宮殿都移建至鄴城，洛陽也因此完全失去都城的角色。

在北魏分裂為東西兩部之後，長安與鄴城各有一位皇帝，東魏與西魏之間也難免一戰。東魏與西魏就這樣不斷地你來我往，比方說，五三七年（沙苑之戰）是由西魏取得勝利，五三八年（河橋邙山之戰）則是慘烈的平手，五四三年（邙山之戰）則是東魏獲勝。五四六年，高歡遲遲未能攻下韋孝寬鎮守的玉壁，最終只能撤退。沒想到就此臥病在床，五四七年正月在晉陽死去。

聽說高歡是以鮮卑語下達軍令，可見高歡非常清楚，自己的政權是由北鎮出身的鮮卑人支撐的。

隋煬帝（五六九—六一八年）

煬帝楊廣是隋朝第二任皇帝，六〇四—六一八年在位，又名英，小名「阿麼」。是文帝的次子，生母當然是獨孤皇后。據說楊廣的外貌與舉止都非常優美，自幼聰敏，是文帝與皇后特別疼愛的孩子。愛好學問的楊廣寫得一手好文章，個性冷靜沉著之外，態度也十分謹慎嚴肅，也因此頗得眾望。楊廣也非常善解人心，他那不分貴賤，以禮待人的態度，也得到眾人好評。某日外出狩獵時，正好遇上大雨。隨從呈上擋雨的油衣時，楊廣便說：「大家都在淋雨，我怎能一個人穿著油衣呢？」然後摒退了油衣。就算這只是在作秀，為上之人這麼做才是正確解答。

楊廣也知道父母對自己多有期待。某天文帝來到楊廣的府邸時，發現楊廣家中的樂器不是斷了弦，就是積了厚厚的灰塵，這暗示著楊廣未命人奏樂，也未命令樂妓隨侍，更不舉辦宴會。性好樸實儉約的文帝與皇后見狀大喜。許多史書將這件事描述為楊廣的小聰明，但是，為了自己，並為了雙親扮演乖兒子本來就是常有的事情，更何況楊廣身為皇子，生殺大權全握在父皇母后手中，想要活下去，當然就要想辦法演好乖兒子的角色。

五八八年，楊廣被任命為討伐南朝陳的行軍元帥。討伐軍的兵力高達五十一萬八千人，戰勝是理所當然的事。討伐軍於十月出發後，隔年正月便擊潰南朝陳的軍隊。楊廣之所以會被拔擢為這場必勝之仗的元帥，是因為他迎娶了在南朝陳之前統治江南的梁朝皇女。隋朝的臣民都認為，成功統一分裂達二百七十幾年的南北朝，凱旋歸朝的楊廣將是皇位的繼承人。

班師回朝後，楊廣雖然成為并州總管，卻立刻被任命為揚州總管，前往江南平叛。反觀其兄楊勇的正室元氏（西魏皇女）卻於此時憂鬱而死，楊勇也因此惹怒了父母。儘管楊廣擔任揚州總管的時間不長，卻效法篤信佛教的父母，請來天台山的智顗授予菩薩戒。六〇〇年四月，又被任命為行軍元帥，負責驅趕入侵的突厥。突厥撤軍後，楊廣便回到京師，並於這年十一月成為皇太子。

楊廣成為皇太子的時間相當短暫。六〇四年七月，文帝死去。根據《隋書．宣華夫人傳》的記載，文帝臥病在床之際，楊廣居然勾引文帝寵愛的宣華夫人，氣得文帝大罵：「畜生何足付大事，獨孤誠誤我！」急著叫廢太子楊勇來到跟前，卻無人聽從命令。雖然這個故事非常有名，但宮崎市定認為，這是唐朝人為了將煬帝塑造成壞蛋才編造的故事。愛惜羽毛的楊廣不會不知道在父親病倒之際染指父親的夫人，會失去一直以來累積的名聲與地位。楊廣絕對不會蠢到犯這種錯。文帝死後，楊廣成為煬帝，也曾經寵幸宣華夫人，但這不過是遊牧民族常見的利末婚（父親、兄弟死去後，他們的妻子由兒子或兄弟迎娶的習俗，唯獨生母不在此列），唐代也有相同的習俗。

煬帝最知名的事跡莫過於（一）開鑿貫通杭州與幽州，長達一千五百公里的南北大運河、（二）奢靡的生活、（三）三度遠征高句麗失利。其中的（一）與（三）都是由文帝開頭的事業，煬帝不過是克紹箕裘而已。雖然暴君的形象過於鮮明，但其實煬帝只是個過分認真、不懂變通的人，而且性子還很急。

至於（二）奢靡的生活，最常被提到的就是利用大運河巡幸或是建造洛陽城。煬帝知道要將糧食運輸到大興城所在之地的關中，是件非常困難的事，所以才會以洛陽為據點，藉此透過運河快速運輸糧食。唐代也曾暫時將長安設為首都，但在鬧饑荒之後，便將朝廷遷至洛陽，可見煬帝以洛陽為據點的方針無誤。

為了讓父親建立的王朝更加強大，煬帝似乎操之過急了，因為上述任何一項大事業都會耗盡民力，造成百姓的沉重負擔，然而煬帝卻下令同時進行這些事業。由於他沒在年輕的時候失敗過，所以沒辦法承認自己的過錯，並改變政策的方向。努力滿足雙親期待的煬帝，反而被名為成功的咒詛束縛。

六一三年，楊玄感（？—六一三年）起兵造反，但煬帝卻不顧各地接連造反的局勢，一心推動上述的事業，最後不得不於六一六年冬季避難江都揚州，但此時的煬帝已停止思考。當他懂事時，華北已經統一了，所以煬帝只懂宮廷之內的權力鬥爭，也只會接受別人安排好的戰爭與勝利。看在那些闖過北魏末年，好不容易等到隋朝建國的將領眼中，煬帝不過是溫室之中的小少爺而已。

話說回來，煬帝曾於六一〇年正月，邀請周邊勢力的統治者來到洛陽，參與一場國際盛會。根據氣賀澤保規的研究，當時的主要幹道擠滿了來自各地的賣藝人、雜耍團，還有人舉辦相撲比賽與演奏管弦樂。西域商人也獲准在洛陽市內從事商業活動。

在新年的熱鬧氣氛中，身著五顏六色異族服飾的人們信步走著，夜裡的燈火將街景映成一片火紅，商店陳列著五花八門的西域商品。這場盛會的兩年後，煬帝第一次遠征高句麗（六一二年）失利。不服輸的煬帝強行推動了第二次高句麗遠征（六一三年），途中，楊玄感造反，隋朝也開始瓦解。

六一八年三月，煬帝十分寵信的宇文化及（？—六一九年）叛變，煬帝被弒。禁軍與醫官都參與了這場叛變。當時的煬帝才五十歲，卻找不到適合皇帝入斂的棺木。宇文化及離開江南後，煬帝的遺體被挖出來改葬，但不知遺體是否蠟化了，看上去煬帝就像是睡著了一樣。

二〇一三年，煬帝與皇后的陵墓於揚州市邗江區西湖鎮被發現，大小約為二十至三十平方公尺。

其他人物

韋孝寬

五〇九—五八〇年。西魏與北周的智將。韋孝寬的厲害之處在於戰爭之前，就算盡一切機關。五七一年，韋孝寬散布了北齊第一名將斛律光的兩個謠言。其中一個是「百升飛上天，明月照長安」，另一個是「高山不推自崩，槲樹不扶自豎」。第一個謠言中的「百升」就是「斛」的意思，「明月」是斛律光的字，長安則是北周首都。而第二個謠言中的「高山」暗指北齊皇室，因為北齊皇室姓「高」，槲樹的「槲」則與「斛」同音，暗示斛律光將滅掉北齊，開創新王朝並統一華北。韋孝寬知道華北有人喜歡這類謠言。此時北齊後主高緯（五六五—五七七年在位）身邊有一群與行事嚴格的斛律光對立的佞臣，這群佞臣便向高緯告密，說這兩個謠言是真的，而且還說斛律光準備謀反，害得斛律光於五七二年被誅殺。

韋孝寬也是驍勇善戰的能將。五四六年，東魏高歡準備進攻西魏時，打算先從韋孝寬坐鎮的玉壁下手。高歡先在城南造山，準備藉此闖入城中，沒想到韋孝寬居然在城牆的高臺建造高樓，再從高樓予以反擊。緊接著高歡又開始在城南挖地下道，同時在城北造山，不分日夜展開攻擊。沒想到韋孝寬命人挖掘壕溝，找出地下道，再截殺打算從地下道闖入城中的高歡士兵，或是在地下道的敵人面前丟下正在燃燒的柴火，再以風箱加大火勢，燒死敵人。接著高歡又在城外打造衝車（或是投擲機），打算破壞城牆，但是韋孝寬卻以縫合的布當作緩衝，減弱衝車的衝擊力道，讓高歡無法順利撞破城牆。當高歡將火把綁在長竿上，準備燒毀這些布幕與樓閣時，韋孝寬製作了帶有利刃的鐵鉤，只要火把一靠近，就立刻揮動鐵鉤，切斷火把。之後高歡又在城牆四周挖洞，並於這些洞中豎立梁柱，然後倒油焚燒，讓城牆因此傾倒，而韋孝寬則在城牆倒塌處製作木柵，避免敵人入侵。由於久攻不下，高歡便放棄攻城而撤軍。

或許是因為此戰過於勞累，退兵之後的高歡就此臥病不起，最終也病死。若沒有韋孝寬擋住高歡，西魏恐怕已經滅亡，北周與後繼的隋朝也沒有機會建國了。

韋世康

五三一—五九七年。韋孝寬的姪子。自幼冷靜聰明。由於父親很早引退，也拒絕為官，所以韋世康居然從十歲開始任官，並於尉遲迥起兵之際協助文帝。韋世康個性寡淡，不愛權勢與地位，對朋友極為熱情，討厭挑剔別人的毛病。相較於其他個性鮮明的英雄，他實在是樸素到不行的人物。某天他召集兒子，問了下列的問題：「成功之後，不戀棧地位，立刻引退乃是順應天道。年過還曆（六十歲）的我也打算辭官，大家覺得如何呢？」兒子們都贊成父親之舉，韋世康便向文帝辭官，但是文帝還是予以慰留，於五九五年任命他為荊州總管。當時除了皇族之外，只有韋世康一人得以升任總管，百姓也十分認同文帝此次的拔擢。可惜的是，行政力求簡樸、不願勞民傷財的韋世康僅任職兩年就於任所死去，結束了他自十歲開始，經歷半個世紀以上的任官生活。

尉遲迥

五一六—五八〇年。父親為尉遲俟兜，生母為昌樂大長公主（宇文泰的姊姊）。尉遲迥自幼聰穎，相貌堂堂。文武雙全的他娶了西魏文帝的女兒。五五三年，答應梁元帝（梁武帝的七子）要求，準備前往救援的宇文泰命令尉遲迥前往巴蜀。當時的巴蜀是由與元帝對立的蕭紀（武帝的八子）占領，但是為了與坐鎮江陵的元帝一決雌雄，蕭紀已率領主力軍隊東下。由於當時為多雨燠熱的夏季，尉遲迥又在險峻的山道行軍，所以有不少士兵因此累出病來。尉遲迥親自慰問這些生病的士兵，還一邊給予藥物，一邊朝西方出發。得知尉遲迥準備攻擊巴蜀的蕭紀雖然派兵回防，卻還是被擊敗，自己的主力軍隊也被元帝擊潰，成都便於同年被攻陷。北周建國後，尉遲迥被冊封為寧蜀公，之後於五五九年晉升為蜀國公。宣帝即位後，被冊封為相州總管，負責治理剛剛拿下的鄴城。

想要在年事漸高的時候，聲望跟著水漲船高，就必須看穿生理與心理的變化，並懂得順應這些變化，可惜尉遲迥並非這類賢者。當他迎娶王氏為繼室，便與孩子不和，此時尉遲迥的身邊也沒有那些在他年輕時，待在他身邊的勇士與賢士。

北周宣帝退位後立刻死去，只留下八歲的靜帝。楊堅為了排除尉遲迥的勢力，決定讓尉遲迥的宿敵韋孝寬對付他。尉遲迥是為了鎮壓舊北齊領土而駐守鄴城的，韋孝寬則是為了控制南朝而駐紮於洛陽，兩邊都是聲勢浩大的軍隊。這兩支大軍在鄴城南方對峙時，城裡的百姓紛紛出城，跑到小山丘觀戰。對於習慣戰火的百姓來說，前往戰地野餐似乎也是一種樂趣吧，若是換成現代，大概就是透過電視或電影觀看戰爭場面的感覺吧。不論如何，這些百姓從來都沒想過自己會被戰火波及。韋孝寬的將領故意朝這群觀眾射箭，將百姓趕回城中，然後再趁隙一舉攻入城中，殺得尉遲迥的軍隊陣腳大亂。鄴城被包圍後，尉遲迥便自殺。距離起兵之日僅六十八天。

宇文愷

五五五—六一二年。天才建築師。雖是宇文一族，卻不是嫡系，其兄也因為幫助隋朝建國而免於在北周滅亡之後被整肅。一開始，宇文愷被任命為建造宗廟的副官，並於五八二年成為實際建造大興城的規劃師，五八四年，開通了將物資運至大興城的運河（廣通渠），五九三年，擔任建造行宮仁壽宮的負責人。在得到煬帝重用後，奉命建造洛陽城，煬帝巡幸突厥所居住的巨大帳篷（臨時宮殿），以及組裝式的大型行宮觀風行殿，都是出自宇文愷之手。

賀若弼

五四四—六〇七年。在高熲的推薦之下，成為平定南朝陳的將軍。在進攻建康時，最是浴血奮戰的便是賀若弼，可惜當他在對付南朝陳的精銳時，被韓擒虎（五三八—五九二年）搶先一步，抓到陳後主。

戰後賀若弼提到「臣在蔣山（鍾山，建康城北倚之山）死戰，破其銳卒，擒其驍將，震揚威武，遂平陳國。韓擒虎略不交陣，豈臣之比！」。而韓擒虎則反駁說：「本奉明旨，令臣與弼同時合勢，以取偽都。弼乃敢先期，逢賊遂戰，致令將士傷死甚多。臣以輕騎五百，兵不血刃，直取金陵，降任蠻奴（南朝陳武將任忠），執陳叔寶（陳後主），據其府庫，傾其巢穴。弼至夕方扣北掖門，臣啟關而納之。斯乃救罪不暇，安得與臣相比！」簡單來說，兩個人都是厚顏無恥之輩！不過，韓擒虎治軍不嚴，放任士兵強奸宮女，也因此遭到彈劾。總之兩人算是半斤八兩。之後，賀若弼也因為與高熲一起誹謗煬帝的施政作為，被人告發而伏誅。

葛榮

？—五二八年。懷朔鎮出身。五二六年正月，鮮于修禮在定州起兵造反時，葛榮便投奔鮮于修禮帳下。同年八月，鮮于修禮被殺害，葛榮便成為叛軍首領。五二八年二月，殺死來自柔玄鎮、同為叛軍首領的杜洛周，併吞了杜洛周的勢力。同年九月，被爾朱榮擊敗，並於隔月被誅殺。

賀拔岳

？—五三四年。武川鎮出身。與其兄賀拔勝一同歸順爾朱榮。爾朱榮死後，北魏孝武帝拜託賀拔岳除掉獨掌朝政的高歡，沒想到高歡搶先一步，命令侯莫陳悅除掉賀拔岳。賀拔岳麾下有透過爾朱榮歸順的宇文泰、趙貴、李虎（唐高祖李淵的祖父）、侯莫陳崇這些來自武川鎮的將領，以及達奚武、赫連達，這些將領以及他們手下的兵力都成為宇文泰的後盾。

牛弘

五四六—六一〇年。建立音樂制度、撰寫史書、編纂儀式典禮相關書籍的文化通才。可說是才高八斗，見識不凡。弟弟牛弼曾因為喝醉酒而不小心射殺了牛弘駕車的牛。牛弘回家後，妻子便向他報告此事，沒想到牛弘不慌不忙地說：「作脯（那就做成牛肉乾）。」坐下來後，妻子大喊：「叔忽射殺牛，大是異事！」沒想到牛弘還是直接了當地回答：「已知之矣。」然後開始看書。《隋書》介紹的這個故事突顯了牛弘的寬宏大量，但其實這種老公很討人厭。不過，他也是不需提防的人物，所以就連生性多疑的文帝以及煬帝都很重用他。

虞慶則

？—五九七年。本姓魚，祖先曾事奉五胡十六國的夏（四〇七—四三一年）的赫連氏，是以靈武（今銀川市）為大本營的北方豪傑。自幼雄壯剛毅的虞慶則擁有八尺之軀（以小尺計算，大約一百八十四公分），就算全身穿著鎧甲，也能隨心所欲地左右開弓。文武雙全的他英氣煥發，愛讀書，懂鮮卑語，並在隋朝建國之後，擔任重要職務，卻常常看不起文帝。五八二年，突厥軍進犯邊境，虞慶則被任命為討伐元帥，卻於激戰之際，對隋朝的達奚長儒見死不救，所以被究責並降職。突厥的沙鉢略可汗（五八一—五八七年在位）提出歸順隋朝的請求之後，由虞慶則擔任使者，前往突厥處理相關事宜。從虞慶則的角度來看，是突厥主動提出請求，所以理應以臣下之禮，迎接隋朝皇帝的使者，但是可汗卻不甘淪為臣下。儘管雙方一度陷入僵局，好在長孫晟（五五二—六〇九年）居中調停，可汗也總算願意行臣下之禮。

虞慶則回國時，收到可汗贈送的一千匹馬，也娶了可汗的女兒（或是堂妹）為妻。這是超乎使者所該接受的禮物（幾乎等於賄賂），更何況行前文帝已命令他，不准收取大量的禮物，所以這簡直是視文帝如無物的行為。當晉王楊廣（煬帝）於宅邸設宴慶祝平定南朝陳的時候，文帝誇獎了平定南朝陳的高熲，以及說服突厥臣服的虞慶則。楊素也立刻幫腔「這一切都是陛下威嚴所致」，沒想而此舉卻惹得虞慶則生氣，於是互相責備的大戰就此爆發，直到與會的御史祭出處罰才停止。文帝為了安撫雙方以及和緩氣氛，提出射箭比賽，虞慶則卻一直說：「有御史在場，喝不醉。」御史退席後，虞慶則為了祈求文帝長命百歲而乾杯，文帝則回應：「希望子子孫孫都能和睦相處。」最終每個人都喝得爛醉如泥。五九七年，嶺南發生叛變，虞慶則被任命為行軍總管率兵討伐。虞慶則妻弟和虞慶則的愛妾私通，害怕東窗事發，便向文帝誣告虞慶則有造反之意，虞慶則因此被處死。

北魏獻文帝

四五四—四七六年。北魏第五代皇帝（四六五—四七一年在位）。本名拓跋弘。四七一年，與父親文成帝（四五二—四六五年在位）的皇后，也就是文明太后馮氏（四四二—四九〇年）之間產生嫌隙，便將皇位讓給長兄拓跋宏，當時年僅十八歲。雖然後來想要東山再起卻慘遭馮氏殺害。

高熲

？—六〇七年。父親高賓得到獨孤信的重用，所以與獨孤伽羅素有交情。楊堅掌握朝政之後便立刻拉攏高熲。尉遲迥起兵造反時，高熲說服韋孝寬，而且親自帶兵打敗尉遲迥，也因此被冊封為義寧縣公。文帝即位後，繼續重用高熲，由高熲一手策劃平定南朝陳的攻略。高熲提到，只要不斷地在江南收成時期假裝徵兵與出兵，對方就會錯過收成期，也會為了應付隋軍而疲於奔命，之後可派出奸細，潛入敵營，燒毀倉庫，等到對方財源枯竭再出擊。最終這項計謀是成功了，卻是十分陰險的一招，高熲也因為平定南朝陳而被冊封為齊國公。文帝對班師回朝的高熲說：「你前去討伐陳時，朝中有些無足輕重的人認為你會帶兵造反，但朕已經處死他們了。」不知道這是在慰勞高熲，還是在威脅高熲。就文帝的個性而言，很可能是擔心高熲功高震主，才打算予以牽制吧。君主會處理那些在背地裡希望自己失勢的人。後續情況依舊險惡。比方說，從文帝開始考慮廢儲之後，滅亡的腳步就開始步步進逼高熲。高熲不斷地反對文帝剝奪楊勇的太子之位，惹得文帝與獨孤皇后非常不開心。話說回來，文帝向來知人善任。比方說，漢王楊諒擔任遠征高句麗的元帥時，文帝便命令高熲從旁輔佐。由於兵站尚未建置完善，所以有不少隋軍在途中病死，最終只能空手而歸。剛好在這時候，王世積被誅殺，被牽連的高熲也因此被降職，被迫蟄居。但是禍不單行，高熲的管家居然在此時向文帝告密，說是高熲父子正準備謀反，不過文帝卻說：「前些年殺了虞慶則，之前也才剛處死王世積，如果連高熲都處死，天下人會怎麼形容寡人呢？」便饒了高熲一命。沒想到在高熲低調度日的時候，文帝先走一步。煬帝繼位後，高熲也以隋朝建國功臣之姿，進入煬帝的朝廷。話雖如此，過去的英雄已無用武之地。嘮叨又乖僻的高熲總是倚老賣老，不斷地指責煬帝，甚至還說：「陛下現在就像是搞垮北周的宣帝」，氣得煬帝將他處死。

東魏孝靜帝

五二四—五五一年。東魏皇帝（五三四—五五〇年在位）。本名元善見。孝武帝逃往長安之後，五三四年，在高歡的擁立之下即位。據說孝靜帝愛好文學、儀表堂堂，也武藝高超。篤信佛教的他與梁武帝、隋文帝一樣，都接受了菩薩戒。由於身上有曾祖父孝文帝的影子，所以頗得眾望。不管是高歡在世時，還是五四七年高歡過世，由高歡的長子高澄（五二一—五四九年）掌握實權時，孝靜帝的每一天都充滿了屈辱，因為對於一心想要孝靜帝禪位的高澄來說，孝靜帝聲望愈高，就愈是高澄想要除之而後快的眼中釘。就算孝靜帝去狩獵，也不能策馬快行，如果拒絕高澄倒的酒，還會被高澄怒聲大罵：「你竟敢不喝本大爺倒的酒！」隨之而來的就是一頓拳打腳踢。再也忍不住屈辱的孝靜帝在宮中建了一座假山，打算偷偷挖掘隧道逃出宮中，沒想到東窗事發，怒不可遏的高澄便衝進宮中，準備殺死孝靜帝的妃子。孝靜帝也氣得大罵：「我連自己都不愛惜了，又怎麼會愛惜妃嬪，要殺就殺我吧，這件事跟我的妃子一點關係都沒有！」不過再怎麼樣也不能真的殺了孝靜帝，所以這件事最終在高澄假裝道歉之下收場。不過，在雙方和好的宴會結束後，孝靜帝便被軟禁，參與這次脫逃計畫的相關人士全被當街烹煮，殺雞儆猴。五五〇年，孝靜帝讓位給高歡的次子高洋（北齊文宣帝，五五〇—五五九年在位），也被封為中山王，並在妻子也就是前皇后太原公主（高歡的女兒）的保護下生活，可惜最終還是於五五一年被毒殺。

北魏孝文帝

四六七—四九九年。北魏第六代皇帝（四七一—四九九年在位），本名為拓跋宏。遷都洛陽、採用中國的官僚制度，停止鮮卑的傳統祭祀，改行中國的典禮，替姓族（有名望的大族）排名，禁用鮮卑語，透過這一連串的漢化政策實施中央集權制度，努力成為繼承正統的中原王朝。將胡姓改為漢姓，以及將拓跋氏改為元氏的也是孝文帝。孝文帝雖被譽為南北朝時代首屈一指的名君，卻因為操之過急的漢化政策招致旁人反彈，最終也引發了六鎮之亂。

蕭詧

五一九—五六二年。後梁初代皇帝，也就是宣帝（五五五—五六二年在位）。是梁武帝長子昭明太子（五〇一—五三一年）的三子。自幼愛好學問，寫得一手好文章，也因為篤信佛教而深得武帝寵愛。由於父親昭明太子比武帝早一步過世，所以叔父蕭綱繼承皇位（梁武帝的三子，簡文帝，五四九—五五一年在位），蕭詧也就被排除在嫡系之外。與叔父蕭繹（元帝）對立的蕭詧於五四九年投降西魏。五五五年，成為西魏附屬國後梁的君主。儘管蕭詧生性多疑，卻知人善任，將士也願意誓死效忠。或許是因為篤信佛教，所以蕭詧從不喝酒，也過著簡樸的生活，同時還十分孝順母親。討厭女人的他連看到女人都覺得厭煩。光是女性走進數步之遙的距離，便會大喊：「好臭！好臭！」。有趣的是，這樣的蕭詧居然有小孩。最終由三子蕭巋繼位，其女則嫁給楊忠的孫子（煬帝）。

薛道衡

五四〇—六〇九年。十三歲便讀《左傳》，所寫贊文也頗受好評。於北齊任官時，曾負責接待北周與南朝陳的使者，也曾經擔任隋朝使者，前往南朝陳談判。在當時，為了顧及國家的門面，通常都會挑選優秀的人才擔任使者或是接待使者的職位，所以從上述之事可知，薛道衡是北齊最優秀的文化人。北齊滅亡後，便在北周任官，之後又在隋朝任官。薛道衡在寫文章的時候，會把自己關進空無一物的房間潛心思索。據說只要聽到外面有半點聲響就會生氣。對家人來說，薛道衡絕對是很難相處的人，但是對外人來說，他是個才能卓越的人，皇太子、王爺、高熲、楊素這些個性鮮明的重臣都爭相與他結交。他在文帝末年擔任了地方的行政長官，煬帝即位後，便被召回京師。薛道衡原以為煬帝是因為父親將他貶至地方，所以才召他回京師，所以先寫了一首稱頌文帝的詩送給煬帝，沒想到惹得煬帝不快，儘管周遭的人提醒他，本人卻渾然不知。某次煬帝想要制定新的律令。薛道衡在看到眾臣你一言我一語的時候便說，高熲在世的話，肯定早有結論，以前的朝臣比較優秀，惹得在場的所有官吏與煬帝大為光火。對煬帝來說，高熲是其兄楊勇陣營的頭號人物，怒氣更是瞬間爆炸。即使如此，薛道衡還是不知道時代已經改變。最終便因為這件事而害死自己。

北魏宣武帝

四八三—五一五年。北魏的第七代皇帝（四九九—五一五年在位）。本名元恪，是孝文帝的次子。

四九九年，孝文帝於行軍時死去，宣武帝便即位。除了大幅改建洛陽城、從南朝梁奪走巴蜀，整頓國學與太學之外，宣武帝也是最篤信佛教的北魏皇帝，除了擔任翻譯佛典的筆受（譯者），還在宮中親自講解佛典，此舉也讓晚三年即位的梁武帝崇尚佛教。

蘇威

五三四—六二一年。蘇綽（四九八—五四六年）的兒子，也是宇文泰在政局的支柱。宇文護、北周武帝與宣帝都曾延攬他擔任高官。在楊堅還是大丞相的時候，高熲曾推薦蘇威，楊堅也與蘇威促膝長談，但是得知楊堅準備接受禪位的蘇威便回到故鄉。隋朝建國後入朝為官，擔任太子少保。蘇威曾提議減輕稅賦，也讓宮中改掉奢靡之風。某天文帝氣得想要誅殺家臣時，蘇威捨命阻止了拔刀的文帝。蘇威也參與了制定律令格式的過程。此時的蘇威兼任了五個重要官職，分別是納言、太子少保、大理卿、京兆尹與御史大夫，與楊雄、高熲、虞慶則合稱「四貴」。文帝曾說：「世人皆說，蘇威只是假裝清貧，其實家中堆滿了金山銀山，但這是一派胡言。他不過是個性乖張，不重視繁文縟節，對於名聲的追求異於常人，只要別人贊成自己就很開心，反對自己就生氣，這也算是一種病吧。」不過，再沒有像蘇威這麼能幹的官吏了，而且每次失勢都能復活。煬帝即位後，蘇威繼續得到重用，與宇文述（五四六—六一六年）、裴矩、裴蘊（?—六一八年）、虞世基（?—六一八年）合稱「五貴」。隋朝滅亡後，事奉宇文化及與李密，也接受王世充（?—六二一年）的延攬。等到李世民（之後的唐太宗，六二六—六四九年在位）滅了王世充之後，便回到長安，在家中過世。

智顗

五三八—五九七年。天台宗的開宗始祖。俗姓陳，在江陵長大。五五四年，江陵被西魏拿下後，便於隔年出家，當時年僅十八歲。師從慧思，通曉法華三昧之後，在陳後主的時代得到朝野推崇，也是陳後主與皇太子（陳深）的菩薩戒師。對梁武帝抱持尊崇的心。到了隋朝之後，替揚州總管晉王楊廣舉行菩薩戒的儀式，也得到智者的稱號。最終留下遺命，在天台山建造了國清寺，兩百年後，最澄入山修行，並將天台宗傳入日本。

智仙

生卒年不詳。是養育隋文帝的尼姑。河東蒲坂劉氏。自幼出家，謹守戒律。某天智仙的師父遍尋不著智仙，正急著以為她掉進井裡，沒想到智仙一個人靜靜地在佛堂禪定。這是智仙七歲時發生的小故事。從這件事便可以知道，智仙自小就沉著冷靜，一點也不浮躁。楊堅成人後，也請智仙留在楊氏的宅院之中。史書雖然沒記載智仙的卒年，但應該是在隋朝建國之前。仁壽年間建成的舍利塔也有智仙與文帝的像。

陳後主

五五三—六〇四年。南朝最後一位皇帝（五八二—五八九年在位）。本名陳叔寶。雖然沒有著名的政績，但是他的風花雪月卻令人瞠目結舌。陳後主在宮中建造了三座樓閣，還以空中走廊連接。建造使用了沉香與白檀，所以只要輕風吹拂，便會飄逸著一股妙不可言的清香。樓閣下方還堆石成山，引水為池，其間種植珍奇的樹木與花朵。住在樓閣的陳後主與寵姬常穿梭於三座樓閣之間，每天不是作詩就是耽於遊樂。如果寫的詩不錯，便會配上曲子，要求宮女吟唱。此時待在陳後主身邊的張麗華，擁有一頭垂到地上的烏黑秀髮，光線一照，就像是鏡子一般光亮。真是令人羨慕。

等到隋兵攻進城中，陳後主便逃入後宮，逃進井中。當隋兵向井中大喊，有沒有人躲在裡面，陳後主當然不會回應。等到隋兵準備將石頭丟進井中，陳後主才急著大喊：「住手、住手。」當隋兵放下繩子，準備將陳後主拉上來的時候，才發現井中除了陳後主之外，還有張麗華與另一名寵姬。反觀陳後主的兒子靜靜地坐在自己的房間，還反過來慰勞隋兵。由於陳後主不得人望，也過於無能，所以不需提防，他也過著終日與酒為伍的生活。

鄭譯

五四〇—五九一年。學識淵博，通曉音律也善於騎射。堂叔迎娶平陽公主（北魏孝武帝的妹妹，宇文泰的小姨子）之後，公主沒有小孩，便成為公主的養子（後來公主生了小孩，就被解除領養關係），以宇文泰的外甥身分，與宇文一族的小孩一起長大。宇文贇（宣帝）成為皇太子之後，鄭譯便被任命為皇太子的輔佐官。深得北周武帝信任的他，娶了梁朝皇室血脈的安固公主為妻。五七六年，跟著宇文贇一起遠征吐谷渾（位於今青海省的國家）之際，與宇文贇之間的「玩樂」過於激烈，氣得武帝將他貶為庶民。隋朝建國後，負責建置律令與樂制，但一直無法進入權力核心，最終於岐州刺史任上死去。

獨孤皇后

五四四—六〇二年。本名為獨孤伽羅，是獨孤信的女兒，母親為華北漢人社會首屈一指的名門望族清河崔氏的女性。兩位姊姊分別嫁給北周明帝與李昺（唐高祖李淵之父）。獨孤伽羅於十四歲成為楊堅的妻子，要求楊堅發誓終生只能有她這位伴侶，也為楊堅生了五個兒子以及五個女兒。即使現代的醫療技術如此發達，生小孩仍是攸關性命的事情，更何況在那個衛生條件與營養條件都不佳的時代，每次生產都會讓身體變得衰弱，所以獨孤皇后可說是賭上了自己的性命，為楊堅不斷地生小孩。明明生了這麼多小孩，史學家卻還是將獨孤伽羅形容成「善嫉的女人」，這真的讓我懷疑這些史學家的正義感是不是出了什麼問題。一般認為，北朝那些善妒的女性往往背負著娘家的威望與期待，所以會干涉夫婿的性行為（延續夫家香火的行為）。

成為皇后的獨孤伽羅富有仁愛之心，每當聽聞犯人處死都必定難過流淚。這或許是因為她與文帝同受菩薩戒的關係吧。或許也是基於這個理由，獨孤皇后討厭自己的小孩或是臣子與正室之外的女性生小孩，因為菩薩戒嚴禁在家修行者與夫妻之外的對象有任何性關係。北周宣帝死去時，獨孤伽羅對人在宮中的楊堅說：「大事已然，騎獸（虎）之勢，必不得下，勉之！」不斷地鼓勵自己的丈夫。此外，她也教導自己的女兒：「周家公主，類無婦德，失禮於舅姑，離薄人骨肉，此不順事，爾等當誡之。」聰明果斷的她將兒女培養成才，也很重視他人，可說是女中豪傑。

獨孤信

五〇三—五五七年。原本的名字為如願，匈奴人。祖父那代率領獨孤部移居武川鎮。相貌堂堂的獨孤信是個很有領導力的人，而且從年輕時就很瀟灑，即使歲月過去，依舊很有魅力，許多人都爭相模仿他那帽子斜戴與俐落的打扮，他可說是當時的時尚教主。受葛榮徵召後，參加六鎮之亂，等到爾朱榮打敗葛榮之後，便歸入爾朱榮的陣營。在爾朱榮的麾下屢立軍功之後，被賀拔勝挖角。五三四年，賀拔岳（賀拔勝的弟弟）被殺害之後，便被派去整頓賀拔岳的舊部，也在此時遇見同鄉的幼時玩伴，也就是宇文泰。或許也是因為這個緣分，宇文泰在迎接孝武帝之後，獨孤信便為宇文泰奔走。雖然從東魏手中奪回荊州，卻遇到反擊，只能亡命於梁。此時文帝之父楊忠也一起逃亡。雖然得到梁武帝的賞識，但是獨孤信卻拒絕梁武帝的延攬，逕自回到西魏。五四〇年成為秦州刺史，致力發展禮教與農業，秦州也因此人口大增，宇文泰還因此贈他「信」這個名字。輾轉於各地立下戰功後，升任為柱國大將軍，兒子也都得以受封縣公。五五七年，北周建國後，成為太保、大宗伯與衛國公。宇文泰死後，與宇文護對立，也因為企圖殺害宇文護而害死自己。

曇延

五一六—五八八年。出家為僧的曇延身高足足有九尺五寸，若以小尺換算，是身高超過兩公尺的巨漢。據說他的舉手投足之間，散發著沉穩與莊嚴的氣息。學習《華嚴經》、《大智度論》、《十地經》、《菩薩地持經》、《佛性論》、《寶性論》之後，於太行山閉關，撰寫《涅槃經義疏》。曇延曾在舍利塔前方焚香問天，《涅槃經義疏》的內容是否有任何謬誤，沒想到《涅槃經義疏》居然連續三天三夜大放光芒，皇帝也因此召他入宮。看重曇延的宇文泰還為了他建造雲居寺。北周武帝開始廢佛後，曇延便於山中隱居，即使北周武帝之子宣帝允許他以菩薩僧（不准剃髮）的方式出家，曇延仍以「這不是正式出家」為由，繼續隱居山中。直到隋文帝即位後，曇延才剃髮，回到京師，也建議文帝允許百姓正式出家。之後便成為文帝最為倚重的僧侶之一，也是重興佛教的功臣。五八六年，久旱不雨，文帝將三百位僧侶請入宮中祈雨，但過了好幾天，依舊滴雨未下。文帝詢問曇延該怎麼辦，曇延便回答：「陛下與臣子一起祈雨才行。」因此文帝便將曇延請入皇城的正殿，並且讓曇延坐上玉座，與臣子一齊接受八關齋戒。沒想到瞬間風起雲湧，天降甘霖。八關齋戒是在家修行者於一日一夜遵守的戒律，除了不殺生、不偷盜、不淫逸、不妄語、不飲酒之外，不歌舞觀聽，不著華鬘香油塗身，也不坐臥高大廣床。從命令群臣一同祈雨這件事便可知道文帝政教合一的立場，而且從皇帝這個官方立場，以及佛弟子這個私人立場主導這次的祈雨儀式。這真是聰明的作法。文帝奉曇延為師父，也替曇延準備了僕人，享有特殊的待遇。生性猜疑的文帝除了獨孤皇后之外，恐怕只會對僧侶敞開心房吧。曇延於五八八年死去，享年七十三歲。文帝為了曇延停止上朝三天，命令王公以下的臣子弔唁曇延。曇延的弟子玄琬與法常曾授予唐太宗長子李承乾（六一九—六四五年）菩薩戒，可見曇延的法脈也延續至唐代。

北周武帝

五四三—五七八年。北周第三代皇帝（五六〇—五七八年在位），宇文邕。是宇文泰的四子，自幼孝順聰敏、格局恢弘。宇文泰曾滿懷期待地說：「能寄託大望的就是這個兒子了吧。」勵精圖治的北周武帝最終達成富國強兵、統一華北的目標。特別懂得在戰場操控人心的他曾在與北齊作戰，看到赤腳參戰的士兵，把自己的靴子脫下來給對方穿。直到開戰之前，身邊的隨從雖然一直力勸他換乘良馬，他卻說：「朕怎麼能一個人自己騎乘良馬？」拒絕隨從的建議。此外，每次設宴款待將領與士兵，都一定會替他們倒酒，不過他卻對兒子宣帝十分嚴格，也有一些不通人情之處。

提到武帝，就不能不提統一華北與廢佛這兩件事。關於廢佛這件事，想先介紹武帝死後寫成的話本，這在先前已經稍微提過。《冥報記》這本佛教話本提到在武帝生前監管膳食的拔彪在地獄遇到武帝的故事。武帝生前非常愛吃雞蛋，於是閻羅王召來拔彪，問武帝到底吃了幾顆雞蛋，但因為武帝每天都吃雞蛋，所以算不清楚，只好取出來計算看看。獄卒將武帝壓在鐵床上面，然後切開武帝的肚子，沒想到從裡面掉出一堆雞蛋，數量之多，簡直堆成了一座小山。等到獄卒算完雞蛋之後，鐵床與獄卒都消失了。武帝對著準備離開地獄的拔彪說：「替我傳話給大隋天子，說我跟他曾經是同事，而且宮殿倉庫之中的金銀財寶也都是我累積的，由於我在當皇帝的時候曾經滅佛，所以現在遭受痛苦，希望他能為我作功德。」拔彪回到現世之後，便原封不動地告訴文帝這件事，文帝也下令每家每戶出一錢，超度北周武帝。想必這是隋朝為了否定北周，彰顯自己所捏造的故事吧。

楊素

五四四—六〇六年。弘農華陰楊氏出身。自幼豪邁磊落，胸懷大志。與牛弘是摯友，總是一起鑽研學問，孜孜不倦。蓄有美髯，一副堪稱英傑的體格。若受命寫詔書，總能瞬間寫出文意優美通順的文章。由於楊堅沒有從小培養的部下，所以文武雙全的楊素是他渴望得到的人才。宣帝死後，楊堅一成為大丞相便拉攏楊素。楊素是會把人分成三六九等的人。他忌憚高熲，尊敬牛弘，對薛道衡有禮，卻蔑視蘇威，至於其他臣子更是不屑一顧，將這些臣子的尊嚴踩在腳下。即使如此，楊素也未因此失勢。在平定南朝陳的時候，他建造了多艘名為「五牙」的大戰艦。五牙大戰艦設有五層一百尺的樓閣，左右前後都設置了六個攻擊機關，可同時承載八百名士兵，也建造了幾千艘可承載一百名士兵的黃龍戰艦。楊素就帶著這些戰艦前去平定南朝陳。當他突破敵軍的防衛，浩浩蕩蕩地順著長江而下，看到楊素的南朝陳百姓便驚訝地說：「難不成那是長江的神明？」楊素的確非常適合這種排場。

楊素治軍向來嚴謹，但凡違反軍紀，立斬不赦。最多的時候，曾在一場戰役處死一百多人，不管被處死之人的血流了多少，楊素也處之泰然。戰鬥時，他會先派出數百士兵，如果打敗了敵人最好，沒打贏的話，存活的士兵便全數處死，所以所有士兵都會因為害怕被處死而拼命作戰，也因此連戰連勝。不過，楊素會鉅細靡遺地記錄每位士兵的功勞，所以士兵也很喜歡在楊素麾下作戰。當楊素支持的楊廣成為皇太子，楊素的生活就變得更加華奢。比方說，他的豪宅像是宮殿般華麗，他也沒忘記要招攬人才。據說楊素的豪宅有幾千名僕人，歌妓與側室多達一千人，也常有知名文學家、書法家與南朝的知識分子造訪。楊素雖然聰明卻極為冷酷，而且愛好奢華，個性高傲。臥病在床時，煬帝曾派遣御醫照顧，還賜予昂貴的藥材。不過楊素卻對弟弟說：「要是因此延長壽命，該如何是好？」便拒絕服藥。儘管他留下了大筆遺產，但是兒子楊玄感於隋朝末年起兵造反後，就被滿門抄斬。

楊　雄

五四二—六一二年。根據史書的記載，他是隋文帝的親戚，長得一副相貌堂堂，舉止端莊，氣度恢弘，態度沉穩高雅。北周時期，告訴時任丞相的文帝有人準備造反，建議文帝防患於未然，也因此得到信任。他是「四貴」之一，對部下十分寬容，也頗得眾望，卻也因此遭到文帝嫉妒與提防，五八九年，被貶至不重要的職位，沒想到楊雄一點都不慌張，乾脆閉門不出，斷絕與朋友的往來，讓文帝徹底對他放下警戒。仁壽年間之後，文帝認為該給楊雄一個符合聲望的王號，便改封楊雄為安德王。儘管這個王號沒有實權，卻表達了文帝對楊雄的敬意。當仁壽舍利塔建造事業告一段落，各地傳來祥瑞的報告之後，楊雄便代表百官，向文帝獻上祝賀。煬帝即位後，楊雄再次手握兵權，遠征吐谷渾與高句麗，最終於六一二年遠征高句麗的途中死去。

李德林

五三一—五九一年。未滿十歲的李德林只花了十天左右就能默背左思的〈蜀都賦〉，也因此被稱為神童。十六歲喪父後，將父親帶回故鄉埋葬。明明當時正值隆冬，穿著喪服的他卻赤腳度日，也令鄰居感動不已。生母死去時，還因為過於悲痛而生病，也不接受朋友的照顧。最後因為本身的聰穎與孝行而得到朝野上下的好評，名聲也傳至國外。最初先在北齊任官，等到北周武帝滅了北齊之後，便召來李德林說：「平齊之利，唯在於爾。」（平定北齊最好的一件事，就是得到你這位人才。）自此，詔誥格式、任用舊北齊官員的相關事務，都交由李德林辦理。

宣帝臨終時，他被楊堅挖角，成為楊堅的近臣。成為大丞相的楊堅，立刻面臨三處叛亂，楊堅指揮調度平叛將領，都與李德林參詳，軍事文書與命令，從早到晚發個不停，每天都要發出數百通。有時為了把握戰機，必須同時口述給幾個人抄寫，以便及時發出命令；所述文章內容變化多端，而且不需要再加修潤，完全就是一位天才。如果沒有李德林在身邊的話，楊堅絕對不可能解決宣帝死後造成的混亂。禪位之際的詔、表、璽書，也全部出自李德林之手。可惜文帝與李德林之間的蜜月期很短。文帝一即位就準備滅了宇文一族。高熲與楊雄贊成此事，惟獨李德林反對。最終文帝還是肅清了宇文一族，李德林與文帝之間也因此出現裂縫。

五八一年，李德林奉命編纂律令，完成後與蘇威、高熲在設置鄉正（五百戶設置一名）一事意見相左，高熲更是批評李德林過於殘酷與固執。想必高熲等人知道文帝有意疏遠李德林才故意刁難他吧。最終，文帝不顧李德林的反對，設置了鄉正。五八五年，李德林奉命編纂《霸朝雜集》（文帝為丞相時的文集）。當李德林獻上成品，文帝讀完後，便開心地對李德林說：「昨晚就想趕快去找你，只恨長夜漫漫。只要這個國家還在，你的爵位就會永遠傳於後世。」五八八年，準備平定南朝陳的文帝也命令高熲拜訪臥病在床的李德林，請李德林出謀劃策。文帝曾說：「一旦平定南朝陳，必以七寶彰顯你的地位，讓你成為了山東最富有的人。」雖然兩者早生嫌隙，但是隋文帝仍是不忘做表面工夫的君主。當隋文帝完成統一中國的霸業，眼下再無任何敵人之後，李德林便開始疏遠文帝。讓李德林決定這麼做的關鍵在於廢止鄉正這件事。五九〇年，文帝採納了虞慶則的建議，廢止鄉正一職。李德林便說早知如此，何必當初。此舉惹火了文帝，便細數李德林過去的過錯，將李德林貶為湖州刺史。李德林表示自己想要參與將於五九五年泰山封禪儀式，最終卻未能如願，而且還被進一步貶為懷州刺史。這位不世出的天才就這樣在任所抑鬱而終。

劉昉

？—五八六年。因為父親的功勞而成為皇太子宇文贇（北周宣帝）的侍臣，後來又因博得宣帝歡心成為寵臣。宣帝生病之後，劉昉與顏之儀（五二三—五九一年）便得以出入寢宮，幫忙宣帝處理後事。當宣帝病得說不出話，劉昉心想皇太子年幼，無法承擔大任，所以便將注意力轉到國丈楊堅身上，與鄭譯商量，讓楊堅輔佐皇太子。或許是因為善於謀略，劉昉總是覺得自己勞苦功高，也極盡奢侈之能事。被拱上位的楊堅覺得劉昉應該適可而止吧。不過，局勢是不斷轉變的。尉遲迥與韋孝寬這兩位勁敵尚未退場，而且也接到尉遲迥起兵造反的報告。楊堅本來打算派劉昉或是鄭譯前往韋孝寬的陣營，沒想到劉昉卻嚇得說：「我沒有帶過兵」，而鄭譯則是以「母親高齡，不便遠行」為由推辭。當李德林提到，只有派去信賴有加的近臣，才能說服韋孝寬採取行動之後，楊堅只想得到劉昉與鄭譯這兩個人。如果尉遲迥真的帶兵攻入長安，長安勢必成為戰場。就算不想發生戰爭，但是戰爭還是自己找上門來。更重要的是，送到前線的士兵之中，有多少人家中沒有老母呢？最終楊堅派出高熲，也對劉昉與鄭譯徹底死心。隋朝建國後，劉昉與鄭譯便只能擔任不重要的職位，劉昉也因此不滿。逼文帝如此的，不就是他們自己嗎？劉昉也聯合梁士彥與宇文忻一起抱怨，甚至還提到要造反，讓梁士彥當皇帝，但是卻事跡敗露，三人一起被處死。順帶一提，劉昉曾染指梁士彥的妻子，但是梁士彥卻不知情，還受到劉昉連累。

梁武帝

四六四—五四九年。將南朝帶入全盛時期的皇帝（五〇二—五四九年在位），本名為蕭衍，是梁朝初代皇帝，也是中國史上最篤信佛教的君主。他曾在皇宮北側建造同泰寺，還四度於同泰寺捨身（出家）。每次捨身都由臣子以鉅資贖回。或許聽到這裡，大家會以為武帝真是瘋狂的信徒。但是寺院累積的財富都由建造寺院的武帝決定用途，所以這不過是武帝為了讓自己更加體面的計策而已。南北朝時代的象徵就是通曉各種學問的文化人。這個時代的士大夫最理想的是能通曉儒玄史文（儒學、玄學、史學、文學），而且他們最有興趣的就是佛教。武帝在這些學問的造詣極深，也有多本著作。此外，武帝也與身邊的僧侶制定菩薩戒的儀式，也讓近親、臣子、僧侶依此儀式受戒。武帝的目標是讓所有國民都變成菩薩。雖然武帝得以成為理想的漢人皇帝，聲望也傳至北朝，晚年卻因從東魏來降的猛將侯景叛亂，被軟禁在宮中直到死去。

參考文獻

會田大輔，《南北朝時代——五胡十六国から隋の統一まで（南北朝時代——從五胡十六國到隋朝統一中國為止）》，中公新書，二〇二一年
板橋曉子，〈魏晉南北朝時代の「以妾為妻」「以妻為妾」について（魏晉南北朝時代的「以妾為妻」「以妻為妾」）〉，小濱正子、板橋曉子編，《東アジアの家族とセクシュアリティ——規範と逸脱（東亞的家族與性行為——規範與越矩）》，京都大學學術出版會，二〇二二年
今西智久，〈隋の暦学者袁充とその周辺——仁寿年間における舍利塔建立の一背景（隋朝曆法學者袁充與身邊的人——仁壽年間舍利塔建造事業的背景）〉，《印度學佛教學研究》五八—一，二〇〇九年
大内文雄，《南北朝隋唐期　仏教史研究（南北朝隋唐期　佛教史研究）》，法藏館，二〇一三年
金子修一，《隋唐の国際秩序と東アジア（隋唐的國際秩序與東亞）》，名著刊行會，二〇〇一年
河上麻由子，《古代アジア世界の対外交渉と仏教（古代亞洲世界的對外交涉與佛教）》，山川出版社，二〇一一年
窪添慶文編，《魏晉南北朝史のいま（魏晉南北朝史的現狀）》，勉誠出版，二〇一七年
窪添慶文，《北魏史》，東方書店，二〇二〇年
氣賀澤保規，《中国の歴史6　絢爛たる世界帝国（中國的歷史6　絢爛的世界帝國）》，講談社，二〇〇五年
氣賀澤保規編，《遣隋使がみた風景——東アジアからの新視点（遣隋使眼中的風景——從東亞觀察的新觀點）》，八木書店，二〇一二年

佐川英治，〈孝武西遷と国姓賜与——六世紀華北の民族と政治（孝武西遷與國姓賜與——六世紀華北的民族與政治）〉，《岡山大學文學部紀要》三八，二〇〇二年
滝川正博，〈北周における「稽胡」の創設（北周的「稽胡」創設）〉，《史觀》一六〇，二〇〇九年
谷川道雄，《増補 隋唐帝國形成史論》，筑摩書房，一九九八年
塚本善隆，《塚本善隆著作集》二、三、六，大東出版社，一九七四—七五年
布目潮渢，《新・人と歴史 拡大版　隋の煬帝と唐の太宗——暴君と明君、その虚実を探る（新・人與歷史　擴大版　隋煬帝與唐太宗——暴君與明君，一探箇中虛實）》，清水書院，二〇一八年
濱口重國，《秦漢隋唐史の研究（秦漢隋唐史的研究）》下，東京大學出版會，一九六六年
藤井政彥，〈隋の日厳寺に関する一考察（隋朝日嚴寺的相關考察）〉，《印度學佛教學研究》五八—二，二〇一〇年
藤善真澄，〈北斉系官僚の一動向——隋文帝の誕生説話をてがかりに（北齊官僚的動向——以隋文帝誕生故事為線索）〉，《鷹陵史學》三、四合併號，一九七七年
松下憲一，《北魏胡族體制論》，北海道大學出版會，二〇〇七年
宮崎市定，《隋の煬帝（隋煬帝）》，中公文庫，一九八七年
山崎宏，《支那中世仏教の展開（中國中世佛教的展開）》，清水書店，一九四二年
山崎宏，《隋唐仏教史の研究（隋唐佛教史的研究）》，法藏館，一九六七年
吉川忠夫，《侯景の乱始末記——南朝貴族社会の命運（侯景之亂始末記——南朝貴族社會的命運）》，中公新書，一九七四年

A. F. Wright著，布目潮渢、中川努譯，《隋代史》，法律文化社，一九八二年
王亞榮，〈日厳寺考——兼論隋代南方仏教義学的北伝（日嚴寺考——兼論隋代南方佛教義學的北傳）〉，《中華佛學學報》一二，一九九九年
韓昇，《隋文帝傳》，人民出版社，一九九八年
陳寅恪，《唐代政治史述論稿》，生活・讀書・新知三聯書店，一九五六年
姚薇元，《北朝胡姓考》，華世出版社，一九七七年
劉淑芬，《中古的佛教與社會》，上海古籍出版社，二〇〇八年
Chen, Jinhua, *Monks and Monarchs, Kinship and Kingship: Tanqian in Sui Buddhism and Politics*, Kyoto: Italian School of East Asian Studies, 2002.

第七章 高句麗隆盛

——四至五世紀的朝鮮三國與倭國

井上直樹

前言

西元前一世紀初期到西元六六八年之間，中國的東北地區到朝鮮中部這一帶，都有高句麗這個古代國家存在。之前搭上韓流，在日本大受歡迎的勇樣（裴勇俊）曾經飾演高句麗的廣開土王，以高句麗始祖朱蒙、高句麗末年英雄淵蓋蘇文為主角的連續劇也曾上映，所以有不少人因為這些戲劇而對高句麗產生興趣。

此外，日本高中的日本史或是世界史教科書都會在介紹四至五世紀的古代日朝關係時，提到高句麗的「廣開土王碑」（或稱「好太王碑」），也會提到隋朝雖然統一了分裂長達二百七十餘年的中國，卻因為遠征高句麗失敗而導致滅亡的這段歷史，所以應該有不少人是透過這幾段歷史認識高句麗這個古代國

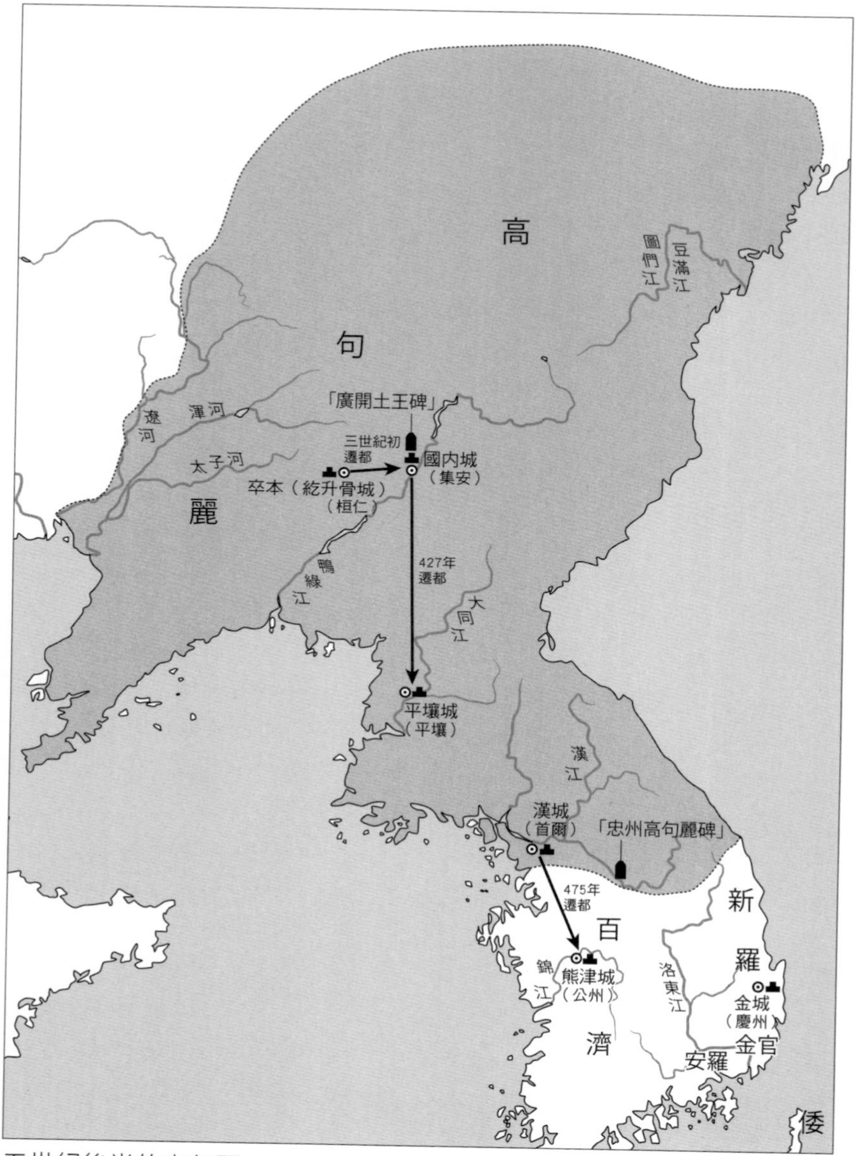
高
句
麗
圖們江
豆滿江
「廣開土王碑」
遼河
渾河
太子河
三世紀初遷都
國内城（集安）
卒本（紇升骨城）（桓仁）
鴨綠江
427年遷都
大同江
平壤城（平壤）
漢江
漢城（首爾）
「忠州高句麗碑」
475年遷都
百
濟
錦江
熊津城（公州）
洛東江
新
羅
金城（慶州）
金官
安羅
倭

五世紀後半的高句麗

家的吧。

話說回來，高句麗在日本歷史教科書亮相的機會就只有如此。明明高句麗的歷史長達七百七十幾年，在日本歷史教科書的地位卻不如中國那些國祚短暫的歷代王朝，或是之後統治朝鮮半島的朝鮮王朝。大部分的日本人應該都只在書籍或是電視節目看過或聽過高句麗這個國家，但也僅止於此。

儘管現代的日本人不太熟悉這個歷史長達七百七十餘年，版圖囊括中國東北地區與朝鮮半島中部的高句麗，但是高句麗不僅統治著當時的朝鮮半島，也如前述，足以決定中國王朝的命運，更直接或間接影響了古代日本的朝鮮半島對策，因此在古代東亞世界當然是舉足輕重的國家。

與高句麗人有關的歷史資料——廣開土王碑

要想知道高句麗的動向，可參考於高麗王朝（九一八—一三九二年）編纂的《三國史記》。雖然《三國史記》是最完整的高句麗歷史史料，但是這本書是在高句麗滅亡之後的五百年，也就是一一四五年所寫成，所以部分內容可能經過後世的史學家潤色，部分的史料也可能不那麼可靠，比方說，新羅明明是比高句麗還晚形成的國家，卻將新羅形容成早於高句麗成立的國家就是其中一例。

另一方面，從《三國志》、《魏書》、《唐書》這些中國歷代王朝正史與《日本書紀》這些日本史料也能一窺高句麗的動向，但這些正史或史料畢竟是其他國家的人所寫，收集到的資訊難免有所偏頗，不見得能完整掌握高句麗的情勢。

從上述幾點來看，高句麗人留下的史料最為可信。雖然高句麗人可能為了自己國家的歷史美言幾句，但是也能從中得知當時高句麗人的史觀，更重要的是，這些史料最終能幫助我們認識高句麗的歷史。高句麗的確留有這些高句麗自己所寫的史料。

位於中國吉林省南部，與北韓國境鄰接的集安市有一座高達六公尺，重約四十噸的不規則方柱狀巨碑。上面記載著活躍於四世紀末到五世紀初期的高句麗廣開土王（三九一－四一二年在位）的事跡，而這座石碑也被稱為「廣開土王碑」（或稱「好太王碑」）。相關細節會於後續介紹，但以此名稱稱呼這座石碑會有問題，因此之後只稱為「廣開土王碑」）。這座「廣開土王碑」是由廣開土王的兒子長壽王（四一二－四九一年在位）於四一四年建成，一直以來都被世人遺忘，直到清朝末年管治該地的懷仁縣知縣章樾的私人祕書關月山於一八八〇年發現，才得到中國金石愛好家的關注[2]。

在這座石碑剛發現沒多久的一八八三年，日方參謀本部也派出陸軍大尉酒匂景信前往該地，帶回稱為墨水廓填本的拓本。經過海軍省軍事部、陸軍參謀本部研究之後，這個拓本一公開，就得到許多研究學者的關注。這座巨碑當然是由高句麗人在五世紀初期建造的，上面除了刻了高句麗的歷史，還記載了高句麗與倭國、周邊各國、各族之間的關係，能幫助我們一窺上述國家在四世紀末期到五世紀初期的動向，而且這些動向都無法透過現存史料而得知。

之後日本便基於對「廣開土王碑」的絕對信任而釐清了古代日朝關係史。不過，日本軍方卻懷疑石碑上面的字有可能被竄改，所以在一九七〇年代的時候，要求學者重新檢視前述的學術研究。儘管現代不像一九七〇年代當時對「廣開土王碑」那麼有興趣，但是仍無損「廣開土王碑」在高句麗史以及古代東亞史研究的地位，「廣開土王碑」絕對還是研究高句麗史、古代東亞史的一級史料。

接下來就要以這個「廣開土王碑」為主要史料，介紹「廣開土王碑」的主角廣開土王，以及建造這座石碑，繼承其父廣開土王豐功偉業，將高句麗帶入全盛時期的長壽王，同時還要介紹位於高句麗西方的中國王朝、位於南方的百濟、新羅、加耶（伽耶）以及倭國的動向，藉此一窺四至五世紀古代東亞世界的動盪。

廣開土王（三七四—四一二年）

一、廣開土王前史——高句麗的成長與苦難

高句麗的迅速崛起與困境

在四世紀末期成為高句麗王的是廣開土王，但為了弄清楚當時的高句麗面臨什麼情況，讓我們先大致了解一下在此之前的高句麗。

高麗時代編纂的《三國史記》提到高句麗是在西元前三七年建國，但從中國史料來看，高句麗應該更早就有動靜了。一般認為，高句麗至少在西元前一世紀初期，就在桓仁地區迅速崛起，而桓仁地區則

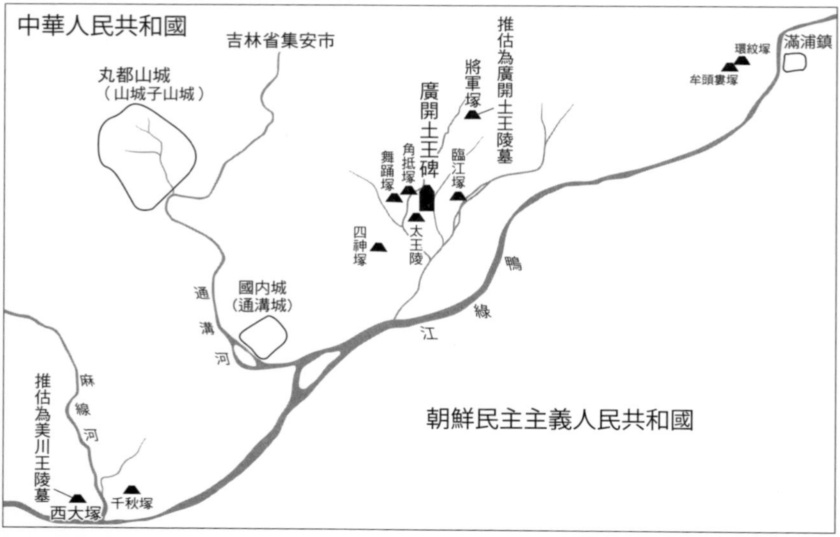

集安市的高句麗遺跡分布圖

位於流經中國遼寧省東部、中國與北韓國境的鴨綠江附近。西漢武帝在滅了衛氏朝鮮（約前一九五—前一〇八年）之後，便於此地設置了玄菟郡，而高句麗則在不斷反抗玄菟郡的管轄之下，慢慢地擴張勢力。

至於中國大陸這邊，西漢滅亡，王莽[3]創立了新朝（八—二三年），而根據史書的記載，新朝為了討伐北方遊牧民族匈奴而想調派高句麗士兵，但高句麗士兵不想為了別人打仗而逃亡，高句麗侯騶也因此被斬首，王莽氣得將高句麗改名為「下句麗」，高句麗也自此在中原的威壓下成長。

王莽創立的新朝很快就滅亡，繼起的王朝是由光武帝（二五—五七年在位）所創立的東漢。高句麗於光武帝在位的西元三二年（建武八年）朝貢，也因此被東漢正式封為高句麗王，歸玄菟郡管轄，但沒多久高句麗就再次反抗，入侵玄菟郡與遼東郡（遼陽），與東漢各郡縣的對立也愈來愈深。

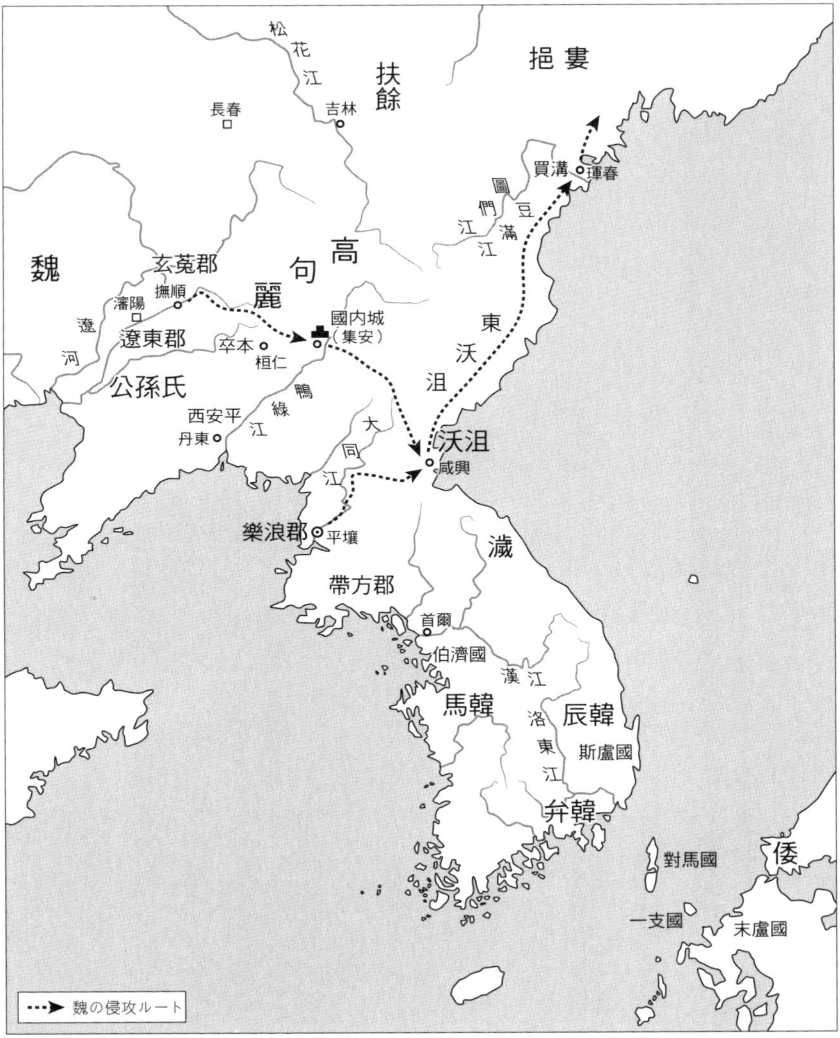

松花江
扶餘
挹婁
長春
吉林
買溝
琿春
圖們江
豆滿江
魏
玄菟郡
高句麗
瀋陽
撫順
遼河
遼東郡
國内城
（集安）
卒本
桓仁
公孫氏
鴨綠江
西安平
丹東
大同江
東沃沮
沃沮
咸興
樂浪郡
平壤
濊
帶方郡
首爾
伯濟國
漢江
馬韓
辰韓
洛東江
斯盧國
弁韓
對馬國
倭
一支國
末盧國
魏の侵攻ルート

三世紀的東亞

此後，高句麗爆發了王位之爭，新即位的山上王（一九七—二二七年在位）於三世紀初期將大本營從卒本（今遼寧省桓仁市）移至國內城（今吉林省集安市），國內城也成為高句麗的政治與文化中心，直到長壽王十五年（四二七年）將首都遷至平壤為止。

在高句麗將大本營移至國內城的同時，西邊的東漢被魏所篡，魏國轄下的遼東公孫氏也逐漸擴大勢力。由於公孫氏插手了高句麗的王位繼承過程，所以高句麗也十分提防公孫氏。等到公孫氏自稱燕王，與魏國對立，高句麗便與魏國一起出兵討伐公孫氏。在司馬懿的運籌帷幄之下，公孫氏被掃平，高句麗西方的遼東玄菟郡、朝鮮半島西北的樂浪郡（郡治在今平壤）、帶方郡（郡治在今黃海北道鳳山）都陸續歸入魏國的統治範圍。

不過，高句麗卻莫名突襲魏國統治的遼東半島西安平縣（今遼寧省丹東市）。高句麗也因為此舉而在二四四年之後二年間，遭受魏國將軍毌丘儉攻擊，導致王城被攻陷並遭受到毀滅性的打擊。當時的高句麗王東川王（山上王之子，二二七—二四八年在位）從朝鮮半島東北的沃沮（今咸鏡南北道）逃到遙遠北方的買溝地區（今吉林省東部琿春市附近），好不容易逃過魏國的追擊，為高句麗保留了一絲命脈。

第二次的苦難

儘管高句麗遭受了毀滅性的打擊，但是在費盡千辛萬苦之後，國力總算恢復，也於廣開土王的曾祖父美川王（三〇〇—三三一年在位）時進入盛世。一直以來，中國王朝在朝鮮半島的據點都是樂浪郡與帶方郡，美川王不斷地加強對這兩個據點的軍事壓力後，三一三年，樂浪郡的中國王朝勢力在無法抵抗高句麗的軍事力量之下，撤退至西邊的遼西地區，過沒多久，帶方郡也發生相同的情況，美川王因此讓高句麗的勢力擴張至朝鮮半島西北部的舊樂浪郡、帶方郡地區，成功取得進軍朝鮮半島中部地區的跳板。

另一方面，當高句麗不斷擴張勢力，勢必會與中國王朝產生紛爭。三世紀末期到四世紀前半期，在高句麗西方的遼東、遼西地區，北方遊牧民族鮮卑的慕容廆（二六九—三三三年）吸收了西晉末年四處顛沛流離的漢人而實力大增，其子慕容皝也自稱燕王（前燕，三三七—三七〇年）。勢如破竹的前燕雖然打算進軍中原，卻擔心被位於前燕東方，正在迅速崛起的高句麗從背後偷襲，因此慕容皝於三四二年派遣大軍遠征高句麗。

前燕軍順利擊潰高句麗故國原王（三三一—三七一年在位）率領的高句麗軍，也衝進高句麗王都破

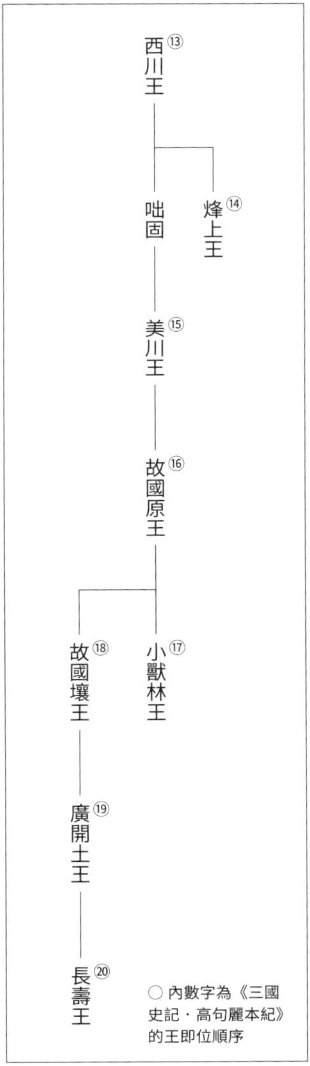

高句麗王世系圖（部分）

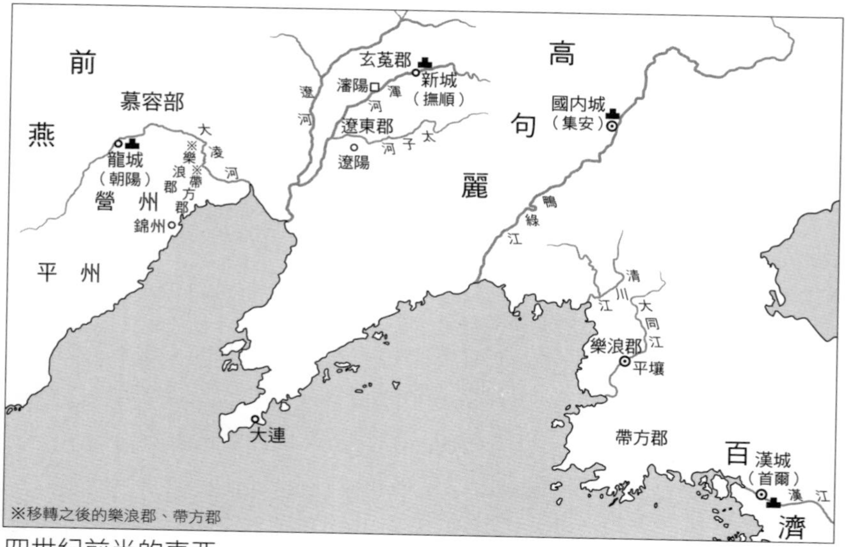

四世紀前半的東亞

壞宮殿，擄走太后、王妃與各式珍寶，還為了讓高句麗不敢對前燕有貳心，將故國原王之父美川王的陵墓挖開，將美川王遺體與太后、王妃、高句麗的百姓以及財寶全部帶走。這是繼魏國之後，高句麗第二次面對王都被攻陷的危機。隔年，故國原王派遣使節前往前燕，好不容易取回其父美川王的遺體，但是太后卻被留在前燕當人質。

不過，高句麗的苦難還沒結束。這次則是與盤踞在朝鮮半島中部的百濟形成對立。以現代韓國的首爾南部為據點的百濟不斷地吸收舊樂浪郡、帶方郡的漢人之後，從四世紀中葉開始急速崛起，進入近肖古王（三四六－三七五年在位）、近仇首王（三七五－三八四年在位）的時代之後，高句麗與百濟更是對立，近肖古王與其太子（後來的近仇首王）率領百濟軍北上，直攻平壤，率軍迎擊的故國原王也於此役戰死，高句麗與百濟之間的對抗也趨於白熱化。另一方面，故國原王才剛戰死，高句麗便與取代前燕的後燕（三八四—四〇七年）形成對立，如此一來，高句麗便陷入腹背迎敵的困境，一邊得與西方的後燕對抗，一邊又得與南方的百濟對抗。這對高句麗來說，無疑是雙重試煉。

故國原王戰死後，繼任高句麗王的小獸林王（三七一—三八四年在位）為了恢復國力，設立了太學，制定了律令，企圖克服眼前的國難，其後的故國壤王（三八四—三九一年在位）也不斷與百濟的辰斯王（三八五—三九二年在位）以及位於高句麗西方的後燕連番征戰，同時還建立了宗廟，整治了國家制度，致力恢復國力。而繼故國壤王之後，成為高句麗王的是太子談德（廣開土王）。

二、廣開土王時期的國際關係

廣開土王即位

廣開土王名叫談德，三七四年出生，是故國壤王的兒子。《三國史記》只提到廣開土王一出生就擁有宏偉的志向，沒有提到生母與兄弟，更沒提到他的成長過程，直接跳到他在故國壤王三年（三八六年），十二歲的時候成為太子，即位之前的具體經歷也沒有隻字片語。在史料相當貧乏的朝鮮古代史之中，這樣的情況並不少見，卻也因為相關的資訊實在太少，導致廣開土王的即位年至今仍不確定。

這是因為不同的史料對廣開土王的即位年有不同的記錄。例如《三國史記》記載廣開土王於三九二年即位，朝鮮古代史基礎史料之一的《三國遺事》（撰成於十三世紀）也記載廣開土王於三九二年即位，但是前面提到的「廣開土王碑」卻記載了廣開土王即位時的年齡以及死去時的年齡，所以若以廣開土王碑為準，廣開土王的即位年應該比《三國史記》或《三國遺事》的記載早一年，也就是三九一年。雖然很難釐清哪份史料記載的即位年是正確的，但一定有一份史料是正確的，我們只能相信由同時代的高句麗人所建造的「廣開土王碑」，換言之，廣開土王是於三九一年即位為高句麗王，當時的廣開土王為十八歲。

年紀輕輕就成為高句麗王的廣開土王一即位就另定年號為永樂。一般來說，年號都是由中國皇帝制定，再頒布給周邊諸國使用，但是廣開土王卻與以中國皇帝為首的世界告別，讓高句麗使用自己的年號，建構屬於高句麗的世界。順帶一提，因為年號永樂，廣開土王生前也被稱為永樂太王，「廣開土王碑」記述當時高句麗的史事，便是稱廣開土王為永樂太王，用的也是永樂的紀年。因此，為了親身體驗廣開土王時代的高句麗，讓我們使用永樂這個專屬高句麗的年號，一起了解廣開土王的功績與他眼中的世界。

廣開土王面臨嚴峻的國際情勢

年僅十八歲的廣開土王即位後，等著他的是高句麗腹背受敵的國際情勢，這在前面已經提過了。南方自故國原王以來就不斷與百濟爆發激戰，由於重視南方的緊張情勢，「廣開土王碑」特別詳細描述了這個廣開土王即位之前的最大危機：「辛卯年（三九一年），渡海而來的倭國擊敗百殘（當時高句麗對於百濟抱有敵意，所以將百濟的「濟」改成「殘」，故意將百濟記載為「百殘」），在東方，□（雖因磨損而難以判讀，但應該是「攻擊」之類詞語）了新羅，讓新羅臣服。」[4]從中可一窺高句麗南方的危機。一般認為，這是為了利用倭國的侵略讓廣開土王的御駕親征變得師出有名所使用的修飾，所以難免帶有一些誇飾的部分，不過，從這段碑文不難發現當時的高句麗對於南方的情勢有多麼緊張，也部分說明了當時的南方情勢。

至於西方，自其父故國壤王之後，就一直為了遼東地區與後燕互不相讓，西方的情勢也同樣不容小覷。這意味著廣開土王一即位，就得同時面對西方與南方的情勢，某種程度也算是出師不利吧。

廣開土王的第一次軍事行動——遠征稗麗與巡行遼東

在前途多艱的情況下，永樂五年，廣開土王首次發兵攻擊的對象不是百濟，更不是後燕，而是位於高句麗西北地區的稗麗。稗麗就是後來的契丹，一直盤踞在高句麗西北地區，也就是從北到南流經現今遼寧省中部的遼河中游以西一帶。[5]稗麗曾於廣開土王伯父小獸林王八年（三七八年）入侵高句麗北邊的八個部落，所以稗麗也是高句麗的西北邊患。儘管南方的百濟與西方的後燕都是不容輕忽的問題，但是廣開土王還是決定先遠征稗麗，這個決定與後燕的動向有絕對的關係。

前面提過，從廣開土王之父故國壤王的時代開始，高句麗就為了遼東郡（遼陽）與玄菟郡的問題與後燕敵對，至於後燕，遼東、遼西政策的核心人物慕容農移師西方（三八九年）滅了西燕，擴大自己的勢力（三九四年），又於三九五年決定遠征勢力急速擴大的北魏（三八六—五三四年）。由於與高句麗長期對峙的後燕於此時決定傾全力對付北魏，解決西側的問題，所以不太可能對高句麗發動攻勢。

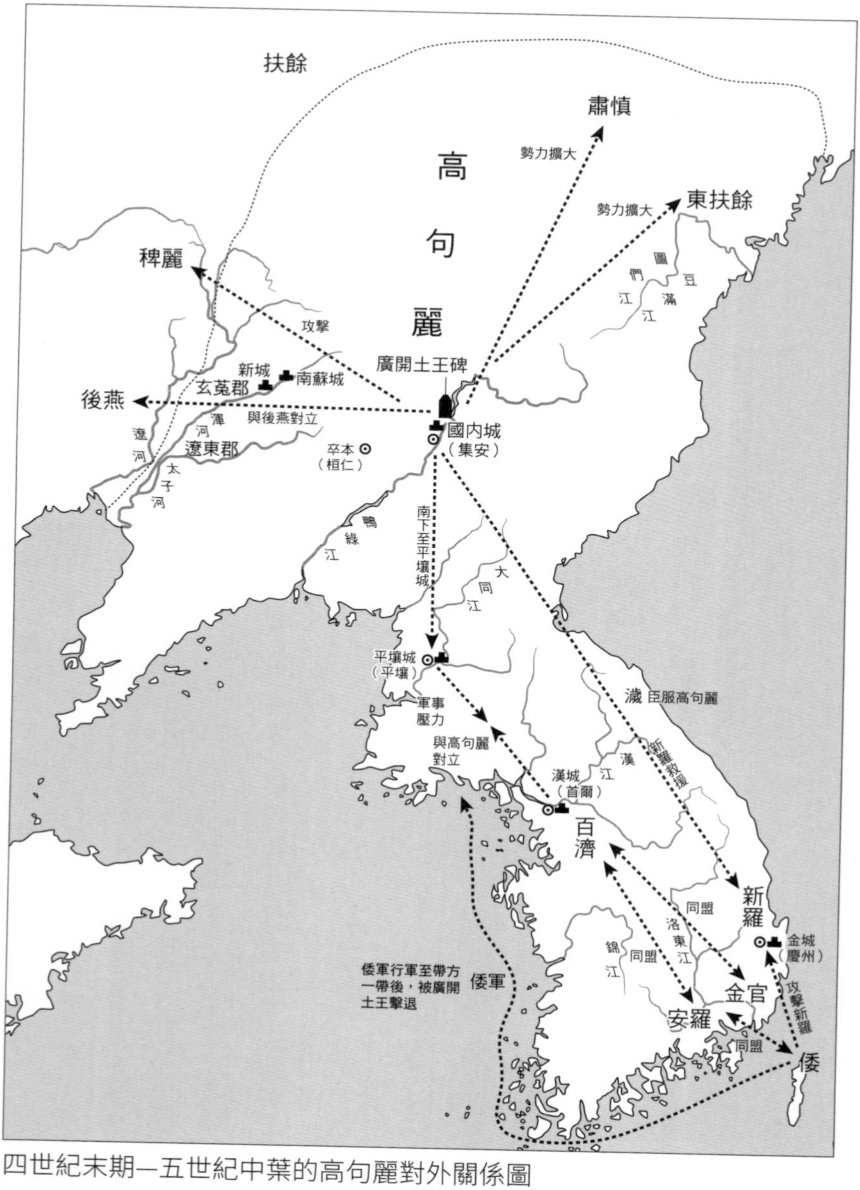

四世紀末期—五世紀中葉的高句麗對外關係圖

有鑑於此，廣開土王才決定遠征盤踞在高句麗西北的稗麗，因為先穩定了西側的情勢，才能無後顧之憂，全力對付百濟，由此可知，攻擊稗麗是迫在眉睫的任務，也是廣開土王討伐稗麗的第一個意義。從廣開土王御駕親征這點就不難看出討伐稗麗是多麼重要的任務。「廣開土王碑」永樂五年（三九五年）的部分提到「擊破了三個部落，六百至七百個軍營（具有軍事性質的聚落）。捕獲的牛馬與羊群難以計數」這些廣開土王的軍功，更稱頌這些軍營有一半是由廣開土王親自領軍攻破，討征稗麗成功也為廣開土王的首戰增色不少。

其實廣開土王親征稗麗還有另一個用意，那就是希望藉由攻擊北方遊牧民族的稗麗，取得所需的軍事物資。除了廣開土王之外，與廣開土王對峙的後燕也想透過北方遊牧民族取得軍事資源。前面提過，一直與北魏對抗的後燕為了取得軍事資源，也準備攻擊北方遊牧民族庫莫奚。這個計畫最後因對北魏作戰軍情生變而突然叫停（《資治通鑑．卷一一〇．晉紀三十二》，隆安二年（三九八年）一月），反觀廣開土王卻成功地打敗稗麗。於此戰取得的軍事物資也讓廣開土王得以擬定後續的對南戰略。這就是廣開土王首戰便御駕親征的第二個意義。

另一方面，廣開土王在打敗稗麗之後，並未立刻班師回到王都國內城，而是前往遼河東岸，巡視與後燕之間的邊界與交通要衢，接著又行經遼東半島沿岸，再從鴨綠江逆流而上，回到王都。廣開土王之所以在第一次御駕親征結束後，巡視與後燕之間的邊界，是因為他非常關心西側的情勢。儘管此時位於高句麗西側的後燕傾全力對付北魏，但是在廣開土王眼中，高句麗的西側是否安定，除了與之後對付後燕的戰略有關，更與對付百濟的軍事戰略息息相關，這是廣開土王御駕親征的第三個意義。

廣開土王對抗百濟的戰略以及百濟與倭國同盟的戰略

在解決高句麗西北一帶的隱憂之後，廣開土王於隔年（永樂六年，三九六年）準備對付長年以來的心腹大患，也就是對百濟發動戰爭。廣開土王先帶著高句麗軍拿下百濟北邊的要害關彌城（今北韓開城市附近），接著又不斷地攻城掠地，擊退前來救援的百濟軍，還包圍當時的百濟王阿華王固守的漢城（今首爾市南部）。坐困愁城的阿華王除了獻上一千名奴隸，還被迫向廣開土王下跪，發誓今生今世永遠是廣開土王的奴隸。廣開土王於此次親征獲得了百濟的五十八座城池以及七百個村莊，還在班師回朝時，擄走百濟王的弟弟與十名大臣。

順帶一提，《三國史記》提到，百濟的辰斯王知道廣開土王用兵如神，所以遲遲不敢出城迎擊高麗軍，因此百濟北方的許多村莊都被高句麗軍隊拿下，廣開土王的神勇之姿也傳遍百濟。由此可知，廣開土王的確善於用兵，所以才能在第一次出兵攻打百濟的時候拿下如此偉大的勝利。

不過本該臣服高句麗的百濟阿華王卻立刻祭出對抗高句麗的對策。隔年（永樂七年，三九七年），阿華王將太子腆支（後來的腆支王）派去倭國當人質，自四世紀中葉之後，努力鞏固與倭國之間的同盟關係，展開了反高句麗的行動。《日本書紀》也提到了這次百濟與倭國的結盟。其中提到應神紀八年（二七七年，不過，與其他朝鮮史料內容比較之後，應神紀的紀年干支必須往後挪兩輪〔一百二十年〕，所以二七七年應修正為三九七年），百濟派遣王子直支（腆支）來到日本，修復先王之好。由於朝鮮與日本的史料系統不同，所以這種朝鮮相關史料與日本相關史料一致的例子實屬罕見，因此，這類史料也異常可信。在百濟積極與倭國建立邦交之下，高句麗與百濟、倭國聯盟的對立也瞬間激化。

另一方面，廣開土王也發現百濟與倭國不斷強化邦交這件事，所以「廣開土王碑」也特別提到「百殘（百濟）先背棄誓約，與倭國私通」（「廣開土王碑」永樂九年（三九九年）條），讓廣開土王於兩年後發兵南方這件事師出有名。南方的情勢在百濟與倭國結盟後，可說是風雲變色。

對廣開土王來說，百濟與倭國結盟，一起反抗高句麗是不容輕忽的大事。可是高句麗若要對南方全面開戰，就必須先與後燕保持友好關係，因為廣開土王再怎麼用兵如神，也很難兩面作戰，同時對抗西方與南方的敵人。位於高句麗西方的後燕在皇帝慕容寶被弒之後，陷入了一片混亂，最終於三九八年十月，慕容盛登基為新王，廣開土王也於隔年立刻派遣使節前去祝賀[6]，但這一切不過是為了刻不容緩的南方情勢而必須與後燕維持良好關係之舉。如此一來，西方算是暫時穩住。由此可知，廣開土王對西方政策與南方政策是彼此連動的。

當西方的局勢穩定後，廣開土王便為了對百濟宣戰而於永樂九年（三九九年）行軍至南方據點的平壤。剛好這時候與百濟結盟的倭國對新羅展開軍事行動，新羅也向高句麗尋求協助，所以廣開土王便順勢在隔年，也就是永樂十年（四〇〇年），以救援新羅為由，率領五萬高句麗軍攻擊倭軍。南下的高句麗軍一路長驅直入，直搗位於朝鮮半島南部的任那加羅（金官國，今慶尚南道金海市）。拿下這個百濟與倭國聯盟的據點之後，接著又擊潰百濟、倭國陣營之一的安羅（今慶尚南道咸安郡）人的守備部隊，接著又繼續追擊百濟、加耶諸國（金官國、安羅國）與倭國，廣開土王的南方戰略也因此大有斬獲。

從戰爭走向和平——廣開土王對後燕與北燕的戰略

儘管廣開土王積極地對南方採取軍事行動，後來對於百濟的軍事行動卻稍微停下了腳步，這是因為位於高句麗西方的後燕天王慕容盛認為廣開土王對於後燕的態度桀驁不遜，所以在永樂十年（四〇〇年）突然攻擊高句麗西方據點的新城（今遼寧省撫順市）與南蘇城（今遼寧省撫順縣）。史料也再無記載廣開土王主動進攻南方的記錄。根據「廣開土王碑」，永樂十四年（四〇四年），倭國入侵高句麗，而高句麗軍也成功抵禦來敵，但這是因為倭軍入侵，廣開土王才迫不得已進攻南方。前面提過，廣開土王無力同時對西方與南方發動軍事行動，所以南方戰略只能暫時中斷，先解決與後燕之間的衝突。

至於剛剛提到的後燕軍則在奪取新城與南蘇城之後，強迫當地的居民移居遼西，廣開土王亦展開反擊，兩年後，也就是永樂十二年（四〇二年），廣開土王帶兵攻入後燕王都龍城（今遼寧省朝陽市）東方的宿軍城（今遼寧省北鎮市），接著又於兩年後的永樂十四年（四〇四年）攻擊龍城東南方的燕郡（今遼寧省義縣），於慕容盛之後繼位的慕容熙（四〇一—四〇七年在位）則於永樂十五年（四〇五年）、永樂十六年（四〇六年）入侵高句麗，但是又被高句麗擊退。

不過，後燕與高句麗之間的武力衝突便慢慢地停歇。這是因為後燕在四〇七年之後，為了替慕容熙寵愛的皇后苻氏建造宮殿與墳墓而導致財政惡化，實質上無力再與高句麗抗爭，主張對高句麗宣戰的慕容熙也於同年七月被漢人馮跋殺害（後燕滅亡）。

之後，馮跋擁立了後燕皇帝慕容寶的養子慕容雲（北燕，四〇七—四三六年）。慕容雲是慕容皝遠征高句麗之際，被迫移居遼西的高句麗人後裔，即位後就立刻恢復舊姓，改姓為高。廣開土王也趁著後燕這場內亂在隔年永樂十八年（四〇八年）三月派出使者前往北燕，以宗族之禮對待高雲，高雲也派遣使節前往高句麗作為回禮。如此一來，高句麗總算能夠放下心中大石，不再需要擔心西方的問題，問題也暫時得到解決。

再次發動南方戰略

四〇七年之後，後燕對於高句麗的威脅日漸消退，所以廣開土王也準備積極處理南方的問題。根據「廣開土王碑」永樂十七年（四〇七年）的記載，這年廣開土王派出了五萬步騎兵。可惜的是，因為碑文磨損嚴重，無法看出交戰國，但從後續出現的地名來看，交戰國是百濟的可能性非常高。[7]高句麗軍進攻百濟之後大獲全勝，也得到了無數的軍事物資。換言之，廣開土王一邊觀察西方的情勢，一邊積極地對南方採取軍事行動。

由此可知，廣開土王在與西方對抗時，就先放下對付百濟的心思，努力與北燕維持和平。由於西邊就是實力堅強的中國王朝，所以高句麗實在無法忽略西邊的情勢，也無法對西方與南方同時展開軍事活動。廣開土王就是這樣權衡西方與南方的情勢，再積極地推動對外戰略。

基本上，這就是高句麗的外交路線，而繼任的長壽王、文咨明王（長壽王之孫，四九二－五一九年在位）也繼承了這條路線，讓高句麗得以繁盛昌隆。在兩百五十多年後，高句麗被迫同時面對西方的隋、唐以及南方的新羅，廣開土王與之後歷任高麗王所採行的外交路線也行至末路，高句麗便因此步上滅亡。從這點來看，廣開土王的外交戰略完全左右了高句麗的命運，除了讓高句麗的領土得以迅速擴大，也讓自己成為帶領高句麗走向繁榮的名君。

三、廣開土王建立的高句麗勢力範圍與古代東亞世界

高句麗對於新羅的政治與軍事的影響

綜上所述，廣開土王積極地對付後燕與百濟之餘，也對位於百濟東邊，也就是朝鮮半島東南地區的新羅擴大軍事方面的影響力。前面已經提過，永樂十年，新羅因為被倭國侵略而向廣開土王求援，廣開土王也派大軍南下，救新羅於水火，新羅王也因為廣開土王派遣援軍解救新羅，在同一年親自來到高句麗，向高句麗獻貢。

話說回來，新羅不是在此時才對高句麗示好。根據《太平御覽．新羅傳》的記載，早在這件事發生的十年前，也就是前秦（三五一—三九四年）的建元十八年（三八二年），新羅王樓寒就曾派出使節，與高句麗使節一同前往前秦。由於新羅只是位於朝鮮半島東南地區的蕞爾小國，無力自行與中國王朝展開外交，直到高句麗予以協助，才總算能派遣使者前往中國王朝。從這件事便可得知，從此時開始，高句麗對於新羅的影響力便不言而喻。此外，奈勿王（樓寒，三五六—四〇二年在位）還於三九二年，因為高句麗十分強盛而派遣王族之一大西知之子實聖前往高句麗當人質，鞏固新羅與高句麗之間的關係。就是基於這種友好關係，新羅才會在受到倭國侵略時向高句麗求援。

順帶一提，《三國遺事》提到，奈勿王於三九〇年答應倭國的請求，將第三子美海（未斯欣）送往倭國作為人質，可見新羅也以人質外交的方式，與倭國建立外交關係。

不過，新羅於永樂九年（三九九年）遭受倭國入侵，且於隔年（永樂十年）接受高句麗的援軍之後，便改變方針，與高句麗進一步鞏固邦交。新羅王親自前往高句麗獻貢也只是延續了新羅這一路以來的外交方針，新羅也更加服從高句麗。從高句麗的角度來看，這無疑是更能從政治與軍事方面對新羅造成影響。

由於高句麗能左右新羅的政治與軍事，所以廣開土王也能插手新羅的王位繼承過程。三九二年來高句麗當人質的實聖在高句麗生活十年之後，於新羅王前來高句麗朝貢的隔年，也就是永樂十一年（四〇

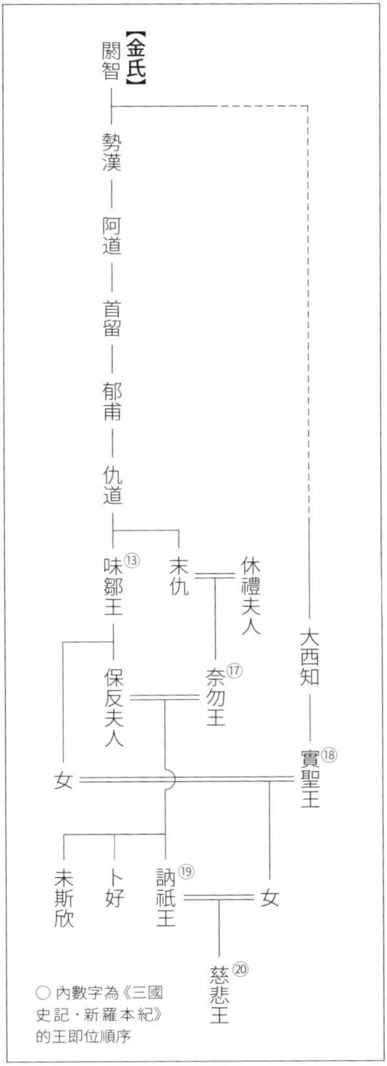

新羅王世系圖（部分）

一年）回到新羅，並於隔年的永樂十二年（四〇二年）成為新羅王（實聖王，四〇二—四一七年在位）。當時奈勿王身邊還有繼實聖王之後成為新羅王的訥祇王（四一七—四五八年在位），和訥祇王的弟弟、後來前往高句麗當人質的卜好，以及後來前往倭國當人質的未斯欣。照理說，奈勿王死後，由這三個小孩的其中一個繼位也是理所當然的事。

不過，在奈勿王死去的前一年（四〇一年）從高句麗回國的實聖成為新羅王。實聖是大西知的兒子，與奈勿王同是金氏始祖閼智的後裔，卻不是嫡系，只是旁系，當然也沒有與奈勿王有直接的血緣關係，但是實聖從高句麗回到新羅之後，立刻凌駕於奈勿王諸子之上，成為新羅王。《三國史記》寫道：「奈勿薨，其子幼少，國人立實聖繼位。」換言之，當時的訥祇與卜好太過年幼，所以才由實聖即位，但這種說法實在啟人疑竇。從曾經在高句麗擔任人質的實聖雖然是旁系，卻能當上新羅王這點來看，高句麗肯定插手了這波王位繼承過程。想必廣開土王是希望讓自己挑選的人選繼奈勿王之後成為新羅王，讓新羅與高句麗的關係更加緊密吧。由此可知，廣開土王得以左右新羅王的人選[8]。

儘管新羅在政治與軍事方面服從高句麗，但是新羅接下來的動向也對高句麗的外交方針造成了莫大影響，這部分將在後面進一步說明。

廣開土王擴張勢力與周邊民族觀——以新羅與百濟為例

廣開土王不僅將勢力的觸角伸往新羅。永樂八年（三九八年）廣開土王也派兵攻打高句麗東北方的肅慎（今朝鮮半島北部到中國東北地區東南部），擄回男女三千餘人，也將肅慎納入高句麗的統治範圍，逼使肅慎向高句麗納貢。到了永樂二十年（四一〇年）之後，廣開土王親自帶兵攻打高句麗東方的東扶餘（今吉林省東部的延邊朝鮮族自治州到圖們江〔豆滿江〕下游、朝鮮半島東北部一帶），還攻入東扶餘城，將城中百姓帶回京城。

廣開土王就這樣不斷地擴張政治與軍事的影響力，其勢力範圍北起現代的中國東北地區東部，南至朝鮮半島南部的新羅。廣開土王死後之所以能得到「國岡上廣開土境平安好太王」這個諡號，就是因為他讓高句麗的領土迅速擴張所致。

在廣開土王不斷擴張勢力範圍的過程中，特別值得注意的是，高句麗向來認為廣開土王遠征的東扶餘，以及新羅或百濟原本都是高句麗的子民。前面提到的「廣開土王碑」因為描述了倭國在朝鮮半島的活動而令人刮目相看之外，辛卯年的部分也提到「百殘（百濟）與新羅原本是（高句麗王的）屬民，原本都會向高句麗朝貢」，這證明廣開土王或是建造「廣開土王碑」的長壽王（廣開土王之子），以及當時代的高句麗統治階級都認為百濟與新羅本來就是該向高句麗朝貢的屬民。話說回來，朝貢或是屬民這類關係並非這三個國家在五世紀前後的特殊關係，而是這三個國家自古以來就有這類曖昧的關係。

不過，這種關係與廣開土王治世之下的現實並非毫無關係。一如前面一再重申，新羅王已在永樂十年（四〇〇年）親自前往高句麗獻貢，而這種宛如現在進行式的兩國關係，不僅是兩國自古以來的關係，也讓新羅順理成章地向高句麗朝貢，如此一來，新羅的百姓便是高句麗的屬民，高句麗也對新羅產生了不同的看法。

反觀百濟則是一如往常地與高句麗對抗，但也因為如此，高句麗便更有討伐百濟的藉口，因為高句麗一直認為百濟是理應朝貢的屬民。在這些現實的問題影響之下，高句麗也認為該討伐與自己對立的百濟。

廣開土王的周邊民族觀——以東扶餘為例

這個觀點也能套用在東扶餘。「廣開土王碑」永樂二十年（四一〇年）的內容提到，「東夫餘舊是鄒牟王屬民中叛不貢」（東扶餘原是鄒牟王〔朱蒙〕的屬民，但後來謀反，不再朝貢），所以高句麗向來認為，東扶餘是高句麗始祖鄒牟王的屬民，也該向高句麗朝貢，卻於某個時間點造反，不再朝貢。東扶餘是三世紀初期，高句麗始祖出生地北扶餘遭到慕容廆攻擊之後，王族子弟逃到了朝鮮半島東北地區的沃沮所建立的國家，是扶餘的分支。[9]因此，東扶餘不太可能是高句麗鄒牟王的屬民。

不過，東扶餘是始祖鄒牟王故國北扶餘的分支，而北扶餘已經是高句麗的領地，所以當時高句麗的掌權者才會基於始祖鄒牟王這層關係，認為東扶餘為高句麗的屬民。[10]這層認知讓廣開土王親征東扶餘師出有名，也讓廣開土王決定討伐東扶餘。

由此可知，廣開土王基於上述特殊的認知與世界觀，將現代中國東北地區到朝鮮半島南部視為高句麗的勢力範圍，也才會對背叛的百濟與其他國家發動攻擊。話說回來，這不過是高句麗的一廂情願，而且從百濟的態度也可以發現，周邊各國不一定予以認同。

但重點在於廣開土王與高句麗的執政者強烈認為這個地區是高句麗的統治範圍，也認為這個地區之中的每個民族都是高句麗的屬民。在此就讓我們將中國東北地區到朝鮮半島南部這一帶稱為高句麗勢力範圍吧。

高句麗勢力範圍特有的君主稱號

不過在廣開土王透過軍事行動打下的高句麗勢力範圍之中，完全沒有中國王朝的影子。一如前述，廣開土王非常在意位於高句麗西方的後燕、北燕及其他中國王朝的動向，也根據這些動向擬定對外政策，但是「廣開土王碑」卻沒有任何與中國王朝有關的內容，只記載了百濟、新羅、東扶餘以及高句麗勢力範圍的動向[11]。

從廣開土王獨有的年號與君主稱號便可得知，廣開土王的世界與中國王朝是不同的世界。一如前面介紹廣開土王即位的過程，廣開土王在即位之初，便使用「永樂」這個與中國王朝毫無關係的年號，標榜自己與中國皇帝的世界無關，也依照這個年號自稱「永樂太王」。

廣開土王死後，冠上「國岡上廣開土境平安好太王」這個專屬高句麗的謚號。這個謚號包含了廣開土王的埋葬地點「國岡上」以及他的功勳「廣開土境」，而且這個謚號與中國王朝無關，是自始祖以來高句麗的傳統謚號。「廣開土王碑」上面的「國岡上廣開土境好太王」或是俗稱的廣開土王都是正式謚號「國岡上廣開土境平安好太王」的簡稱。之所以會出現這類簡稱，是因為位於高句麗舊都集安的高句麗貴族牟頭婁的墓誌（〈牟頭婁墓誌〉，記載了牟頭婁及其一族的功績，與廣開土王碑都是在五世紀前半建成），以及新羅王都慶州壺杅塚出土的器皿都有這類簡稱，所以一般認為，這類簡稱不僅在高句麗國內使用，也於高句麗勢力範圍普及。

三九六年左右，後燕皇帝慕容寶即位，廣開土王被冊封為「遼東王與帶方王」，也被正式納入以後燕皇帝為頂點的世界[12]。不過，這是在廣開土王即位五年後發生的事情，廣開土王還是以專屬的「王」號自稱，這點從廣開土王即位後，使用「永樂太王」這個王號也不難明白。從「廣開土王碑」可以知道，這個王號源自「始祖鄒牟王」、「世子儒留王」以及第三代的「大朱留王」這類高句麗的傳統王號，這類王號不同於以中國皇帝為頂點的國際秩序中使用中國皇帝所授予的王號。

不過，從「世子儒留王」的「世子」便可知道，這個王號終究是以中國皇帝為首，是皇帝之下的王的後繼之人，而高句麗傳統王號所象徵的地位並未高於中國皇帝賜予的王號，充其量只是源自中國皇帝賜予的王號。「太王」或「好太王」是自高句麗始祖之後，稱頌高句麗王的王號，也只在高句麗勢力範圍使用，是君臨高句麗勢力範圍的君主稱號[13]。

順帶一提，除了廣開土王之外，「好太王」也用於稱頌其他的高句麗王。因此，將「廣開土王碑」稱為「好太王碑」是「人云亦云的謬誤」，一如三宅米吉於十九世紀末所提出的主張[14]，不應該將記載廣開土王事跡的巨碑稱為「好太王碑」。此外，將廣開土王稱為純屬美譽、沒有半點特色的「好太王」也有問題。只要比照高句麗的君主稱號，便不難明白將這座巨碑稱為「廣開土王碑」，以及稱呼這位高句麗王為廣開土王才算適當。

不論如何，在高句麗勢力範圍使用的是高句麗專屬的王號，以及用於稱頌君主的「太王」或「好太王」，而不是在中國皇帝建立的國際社會之中使用的王號。從這類君主稱號也可以知道，高句麗勢力範圍有意排除中國王朝的影子，而其中值得關注的是廣開土王以高句麗為天朝的概念，以及奠基於這個概念的高句麗王統。

高句麗獨有的天朝觀與廣開土王的王陵整建

「廣開土王碑」將高句麗始祖鄒牟王視為「天帝之子」，所以身為後代子孫的廣開土王，以及在廣開土王之前的歷代高句麗王，在高句麗百姓的心目中，當然都是天帝的後裔，高句麗王的權威也源自獨特的「天帝」稱號以及天朝觀。

廣開土王非常重視這種源自「天帝」的權威與高句麗王統。最明顯的證據就是廣開土王翻修歷代高句麗王的王陵。根據「廣開土王碑」的記載，廣開土王在歷代高句麗王的陵墓旁邊建造了石碑，並在石碑刻上守墓人的名字，及翻修歷代高句麗王陵墓的紀事。「廣開土王碑」的後半段記載了這些守墓人的來歷，他們都是廣開土王從征服的鄰近諸國、各族徵召而來的人。

廣開土王之所以會徵召新的守墓人以及翻新王陵，是擔心歷代高句麗王陵的守墓人闖入王陵。換言之，廣開土王是為了避免守墓人闖入王陵，以及避免這些守墓人被買賣才重新徵召守墓人。這件事對廣開土王到底有多麼重要呢？從「廣開土王碑」的後半段花了許多篇幅描述這些守墓人，以及在最後特地提到廣開土王禁止這些守墓人被買賣的遺命，便可知道廣開土王多麼看重守墓人與王陵翻修這件事。

近年來，從高句麗王都集安出土了一些資料，而這些資料能幫助我們一窺廣開土王當年翻修王陵的模樣。高句麗王陵之一的千秋塚出土了寫有廣開土王年號「永樂」的瓦片。一般認為，這個瓦片是為了翻修千秋塚所製作[15]，這類出土的古物也能證實廣開土王曾經翻修高句麗王陵。

廣開土王之所以翻修歷代高句麗王的王陵，一來是為了釐清貴為「天帝之子」的始祖鄒牟王以及後代高句麗王的王統系譜，二來是為了強化身為高句麗王的權威。換言之，廣開土王透過歷代高句麗王以及高句麗特有的天朝觀強化自身的權威，以及根據「天帝」的權威自創了君主稱號與年號，藉此擺脫中國王朝以帝王之姿君臨整個高句麗勢力範圍。

中國王朝與高句麗

綜上所述，廣開土王雖然創造了自外於中國王朝的高句麗勢力範圍，但絕對沒有忽略以中國皇帝為頂點的中華世界，這點從廣開土王的君主稱號源自以中國皇帝所賜的王號便可得知。廣開土王與後燕來往之後，應該知道皇帝稱號高於天王稱號。照理說，使用「永樂」這個與中國皇帝無關年號的廣開土王也有可能自稱皇帝或是天王，但是他之所以不自稱皇帝或天王，而是使用源自中國爵位的王號，或是以此為前提的世子稱號，在於他非常熟悉中國皇帝賜予的官位與爵位，以及藏在這些官位與爵位背後的意義，還有由這些意義形成的中華世界。

廣開土王於三九六年左右被後燕皇帝慕容寶冊封為「遼東王與帶方王」。《梁書．高句驪傳》有一段「安（源自廣開土王的王名「平安」。廣開土王與中國王朝往來之際，通常會依照東亞的國際慣例使用王名的其中一字，後代的高句麗王也依循這項慣例）始置長史、司馬、參軍」的記載，其中的長史、司馬與參軍都是王府或將軍府的屬官（府官）。由於這些府官的活動未於廣開土王的時代留下記錄，所以不知道這些府官的功能性為何，但到了其子長壽王的時代之後，便留下了這些府官出使中國王朝的記錄，例如「長史高翼」、「長史馬婁」、「長史董騰」（均見於《宋書．高句驪傳》）都是出使中國王朝的府官。如果這些記錄屬實，代表長史、司馬、參軍這類府官是從廣開土王的時代增設，也與《梁書．高句驪傳》的敘述吻合，廣開土王很有可能增設了府官，以及讓這些府官負責與中國王朝建立外交。

之所以由府官負責與中國王朝之間的外交事務，絕非廣開土王不重視中國王朝，反而是因為廣開土王非常了解以中國皇帝為頂點的東亞國際秩序有多麼重要。廣開土王或長壽王都標榜自己是中華世界的一員，藉此推動對外戰略。儘管廣開土王的君主稱號是高句麗根據中國皇帝賜予的王號所設的稱號，但是就算使用了這個充其量是矮皇帝稱號一級的王號，以及使用以這個王號為前提的世子稱號，反倒證明了廣開土王與長壽王多麼了解身為中華世界的一員是件多麼重要的事情。對於與中國王朝為鄰的高句麗來說，中國王朝是難以忽略的存在，廣開土王絕對不會小看以中國皇帝為頂點的國際社會，我們也絕對不能忽略這項事實。

高句麗勢力範圍與府官制度

部分研究者便以高句麗與中國皇帝之間的關係，以及中國皇帝賜予周邊各國君主的將軍封號為前提，將周邊各國的統治體系視為中國皇帝秩序之中的一個將軍府，再根據這個在將軍府設置長史、司馬、參軍等府官的制度，研究在廣開土王的統治下，高句麗國內的統治體制。

一如前述，有些史料指出，自廣開土王時代開始，高句麗便設置了長史、司馬、參軍這類府官，此外，從高句麗出使中國王朝的使節為「長史」這點來看，會將周邊諸國的統治體系視為中國皇帝秩序之中的將軍府，也是理所當然的事，而且同時代（五世紀）的百濟、倭國甚至遠在西域的高昌國都有這類府官，更是證實了此一主張。

不過，若只憑廣開土王設置了「長史、司馬、參軍」這些《梁書．高句驪傳》的記載，以及其子長壽王以這些府官作為出使中國的使者，就斷言高句麗勢力範圍的統治構造受限於中國皇帝授予的官職與爵位，未免也太過武斷。一來，沒有任何高句麗勢力範圍的史料具體指出，高句麗勢力範圍是由中國王朝賜予的官職爵位來維持秩序；二來，同時代的高句麗史料也沒有提到相關的事情，頂多只提到府官是出使中國的使者而已。所以事實應該剛好相反，也就是說，廣開土王使用的不是中國皇帝賜予的王號，而是以高句麗特有的王號，以及用於美化這類王號的太王號來排除中國王朝的勢力，讓高句麗自成一格，擁有自己的勢力範圍。這也是我們絕不能忽略的事實。

話說回來，要了解廣開土王，以及中國王朝之下的高句麗，就必須了解廣開土王的統治範圍在以中國皇帝為頂點的統治體制之下的定位。一如前述，廣開土王雖然無法忽略中國王朝的存在，卻還是建立了屬於自己的勢力範圍。從自訂的君主稱號，以及「永樂」這個只在高句麗使用的年號便可略知一二。這個高句麗專屬的年號除了在「廣開土王碑」出現，也在北韓出土的德興里古墳（今南浦市，一般認為是於廣開土王時代建造）的墨書，以及從高句麗王都集安的古墳（千秋塚）出土的瓦片出現[16]，可見高句麗勢力範圍都使用這個年號。

這些專屬高句麗，只在高句麗勢力範圍使用的王號、年號說明了高句麗勢力範圍的秩序與奠基於中國王朝秩序的府官制不同，是只屬於高句麗勢力範圍的秩序。此外，我們也不能忽略的是，進入廣開土王時代之後，高句麗已經具備以高句麗王為頂點的身分秩序與官僚制度。高句麗的官職高低與中國王朝完全無關，只由高句麗自訂的秩序排列。

這些高句麗自訂的君主稱號、年號、統治體系也由廣開土王的繼任之君長壽王繼承，至少在廣開土王與長壽王的時代裡，高句麗建立了自外於中國王朝的勢力範圍。

從這點來看，所謂的府官不過是為了與中國王朝打交道而臨時增設的官職，所以廣開土王時代的高句麗統治體系無法透過中國皇帝授予的將軍號研究與探討。至於那些不顧高句麗國內的史料，只從與中國王朝有關的史料進行過於天真又草率的推測，實在令人難以苟同。我們不該忽略廣開土王建立的勢力範圍，也不該只從高句麗與中國王朝之間的關係就推翻高句麗勢力範圍的獨立性。

高句麗勢力範圍與倭國勢力範圍

高句麗勢力範圍的君主稱號也對在政治、軍事方面深受高句麗影響的新羅產生深遠的影響，所以到了六世紀後半，新羅的勢力大增之後，也出現了仿照高句麗的君主稱號，自稱太王的新羅王。帶領新羅迅速崛起的真興王（五四〇—五七六年在位）正是這位新羅王。在彰顯真興王功績的「真興王巡狩碑」（五六八年）便可看到專屬新羅的年號「太昌」，以及太王號「真興太王」。雖然這座石碑沒看到真興王自稱「朕」，自詡為皇帝的內容，但是新羅總算在距離廣開土王時代一百五十年之後，擺脫了高句麗在政治與軍事方面施加的桎梏，也總算能與高句麗一樣自稱太王號以及自訂年號。

另一方面，高句麗的勢力除了影響新羅，也影響了與高句麗處處對立的倭國。廣開土王在高句麗勢力範圍使用的君主稱號也得到倭國的認同。比方說「隅田八幡神社藏人物畫像鏡銘」（四四三／五〇三年）、「稻荷山古墳出土鐵劍銘」（四七一年）、「江田船山古墳出土大刀銘」（五世紀末—六世紀初）的「大王」稱號便是其中一例。後面兩者的劍銘與刀銘的「獲加多支鹵大王」「獲□□□鹵大王」應該就是指倭王武（雄略天皇），由此可知，五世紀後半倭王武治下的倭國，曾使用「大王」這個稱號。從這個「大王」稱號與「治天下」的敘述同時出現在「稻荷山古墳出土鐵劍銘」這點來看，這個倭國的「大王」稱號與倭國建立的「天下」息息相關。《宋書．倭國傳》提到，倭王武想建立東起關東，西至北部九州，以及海北（朝鮮半島）的勢力範圍，「大王」稱號則是在這個倭國勢力範圍使用的君主稱號[17]。另一方面，倭王武也曾派遣使者前往中國南朝（宋，四二〇—四七九年），進入以中國皇帝為頂點的秩序之中。

這種自願進入以中國皇帝為頂點的中華世界，卻自行建立專屬自己的勢力範圍，以及以「大王」稱號君臨這個勢力範圍的作法，與高句麗建立專屬的勢力範圍，並以「太王」為君臨勢力範圍的稱號，藉此強化自身權威的作法類似。根據《宋書．倭國傳》的記載，倭王武曾要求南朝宋賜予與高句麗王相同的官職，也為了與高句麗的勢力範圍對抗，一邊注意中國王朝的動向，一邊建立了屬於倭國的世界[18]，由此可知，倭王武的確將高句麗視為敵對勢力。

一如高句麗勢力範圍徹底排除倭國的勢力，倭國的勢力範圍也徹底排除了高句麗的勢力。儘管我們無從得知倭國的勢力範圍有多廣，但是從倭王向南朝宋請求軍權與政權來看，應該包含「都督倭、百濟、新羅、任那、加羅、秦韓、慕韓」七個國家[19]。在這個勢力範圍之中，看不見高句麗這個倭國的最大勁敵，這意味著高句麗與倭國將彼此排除於各自的勢力範圍之中。對高句麗燃起敵意的倭國非常在意高句麗勢力範圍，也為了與高句麗的勢力對抗，建立了排除高句麗的勢力範圍。[20]

話說回來，高句麗的勢力範圍存在著某些隱憂，例如百濟的背離就是其中之一，不過廣開土王還是透過軍事行動，取得了政治面與軍事方面的實質影響力，反觀倭國的勢力範圍則不一樣，不僅在百濟的軍權與政權未能得到南朝宋的承認，就連在軍、政權得到南朝宋承認的新羅以及其他地區，倭國在政治與軍事方面的影響力都非常有限，未達到實質統治的程度。正因為如此，所以倭國才必須請中國王朝承認在這些國家的軍權與政權。這與能在自己的勢力範圍內，充分發揮軍政影響力的高句麗，可說是有著相當明顯的落差，儘管這兩個勢力範圍有些相似之處，但就實質而言，兩者的性質完全不同，這也是不能將高句麗與倭國的勢力範圍相提並論的理由，這與高句麗的實力遠高於倭國也有關係。

不過，廣開土王建立的高句麗勢力範圍絕非堅若磐石。雖然這個勢力範圍不斷擴張，卻在廣開土王之子長壽王的時代開始鬆動，因此，接下來就要為大家介紹長壽王的治世。

長壽王（三九三／三九四—四九一年）

廣開土王薨逝與長壽王即位

雖然廣開土王讓高句麗的領土迅速擴張，建構了專屬高句麗的勢力範圍，卻在永樂二十二年（四一二年），年僅三十九歲時去世。史書並未提及廣開土王的具體死因。突然失去明君的高句麗百姓無不為了這位早逝的偉大高句麗王哀悼，及稱頌他的功績，也為他追諡了「國岡上廣開土境平安好太王」這個諡號。兩年後的四一四年，廣開土王的遺體安放在距離國內城東北七．五公里的巨大墳墓（將軍塚。這只是推論的說法，目前仍眾說紛紜）。

接替早逝的廣開土王成為高句麗王的是於永樂十八年（四〇八年）成為太子的王子巨連（或記為璉）。這位仿照廣開土王，只取名字中的一個字璉與中國王朝往來的高句麗新王，與他那年紀輕輕便踏上不歸之途的父親不同，在位長達七十九年，直到九十八歲才過世，所以諡號也就叫作長壽王。

由於長壽王是於四一二年，廣開土王一去世就即位，所以從在位七十九年，九十八歲死去（《三國史記》）這點來看，長壽王應該是在二十歲的時候即位。但這麼一來，長壽王的卒年應該是四九〇年，這比《三國史記》或是其他中國史料記載的四九一年還要早了一年。一如之前介紹廣開土王即位年的情況一樣，這個問題源自「廣開土王碑」與《三國史記》之間有著一年的誤差，例如廣開土王的卒年在「廣開土王碑」與《三國史記》也都有一年的誤差。

儘管出現這種誤差，但從史料的可信度來看，我們還是該以「廣開土王碑」為準，如此一來，長壽王就是在二十歲即位，然後在位七十九年，於四九〇年死亡。但這麼一來，就與中國的史料有出入。中國史料提到，北魏皇帝曾於四九一年，長壽王仙逝之際表示哀悼之意，所以也不能如此草率地變更長壽王的卒年。假設以長壽王於四九一年，九十八歲高壽死亡為基準，那麼長壽王就是於十九歲即位，在位年也會延長至八十年，比《三國史記》記載的在位年還要長一年。要根據《三國史記》與「廣開土王碑」的誤差整合這兩個史料並且予以詮釋，是件非常困難又棘手的問題，但不管何者屬實，長壽王都是在二十歲前後成為高句麗王。仔細一想就會發現，其父廣開土王是在十八歲即位，換言之，帶領高句麗進入全盛時期的兩位明君，都是在年僅十八至二十歲的時候即位。

長壽王的南進政策與遷都平壤

對於這位長壽王來說，最大的課題莫過於廣開土王留下的懸案。當時的百濟已擺出一副決心與高句麗抗戰到底的態度。《三國史記》以及其他史料並未直接提及這點，所以具體情況也無從得知。不過，史書卻提及了長壽王南進戰略以及相關的重要事件。其中之一就是長壽王即位之際，新羅改派前新羅王奈勿王之子卜好來到高句麗當人質。《三國史記》與《三國遺事》對於卜好何時來到高句麗當人質的記載有些出入，但是新羅的確是在高句麗與新羅的新王即位之際，派遣人質來到高句麗[21]。一般認為，新羅是為了長壽王即位才派遣人質。對於長壽王來說，為了牽制百濟，也需要與新羅強化邦交。

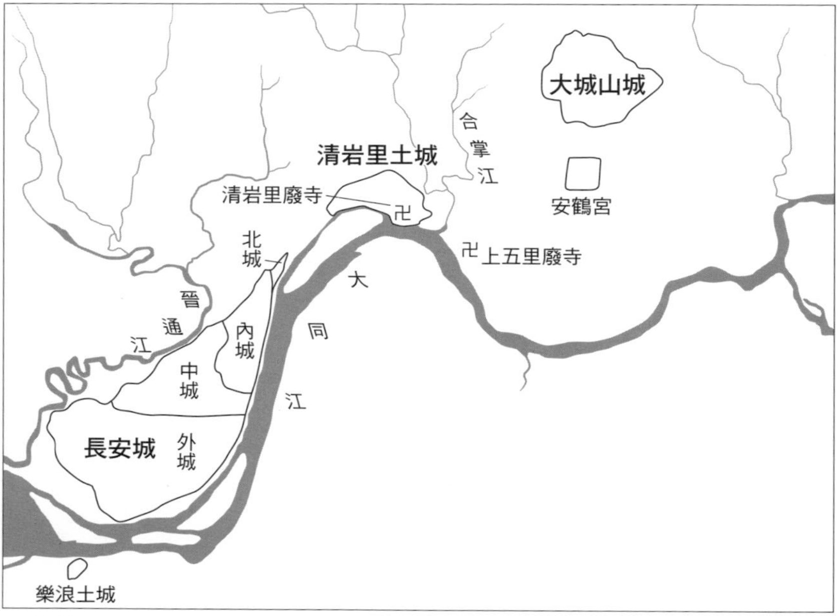

平壤的高句麗遺跡分布圖

從新羅王都慶州壺杅塚出土的器物也描述了高句麗與新羅之間的邦交。這個青銅壺杅上面鑄有廣開土王薨逝三年後的「乙卯年」（四一五年）與廣開土王的諡號「國罡上廣開土地好太王」，字體與「廣開土王碑」的字體酷似。這應該是在廣開土王死後，為了紀念他而鑄造的青銅壺杅，所以也連帶賜給新羅。長壽王將這個與廣開土王有關的青銅壺杅賜給新羅，意在讓實聖王這位由廣開土王擁立的新羅王想起廣開土王的恩德，以及廣開土王曾經派兵援助新羅，與新羅王曾經親自來到高句麗獻貢的過去，藉此鞏固高句麗與新羅之間的關係。四二四年，長壽王對於新羅使者禮遇有加，也是基於這個對新羅政策。

第二件與長壽王南進戰略有關的大事就是長壽王將王都從國內城（集安）遷至更南

方的平壤。長壽王的曾祖父故國原王在迎戰百濟時，就是在這個位於朝鮮半島西北的平壤戰死，所以從那個時候開始，平壤就是對抗百濟的據點。其父廣開土王也曾為了與百濟作戰而南下平壤（「廣開土王碑」永樂九年〔三九九年〕），還在平壤建造了九座寺廟，在在為了讓平壤發揮軍事據點的功能。想必長壽王是為了強力推動南進政策，才毅然決然地將王都從國內城遷至平壤。

新的王都同時具有山城與平城的構造，主要是由平壤北郊的清岩里土城（平城）以及大城山城所組成[22]，這也符合高句麗傳統都城的模樣。儘管高句麗後來將大本營遷入現代平壤市內的長安城（五八六年），但還是將平壤當成軍事據點。

一如前述，長壽王之所以會如此果斷地推行南進政策，在於長期與高句麗對立的後燕滅亡，以及高句麗與新興的北燕達成協議，西方得以安定所致。廣開土王也曾在這種無後顧之憂的情況下推行南進政策，而長壽王為了繼承父親的路線，進一步推進這項政策，才於四二七年，將向來只是南方據點的平壤定為王都。

只不過，才剛將王都遷至平壤，西方的情勢便立刻風雲變色，長壽王也被迫面對這突如其來的異變。

高句麗西方情勢驟變——擴張勢力的北魏與北燕

前面提過，位於高句麗西方的北燕是由高句麗出身的慕容雲即位天王，但是慕容雲卻在四〇九年十月遭到親信殺害，漢人馮跋成為北燕天王。馮跋於隔年的四一〇年鎮壓同族內亂之後，順利地讓政權上路，之後也不斷排除阻礙王權的叛亂分子。四一四年，馮跋將在高句麗躲避戰火的弟弟馮丕迎入宮中（《資治通鑑．卷一一六．晉紀三十八》義熙十年〔四一四年〕五月，以下的北魏與北燕情勢皆根據《資治通鑑》的記載），也讓北燕與高句麗延續自廣開土王與慕容雲以來的友好關係。對於剛即位為高句麗王的長壽王來說，要想推動南進政策，就必須與北燕維持友好關係。而最令北燕頭痛的問題不是高句麗，而是不斷在西北一帶壯大的北魏，為了對付北魏，北燕也必須與高句麗合作。

北燕對於北魏的態度向來強硬，例如北燕曾經軟禁北魏的使者，最終於四一六年遭受北魏軍的入侵。兩年後的四一八年，王都和龍（龍城，今遼寧省朝陽市）又曝露在北魏軍的攻勢之下。馮跋好不容易才挺過北魏軍的攻勢，逼使北魏軍退兵，但兩國之間的衝突已無可迴避。馮跋曾派遣使者前往南朝宋，以解燃眉之急，而北魏則是傾全力對抗西方的夏[23]，所以北魏與北燕也暫時不需全面開戰。

四三〇年九月，北燕爆發王位繼承之爭，馮跋也於這股亂流之中病死，取而代之的是收拾這場亂局的弟弟馮弘，馮弘也即位為天王。但是才即位沒多久，滅了夏而壯大的北魏便於四三二年再次進攻北燕，北燕也因此陷入困境。四三四年三月，北燕為了向北魏賠罪，提出讓公主嫁進北魏的後宮，以及讓太子進入北魏為官這兩個條件，才讓北魏暫停攻打北燕。不過，馮弘出爾反爾，不願讓太子前往北魏，導致北魏再次進攻北燕。四三五年，馮弘派遣使者前往南朝宋，並且自稱為藩，希望與南朝宋聯手對抗北魏，也在同年告訴北魏，太子因為生病，不克前往北魏任官，企圖暫緩燃眉之急，不過馮弘也同時向南朝宋請求援軍，藉以脫離此次危機。

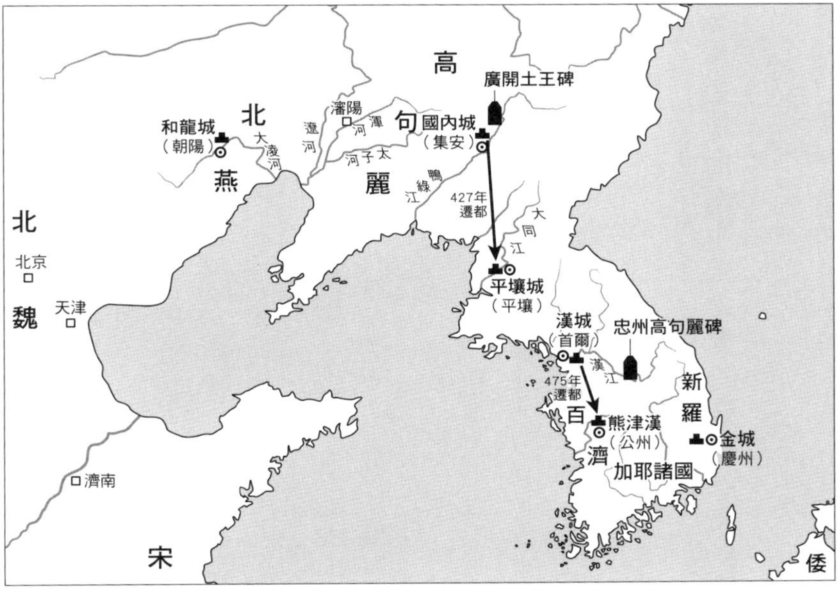

長壽王時期的東亞

長壽王面對北燕的政策

當情勢急轉直下，長壽王於四三五年六月派遣使者前往北魏輸誠，因為長壽王也無法忽略在西邊日益壯大的北魏。當時的北魏皇帝太武帝（拓跋燾，四二三—四五二年在位）對於長壽王前來朝貢之舉大為欣喜，所以立刻派遣使者前往高句麗，授予長壽王「都督遼海諸軍事、征東將軍、領護東夷中郎將、遼東郡開國公、高句麗王」這些稱號。根據史書的記載，長壽王立刻派遣使節前往北魏回禮，藉以推動高句麗與北魏的和平。

另一方面，北魏於同年派出兵力高達四萬的北燕遠征軍，北燕再次陷入困境。四三五年八月，北燕國內再次研擬讓太子前往北魏任官，藉此阻止北魏的侵略，但是馮弘不願意，所以希望能先逃到高句麗，等待東山再起的機會，為此偷偷派出使者前往高句麗。如此一來，長壽王就被捲入北魏與北燕之間的爭鬥。隔年四三六年二月，馮弘再次打探派遣太子前往北魏任官的可行性，沒想到被太武帝否決，也要求高句麗不可與北燕來往，因為北魏準備遠征北燕。

同年四月，北魏開始侵略北燕之後，長壽王便依照先前的約定，派出數萬兵力前往北燕，準備將馮弘迎回高句麗。隔年五月，馮弘縱火焚燒王都的宮殿後，便跟著高句麗軍隊逃往位於東方的高句麗。同月，北魏便要求長壽王引渡馮弘，但長壽王拒絕，還與馮弘一起要求臣服北魏。太武帝在得知長壽王違背北魏的命令之後勃然大怒，甚至開始研擬遠征高句麗的可行性，但最終還是以穩定新納入的北燕領土為優先，放棄遠征高句麗的念頭。不過，北魏與高句麗的關係也因為馮弘而急速惡化。

另一方面，看不起高句麗，在高句麗境內以北燕天王的身分作威作福的馮弘也派遣使者前往南朝宋，希望能逃往南朝宋避難。此舉惹得長壽王十分不悅，所以長壽王也派遣將軍，誅殺馮弘與其一族。儘管引發問題的馮弘被高句麗誅殺，但是北魏與高句麗之間的關係仍然緊繃，自四三九年之後，雙方約有二十年沒有任何外交往來。儘管兩國沒有直接的軍事衝突，但是長壽王始終對於北魏採取強硬的態度。

長壽王對北魏外交政策的變化以及新羅反抗高句麗的運動

從四三〇年代末期開始，高句麗與北魏之間的對立就處在不慍不火的狀態。至於高句麗與南方的百濟之間的關係，雖然沒有史料說明箇中緣由，但是百濟曾於四七二年上奏北魏，希望北魏能夠出兵討伐高句麗，由此可以得知，在北燕滅亡之後，百濟已無力再與高句麗抗爭，高句麗也加強了對百濟的軍事壓力。不過，長壽王的南方戰略也悄悄地產生異變，因為原本是高句麗陣營的新羅開始反抗高句麗。

四五〇年代之後，新羅開始挑戰高句麗，而且支援高句麗的宿敵百濟。就連史料系統不同的《日本書紀》也記載了兩國的對立。〈雄略紀〉提到，四六四年，「二國（高句麗、新羅）於此時生怨」，判斷兩國已然分手。四五〇—四六〇年代，於政治、軍事方面臣服於高句麗的新羅開始試著排除與對抗來自高句麗的軍事壓力，如此一來，原本以朝鮮半島為舞臺，高句麗與新羅一起對抗百濟、加耶各國、倭國的情勢，便轉換成高句麗獨自對抗百濟、新羅、加耶各國與倭國，這也讓以朝鮮半島為舞臺的古代東亞各國對立情勢產生劇變。

簡單地說，自四三〇年代後半期之後，高句麗便陷入孤立的困境，長壽王不僅要面對西方的北魏，以及南方的百濟，還得面對原本為高句麗屬國的新羅，處理新羅反抗高句麗的活動。

為了跨越困境，長壽王選擇其父廣開土王的路線，也就是避免同時與西方、南方兩線作戰，只將軍力傾注在其中一面的外交戰略。長壽王決定先與西方的北魏保持友好關係，於是在四六二年，派出睽違二十年的使節，希望雙方能冰釋前嫌，不再為了四三〇年代末期的北燕問題而老死不相往來[24]。

長壽王這種與北魏謀和的外交戰略也為北魏所接受。自四六二年之後，長壽王幾乎每年都派遣使者前往北魏，有時甚至一年派遣兩、三次，與北魏維持良好的關係。

其實長壽王並未對北魏完全放下警戒，比方說，拒絕北魏通婚的要求就是其中一例，而且為了牽制北魏，長壽王也同時與南朝建立外交關係，以免外交政策一面倒向北魏。雖然高句麗與北魏之間仍有許多問題，但是長壽王推動了與北魏和平相處的外交戰略。這段高句麗與北魏的蜜月期一直持續到六世紀前半，北魏陷入混亂為止。

長壽王的南進政策與百濟的苦境

當長壽王於四六〇年代初期調整外交策略，確定西線無戰事之後，便強力推動南進政策，百濟也因此陷入困境。時任百濟王的蓋鹵王（四五五—四七五年在位）於四六一年派遣王弟昆支前往倭國，鞏固百濟與倭國之間的同盟關係，藉以對抗高句麗凌厲的軍事攻勢。《宋書．百濟傳》提到，四五八年，蓋鹵王要求南朝宋將宋朝的將軍稱號賜予百濟眾臣，其中的征虜將軍、左賢王的餘昆應該就是昆支。在蓋鹵王眾多臣子之中，餘昆是地位最高的征虜將軍，而且還是左賢王，在當時的百濟朝廷之中，地位僅次於蓋鹵王，是位於王權中樞的重要人物。蓋鹵王就是在這件事的三年之後，將這位昆支派至倭國。從政權第二把交椅親自前往倭國這點來看，便不難發現蓋鹵王為了擋住高句麗的攻勢，多麼重視與倭國的合作，也證明當時的百濟陷入多大的困境。

除了與倭國之間的外交關係，從百濟與北魏之間的外交關係，也可以看出蓋鹵王面臨了多大的危機。其實百濟一直以來都與南方的東晉（三一七—四二〇年）、南朝宋（四二〇—四七九年）維持外交關係，但是卻在四七二年突然派遣使者前往之前未有任何外交關係的北魏，控訴高句麗有多麼霸道蠻橫，也請求北魏給予支援。不過前面也提過，長壽王已於四六〇年初期與北魏恢復來往，強化了同盟關係，北魏當然不可能答應首次前來朝貢的百濟所提遠征高句麗的要求。在北魏與高句麗堅若磐石的同盟關係之前，蓋鹵王只能無功而返，未能得到北魏的援助，這也代表長壽王為了南進而與北魏恢復外交關係的策略奏效。

高句麗軍攻陷百濟王都與百濟短暫滅亡

受北魏之命，護送前往北魏的百濟使節回國的長壽王察覺百濟企圖與北魏建立外交關係之後，立刻於三年後的四七五年，派出三萬大軍直奔南方，將百濟王都團團圍住。根據《三國史記》的記載，南下的高句麗軍隊僅七天就攻陷百濟王都的北城，接著又從四個方向攻打百濟王都的南城。儘管在高句麗軍隊發動猛攻之前，無計可施的蓋鹵王率領數十輕騎突圍，卻還是被高句麗軍隊逮住，也因此被斬首，高句麗軍隊還將八千名俘虜帶回高句麗。《日本書紀》引用的《百濟記》也記載了此次百濟慘案，其中提到，百濟王都在高句麗軍隊七天七夜的猛攻之下淪陷，蓋鹵王、皇后、眾王子全被高句麗軍隊俘虜。百濟也暫時滅亡。好不容易逃過一劫的王族文周王（四七五—四七八年在位）將大本營遷至朝鮮半島中部的熊津（今忠清南道公州市），百濟也才留住一命，步上中興之路。

《三國史記》在百濟暫時滅亡這件事之前，也提到長壽王巧妙地利用策略陷害百濟。長壽王讓僧侶道琳潛入百濟後，身為圍棋高手的道琳立刻得到愛好圍棋的蓋鹵王欣賞，道琳再從旁唆使蓋鹵王建造宮殿與堤防，成功讓百濟的財政陷入疲弊。看到百濟因為大興土木而耗盡財力，全國百姓陷入困頓之後，道琳便回到高句麗，建議長壽王於此時進攻百濟，高句麗軍隊才得以長驅直入，成功攻下百濟。不管在外交上，還是內政上，長壽王對百濟的戰略都相當成功。

「忠州高句麗碑」

長壽王更進一步的南進政策

長壽王攻陷百濟王都的北城與南城之後，接著一鼓作氣攻下百濟王都所在之地的漢城（今首爾市南部）。現代也的確在首爾市東部的峨嵯山發現了高句麗軍隊的堡壘。從長壽王攻陷百濟王都開始，直到五五一年，百濟與新羅的聯軍奪回此地之前，高句麗都將首爾一帶作為對南戰略據點。高句麗軍隊也乘勢南下。流經首爾的漢江上游的忠清北道忠州市如今仍有一座「忠州高句麗碑」屹立於此，碑文提到高句麗王將新羅王納入高句麗的政治秩序之中，證明高句麗曾經統治位於首爾東南的這塊土地。至於這座石碑的建成年代，至今仍眾說紛紜，一說是五世紀前半，一說是五世紀中期，也有五世紀後半的說法，但從高句麗因為與新羅的對立而與北魏建立外交，以及這個外交關係在五世紀後半有幾年未得到承認的事實來看，這座石碑於五世紀後半建成的說法應該比較妥當。假設這個說法屬實，那麼長壽王在攻陷百濟王都所在地首爾之後，便沿著漢江溯流而上，一鼓作氣攻陷忠州地區。儘管這座石碑的建成年代尚未得到證實，但是在長壽王時代建成的說法較為有力，至少長壽王成功地讓勢力往南擴張至朝鮮半島中部，在這部分也比廣開土王更加成功。

長壽王將中國東北地區到朝鮮半島中部全部納為高句麗的版圖，這也是高句麗有史以來最大的疆土。其強盛與繁榮的模樣也得到鄰國北魏的認同。在北魏首都的各國宅邸之中，高句麗的宅邸在規模上，僅次於南朝的南齊。這當然是長壽王頻繁地派遣使節前往北魏，努力與北魏維持良好外交關係的成果，但是這也證明高句麗在中華世界分裂為南北兩塊的情況下成為第三大國，君臨古代東亞世界的東方，建立了屬於自己的勢力範圍。

長壽王繼承其父廣開土王的路線，避免與西方、南方同時作戰，以及在與北魏維持良好關係的同時，推動對付百濟與新羅的戰略，讓高句麗得以擁有史上最大疆土之後，於四九一年壽終正寢，享耆壽九十八歲。

美川王（？—三三一年）

美川王是高句麗第十五代的君王（三〇〇—三三一年在位），又名好壤王。諱乙弗，或是憂弗。中國史料稱其為乙弗利。父親是高句麗第十三代君王西川王（二七〇—二九二年在位）之子，也就是第十四代君王烽上王（二九二—三〇〇年在位）之弟的咄固。於西川王死後即位的烽上王是個驕傲、生性猜疑的人，一即位就誅殺先王的忠臣，還以謀反的罪名誅殺美川王之父，也就是王弟咄固。身為咄固之子的美川王害怕被株連，只能逃離王都，過著流亡的生活，據說他歷盡滄桑、面黃肌瘦的模樣，完全無法讓人聯想到他是王族。在經歷各種坎坷之後，想要推翻烽上王的臣子總算於市井尋回美川王，美川王也在烽上王被廢之後，即位為高句麗王。

於四世紀初期登場的美川王推動積極的對外政策，進攻朝鮮半島西北一帶的樂浪郡與帶方郡，最終於三一三年成功逼退樂浪郡，沒過多久也讓帶方郡從朝鮮半島撤退，於是從西元前二世紀，漢朝滅了衛氏朝鮮，在朝鮮半島西北一帶設置的樂浪郡在歷經四百年之後被逐出朝鮮半島，這塊土地也總算重回高句麗的懷抱，中國歷代王朝也失去了這個統治朝鮮半島的據點。

但是當高句麗將勢力擴張至樂浪郡、帶方郡一帶，就免不了與五胡十六國時代，在這塊土地擁有統治權，同時立足於遼西、遼東的鮮卑族慕容廆對立。由於宇文部與段部向來與慕容廆不合，所以美川王也曾打算與他們聯手，攻擊慕容廆，可惜最終以失敗收場，高句麗的將軍還反被慕容廆的將軍張統所擒，一千多戶人家也被擄，之後美川王與慕容廆也持續對立。慕容廆命令兒子慕容翰與慕容仁討伐高句麗，迎擊的美川王敗北，進而尋求議和。之後美川王雖然試圖入侵遼東郡，卻被慕容仁擊退，史書提到，美川王自此再也不敢派兵攻打慕容仁鎮守的地區。

對於美川王而言，與位於高句麗西方的慕容廆對立實在不利，所以美川王便痛定思痛，派遣使節前往位於慕容廆南方的後趙（三一九—三五一年），晉見後趙的君主石勒。由於和慕容廆對立，而且在遼東一無所獲，所以此舉純粹是為了與慕容廆南方的後趙交好，藉以牽制與夾擊慕容廆。

可惜的是，美川王還沒看到結果就於三年後的三三一年薨逝。雖然美川王將樂浪郡、帶方郡盡收入高句麗版圖之中，為高句麗奠定了壯大的基礎，卻因此與慕容廆交惡，其子故國原王也因此不斷地與慕容廆的兒子慕容皝對抗，美川王還因此被刨墳，遺體被擄去前燕。看來美川王就算已經辭世，還是被迫捲入高句麗與慕容氏的抗爭，死後仍不得安寧。

故國原王（？—三七一年）

故國原王是高句麗第十六代君王（三三一—三七一年在位），又名國岡上王，諱斯由，中國史料稱其「釗」，父親是高句麗第十五代君王美川王（三〇〇—三三一年在位）。故國原王在其父美川王與遼西、遼東的慕容氏（前燕）激鬥之中即位。三三五年，故國原王一邊建造高句麗位於西方的據點「新城」（今遼寧省撫順市），一邊為了牽制慕容氏而派遣使節前往東晉，希望藉此與前燕抗衡，不過，故國原王還是繼續與在慕容廆死後王位繼承戰爭打敗兄弟掌握大權的慕容皝激鬥，三三九年，前燕軍隊攻打高句麗的西方據點「新城」，乞求議和的故國原王被迫於隔年派王子前往前燕。

另一方面，慕容皝也為了與高句麗對抗，將兒子慕容恪派往平郭（今遼寧省蓋州市），阻止高句麗西進，史書提到，高句麗也因此無法攻擊前燕統治的郡縣。由此可知，故國原王在與慕容皝對抗時，其實是屈居劣勢的。

在雙方不斷對抗之中擴大勢力的慕容皝想要進軍中原，所以打算征討不斷侵擾東方的高句麗，以杜後顧之憂（三四二年）。當時從慕容皝的據點龍城（今遼寧省朝陽市）前往高句麗王都國內城（今吉林省集安市）有兩條道路，一條是平坦的北道，另一條是又狹又險的南道。故國原王預測前燕主力部隊會從北道進攻，便命令王弟武率領五萬精銳於平坦的北道迎擊前燕主力部隊，自己則率領次要部隊前往險峻的南道，鞏固防禦措施。

沒想到，慕容皝居然預測高句麗會將主力部隊派往北道，所以便將計就計，讓慕容翰、慕容霸當先鋒，自己帶著四萬兵力的主力部隊前往南道，而將一萬五千兵力的機動部隊派往北道。慕容皝的戰略圓滿成功。固然前往北道的機動部隊被高句麗主力部隊擊敗，但是慕容皝親率的主力部隊卻擊敗鎮守南道的故國原王，還一口氣衝進高句麗的王都，擄走國母周氏與王妃。前燕軍雖然呼籲單騎逃跑的故國原王投降，但是故國原王抵死不從。

衝進高句麗王都的前燕軍隊擔心逃入山谷的高句麗百姓會在前燕軍隊班師回朝後重新集結，為了杜絕後患，也為了讓故國原王臣服前燕，刨開故國原王父親美川王的墳墓，還將其遺體與國母、王妃擄回前燕，同時還搶走高句麗歷史國寶，擄走五萬名百姓，以及踏平王都之後才凱旋而歸。

父親遺體被奪走，王都遭受毀滅性打擊，陷入進退不得之境的故國原王於隔年三四三年，派遣王弟晉見慕容皝，宣誓效忠前燕，同時獻上寶物，才好不容易拿回父親的遺體。不過，國母還是被迫留在前燕當人質。在十年後的三五五年，才總算得以回國。

故國原王取回父親遺體的兩年後，也就是三四五年，慕容皝再度派兵攻打新城以及高句麗位於西方據點的南蘇城（今遼寧省撫順縣），還派兵駐守這兩個地方，阻止高句麗西進。這場始於美川王的高句麗與前燕之爭，最終以高句麗的王都淪陷，西方據點被奪，高句麗慘敗畫下句點，故國原王也被迫中斷往西擴大勢力的政策，高句麗也無力再與前燕發生衝突。三五二年，慕容儁繼慕容皝之後成為前燕皇帝，他冊封故國原王為「征東大將軍、營州刺史、樂浪公、高句麗王」（三五五年）。之後前燕為前秦所滅，前燕的掌權者慕容評流亡至高句麗。故國原王立刻將慕容評五花大綁送至前秦。此舉或許出自對前燕積怨已久，也有可能是故國原王為了向前秦這個在高句麗西方崛起的國家示好，希望雙方和平共處的舉動。

當故國原王透過上述的舉動與前秦維持良好關係之後，便試著將勢力擴張至朝鮮半島南部。不過，這個南進政策卻與當時以漢城（今首爾市南部）為據點，迅速崛起的百濟爆發衝突。三六九年，故國原王親率兩萬大軍討伐百濟，卻大敗而歸。百濟也於兩年後的三七一年十月乘勢攻打高句麗位於南方的據點平壤城，故國原王於守城戰之際被流箭所傷，於同月二十三日死去。在位期間被西方的慕容軍隊擊潰，王都慘遭蹂躪，又在與南方的百濟死戰之際戰死，故國原王可說是高句麗史上最悲慘的國王。

近肖古王（？—三七五年）／近仇首王（？—三八四年）

近肖古王是百濟第十三代君主（三四六—三七五年在位）。中國史料稱其為餘句，《日本書紀》則記為肖古王（〈神功紀〉）、速古王（〈欽明紀〉）。近仇首王是近肖古王之子，也是百濟第十四代君主（三七五—三八四年在位），《日本書紀》記為貴須王（〈神功紀〉）、貴首王（〈欽明紀〉），中國史料則稱其為須。

這兩位百濟王不時在《日本書紀．神功紀》登場。雖然〈神功紀〉的干支得往後移兩輪（一百二十年）或三輪（一百八十年），不過〈神功紀〉的朝鮮相關內容提到，近肖古王曾於三六六年（近肖古王二十一年）透過朝鮮半島南部的加耶諸國之一的卓淳國（今慶尚南道昌原市）與倭人接觸，並於隔年三六七年（近肖古王二十二年）派遣百濟使節前往倭國，開始與倭國往來。此時的近肖古王因為被前燕打敗，所以放棄將勢力擴張至遼東的念頭，也被迫面對在朝鮮半島中部不斷加強軍事壓力的高句麗。所以近肖古王除了與朝鮮半島南部的加耶諸國鞏固邦交，也試著與更南方的倭國維持友好關係，希望能強化雙邊的合作。

足以證實當時百濟與倭國往來的證據就是石上神宮（奈良縣天理市）收藏的七支刀。七支刀是由近肖古王世子貴須（後來的近仇首王）於三六九年（太和四年，近肖古王二十四年）鍛造，百濟也於三七二年送給倭國。在鑄造七支刀的三六九年，高句麗王故國原王率領了兩萬高麗軍隊南下，而近肖古王世子貴須則奉命迎擊高句麗軍隊，並在兩年後的三七一年擊退再次南進的高句麗軍隊。同年冬天，近肖古王與貴須一起率領三萬精兵進攻高句麗南方據點的平壤城，也將故國原王逼入死路。七支刀就是在百濟與高句麗戰火正熾的時期鍛造以及送給倭國。由此可知，近肖古王在與高句麗抗爭時，多麼重視與倭國結盟這件事。

近肖古王將七支刀送給倭國之後，三七二年又祭出新的外交策略。那就是派遣使者前往中國大陸，拜訪素來沒有任何來往的大國東晉。換言之，近肖古王除了與高句麗打仗，更希望透過外交壓制高句麗，所以除了與倭國聯盟，也希望與東晉維持友好關係。與東晉建立外交是在將高句麗王逼入死路之後進行的事情，所以充分展現了近肖古王在擊敗宿敵高句麗之後的自信。之後百濟在四七二年首次派遣使者前往北魏時，曾當眾前大聲宣揚，臣的祖先「須」（近仇首王）曾斬下高句麗之祖「釗」（故國原王）的頭顱，近肖古王的偉大功績，也得到後世的誇讚。

東晉在看到戰功輝煌的百濟使節前來晉見之後，便冊封近肖古王為鎮東將軍，並任命其為樂浪太守。與百濟敵對的高句麗已被前燕封為比太守高一階的營州刺史，而且將軍稱號也是比百濟高一級的征東大將軍。若從前燕與東晉的狀況來看，很難比較這些將軍稱號或爵位孰高孰低，但光是從頭銜來看，高句麗的地位明顯高於百濟，所以近肖古王才勇敢地挑戰大國高句麗。

儘管近肖古王與倭國、東晉建立了外交，藉以打壓高句麗，但在三年後的三七五年七月，高句麗也燃起烽火，對百濟展開反擊。根據《三國史記》的記載，高句麗軍隊南下後，占領了百濟北方的水谷城（今黃海南道新溪郡）。近肖古王在與高句麗激戰之際，於同年十一月薨逝，結束與高句麗奮戰的一生。

繼近肖古王成為百濟王的是與近肖古王一同對抗高句麗，帶領軍隊攻至高句麗的南方據點平壤城，直到將故國原王逼入絕境，立下汗馬功勞的世子貴須（近仇首王）。這位新任百濟王，也被迫面對與高句麗之間的死鬥，因為就在近仇首王即位第二年的三七六年，高句麗軍再次入侵百濟北邊，於是近仇首王為了報復，於隔年三七七年十月率領三萬名百濟兵北上，進攻平壤城。可惜的是，史料未說明整個過程。同年十一月，輪到高句麗軍隊南下入侵百濟的領土。史料並未說明這場戰役的內容，也沒有說明兩國之後的關係，但從百濟與高句麗持續死鬥這點來看，兩國之間應該是不斷地互相征戰。

在一場又一場的死鬥爆發之際，近仇首王也派遣使節前往東晉（《梁書．百濟傳》）。由於史料有限，所以無從得知箇中細節，但是近仇首王的確為了對抗高句麗而繼承了其父近肖古王的路線，企圖與東晉建立友好的關係。只可惜這些努力要等到下個世代才開花結果，因為近仇首王僅在位十年，就於三八四年薨逝。近仇首王在還是百濟世子的時候就與父親近肖古王一起對抗高句麗，甚至還將宿敵高句麗的故國原王逼入死路，他的偉大事跡也在百濟流傳。

未斯欣（?—四三三年）

未斯欣是前往倭國當人質的新羅王子。《三國史記》、《三國遺事》、《日本書紀》都提到新羅派遣王子到倭國當人質的內容，而《三國史記》認為到倭國當人質的新羅王子就是未斯欣，不過《三國遺事》則記載為美海或未叱喜，《日本書紀》則記載為微叱己知（微叱許智），不過這些名字都是同一個人（以下皆稱為未斯欣）。

未斯欣的父親是新羅第十七代君主奈勿王。《三國遺事》將未斯欣記載為奈勿王的第三子。《三國史記》提到了奈勿王之子訥祇王，以及前往高句麗當人質的卜好，所以《三國史記》應該與《三國遺事》一樣，都是將未斯欣視為奈勿王的第三子。

儘管《三國史記》、《三國遺事》、《日本書紀》分屬不同的史料系統，但是都提到了未斯欣前往倭國當人質的事情，而這種例子在古代日朝關係史算是十分罕見，所以這段歷史的可信度也相當高。但是這三本史書在未斯欣前往倭國當人質的時期則有出入，比方說，《三國史記》認為未斯欣是於四〇二年前往倭國，《三國遺事》則記載為三九〇年，《日本書紀》則必須如前面提到的〈神功紀〉一樣修正年代，但即使修正之後，也與前面兩本史書的記載有所出入。此外，《三國史記》與《三國遺事》對未斯欣從倭國回到新羅的年份記載也不同，根據《三國史記》，未斯欣是於四一八年回到新羅，《三國遺事》卻記載為四二五年。要通盤了解這些差異是非常困難的事，但從系統不同的史料都提到這段歷史來看，未斯欣肯定是於四世紀末期到五世紀前半期這段期間前往倭國當人質。

新羅不僅派人前往倭國當人質，也同樣派人前往高句麗當人質。根據《三國史記》的記載，三九二年王族之一的大西知之子實聖，以及四一二年奈勿王之子卜好都曾經前往高句麗當人質，《三國遺事》也提到，四一九年訥祇王之弟寶海曾前往高句麗當人質（卜好與寶海是同一人，以下以卜好為準）。卜好與未斯欣一樣，在《三國史記》與《三國遺事》記載的派遣年份都不一樣，而且要釐清年份也十分困難，不過新羅派人前往高句麗當人質確有其事。

新羅於四世紀末期到五世紀前期分別對高句麗與倭國展開了人質外交，不過《三國遺事》提到，是高句麗與倭國主動要求新羅派遣人質，而《三國史記》則記載為高句麗太過強盛，迫使新羅進行人質外交，而倭國也是基於相同的理由。新羅這個位於朝鮮半島東南部的蕞爾小國因為被高句麗與倭國挾在中間，所以被迫派遣人質前往這兩個國家。最能說明當時新羅面臨何等困境的正是「廣開土王碑」永樂九年（三九九年）以及永樂十年（四〇〇年）的記載，其中提到三九九年，倭國入侵新羅邊境之後，高句麗軍隊於隔年四〇〇年南下救援新羅於水火。

根據《三國遺事》的記載，此時在倭國當人質的未斯欣年僅十歲，內臣朴娑覽作為副使，與他一同在倭國當人質。從其兄卜好已前往高句麗當人質，年僅十歲的未斯欣還是不得不前往倭國當人質這點，便不難想像當時的新羅多麼悲慘。

不過，這種人質外交策略到了訥祇王的時代便有所改變。根據《三國史記》或《日本書紀》的記載，新羅從訥祇王在位的後半期，也就是從四五〇年至四六〇年開始，努力擺脫高句麗在政治、軍事方面施加的桎梏。以這項計畫的前半段來看，訥祇王先是重新檢視了堪稱臣服高句麗與倭國的人質外交政策，企圖讓人質回到母國。

一如前述，《三國史記》與《三國遺事》在這部分的年代也有出入，《三國史記》的記載為四一八年，《三國遺事》的記載為四二五年，要確定何者的記載屬實是件非常困難的事，但絕對都是訥祇王在位期間，如果前者屬實，代表訥祇王早早就決定擺脫在外交上對高句麗與倭國的依賴。

盡力讓人質回歸母國的是朴堤上（《三國史記》記為朴堤上，《三國遺事》記為金堤上，《日本書紀》記為毛麻利叱智，以下以朴堤上為準）。朴堤上在得知訥祇王奪回人質的計畫之後便立刻變裝，潛入高句麗領地。與卜好會合後，便一路直奔新羅。聽聞卜好脫逃的高句麗王雖然立刻派出追兵，但是卜好在滯留高句麗期間，對於高句麗士兵甚是照顧，所以高句麗士兵為了報恩，故意射箭射偏，讓卜好一行人得以平安無事回到新羅。

訥祇王看到平安歸來的卜好相當開心，接下來則是盼望未斯欣能早日回國。得知訥祇王心意的朴堤上還沒回到家裡，便為了奪回未斯欣而匆匆地啟程前往倭國。據說朴堤上的妻子為了見丈夫一面而衝去碼頭，但朴堤上早已上船，所以朴堤上的妻子只能遠遠地向丈夫揮手。這也是朴堤上與妻子的最後一面。朴堤上抵達倭國後便宣稱自己的父親與兄長被虐殺，自己則是為了求生而逃來倭國，還與未斯欣一起將抓到的魚與鳥獻給倭王，暫時取得倭王的信任。之後，便趁著濃霧大起的早晨讓未斯欣逃回新羅。未斯欣雖然要求朴堤上一起回到新羅，但是朴堤上卻告訴未斯欣，自己必須留下來，未斯欣逃亡的事情才不會被發現，也才能拖住追兵的腳步。最終，未斯欣雖然回到新羅，但是朴堤上卻被倭軍抓住，也因為拒絕成為倭臣而被燒死。

據說訥祇王除了與從高句麗回國的卜好一起出城迎接平安回到新羅的未斯欣，還為了獎賞讓兩人平安歸來，最終死於倭國的朴堤上，冊封他的妻子為國大夫人，以及讓朴堤上的女兒成為未斯欣的夫人。

由此可知，從高句麗與倭國奪回人質的訥祇王徹底擺脫高句麗在政治與軍事上的束縛，未斯欣也是象徵新羅前半期苦難的新羅王子。

其他人物

小獸林王

?—三八四年。高句麗第十七代君主（三七一—三八四年在位）。又名小解朱留王，諱丘夫，父親為高句麗第十六代君王故國原王（三三一—三七一年在位）。三五五年成為太子，三七一年其父故國原王於對抗百濟之際戰死便成為高句麗王。對於在空前危機下即位的小獸林王來說，當務之急是恢復以及增強與百濟對抗所消耗的國力。第一步就是在即位第二年的三七二年創立了培育人才的太學。史書雖然沒有進一步的記載，但是小獸林王的確整治了教育制度，藉此強化國力。第二步則是於隔年三七三年首次頒布律令。雖然史書只提到小獸林王頒布了律令這件事，並未詳述箇中內容，但小獸林王的確讓高句麗不成文的制度成為白紙黑字的法律，也讓統治體制更加健全。

小獸林王最令人注意的是對佛教的寬容。三七二年，前秦苻堅派遣佛僧釋順道送來佛經與佛像，三七四年，東晉也派來佛僧阿道宣揚佛教，並建造了肖門寺、伊弗蘭寺這類寺院。由此可知，小獸林王推動了文化政策與盡力振興高句麗。

故國壤王

?—三九一年。高句麗第十八代君主（三八四—三九一年在位）。諱伊連或稱於只支。父親是高句麗第十六代君主故國原王（三三一—三七一年在位）。故國壤王是第十七代高句麗王小獸林王的弟弟，也是廣開土王的父親。由於其兄小獸林王膝下無子，所以由弟弟故國壤王即位。前秦在淝水之戰（三八三年）敗北之後，就失去對華北的控制力，故國壤王便於三八五年進攻遼東，企圖將勢力延伸至遼東一帶，也因此與脫離前秦，統治遼西與遼東一帶的後燕爆發衝突。隔年三八六年，故國壤王也進攻南方的百濟，積極展開對外政策。

另一方面，他也信奉由其兄小獸林王欽點為國教的佛教，還設立了宗廟，整理高句麗王族系譜與始祖傳說，延續小獸林王的文化政策，鞏固高句麗王權的基礎。

慕容皝

二九七—三四八年。三三三—三四八年在位。五胡十六國之一的前燕初代君主。字元真，是慕容廆的第三子。慕容部是北方遊牧民族鮮卑族的分支，始祖莫護跋於三世紀初期，率眾移居遼西，也因為討伐魏的公孫氏立下戰功，受封率義王，之後便於棘城（今遼寧省義縣）的北方定居。之後慕容皝的祖父慕容涉歸又移居遼東。雖然其父慕容廆一邊與西晉、鮮卑分支的宇文部、中國東北地區的扶餘族作戰，一邊擴大勢力，但最終還是臣服於西晉，受封為鮮卑都督。之後，慕容廆將據點移至棘城，並於三〇七年自稱鮮卑大單于。永嘉之亂爆發後，有不少漢人為了避難而逃至棘城，慕容廆也因為收留這些難民而壯大。三三三年，慕容廆死去，身為世子的慕容皝繼位後，其弟慕容仁便起兵造反，不過慕容皝於三三六年奇襲慕容仁，平定了這場為期兩年多的對立，慕容皝也於隔年三三七年自稱燕王。慕容皝一邊與段部、後趙對立，一邊壯大實力後，便將據點移至龍城（今遼寧省朝陽市）。接著又為了能在無後顧之憂的狀態下進軍中原而親征高句麗。除了攻陷高句麗的王都，還讓段部、宇文部、扶餘臣服，使前燕成為五胡十六國的強國之一，最終於三四八年死去。慕容儁繼位為前燕皇帝之後，便追諡慕容皝為文明皇帝。

慕容雲

?—四〇九年。四〇七—四〇九年在位。北燕初代天王。字子雲，舊名高雲。祖父高和為高句麗王族的旁系，但是慕容皝遠征高句麗的時候被帶到遼西的青山（今遼寧省錦州市），成為燕的臣子。史書提到，他自稱高陽（顓頊，傳說中的五帝之一）的後裔，因此以「高」為姓。高雲曾事奉後燕皇帝慕容寶，後於慕容會造反之際，率領敢死隊大展身手，便受封為建威將軍、夕陽公，之後成為慕容寶的養子，便改名為慕容雲。雖然曾為了逃避殘暴不仁的後燕第四代天王慕容熙（四〇一－四〇七年在位）而辭官，但是當四〇七年七月，馮跋、馮素弗兄弟起兵造反，他就被老友馮跋等人擁立為北燕初代天王。即位之後，慕容雲恢復舊姓，也派遣使者前往高句麗，希望與高句麗交好，沒想到幽州刺史慕容懿居然逃亡至北魏，北燕與北魏的關係也因此陷入緊張。由於高雲是受到馮跋等人的擁立才成為北燕天王，並不是靠著自己的軍功，所以總是惶恐不安，起居都命令護衛兵隨侍在側，沒想到，反而在四〇九年十月被親衛隊的離班與桃仁所弒。繼位為第二代北燕天王的馮跋在討伐離班與桃仁之後，便追諡高雲為惠懿皇帝。

辰斯王

？－三九二年。百濟第十六代君主（三八五－三九二年在位）。辰斯王是百濟第十四代君主近仇首王的次子。近仇首王薨逝後，其兄枕流王（三八四－三八五年在位）成為第十五代百濟王，但在位兩年就過世，所以辰斯王便繼位為百濟王。若是根據《日本書紀》的記載，辰斯王是從枕流王之子阿花（阿華）手中奪走王位，但這應該是因為辰斯王冒犯倭國，所以《日本書紀》才想將這段歷史寫成辰斯王奪走阿華的王位。如果以《三國史記》的內容為準，在百濟與高句麗不斷爆發衝突時，身為叔父的辰斯王代替年幼的阿花（阿華）成為百濟王才是事實。

辰斯王即位後，幾乎每年都與高句麗交戰，根據《三國史記》的記載，三九二年七月，御駕親征的廣開土王奪走了百濟北部十多座城池，而辰斯王無法對抗用兵如神的廣開土王，所以漢江以北的許多土地都成為高句麗的領土，同年十月，百濟北方的要塞關彌城（今北韓開城市附近）被七路來襲的高句麗軍隊在二十天之內拿下。辰斯王也在與高句麗的對立漸趨白熱化之下陷入苦戰。

阿華王

?—四〇五年。百濟第十七代君主（三九二—四〇五年在位）。父親是百濟第十五代君主枕流王。《三國史記》、《三國遺事》稱其為阿莘王，但莘是華的誤字。《三國史記》又稱阿華王為阿芳王，而《日本書紀》則記載為阿花王。阿華王在位期間是百濟與高句麗最為對立，百濟最屈居劣勢的時期。根據《三國史記》的記載，阿華王即位沒多久，就試著奪回被高句麗奪走的北邊要塞關彌城，但最終還是失敗，之後與高句麗軍隊交戰時也吃了敗仗。「廣開土王碑」記載了百濟的困境。根據「廣開土王碑」的記載，三九六年，被高句麗軍隊攻陷王都的阿華王除了跪著向廣開土王發誓終生為臣，弟弟與大臣還被高句麗軍隊擄走。被逼入絕境的阿華王為了解決這般危機，三九七年，將太子腆支派去倭國當人質，強化與倭國的同盟關係，藉此與高句麗繼續對抗。

腆支王

?—四二〇年。百濟第十八代君主（四〇五—四二〇年在位）。父親為百濟第十七代君主阿華王。《日本書紀》稱其為直支王，中國史書則稱其為餘腆或餘映（餘映為餘腆的誤字）。百濟為了與倭國強化同盟關係，所以在三九七年派遣腆支王前往倭國當人質，但是阿華王卻在腆支王留在倭國的時候去世，所以便與倭國的護衛匆匆回國。不過百濟這邊，阿華王么弟碟禮殺害了暫時攝政、等待腆支回國的阿華王次弟訓解，而且還自立為王。但沒過多久，碟禮就被百姓逼下臺，腆支也在百姓的擁戴之下成為百濟王。

腆支王一邊與高句麗對抗，一邊積極地與東晉建立外交，也在四一六年被冊封為「使持節、都督百濟諸軍事、鎮東將軍」，但這個鎮東將軍比高句麗王獲頒的征東將軍矮一階，所以在國際社會之中，百濟的地位也低於高句麗。南朝宋建國後，腆支王與高句麗王一起於四二〇年被冊封為鎮東大將軍。

樓寒（奈勿王）

？—四〇二年。樓寒是中國史料記載的第一位新羅王（三五六—四〇二年在位）。樓寒就是麻立干，是新羅君主的稱號，麻立是集團之中最重要的位子，干則是首長的意思，麻立干也就是貴族會議〔和白〕的議長。根據十世紀末編纂的《太平御覽》記載，新羅王樓寒於三八二年派遣使者出使前秦，還獻上美女。《資治通鑑》也提到新羅與高句麗在三七七年一起向前秦進貢，但不管是三八二年還是三七七年的進貢，新羅皆無法獨自前往前秦進貢，都是在高句麗使節陪同之下前往前秦。

這裡的樓寒應該就是新羅第十七代君主奈勿王。奈勿王是中國史料首次確認真實存在的金姓君王，除了曾派遣人質前往高句麗（三九二年），也曾親自前往高句麗朝貢（四〇〇年），可見新羅相當依賴高句麗，而前往前秦的使節必須由高句麗使節陪同這點，也可以看出奈勿王在此之前就採取親高句麗的路線，也代表新羅臣服於高句麗。

注釋

1. 本章多半以朝鮮半島高麗王朝編纂的《三國史記》為準。此外，考慮以本卷朝鮮半島為主要舞臺的其他章節（第八章、第十章）的相關性，都以韓國發音為基準。不過，若是中國王朝（例如《魏書》）或日本（例如《日本書紀》）的史料，則採用漢字。
2. 武田幸男，《與廣開土王碑的對話》（白帝社，二〇〇七年）。
3. 王莽請參照第一卷第十章。
4. 雖以「廣開土王碑」的現代語譯為準（武田幸男，《與廣開土王碑的對話》），但進行局部修正與補充。
5. 田中俊明，〈高句麗的北方進出與《廣開土王碑文》——北方境域形成史的廣開土王時代〉，高句麗研究會編，《高句麗研究2 廣開土好太王碑研究一百年》（학연문화사，一九九六年）。
6. 井上直樹，〈廣開土王時代的對外關係與東亞〉，《高句麗的歷史沿革與東亞》（塙書房，二〇二一年）。
7. 武田幸男，《高句麗史與東亞》（岩波書店，一九八九年）。
8. 同前注。
9. 池內宏，《滿鮮史研究 上世篇》（祖國社，一九五一年）。
10. 武田幸男，《高句麗史與東亞》。
11. 同前注。
12. 井上直樹，〈廣開土王時代的對外關係與東亞〉。
13. 武田幸男，《高句麗史與東亞》。

14. 三宅米吉，〈高麗古碑考〉，《考古學會雜誌》二—一（一八九八年）。
15. 井上直樹，〈從集安出土的文字資料研究高句麗的統治制度——府官制再考〉，《高句麗的歷史沿革與東亞》（塙書房，二〇二一年）。
16. 同前注。
17. 熊谷公男，〈倭國五王——冊封體制的參入與脫離〉，《從大王到天皇》（講談社，二〇〇一年）。田中史生，〈倭國五王與列島支配〉，大津透等編，《岩波講座日本歷史 第1卷 原始、古代1》（岩波書店，二〇一三年）。
18. 武田幸男，《高句麗史與東亞》。田中史生，〈倭國五王與列島支配〉。
19. 川本芳昭，《中國的歷史5 中華的崩壞與擴大》（講談社，二〇〇五年）。
20. 井上直樹，〈古代東亞世界的高句麗勢力範圍與倭國勢力範圍〉，《高句麗的歷史沿革與東亞》（塙書房，二〇二一年）。
21. 木村誠，《古代朝鮮的國家與社會》（吉川弘文館，二〇〇四年）。
22. 田中俊明，〈高句麗的平壤遷都〉，《朝鮮學報》一九〇（二〇〇四年）。
23. 三崎良章，《五胡十六國——中國史上的民族大移動》（東方書店，二〇〇二年）。
24. 井上直樹，〈高句麗的對北魏外交與朝鮮半島情勢〉，《高句麗的歷史沿革與東亞》（塙書房，二〇二一年）。

參考文獻

池內宏，《滿鮮史研究　上世篇》，祖國社，一九五一年
井上直樹，〈戦後日本の朝鮮古代史研究と末松保和・旗田巍（戰後日本的朝鮮古代史研究與末松保和、旗田巍）〉，《朝

鮮史研究會論文集》四八，二〇一〇年
井上直樹，《帝国日本と〈満鮮史〉（帝國日本與〈滿鮮史〉）》，塙書房，二〇一三年
井上直樹，〈百済の王号・侯号・太守号と将軍号――5世紀後半の百済の支配秩序と東アジア（百濟的王號、侯號、太守號與將軍稱號――5世紀後半的百濟統治秩序與東亞）〉，《國立歷史民俗博物館研究報告》二一一，二〇一八年
井上直樹，《高句麗の史的展開過程と東アジア（高句麗的歷史沿革與東亞）》，塙書房，二〇二一年
川本芳昭，《中国の歴史5　中華の崩壊と拡大（中國的歷史5　中華的崩壞與擴大）》，講談社，二〇〇五年
木村誠，《古代朝鮮の国家と社会（古代朝鮮的國家與社會）》，吉川弘文館，二〇〇四年
武田幸男，《高句麗史と東アジア（高句麗史與東亞）》，岩波書店，一九八九年
武田幸男，《広開土王碑との対話（與廣開土王碑的對話）》，白帝社，二〇〇七年
田中俊明，〈高句麗の平壌遷都（高句麗的平壤遷都）〉，《朝鮮學報》一九〇，二〇〇四年
田中史生，〈倭の五王と列島支配（倭國五王與列島支配）〉，大津透等編，《岩波講座日本歴史第1巻　原始・古代1》，岩波書店，二〇一三年
三崎良章，《五胡十六国――中国史上の民族大移動（五胡十六國――中國史上的民族大移動）》，東方書店，二〇〇二年
三宅米吉，〈高麗古碑考〉，《考古學會雜誌》二―一，一八九八年
田中俊明，〈高句麗の北方進出と『広開土王碑文』――北方境域形成史における広開土王時代（高句麗的北方進出與《廣開土王碑文》――北方境域形成史的廣開土王時代）〉，高句麗研究會編，《高句麗研究2　廣開土好太王碑研究一百年》，학연문화사，一九九六年

第八章

朝鮮半島的六世紀

——百濟中興與新羅崛起

田中俊明

前　言

日本將高句麗、百濟、新羅稱為朝鮮三國。直到五六二年之前，朝鮮半島東南部由加耶（伽耶）諸國分據，讓三國與倭國（大和）陷入混戰，最終由百濟、新羅分割與消滅，自此進入名符其實的三國鼎立時代。這章要介紹的是朝鮮半島在這個情況下的情勢，也就是六世紀的情勢。最能象徵這個時代的君主就是百濟的武寧王與新羅的真興王。

百濟於四七五年被高句麗攻陷王都漢城（今首爾江南區）之後，國王被殺，也因此滅亡，但沒多久又於其他場所復興。所謂的其他場所就是距離漢城南方一百公里遠的熊津，也就是現代的忠清南道公州。不過，這裡作為都城的歷史只有六十幾年而已，五三八年，百濟便有計畫地遷都泗沘（今忠清南道扶餘），這裡也是最後的都城。

在短暫的熊津時代重振王綱，向南方擴大在北方失去的領土，讓國力得以恢復的武寧王可說是中興百濟之王。生於加唐島，在倭國長大的武寧王，在回到百濟之後，透過軍事政變登基，接著一邊向倭國尋求援助，一邊進軍南方。

這位國王最為有名的不是他的治績，而是偶然發現的王陵，這也讓武寧王成為唯一一位知道王陵位於何處的百濟王。這座王陵與百濟的傳統陵墓不同，是遵照中國南朝墓制，以塼（磚頭）蓋成的塼室墓，因為沒被盜過墓，所以能一睹所有陪葬品。由於有相當於墓誌的陪葬品，因此能夠確定墓主是誰，卻不知道是什麼原因，完全沒發現任何與倭國有關的陪葬品。除了墓的格式之外，大部分的陪葬品也都與南朝有關，與倭國有關的只有棺木的木材是產於日本的日本金松而已。

不過，武寧王與南朝梁的往來僅限一次。其實還有另一次，但武寧王認為與自己沒有關係，在即位二十年之後才「首次」派遣使者前往南朝梁，但從陵墓的格式來看，實在難以想像雙方的往來會如此之少。

綜上所述，武寧王既是於六世紀初期中興百濟之王，也是渾身充滿謎團的王。為什麼他會在倭國長大？又為什麼會成為王？以及為什麼會選擇南朝墓制？為什麼陪葬品與日本這個他長大成人的國家完全無關？又為什麼他那麼嚮往南朝，卻與南朝沒有太多往來？儘管他的聲名遠播，卻是個充滿謎團的王，我們又能解開多少謎團呢？

在百濟武寧王之後，於六世紀中期擴大新羅的領土，讓新羅迅速成長的是真興王。直到五世紀末期之前，新羅都只是個統治慶州盆地這個發跡地的小國家，但後來慢慢地往周邊擴大領土，直到真興王即位之前，已占領了小白山脈南部一帶，也就是現代的慶尚北道北境以北的地區，以及沿著東海岸北上的路徑。等到真興王即位後，新羅才擁有足以壓制百濟，並與高句麗抗衡的勢力。真興王與印度的阿育王、中國的秦始皇一樣，都巡視了領土的每個地方，還在當地留下碑文。儘管新羅的領土無法與印度或中國相提並論，但是在巡視領土與建造石碑這個部分可說如出一轍。立碑的行為可以說是憑一己之意志壯大新羅的真興王彰顯自信的舉動。

七歲即位，四十三歲過世的真興王為新羅奠定了不少基礎，也留下不少功績，比方說，與百濟聯手進攻高句麗、將加耶琴納入樂制、讓加耶分裂、建立花郎制度、與中國王朝往來、接受中國王朝冊封都是其中一例。

觀察百濟武寧王與新羅真興王的治績，便能了解朝鮮半島在六世紀的真實情況。

武寧王（四六二—五二三年）

一、從誕生到即位

出生於日本的加唐島

武寧王是出生於加唐島，在倭國長大的百濟王。

武寧王是於父親昆支與妻妾前往倭國之際在各羅島出生，而這是四六二年發生的事情。這件事見於《日本書紀》雄略紀五年記載，雄略五年相當於四六一年，但若根據武寧王陵發現的墓誌計算，武寧王是四六二年出生才對。

由於在島上出身，所以武寧王被取名為嶋（斯麻）。一般認為，各羅島就是距離佐賀縣唐津呼子港開船十七分鐘路程的加唐島。經過對馬、壹岐，從壹岐南下就能抵達這座島嶼。魏國使者前往邪馬臺國時，從一支國（壹岐）抵達末盧國（唐津）之前，應該也經過了這一帶才對。當地有武寧王父母抵達的內灣，以及為了替嬰兒洗熱水澡而挖的水井。儘管尚未確定這裡是否真為武寧王出生之地，但幾乎可以斷定武寧王是在這座加唐島的某處出生。

父親是誰？

武寧王的父親是誰？這個問題共有三種答案，首先是《百濟新撰》[1]記載的昆支，其次是《日本書紀》記載的昆支之兄蓋鹵王，最後是《三國史記》記載的東城王，這位東城王是武寧王之前的百濟王。《三國史記》的記載應該只是依照王位繼承順序所提出的主張。東城王與武寧王是同父異母的兄弟，而武寧王則是在弟弟之後成為百濟王。其父昆支在武寧王出生之後就前往倭國，而武寧王的母親與東城王的母親也跟著前往倭國。之後在倭國生了五個同父異母的兄弟，最先出生的就是東城王。

武寧王雕像

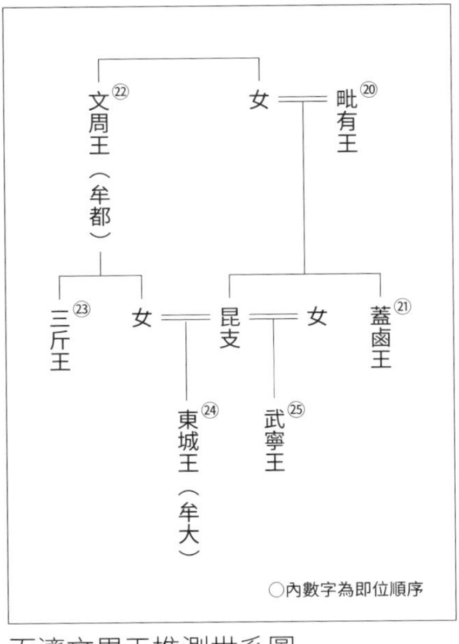

百濟文周王推測世系圖

若以《日本書紀》的記載為主，昆支是奉蓋鹵王之命前往倭國。在此之前，百濟曾向倭國獻上侍奉天皇的下級女官池津媛（適稽女郎），但是在侍奉雄略天皇之前，卻與石河（石川）楯私通，因此被處以火燒之刑。百濟因此決定改送男子，蓋鹵王才命令弟弟昆支前往倭國當人質，不過昆支向蓋鹵王提到要帶一位王兄的夫人前往，而蓋鹵王則是將已經懷孕的女性賜給昆支。據說這位女性生下來的小孩就是武寧王，只不過這個說法實在太過天馬行空了。

為什麼同父異母的弟弟東城王會比武寧王還早登上王位呢？東城王的母親是文周王的女兒，而讓滅亡的百濟於其他場所（熊津）中興的正是文周王。文周王的出身也有不同說法，我的主張則是文周王是蓋鹵王母親的弟弟（也就是蓋鹵王的舅父）。東城王之所以能登上王位，與外祖父文周王脫不了關係，至於不是女兒親生的武寧王，文周王當然看不上眼。

在倭國長大

《日本書紀》繼體紀七年（五一三年）八月戊申一節提到了「百濟太子淳陀薨」。五一三年，武寧王的王子人在倭國，所以雖然不知道武寧王何時返回百濟，但如果是在四七七年回國，王子就必須在四七七年之前出生，但這種推論實在不太可能。如果是武寧王先回國，王子才出生，然後又送來倭國的話，那麼除了昆支之外，派遣王子留在倭國的例子就有多起。姑且不論這件事是否屬實，派遣王子留在倭國這件事是有記錄的，例如在稍早之前的五〇五年，應該是百濟王族的斯我君就被送到倭國，然而淳陀卻沒有類似的記錄，所以出生於倭國，然後留在倭國的推論應該較為正確。這麼一來，母親就很有可能是倭人，換言之，就必須做出父親昆支、同父異母的弟弟東城王回國後，武寧王自己繼續留在倭國的推論。

四七七年之後繼續留在倭國的武寧王之所以回國，應該是為了即位。東城王是否與父親一起回國，又或者是暫時留在倭國，然後被外祖父叫回百濟呢？就算曾暫時留在倭國，也一定是在四七九年之前回家。《日本書紀》雄略紀二十三年（四七九年）一節提到，雄略天皇將東城王叫來跟前，一邊輕輕摸著東城王的頭一邊說：「就讓你成為王吧。」但事實當然不是如此，因為東城王能夠即位，全是文周王一手促成。

武寧王即位

雖然東城王「繼承」了文周王的王位，但是《日本書紀》武烈紀四年（五〇二年）是歲一節提到「百濟末多王（東城王）無道，暴虐百姓。國人遂除，而立嶋王。是為武寧王」，不過這部分內容是根據《百濟新撰》的說法。

儘管東城王是因為「無道」而被百姓所殺，但這裡仍有一絲抹不去的疑問。從文周王、三斤王、東城王這個王位繼承順序來看，文周王的確是讓孫子繼承了王位，但應該有其他的勢力不樂見這個發展，希望王位能回歸嫡系，所以才會透過政變推翻東城王，擁立武寧王，這也才是合理的推論。

假設東城王真的被殺，那麼東城王被弒在先，接著武寧王才答應支持勢力的請求回到百濟。換言之，武寧王在即位之前，留在倭國的時間長達四十年，這代表武寧王是在四十歲左右即位的。

本章雖然未提及武寧王身世之謎的第二種說法，也就是蓋鹵王為武寧王之父的說法為何會流傳下來，但我認為這是因為當時的人們希望嫡系的武寧王能夠成為王，所以才捏造了這種說法。

不過，從沒有盜墓痕跡的武寧王陵出土了許多與中國南朝梁有關的陪葬品，卻幾乎沒找到與倭國有關的陪葬品。儘管這部分原因尚未釐清，但從武寧王生前的外交政策來看，當時百濟與倭國的淵源應該很深，外交政策也都是基於這個前提而推動。百濟之所以能侵入全羅南道地區與加耶，也是因為得到倭國的協助，所以武寧王肯定一直與倭國維持著良好的關係，也利用了在倭國時建立的人脈。

二、武寧王擴大領土

壓制馬韓

接著一起了解武寧王向南擴張領土的過程。一如前述，百濟於四七五年被高句麗攻陷王都漢城，國王被殺，也因此滅亡，王都南方的部分地區也被高句麗占領。文周王振興百濟的時候，領土已經比過去少了一半以上。因此當情勢稍微穩定之後，便覺得應該要擴張領土。由於當時還在與北方的高句麗對抗，所以只能往南方擴張領土。由於在漢城時代結束之前，領土就已經擴張至現代的全羅北道，所以要往全羅北道的南方擴張領土。當時這塊地區還有馬韓以及其他小國殘存，所以得先進攻這些國家。

百濟中興告一段落之後，東城王也繼續朝南方擴張領土。一般認為，當時的南方還有馬韓以及二十幾個國家。四世紀後半，與高句麗水火不容的百濟，最先交好的就是這個地區。當時百濟就是經過這個

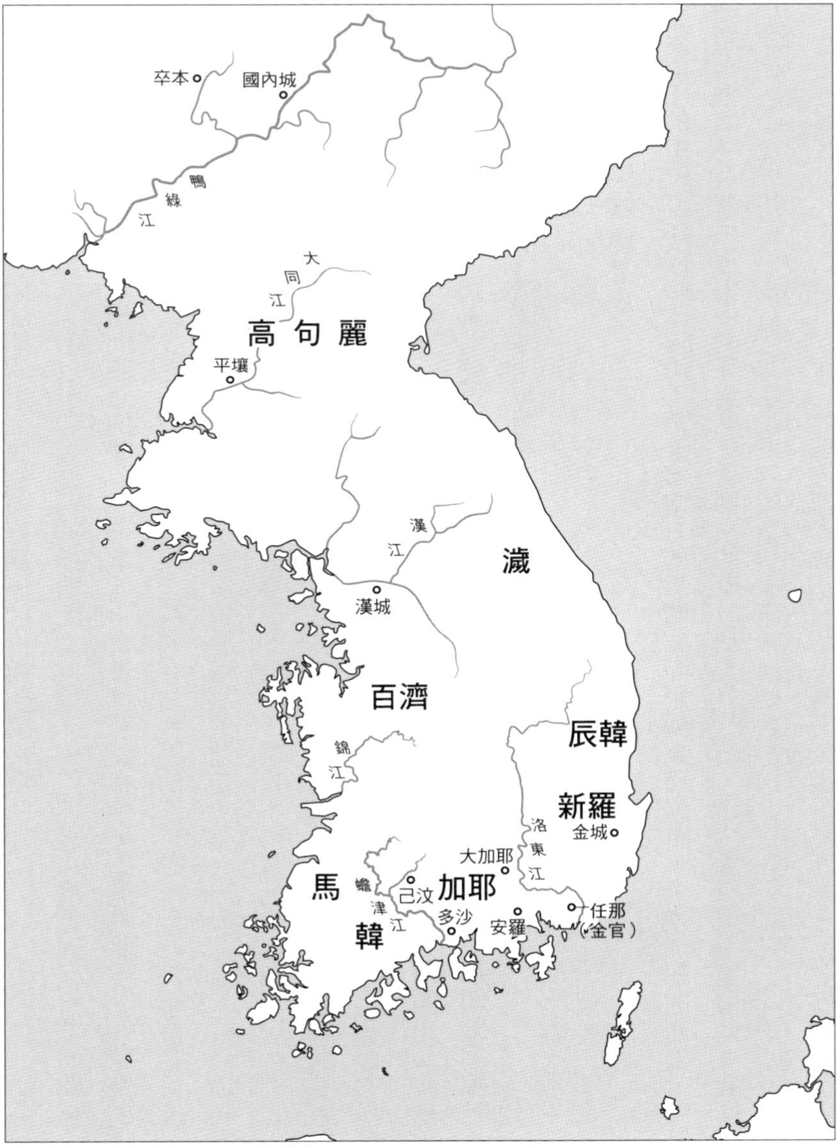

四七〇年左右的朝鮮半島

地區，沿著南海岸往東，與加耶的南部建立友好關係，再與倭國接觸。

但這次是為了占領土地，所以引起馬韓與其他的國家反彈。這塊地區也與倭國保持友好關係。雖然此地區與百濟以及倭國保持相同距離的關係，但這次百濟準備要對這塊地區施加壓力。在附圖的地區之中，有十幾座在韓國其他地區少見的前方後圓墓，至於葬在這些墓的人是誰，至今仍有許多爭論。前方後圓墓是倭國特有的墳墓形式，所以倭人肯定參與了這些墳墓的建造過程。一般認為，這些墳墓是在五世紀末期到六世紀初期建造，差不多是東城王、武寧王的時代。儘管不需要把這些墳墓一視同仁，但是從這麼小的範圍，以及這麼短暫的時期內，出現了這麼多相同的墳墓來看，這種墳墓應該是當時的一種流行，我認為多半是這個地區首領的墳墓。至於為什麼建成倭國風格的墳墓，很有可能是為了與倭國維持關係，同時強調自己不願屈服百濟的決心。不過，這些墳墓僅止於一代，因為百濟還是步步進逼。

直到五一二年之前，武寧王成功壓制了馬韓的殘存勢力。《日本書紀》的「任那四縣割讓」也說明這段歷史，這部分也將在後面進一步說明。

武寧王進軍己汶與多沙

自隔年的五一三年開始，百濟不再進軍南方的馬韓，而是朝東南進軍，入侵加耶的西部，同時也向倭國請求協助。百濟以提供倭國從南朝梁帶回來的五經博士為代價，請倭國派遣軍團協助。武寧王在前一年的五一二年首次派遣使者前往南朝梁，但沒告訴南朝梁，百濟王已經換成武寧王。南朝梁應該以為百濟王還是東城王。雖然不知道為什麼要隱瞞這點，不過武寧王應該不太想讓南朝梁知道自己是透過武裝政變的方式，在殺害東城王的勢力擁立之下當上百濟王這件事吧。武寧王於五二一年提到「首次」派遣使者前往南朝梁，但其實武寧王從頭到尾只派了兩次使者出使南朝梁。五一二年從南朝梁請回的五經博士不只一人，之後於隔年的五一三年，將五經博士之一的段楊爾送至倭國，這部分也會在後面進一步介紹。百濟並非持續地將五經博士送至倭國，而是每隔幾年就送一次五經博士及五經講義，三年之後，又把另一位漢高安茂送去倭國，將段楊爾替換回來。

武寧王就是從這時候開始，以某種以物易物的方式，將百濟所擁有的優秀文化與學問輸往倭國，同時換得倭國的軍事援助，這種交易在六世紀中葉進行了很多次。武寧王向倭國尋求軍事協助之後，便進軍加耶地區之中，距離百濟最近的己汶。己汶位於蟾津江上游地區（今全羅北道長水、南原）一帶，主要分成上下兩塊地區。己汶是奉大加耶為盟主的同盟成員之一，位於蟾津江下游的多沙（今慶尚南道河東）也是同盟成員之一。我將這個同盟命名為大加耶同盟。在四七〇年代，百濟因為遭受高句麗攻擊而變弱時，這個位於加耶西部地區的同盟便群起反抗百濟。

百濟入侵己汶時，大加耶為了阻止百濟，雙方便爆發了戰爭。應百濟要求的倭國命令物部連（物部至至連）率領五百艘戰船的船隊出發。這個船隊抵達位於多沙津的帶沙（多沙也寫作帶沙、滯沙）江之後，因為畏懼大加耶軍隊的氣勢而後退，選擇於近海的汶慕羅嶋隔岸觀火。當百濟獨力拿下己汶後，便順著蟾津江進軍多沙，在五二二年之前拿下多沙津。

如此一來，武寧王已拿下全南地區的馬韓各國以及慶南西部的己汶與多沙，成功擴大了百濟的領土。繼位的兒子聖王（日本稱為聖明王）從多沙往東進入安羅（今慶尚南道咸安）之後，便與新羅爆發衝突，最終還戰死。百濟的南方疆域可說是在武寧王的時代平定。失去北方領土與漢城的百濟，可說是在武寧王的帶領之下，重新擁有擴大的領土。

三、武寧王的外交

與倭國、耽羅的關係

武寧王時代的內政沒留下什麼值得一提的記錄，至於外交方面，前面已經提過，就是與倭國強化關係，以及在進軍己汶與多沙時，為了向倭國尋求軍事援助而派遣使者。雖然倭國派了援軍過來，卻沒幫上什麼忙，雙方之後似乎也沒什麼往來，反而是聖王繼位之後，與倭國的關係才重新活絡起來。

根據《日本書紀》的記載，五〇八年，耽羅人接觸百濟。耽羅就是濟州島。但是《三國史記》也提到，耽羅於四七六年帶著貢品前往百濟，到了四九八年之後，百濟因為耽羅停止納貢而打算發兵攻打耽羅，最後因為耽羅賠罪而作罷。雖然不知道能否就這樣斷言雙方有所接觸，但唯一可斷言的是，百濟於五世紀末至六世紀初期就開始與耽羅有所往來。從此時馬韓各國已被百濟壓制，耽羅也無法忽略百濟這點來看，這些事情應該發生在武寧王時代的後半期。

百濟與南朝梁的關係

至於百濟與中國王朝之間的關係，前面提過，百濟曾兩度派遣使者前往南朝梁，而且在第一次出使時，未將百濟已經改朝換代這件事告知南朝梁。第二次則是五二一年。《梁書．百濟傳》有下列這段記載。

普通二年（五二一年），王餘隆始復遣使奉表，稱「累破句驪，今始與通好」，而百濟更為強國。其年，高祖（梁武帝）詔曰：「行都督百濟諸軍事、鎮東大將軍、百濟王餘隆，守藩海外，遠脩貢職，迺誠款到，朕有嘉焉。宜率舊章，授茲榮命。可使持節、都督百濟諸軍事、寧東大將軍、百濟王。」

這段記載之中的餘隆就是武寧王的名字。餘是中國王朝稱呼武寧王的姓，至於高句麗王則被稱為高，新羅王則被稱為金，至於「隆」則是武寧王的名字，但與斯麻、嶋這兩個名字沒什麼關聯。不過從百濟在派遣使者時如此自稱來看，餘隆這個名字並非由南朝梁所取。由於武寧王之名是武寧王死後才追贈的名字，所以第一次派遣使者的時候，當然還沒有這個名字。

武寧王就是於這年「首次」派遣使者。此外，武寧王於表文之中提到「今始與通好」。「始」與「初」同義，至於「始復」之意的「復」並非武寧王再次派遣使者前往南朝梁，而是百濟「再次」派遣使者前往中國王朝，因為之前也曾在南朝宋、南齊的時代派遣過使者。

下列這段敘述也能證明武寧王於五二一年「首次」派遣使者。武寧王的墓誌除了寧東大將軍這個稱號之後，還有其他的稱號，但梁武帝（五〇二—五四九年在位）稱百濟王為「行都督百濟諸軍事、鎮東大將軍、百濟王餘隆」。

《梁書．武帝紀》與《南史．梁本紀》都有「以鎮東大將軍百濟王餘隆為寧東大將軍」這段內容，而這段內容也暗指武寧王早已得到鎮東大將軍這個稱號，但是《梁書．百濟傳》以及《冊府元龜》的敘述卻是「行都督百濟諸軍事、鎮東大將軍、百濟王餘隆」。其中的「行」是指「非正式職位」的意思，換言之，在此之前，武寧王尚未得到這個稱號，是武寧王於此次派遣使者之際如此自稱，以及要求南朝梁正式冊封他這個稱號。

武寧王之所以要求都督百濟諸軍事、鎮東大將軍與百濟王這些地位，是因為文周王（四八〇年）與東城王（四九〇年）也都得到了這些稱號，所以武寧王認為自己得到這些稱號合情合理。於首次派遣使者就要求這些稱號沒有任何不當之處。如果武寧王之前就曾經派遣使者朝貢，應該在之前就已經要求過這些稱號才對，反觀南朝梁這邊則冊封武寧王為「使持節、都督百濟諸軍事、寧東大將軍、百濟王」。這裡的問題在於「寧東大將軍」這個稱號。這是南朝梁於五〇八年冊封外國君王所使用的將軍稱號，儘管地位與鎮東大將軍相當，卻是前所未有的稱號，然而武寧王應該是對此一無所知，所以才要求「鎮東大將軍」這個舊稱號。

從上述的事實來看，於五二一年「首次」派遣使者，首次要求冊封這點無庸置疑。從先前的百濟王來看，即位二十年才首次派遣使者前往中國王朝是非常罕見的例子，但前面也提過，武寧王曾在五一二年就派遣使者，但未提及百濟改朝換代的事實，儘管如此，此時的武寧王也已即位十年有餘，仍屬十分罕見的例子，所以從形式來看，武寧王不打算與南朝梁有過多的來往，而這點卻與充滿南朝風格的武寧王陵寢完全背道而馳。

武寧王派遣使者圖

不過，被譽為梁朝外國使節圖的《梁職貢圖》已於現代出土。儘管不是當時的原畫，只是後代的摹本，卻依舊能看清楚使節的模樣。這幅圖是由梁武帝之子蕭繹所畫，蕭繹後來也成為皇帝（元帝，五五二—五五四年在位）。《藝文類聚》的集序提到「皇帝君臨天下之四十載」，也提到「沿泝荊門，瞻其容貌，訴其風俗，如有來朝京輦，不涉漢南，別加訪採，以廣聞見」。「皇帝君臨天下之四十載」的意思是其父武帝在位第四十年的意思。至於「沿泝荊門，瞻其容貌」的部分是指蕭繹正在荊州（今湖北省，位於長江旁邊）擔任刺史的時候看到使節來訪的事情。不過，蕭繹擔任荊州刺史共有兩次，第一次是五二六年至五三九年之間，第二次則是五四七年到即位（五五二年）之間，所以他是在第一次擔任荊州刺史的時候見到使節來訪。不過，就算是第一任的最後一年，也就是五三九年，梁武帝在位也還沒「四十年」，所以這裡提及的數字只是個大概，我們姑且將這幅畫的完成時間定為這段期間即可。

自五二一年之後，武寧王便不曾派遣使者前往中國王朝。繼位的聖王則曾於五三四年、五四一年、五四九年派遣使者。此外，雖然沒有相關的記錄，聖王派遣使者前往中國王朝時，應該提到了武寧王於五二三年或五二四年過世的事情。《梁職貢圖》的使節圖旁邊，都有說明該國的文字。目前的摹本共有三種，其一收藏於北京國家博物館，其餘兩種收藏於臺北的故宮博物院。其中歷史最為悠久的是後者由南唐顧德謙於十世紀繪製的摹本，但是只有北京的摹本留有文字描述，至於附帶年份的內容只到五二一年的使節為止，所以，儘管這時間比蕭繹擔任荊州刺史的時間還早，但是畫的應該就是這段時間的使節才對。如果這個推論屬實，武寧王派遣的使者應該也會在畫中出現。

四、發現武寧王陵寢

讓武寧王如此有名的是他的陵墓。在所有百濟王之中，只有這座陵墓確定了主人。至於高句麗這邊，完全沒有發現陵墓，新羅則是寥寥可數。

武寧王的陵墓位於公州市的宋山里古墳群。一九七一年，為了修繕五號墳與六號墳的漏水問題，而挖掘這兩座墳的後方之後，找到了前所未見的墳墓，而且這座墳墓沒有任何盜墓的痕跡。由於墓中有一塊相當於墓誌的石碑，所以才確定這座墳墓就是武寧王的陵寢。在此之前，沒人知道這是墳墓，也沒得到多少關注，但現在已於周遭盛土，成為十分引人注意的墳墓。

興奮之餘，令人驚訝的是，整座墓室的調查只花了三天，尤其遺物的調查與整理只花了十三個小時，這也引來許多調查不夠充足的批評。正式的挖掘調查報告書雖然已於一九七三年發行，但是國立公州博物館再度調查了墓室，也分析了遺物，並從二〇〇五年開始，發行了三冊《武寧王陵出土遺物分析報告書》，後來又於二〇〇九年發行了《武寧王陵新報告書》，預計要發行十冊。

前面提過，之所以能夠確認這座墳墓為武寧王陵，是因為墓中有座宛如墓誌的石碑。一走進羨道（墓道，通往墓室的通路），就會看到位於石獸正前方的兩塊石碑。右側（東側）稱為第一石，左側（西側）稱為第二石。第一石的表面（真正意義的表面。這一面在羨道之中是朝上的，所以從入口來看，這座石碑是上下顛倒的）寫著：

> 寧東大將軍百濟斯／麻王年六十二歲癸／卯年五月丙戌朔七／日壬辰崩到乙巳年八月／癸酉朔十二日甲申安厝／登冠大墓立志如左（／表示原文換行處。以下皆同）

意思是「寧東大將軍、百濟斯麻王於六十二歲，癸卯年（五二三年）五月（丙戌為朔日）的七日壬辰駕崩。於乙巳年（五二五年）八月（癸酉為朔日）的十二日甲申安置於登冠大墓。立志如左」。《日本書紀》引用《百濟新撰》，稱武寧王為「斯麻」。《三國史記》則稱為「斯摩」，但「摩」與「麻」通用，所以是同義。透過上述這段文字便可確認被葬者為武寧王，這種能確定被葬者姓名的例子十分罕見。

前面提過，開頭的寧東大將軍是餘隆被冊封的稱號，將「隆」視為武寧王也確定沒問題。從寧東大將軍寫在最開頭這點便可知道，儘管當時的世界中心是南朝梁，武寧王仍積極尋找屬於自己的定位，也能一窺百濟的自信。駕崩年的癸卯若以《三國史記》為準，就是五二三年，月份也一致。至於在「安厝」（將棺木放入墓室）的乙巳年（五二五年）八月之前的二十八個月應該是入斂出殯的期間。最後的「志」

則是指寫在第二石背面的文字。

錢一萬文　右一件／乙巳年八月十二日寧東大將軍／百濟斯麻王以前件錢訟土王／土伯土父母上下衆官二千石／買申地為墓故立券為明／不從律令

儘管這段墓誌在文體上有些問題，但幾乎就是買地券的格式。所謂的買地券源自道教思想，是購買土地時的憑證，但這不是在現實世界買地的憑證，而是向黃泉之王買地，所以這裡的買地券也稱為冥券，故可將這座石碑稱為買地券，但第一石的正面（以及第二石的正面）都刻有墓誌，所以暫且稱這座石碑為誌石。

這兩座誌石的上方都放了約九十枚的鐵製五銖錢（五二三年，梁朝鑄造的鐵錢）。原本第二石的正面是買地券的內容，背面是王妃的墓誌，但現在稱這面為正面。事實上，是王妃過世後，才於空白的背面加刻王妃的墓誌。王妃的墓誌指出，王妃於丙午年（五二六年）過世，於二十六個月之後的己酉年（五二九年）二月合葬於王的墳墓。由於王以買地券買了「申地」（西方。嚴格來說是西南西的方位），所以這塊地為王陵之地，但從這塊誌石的內容來看，王妃是於「酉地」（正西方）進行殯斂。

至於在第一石的背面周圍依照方位記載了天干地支，但只有象徵西方的庚、辛、申、酉、戌沒有記載，有人認為這與王陵位於「申地」有關，所以才予以忽略，但也有人認為這與西方是極樂淨土的方位有關，但真相如何，至今不明。

這座墳墓的格式為中國南朝常見的塼室墓，如果將整座墳墓搬到南朝首都建康（今南京）附近，也毫不遜色。位於正前方的宋山里六號墳也是塼室墓，塼上刻有「梁官瓦為師矣」，意思是以梁朝的官瓦為藍圖（也有別的解讀方式），所以斷言這種塼室墓是仿照梁朝的方式建造，應該不會有任何問題。陪葬品也有許多與南朝有關的物品，例如青瓷就是其中之一。

至於棺木方面，目前已知是日本金松。一般認為，這是在日本採伐的棺木，但是在這座王陵之中，找不到任何與日本有關係的東西。在這座王陵總共出土了三面鏡子，一面是位於王頭部附近的宜子孫獸帶鏡，與滋賀縣的「三上山下古墳」，以及群馬縣高崎觀音山古墳出土的鏡子同款。嚴格來說，武寧王陵出土的鏡子與「三上山下古墳」出土的鏡子（兩面，收藏於九州國立博物館）是同款的鏡子，高崎觀音山古墳出土的鏡子則是根據「三上山下古墳」出土的鏡子所鑄造。在經過精密的分析之後，武寧王陵的鏡子與「三上山下古墳」的兩面鏡子都是在中國製作。這三面鏡子先是被帶到百濟，之後的其中兩面則被帶往日本。高崎觀音山古墳的鏡子則應該是之後在日本鑄造的。如此說來，武寧王與「三上山下古墳」的被葬者之間，應該有一些相關性才對。

造墓者當然不是武寧王自己，有可能是繼位的兒子聖王（聖明王）或是聖王的家臣。在武寧王死後隔年繼位的聖王（《梁書》稱為明）也被冊封。一如前述，這部分雖然沒有記錄，但是武寧王一死，應該會派遣使者前往中國王朝，報告武寧王過世，以及聖王繼位的事情才對，此時一定也順便帶回懂得造墓的技術人員。先前介紹五經博士的時候也提到，百濟曾積極地吸收中國王朝的先進文物、技術、文化，也希望帶回技術人員與學者。聖王之所以在父親死後，立刻打造南朝風格的陵墓，或許也與武寧王在世時的想法有關。

由於在陵墓附近發現了燒製塼的窯（井洞里），所以造墓者應該是接受了技術方面的指導。此外，從梁朝帶回來的鐵錢也放在誌石上面，而且有許多從國外傳入的高級物品陪葬。由於盜墓者不知道這裡是墳墓，這些物品只有移動的痕跡（沾了水，或是因為地震而移動），沒有被帶出墓外的痕跡，所以這座壯麗的王陵才能展現在世人面前。

真興王（五三四—五七六年）

一、真興王的出身

新羅的真興王於七歲即位（五四〇年）。父親是先王法興王的弟弟立宗，母親是法興王的女兒只召。雖然是叔叔與姪女成親，但是這種近親結婚的例子在新羅並不罕見。換言之，真興王是先王法興王的姪子（弟弟的兒子）也是孫子（女兒的兒子）。法興王去世的時候膝下無子，王弟立宗又接著死去，所以年幼的真興王才即位。當時是由母親攝政。

即位前一年（五三九年），也就是六歲的時候，被祖母（法興王的妃子，保刀）與母親帶去名為書石谷的溪谷。書石谷是充滿在兩年前或是稍早之前過世的父親，以及父親的妹妹，也就是姑姑相關回憶的地點。父親與姑姑於五二五年，帶著負責煮飯的女性一起來到這裡，並將這一帶的溪谷命名為「書石谷」，在此刻了文章留念。

之所以命名為書石谷，是因為河畔有顆高約二．七公尺、寬約九．五公尺的巨石。這顆巨石位於現今蔚山市蔚州郡彥陽邑川前里的大谷川溪谷，這座山中的溪谷大概距離都城南方二十五公里左右。這塊巨石之前已刻有應該是先史時代的動物與幾何圖案，但刻上文字還是第一次。隨行的人包含應該是高官的夫人與親近的朋友，但也有雕刻師隨行才對，看來當時已有在旅行地點刻字的習慣。當時選在巨石中央偏下的立置，刻了十二行文字。

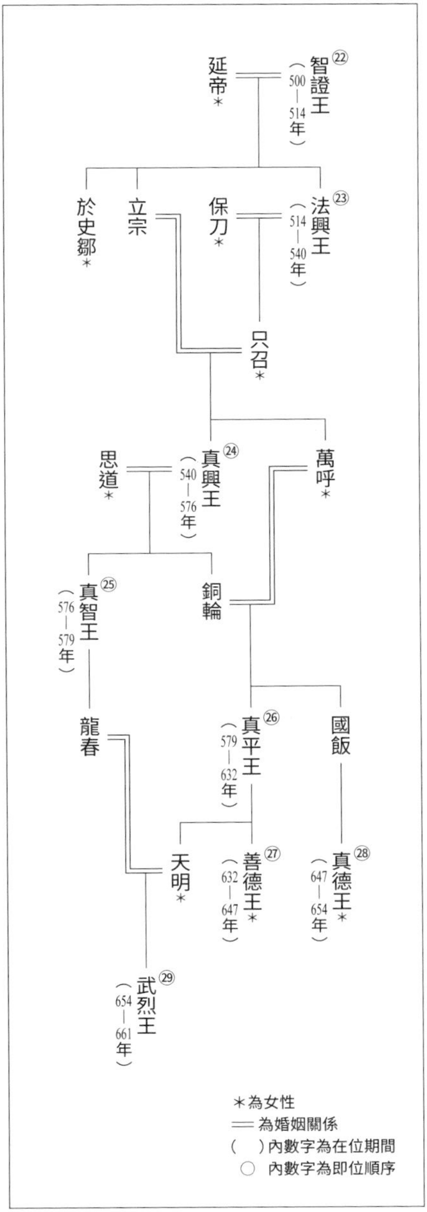

新羅中古王世系圖

真興王與母親、祖母一開始由兩位高官夫人隨行，於夜裡出發後，走過山路，在黎明時分抵達。從母親的角度來看，最初來到這裡的是丈夫與小姑。為了懷念他們兩個，帶著自己的母親與小孩來到這裡。當時為了延續之前刻好的文字，在左側刻了十一行文字。由此可知，這一族不僅血緣相近，關係也很緊密。

最初雕刻的文字稱為「川前里書石」乙巳年（五二五年）原銘，後來雕刻的文字稱為己未年（五三九年）追銘。之後也有許多人造訪此處，刻了簡單的文章與名字之後就回去，但其中最重要、篇幅最長的當然是原銘與追銘。

其父立宗葛文王在己未年追銘記為「沙喙部從夫知葛文王」，在離這裡很遠的蔚珍（今慶尚北道）的「蔚珍鳳坪里碑」（五二四年）也刻有「從夫智葛文王」。這段時期的新羅並非由王一個人握有全部的權力，而是與擁有寐錦王或葛文王這類稱號的王一起統治。沙喙部雖然隸屬都城，卻不是由血緣組成的集團。其兄法興王是喙部的寐錦王。新羅總共有六部，但有實力的只有兩部。

其母只召在己未年追銘記為「只汶尸兮妃」，而祖母則記為「另即知太王妃的夫乇支妃」。「另即知太王」即法興王，「夫乇支妃」在《三國史記》記為保刀夫人。

《三國史記》將真興王的諱記為「彡麥宗」或「深麥夫」，並將謚號記為真興，但其實真興是生前使用的稱號，所以並非謚號。新羅男性常以「宗」或「夫」命名，例如其父也被取名為立宗、從夫（知為敬稱語尾），法興王的名字則為原宗。「宗」也讀為「maru」，是日文「麻呂」的語源。「彡麥」與「深麥」發音相同，文字不同，其中的漢字是用來呈現新羅語的符號，專有名詞會用漢字的音讀與訓讀標記。最古老的新羅碑文為五〇一年的「浦項中城里碑」，許多六世紀的碑文也保留至今。真興王也建造了五座石碑，碑文全部都是漢字，但不是全部都是漢文，也有以漢字標記新羅語的內容。

二、與百濟同盟

來自百濟的議和請求

儘管真興王年幼即位，卻在他的時代做了許多足以左右新羅後世歷史方向的事情。即位之後，隔年便任命異斯夫為兵部令，統領內外兵馬。異斯夫就是率領新羅軍隊攻打金官國（又稱任那國，相當於現今的慶尚南道金海）的伊叱夫禮智干岐（《日本書紀》繼體紀二三年）。與其說是年幼的國王或是身為監護人的母親任命異斯夫為兵部令，不如說是異斯夫的地位相當穩固，在攻打金官國的時候也已經是「上臣」。異斯夫一手撐起了真興王的王權，也主導許多擴大領土的政策。

在任命異斯夫之後，接到了來自百濟的議和要求。百濟希望與新羅攜手對抗高句麗這個北方的大敵。只不過，百濟還另有一個目的，那就是讓新羅不再注意加耶南部。百濟從這年（五四一年）開始，便呼籲殘存的加耶諸國派遣代表來到剛遷都不久的王都泗沘召開會議。這場「任那復興會議」表面上是討論讓金官、喙己吞、卓淳這三個被新羅殲滅的國家復興，實際上是要挽回疏遠百濟、親近新羅的安羅，所以才希望新羅將注意力放在北方，讓百濟有機會對加耶南部上下其手。

入侵高句麗領土

雖然真興王接受了百濟的議和要求，但是新羅早就打算進軍高句麗，而且已是箭在弦上、不得不發的情況。小白山脈以南的慶尚北道地區在法興王時代已是新羅的領土，所以要往北方擴大領土，就得翻過北方的山脈，進攻高句麗的領土。幸運的是，高句麗在之後陷入王位繼承的大混亂（五四六年），對新羅來說，簡直就是天賜良機。

能用來越過小白山脈的隘口有很多處，而新羅選擇了竹嶺。越過竹嶺之後，就會遇到赤城這座城池，這就是入侵高句麗的入口。攻下這座城池之後，真興王在這裡建造了石碑。這座石碑是真興王建造的第一座石碑，可惜石碑的上半部毀損，無從得知建造的年代，只知道大概是五四〇年代尾聲建造的。

這座石碑稱為「丹陽赤城碑」，因為赤城位於丹陽市鎮的後面。一九七八年發現這座石碑之後，便掀起一波尋找新羅石碑的風潮。由於流經赤城正北方的漢江下游建造了忠州水壩，所以丹陽的市鎮早已成為水壩預定地，實際上，沒多久就完全沉入水裡，市鎮也往上游移動五公里（新丹陽）。石碑本身則移到赤城城內的碑閣。

碑文的內容為十幾歲的真興王從王都帶著高官出發後，召集地方的長官，宣布新羅統治了赤城，還獎賞幫助新羅拿下赤城的地方士紳也爾次，此舉讓所有人知道，幫助新羅入侵高句麗就能得到好處。

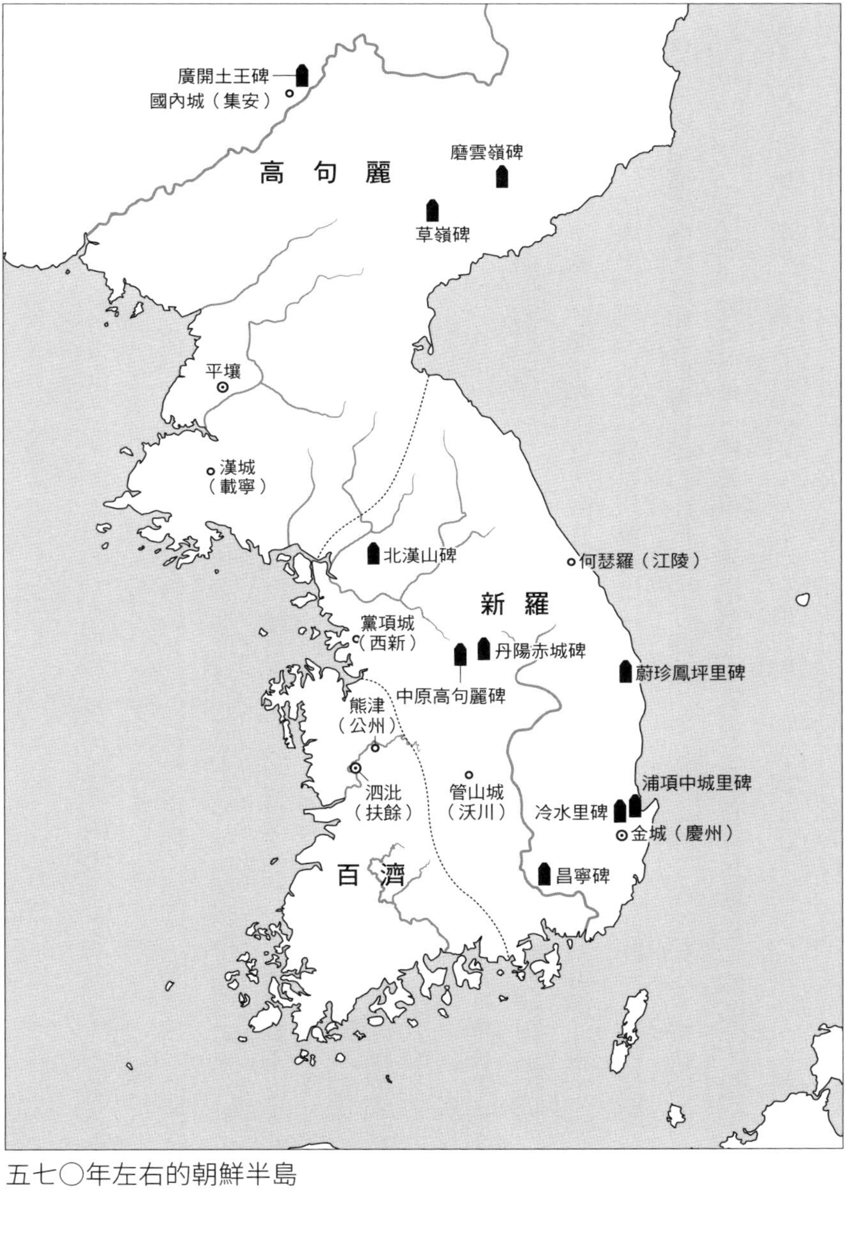

五七〇年左右的朝鮮半島

三、分割加耶

獲得西海岸

軍隊雖然繼續開往漢城，但是真興王卻繞了別條路北上。五五一年進入娘城（今清州）的行宮時，聽說離這座行宮不遠處的國原（今忠州）有一位彈奏加耶琴的高手，便立刻請這位高手過來。這位高手名為于勒，他的弟子則是尼文。真興王在行在所的河臨宮聽完于勒與尼文的演奏之後感動不已，便命令三名臣子向于勒學琴，加耶琴自此成為新羅國樂的一部分。

從赤城行經國原，朝漢城進軍的新羅軍隊比從西方北進的百濟軍隊晚一點進入漢城。前面提過，漢城本是百濟的王都，在四七五年被高句麗攻陷後，蓋鹵王被殺，百濟也跟著滅亡，之後百濟立刻在其他地方（熊津）中興，並在武寧王的時代向南擴大領土，繼位的聖王還將首都遷至泗沘。從高句麗手中奪回漢城是百濟的宿願，而這個願望也於五五一年實現。不過，晚來的新羅於隔年將百濟趕出漢城。漢江對岸之處稱為南平壤，新羅占領這個地區，並在稍微下方之處設置了新州，由金武力擔任軍主。

接著又占領了西海岸的部分地區。這是新羅有史以來第一次獲得西海岸。如此一來，新羅等於硬是卡在高句麗與百濟之間，讓兩者的邊界不再相鄰，而新羅也更方便與中國王朝來往，之後也的確常與中國王朝建立外交（後述）。五五一年，新羅軍占領漢城後，真興王便自立年號為「開國」，這是象徵新羅重新出發的年號。雖然法興王也曾使用「建元」這個年號，但真興王卻為新羅開創了一個新的時代。直到六五〇年使用唐朝的年號以表忠誠之前，新羅都斷斷續續地使用屬於自己的年號。

如此一來，新羅與百濟的同盟當然不復存在，雙方也開始交戰。這場戰爭最後於五五四年，在管山城（今函山城）劃下句點。百濟這邊最初是由王子昌（後來的威德王）領兵，但後來父親聖王也前來相助。當新羅屈居劣勢時，金武力率領州兵馳援，因此扭轉了戰局，獲得最終勝利，聖王也於此役被殺。這不單單是新羅對百濟的勝利，更是在三國鼎立的情勢下，新羅與百濟地位互換的一戰。

前面提到，在新羅進軍西海岸的時候，真興王慢先鋒部隊一步，直到娘城才跟上腳步，但後來就回到王都。等到戰勝百濟之後，才於五五五年來到北漢山，巡視新的領土。返回王都時，還免除經過的州郡一年的稅金並大赦天下，讓天下人知道自己有意施行善政。此時的真興王才二十二歲。

殲滅大加耶

真興王接著將矛頭轉向加耶。早在法興王的時代，新羅就與透過和親方式締結同盟的大加耶聯手入侵加耶南部的金官，之後還占領了喙己呑與卓淳，後來停滯不前，就這樣進入了真興王的時代。最初是基於百濟的策略而進攻高句麗，但是當新羅與百濟的同盟告一段落，真興王才首次將加耶視為接下來的目標。

五五五年，真興王先於比斯伐（又記為比自火、比自伐、比子伐，現今的慶尚南道昌寧）設置完山州（又稱為上州），也就是派軍駐紮此地，可視為進攻的前哨站。從王都前往比斯伐的路線，與前往加耶南部或百濟的路線不同，因為比斯伐在王都的西南方向，從西郊沿著斷石山的下方南下才是近路。

比斯伐國是不隸屬於大加耶同盟以及加耶南部聯盟的加耶之國，其中心勢力為營造校洞與松峴洞大型古墳群的集團。一般認為，新羅是於五三〇年左右拿下這個地區。

五六一年，真興王將王都與地方的高官或士紳召來這個地區，建造了「新羅真興王昌寧碑」，這也是真興王建造的第二座石碑。這座石碑的開頭提到真興王年幼即位，得到優秀的人才輔佐，以及中央高官、地方高官、地方官與在地士紳的協助，依序記載了參與者的名字。這塊地區與大加耶隔著洛東江相望，所以這次的百官匯集可說是對大加耶的下馬威。

隔年，前面提到的異斯夫率領新羅軍隊攻擊大加耶。從旁輔助的是十五、六歲的斯多含。打頭陣的斯多含大破城門，闖入城中之後，大加耶便在後續跟上的大軍之前投降。一般認為，隸屬於大加耶同盟的其他國家也跟著投降。之後便未發生任何戰爭，加耶也於此時被殲滅。最終，加耶各國便成為一盤散沙，西邊由百濟占領，東邊由新羅占領（多為新羅領地）。

建立巡狩碑

提到真興王，就不能不提到巡狩碑。除了前面提到的「丹陽赤城碑」與剛剛提到的「新羅真興王昌寧碑」之外，真興王還另外建造了三座石碑，而這三座石碑都是巡狩碑。第一座是「新羅真興王北漢山碑」，這座石碑座落於首爾北方的北漢山主峰往西延伸稜線的碑峰之上。這座石碑目前陳列於韓國國立中央博物館，而當地岩盤上則建造了一個碑座，標示石碑原來的位置。

座落於現今北韓的另外兩座石碑為「新羅真興王黃草嶺碑」與「新羅真興王磨雲嶺碑」。黃草嶺碑是在距離咸興南道中心地咸興北方五十幾公里的黃草嶺發現的，而咸興則比東海岸的元山更加北邊。這座石碑是在朝鮮王朝的時代發現的。至於磨雲嶺碑則位於距離咸興東邊一百多公里的利原郡東端的磨雲嶺。這座當地人十分熟悉的石碑，在一九二九年民族史學家崔南善的介紹之後，變得廣為人知。這兩座石碑目前安置於朝鮮王朝初代國王李成桂的故宅「咸興本宮」的碑閣之中。這兩座石碑都是於五六八年建造的，記載了真興王帶著高僧與高官「巡狩管境」的內容。

在過去，覺得這塊地區曾被新羅占領一段時間，但應該真的只占領了一段時間，過沒多久，新羅就往元山的南方撤退。五七〇年，高句麗曾從元山灣派遣使者前往倭國，所以新羅應該是在此之前撤退。由於北漢山碑少了記載年代的部分，所以無從得知建造的年代，但一般認為，應該都是於五六八年建造，因為真興王就是透過這些石碑向國內外宣揚新羅的國威，而高句麗之所以派遣使者前往倭國，也是覺得新羅是不容忽視的威脅。

創設花郎制度

在進攻大加耶立下大功的斯多含是花郎。花郎制度[2]是新羅培養貴族子弟的系統，當時的新羅會將相貌堂堂的十幾歲少年納為花郎，再讓這些花郎與花郎徒組成一個團隊，然後讓這些團隊彼此切磋武術或交流學問，藉以幫助彼此成長。這與原始青年集會舍（若者組）是一樣的概念，主要是讓地方的青年同寢同食、互相切磋與培養感情。新羅將這種制度稱為花郎制度，而這個制度是從真興王時代開始的。真興王一開始先選了南毛與俊貞這兩位美女作為源花（花郎制度的官職），建立了兩個團隊，但最終因為互相嫉妒，導致俊貞殺了南毛，真興王在處死俊貞之後，命令美貌的男子化妝，建立新的團隊，這就是花郎的由來。這些受過鍛練的貴族子弟會於戰爭爆發之際一馬當先，作為士兵的模範。建立強大的心理層面是非常重要的一環，新羅之所以能夠統一三國，可說是全拜這套花郎制度所賜。《三國史記》最初提到的花郎就是斯多含（在《花郎世紀》筆記式古書之中為第五世），至於後代的部分，統一三國的英雄金庾信也是花郎，此外，新羅最後一位君王敬順王的父親孝宗郎亦是花郎（敬順王因為母親是公主，所以繼承了王位）。

四、與中國往來以及建造伽藍寺院

與北齊、陳的往來

獲得西海岸，得以直接與中國往來的新羅積極與中國王朝接觸。在此之前，位於朝鮮半島東南地區的新羅之所以沒機會直接與中國接觸，很大的理由就是地理位置，不過當新羅獲得西海岸，便於五六四年，獨自派遣使者前往對岸的北齊，北齊也於隔年冊封真興王為使持節、東夷校尉、樂浪郡公與新羅王。其實這是中國王朝首次冊封新羅王的例子，縱使新羅在此之前，與中國王朝有所往來，卻未得到任何冊封。此外，這次的冊封將真興王的名字定為「金真興」，所以「真興」並非諡號，而是真興王的名字，這部分也已在前面提過。

真興王於此次受封的「東夷校尉」原本是高句麗王的封號。高句麗之前就與北齊往來。原本高句麗與北魏保持密切的關係，但是當北魏分裂為東西兩部後，便連年派遣使者前往東魏。當支持東魏皇帝的高歡去世，其子便讓東魏皇帝讓位給自己（五五〇年），北齊就此成立，而高句麗也繼續派遣使者前往北齊，與北齊維持良好的關係，而北齊亦於五五〇年冊封高句麗王成（陽原王）為領護東夷校尉以及其他的地位。到了五六〇年之後，繼位的湯（平原王）也被冊封為領東夷校尉與其他的地位。照理說，「東夷校尉」原本是中國王朝封給內臣的職位，主要的職責是監視「東夷」，但是後來變成封給外國君王的官職，進入六世紀之後，北魏陸續將這個官職封給高句麗王。這就是北齊將這個官職封給首次派遣使者晉見的新羅王之緣由，由此可知，北齊就是如此看重新羅王。

高句麗自五五〇年之後，於五五一年、五五五年、五六四年、五六五年、五六八年、五七三年不斷地派遣使者前往北齊，想要與北齊鞏固邦交的想法可見一斑（北齊於五七七年被北周吞併）。新羅繼上次之後，又於五七二年派遣使者前往北齊，但這也是最後一次。北齊與高句麗在五五二年的時候，曾為了討回在魏末流入高句麗領地的百姓而發生衝突，關係也因此緊繃，但是卻在之後的五六〇年冊封平原王為領東夷校尉，到底為什麼會在此時突然冊封真興王呢？真是令人費解，或許是因為真興王的外交手腕十分高明吧。

話說回來，百濟也於五六七年派遣使者前往北齊。為什麼百濟會改變一面倒向南朝的方針，而向北朝的北齊派遣使者呢？一般認為，這是受到新羅向北齊派遣使者的刺激。百濟於五七二年再次派遣使者。威德王從北齊獲得都督東青州諸軍事、東青州刺史的稱號。這兩個稱號別具涵意，有機會再來介紹。

另一方面，新羅也向南朝陳派遣使者，分別是五六八年、五七〇年、五七一年、五七八年。由此可知，新羅採取了雙管齊下的方式，同時與中國南北王朝往來。

建造興輪寺與皇龍寺

佛教是於四世紀左右傳入高句麗與百濟，至於新羅，最晚於五世紀就傳入。一般認為，王室比一般百姓更早接受佛教，而在王宮建造持佛堂，以及建置伽藍寺院，則是從真興王的時代開始。法興王開始建造的興輪寺是最初的伽藍寺院，但興輪寺真正建成是在真興王五年（五四四年）。法興王的王妃出家為尼後，也建造了永興寺，但這應該沒有大型的伽藍。之後王都又出現了許多寺院，讓新羅成為不折不扣的佛教王國。

其中最為重要的寺院就屬皇龍寺。傳說中，當時新羅王準備於月城東邊建造新的宮殿，沒想到黃龍在預定地出現，覺得不可思議的新羅王便改建佛寺，還將佛寺命名為皇龍。由於皇龍寺的北方有龍宮，所以龍才會在受到刺激之後，於此地現身吧。現代的皇龍寺遺址北側仍留有水井，而這座水井曾被認為是龍宮或是龍宮的出入口。新羅王的始祖（朴氏）為龍之子，許多人認為真興王玄孫文武王死後成為海龍，由此可知，新羅的王室與龍的淵源極深。此外，於五七二年召開八關會的外寺應該就是指皇龍寺。五七四年，金堂的本尊丈六像完成。不過這個時期的皇龍寺還是王室的寺院，到了七世紀中葉之後，新增了九層塔，金堂也變成三處，皇龍寺便成為新羅最大的寺院，也是最重要的護國道場。

王的薨逝

五七六年，真興王走到人生的盡頭，當時的他才四十三歲，正是人生的壯年期。由於太子銅輪早逝，次子真智王雖然繼承王位，卻不順利，僅三年就被迫下臺，之後由本該繼位的銅輪之子真平王登基，真平王也於漫長的治世大力整頓國家的各項制度。

晚年篤信佛教的真興王除了剃髮為僧，還得到法雲這個法號，王妃也削髮為尼，住在法興王妃建造的永興寺，直到六一四年才死去。有記錄指出，真興王的陵墓位於哀公寺北峰，與法興王位於同處。一般認為，位於慶州市西方的仙桃山（西岳）山腳的墳墓為真興王的陵墓，至於法興王的陵墓則位於距離五百公尺的位置。經過證實的新羅王陵只有兩處，其中之一為武烈王陵，而被認定為真興王陵的墳墓則位於武烈王陵的正西北處。不過，真興王陵與法興王陵都是十八世紀所認定，證據還不夠充足，目前只是根據記錄推測，在武烈王陵後方並排的四座巨大古墳之中，應該有兩座是法興王陵與真興王陵。由於是同族的國王，陵墓靠在一起也是理所當然的事。

蓋鹵王（？—四七五年）

蓋鹵王是百濟第二十一代國王，也是毗有王（四二七—四五五年在位）的長子，在其父之後繼位。關於即位年的說法多有分歧，比方說，《三國史記》記為四五五年，但是《日本書紀》雄略紀二年（四五八年）的旁注卻引用《百濟新撰》的說法，記載為「己巳年，蓋鹵王立」。《日本書紀》的內文提到，百濟的池津媛與石河楯通姦，所以他們兩個被燒死，但在旁注之中，這位池津媛又被稱為適稽女郎，是從百濟送來的女人，之後又記載了蓋鹵王即位的部分，所以儘管沒有明文記載蓋鹵王贈送適稽女郎一事，但是記載了即位的事情，又於之後記載了贈送適稽女郎的內容，應該就是暗示適稽女郎是由蓋鹵王送給天皇的女人。「己巳年」當然是比雄略二年更早的己巳年，也就是四二九年，這與《三國史記》的記載可說是截然不同，不過，這類說法都可斷言是錯的，接下來就為大家稍微說明這個部分。

蓋鹵王在南朝宋正史《宋書》記載為餘慶，但是百濟國傳也提到了先王映與毗（毗為其父毗有王，映為毗有王的祖父或是父親的腆支王），若依照年代的順序排列，內容如下。

景平二年（四二四年）　映派長史張威前往宋朝貢。

元嘉二年（四二五年）　宋太祖（文帝）派遣使者前往百濟冊封映。之後，每年派遣使者。

元嘉七年（四三〇年）　毗向宋朝貢，得到冊封映的爵號。

元嘉二十七年（四五〇年）　毗派遣使者前往宋朝貢。太祖答應要求。

毗死後，其子慶即位。

大明元年（四五七年）　派遣使者，要求爵位。

《宋書》本紀除了上述的內容，還記載了元嘉六年（四二九年）派遣使者的內容，卻沒有提到王名。根據《宋書》的記載，餘慶是於四五〇年之後即位，第一次派遣使者前往宋朝是四五七年。此外，映是於西元四二四年派遣使者，宋則是於四二五年派來使者。之後則是毗即位，而毗是於四三〇年首次派遣使者，所以毗應該是在四三〇年之前即位。假設這個推論屬實，在己巳年（四二九年）即位的王應該是毗有王，兩造說法才會完全吻合。那麼，為什麼《日本書紀》會記載為蓋鹵王呢？這當然是錯誤的記載。至於是哪邊出錯呢？一般認為只是不小心將「己巳年，毗有王立」寫成「己巳年，蓋鹵王立」而已，但這樣還是很奇怪，因為雄略紀二年的記載引用了這段內容。

若根據《日本書紀》的紀年，己巳年相當於允恭十八年，如果要引用己巳年的內容，應該要放在允恭十八年這裡才對，但是這部分卻是百濟送來適稽女郎的內容，而且與池津媛（也就是適稽女郎）因為通姦而被燒死的內文對應。那麼這段內容可視為是在己巳年發生的嗎？己巳年與雄略二年足足差了二十九年的時間，於二十九年前送來的適稽女郎居然在二十九年後與石河楯通姦？這實在令人難以置信。照理說，適稽女郎應該是被送來沒多久就與石河楯通姦，然後被燒死才對。此外，不太可能在與石河楯通姦之後，過了很久才被燒死，而且適稽女郎也不太可能是很久之前就被送來。雖然將「己巳年，毗有王立」的毗有王置換成蓋鹵王是目前的共識，因為如果真是毗有王的話，實在是說不通。換言之，將送來適稽女郎的國王定為蓋鹵王才正確，而且將適稽女郎送來的時間定為雄略二年前後也比較妥當。假設這個推論屬實，該做的不是將毗有王換成蓋鹵王，而是要想成「己巳年，毗有王立。〇〇年，蓋鹵王立」被寫成「己巳年，蓋鹵王立」才比較容易理解。換言之，蓋鹵王在雄略二年的前幾年即位，然後應天皇要求送來適稽女郎。也就是說，我們可以理解成原本要在「己巳年，毗有王立」的部分補述蓋鹵王即位的部分（雖然兩者沒什麼關聯性），但是前面的部分已錯誤引用，而且又有部分內容被刪除，而這才是正確答案。

假設推論屬實，《三國史記》記載的蓋鹵王即位年應為乙未年（四五五年），這也是根據前述的《宋書》作出的結論，而餘慶，也就是蓋鹵王於四五〇年之後即位的說法也沒有問題，也不需要刻意排除於四五五年即位這個說法。

綜上所述，《百濟新撰》的記載應該是「己巳年，毗有王立。……乙未年，蓋鹵王立」才對。雖然《三國史記》提到毗有王是在四二七年即位，但是將這部分還原為毗有王是在「己巳年」即位的話，與《宋書》的記載就沒有任何出入，而這才是正確的說法。

《日本書紀》雄略紀五年（四六一年）夏四月的部分將蓋鹵王稱為「加須利君」。一如前述，蓋鹵王應倭國的要求送來女子，但是這位女子卻因惹出麻煩而被處死，所以蓋鹵王改送男子，雀屏中選的是弟弟昆支。在前往倭國途中，生下長子武寧王。至於生母的部分，一說認為是昆支出發前，向哥哥要了一位夫人，而哥哥將快要足月分娩的夫人賜給昆支。這就是武寧王其實是蓋鹵王之子的故事。但一般認為，這是擁立武寧王的人希望武寧王繼蓋鹵王之後，繼承百濟嫡系血統所捏造的故事。實際上，將武寧王視為昆支的兒子即可。此外，也有記錄指出，在熊津中興百濟的文周王是蓋鹵王之子或是弟弟，但這兩種說法都是錯誤的，相關的細節留待文周王的部分說明。

在內政方面，替文周王安排了輔佐的人，也擋住來自高句麗的壓力。向南朝宋派出使者後，被封為鎮東大將軍與百濟王（四五七年）。之後派遣了三次使者前往南朝宋，要求南朝宋冊封百濟的王室與臣子，南朝宋也予以冊封。蓋鹵王也將弟弟昆支送往倭國，並首次派遣使者前往北魏，請求北魏派兵，一起對抗高句麗（四七二年）。儘管孝文帝看到千里迢迢、費盡千辛萬苦才抵達北魏的使者很開心，卻被高句麗阻止，未能派兵救援。之後又因為被高句麗的間諜唆使而大興土木，以致於耗盡國力。最終於四七五年百濟遭到高句麗入侵，大城的北城與王宮所在之地的南城接連淪陷，蓋鹵王被抓住後，於阿且山城下被處死，王都漢城也被攻陷。

文周王（生卒年不詳）

文周王是百濟第二十二代的君主，在百濟第一個王都漢城被高句麗攻陷後，文周王於熊津復興王國。文周王又稱為汶洲王，中國則稱之為餘都或牟都，不過文周王的系譜有點混亂與複雜，所以稍微說明一下。

《三國史記》將文周王記為蓋鹵王之子，而《日本書紀》則將文周王記為蓋鹵王的「母弟」，所謂的「母弟」是指同母的弟弟，換言之，關於文周王的身世有兩種說法，一種是蓋鹵王之子，另一種是蓋鹵王之弟。

但問題不是哪邊正確或哪邊錯誤。在此想提出「母弟」其實是「母親的弟弟」也就是舅舅的見解。讓我們先看看中國的正史《南齊書》。《南齊書》是記載南齊王朝（四七九—五〇二年）歷史的史書，而百濟國傳記載了南齊皇帝（武帝）的詔書，其中提到，祖父牟都的地位由其孫牟大繼承。牟都就是文周王，而牟大則為東城王，這意思是，文周王與東城王為祖孫。中國正史的可信度通常不太高，所以照理說，這部分也只是單純的記載而已，不過，記載為皇帝所說的話這點相當重要，必須視為是從百濟傳來的內容。根據這段記載，皇帝將祖父的地位傳給孫子，我們也必須認為這段記載是千真萬確的事實。

接著讓我們以這個前提思考。在此之前，先要思考東城王的父親是誰。《三國史記》與《日本書紀》都記載東城王的父親為昆支，所以我們也要將這點納入前提之中。

接著提出另一份史料，也就是記載南朝宋（四二〇─四七九年）歷史的《宋書》的百濟國傳。這份史料指出，四五七年，百濟王慶（蓋鹵王）派遣使者前往宋朝，要求宋朝授予百濟的臣子爵位，也記載了宋皇帝（孝武帝）於隔年的四五八年將何種將軍稱號賜給了百濟的何位臣子。其中提到，餘昆受封為征虜將軍，餘都被封為輔國將軍。有人認為，這裡的餘昆就是昆支，餘都則是文周王，這種說法應該是正確的。如果這種說法屬實，昆支受封的將軍稱號高於文周王受封的將軍稱號。

綜上所述，昆支被《三國史記》記為文周王的弟弟，在《日本書紀》被記為蓋鹵王的弟弟。前者將文周王視為昆支的長輩，所以若不考慮特殊事項，顯然與前述的前提不符。因此，最先要排除的就是《三國史記》的說法。後者的說法則沒有任何問題，但如果連同《日本書紀》的說法一起考慮，也就是將文周王視為蓋鹵王之弟的說法，那麼文周王也是昆支的弟弟（此為A案）。此外，若依照《三國史記》的說法，將文周王視為蓋鹵王之子，那麼昆支就是文周王的叔叔（此為B案）。

上述這些說法，以及東城王的祖父為文周王，而且父親是昆支的前提是否一致呢？假設文周王的兒子是昆支，事情就簡單了，但是在昆支為文周王的哥哥或是叔叔的前提之下，事情又變得複雜許多，因為這麼一來，就只剩下文周王的女兒與昆支生的兒子是東城王的可能性，也必須思考昆支是與身為弟弟文周王的女兒成親，還是與身為姪子的文周王的女兒成親，而這些前提都有可能成立。

不過，這裡發生了一件難以理解的事情。東城王是其父昆支去倭國之後才出生的，是武寧王同父異母的弟弟，由於武寧王是在四六二年出生，所以東城王當然是在這年之後才出生。因此，假設東城王的母親是於二十歲生下武寧王，那麼東城王的母親就是在四四二年左右出生，不過實際上有可能更早出生，但總之讓我們先這樣預設。東城王母親的父親為文周王，他不太可能晚於四二二年出生，因此，若以A案為準，蓋鹵王、昆支是文周王的兄長，也比文周王年長，所以是在四二二年之前就出生。此外，若以B案為準，蓋鹵王就是文周王的父親，也就是在四〇〇年之前就出生，由於昆支是蓋鹵王的弟弟，所以就非得做出昆支是在西元四〇〇年左右出生的結論，換言之，不管昆支再怎麼早出生，也不會在四〇〇年之前就出生。

昆支被蓋鹵王派去倭國的時間為四六一年。若以B案的時間軸計算，昆支差不多已經六十歲，換言之，整個情況變成年屆六十歲的王子被派去倭國，然後於途中生下武寧王，又於倭國生下五個兒子，這聽起來有點不切實際，所以B案應該無法成立。如果是A案的話，昆支被派往倭國時，再怎麼年輕也已經四十歲左右，這推論當然比剛剛的六十歲更有可能，但到了這個年紀居然膝下無子，被派往倭國之後，突然生出六個兒子，也是非常奇怪的事情，所以A案的可能性也很低。

此外還有另一個問題。在剛剛提到的《南齊書》之中，將文周王記為「牟都」，並將東城王記為「牟大」。《三國史記》也將東城王的名字記為「牟大」，但這是引用《南齊書》的說法，並非原創的內容。假設文周王的名字為「餘都」，那麼就能歸類為百濟王族的一員，但如果是「牟都」，有可能是主張文周王是旁系的子弟。假設這項說法為真，那麼文周王是蓋鹵王與昆支的弟弟這種說法就很奇怪。

此外，昆支雖然是被其兄蓋鹵王派到倭國的，但是就常識而言，被派到外國的王子，而且是沒有小孩的王子，應該是二十幾歲的王子才對，如此一來，就能依照前述的結論，判斷文周王是在四二二年之前出生的，文周王比昆支還要年長。

因此當我們重新檢視文周王的系譜，會發現文周王為蓋鹵王之子或是「母弟」這兩種記錄，但如果是蓋鹵王之子，文周王就是蓋鹵王王室成員之一，如果是「母弟」，就不會是蓋鹵王的王室成員，而是蓋鹵王之父毗有王的「母弟」，從昆支的角度來看，文周王是叔叔，但這麼一來，文周王與昆支的地位孰高孰低就顯得很微妙，家系也有相同的問題，從前面提出的條件來看，也還留有疑問。

因此我的主張是，史料提及的「母弟」的意思，並非同一位母親所生的弟弟，而是「母親的弟弟」。蓋鹵王的母親是指父親毗有王的王妃，而文周王是這位王妃的弟弟。廣義來說，這也是百濟王族的成員，所以將文周王的名字記為「餘都」也沒有問題。至於「牟都」則可解釋成旁系的名字。

綜上所述，蓋鹵王、昆支與文周王的關係就是，蓋鹵王與昆支為兄弟，但文周王是這兩個人母親的弟弟。雖然「母弟」指的是同一位母親生下的弟弟，但我們不妨想像成某些史料是將母親的弟弟寫成「母弟」。

儘管這部分的說明又臭又長，但在經過這段解析之後，我們可從完全不同的角度看待百濟中興這件事。

中興百濟的是文周王沒錯，但其實文周王本來沒有繼承王位的機會，只是當時百濟的王都被高句麗攻陷，蓋鹵王也被殺。於《日本書紀》雄略紀二十年（四七六年）一節的分注所引用的《百濟記》提到：

蓋鹵王乙卯年（四七五年）冬，狛（高句麗）大軍來，攻大城七日七夜。王城降陷，遂失尉禮（漢城），國王及大后、王子等，皆沒敵手。

換言之，除了國王之外，皇后與眾王子都被殺死，唯一剩下的王子（從蓋鹵王的角度來看是王弟）為昆支，但當時昆支人在倭國。

在如此存亡之際，於其他地方中興百濟國的是文周王。文周王在距離淪陷的王都南方一百多公里之處的熊津創立了全新的國家。此外，若引用《日本書紀》的內容，雄略紀二十一年（四七七年）一節提到：

春三月，天皇聞百濟為高麗所破，以久麻那利賜汶洲王，救興其國。時人皆云「百濟國雖屬既亡，聚夏倉下，實賴於天皇，更造其國。」

其中的久麻那利就是熊津，汶洲王就是文周王。誠然《日本書紀》將整個過程形容成天皇（雄略）將熊津這塊地方賜給文周王，幫助文周王復興國家，但事實不是這樣。倭國並未參與文周王的即位，也未幫助文周王定都熊津，一切都是文周王憑一己之力，在全新的地方重建了百濟國。一如這段記載所述，我們必須將文周王中興百濟視為是在四七七年發生的事情。百濟的王都於四七五年淪陷，然後在國王被殺的當月（《日本書紀》的注記為十月之後的月份）或是隔月，文周王就立刻於新都即位，再怎麼想也覺得不太可能。

不過，百濟中興還是與倭國有關，因為與文周王女兒成親的昆支在當時留在倭國。聽聞國家滅亡，兄長被殺之後，昆支便回國，至於昆支是否已經知道岳父文周王準備中興百濟這件事則不得而知，不過，昆支回國之後，於岳父中興百濟國的那年擔任「內臣佐平」這個輔佐國政的官職，幫助岳父中興百濟，卻也在這一年死去。

文周王在登上王位之後，就希望自己的血脈能夠繼承王位，所以第一步就是先將王位讓給兒子，自己扮演監護人的角色。只不過兒子三斤王體弱多病，僅在位三年就死去，所以才會改立女兒之子東城王為王。一般認為，東城王是其父昆支回國之後沒多久跟著回國。《日本書紀》雄略紀二十三年（四七九年）一節提到，雄略將東城王「敕喚內裏，親撫頭面，誡敕慇懃，使王其國，仍賜兵器，幷遣筑紫國軍士五百人，衛送於國，是為東城王」（叫到大內，一邊撫摸著他的頭，一邊訓勉其要努力，然後立東城王為王。之後又賜予兵器，還讓筑紫國五百位士兵護送東城王回國），聽起來像是雄略天皇幫助東城王登基，但其實讓東城王登基的是文周王才對，而且文周王應該是在看到東城王即位之後才死去的（在通報南齊時，已稱文周王為「亡祖父」）。剛剛提到的《南齊書》也記載，南齊武帝是於四九〇年賜予稱號給東城王，而文周王應該是在這段期間派遣使者，告知王位將由孫子繼承。其實也有記錄指出，早在四八〇年，文周王就已派遣了使者，如此一來，就必須做出文周王至少活到四七九年為止的結論，更何況文周王也有可能在東城王即位之後，繼續扮演監護人的角色。

聖王（聖明王）（?—五五四年）

聖王是百濟的第二十六代君王，也是武寧王的兒子，同時也是繼承武寧王王位的君王。聖王的名字為明禯，中國史書稱其為「明」，聖為謚號，日本則稱其為聖明王。

父親死後，聖王便親自向南朝梁報告此事，也因此受封持節、督百濟諸軍事、綏東將軍、百濟王的稱號。從過去的通例來看，這些稱號的地位稍微低於歷任的百濟王。或許聖王就是此時命令帶回的技術人員打造父親的陵墓，並將南朝梁賜予的鐵製五銖錢與青瓷、鏡子當成陪葬品，而這座陵墓也被打造成磚塊堆成拱狀的南朝風格，同時還在陵墓的入口放了並排的兩塊石碑，一塊是充當墓誌的誌石，另一塊則是買地券。但不知道為什麼要放這兩塊石碑。儘管聖王是虔誠的佛教徒，但此舉與佛教信仰無關，也有可能是聽從造墓技術人員的建議而置放。三年後，武寧王妃也葬在王的身邊。從武寧王妃殘存的牙齒來看，她應該是在三十幾歲的時候過世。有意見指出，說不定是武寧王的後妃；但也有意見認為臼齒很難判斷年齡，而且也還有其他的牙齒留存，所以這位武寧王妃很有可能是聖王的母親。

五三八年，聖王將王都移至泗沘。在此之前的王都為熊津，也是在舊王都漢城淪陷以及君王被殺之後，中興百濟的地方，相較於之前在沒有任何準備，只求先有個落腳之處的情況，這次遷都泗沘可說是準備妥當，是在王宮背後的城，以及圍繞王都的羅城（城的外廓）都建造完畢之後才遷都，計畫可說是十分周延。

羅城是中國風格的王都，也是百濟首次採用的風格。王宮與走出王城之外的路線相同。所謂的王城，以漢城為例就是夢村土城，以熊津為例就是公山城，是容納王宮與官衙（官廳）的城池。百濟可說是比高句麗、新羅更早採用中國風格的都城設計。高句麗直到五八六年才首次採用羅城的設計。此外，百濟還趁著遷都時，將羅城與錦江圍住的王都分成五部，再將這五部分別分成五巷。五部分別是中部、上部、下部、後部與前部，五巷也稱為中巷、上巷、下巷、後巷與前巷，但採用的不是棋盤狀的行政區域規劃方式，王都與各部各巷都呈不規則形，各部的邊界都會放置誌石，以標示這裡是哪一部。部這種行政區域的規劃方式從熊津時代就有，而且高句麗也有類似規劃方式，應該是受到百濟的影響才對，但是巷這種行政區域規劃方式則只在南朝王都建康出現，所以百濟在這部分肯定是受到南朝的影響。建康的周圍有城牆圍繞，卻沒有棋盤狀的行政區域規劃。一般認為，百濟人心目中的王都為建康，所以才在建造王都時，模仿建康的格式。

在王都之外的地區則設置五個據點（稱為五方），同時在據點的中心配置郡縣。郡由郡令管理，縣由城主管理，藉以建立中央集權的體制。

在此之前，聖王派遣了三次使者前往南朝梁。五四一年，向南朝梁要求涅槃經這類經書、毛詩博士、工匠與畫師，南朝梁也應允。不管是在聖王之前還是之後的百濟王，都積極吸收中國先進的文化與技術，這也可說是百濟的傳統。至於與倭國之間的來往，則是從先王的時代就開始將這些先進文物或技術人員送給倭國，然後要求倭國提供士兵或其他的人力，聖王也延續相同的路線。贈送佛像、經文、僧侶也可說是其中一環，但當時沒有特別要求回報。

此外，聖王又在五四一年派遣使者前往新羅議和。表面上是為了與新羅一起對抗北方大國高句麗，但實際上是為了處理加耶南部的問題，而希望轉移新羅的注意力。不過，新羅也剛好想要進攻高句麗，所以答應了百濟的請求，然而百濟與新羅之間的關係，最終也導致聖王的死亡。

在加耶南部的部分，早在其父武寧王的時代，就已經攻打了加耶的西北部，最接近百濟的己汶與多沙也已成為百濟的領土。五三一年之後，安羅派人前來請求支援，聖王也派兵前往安羅。雖然軍隊是從多沙前往安羅，但也順便入侵多沙至安羅之間的國家。百濟在獲得這些國家的土地後，便準備直接管轄這些國家。遷都之後，為了讓全國採用郡縣制度，而派遣郡令與城主這些地方官，前往各地的郡縣。自四世紀以來，安羅與百濟都保持了友好的關係，但是在五三一年，百濟要求軍隊進駐安羅之後，安羅便對百濟發出強烈的抗議。新羅從東邊逼近安羅之際，對於先前攻下的金官國特別禮遇，金官國最後一位國王（仇亥）最終於五三二年，帶著王妃與眾王子赴新羅王都投降，因此新羅賜予他真骨的貴族身分，以及新羅王姓的金（為了區分，也稱為新金氏），同時還讓他住在王都，以原本的國家作為食邑。從新羅與百濟對待戰敗國的方式來看，安羅認為投降新羅是比較好的選擇。百濟於五四一年與新羅議和後，召集加耶諸國，大談跟隨新羅是件多麼愚蠢的事情，也要求排除倭裔安羅人阿賢移那斯，因為安羅就是透過他們與新羅來往。這場會議就是「任那復興會議」。

雖然這場會議沒做出任何決議，卻讓為了轉移新羅注意力的議和起了作用，新羅與百濟也分別進攻高句麗。五五一年，百濟王子餘昌（威德王）早一步率軍攻入舊王都漢城，但是卻被晚一年趕到的新羅趕出漢城，雙方的議和也破局，王子餘昌（威德王）的父親（聖王）為了幫助兒子也參戰，最終卻因此戰死。

繼體大王（四五〇?—五三一年）

繼體大王為六世紀初期的大和大王。名字的發音為「oodo」，在《日本書紀》記為「男大跡」，在《古事記》記為「袁本杼」。《古事記》將繼體大王視為「品太天皇」也就是應神天皇的「五世之孫」。由於武烈天皇駕崩時，沒有能夠繼位的人物，所以朝廷讓袁本杼從近淡海國來到京城，再將仁賢天皇的女兒手白香皇女嫁給他，藉此將天下交給袁本杼。

《日本書紀》也將繼體大王視為「譽田天皇」也就是應神天皇的「五世孫」。不過，《日本書紀》還提到繼體大王的父親為彥主人王，母親為振媛，甚至連誕生與即位的過程都詳細記述。若以《日本書紀》的內容為準，振媛為「活目天皇」也就是垂仁天皇的「七世孫」，而彥主人王在聽聞振媛容貌極美之後，便從江國高島郡三尾的「別業」派遣使者前往越前的三國坂中井，迎娶振媛為妃。「別業」就是別屋、別墅的意思，所以大本營另有別處。振媛成為王妃之後，生下了繼體，但是彥主人王卻在繼體年幼時過世，所以振媛決定在故鄉養育繼體，便把繼體帶回越前的高向。

關於繼體的系譜可參考《釋日本紀》引用的《上宮記》。《上宮記》明確記載了自凡牟都和希（應神天皇）之後每一代的名字。

根據《日本書紀》的記載，武烈天皇在繼體五十七歲的時候，也就是在武烈八年冬天十二月己亥駕崩，但沒有人可以繼位，大伴大連金村決定讓仲哀天皇的「五世孫」倭彥王就位。由於倭彥王在丹波國桑田郡，所以便派兵前去迎接，沒想到倭彥王看到士兵嚇得逃入山谷，不知去向。到了隔年春天的正月四日，大伴大連金村擁立男大跡王，物部大連麁鹿火、許勢大臣男人都贊成，所以於正月六日，派臣子連前往三國迎接繼體，繼體來到樟葉宮之後，便於樟葉宮即位。當時的繼體五十八歲。

不過，之後又遷至筒城宮（今京都府京田邊市）與弟國宮（今京都府長岡京市），未進入大和，直到即位十九年之後，才進入磐餘玉穗宮（今奈良縣櫻井市）。

有些人對於繼體的系譜和即位過程仍有異議，也有人認為，繼體開創一個全新的王朝。透過與仁賢天皇的女兒手白香皇女成親，可視為延續大王家的香火，但是應神天皇五世孫的身分不足以強化即位的合理性。

《日本書紀》的繼體紀很少提到繼體的對外關係。

六年	割讓任那四縣
七—十年	將己汶、多沙（帶沙）賜給百濟
七年	百濟的淳陀太子死亡
一七年	百濟武寧王死亡
一八年	百濟聖明王即位

二一年　近江毛野臣派往任那任職，磐井之亂失敗
二三年　將加羅的多沙津賜給百濟
加羅、新羅透過婚姻結盟，以及結盟破裂
將近江毛野臣派往安羅
任那王己能末多干岐來朝與派遣使者
新羅上臣攻打任那四邑
二四年　任那使秉報近江毛野臣的問題，將調吉士派至任那
與百濟、近江毛野臣作戰
調吉士從任那回國，批判近江毛野臣
派遣目頰子，召回近江毛野臣，毛野臣於對馬病死
二五年　百濟軍進駐安羅
（分注）　於高麗弒王

大致上就是這些內容。與其說是對外關係，其實僅限於與朝鮮半島的勢力而已。在其二十五年的統治期間，共有十一個年份的內容，其中的內容也有一些關聯性。若從這些內容的份量來看，對外關係的內容比日本列島的內容多，就這層意義而言，當時應該是特別關注對外關係的時期，而且就結果而言，當時的對外關係並不順遂。

其中之一就是「任那四縣割讓」事件。說得更深入一點，就是「任那四縣」這塊土地原本是日本天皇的直轄地（官家），但是百濟要求天皇下賜這塊土地，哆唎國守穗積臣押山也從旁附和，而且連大伴大連金村也贊成，所以天皇便將這塊土地賜給百濟。被任命為傳達此事的使者物部大連麁鹿火因為妻子阻止而辭退使者這項任務，改由他人告知難波館的百濟使者此事。事後知道這件事的繼體之子大兄皇子反對此事，也把自己的意見告訴百濟使者，但百濟使者卻說，你一個皇子怎麼能推翻你的父親，也就是天皇決定的事情呢？便予以拒絕，也就此回國。這也是謠傳大伴大連與穗積臣押山收受百濟賄賂的事件。一如《日本書紀》所述，在過去，日本一直認為日本天皇在朝鮮半島擁有直轄地（官家），所以才認為官家的「任那四縣」在此賜給百濟，但是到了現代之後，許多人懷疑日本天皇在朝鮮半島擁有直轄地這件事情，也覺得這段內容並非史實。《日本書紀》的繼體紀將這段內容放在繼體六年這一節，比繼體七─十年，百濟攻打加耶諸國西北的己汶以及己汶南方的多沙還要早一年，這個順序除了值得我們格外注意，應該也是刻意為之才對。比起攻打位於加耶西北地區的己汶之前，百濟就已經取得四縣之地，也要求天皇割讓四縣之地，換言之，日本這邊希望將這段歷史寫成日本的繼體天皇在百濟進攻己汶之前，就已經將包含己汶的地區割讓給百濟。

百濟主張己汶為自己的領地，同樣地，百濟王也將多沙視為「加羅的多沙津」。就實際情況來看，己汶與多沙都是各自獨立的加耶諸國之一，而且就《日本書紀》的立場來看，兩者都未隸屬於「任那的官家」，所以就這層意義而言，與「任那四縣」的定義明顯不同。比起將「百濟的己汶」與「加羅的多沙津」賜給「百濟」，先形容成將「官家」也就是直轄地的四縣割讓給百濟，是為了維護天皇的國外領土政策觀不得不為的行為。

從這點來看，不一定得承認「任那四縣」是在五一二年成為百濟的領土。事實上，《日本書紀》只是為了聲稱，百濟獲得的地區在五一二年之前，原本都是天皇的直轄地，而且都是由天皇賜給百濟的。其實《日本書紀》的繼體紀有許多配合後代（例如編撰《日本書紀》之際）的國外領土政策觀所撰寫的內容。話雖如此，這些政策無一例外，全以失敗告終，但卻未作任何修改，原封不動地記載下來。在配合國外領土政策觀記錄歷史時，的確很有可能寫成符合自身立場的內容，但這部分卻沒這麼做。話說回來，周邊各國都知道當時的實際情況，要捏造史實也非常困難，而就這層意義來看，繼體紀的分析算是在研究史料編撰過程中，非常有趣的一部分。

其他人物

一、百濟

昆支

？—四七七年。《日本書紀》記為琨支或軍君。《三國史記》將其視為文周王的弟弟，但實際上並非如此，而是文周王的女婿。《日本書紀》引用的《百濟新撰》將昆支視為蓋鹵王的弟弟，武寧王與東城王都是他的兒子。在昆支前往倭國之前，適稽女郎（池津媛）以采女的身分被送往倭國，卻與石河楯私通，最後被燒死，昆支則是替代適稽女郎的人。在前往倭國的途中，武寧王出生，等到昆支抵達倭國之後，又生了東城王與其他四個兒子。四七五年，百濟的王都漢城被高句麗攻陷，兄長蓋鹵王也被殺。岳父文周王打算中興百濟時，急忙回國的昆支擔任內臣佐平，輔佐岳父中興百濟，最終卻於四七七年死亡。與昆支一起來到倭國的隨從在昆支回國後，於「近飛鳥」（河內飛鳥，今大阪府羽曳野市地區）定居，所以此地的飛鳥戶神社也祭祀昆支。

東城王

？—五〇二年左右。百濟第二十四代君王，昆支的兒子。又稱末多王，中國史書稱其為牟大，是武寧王同父異母的弟弟。昆支共有六個兒子，而東城王為次子。母親很可能是文周王（牟都）的女兒，出生於倭國。《日本書紀》提到，雄略天皇曾派遣筑紫國士兵五百人護送東城王回國即位，但其實是東城王的祖父幫助他登基。目前公州丹芝里有二十四座橫穴墓正在調查（公州扶餘地區也有橫穴墓），但橫穴墓較常於北九州發現，公州與北九州或許有一些關聯。也有意見指出，這或許是當時士兵的墳墓。東城王即位後，攻打全羅南道的馬韓殘黨，將這一帶納入百濟的版圖。四九〇年，東城王派遣使者前往南齊，自稱為臣的同時，要求南齊將都漢王、阿錯王、邁盧王、弗斯侯這些稱號封給自己，四九五年又要求邁羅王、辟中王、弗中侯、面中侯這些稱號。由於這些稱號都是全羅道的地名，代表東城王是要南齊承認這些地區為百濟的領土。東城王最後被擔任衛士佐平的苩加所殺，因為百姓認為他殘暴無道，而擁立了武寧王。

淳陀太子

?—五一三年。淳陀太子為武寧王之子，生於倭國，死於倭國。《日本書紀》繼體紀七年（五一三年）八月戊申一節提到「百濟太子淳陀薨」。兩百多年之後，桓武天皇的生母高野新笠於七八九年過世，而《續日本紀》的薨傳提到，新笠為和乙繼的女兒，先祖為「百濟武寧王之子純陀太子」。關於和氏是否為武寧王的血脈，這點尚有待澄清，但純陀應該是武寧王之子沒錯，淳陀就是純陀，「太子」也相當於王子，所以純陀太子很有可能就是武寧王的王子。

威德王

?—五九八年。百濟的第二十七代君王，也是聖王的長子。名字為昌，《日本書紀》記為餘昌，五五四—五九八年在位。父親聖王為了對抗新羅，於五五四年的管山城之戰戰死，但其實是為了幫助王子昌而死。《日本書紀》提到餘昌最初想要出家，所以晚了三年才即位。當時餘昌為了替聖王祈求冥福建造了陵寺，而從這座陵寺出土的舍利龕的銘寫了「百濟昌王十三季太歲在／丁亥妹兄公主供養舍利」，所以即位年被定為五五四年。這座寺的正式名稱不詳，但位於父王陵墓附近，所以具有陵寺的色彩。此外，也為了祈求王子的冥福而建造了王興寺，而在出土的舍利容器之中，可以發現昌王（威德王）的年代是從五五四年起算，換言之，威德王是於父親死後立刻即位。這場威德王的父親戰死的戰役，最終由新羅拿下勝利，新羅也於西海岸獲得港口，開始與中國頻繁來往，派遣使者前往北朝的北齊與南朝的陳。儘管慢了新羅一步，百濟也為了與新羅抗衡，而與北齊、南朝陳來往。威德王從北齊獲得都督東青州諸軍事、東青州刺史這種前所未有的稱號。等到隋朝成立（五八一年），威德王也派遣使者前往隋朝。據說日本飛鳥寺的原型就是王興寺，實際上，百濟也派工人前往倭國，直接參與飛鳥寺的建造。

武王

?—六四一年。百濟的第三十代君王。六〇〇—六四一年在位。是前一任國王法王的兒子。聖王死後，其子威德王繼位，威德王死後，由弟弟惠王繼位。惠王登基兩年後死去，繼位的是第二十九代的法王。《三國遺事》提到，武王是母親與池龍所生，由於是靠著賣紅薯謀生，所以又被稱為薯童，然而武王聽聞新羅真平王第三王女善花公主貌美，便故意散播謠言中傷公主，讓公主被流放，然後趁虛擄獲公主的心，之後又贈送黃金給新羅，取得真平王的信賴以及人民的期待，之後便繼承王位，但是要把這段故事視為事實仍有問題。由於沒有記錄指出，武王在繼承王位時遇到內亂，所以應該是順利地登上王位，但母親似乎不是正室。武王諱璋，與隋唐交好，也與新羅、高句麗為敵。若從上述的故事來看，武王應該是與新羅保持友好關係，但事實似乎不是如此。武王在王都建造了王興寺，在益山建造了彌勒寺、帝釋寺。益山留有王宮里遺跡這座宮殿遺址。一般認為，這也是武王建造的宮殿，是武王作為離宮使用的地方。為什麼要在益山建造離宮、彌勒寺與帝釋寺，目前沒有任何史料說明，但一般認為，應該是與母親的出身有關。繼位的兒子義慈王為了祈求父王之福，而將這座離宮改建成佛寺（所以又稱為王宮里寺址）。有意見指出，帝釋寺於六三九年被落雷擊中而燒毀，剩下的舍利函與舍利瓶則被收在王宮里寺址的石塔之中。燒好的瓦片、佛像以及建築材料的廢棄場也於寺址附近發現。彌勒寺是善花夫人來到師子寺謁拜時出現了彌勒三尊所建，塔與金堂的組合共有三組，而且三組是並排的，背後則另有一處講堂，算是十分特別的伽藍格局。這座彌勒寺不僅是百濟最大的寺院，也是韓國最大的古代寺廟。至於佛塔的部分，東西兩側的佛塔為石塔，中央的佛塔為木塔，如今只剩下西側的石塔。近年來，在經過解體與縝密的調查之後，已重建佛塔。益山有兩座被譽為雙陵的王陵級墳墓，而在重新挖掘其中規模較大的墳墓（大王墓）時，發現了安置遺骨的木箱，分析遺骨之後，發現應該是六、七十歲的男性遺骨，所以應該可以斷定這是武王的遺骨。

二、高句麗

長壽王

?—四九一年。高句麗的第二十代君主，名字為璉或是巨連。長壽是其諡號，長壽王的確十分長壽，根據《三國史記》的記載，長壽王活到九十八歲，《魏書》或《南齊書》則記載他活到一百多歲才去世。四五一年，使用延壽這個年號（慶州出土的「瑞鳳塚銀合銘」）。他是廣開土王的長子，成功將高句麗的領土擴張至最大，帶領高句麗進入全盛時期。在不斷推動南下政策之後，於四二七年遷都平壤，之後也繼續南下，於四七五年攻下百濟的王都漢城。與北燕、北魏、宋、南齊來往，也得到當時中國周邊各國之王最高地位的車騎大將軍。由於十分長壽，兒子又早死，所以由孫子繼位（文咨明王）。

陽原王

？—五五九年。高句麗第二十四代君王，五四五—五五九年在位。是前一任國王安原王的長子。《日本書紀》欽明紀六年（五四五年）根據《百濟本記》指出，高句麗於此時陷入大混亂。安原王共有正夫人、中夫人、小夫人這三位夫人，正夫人膝下無子，中夫人與小夫人的兒子為了繼承王位而引發這場混亂。這段歷史雖然沒有其他的記錄佐證，但應該是事實。最後，中夫人一族獲勝，陽原王也得以即位。在中國北方，北魏分成東西兩部，高句麗派遣使者前往較近的東魏，等到北齊繼承東魏之後，高句麗仍持續派遣使者前往北齊。高句麗於四二七年遷都平壤，而王都位於現今平壤市鎮的東北外。決定將王都移到平壤市鎮之內，也訂立了相關計畫。不過，實際遷都的時間為五八六年。

三、新羅

慈悲王

？—四七九年。新羅的第二十代君王，是前一任國王訥祇王的兒子。四五八—四七九年在位。訥祇王的父親是新羅第十七代君王，也是實際開創金氏嫡系的奈勿王（金氏的第一位國王應該是昔氏助賁王的女婿味鄒王，但未能延續血脈）。母親為第十八代國王實聖王的女兒。妃子是叔叔未斯欣的女兒，兩人算是堂兄妹。未斯欣前往倭國當人質之後，堤上（毛麻利）為了營救未斯欣而前往倭國。最終，未斯欣雖然得以脫逃，但是堤上卻被抓住，還因此被燒死。慈悲王的時代留有許多倭人入侵的記錄。往西越過小白山脈後，建造了三年山城這座城池。

炤知王

？—五〇〇年。新羅的第二十一代君主，也是前一任國王慈悲王的長子，又稱為照知、毗處。四七九—五〇〇年在位。母親為未斯欣的女兒。是以孝順父母聞名的君王。曾與百濟聯手對抗高句麗。雖然佛教是在法興王的時代正式成為國教，但是王室更加接受佛教，炤知王也於王宮設立佛堂。雖然王宮之內也有神宮，但應該只是用來祭祀新羅始祖朴赫居世，之前則都是在始祖廟祭祀。身為金氏國王的炤知王以金氏第一位國王味鄒王為始祖。始祖朝也是金氏的祖廟。炤知王應該是以新羅國國王的身分設立神宮，以便持續祭祀新羅始祖。此外，炤知王也設立了驛站，也就是在主要幹道設定等距的驛站，以及準備馬匹，讓官方文件以及官員能夠更快往返中央與地方，有不少史料都記載了新羅這項驛站制度。不過，在這時候實施驛站制度以及建造官道是非常困難的事情。當時的新羅領土只比原本的斯盧國（新羅國的前身，斯盧與新羅只是不同的國名標記方式）大一點點，若從日後的新羅全境來看，驛站制度應該只限於局部地區。

法興王

？—五四〇年。法興王是新羅第二十三代君王，也是第二十二代智證王的兒子。制定了新羅特有的官制與服制，設立了上大等這個最高官職，為新羅日後的發展奠定基礎。儘管王室已經接受了佛教，但是佛教在眾臣的反對之下，遲遲無法成為國教，不過在殉教者異次頓的協助之下，佛教總算成為國教，也總算蓋了具有伽藍的興輪寺（於真興王時代完成）。法興王的「法興」就是源自讓佛法興隆的意思。王妃也出家，住在興輪寺附近的永興寺。

曾與百濟使者一起前往梁朝，後於五二一年，派遣使者前往梁朝。這次與中國之間的往來可說是隔了一百四十年之久。與大加耶聯手後，開始入侵加耶南部，也應大加耶王的要求，將王女（或是貴族的女兒）嫁給大加耶王，兩國透過聯姻的方式締結同盟。殲滅加耶南部的金官國、卓淳國與其他國家之後，法興王將真骨身分與金姓賜給來到王都的金官國最後一位國王（仇亥），並且讓他住在王都。雖說這是特別的待遇，但也是為了讓日後的入侵更加順利的策略。至於與大加耶之間的關係，由於讓王女的隨從穿上新制定的新羅服制的官服而與大加耶產生對立，雙方的同盟關係也因此破裂，最後甚至互相交戰。在加耶南部這邊，也與進駐安羅的百濟形成僵局。據說王陵位於哀公寺北邊，仙桃山的東邊（現在的王陵在南側）。最後由弟弟立宗的兒子（也是女兒之子）真興王繼位。

異斯夫

生卒年不詳。異斯夫是新羅的將軍，在智證王、法興王、真興王的時代，總是站在擴大領土的第一線。五〇五年，擔任悉直州（三陟）軍主，五一二年擔任何瑟羅州（江陵）軍主，進攻于山國（鬱陵島）。這個時期的州還不是行政區域，只是軍團的據點，而州長官為軍主，異斯夫則是第一位軍主。這些州是沿著東海岸北上時的前線，所以配置異斯夫的軍團，讓這些州慢慢新羅化。異斯夫在法興王時代是進攻金官國的核心人物，《日本書紀》將其記為「上臣伊叱夫禮智干岐」（禮智是人名的敬稱語尾，干岐是稱號。所以名字為伊叱夫，也就是異斯夫的另一種標記方式）。「上臣」為上大等的別名。每個朝代只會有一位相當於最高官職的上大等，而這個官職可代表貴族，輔佐與抑制王權。沒有明文記載異斯夫擔任了上大等這個官職，而且也有記錄指出哲夫於此時擔任了上大等的官職，所以異斯夫應該擔任了適合他身分的官職才對。異斯夫不僅是武官，更是文官與武官之首。

此外，異斯夫也稱為苔宗或伊宗。「苔」的訓讀為「iki」，「伊」的讀音為「i」，「夫」與「宗」是同義，所以異斯夫、伊叱夫、苔宗、伊宗都是同一個人的名字，只是以不同的文字標記而已。《三國史記》卷四十四有異斯夫傳，但是將異斯夫記為金氏族人，奈物王的四世孫，而《三國遺事》卻將他記為朴氏。異斯夫在真興王時代成為兵部令，曾與高句麗、百濟交戰，還滅了大加耶國（五六二年）。站在軍政頂點超過五十年，也曾奏請編撰國史，並實現了編撰國史的願望。

斯多含

生卒年不詳。如果暫時忽略《花郎世紀》的記載，斯多含是有記錄以來的第一位花郎，據說是奈物王的七世孫。《三國史記》卷四十四有關於他的傳記。他身邊的花郎徒約有一千人。在真興王攻擊大加耶的時候（五六二年），年僅十五、六歲的他便在戰場上大展身手。雖然後來在論功行賞時得到人才與土地，卻在接受之後放棄。曾與身為武官的朋友約定，武官死後七日，自己也會跟著死去，最終武官病死，斯多含也依照約定，於七日之後死去。年僅十七歲。

善花公主

生卒年不詳。是新羅第二十六代君主真平王的三女，據說是位絕世美人。長姊是新羅第二十七代君主，也是新羅第一位女王善德王，二姊名為天明，嫁給第二十五代真智王之子金龍春（龍樹），生下了金春秋（日後的第二十九代的武烈王）。與她相關的傳承（《三國遺事．卷二．武王》）提到，她與在王都賣紅薯的薯童成親後，前往百濟，而薯童成為百濟王（第三十代的武王），她也成為百濟王的妃子。與武王一起前往師子寺巡視時，大池突然出現彌勒三尊，便要求武王建造大伽藍，武王便建造了彌勒寺。拆解彌勒寺址西塔之後，發現了舍利孔，而藏在舍利孔之中的金板寫著「彌勒寺西塔舍利函出土金製舍利奉安記」，也記載了武王的王后為沙宅積德之女，以及發願建塔之事，這也讓上述的傳承遭到質疑，不過有人指出，善花早死，所以武王有可能續弦，娶了沙宅積德的女兒。

四、加耶諸國、倭國

嘉悉王

生卒年不詳。應該是四七〇年至五〇〇年之間的大加耶國王，也記為嘉實王，也就是《南齊書》的荷知。大加耶並非專有名詞，而是一種尊稱，意思是「大的加耶」，後期的大加耶就都是尊稱（前期為金官國）。大加耶位於現今慶尚北道高靈郡，專有名詞為伴跛。為了對抗來自百濟的壓力，曾糾合西北一帶的加耶諸國共組同盟，也成為這個同盟的盟主。我將這個同盟稱為大加耶同盟。雖然加耶諸國沒有全部團結起來，但這樣的同盟曾出現很多個，其中實力最強並留到最後的就是大加耶同盟。一手促成同盟的嘉悉王為了加強同盟的向心力而使用了音樂。四七九年，在加耶諸國之中，嘉悉王是唯一一位派遣使者前往中國王朝的君王。出使地為南朝齊，也因此被南齊冊封為輔國將軍與加羅國王。應該是在這時候帶回十二弦的古箏，之後再根據這個古箏發明了以羊耳形狀箏尾（固定琴弦的部分）為特徵的十二弦琴，此琴又稱為加耶琴，之後又請來同盟國成員之一，善於音樂的于勒作曲。舉辦同盟大會時，也讓于勒演奏了加耶琴。

異腦王

生卒年不詳。大加耶的君王，曾於五二二年向新羅求親，結成同盟關係。不過這個姻親關係在幾年之後，便因新羅引發的變服事件決裂。所謂變服事件就是王女的隨從來到大加耶之後，仍依照新羅新制定的服制穿著新羅的官服，大加耶與新羅因而爆發衝突的事件。其子月光太子為他與新羅王女所生的兒子，很有可能是大加耶最後一位君王道設智王，但沒有明確的記錄。《日本書紀》繼體紀二十三年（五二九年）提到「任那王己能末多干岐」的「己能」應該是「已能」，指的應該就是異腦王。

仇亥

生卒年不詳。位於加耶諸國東南端的金官國除了與倭國保持友好關係，也與西邊的卓淳國及更西方的安羅國組成加耶南部的同盟，還與倭國、百濟結為同盟。金官國在最初的加耶諸國之中，屬於實力相對堅強的國家，也被稱為大加耶，到了五世紀之後，其他的國家也被稱為大加耶，但是加耶諸國之中，只有兩個國家被稱為大加耶。在加耶諸國之中，金官國是歷史最為詳盡的國家，這是因為記錄該國歷史的《駕洛國記》幾乎完整地保留了下來（於《三國遺事》卷二引用）。其中記載了第一代的首露王到第十代君王的世襲系譜，而仇亥就是最後一位君王，又稱為仇衡王。五二〇年代後半，金官國遭受新羅的伊叱夫（異斯夫）攻擊。雖然向倭國求援，但是倭國沒幫上忙，仇亥最終只好投降，並於五三二年與妻子一起移居新羅王都，獲賜真骨身分以及新羅的王姓「金」（又稱為新金氏），並且以本國為食邑。王妃名為桂花，王子則有三位，分別稱為奴宗、武德、武力（世宗、茂得、茂刀），武力的孫子就是在新羅統一三國時大展身手的金庾信。

于勒

生卒年不詳。是加耶琴的作曲家與演奏家。加耶諸國之一的斯二岐國（一般認為是慶尚南道宜寧郡富林）人。應該是出生於四八〇年左右，此時以大加耶國為首的各國聯盟已經成立，而斯二岐國則是其中一員。于勒年紀輕輕就在音樂嶄露頭角，也被大加耶國的嘉悉王召入宮中。嘉悉王命令于勒製作加耶琴的曲子，而于勒也寫了十二首曲子。作為曲子創意來源的十二首歌謠是從大加耶國同盟的十二個國家收集而來，所以新作的十二首曲子也以這十二個國家的名稱命名。這大概是在五〇〇—五一〇年發生的事情。到了五四〇年代後半，大加耶國因為新羅與百濟兩個大國的連番入侵而陷入混亂，此時的大加耶國內部為了應該要投靠新羅或是百濟而產生內訌，最後親百濟派獲勝，大加耶同盟也投靠百濟。親新羅派的于勒與弟子尼文為求平安，流亡至新羅，新羅的真興王也立刻將于勒安置於國原。五五一年，于勒在巡狩娘城的真興王面前首次演奏後，感動不已的真興王命三位新羅人跟于勒學習音樂，于勒教注知（法知）唱歌，教階古彈琴，教萬德跳舞。這三人將十二首曲子濃縮成五曲。于勒一開始非常生氣，但是在聽了這五首曲子之後，感動地流下眼淚，也允許三人在王的面前演奏。此時于勒的祖國（斯二岐國、大加耶國）已經滅亡。聽了三人演奏的真興王覺得與在娘城聽到的曲子一樣美妙而大為歡喜，便獨排眾議，立加耶琴為新羅的國樂。一般認為，于勒在這之後沒多久就死去。在國原的故地忠州有座被稱為彈琴臺的丘陵，也被認為是于勒彈琴的場所。

穗積臣押山

生卒年不詳。是僅出現於《日本書紀》的人物，第一次登場是以「哆唎國守穗積臣押山」這個名字，在繼體紀六年（五一二年）一節出現。這就是所謂的「任那四縣割讓記事」。百濟派遣使者來到倭國，要求天皇賜予「任那國的上哆唎、下哆唎、娑陀、牟婁這四縣」（全羅南道），而穗積臣押山也從一旁附和，大伴大連金村也表示贊成，所以天皇便將這四縣賜給百濟，不過這段歷史未被證實。《日本書紀》常常會故意將歷史寫成天皇在朝鮮半島擁有「官家」或是據有某種權益，所以才寫成是應百濟的要求，將四縣賜給百濟。這是《日本書紀》的主張，而且一直以來都認為這些歷史是真的。之後，穗積臣押山也以「穗積臣押山」之名於繼體紀七年六月一節出現，後來又於繼體紀二十三年三月一節以「下哆唎國守穗積押山臣」一名出現。這兩段也都是將己汶、多沙（位於西北的加耶國）的權益賜給百濟的內容，而且都記載了穗積臣押山從旁附議的場面。不難想像，穗積臣押山是真實存在的人物，而且負責與哆唎地區的交涉。

阿賢移那斯

生卒年不詳。阿賢移那斯是倭系安羅人，也擔任了倭國的使節。五三〇年代，被派往安羅的倭國使節團在當地被錄用為官員。阿賢移那斯是只出現於《日本書紀》欽明紀的人物。與佐魯麻都都是韓國人所生，換言之，母親是韓國人（應該是安羅人），也在安羅的要求下，與新羅來往。《日本書紀》顯宗紀三年一節提到被百濟所殺的「任那的左（佐）魯那奇他甲背」與欽明紀五年一節引用的《百濟本記》所提到的「那干陀甲背」是同一人，被視為阿賢移那斯的祖父，加臘直岐甲背或是鷹歌岐彌（也有其實是同一位人物的說法）則是父親。也有河內直為同父異母哥哥的說法。當百濟發現，自四世紀後半以來保持友好關係的安羅倒向新羅之後，便產生了危機意識，也打算排斥阿賢移那斯與佐魯麻都，但最終卻失敗。

欽明大王

五〇九？—五七一年。繼體的兒子，母親為仁賢之女手白香皇女。繼體死後，長子安閒、次子宣化繼位，但兩位天皇都十分短命，所以五三九年，三十歲的嫡子欽明總算得以即位。

欽明大王的治世維持了三十二年之久，時期幾乎與新羅的真興王重疊。換言之，這與加耶的動向息息相關，從頭到尾都必須面對新羅的真興王。欽明大王即位之後（五四一、五四四年），百濟為了留住逐漸靠向新羅的安羅而召開了「任那復興會議」，欽明大王也派遣了使者前往參加會議。一直以來，倭國與安羅的關係就比百濟更加親近，所以便於現場支持安羅的想法，也因此與百濟對立。為此，百濟也想將倭國派來的使臣團「任那日本府」趕出會議，但是欽明大王反而派遣津守連，要求百濟排除在侵略過程中於下韓地區設置的郡令與城主。儘管這場會議最終什麼也沒有決定，但是安羅過沒多久就投降新羅。

儘管欽明大王在這場「任那復興會議」支持安羅並與百濟對立，但這純粹是根據自古以來，以安羅為首的加耶南部諸國比百濟優先的外交方針所做的決定，不是故意與百濟對立。百濟自武寧王的時代開始，就不斷將先進的學術與文物輸出至倭國，藉此與倭國交換兵力，而且在任那復興會議之後，這類交易仍然繼續，比方說，五四三年，百濟將那些透過南朝梁取得的扶南（高棉族國家）的財物送往倭國，五四七年，將人（下部的東城子言，但沒有說明此人有什麼技能）送給倭國，之後又於五五三年將醫博士、易博士、曆博士送給倭國，以及在五五四年將五經博士、僧侶、易博士、曆博士、醫博士、採藥師、樂人送給倭國，其中一環則是於五五二年，將一尊釋迦佛陀的銅像、一些幡蓋（佛教的道具）、若干經書送給倭國，儘管未及載明，但應該也一併將僧侶送給倭國。這就是佛教傳入倭國的過程。《元興寺伽藍緣起並流記資財帳》、《上宮聖德法王帝說》將佛教傳入倭國的年份定為五三八年，但關於佛教傳入倭國的年份仍眾說紛紜（也有從其他史料算出五四八年之說），但五三八年為百濟遷都泗沘的年份，應該不會要求兵力，而五五二年的前一年，則是百濟從高句麗手中奪回的舊都漢城被新羅奪走的年份，之後，百濟與新羅也不斷交戰，聖王也於此役戰死（五五四年）。換言之，百濟與新羅陷入緊繃狀態的年份是五五二年，所以這一年應該比較需要透過上述的交換向倭國要求兵力。

由此可知，欽明是接受佛教的大王（就算佛教是於五三八年傳入日本，隔年即位的欽明當然也是第一位面對佛教的大王）。雖然欽明大王對於佛教傳入倭國這件事又驚又喜，但在物部大連尾輿的反對之下，將佛像送給蘇我大臣稻目。由於之後爆發了瘟疫，所以佛像被丟在難波的堀江。等到蘇我馬子殲滅物部氏，佛法興隆派得到勝利之後，佛教才於倭國普及。

欽明大王除了繼承繼體的路線，與百濟維持關係之外，新羅也不時派遣使者來到倭國，更重要的是，欽明大王晚年，高句麗首次派遣使者來到倭國。雖然第一次派遣的使者是於五七〇年，漂流到越（石川）的海岸，但之後的確與高句麗建立了外交關係。不過，來到京城的高句麗使者未能見到臥病在床的欽明，直到敏達天皇的時代，才總算能夠接見高句麗的使者。

注釋

1. 與《百濟記》、《百濟本記》合稱百濟三書。除了被《日本書紀》引用之外（《百濟記》被引用五次，《百濟新撰》被引用三次，《百濟本記》被引用十八次。也包含未提及書名的引用），未見其他的引用。一般認為，百濟三書應該是在百濟滅亡之後，流亡至倭國的百濟王族與貴族根據自國史料上呈日本政府的史書，這些史料也在《日本書紀》成為核心內容，更是研究百濟史的重要史料。參考田中俊明，〈《日本書紀》朝鮮關係記事與百濟三書〉，《京都產業大學日本文化研究所紀要》二六（二〇二一年）。
2. 詳盡介紹花郎制度的書籍為《花郎世記》。這是聖德王時代（七〇二—七三七年）金大問的著作，《三國史記》只保留了簡單的佚文。不過，一九八九年，《花郎世記》的手抄本於釜山發現（書名為《花郎世紀》），一九九五年又發現份量更多的手抄本，所以前者被認為是摘要的版本）。這是由日本宮內省圖書寮委託調查朝鮮典故的朴昌和手抄的版本，但原本已經佚失。不過，有人懷疑手抄本的真偽，我也認為手抄本不能盡信。這本《花郎世紀》手抄本提到，花郎制度是從法興王的時代開始的。

參考文獻

池內宏，《滿鮮史研究　上世第二冊》，吉川弘文館，一九六〇年

稻田奈津子，〈殯宮の立地と葬地——艇止山遺跡の評価をめぐって（殯宮位置與葬地——關於艇止山遺跡的評價）〉，《東京大學日本史學研究室紀要》二一，二〇一七年

今西龍，《新羅史研究》，近澤書店，一九三三年

大橋信彌，《継体天皇と即位の謎（繼體天皇與即位之謎）》，吉川弘文館，二〇〇七年

小田富士雄，《古代九州と東アジアⅠ（古代九州與東亞Ⅰ）》，同成社，二〇一二年

輕部慈恩，《百済遺跡の研究（百濟遺跡的研究）》，吉川弘文館，一九七一年

末松保和，《新羅史の諸問題（新羅史的各種問題）》，東洋文庫，一九五四年

住野勉一，《継体王朝成立論序説（繼體王朝成立論序說）》，和泉書院，二〇〇七年

高槻市教育委員會編，《継体天皇の時代（繼體天皇的時代）》，吉川弘文館，二〇〇八年

武田幸男，《新羅中古期の史的研究（新羅中古期的歷史研究）》，勉誠出版，二〇二〇年

田中俊明，《大加耶連盟の興亡と「任那」（大加耶同盟的興亡與「任那」）》，吉川弘文館，一九九二年
田中俊明，〈百済文周王系の登場と武寧王（百濟文周王系的登場與武寧王）〉，《有光教一先生白壽記念論叢：高麗美術館研究紀要》五，二〇〇六年
田中俊明，〈百済武寧王をめぐるいくつかの問題（關於百濟武寧王的諸多問題）〉，《朝鮮史研究會論文集》五九，二〇二一年
水谷千秋，《継体天皇と古代の王権（繼體天皇與古代王權）》，和泉書院，一九九九年
권오영（權五榮），《고대 동아시아문명 교류사의 빛 무령왕릉（古代東亞文明交流史之光 武寧王陵）》，돌베개，二〇〇五年
노용필（盧鏞弼），《新羅真興王巡狩碑研究》，一潮閣，一九九六年
田中俊明，〈いわゆる「任那４県割讓」記事の新解釈（所謂「任那４縣割讓」記事的新解釋）〉，石門李基東教授停年紀念論叢刊行委員會編，《한국 고대사 연구의 현단계（韓國古代史研究）》，주류성출판사，二〇〇九年
岡内三真，〈百済・武寧王陵と南朝墓の比較研究（百濟・武寧王陵與南朝墓的比較研究）〉，《百濟研究》一一，一九八〇年

第九章 倭國的文明化與六—七世紀的東亞
——廏戸王子的終點

河內春人

前言

有一位名為「聖德太子」的人物，他的事跡在死後很快就化為傳說，所有與他有關的史料都虛無飄渺，無從判讀何處為史實，何處又是小說。有些人對他抱持肯定，認為他是優秀的人物，有些人卻否定他的一切，認為他根本不存在。這位人物的評價就如在兩極之間擺盪的鐘擺。

就算想要了解他是怎麼樣的人，他那超凡與精彩的事跡總讓人捉摸不定。聽說聖德太子曾同時傾聽十個人的控訴。十人這個數字是撰成於七二〇年的《日本書紀》（以下簡稱《書紀》）推古元年（五九三年）四月己卯（以下月日皆為陰曆）記載的內容，從七世紀之後慢慢撰寫，直到九世紀才出現現行本的《上宮聖德法王帝說》（以下簡稱《帝說》）則記載為八人，在數字上有所出入。在古代「八」有為數眾多的意思（例如日文的「八百萬」），此外，和歌之中的「八隅知」則是與天皇有關的特殊枕詞，所以「八」又是象徵王權的神聖數字。《帝說》也提到，聖德太子能夠舉一反八。《帝說》的「八人」有「一大群人」的意思，而且也是象徵王權神聖性的數字。簡單來說，這個舉一反八的故事除了暗示聖德太子是一位非常特殊的人物，也是一位賢明之人，更主張聖德太子是足以代表當時王權的人物，除此之外，沒有別的意思。到了《書紀》之後，人數便從八人增加至十人。

這個賢明、王權象徵的人物形象很早就奠定，而且在進入現代之前就已經普及，所以聖德太子在眾人心目中的形象，往往超過史料所記載的內容。比方說，有些人以為聖德太子曾經成為大王。前面也提到，有些人認為聖德太子是虛構的人物。那麼，這些見解到底正不正確呢？

虛構與實際存在

聖德太子的真名至今尚未釐清。最早提及「聖德太子」這個稱呼的是八世紀中葉寫成的漢詩集《懷風藻》。基本史料的《書紀》則以廄戶皇子、豐聰耳皇子、法大王（法主王）以及其他的稱號稱呼聖德太子。除此之外，還有上宮之廄戶豐聰耳命（《古事記》）、上宮王（《法華義疏》）、上宮太子聖德皇（法起寺塔露盤銘）、聖王（《帝說》）這類稱號，所以連他在世時的名字都很難確定。

不過，這種不是真名的稱號諸多分歧的情況並不罕見。不直呼名諱，只以稱呼喚之的情況在歷史上很常見，而且不限於古代，許多人也會依照對方與自己的關係，使用不同的名字稱呼對方。想必聖德太子的情況也是如此，比方說，佛教人士將其稱為法王（法為佛教的意思）或聖王；王族以及其他與政治有關的人物稱其為廄戶；不想直呼名諱，只以居住地稱呼他的人會稱其為上宮；為了在他死後表達敬意的人則稱其為豐聰耳或是聖德。換言之，「聖德太子」的確是當時人們認知的人物，並非虛構的人物。

接著要再聊一點有關稱號的事情。在上述這些稱號之中，最接近真名的應該是「廄戶」，但連這個稱號都充滿了謎團。根據《書紀》的記載，他的母親穴穗部間人皇女是於馬廄生下他。在馬廄誕生這件事，不禁讓人聯想到基督的誕生。有人（久米邦武）認為這是因為基督於馬廄誕生的故事傳至東亞，所以才將這個故事套在聖德太子身上。儘管基督教在現代是普及全世界的宗教，但是在七世紀前半期之前，都還未傳入東亞。就算繼續往前回溯，當時的中國除了佛教之外，還有瑣羅亞斯德教、摩尼教及其他來自西方的宗教，基督教（聶斯托留派教會，傳入中國之後稱為景教）不過是其中之一而已，實在很難想像當時的人會刻意從陌生的宗教引用故事。廄戶王子與基督的故事之間雖然沒有半點浪漫，卻充滿了偶然。此外，《書紀》將聖德太子的出生場所記為「馬官」，也就是管理馬匹的行政機構。將行政機構記為「官」這點可回溯至七世紀前半期。如此一來便不難發現，這段記錄並非奈良時代的編者所捏造，只是編者在編撰《書紀》的時候，引用了更早以前的傳承。

廄戶王子也被記為「法大王」。要注意的是，這裡的「大王」不是君主的意思，而是具有政治實力的王族。廄戶死後，他的王妃橘大女郎（位奈部橘王）為了緬懷他，曾命人繡製天壽國繡帳，而這個繡帳繡了一段銘文，銘文的前半段是廄戶與橘大女郎的系譜，後半段則是繡帳的製作過程，其中將推古之子尾治王記為「尾治大王」。《帝說》也將廄戶之子山背大兄記為「尻大王」。此外，「大王」這個稱號也是王族身邊的人，為了表達敬意所使用的稱呼。總之，「大王」不是由法律或制度制定的地位，反過來說，廄戶王子肯定是足以被稱為「大王」的實力派人物。

根據形象繪製的肖像

接著想提一下肖像的問題。儘管現在的日幣萬元紙鈔人像是福澤諭吉，但提到「聖德太子」，大部分人都會直接想到日幣的肖像。這張肖像是皇室收藏品聖德太子二王子像，也就是唐本御影。

近年興起一股重新檢視歷史人物肖像畫的風潮，也發現源賴朝、足利尊氏、武田信玄以及其他歷史人物的肖像畫都是誤植，「聖德太子」當然也不例外，從唐本御影的裱裝可以看到類似「川原寺」的墨跡，才出現川原寺的御影移至法隆寺，然後這幅御影被認定為聖德太子肖像的說法。不過後續的研究發現，這只是繡在裱裝上的銀線看起來很像是文字而已，所以雖然無法確定這幅御影就是「聖德太子」的肖像，卻也無法確定是別人的肖像。

因此讓我們從不同的觀點思考。唐本御影除了中央的人物之外，左右兩旁還配有侍衛。不難想像，這是符合中國風格的肖像畫。早在南朝梁的「職貢圖」（繪製於五三九年左右）之中，虜國（或是北魏）的部分就是這種風格，唐代畫家閻立本（六〇一—六七三年）繪製的「歷代帝王圖卷」也多屬這種風格。一般認為，唐本御影是八世紀繪成的作品，但應該還是與中國肖像畫的風格吻合。假設推論屬實，那麼位於中央的這位人物肯定身分尊貴，但是從服裝或配飾來看，又不可能是天皇的打扮。從中央的貴人既非天皇，但是地位足以與天皇匹敵這點，以及在八世紀繪成這點，將中央這位貴人視為聖德太子應該沒有問題。不過，這幅御影是在八世紀，太子信仰形成之後才繪製的作品，所以畫中的人物應該不是廄戶王子的真實樣貌。

隨著時代過去，「聖德太子」逐漸被神格化。儘管聖德太子在《書紀》被譽為聖人，但到了中世紀之後，淨土真宗祖師親鸞於《正像末和讚》將聖德太子稱為「和國教主」，聖德太子就此被尊為日本佛教始祖。到了江戶時代之後，開始有人反對過度重視佛教的文化，也開始有人批評「聖德太子」信仰。後面也會提到的是，《書紀》之中的廄戶王子絕不是只在佛教提及的人物，只不過聖德太子在近世被視為象徵佛教的人物，才會被儒學者或是國學者視為批判的對象。話雖如此，這只是少部分知識分子的言論，社會大眾還是將聖德太子視為佛教的聖人，這種共識依舊無可撼動，但也因為如此，史實之中的廄戶王子也漸漸消失。

前面提過，我們很難確定聖德太子個人的事跡，他的真實樣貌也如幻影般朦朧。不過，這不代表否定聖德太子的存在。話說回來，也不能就此作出結論。必須先研究聖德太子在當時的社會扮演何種角色，以及完成了什麼事情，聖德太子的樣貌才會更加清晰。

與稱號有關的補述

話說回來，聖德太子的時代還沒有「天皇」這個稱號（一說認為，推古朝已有天皇稱號），也沒有與天皇有關的稱號（例如「皇后」或「皇子」）。因此將廄戶記為「皇子」恐怕會讓人對時代背景產生誤會。比方說，《書紀》將廄戶的母親穴穗部間人的王族稱號記為「皇女」，但在《帝說》記為「王」，若是從當時的時代背景來看，本章除了引用之外，不會使用「皇」這種推古期的王族稱號。此外，在稱呼大王與身分地位較高的王族配偶時，會使用「后」與「妃」，但在當時，兩者的用法沒有明確的界線，不同的史料有不同的稱呼。王族稱號的劃分系統（例如皇子、皇女、親王、內親王）一直要到七世紀後半之後才正式導入，比方說，額田王就是其中一例，《書紀》的標記方式只能說是反映了編撰當時的政治傾向。為免招致誤會，本章一律統一稱為「妃」（kisaki）。此外，「聖德太子」是充滿佛教特色的稱呼，所以除了後世的稱呼之外，盡可能不使用這個稱呼，還請各位讀者諒解。

廄戶王子（五七四—六二二年）

一、生平

根據《帝說》的記載，廄戶王子誕生於甲午年（五七四年）。另一方面，《書紀》的記載如下。

> 母親於妊娠時，為了監督宮中的役所而四處巡視。於馬官撞到馬廄的門之後，突然出現分娩的感覺，之後毫無陣痛生下小孩。王子一出生就會說話，展現天縱英明的一面。

實際上，廄戶王子到底是否在馬廄誕生，目前未有定論，至於母親沒有陣痛就生下他，算是誕生怪譚的一種，為的是象徵廄戶王子的非凡性。雖然這是較早出現的傳說，但還是不該與史實混為一談。

廄戶王子的父親為用明大王，母親是穴穗部間人王。用明大王的父親為欽明大王，母親則是蘇我稻目的女兒堅鹽媛。穴穗部間人王的父親為欽明，母親為堅鹽媛的妹妹小姊君。

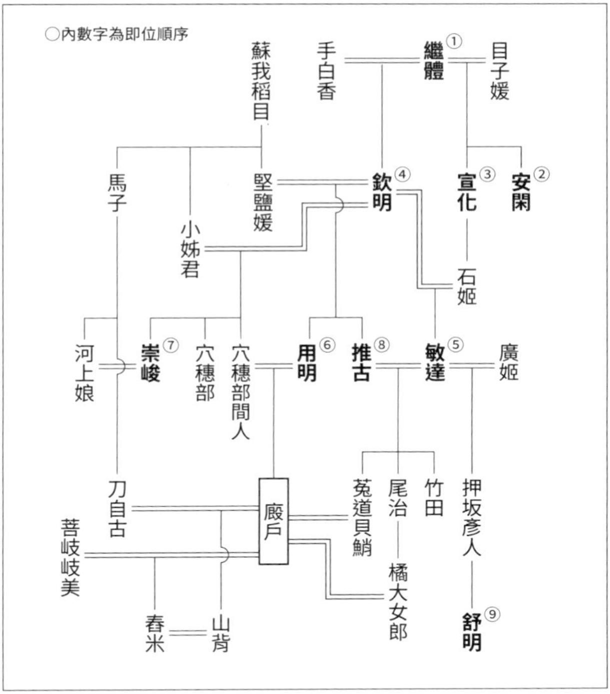

六至七世紀倭國王族世系略圖

換言之，廄戶王子的父母是同父異母的兄妹。根據《書紀》的記載，欽明共有二十五個小孩。之所以會生下這麼多小孩，並非欽明的個性所致，而是為了因應當時的王權所面臨的問題。欽明之父繼體大王為了只讓實力堅強的王族繼承王位，創立了大兄制，藉此讓自己的子孫世襲王位。據說繼承繼體王位的安閑膝下無子，但這點仍未得到史料證實。真要說的話，繼體本身也是在仁德王統斷絕之後即位。當時都是在大王死後才挑選繼位之人，所以都會出現一段王位空懸的時期，政局也因此動盪。對於繼承這種體制的欽明來說，只有多生幾個小孩，才能克服王統斷絕的恐懼。不過，子女一多，就會出現其他的問題，例如王室的財產就會越分越散。同父異母的兄妹結婚，可說是重新集中王室財產的手段之一。

另一個值得注意的重點就是蘇我一族出現王妃這件事。在宣化朝登場的蘇我稻目讓女兒成為王妃之後，便躋身權力中樞。用明之所以在即位之前被稱為「大兄皇子」，是希望用明能在世襲王權與蘇我之間搭起橋梁。廄戶王子就是在繼承如此血統之下出生，廄戶王子的未來也因此成為定局。

《帝說》記載了一個在廄戶王子登上歷史舞臺之前，年紀尚輕時的小故事。

> 上宮王以高句麗的慧慈法師為師，悟得涅槃常住、五種佛性的真理，了解法華三車、權實二智的宗旨，明白維摩不可思議解脫的道理，還找出經部與薩婆多的差異，此外，也還了解三玄五經的奧妙，以及天文地理的運行之道。

這段敘述充滿了佛教在當時的動向。乍看之下，「天文地理」似乎與佛教毫無關係，但《書紀》有段百濟僧觀勒帶來天文地理書的記載。由此可知，這部分是從佛教的觀點重新詮釋觀勒事跡的記載，也是意在替「聖德太子」信仰增色的例子。

不過，《書紀》的相關記載卻有些出入。

向高句麗僧慧慈學習內教（佛教），向博士覺哿學習外典（儒教），兩邊皆通曉。

這段記載特地提及廄戶同時學習了佛教與儒教，但是《帝說》卻未提及廄戶與儒教的任何關聯，而且特別強調了廄戶與佛教的關係。一般認為，《帝說》的內容主要來自七世紀的舊史料，以及廄戶死後出現的太子信仰，反觀《書紀》則是在字裡行間暗示廄戶之所以如此賢明，與通曉佛教與儒教有關。從當時的倭國來看，廄戶——「聖德太子」對於佛教的理解的確是出類拔萃，而且隨著時代變遷，廄戶也逐漸成為那個與佛教緊密結合的「聖德太子」，而在這個過程之中，廄戶身上的非佛教元素也漸漸淡化。

我們不該只從佛教的角度了解當時的文明發展，也不該只從佛教的觀點評估廄戶王子。《書紀》之所以特別提到廄戶同時學習了佛教與儒教，想必是知道倭國在邁向文明之際，絕對少不了佛教與儒教。反過來說，在《書紀》尚未編撰完成的時候，廄戶王子還未成為專屬佛教的存在，太子信仰也還沒完全成形。

要想了解廄戶王子，就必須了解七世紀初期，以廄戶為象徵的倭國文明化過程。因此讓我們試著以俯瞰全局的角度，了解倭國文明化的歷史過程。

二、接受中國文明

中國文明傳入

被譽為中國文明瑰寶的儒教究竟是何時為倭國所接受的呢？應該可以回溯到很久遠的時代。根據《後漢書．倭傳》記載，建武中元二年（五七年），奴國朝貢之際，奴國使者自稱大夫。大夫是中國的身分，儒教也有嚴格的規定。由此可以推論，在一世紀的時候，倭人就已經稍微了解儒教，也是基於這點理解與中國交流。

《漢書．地理志》的「樂浪海中有倭人，分為百餘國，以歲時來獻見云」，這段內容在倭國與中國的交流歷史之中，是最初也是最具可信度的記錄。西元前一〇九年，漢武帝進攻朝鮮半島後，隔年設置朝鮮四郡（樂浪、玄菟、真番、臨屯）。中國王朝在朝鮮半島設置行政機關，為的是與周邊各國接觸，倭人當然也不例外。「以歲時」的意思是定期交流，在考古學方面，從原之辻遺跡（壹岐）出土的樂浪土器也暗示當時的倭國與中國王朝曾頻繁地交流。當倭人定期來到樂浪郡，以及樂浪郡的使者定期前往倭國，倭國便斷斷續續地了解中國文化基礎的儒教，於西元五七年自稱「大夫」便是定期交流的成果。

話說回來，現代仍不知道當時的倭國到底對儒教有多少理解。近年來，在彌生時代的遺跡找到了硯臺。硯臺可說是接受了文字書寫文化的表徵，也代表在當時，書寫文字仍是一種特殊的技術。儘管在卑彌呼的時代之前，中國王朝於朝鮮半島設置的樂浪郡、帶方郡（二〇四年，將樂浪郡南部分割出去而設置的郡）在東亞一帶發揮強大的政治統制力，倭國卻還沒接受中國王朝的學術。

一般認為，中國文明是在四世紀之初廣泛傳入東亞各國。當時的中國正是西晉於二六五年接受魏國禪讓，並於二八〇年滅掉吳國、統一中國的時期。不過後來發生了內訌，並於三〇〇年演變成八王之亂，西晉王朝就失去統制力，被稱為五胡的周邊異族也趁機流入，最後，匈奴於三一一年占領中原。這場動亂也根據當時的年號被稱為永嘉之亂。此外，這裡最引人注目的是，帶著匈奴走向強大的劉淵因為這場永嘉之亂而通曉儒教的經書以及《孫子》這類兵書。再者，在永嘉之亂扮演匈奴要角的劉曜也相當重視中國文化，甚至設立了太學與小學。身為遊牧民族匈奴一員的劉淵或劉曜之所以將「劉」這個中國姓氏當作自己的姓，是因為曾與漢朝宗室劉氏通婚。採用中國社會的姓，沿用過去的淵源進軍中國。以中國的名字自稱代表了解中國文化與中國的統治方式。在三國到西晉這段時代裡，中國的學術早已不只是中國的東西，周邊民族的領袖也已了解中國的文化。就這層意義而言，西晉的衰退不代表中國文化的沒落，反而讓周邊各國的文化水準與中國的水準接近。

不論如何，西晉的衰退的確波及了東亞。兩次大混亂讓中國無力再於東亞擁有據點，高句麗趁隙南下，樂浪郡與帶方郡也於三一四年左右失守，這讓兩郡的中國官僚，也就是中國的知識分子四處流亡。四世紀中葉，馬韓諸國之一的伯濟壯大為百濟，辰韓一帶的斯盧也成長為新羅。利用中國文明壯大國家的高句麗與百濟之間也無可避免地爆發衝突。四世紀後半，企圖繼續南下的高句麗被百濟擊退之後，百濟也將在三六九年製作的七支刀送給倭國，並於三七二年向東晉朝貢。在如此積極的外交政策之中，隱約可看到使用漢文的痕跡。百濟之所以能透過漢文與中國王朝交流，全是因為流亡至百濟的中國知識分子。

儘管高句麗的故國原王在與百濟作戰的時候戰死，高句麗還是沒有放棄南下的野心。在故國原王之後繼位的小獸林王重振了國家。有趣的是，記載這位國王致力於發展學術的史料非常多，例如他在三七二年創設了太學，又與隔年頒布了律令。太學是貴族子弟的教育機構，而太學的基礎則是儒教。此外，佛教也差不多在此時傳入高句麗。三七二年，釋順道從前秦帶回佛像與經書，三七四年，阿道從東晉來到高句麗（目前仍眾說紛紜）。換言之，高句麗於四世紀後半就已經接納了學術上的儒教與佛教。

接下來再稍微介紹一下太學。不難想像的是，高句麗之所以接納學術，可說是漢人一手促成的結果。其實這與中國的混亂也有關係。早在一九七年，袁紹與公孫氏爆發衝突之後，就有許多漢人流亡至高句麗。到了五胡十六國的時代之後，許多重要的政治人物也紛紛流亡至高句麗。那些因為文明陷入混亂而於政爭失勢的人們流亡各地，堪稱文明精華的學術才有機會向外傳播。除此之外，匈奴的劉曜或羯族的石勒也都設立了太學。前秦雖然是由五胡的氐族建立，但是前秦天王（不自稱皇帝）苻堅也相當重視太學。這些北方民族發展學術的動向也影響了高句麗對學術的看法，所以將這一切視為與太學有關也是合理的推論。

小獸林王重振國勢之後，孫輩的廣開土王登場。由於廣開土王的南下政策包含了加耶地區，對於從加耶或百濟取得鐵的倭國來說，這是不容小覷的生死存亡問題，於是倭國派兵前往朝鮮半島，與高句麗展開一場又一場的死鬥。高句麗有許多史料記載了這段歷史，其中最為有名的就是「廣開土王碑」。當高句麗進軍朝鮮半島南部，許多居民便四處流竄，其中有一部分前往日本列島。在日本的古代史之中，渡來人前往日本列島大致有三大波，第一波就是在這個時候。其中有些渡來人被大和政權安置於陶邑

（於五世紀出現的須惠器窯跡），並且以提供朝鮮半島的技術謀生。

南朝文化圈與北朝文化圈

在這些渡來人之中，也有自四世紀前半期之後，於朝鮮半島四處流浪的中國知識分子。這些中國知識分子所擁有的中國文化與相關的知識，例如須惠器與馬具，也於四世紀末期至五世紀前半，隨著提升生產力的技術傳入倭國王權的中樞，倭國王權在吸收中國文明之後，也總算得以穩定自身的權力。從五世紀，也就是四二一年開始，連續半個世紀以上與中國南朝展開外交的倭國五王時代得以揭開序幕。

最能明確指出這點的就是四二五年，倭國五王之一的贊派遣司馬曹達出使南朝宋這件事，贊也因此受封為倭國王與安東將軍。當時的中國會在任命將軍之後，開設將軍府，並讓將軍的幕僚成為府官。最具代表性的府官為長史、司馬與參軍，而贊也基於安東將軍的身分設立了將軍府與任命府官，再讓這些府官負責與南朝宋之間的外交關係。相較於三世紀，卑彌呼派遣難升米這位不是中國名字的使者前往魏國，兩者的差異可說是天壤之別。從卑彌呼派遣不熟悉中國文化的倭人出使中國這點來看，當時的倭國還未完全適應中國的規則。從後世的倭國派遣來自中國的知識分子曹達出使這點來看，當時的倭國希望繼續吸收中國文化，與中國建立外交關係。

倭國之所以吸收中國文化，不只是為了與中國維持關係。倭國與百濟建立外交時，百濟曾贈送七支刀給倭國，而倭國為了讀懂刻在刀上的文字，所以希望吸收中國文化。認真說來，中國一直都有將文字刻在刀上的習慣，例如於戰國時代初期鑄造的越王州句劍（湖北省江陵藤店一號楚墓出土）就是其中一例。在東大寺山古墳出土的鐵劍（也就是中平年銘刀）也能證實在刀上刻文字的文化傳入東亞諸國這件事。直到三世紀之前，倭國都是透過刻在物品上面的文字吸收中國文化，到了四世紀之後，懂得製作物品的知識分子流亡至百濟與倭國，百濟與倭國也總算能共享中國文化。這現象當然不會只在百濟與倭國發生。最容易接觸中國文明的是位於朝鮮半島西岸的國家，在四至五世紀的時候，百濟的確比位於朝鮮半島東岸的新羅更能吸收中國文明，與百濟互有邦交的倭國也透過百濟接觸中國文明。

東亞的高句麗、百濟與倭國在四世紀到五世紀這段期間，政治方面的成長十分快速，這與理解中國文明、接受中國文明有關。對於這些國家來說，與中國之間的關係，尤其是被中國承認在東亞的地位，是非常重要的政治課題，所以這些國家才會競相朝貢。中國也曾經分裂為南北兩朝，而南北兩朝為了對抗彼此，也利用了這些東亞國家。當中國與東亞各國達成互相利用的共識，中國文明流入東亞諸國的條件也臻於完善。

於是東亞各國便出現了府官制這種政治制度，而且在接受漢字文化之後，開始使用漢字撰寫與中國之間的外交文書。這些外交文書通常會引用中國的古典，東亞各國也藉此宣揚自己已是文明開化的國家，及彰顯自己臣服於中國文化。與其說學習中國文化是為了成為文明開化的國家，不如說是為了得到中國的認同，鞏固自身政治地位的政治行為。

百濟與倭國相當重視與南朝之間的外交關係。標榜中國文化政治正統的南朝對於東亞各國來說，也是相當重要的存在。另一方面，高句麗則同時與南朝、北朝展開外交。由於遼東地區與中國接壤，因此以遼東地區為大本營的高句麗當然無法忽略北朝，因此也與東亞各國採用不同的方式接觸中國文明。百濟與倭國都是與南朝接觸，吸收南朝的學術系統，而高句麗則是吸收了北朝的學術系統。在當時，學術系統與政治是緊密相連的。比方說，王肅與鄭玄曾因為對於儒教的解釋相左而彼此對立，南朝採納的是王肅的解釋，北朝支持的是鄭玄的解說。至於支持哪一個學派早已超越了文化的藩籬，而是表明自身政治立場的行為。

三、倭國的文明化

佛教傳入

在五世紀後半期到六世紀中葉這段期間，東亞的政治勢力可說是急速變化。四七五年，高句麗進軍南下，攻陷了百濟的王都，百濟因此暫時滅亡。好不容易延續命脈的百濟為了振興國家，打算往南方擴張領土，但是又害怕與朝鮮半島南部國家交好的倭國從中作梗。

另一方面，倭國的政局也在六世紀初期陷入動盪，因為繼體大王取代了在五世紀掌權的集團，建立了全新的王權。雖然當時沒有任何軍事方面的混亂，繼體卻為了突顯王權的正統性而絞盡腦汁。

國內政局各有紛亂的倭國與百濟便因此達成共識。倭國默許百濟往朝鮮半島南部擴大領土，作為回禮，百濟必須提供學術給倭國。對於四七〇年之後就無法與南朝建立外交關係的倭國來說，中國學術是強化王權權威所不可或缺的工具。其中之一就是「五經博士」。據說五經博士在繼體朝到欽明朝這段期間輪流前往倭國，此舉也明確指出倭國王權仍然認為學術對於政治具有相當的影響力。

倭國與百濟在政治方面達成共識後，朝鮮半島南部的加耶諸國便感到危機逼近。自五世紀開始，加耶諸國就在大加耶的領導下，加強政治方面的合作，四七九年，總算首次派遣使者前往中國（南齊），而且倭國也參與了這次的出使。只不過進入六世紀之後，百濟向南擴張的舉動喚醒了加耶各國的危機感。為此，大加耶的異腦王便迎娶新羅王族的女性為妃，透過婚姻建立同盟關係。

當時的新羅在法興王的帶領下推動政治改革，國力也迅速提升。政治改革的成果之一就是於五二〇年制定的「律令」。與其說這個「律令」是法制，不如說是與服裝有關的制度，但是以王權為中心，建立身分秩序這點仍值得注意。倭國一直等到六〇三年，廄戶王子與推古大王或蘇我馬子一起實施了冠位十二階這項制度，才算是實現了相同的政策。

取得立足之地的新羅開始進軍加耶地區，大加耶與新羅決裂，也已無力阻攔時代的狂潮，加耶諸國的衰退與滅亡也是早晚的問題。五六二年，加耶諸國為新羅所滅，朝鮮半島也正式進入三國互相傾軋的時代。

在朝鮮半島的國際關係急速變動之中，地位逐漸升高的是佛教。於西元一世紀之際傳入中國的佛教因其世界宗教的特性，以及五胡十六國時代的動盪，迅速地在各民族之間普及。尤其於四世紀從西域來到中國的佛圖澄與鳩摩羅什更是讓佛教得以在東亞扎根。

之後，佛教也於四世紀傳入朝鮮半島。以高句麗為例，釋順道與阿道在小獸林王的時代來到高句麗，並且分別於三七五年建造的肖門寺以及伊弗蘭寺定居。朝鮮的史書《三國史記》也特別強調這是海東一帶的佛法起源。由於當時的高句麗同時與北方的前秦及南方的東晉接觸，所以佛法也跟著傳入高句麗，這也意味著高句麗企圖從南北兩朝吸收先進的學術。在百濟方面，東晉的胡人僧侶摩羅難陀在枕流王的時代（三八四年）來到百濟。百濟之所以急著在高句麗之後接受佛教，主要是為了在學術方面與高句麗對抗，藉以強化百濟的外交策略。相對於前面兩國，佛教傳入新羅的時間較晚。據說在五世紀前半，訥祇麻立干（麻立干為當時新羅傳統君主稱號）的時代，來自高句麗的墨胡子將佛法傳入新羅，而且一直等到六世紀前半法興王的時代，佛教才在異次頓殉教之後成為國教。

朝鮮三國初期面對佛教的態度也各有不同。高句麗與百濟是直接從中國接受佛教的國家，所以佛教從一開始就具有一定的政治地位，想必當時的佛教也被視為中國文明的一部分。反觀新羅是從高句麗接受佛教，所以在成為國教之前，才會屢屢遭受反對派的阻擾，最後甚至發生了殉教事件。

佛教也是在此時傳入倭國。根據《書紀》的記載，此時為五五二年，而《元興寺伽藍緣起並流記資財帳》則記為五三八年。六至七世紀的中國正在流行正法、像法法滅思想（釋迦入滅之後，佛法會分階段衰退的末法思想的雛型），而五五二年則被視為正法、像法法滅思想重大轉換的一年，編撰《書紀》的人應該就是根據當時的情況，將五五二年視為佛教傳入倭國的年份。因此，許多人認為應該要更加重視佛教在五三八年傳入倭國的說法，但這種說法其實也有問題。五三八年為戊午年，而儒教的預言書《詩緯》將這一年記為「戊午革運」，也就是將五三八年視為變革的一年。簡單來說，不管佛教是在五五二年或五三八年傳入倭國，都必須進一步慎重地研究才能成為史實，尤其這不是前者對，後者就是錯的二擇一問題。一如於稻荷山古墳出土的鐵劍銘寫道：「獲加多支鹵大王寺在斯鬼宮時」，古代通常以王的名字記錄事件，而不是以絕對的年代記錄事件，所以認定佛教是在欽明與百濟聖明王的時代傳入倭國也相對合理。

此外，早在佛教正式傳入倭國之前，佛教就已經透過私人的管道傳入倭國。據說在繼體的時代，司馬達等就曾將佛像帶入倭國膜拜。達等與其一族曾由大和政權賜名為鞍作（鞍部），是擁有馬具製作技術的技術人員。渡來人將朝鮮半島的生活方式帶入倭國後，當然也將朝鮮半島的宗教帶入倭國。此時佛教只在渡來人之間普及，未與倭國的社會產生任何摩擦。

推古朝前夕

對倭國來說，六世紀是因為出現了新的統治階層而群雄鬥爭的時代。大和政權的繼體大王不斷地在日本列島擴張勢力之後，便激得九州的地方勢力磐井一族暴動，這就是所謂的磐井之亂。當磐井敗北後，大和政權的地位便高於地方勢力。在文化方面，接受佛教成為焦點。倭國與新羅一樣，接受佛教的時間點比高句麗、百濟更晚，直到六世紀前半才接受佛教，但此時卻發生了嚴重的摩擦。假設高句麗與百濟接受佛教的四世紀後半是第一波，那麼這個時期就算是第二波。掀起第二波的國際背景就是梁武帝。眾所周知，武帝深深地為了佛教而著迷，甚至自己捨身出家，而中國皇帝的這類行為也影響了周邊諸國對於佛教的態度，接受佛教這件事也漸漸地成為國際標準。在倭國方面，當佛教正式從百濟傳入，蘇我與物部就為了是否接受佛教而政爭，但接受佛教乃是沛然莫之能禦的潮流，物部的敗北也是可預見的。

梁武帝不只在佛教扮演了重要的角色。武帝自詡為中國文化的擁護者，也採取了對應的行動。比方

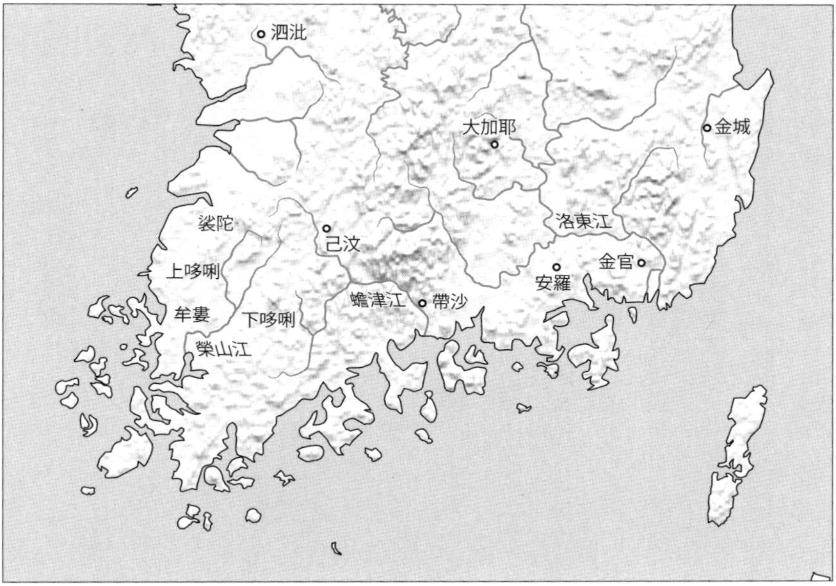

六世紀的朝鮮半島南部

說在儒教方面，他編撰了經書的注釋與振興文學，而文學的精華全濃縮於其子昭明太子編撰的《文選》之中，而這種文化的脈動也波及了東亞。

最直接接觸這波文化脈動的就是百濟。百濟不斷地向南朝梁派遣外交使節，強化文化方面的關係。五四八年，南朝梁爆發了侯景之亂，梁武帝在此次叛亂死去，建康也因此殘破不堪。據說在此時來到建康的百濟使節看到被摧殘得體無完膚的建康之後痛哭失聲。從這個小故事不難發現，百濟與南朝梁之間的文化羈絆多麼深厚，因此從南朝梁送給百濟的東西也能一窺當時中國文化傳播至東亞的狀況。最具代表的例子之一就是得到「涅槃等經義、毛詩博士與工匠、畫師」的例子。「涅槃等經義」指的是在南朝宋時期譯成漢文的《大般涅槃經》以及其他經典或相關的注釋。毛詩博士為儒教的五經博士之一。工匠與畫師則應該是佛教建築或壁畫方面的技術人員。由此可知，從南朝梁輸出至百濟的文化包含了佛教與儒教。

倭國當然也是這個文化圈的一員。倭國與南朝梁沒有外交關係，應該無法直接從南朝梁輸入文物，但是自五世紀以來，倭國就一直是南朝文化圈的一員。以中國南朝為尊，持續傳播中國文化的是百濟。至於佛教方面，前面提過，佛教主要是透過百濟傳入倭國。至於儒教方面，於繼體、欽明的時代，五經博士從百濟來到倭國的這段歷史也值得注意。百濟與倭國外交時，往往是以學術作為交易的資本。當時的學術具有濃厚的政治色彩。倭國當然也提供了報酬。在當時東亞的國際關係之中，這就是倭國支持百濟，不時給予軍事支援的緣故。

在這個時代背景之下，新羅也是不可忽視的存在。進入六世紀之後，新羅迅速地壯大，其中最值得注意的轉捩點就是五五二年，新羅從百濟手中奪走漢城。在朝鮮半島西岸獲得領土的新羅總算能自行與中國王朝建立外交，先一步透過與中國王朝來往建立國家的高句麗與百濟也因此失去優勢。從這點來看，百濟才會希望利用倭國包圍新羅，並讓學術為政治服務。

其實對倭國來說，新羅也是最不容忽視的外交問題。與倭國來往甚久的金官加耶於五三二年為新羅所滅，這也讓倭國與新羅的外交關係陷入緊繃。在新羅不斷入侵加耶之後，五六二年，加耶諸國滅亡。這對倭國來說，是必須面對的外交問題，於五七一年過世的欽明也留下遺言，希望能夠幫助金官加耶復國，以便拿回倭國在當地的權利，這就是所謂的「任那復興」，也是倭國最重要的外交課題與外交主軸。由於新羅是倭國與百濟共同的外交課題，所以倭國延攬了百濟的達率（大臣）日羅，希望能夠解決這個外交課題。不過，百濟人又擔心被背叛，所以殺害了日羅。由此可知，倭國與百濟雖然有相同的外交課題，但彼此的關係絕對不是堅若磐石。

「任那復興」這句遺言在往後的七十年內，一直是推古朝以及後續的倭國外交政策的緊箍咒。而廄戶王子就在這樣的國際情勢之下，於五七四年誕生。

四、推古朝這個時代

廄戶的血脈

想了解古代的政治人物，就必須先了解他的血緣關係，尤其在七世紀之前，系譜更是政治人物的身分地位。這個概念在稻荷山古墳出土鐵劍銘的時代就已經成形，廄戶王子當然也不例外。《帝說》與天壽國繡帳這類史料的開頭都是以廄戶王子的系譜開始，顯見血緣關係在當時多麼重要。

一如前述，廄戶王子的父親是用明大王，母親為穴穗部間人王，不管是父親這邊還是母親這邊，祖父都是欽明。此外，不管是父方還是母方，祖母的父親都是蘇我稻目，因此廄戶王子可說是欽明與蘇我氏合併的象徵。

在當時，王子的生養都是在母方的宮殿進行，所以具有血緣關係的蘇我氏當然會參與廄戶王子的養育，廄戶王子也是在蘇我氏的影響之下長大。從蘇我氏將東漢氏這類渡來系氏族收入傘下，以及不斷地加強對佛教的保護來看，不難想像廄戶王子從小就對朝鮮半島傳入的文化產生極深的共鳴。這應該也是形塑廄戶王子這號人物的一大元素。

廄戶王子長大後娶了妻子，也就是所謂的妃子。他總共有四位妃子，分別是膳部加多夫古的女兒菩岐岐美郎女、蘇我馬子的女兒刀自古郎女、推古的女兒菟道貝鮹王女以及尾治王（推古之子）的女兒橘大女郎，但不知道廄戶王子與這四位妃子於何時成親。

最值得注意的就是推古的女兒與孫女都成為廄戶王子的妃子這點。王族之間的婚姻除了具有重新匯集財產的用意，也代表推古多麼重視廄戶王子。不過，廄戶王子與菟道貝鮹之間沒有子女。雖然與橘大女郎生了白髮部王以及手嶋女王，但除了名字之外，沒有留下相關的事跡。

與刀自古之間生了四個子女，分別是山背大兄、財王、日置王與片岡女王。山背大兄在廄戶王子過世之後，成為該族的領袖，由蘇我一族的女性生下的兒子領導族人，代表廄戶王子一族與蘇我氏之間的關係十分密切。

不可否認的是，膳部一族的菩岐岐美郎女在家世上，略遜於其他的妃子，不過，她與廄戶王子生了最多孩子，總共生了八位子女。假設廄戶王子與其他三位妃子的婚姻屬於政治婚姻，那麼與菩岐岐美的婚姻恐怕與政治沒什麼關聯。話說回來，菩岐岐美也不只是受到寵愛而已。她的女兒舂米女王與哥哥山背大兄近親結婚之後，讓整個氏族更加團結。

廄戶、妃子與他們的子女，也就是所謂的上宮王家形成了一股強大的勢力。這座宮為斑鳩宮，於六〇一年開始建造，直到六〇五年完工。乍看之下，似乎離飛鳥很遠，但是以推古的豐浦宮為起點，往西北二十度方向延伸的太子道（筋違道）可直到班鳩宮。從這種直線道路的規劃便可得知，廄戶王子有意

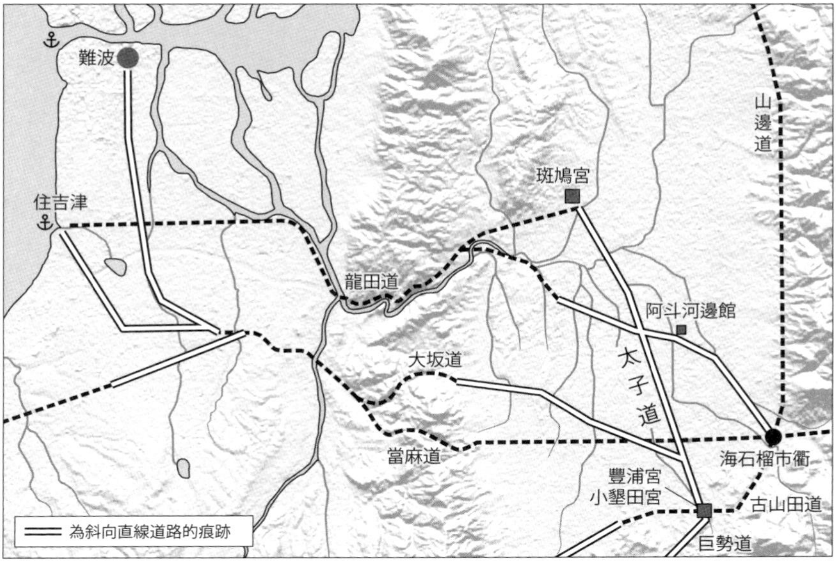

七世紀前半期倭國主要道路網

讓太子道成為前往飛鳥的主要幹道。從斑鳩宮往西出發，沿著龍田道前進就能抵達難波。斑鳩宮就位於難波與飛鳥的中間點，也就是位於生駒山山腳的要衝之地。不難想像，廄戶王子的眼光已越過生駒，直達難波背後的海外之地。

在這時流入倭國的文明之中，有一些令人驚豔之處。五七七年，造佛工、造寺工來到倭國，五八八年，寺工、露盤博士、瓦博士、畫工也來到倭國。在當時，寺院不只是宗教建築物，而是最高技術的結晶，因為要讓建築物撐起重重的瓦片，需要高超的技術。之後的齊明大王也想打造瓦片屋頂的宮殿，卻以失敗告終。此外，當時的寺院壁畫都會使用各色顏料繪製，有些顏料在日本找不到原料。至於畫的主題也受到外國的影響，例如法隆寺壁畫、阿旃陀石窟（印度）、敦煌莫高窟（中國）有共通之處就是證據。

一般認為，斑鳩宮位於現今法隆寺東院一

帶。六〇七年，初期法隆寺（若草伽藍）建成，若從初期法隆寺完工的年代來看，作出斑鳩宮是與初期法隆寺一起建造的結論也算是妥當。在當時，寺院是集結豪族或王族的據點，也是彰顯自身實力的象徵。在這股文明化的洪流之中，正面承受文化浪潮所建造的就是上宮王家的據點，其中又以斑鳩宮與法隆寺為主。上宮王家可說是推古朝在學術與技術方面的核心。

若只有斑鳩宮與法隆寺，當然不足以讓上宮王家成為學術與技術的核心。由馬子創建的飛鳥寺與百濟王興寺十分相似，不難推測，飛鳥寺也是吸收百濟文化的另一個中心。佛教在這些文化浪潮的推波助瀾之下慢慢普及，到了推古朝末期，總共建了四十六座寺院，僧尼總數達一三八五人。

到底遠離飛鳥宮，支持推古的廄戶王子擁有何種地位呢？《書紀》將廄戶王子記為「皇太子」，但是皇太子制度要到持統朝才成立，所以廄戶王子不可能是皇太子。有些人認為廄戶王子的地位是太子、利歌彌多弗利（wakamitafuri）、皇子命這些地位的前身，而且這些說法都很有說服力。不過，要注意的是，一般認為王位繼承一直等到律令制成形才正式成為制度。

在此讓我們將注意力從廄戶王子移到他的父親與兒子。一如《書紀》的記載，廄戶王子的父親用明為「大兄皇子」，在即位之前，就被身邊的人視為是具有繼承王位資格的大兄。廄戶王子的兒子山背也是大兄。雖然大兄不是保證能繼位的地位，卻能讓身邊的人產生這種認知。不過，廄戶王子身邊的人覺得，廄戶王子對於政權的干涉已超過大兄這個政治地位，這或許也是廄戶王子未被稱為大兄的理由之一。

推古朝的政治與學術

推古朝一開始就陷入動盪不安的局面。五九二年十二月推古即位，但在不久之前的五八九年，隋朝才剛滅了南朝陳，統一了中國。自三一七年東晉成立以來，中國就進入南北分裂的狀態。由於中國分裂了兩百七十年以上，所以對東亞各國來說，這個分裂的狀況早就習以為常。五九八年，出現了破壞這次統一的威脅。對隋朝不滿的高句麗一舉攻入隋朝邊境的遼西，隋朝則以三十萬的兵力反擊。由於隋軍補給失敗，所以在這場衝突之中，損失了八、九成的兵力，可說是慘不忍睹的狀況。不過，這場衝突最終在嬰陽王謝罪之下落幕。成功統一中國的隋朝軍事介入周邊各國也成為各國不得不面對的外交課題。

推古朝就在這樣的國際環境揭開序幕，廄戶王子也跟著登場。《書紀》也有下列的記載。

> 立廏戶豐聰耳皇子為皇太子。仍錄攝政，以萬機悉委焉。

從這段內容來看，廄戶是皇太子，而且是推古的攝政，負責處理政務。但一如前述，當時還沒有皇太子這項制度，而且「攝政」的原意是「統整政務」（政を録摂らしめ），是一種行為，而非官職的名稱，只不過《書紀》抄本已將攝政記載為一種官職，所以將過錯推給現代的注釋書不太妥當。這裡想說的是，「攝政」一詞由來已久，所以「聖德太子曾擔任攝政一職」的歷史認知才會如此根深柢固。話說回來，推古朝是在崇峻大王遭到殺害，政局陷入動盪的局勢下成立，剛開始的政局不是二十歲前後的廄戶王子所能掌握的。雖然有人認為，即位的推古只是中繼投手，一切都是為了等待廄戶王子成長之後，由廄戶王子即位，但這個說法很早之前就被推翻，因為推古以妃子的身分與敏達共治天下的功績是不可抹滅的，也因為地方世族承認推古具有足夠的政治能力，所以推古才能即位大王。鎮壓地方世族，不讓地方世族為非作歹的是大臣蘇我馬子。或許在推古朝剛開始的前幾年，廄戶王子就被視為優秀的後繼之君，但不太可能在此時已經累積了足夠的政治歷練，而是在推古與馬子底下不斷地累積經驗才對。

五九五年，廄戶王子遇見了一位非常重要的人，因為，慧慈法師從高句麗來到倭國。前面提過，廄戶王子就是向慧慈學習佛法。在此之前，廄戶王子當然就已經接觸了佛教，但是當他遇見慧慈之後，對於佛教有了更長足的理解。

慧慈的歷史定位可不止如此。慧慈可說是廄戶王子的智庫，在背後輔佐廄戶王子的政治活動。能夠確認這點的證據就是遣隋使。不難想像的是，於六〇〇年首次派出的遣隋使與隋朝、高句麗之間的軍事衝突有關。可惜的是，目前仍不知道這次的派遣是由誰主導，不過，廄戶王子的確參與了倭國與隋朝的外交事務。最能證明這點的就是六〇七年，遣隋使帶往隋朝的國書。眾所周知，身為使節的小野妹子帶了「日出處」的國書前往隋朝。

日出處天子致書日沒處天子無恙。

這封惹得隋煬帝不悅（解讀為隋煬帝生氣是對史料的誤解）的國書帶有濃烈的佛教色彩。「日出處」與「日沒處」是出自佛典《大智度論》的詞彙。此外，《大智度論》也記載，整個世界以須彌山為中心，分成四個天下。在國書之中，隋朝的皇帝與倭國的大王雖然都記為「天子」，但倭國的大王是「治理天下」的存在，換句話說，這封國書是藉由佛教區分皇帝與大王的地位之高低，隋煬帝才會心生不悅。至於「致書……」的部分，在比較這封國書與之前類似的外交文書時，這部分的確更引人注目，但只要將視野放寬至前後的時代，就會發現許多僧侶都會在彼此的書信之中使用這個詞彙。

綜上所述，六〇七年這封「日出處」國書的起草人有很高的機率是僧侶。此外，根據《海東高僧傳》的記載，《大智度論》早就傳入高句麗，所以慧慈可說是充分滿足上述條件的僧侶，這也隱約透露著慧慈就是廄戶王子國策智庫的事實。

不過，我們不該就此把廄戶王子視為只懂得依賴外來僧侶的人物。若只有慧慈一人的知識，絕對無法將中國皇帝與倭國大王稱為地位相等的「天子」，因為這件事除了需要具備佛教方面的知識，還需要具有高度的政治敏感度，只有能夠領導智庫的政治家才能做得到，換言之，這是廄戶王子展示政治實力的例子。不得不說，這正是自幼於學術環境與政治環境成長才能栽培出來的實力。

在這個時期有許多僧侶從朝鮮半島來到倭國。比方說，六〇二年，百濟名僧觀勒將曆法書、天文地理書、遁甲方術書帶到倭國；六一〇年，曇徵與法定從高句麗將製作顏料、紙墨的技術、以水車為動力的臼傳入倭國。這些來到倭國的僧侶不只是在寺院修行，還具有知識分子與科學家的身分。對倭國來說，僧侶的知識是不可或缺的寶物，也會在政治面重用他們。寺院就是他們活躍的場所。

五九五年，邀請慧慈成為政治顧問的廄戶王子知道僧侶的重要性，便組織了僧侶的顧問團。這些僧侶當然不只是參與政治方面的活動。六〇六年，廄戶王子舉辦了《勝鬘經》與《法華經》的釋義大會，這場釋義大會之所以能夠舉辦，全拜僧侶團在背後支持所致。此外，《法華經》的釋義大會結束後，由推古捐贈的播磨田地也捐給法隆寺，此舉也與斑鳩宮或法隆寺的營造有關。《法華經》的釋義大會被視為六〇七年法隆寺峻工的慶典，也是要讓所有百姓知道僧侶團的存在。廄戶王子就是像這樣組成從事政治相關活動的僧侶團，並在斑鳩宮設立據點。

此外，慧慈於六一五年回國。從五經博士的事件來看，佛教與儒教從朝鮮半島傳入倭國的形態非常相似，也就是朝鮮各國將知識分子派往倭國，年限一到就回國述職的形態。比方說，百濟讓五經博士輪流前往倭國，事奉繼體與欽明，時間一到，便換另一位五經博士前往接任。在敏達朝的時候，火葦北國造阿利斯登之子日羅成為百濟的達率（百濟官職，僅次於佐平一職），也被倭國請去當政策顧問。日羅在回國之前被殺害。在六世紀至七世紀前半這段時間，東亞有許多跨越國界，但有年限的君臣關係，這與後世終身事奉故國君主的君臣觀完全不同。

廄戶王子不僅對隋朝展開外交活動，從六〇〇年開始，就試著進軍新羅。一開始不知道是否該以蘇我一族的境部臣為將軍，但是到了六〇二年之後，便任命胞弟來目王子為攻擊新羅的將軍。不過，來目王子抵達筑紫之後就病倒，並於隔年死去。繼任將軍的是同父異母的哥哥當麾王子，對新羅的軍事威嚇由廄戶的近親繼續。雖然當麾王子領兵出擊，但是妻子卻在播磨過世，所以當麾王子便班師回朝。《書紀》提到不少次將軍與妻子一同出征的例子，這也是令人玩味的慣例。最終，便無人再擔任將軍，也不再對新羅示威。由蘇我以及廄戶王子的近親負責倭國與新羅之間的外交問題，意味著倭國的國際外交政策是由推古、馬子、廄戶一同決定，也能一窺廄戶王子在政治方面的地位有多麼崇高。

此外，在倭國與新羅的關係之中，廄戶王子寵臣之一的渡來氏族秦河勝，也是不容忽視的人物。秦河勝在倭國對新羅的軍事威嚇中斷之際登場，並於六一〇年，新羅使節抵達倭國的時候，負責引導新羅使節，從事相關外交事務。秦河勝透過與新羅之間的政治人脈推動倭國與新羅的融合政策，同時強化了自身的地位，而這也象徵了廄戶王子在外交方面的靈活度。

從遣隋使與新羅問題觀察廄戶王子的政治活動，可發現廄戶王子的政權奠基於學術智庫的學僧集團、渡來氏族以及廄戶一族這三個集團，而廄戶王子的政治涵養也是從團結這三個集團慢慢累積而來。

推古朝的政策與中國文明

除了廄戶王子讓學術在這個時期的政局扮演重要的角色，推古朝的政策也有類似的情況。許多人覺得推古朝的各項政策都由廄戶王子主導，但從《書紀》的記載來看，事實並非如此。推古十一年（六〇三年）十二月壬申記載「首次制定冠位」。儘管這段內容沒提到主詞是誰，但這是因為推古大王就是主詞，所以不需要特別點出來。比較憲法十七條的制定過程就不難明白這點。一如憲法十七條在推古二十年（六〇四年）四月戊辰的記載為「皇太子親自制定憲法十七條」，可見是「皇太子」的政策時，也就是廄戶的政策時，會特別寫出「皇太子」這個主詞。簡單來說，這段記載指出冠位十二階是由推古實施的政策，而且沒有任何一處指出是由廄戶制定。

當然，這不代表就與廄戶無關。不過從推古紀那句「以萬機悉委焉」來看，不難看出奈良朝對於推古朝的評價實屬矛盾。

冠位十二階的特色在於以德為頂點，依序為仁、禮、信、義、智。雖然《隋書．倭國傳》的順序為德、仁、義、禮、智、信，但在這種奠基於儒教價值觀的官僚制度之中，不需要過度解釋這個順序。重點在於當時奠定國本的官僚制度因為儒教而顯得莊嚴的思潮，這點也充分彰顯了儒教這門學術是當時的統治基礎。

有人認為，於隋朝初年負責管理宗廟與禮制，擔任太常一職的蕭吉所編的《五行大義》影響了儒教的價值觀。一般認為，六〇〇年的遣隋使將《五行大義》帶回倭國之後，便影響了冠位十二階的制定過程，不過，這部分缺乏進一步的考察。據說蕭吉的用意在於釐清古今陰陽學說才編了此書。所謂的陰陽就是天文曆數。其實也有知識分子將這類知識帶入倭國，這人就是百濟僧觀勒。六〇二年，觀勒將曆法、天文地理書、遁甲方術書傳入倭國。從當時的政權命令陽胡史玉陳、大友村主高聰、山背臣日立這些渡來氏族學習這些知識，就知道當時的政權非常重視這類知識。此外，從山背臣這個名字也能一窺這個氏族與山背大兄之間的關聯性。雖然不能只憑一個名字就如此斷言，但是，山背臣若是養育山背大兄的氏族，那麼這個渡來氏族也支持了廄戶王子在學術方面的政策。比方說，從廄戶王子的智庫觀勒吸收學術方面的知識，再參與冠位十二階的設計。姑且不論這樣的推測是否合宜，當時的推古、馬子與廄戶的政治價值觀肯定奠基於儒教這門學術，也是以此建構冠位十二階制度。

也有人懷疑，當時是否已有憲法十七條。不過，就算是根據編撰《書紀》之際的知識推斷憲法十七條有部分修改，就斷定憲法十七條全部都是由後世所捏造的內容，這結論又顯得太過粗糙。若從奈良時代的小說來看，憲法十七條與創作時期的奈良時代政治邏輯應該有共通之處，不過，憲法十七條卻處處充滿了與律令制迥異的推古朝邏輯。

若列出到目前為止被人指出的幾點，便包含作為前提的政務時間與律令制不同這點，以及與佛教崇拜有關的「篤敬三寶（虔誠敬奉三寶）」（第二條）先於與王權權威有關的「承詔必謹（接旨之後，必定謹慎行之）」（第三條）規定這點。當時沒有時代考證這種概念，都是以執筆之際的時代氛圍撰寫歷史。尤其將律令國家的正統性作為編撰歷史重點的《書紀》，更是不可能讓佛教的優先順序高於天皇。儘管如此，這種矛盾之所以能被現代人接受，在於現代人知道聖武天皇自稱「三寶之奴」，便潛意識地以後世的知識進行解釋。另一方面，儘管憲法隱隱透著佛教方面的知識，但是與佛教確實相關的規定只有第二條。這種面對佛教的態度更是說明了憲法十七條是在佛教才剛於社會扎根的推古朝制定。

此外，從學術方面的角度觀察憲法也值得玩味。第一條的「以和為貴」源自《論語．學而》篇，是以儒教作為基本概念；接著的「無忤為宗（以不牴觸、不違逆為宗旨）」則源自佛典的《成實論》。除了儒教與佛教之外，也確定憲法十七條引用了《管子》這類法家經典。由此可知，憲法十七條可說是由各種外來思想混合而成的學術成就。

儘管學術交流與來自朝鮮三國的渡來僧息息相關，但是《管子》這類學術很可能直接從中國輸入。從七世紀初期的東亞學術交流情況來看，倭國有兩條輸入中國文化的管道，其一是遣隋使，其二是朝鮮僧侶（尤其是高句麗或百濟的僧侶）。廄戶王子積極地從這兩條管道吸收知識與文化，再將這些知識化為自己的政治基礎。推古朝學術的一大據點便是披上以法隆寺為象徵的佛教外衣，還有以廄戶王子為核心的上宮王家。

五、廄戶王子的終點

廄戶王子之死

不同的史料對於廄戶王子的卒年有兩種記載。其一是《書紀》的推古二十九年，也就是六二一年的二月癸巳（五日）；其二是被譽為法隆寺史料的法隆寺金堂釋迦三尊像光背銘、天壽國繡帳、法起寺塔露盤銘，這三者都記載為六二二年二月二十二日。此外，《書紀》沒有推古二十九年隔一年，也就是推古三十年的記載，但是《書紀》的古抄本岩崎本則將其他抄本的推古三十一年至三十四年的內容往前推一年，記載為三十至三十三年的內容，至於三十四年的內容則是空白。《書紀》常可看到在抄寫或是編撰的時候，不小心錯置年代的情況。

廄戶王子死去的相關細節可參考法隆寺的相關史料。根據前述的光背銘所述，廄戶王子的親生母親穴穗部間人王於前一年的六二一年十二月死去。過完年，到了正月之後，廄戶王子與妃子菩岐岐美郎女病倒，二月二十一日菩岐岐美郎女病逝，廄戶也於隔天病逝。

一直以來，就有許多人討論法隆寺相關史料與《書紀》在廄戶王子過世記錄的相異之處。雖然現在還未有定論，也無法草率作出結論，不過本章打算依照法隆寺相關史料的記載，將廄戶王子的卒年暫定為六二二年。

在此想換個角度討論廄戶王子之死。其實在日本古代記錄某個人物過世是件很特別的事情，而且就算要記錄，頂多就是在《書紀》這種史書稍微提到政治高層的人物而已。日本國文學者神田秀夫曾針對日本的正史，也就是《書紀》沒有列傳這點提到「當時還沒有以個人為單位，以及當時的社會色彩記錄與評估人物生平的概念」[1]。簡單來說，七世紀的倭國還不懂得仿照中國正史的列傳，替個人撰寫傳記。

然而廄戶王子卻是例外，不同系統的史料都記載了他的死亡。換言之，就是從不同的立場記錄了廄戶王子辭世的經過，這可說是廄戶王子得天獨厚才有可能發生的事情。廄戶王子為自己打造了政治智庫，而研究佛教與儒教知識的學術集團在當時的倭國也破例將廄戶王子視為特殊人物。此外，廄戶王子在世時，也在智庫的影響之下，明白自己在當時的社會是個特殊的存在吧。

「世間虛假，唯佛是真」，有些人認為廄戶王子這段喃喃自語代表他已經抵達佛教無上境界的悟道，有些人則認為這有可能是廄戶王子在對政治感到無力之後的自嘲。雖然這些說法都有其值得傾聽的道理，但筆者覺得，這段話是廄戶王子對於個體該如何融入這個由群體組成的社會之回答。如果說夏目漱石是為了近代的個人該如何自處而苦惱，那麼廄戶王子就是為了前現代的個人自覺而苦惱吧。

以廄戶為核心組成的學術集團以及受到這個集團影響的其他人，將廄戶王子的死視為「個人」之死，也予以記錄。陪伴在廄戶王子身邊的橘大女郎之所以繡製天壽國繡帳，正是這件事的表徵。此外，前面也提過，《帝說》是分階段寫成的，而其中最早於七世紀寫成的前《上宮聖德法王帝說》，也因為開頭與結尾處的系譜記載，而被譽為日本第一本傳記。

推古朝的遺產

在廄戶王子過世沒多久，遣隋留學生醫惠日於六二三年回國。此時隋朝已於六一八年滅亡，惠日也親眼目睹了隋唐革命。另一方面，在看到不管王朝如何興替，仍繼續維持國家態勢的中國之後，惠日這些遣隋留學生以及僧侶也明白，今後的倭國該何去何從。

惠日在無法繼續派出遣隋使與遣唐使的狀況之下，從新羅回到倭國。他之所以回國，當然與倭國朝廷的旨意有關，但更重要的是留學生與僧侶那股急著回國想要翻新倭國體制的強烈意志。最能充分表達這點的就是下列這段惠日歸國時的奏請，《書紀》記錄了這段奏請。

> 留于唐國學者，皆學以成業。應喚。且其大唐國者法式備定之珍國也。常須達。（於唐國留學者，學業已成，理當延攬。且大唐國是律令完備的罕見之國，宜時時派員前往交流。）

從這段奏請可以看出惠日認為自己在隋唐吸收的學問足以報效國家的自負，也因為是從新羅回到倭國，所以強烈主張倭國被朝鮮各國左右的外交政策有多麼不穩定，這也展現出和主張與百濟密切合作的馬子完全不同的國際觀。

帶著雄心壯志回國的惠日與其他留學生都強烈期望自己能透過學術打造新的國家，而他們又是如何接受回國前，廄戶王子已經死去的事實呢？當我們在思考這件事的時候，惠日的奏請像是在表明自己非得在失去廄戶王子的這個世上，實現廄戶王子的遺志，聽起來就像是一種極盡心痛的悲鳴。

不過，惠日這份奏請未能傳達到失去廄戶王子的朝廷高層手中。此時朝鮮三國已開始與唐朝建立外交。隋朝滅亡後，東亞各國便迅速因應情勢，其中以高句麗的反應最快，於隋朝滅亡的隔年，也就是六一九年派出遣唐使，百濟與新羅也於六二一年派出使節。儘管倭國與這些地區的情勢不同，但是在面對中國過於慎重或說是過於遲鈍這點，實在令人難以忽略。

倭國直到進入舒明朝七年之後，也就是六三〇年才派遣遣唐使。這一年唐朝已滅了突厥第一帝國，成為東亞與歐亞大陸東方的霸權，國際情勢也產生劇變。被選為第一批遣唐使的人就是最後一批遣隋使的犬上御田鍬與惠日。

其實在這段期間未與唐朝建立外交其來有自。廄戶王子死後，六二六年，馬子死去，六二八年，推古辭世。讓遣隋使從朝鮮半島吸收中國文明的推古朝政策也隨著這些主力推手的離世而暫時停滯不前。不過，留學生與僧侶在這段時間並未怠惰。第一批遣唐使於六三二年回國，因此遣隋留學僧旻也回國。於惠日回國後繼續留在唐朝的旻在學問上可說是出類拔萃。六四〇年，高向玄理回國。旻與玄理後來負責推動孝德朝的大化革新政策，也延續推古朝的路線，繼續從中國導入學術。不過，這與律令制沒有直接關係。在大寶律令制定，律令制實施之前，還得經歷大化革新的挫敗、白村江的戰敗、王申內亂以及許多風波與曲折。

推古大王（五五四—六二八年）

推古大王的名字為額田部王女。父親為欽明大王，母親為蘇我稻目的女兒堅鹽媛。胞兄為用明大王，與廄戶王子是姑姑與姪子的關係。年紀輕輕就成為敏達大王的妃子，也參與國政。與敏達之間生了七個小孩，長女菟道貝鮹最終成為廄戶王子的妃子。

五八七年的丁未之亂（蘇我與物部的紛爭）與五九二年崇峻大王被弒之後，朝廷陷入一片混亂，而在這場混亂結束之後，推古便因為是欽明的女兒、敏達的妃子以及之前的政績而即位，而且絕對不是為了將皇位傳給廄戶王子才暫時即位。推古與殺害崇峻但仍擁有政治實力的蘇我馬子，以及用明一族的廄戶王子合作，努力穩定大和政權。

用明死後，意欲繼承大王一位的同父異母兄弟穴穗部王子雖然打算與替敏達服喪的額田部維持關係，但是額田部在三輪逆的幫助之下，得以逃過一劫。而從這段記載便可得知，額田部在即位之前，在政治上的發言權就已得到周遭的人認同。不難想像，當時的額田部能夠決定由誰成為繼任的大王，這也是她十幾年來，擔任敏達的妃子所累積的政治地位。

即位之後，推古於豐浦宮設居，之後遷至小墾田宮。這應該是因為豐浦宮改建為豐浦寺所致。《元興寺伽藍緣起並流記資財帳》提到，豐浦寺是於推古元年的癸丑年（五九三年）開始建造。此外，豐浦離蘇我稻目的居住地之一「向原」很近，所以不難推敲推古與蘇我的關係多麼密切。

推古即位後，立刻於五九四年發出三寶興隆之詔。這項推廣佛教的政治方針也讓後世的倭國往佛教文化傾斜。推古之所以頒布此詔，與馬子、廄戶王子有關，「與聖德王、嶋大臣（馬子）一同推廣佛法，振興三寶」這段《帝說》的記載足以佐證，但亦足以證明，這項在推古朝初期推動的佛教政策終究是由馬子與廄戶主導，推古雖然也同意，卻不代表她虔誠信仰佛教。

六〇六年，推古命令廄戶解說《勝鬘經》，而《勝鬘經》是在家修行的勝鬘夫人對於女性信仰與在家修行的開悟，可說是廄戶對推古宣揚佛教的最佳經典。從推古與佛教之間的距離感來看，廄戶或許是希望讓推古能更接近佛教。

推古朝是僧侶頻繁展開國際活動的時期，許多高句麗僧侶與百濟僧侶紛紛來到倭國。在外交方面，許多外交交流都是透過佛教進行，例如高句麗的嬰陽王就曾為了飛鳥寺建造佛像一事捐贈了黃金三百兩。雖然實際於各國之間移動的是僧侶與佛教人士，但隨著他們傳入的不只是佛教，還有儒教與方伎（技能）這些知識，也就是科學技術以及各領域的知識。

不過一如前述，推古是否全面支持佛教，還得打上問號，因為到了她在位的後期，對佛教的態度也漸趨嚴峻。六二四年，發生了僧侶以斧頭毆打祖父的事件。當時推古除了處罰犯人，還打算對整個佛教界興師問罪，這是因為她認為家庭倫理應該高於佛教信仰。最終，在百濟僧觀勒居中協調下，這場風波才算是平息，卻也因此設置了僧正、僧都這類宰制佛教的僧官。一般認為，設置僧正這類僧官是受到宋、梁這些南朝的制度所影響。由於倭國未與南朝梁建立外交，所以這項制度應該不是直接援引中國的制度，而是觀勒這些百濟僧侶透過百濟從中國引入的制度。由此可知，透過百濟引入南朝政治與文化的路線一直延續到推古朝。

想要取締佛教的推古與極力推動佛教的廄戶王子、馬子可說是涇渭分明。儘管推古來自蘇我氏，但在政治上，絕非一味地附和蘇我氏，比方說，蘇我氏之外的其他氏族曾質疑佛教，而她也理解這些氏族的政治立場，看得出來身為大王的她企圖消弭各氏族在見解上的差異，換言之，出自蘇我氏的大王不一定就是蘇我氏的代言人。

最能說明這點的小故事就是她與馬子之間的爭論。這場爭論與僧人毆打祖父事件同年發生。馬子奏請推古將葛城縣賜給蘇我氏作為產土（出生地之意），但儘管推古認同自己的族人，卻拒絕了這項要求，雖然推古是蘇我的血脈，但身為大王的她，在政治立場上，與蘇我氏並不同調。由此可知，當時的大王想要調整蘇我與其他世族的想法。

六二八年，推古辭世。在此之前，廄戶王子已於六二二年去世，馬子也於六二六年死去。推古即位之時的三巨頭體制也逐漸改變。推古辭世時，曾對得到世族支持的兩位王子，也就是押坂彥人大兄王子之子田村王子（後來的舒明大王）與廄戶王子之子山背大兄王留下與大王一位有關的訓示。當時的大王無法一個人決定繼承者，必須得到世族的大王擁立，也就是得到他們的支持，才能夠在大王辭世之後繼位。這些手續會在前一位大王死後進行，所以前一位大王無法插手繼承者的選拔，換言之，推古等於硬是扭轉了之前的政治慣例。儘管她沒有直接挑選繼承者，但是對於實力足以成為大王的王族留下訓示，以及讓所有世族知道這件事，都暗示了前一位大王的想法，也替下一任大王的選拔設定了方向。這是只有政治能力得到認同才能辦得到的事情，也證明了推古大王的實力。

推古死後，與早一步過世的兒子竹田王子合葬於大野岡上，後來又改葬於河內的科長。《延喜式》記為磯長山田陵。

蘇我稻目（五〇六？—五七〇年）／蘇我馬子（五五一？—六二六年）

蘇我的登場

眾所周知，蘇我氏是在六至七世紀進入大和政權的中樞掌握政權的強大世族，但是對於他們的起源卻是一知半解，尤其對蘇我稻目在六世紀中葉的宣化朝擔任大臣之前的動向更是不甚明瞭。後世的系譜與相關史料都一再強調蘇我氏是渡來氏族，比方說沿著蘇我稻目的系譜回溯，會發現滿智、韓子、高麗這類朝鮮名字，以及蘇我氏很早就負責指揮渡來氏族。

不過，從名字斷定蘇我氏為渡來氏族並不妥當。如果說有朝鮮名字就是來自朝鮮，那麼蘇我毛人（《帝說》的說法。《書紀》記為蝦夷）的出身就會是東國的「Emishi」，可是，蘇我毛人的母親為物部族人，與Emishi沒有半點血緣關係。而且，我們連韓子、高麗這種名字是否真實存在都不得而知。不管是朝鮮人還是Emishi人，都是希望這種名稱帶有特殊力量才如此命名，所以，將蘇我氏視為六世紀初期繼體朝握有實權的大伴或物部兩個氏族之後崛起的大和世族，是比較妥當

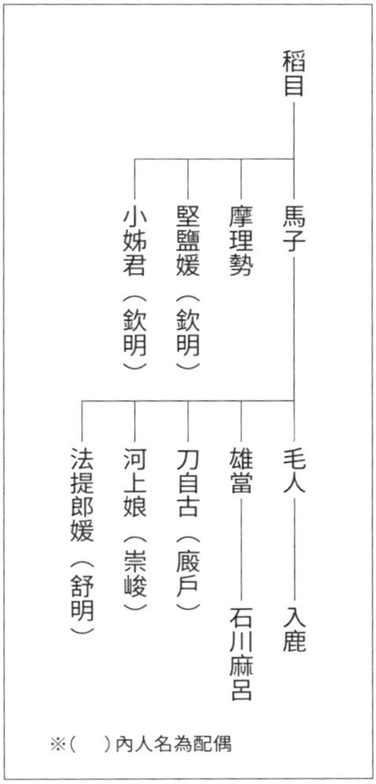

蘇我氏世系略圖

的。

在根據地方面，一說認為是葛城（馬見古墳群），一說認為是在葛城東方的高市郡曾我周邊。從不同的角度解釋蘇我氏與四至五世紀前半的地方世族葛城（還沒有氏這個稱呼）之間的關係，對於根據地的見解也會有所不同，但葛城的衰退與蘇我氏的崛起有一段時間上的落差，所以在解釋蘇我氏與葛城的關聯時，還是需要多幾分謹慎。

話說回來，大家都知道蘇我氏負責治理渡來氏族這件事，卻不該過度強調蘇我氏。在蘇我氏登場之前，已有許多世族前往朝鮮半島。雖然只是傳承，但是《書紀》雄略紀提到，大伴與吉備帶來渡來人這件事。此外，在百濟官居達率的日羅之父也是被大伴金村派至朝鮮半島的官員，而日羅在百濟任官，應該也與這點有關。再者，物部也於五世紀後期到六世紀前期在朝鮮半島展開活動，這部分也記載於《書紀》所引用的百濟史料，是可信度極高的史料。由此可知，與渡來氏族建立關係不是蘇我的專利或特權，在六世紀之前，倭國的王權與世族就透過朝鮮半島接觸文明。

在這些世族之中，最能接受文明的莫過於蘇我氏，這也與負責朝廷財政的立場極度相關。負責徵稅與管理稅務的官職最能將文字的力量發揮至極限，這也促使蘇我氏走向文明。在當時，書寫是一種必須仰賴渡來集團的特殊技術。比方說，成書於九世紀，內容主要是忌部氏一族歷史的《古語拾遺》就提到，秦氏始祖秦酒公曾在雄略朝蘇我氏的倉管之下擔任出納，而這段記載則是源自時代比蘇我稻目更早的傳承。雖然不能完全相信《古語拾遺》提到的年代或是登場人物，但從這段記載不難發現，蘇我氏很早就負責管理渡來氏族以及財務。在大和政權將這項職務發揮至極限的人物就是蘇我稻目。蘇我稻目命令王辰爾記錄船隻方面的租稅，也要求其姪子膽津製作由蘇我稻目負責管理的白豬屯倉的田部（農業從事人員）名冊。這種透過文字掌握財政的知識正是讓蘇我快速壯大的原動力，而在背後支撐這一切的正是王辰爾這些新進的渡來人。

熟知書記這種文明力量的蘇我稻目為了強化與渡來人以及渡來氏族之間的從屬關係，也接觸了他們的文化與想法，也就是所謂的佛教。雖然不同的史料對於佛教正式傳入倭國的說法各有不同，但佛教於欽明朝正式傳入這點是無庸置疑的。蘇我稻目之所以表明接受佛教，對內是為了要拉攏那些來到倭國卻仍篤信佛教的渡來人，對外則是要強化與百濟之間的關係。這條路線後來也為馬子所繼承。

不過，蘇我稻目與朝鮮半島的接點可不只有百濟。蘇我稻目在接受佛教時，在小墾田的家中安置佛像，還將向原的房子改建為佛寺。此外，他在輕這個地方也有宅院。他在與高句麗作戰之後，獲得兩位高句麗女性為妻，也讓這兩位妻子住在輕的曲殿。儘管與高句麗之間的交流算不上和平，但蘇我稻目的確積極地認識高句麗。此外，從宅院的地理位置來看，蘇我稻目應該是認為位於曾我地區偏南一帶的小墾田，以及向原到輕的山田道都是交通要衢，所以才在這兩個地方建造宅院，之後，也漸漸地成為飛鳥的據點。

蘇我稻目之所以能夠壯大，另一個元素就是婚姻。蘇我稻目的女兒堅鹽媛與小姊君都成為欽明的妃子，所以蘇我稻目也因此成為強大的外戚。堅鹽媛總共生了七男六女，其中包含了用明與推古，小姊君也生了四男一女，崇峻便是其中一位。除了敏達之外，廄戶王子在世時的大王（敏達—推古）都是蘇我稻目的血脈。由女兒所生的王子即位大王是蘇我稻目壯大蘇我一族的手段。當時的大王都會盡可能生養子女，而為了具備扶養他們的經濟能力，就會設置所謂的名代（直屬大王，事奉王權的集團）與子代（養育王族子女的部民）。源自蘇我的王族愈多，蘇我氏的力量也跟著愈強。

若以《書紀》的記載為準，蘇我稻目是於宣化即位之際（五三六年）當上大臣，五七〇年過世。若以平安時期的史料《扶桑略記》為準，蘇我稻目享年六十五歲。一般認為，建造於六世紀後期，看起來像高句麗王墓的階梯式金字塔方墓的都塚古墳是蘇我稻目的墳墓，但這部分未有定論。蘇我稻目在大和政權擔任了三十五年的大臣，也成功在自己這一代帶領蘇我氏走向繁榮。

從稻目到馬子

繼承蘇我稻目路線的是馬子。五七一年欽明死去，隔年由欽明與宣化血脈石姬所生的敏達即位。在當時，王權更迭之際，會任命大臣與大連，確認與新王之間的從屬關係。敏達任命的大臣就是馬子，這也是馬子於史料中首次登場。從馬子於六二六年去世推算，馬子擔任了五十五年的大臣，一直處在政權的核心。若根據《扶桑略記》的記載，馬子於二十二歲成為大臣。姑且不論年齡的記載是否確實，但絕對是年紀輕輕就躋身政治核心，這在當時絕非理所當然的事情。以王權為例，大王在四十歲前後即位才是合適的年齡，所以能在二十幾歲成為大臣，並且得到相關人士的認同，代表前一代的蘇我稻目建立了其他世族難以匹敵的地立，或者是在欽明的妃子堅鹽媛與小姊君的意向之下，馬子才得以年紀輕輕就位極人臣。當時政治實力堅強的妃子會與大王一起施政，所以妃子的意向也不容忽視。

此外，敏達即位後，任命物部守屋為大連。前一任大連是物部守屋的父親物部尾輿，與他有關的最後一筆記錄就是在欽明朝前半期，他反對接納佛教的內容，而守屋有可能在欽明朝的時候就成為大連。他的妹妹（一說是姪女）是馬子的妻子，兩者之間生了毛人。這場婚姻很可能是在馬子與守屋對立之前的敏達朝（五七二—五八五年）成立。當時年紀尚輕的馬子與守屋攜手處理朝政。

不過，馬子與守屋後來勢成水火。造成雙方對立的關鍵是敏達的辭世。雙方在出殯（葬禮）朗讀誄（弔辭）時互相揶揄。守屋將馬子比喻成被長箭射中的麻雀，如果真有此事，馬子應該是個頭嬌小又圓滾滾的體型。

敏達死後，欽明與堅鹽媛所生的王子用明即位。欽明與敏達的母親雖然是王族，但這裡出現了蘇我血脈的大王，意味著有資格繼承王位的人變多了，王權也因此動搖。小姊君這邊的穴穗部王子希望與守屋聯手，並且與敏達的妃子，也就是堅鹽媛這邊的額田部王女（後來的推古大王）打好關係，鞏固自己的立場。雖然最終失敗收場，但馬子開始批判穴穗部的行動，馬子與守屋也開始對立。

用明因為疱瘡死去後，穴穗部與守屋便打算左右繼承者的挑選，馬子則與其他世族聯手，成功殺害了穴穗部，接著再親自帶著具有實力的王族、紀、巨勢、阿倍、大伴的軍隊追殺失去王族支持的守屋，滅了物部一族。這就是所謂的丁未之亂。守屋的龐大財產有一部分透過物部出身的妻子流入蘇我，蘇我一族也因此在大和政權奠定了其他世族難以企及的地位。大部分的人認為，蘇我與物部的衝突點在於是否接受佛教，但其實從雙方的恩怨情仇來看，雙方的衝突點應該是王位的繼承才對。

此外，另一件與丁未之亂有關的事件就是飛鳥寺的建造。在馬子遲遲攻不下守屋時，廄戶王子向四天王祈求，約定打勝仗之後，為四天王建造寺院，藉此提高了士氣，而馬子也仿效了廄戶王子的作法，所以在丁未之亂平息後，廄戶王子建造了四天王寺，馬子則建造了飛鳥寺。不過，在敏達朝的時候，已有寺工從百濟來到倭國，所以馬子也支援善信尼，藉此推動接納佛教的政策，自此，寺院便如雨後春筍般，在倭國陸續出現。百濟方面，五七七年，為了將舍利迎入王興寺而舉辦了盛大的儀式，這場盛會或許也刺激了馬子。若要研究馬子建造飛鳥寺的動機，理論上要從這點開始著手，但大多數的人認為，蘇我與物部在是否接納佛教這點產生歧異，進而引發了丁未之亂，所以也將飛鳥寺的起源與丁未之亂掛勾。儘管是在丁未之亂結束後才動工，但是在丁未之亂爆發之前，技術人員就已經來到倭國，也已經開始調度相關的建材。

這場王位爭奪戰的結局，是由穴穗部王子的胞弟泊瀨部王子即位為崇峻大王，而泊瀨部王子也一起討伐了守屋。崇峻迎娶馬子的女兒河上娘以及大伴氏的女性為妃，藉此維持朝廷之內的和平。不過，馬子與小姊君這邊的王族似乎不太和諧。崇峻為了鞏固王權，與馬子對立之後，馬子便命令手下東漢直駒殺害崇峻。雖說蘇我是實力最強的世族，但區區的世族居然敢殺害大王，不過，其他世族也未提出任何異議。這或許是因為許多世族都對崇峻不滿，以及馬子事先的疏通奏效。

馬子在丁未之亂與殺害崇峻這兩大紛爭之中獲勝。共通之處在於孤立對手與拉攏各方世族。《書紀》提到，馬子不僅有勇有謀，還有三寸不爛之舌。他除了懂得指揮軍隊，還能在作戰之前布局，為自己創造最有利的情況，讓蘇我的勢力極大化，這除了平息丁未之亂，也為後來即位的推古鋪好一條康莊大道，讓推古得以創造穩定的治世。

在這段期間，飛鳥寺也持續建造。五九二年建造了佛堂與迴廊，隔年在樹立塔心柱的時候，將舍利埋進塔心柱的基座。據說馬子穿著百濟的服裝參加這場儀式。飛鳥寺是百濟技術移轉的象徵，對於透過佛教推動文明化政策的蘇我來說，這場儀式也是盛大的舞臺。五九六年，飛鳥寺峻工，由馬子的兒子善德負責管理。止利佛師在六〇五至六〇六年這段期間建造了丈六佛，並將本尊安置於金堂。儘管是在百濟的影響之下才決定建造飛鳥寺，但是倭國與百濟之間的關係，不僅止於飛鳥寺。一如前述，蘇我與高句麗早有接觸，廄戶王子之師高句麗僧慧慈入住飛鳥寺正是這件事的表徵。推古朝初期的飛鳥寺象徵了來自朝鮮半島的文明，也在在彰顯了蘇我才是公認的倭國文明化主力推手。

進入推古朝之後，與推古、廄戶聯手處理朝政的馬子也暫時偃兵息鼓。六二〇年，與廄戶一起編撰了《天皇記》、《國記》、《臣連伴造國造百八十部并公民等本記》。大部分的人都認同《天皇記》是與王權歷史有關的書籍，但對於《國記》與《臣連伴造國造百八十部并公民等本記》的內容卻持有不同的意見。繼承馬子地位的毛人在後來的乙巳之變縱火焚燒宅邸自殺之際，船史惠尺將《國記》與《臣連伴造國造百八十部并公民等本記》的部分內容從火中救出來，由此可知，這兩本書是在蘇我的宅邸編輯的。這也是從蘇我稻目時代就吸收渡來集團文字技巧的蘇我才能完成的豐功偉業。即使到了推古朝，文字文化仍由蘇我主導。

晚年的馬子曾以葛城縣為蘇我根據地為由，要求推古將葛城縣賜給蘇我一族。同樣的，馬子為了營造對自己有利的環境，將其他世族也拉進來，特別請安曇與阿倍對推古提出這項要求，不過，推古卻加以拒絕，沒讓馬子得逞，王權與蘇我之間的關係也是從此時開始出現裂痕。

馬子於六二六年過世，葬於桃原墓。蘇我一族從蘇我稻目的時代開枝散葉，分出境部、櫻井、久米、小治田、田中、箭口這些旁支，而這些蘇我的旁支則於飛鳥周邊盤踞。一般認為，蘇我一族建造的這座墳墓就是石舞臺古墳。

止利佛師與其一族

六七〇年，從法隆寺火災救出的金堂釋迦三尊像，是繼承北魏末年龍門樣式的傑作。根據刻在光背的銘文，金堂釋迦三尊像是於癸未年（六二三年）由「司馬鞍首止利佛師」所造。與這尊佛像風格一致的還有安居院釋迦如來坐像（飛鳥大佛）、釋迦如來、文殊菩薩像（法隆寺）這些於七世紀前半建造的佛像。這些佛像都是在止利帶領的工房製作，而這座工房也聚集了引領推古朝佛教文化的技術人員。

止利首次在歷史舞臺亮相是在六〇五年。推古與馬子、廄戶一起立下建造丈六佛的宏願，而止利也被任命為建造這座佛像的工匠。這座佛像就是飛鳥大佛。根據《書紀》的記載，雖然佛像於隔年完成，卻因為比金堂的門還高，遲遲無法搬入金堂。正當工人準備破壞大門，將佛像搬入金堂，所幸在止利的巧思之下，佛像得以順利搬入。這些準備破壞大門的工人應該是止利工房的技術人員。止利因為建造佛像以及將佛像搬入金堂的功績而受封大仁這個冠位，也獲賜近江坂田的水田二十町，據說就是以這些水田建造了金剛寺。飛鳥大佛在一一九六年被落雷擊中而部分燒毀。不過從倖存的頭部也能遙想當時的情況。前述的釋迦三尊像是止利目前能夠確認的最後事跡。

雖然止利的事跡只有這些記錄，卻是說明鞍作（鞍部）來歷的鐵證。

司馬達等

止利的氏族為鞍作，而鞍作的系譜從止利的祖父司馬達等開始。根據傳承，鞍作一族是於五二二年來到倭國。據說一開始在高市的坂田原定居，設立了草堂，並將佛像安置在草堂之中。假設這段記錄屬實，那麼早在欽明朝之前，司馬達等就於繼體朝將佛教帶入倭國了。當時周遭的居民似乎都將佛陀視為異國的神明，不敢過於親近，所以只有司馬達等這些渡來人膜拜。這段傳承蘊含了與文化傳播有關的暗示。欽明朝之所以從百濟接受佛教，算是外交上的一種交易，然而，沒有明確形式的思想或宗教的思潮，只要有人支持，就無法完全壓制。由於佛教早就在朝鮮半島扎根，所以來自朝鮮半島的渡來人當然會將佛教信仰一起帶入倭國，至於會不會被倭國接受那就另當別論。當時的倭國人民將佛陀視為異國的神明，無法敞開心胸接受。此外，當時的倭國人民也將佛陀視為神明，習慣以既有的文化解釋與接受新文化。換言之，正因為渡來人早一步引進佛教，佛教才得以在後來正式傳入倭國。

史料將司馬達等記為「鞍部村主司馬達等」與「案部村主司馬達止」。這些名稱可作為了解他的線索。「鞍部（案部）」代表的是他們來到倭國之後，被大和政權視為製作馬具的技術人員，「村主」則代表他們來到倭國之際的立場。渡來人通常都是整團來到倭國。從朝鮮半島冒險來到倭國並非個人的決定，而是因為戰亂或是其他社會動盪，被迫集體外移的結果。到了倭國之後，由於是寄人籬下，所以才被大和政權或是地方世族納編。日文讀音為suguri的「村主」源自朝鮮古語的「村」（sukur），意思為集團領袖。換言之，鞍部與村主都不是個人的名字，而是渡來人的社會地位。

那麼，「司馬達等」是個人的名字嗎？「達等」的確可以如此理解，卻必須注意「司馬」這個部分。在司馬達等來到倭國之前的五世紀，「司馬」是源自中國府官制的官職名稱。此外，朝鮮半島的貴族自古以來就有族姓，但是庶民一直等到高麗朝才有所謂的族姓。換言之，「司馬達等」應該解釋成在渡來之前的朝鮮半島「擔任司馬的達等」。「司馬」當然也有可能是姓，但是司馬達等的祖先是因樂浪郡滅亡而四處流亡的中國遺民，他們自稱司馬也是有可能的，不過無法確定五世紀的府官階層是否有司馬這個姓，所以前者的機率較高。

此外，司馬達等來到倭國的五二二年也值得注意。在更早的五一二年，往南方擴張版圖的百濟曾向倭國要求榮山江流域一帶的土地，這就是所謂的「任那四縣割讓事件」。若以近代的殖民地概念解釋，當然會解釋成倭國將該地割讓給百濟，但事實並非如此。最終，該地還是被納入百濟的版圖。在百濟不斷擴張勢力的過程中，將五經博士派往倭國。隔年，百濟也往東邊，企圖併吞蟾津江流域的己汶與帶沙。加耶諸國也因此感到危機逼近，於是加耶諸國的盟主大加耶於五二二年與新羅透過婚姻結盟，藉此與百濟對抗。不過，到了五二四年之後，新羅也進軍加耶，加耶地區因此走上滅亡之路。

換言之，司馬達等前往倭國，與百濟、新羅連番入侵加耶地區應該有關，至於司馬達等是於何時前往倭國，不該直接斷定為五二二年，而是要推測為在五二二年前後的期間。至於鞍部這個渡來氏族，《書紀》的雄略七年提到了鞍部堅貴這號人物，但前述的歷史進程來看，鞍部堅貴應該與司馬達等沒有直接關係。

司馬達等來到倭國之後，便接受蘇我氏的庇護。到了敏達朝之後，在馬子的命令之下，四處尋求修行者，最終找到高句麗僧惠便，馬子奉惠便為師。此外，達等也在馬子舉辦大會（大型法會）之際獻上佛舍利。據說這個舍利用鐵槌打不壞，放在水裡也不會往下沉。儘管這聽起來像是佛舍利的怪談，卻也強調了達等與佛教（尤其是高句麗佛教）之間的關係。

司馬達等的活動就此中斷。如果到目前為止的年序都正確，此時的司馬達等已經相當高齡，甚至有可能已經過世。與其說達等是鞍作這種技術人員，不如說他的所作所為都帶有佛教的色彩。相較於佛教正式傳入倭國這件事充滿了政治色彩，達等的活動可讓我們一窺佛教在當時倭國社會的樣貌。他的一生可說是與佛教同在。

德齊與善信尼

廄戶王子的父親用明大王於五八七年病危之際，司馬達等的兒子多須奈自願出家，也願意建造丈六佛與供奉丈六佛的寺院。這座寺院就是坂田寺。過沒多久，用明過世。五九〇年，多須奈如願出家，自稱德齊法師。雖然從發願到出家隔了三年，但或許是為了建造寺院才有所拖延。

司馬達等還有一位女兒，名字叫作「嶋」。五八四年，嶋師從惠便出家，自稱善信尼。此時漢人豐女、錦織石女也出家，自稱禪藏尼與惠善尼。她們都是渡來氏族的人，由此可知，倭國的佛教最初是由這些人在背後支持。不過，隔年瘟疫（有可能是天花）爆發，外來的佛教便被視為異端，善信尼也遭受鞭打。這是充滿殉教色彩的故事，也是倭國初期佛教徒的形象與樣貌。

五八七年，善信尼向馬子提出前往百濟學戒的請求。馬子曾向當時的百濟使節提及此事，但使者表示此事需要請示百濟王，不願當下回應。假設這段歷史屬實，便可知道當時的百濟將充滿學術色彩的佛教當成外交籌碼。五八八年，負責營造飛鳥寺的技術人員從百濟來到倭國，善信尼也趁機前往百濟留學。在日本史上，她可說是第一位成功留學的人物。提到留學生，大部分的人都會想到遣唐使這類角色，但其實最早的留學地點是朝鮮半島。在日本史上總共有三波西方浪朝，第一波是五至七世紀，來自朝鮮半島的思潮；第二波來自七至八世紀的中國；第三波來自十九世紀的西歐。倭國應對的方式就是派出留學生。很久以前就不斷有人提出第二波派出的是遣隋唐留學生，第三波派出的是遣歐留學生，卻很少人提及第一波的留學生，而善信尼就是第一波的第一位留學生（僧），足見其地位的重要性。

兩年後，善信尼與惠善尼、禪藏尼一起回國，於櫻井寺定居。櫻井寺為豐浦寺的別名，是從蘇我稻目捐贈的宅邸改建而成的寺院。這座位於飛鳥寺後方的寺院一開始只有寺院的設施，善信尼住進去的時候，外觀看起來還不像是寺院。也有人認為，當地有可能是推古在即位之前，身分還是妃子時所居住的宮殿，善信尼引入的佛教也有可能對推古造成影響。

之後，便沒有任何與善信尼有關的記錄。不過，由她引進的信仰由止利繼承。

之後的鞍作

鞍作一族在止利之後仍繼續活動。雖然不知道鞍作福利是否為達等的血脈，但是他於六〇七、六〇八年擔任遣隋使的通事（通譯）。鞍作福利於六〇八年前往隋朝之後便未回到倭國，有可能他不只是通譯，還有可能是留學生。如果真是如此，那麼始於善信尼的留學系譜可說是由鞍作福利延續。

六二四年，爆發了僧侶毆打祖父的事件（參考本章「推古大王」、「觀勒」這兩節的內容），此時鞍部德積成為僧都。根據話本的內容，大部（大伴）屋栖野古也成為僧都。假設這段歷史屬實，未出家修行的鞍部德積似乎直接成為僧都，想必這是因為鞍作在佛教的風評不錯吧。

時間來到六四五年，在高句麗留學的鞍作得志被高句麗殺害的消息，也是由留學僧帶回倭國。此時，高句麗佛教與留學這兩個鞍作的關鍵字也正式形成。此外，鞍作得志曾學會「奇術」，所以有人強調鞍作得志學到的是方術而不是佛教。鞍作一族的學術成就不止是佛教。對於鞍作一族而言，學習對象除了儒教與佛教，還包含了方術。

始於司馬達等，後由多須奈、善信尼延續，乃至於止利的血統，以及與這個血統有關的鞍作福利的系譜，與倭國社會包容佛教的歷史可說是如出一轍，這也是倭國在吸收朝鮮佛教之後，再讓佛教產生變化的過程。達等與善信尼及高句麗僧惠便之間的關係也非比尋常。換言之，這可視為定居倭國的鞍作與高句麗佛教的結合。從止利建造的飛鳥大佛與釋迦三尊像具有北魏的風格這點來看，不難發現高句麗佛教與鞍作一族的關係匪淺。另一方面，庇護佛教信仰的蘇我氏則與百濟佛教緊密結合。前往百濟留學的善信尼應該也將百濟佛教的元素帶回鞍作。倭國的佛教就在北朝的高句麗佛教與南朝的百濟佛教影響之下形成，而鞍作則是透過佛教邁向文明的一族。

其他人物

東亞的流民

東亞的文明化進程可說是與汲取中國文明息息相關，尤其在文明化正式啟動的四至五世紀，來自中國的人們扮演了相當重要的角色。若問來自中國的人們是哪些人，大部分的人都會想到外交使節或是僧侶，但其實不止這些人。另一種形式就是流亡的中國人。

四世紀，北方民族鮮卑於遼東地區樹立霸權，奠定前燕（三三七—三七〇年）的基礎，不過慕容廆卻於三三三年過世，他的兒子慕容皝與慕容仁也為了繼承王位而鬥爭，最終由慕容皝獲勝。敗北的慕容仁與他的親人於三三六年往東邊逃走，其中一人就是抵達高句麗的冬壽（佟壽）。冬壽帶著部下流亡高句麗之際，許多深諳中國文化的知識分子也跟著進入高句麗。冬壽於三五七年在高句麗過世，他的墳墓就是安岳三號墳。從石室的墨書可以得知，冬壽雖然住在高句麗，卻還是以中國的爵位自稱，一般認為，這也讓高句麗的統治體制更加完善。

北燕（四〇七—四三六年）的最後一位君王馮弘在遭受北魏攻擊後，率兵逃往高句麗。據說逃到高句麗之後，馮弘仍維持在中國的生活方式。當他準備逃往江南的南朝宋之際，卻被高句麗所殺，跟隨他的人也遭受同樣的命運。不難想像的是，他們的文物亦被高句麗接收。

這種以流民為媒介的文化影響在與中國接壤的高句麗尤為顯著。對於不排斥與中國發生軍事衝突的高句麗來說，接受流民可說是對抗中國的政策之一，從中也可以得知，文化的傳播與政治的動向有關。

高句麗王權就是借助於這些流民，整頓國家的制度並強化國力。

為數眾多的府官

西元前一〇八年，漢武帝征服朝鮮半島之後，設立了四郡，但其中三郡一下子就瓦解或是轉移據點，只有樂浪郡持續地影響東亞地區。當西元前四十五年製作的戶籍與《論語》的竹簡一起出土後，便得知樂浪郡在當時是東亞的學術據點。到了東漢末年，軍閥公孫氏於二〇四年左右，在樂浪郡的南半部設立了帶方郡，許多漢人的知識分子也於這些郡定居，持續傳播中國文化。不過，在三一四年左右，高句麗滅了這兩郡，這些漢人就於朝鮮半島過著顛沛流離的生活，也被各國接納。對各國的王族來說，要想了解中國文化，就必須借助這些流亡漢人的知識，而這些漢人知識分子也為了能夠在當地定居而提供知識。當雙方的想法一致，文明流入東亞的條件也就全部滿足了。

這些漢人知識分子以及他們的子孫在與中國的外交上特別活躍。在當時，要撰寫外交文書，就免不了要引經據典，所以中國文化的知識就能派上用場。目前已知的是，這些漢人知識分子的活動範圍包含高句麗、百濟、倭國以及東亞一帶。

當東亞各國接受中國王朝冊封，並被任命為將軍，之後他們又根據這些官職任命幕僚。這些幕僚的官職為長史、司馬與參軍，一般統稱為府官。府官見於史料最早的記載是四一三年在高句麗擔任長史的高翼。至於倭國這邊，是四二五年，贊派遣的司馬曹達。至於百濟方面，則是四二四年的張威，以及張茂、張塞這些同姓的府官。由此看來，應該都是同一族擔任府官。從樂浪郡、帶方郡流亡至東亞各國的中國知識分子在這些國家的文明化過程扮演了重大的角色，雖然許多人未能留名青史，卻是在五至七世紀的東亞歷史之中，不可或缺的重要人物。

五經博士

在古代的東亞，「文化」指的就是中國的學術，所以如何獲得文化是重要的政治課題，而最直接的路線就是直接與中國接觸。比方說，五世紀的府官、六世紀到九世紀的遣隋使、遣唐使這些留學生就是其中一例。不過，傳入朝鮮半島的中國文化也對倭國造成影響，尤其在尚未派出遣隋使，倭國與中國未有任何外交關係的時候，從朝鮮半島接觸中國文化更是具有相當的政治意義。在倭國停止派遣使節前往中國的時期，讓倭國得以繼續接觸中國文化的重要角色就是五經博士。所謂的五經是指儒教的基本經典，其中包含《尚書》（書經）、《禮記》、《周易》（易經）、《毛詩》（詩經）與《春秋》，而傳授這些經典的人就稱為五經博士。

五經博士首次登場的時間點是五一三年，當時的倭國正值繼體朝。百濟派遣了段楊爾這位五經博士前往倭國。當時的倭國與百濟正因為朝鮮半島的南部而陷入緊張。《書紀》也將這段歷史記為「任那四縣割讓事件」的一部分。話說回來，朝鮮半島南部本來就不屬於倭國，但百濟只是不想因為朝鮮半島南部的利益而與倭國發生衝突，所以才派遣五經博士前往倭國。這也是學術被當成外交籌碼的表徵。

之後，又有五經博士的零星記錄。五一六年，百濟派遣漢高安茂出使倭國，與段楊爾交接。在此之前，百濟與伴跛對立，倭國也介入其中，所以這可說是與國際問題有關的行為。另外還有欽明朝的五五四年，由王柳貴交接給馬丁安這段記錄。

派遣五經博士的歷史背景與百濟的復興有關。四七五年暫時滅亡的百濟，在六世紀，武寧王與聖明王的努力之下，成功恢復國力。此時的百濟非常重視與南朝梁的外交關係。五四一年，向南朝梁要求「涅盤等經義」與毛詩博士後，也得到南朝梁的允許。百濟與南朝梁的外交充滿了學術傳播的色彩。百濟吸收的學術便在這樣的國際情勢之下傳入倭國。雖然在何時傳入倭國這點有些出入，不過就整體的流向來看，的確是南朝傳入百濟，再從百濟傳入倭國的順序，而透過這種路線傳播的南朝文化也成為倭國的中國文化。雖然律令國家將北朝音（漢音）定為漢字的正式發音，但是直到八世紀，南朝音（吳音）都還存在，這也代表南朝文化奠定了古代日本的文化基礎。

從百濟來到倭國的五經博士的姓包含段、高、王、馬這點，不難發現他們是在樂浪郡滅亡之後，於朝鮮半島各地流亡的中國人士。換言之，他們很有可能是在五世紀擔任府官之人的後代。到了六世紀中葉之後，就再也看不到他們的蹤影，很有可能五經博士只是在五世紀暫時擔任了學術交流的角色，而這個角色後來慢慢地被僧侶取代。

日羅

？—五八三年。父親為火葦北國造刑部靫部阿利斯登。日羅來自火國（肥前、肥後）地區的國造，不過，年輕的時候就遠渡百濟，在威德王的手下，爬到達率這個相當於大臣的地位。根據《隋書．百濟傳》的記載，當時百濟國內有倭國、高句麗、新羅、中國以及各式各樣的人，想必日羅能夠在百濟飛黃騰達，與百濟廣納百川的態度有關。另一個值得注意的部分就是日羅的這項舉動未在倭國引起問題這點，或許我們可以就此理解成，在六世紀的東亞，事奉君王與出身何處沒什麼關聯。在朝鮮半島南部到九州的這塊地區之中，對母國的歸屬感極度薄弱，這也代表當時的日本列島與朝鮮半島的交流十分熱絡，學術交流也是在這樣的時代背景之下才得以實現。

五八三年，敏達朝的倭國為了討論加耶問題，從百濟延聘日羅回國，但是威德王基於愛才之心，遲遲不願放人，直到倭國屢次要求，日羅才得以回國。不過，為倭國獻策這件事未得到百濟的認同，因此被同行的百濟使者殺害。

規範君、臣、民之間關係的憲法十七條是為了將君臣關係的規範植入不穩定的倭國所做的嘗試，也意味著六世紀那種階級不斷流動的身分秩序告終。

崇峻大王

？—五九二年。在天皇一族（包含大王的時代）的歷史之中，崇峻是唯一一位在位期間被弒的大王。崇峻大王的父親為欽明，母親為蘇我稻目的女兒小姊君。就算與前後任的大王，也就是用明與推古（父親與母親都是欽明與堅鹽媛）比較，這也是毫不遜色的家世。

不過，他在位期間卻充滿了驚濤駭浪，即位之後，也歷經波折。前任大王用明因為疱瘡死去之後，胞兄穴穗部王子就為了大王之位而與馬子對立，也因此被殺害。支持穴穗部王子的物部守屋也因此與馬子爆發軍事衝突，引爆了丁未之亂。雖然一直以來都認為丁未之亂是雙方為了是否接納佛教而爆發，但這是只屬於聖德太子信仰的說法，所以就史實而言，我們應該將丁未之亂視為，物部為了壓制蘇我反被孤立的過程中，所祭出的強硬手段及政治抗爭。

崇峻在丁未之亂結束後即位，若從該時代的王位繼承規則來看，崇峻的即位是具有合理性的。崇峻即位後，便立馬子的女兒河上娘為妃，積極地與蘇我一族合作，還將宮殿設置在磐餘的倉梯，這與敏達的他田宮及用明的池邊宮是同個地區，算是繼承了前任大王的路線。換言之，崇峻大王未如同推古，在蘇我的據點飛鳥建造宮殿，雖然是蘇我的血統，在政治上，算是與蘇我保持了一定的距離。

在朝政（五八七—五九二年）方面，於五八九年視察國境這點特別引人注目。崇峻大王曾派遣使者前往東山道、東海道、北陸道劃定列島的邊界。這些都是對東日本的處置，也可視為是為了讓王權往東邊擴張的舉動。在各大世族眼中，崇峻大王這一連串的王權強化政策有可能危及他們的利益。

五九二年，崇峻與馬子的對立因為山豬頭的爭奪而浮上檯面。隔月，馬子殺害了崇峻，而其他世族似乎也附和馬子。這代表崇峻與馬子為首的世族在政治方面的利益已無法達成共識。假設這項推論屬實，就能將崇峻評為企圖在文明化的過程之中強化大王權力，卻遭到挫敗，是過早實施君主專制制度的大王。而崇峻的失敗與反省也造就了推古朝的三巨頭政治體制。

小野妹子

生卒年不詳。在許多人心中，小野妹子就是遣隋使，反之亦然，因為除了遣隋使之外，關於他的事跡幾乎沒有任何記載。話說回來，所謂的小野氏，只是因為妹子在敏達朝（六世紀後半）住在近江國滋賀一帶的小野村，所以才自稱小野。根據《古事記》的記載，小野氏與春日、大宅、粟田、柿本這些氏族一樣，都以孝昭天皇的皇子天押帶日子為祖先。這些氏族以和邇氏為核心，形成寬鬆結合的同祖集團。這是因為在六世紀，氏姓制度形成過程之中，這些集團分裂成不同的氏族所致。目前難以確定的是，最早自稱小野的是否為妹子，但從時期來看，就算不是從妹子開始自稱小野，至少也是從前一代就如此自稱。由於妹子在大和政權奠定了小野氏的地位，所以將妹子視為小野氏實質上的祖先也無傷大雅。

至於妹子本身的事跡，有史實佐證的部分非常少。六〇七年，被任命為遣隋使之後，才首次在歷史舞臺亮相，隔年就隨著裴世清回國。等到裴世清準備返回隋朝，又成為遣隋使，最後於六〇九年回國。儘管《隋書》記載了遣隋使的相關內容，但就《書紀》而言，六〇〇年那次沒有相關記載的派遣是最早的遣隋使。當時的倭王應該是「阿每多利思比孤」，與女帝推古（額田部）的名字不一致。關於這點，有人認為這是妹子的祖先天押帶日子的名字遭到誤傳所致。如果這項說法屬實，那麼妹子從六〇〇年開始就是遣隋使，但目前未有定論。

至於在履行遣隋使職務的方面，六〇八年，與裴世清一起回國時，犯下了在百濟被奪走國書的失誤。關於這項失誤其實眾說紛紜：一說認為，當時的大和政權不想接到來自隋朝的國書，所以希望國書被奪走；另一種說法則認為從頭到尾就沒發生過國書被奪的事件。不過，從後續的發展來看，裴世清依照外交禮儀，將傳說中被奪走的國書交給了推古，與上述的說法之間互相矛盾。也有可能只是隋朝賜予妹子個人的文書被奪走而已。

六〇七年的遣隋使帶了那封「日出處」的國書前往隋朝，也惹得煬帝不悅，不過未演變成外交問題。

一般認為，之所以能夠大事化小，小事化無，與當時高句麗問題以及東亞的國際關係有關，但也是因為妹子的舉止得宜，才得以避免問題擴大，這也證明妹子十分了解隋朝的外交禮儀，也具備應對進退的文化素養。此外，裴世清來到倭國之後，倭國的外交禮儀也趨於完善，但不難想像的是，背後一定有妹子助一臂之力。

六〇九年之後，妹子於歷史舞臺銷聲匿跡。在其孫小野毛野的薨傳提到，小野毛野是小治田（推古）朝大德冠妹子的孫子。由此可知，妹子有可能因為擔任遣隋使有功而受封大德的冠位，而且在推古朝的時候去世。

秦河勝

生卒年不詳。秦氏是渡來氏族之一，一般認為，於應神朝率領一百二十餘縣來到倭國的弓月君是秦氏之祖。到了七至八世紀之後，秦氏成為枝繁葉茂的龐大氏族，也成為傳說中的大集團。其實大和政權為了方便管理，會讓一波波來到倭國的渡來人集結為單一氏族，秦氏應該也是如此形成。相關的傳承提到秦氏曾於六世紀負責管理銀庫，與負責國家財政的蘇我氏關係密切。秦河勝將據點設在山背的葛野，並於六世紀末到七世紀初期成為該族族長。

秦河勝首次出現在歷史舞臺是在丁未之亂（蘇我與物部的紛爭）的時候。據說他射中了物部守屋，還將他的頭砍了下來。秦河勝的這段事跡首見於平安初期的《上宮聖德太子傳補闕記》，但是《書紀》卻將這段事跡歸功於押坂彥人大兄的舍人迹見首赤檮。在研究聖德太子傳承的形成過程時，這的確是很有趣的出入，但在研究史實時，卻必須更加謹慎。假設秦河勝當時參戰的話，一定是基於與蘇我之間的關係。

據說秦河勝於六〇三年為了響應廄戶的佛像崇拜運動而建造了蜂岡寺（廣隆寺）。也有史料指出，蜂岡寺是於六二二年建造。廄戶也於這一年辭世，所以建造蜂岡寺有可能是為了供養廄戶，但如此一來，就必須假設廄戶與秦氏在政治上有所合作，所以在六二二年之前與廄戶建立良好的關係，並建造寺院的可能性較高，於六〇三年建造蜂岡寺的說法也比較可信。蜂岡寺最初的所在位置應該是北野廢寺（京都市），也是在秦河勝的根據地建造的秦氏寺院。

六一〇年，新羅使節來到倭國時，秦河勝負責照顧這位使者。由此可以推斷，秦河勝與新羅應該有些淵源。有意見指出，蜂岡寺也與新羅佛教有關，但當時的佛教以高句麗、百濟為主流，由此可知，秦河勝的國際人脈也於建造寺院或是推行政務應用。此外，有人認為秦氏是新羅渡來人，但秦氏其實是倭國王權為了政治目的所編成的渡來人集團，所以若要將整個秦氏視為來自新羅的氏族，可能還要多加研議。

秦河勝似乎很長壽，直到六四四年都有相關的事跡。東國的大生部多將蟲子當成常世神祭拜時，秦河勝便取締這個信仰。在這裡也可以看到官方認定的信仰與民間信仰之間的衝突。當時的佛教將氏寺視為文明的象徵，也透過氏姓制度管理民眾。因此，當時的民眾會為了得到在世時的利益而湧向其他信仰。這也是一種社會文明化的反作用力。秦河勝可說是在文明化的過程之中，負責面對這些非主流文化的人物。

觀勒

生卒年不詳。觀勒是六〇二年來到倭國的百濟僧侶，也是三論宗的僧侶。所謂的三論宗就是隋朝的吉藏（五四九—六二三年）創立的宗派。一般認為，觀勒有可能直接從吉藏學習三論（《中論》、《十二門論》、《百論》），或是間接從百濟僧學到三論。觀勒帶到倭國的曆法書、天文地理書、遁甲方術書也大力推動了倭國的文明化進程。目前已知的是，當時的倭國非常重視這些知識，命令陽胡史玉陳、大友村主高聰、山背臣日立學習這些知識。此外，曆法書是五世紀在中國編撰而成的元嘉曆。元岡古墳出土了刻有「大歲庚寅」（五七〇年）的象嵌大刀，而「大歲庚寅」就是以元嘉曆為基準的年份，由此可確認曆法分階段傳入倭國的事實。此外，天文與星宿可說是一體兩面的知識。遁甲方術則是用來占卜吉凶的知識，大海人皇子也於後續爆發的壬申之亂使用了相關的儀式。由此可知，觀勒除了帶來與佛教相關的知識，還滿足了東亞各國對僧侶的期待，扮演了學術方面的角色，甚至還帶來了方伎（技術）。

六二四年，爆發僧侶毆打祖父的事件之後，他便向推古上奏，避免相關的處罰波及整個佛教，也被任命為僧正。由於僧正是南朝系統的僧官，由此可知，觀勒有鑑於百濟政權導入南朝佛教，而將這套僧官制度引入倭國。被任命為僧正時，觀勒已在倭國定居長達二十年以上，但應該還與百濟的佛教界頻繁交流。由於從飛鳥池遺跡的七世紀末遺址發現了寫有「觀勒」的木簡，便可得知觀勒曾於飛鳥寺居住，也能做出觀勒在當時被視為日本佛教重要人物的結論。

此外，一般認為，於六二五年來到倭國的高句麗僧慧灌也曾向吉藏學習三論宗。慧灌來到倭國之後，繼觀勒之後，被任命為僧正。儘管兩人的祖國不同，卻透過三論宗與觀勒建立了關係。

慧慈

？—六二三年。高句麗僧。據說通曉三論宗與成實宗。五九五年被高句麗派至倭國。同年，慧聰也從百濟來到倭國，這兩位僧侶在推古朝初期的佛教推廣活動扮演了相當重要的角色。五九六年，飛鳥寺峻工後，兩人便住進飛鳥寺並從事相同的活動。

廄戶王子向慧慈學習佛教的教義，而在飛鳥寺的時候，一邊接受蘇我馬子的庇護，一邊與慧慈建立深厚的關係。當廄戶王子長大成人，具有一定的政治地位之後，慧慈便成為廄戶王子的政治智庫。從起草給隋朝的外交文書這點便能窺得一二。最終慧慈於六一五年回國。一般認為，慧慈在此時將廄戶王子率領的學術集團所編撰的三經義疏一併帶回祖國。

從朝鮮半島的國家來到倭國，然後在滯留期間從事政治活動，之後又返回祖國的這段過程，與前一代的五經博士十分類似。此外，雖然慧慈來自高句麗，但是在倭國定居時，都是以倭國的立場從事政治活動，而且也以僧侶的身分，與高句麗王保持距離，維持寬鬆的君臣關係。這是因為當時的君臣關係不像後世那般緊密，也代表君臣關係在當時的東亞是沒有固定的形式。

回國後的慧慈在接到廄戶王子辭世的消息之後悲慟不已，也預言自己將在隔年的忌日過世，結果一語成讖。關於廄戶王子的卒年有兩種說法，其一是《書紀》的六二一年二月五日，其二則是法隆寺史料的六二二年二月二十二日，所以慧慈的卒年也隨著根據的史料而改變。

注釋

1. 神田秀夫，〈古事記．上卷〉，《國語與國文學》五三─二（一九七六年）。

參考文獻

飯田瑞穗，《飯田瑞穗著作集1　聖德太子傳の研究（飯田瑞穗著作集1　聖德太子傳的研究）》，吉川弘文館，二〇〇〇年

石井公成，《聖德太子──實像と傳說の間（聖德太子──實際樣貌與傳說之間）》，春秋社，二〇一六年

大平聰，《聖德太子──倭國の「大国」化をになった皇子（聖德太子──讓倭國「大國化」的皇子）》，山川出版社，二〇一四年

小倉豊文，《聖德太子と聖德太子信仰（聖德太子與聖德太子信仰）》增訂版，綜藝舍，一九七二年

北康宏，〈聖德太子──基本史料の再檢討から（聖德太子──從重新檢視基本史料開始）〉，石上英一等監修、鎌田元一編，《日出づる国の誕生（日出國的誕生）》，清文堂出版，二〇〇九年

久米邦武，《久米邦武歷史著作集　第一卷　聖德太子の研究（久米邦武歷史著作集　第一卷　聖德太子的研究）》，吉川弘文館，一九八八年

新川登龜男，《聖德太子の歷史學（聖德太子的歷史學）》，講談社，二〇〇七年

曾根正人，《聖德太子と飛鳥佛教（聖德太子與飛鳥佛教）》，吉川弘文館，二〇〇七年

東野治之，《聖德太子──ほんとうの姿を求めて（聖德太子──追尋聖德太子真正的模樣）》，岩波青少年新書，二〇一七年

三崎良章，《五胡十六國——中國史上の民族大移動（五胡十六國——中國史上的民族大遷徙）》新訂版，東方書店，二〇一二年
義江明子，《推古天皇》，ミネルヴァ書房，二〇二〇年
吉村武彥，《聖德太子》，岩波新書，二〇〇二年

第十章
古代東亞的外交與戰爭

李成市
植田喜兵成智

「金庾信」、「禰軍」、「黑齒常之」、「薛仁貴」由植田喜兵成智撰寫，其餘由李成市執筆

前言

隋朝滅亡後，中國再次陷入群雄割據的局面，然而群雄之一的李淵（高祖）的唐朝於六一八年再次統一了中國。為唐朝統一天下作出貢獻的李淵之子李世民（太宗）透過武裝政變（六二六年）在玄武門殺害了皇太子，也就是他的哥哥李建成，手握大權之後，便著手鎮壓周邊民族。殲滅東突厥之後，又擊敗率領鐵勒諸部的薛延陀，將維吾爾納入版圖，接著又降服吐谷渾與西夏，平定了西域，唐朝也就此完成驚人的遠征大業。李世民之子高宗也繼承了唐朝這種遠征政策，比方說，在東方的高句麗、百濟、新

羅這三國鬥得你死我活之際，助新羅一臂之力。在唐朝一統天下的過程之中，七世紀的東部歐亞民族也被捲入戰亂之中，許多地方都遭受戰火波及。在六六〇—六六八年這段時間，朝鮮半島的百濟與高句麗滅亡，倭國也與唐朝、新羅的聯軍交戰。

唐朝滅了百濟與高句麗之後，在朝鮮半島的新羅設置了羈縻州，希望藉此間接統治新羅，但此時唐朝也得面對位處西方的藏族所建立的吐蕃，因此不得不放棄統治朝鮮半島的念頭。新羅在面對唐朝的威脅之下，將舊百濟地區與高句麗的南部地區納入版圖，推動了與百濟、高句麗遺民融合的政策。可惜的是，新羅與百濟、高句麗整合的過程並不順利，因為要整合百濟、高句麗的王族與遺民，等於要讓政治、社會、文化都不同的百姓融入新羅的社會，而且還要重新整頓統治階層的秩序，所以新羅也必須建立新的身分制度（骨品制）。

另一方面，在舊高句麗長期統治的領域之中，被唐朝壓制的舊高句麗統治階層建立了渤海國（六九八年）。對新羅來說，這個國境之北接壤的新王朝無異是新的危機。

位處日本列島的倭國也不能只是隔岸觀火，任由新羅吞併百濟與高句麗。倭國爆發了與朝鮮半島稍微有關的內亂（壬申之亂，六七二年）之後，面臨了國內整合的問題，此時朝鮮半島也進入全新的局勢，這些都與派遣百濟援軍有關。當倭國接納了舊百濟王族、高句麗王族與其他遺民之後，日本列島便出現了重要的課題。我們也必須承認日本國號與天皇稱號是這個時代的產物。

綜上所述，這個時代可說是決定朝鮮半島、日本列島後續歷史的重要時期。為了全盤了解這個時代，本書決定以金春秋（日後的武烈王）這位核心人物為起點，介紹整個時代。

身為新羅王族的金春秋在六四二年，新羅突然遭受百濟與高句麗的軍事威脅之後，便在新羅存亡危急之秋展開外交活動。為了尋求與高句麗合作的方法，金春秋先是遠赴平壤談判，接著再遠渡倭國尋求協助，最後還多次與唐朝協商，在東亞各國之間推動外交政策，摸索新羅存續之道。在與唐朝建立穩固的外交關係以及軍事合作之後，便站上前線，讓百濟走向滅亡的道路。

在尋求外援的這段時間，金春秋與盟友金庾信一起支持善德王、真德王這兩位女王，穩固王權的基礎之後，最後也於六五四年即位為武烈王，此時的金春秋已五十二歲。雖然與百濟復興軍的戰鬥以及與高句麗的最後一戰是金春秋留給其子金法敏（文武王）的課題，但是金法敏最終與父親的盟友、情同伯父的金庾信一起面對了這個難題。一般認為，高句麗滅亡之後，新羅才正式統一了三國，朝鮮半島今時今日的政治、社會與文化的基礎也於此時奠定。

不過，新羅與唐朝仍是劍拔弩張的關係。實際上，在六七一—六七六年這段期間，新羅不斷地與唐朝在朝鮮半島之內打仗，百濟與高句麗的遺民也被捲入這些戰爭。唐朝這邊則冊封金春秋的次子金仁問為新羅王，藉此讓金仁問牽制新羅。六九四年，金仁問在唐朝境內過世之後，他的棺材於隔年年底被送回新羅。換言之，即使百濟與高句麗已經滅亡，但直到金春秋之子文武王的時代，新羅都未真正安定下來，一直等到金春秋的孫子政明（神文王），新羅對內與對外的關係才算真的穩定。武烈王的廟號為太宗，而這個廟號一直等到神文王的時代才正式定案。

綜上所述，歐亞大陸東部長達半世紀以上的動亂幾乎都集中在朝鮮半島，所以接下來想透過被捲入時代漩渦與動亂的金春秋，以及其子法敏、其孫政明，一窺這個時代的輪廓。

金春秋（六〇三—六六一年）

人生的三次轉機與女性親屬之死

金春秋是第二十九代的新羅王。六五四—六六一年在位。諱春秋，諡號武烈，廟號為太宗。由於生在七世紀古代東亞動盪的時代，每次自己的國家遇到危機時，就必須直接面對鄰國的君主，所以累積了許多寶貴的經驗。他的一生都在高句麗、倭國、唐朝這些東亞國家之間展開外交活動。在與唐朝建立穩固的外交關係，並大刀闊斧地改革新羅的制度，穩定權力基礎之後，便在天時地利人和之下即位，也在戰火正熾的時代殲滅百濟，奠定三國統一的基礎。

放眼整個朝鮮史，金春秋絕對是值得大書特書的一代英雄，但令人意外的是，與他的生平和事跡相關的史料卻少之又少。金春秋首次在歷史舞臺登場時，已經是四十歲之後的事情，相較於後半生的豐功偉業，在四十歲之前的記錄可說是鳳毛鱗角。此外，他之所以能在歷史舞臺如此活躍，絕對少不了他的盟友金庾信的強力支援，有許多人也覺得，若是少了金庾信這位盟友，史料之中的傳承也不會如此精彩。

金春秋的人生共有三次轉機，而且都失去了女性親人。第一次人生轉機在六四二年八月，百濟義慈王攻擊新羅的時候。新羅被奪走了從八十年前就納入版圖的舊加耶（伽耶）地區的大部分土地，守護此地的女婿金品釋與女兒古陁炤也於此時死去。金春秋在這次事件爆發之後，正式登上歷史舞臺，他單槍匹馬趕赴高句麗，展開外交活動。

第二次人生轉機是六四七年正月，擔任新羅最高官職（上大等）的毗曇叛變。姨母善德王（金春秋之母天明夫人與善德王是姊妹）於這場內亂駕崩。金春秋成功平叛，擁立真德王（遠房堂姊）即位之後，便立刻親自前往倭國與唐朝，並在了解國際情勢之後，與唐朝建立穩固的邦交，還在真德王手下大力改革國家體制。

金春秋（武烈王）的王陵

第三次人生轉機是六五四年，自己支持了七年的真德王駕崩。真德王辭世後，位居上大等的閼川雖然得到眾臣的推舉，但閼川卻堅決不願即位為王，最終金春秋在金庾信的協助之下，登上王位。話說回來，金春秋本來是在百濟突襲新羅，新羅陷入存亡危急之秋才正式登上歷史舞臺，之後卻以國王的身分，親自率領新羅軍隊，與唐朝聯手滅了百濟，完成一生的宿願，也拉下人生的帷幕。以下將帶著大家了解金春秋這三次的人生轉機。

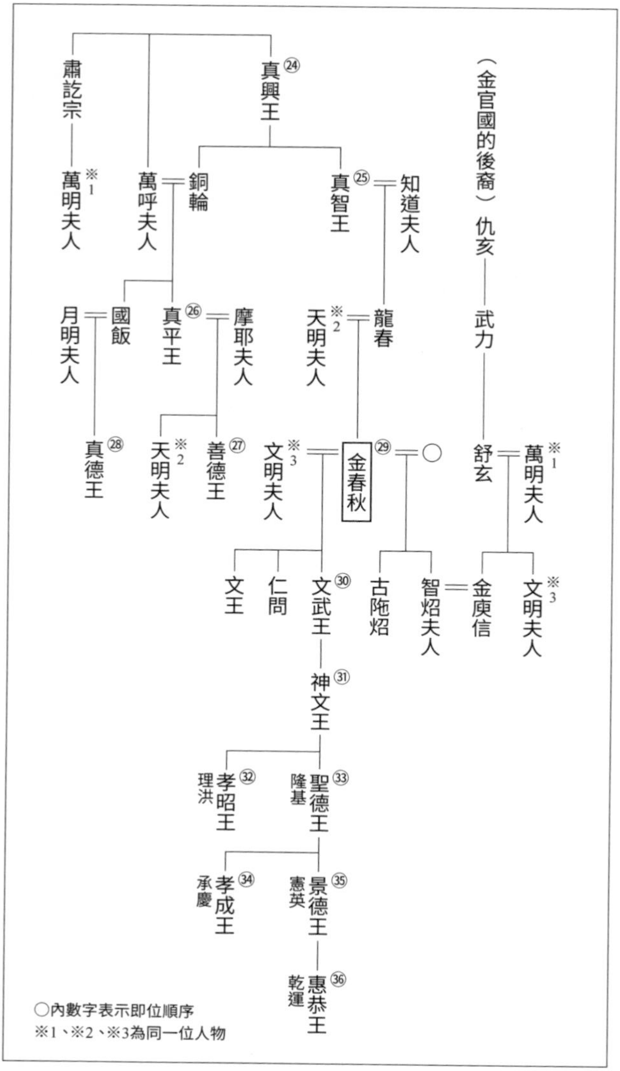

以金春秋為核心的世系圖

大耶城的淪陷與金春秋面對高句麗的外交政策

六四二年七月，百濟義慈王御駕親征，攻陷了新羅西部四十幾座城池，隔月又趁勝追擊，命令將軍允忠攻擊這個地區的主要軍事據點大耶城。在此地擔任都督的金品釋是金春秋的女婿。大耶城淪陷後，金品釋夫妻戰死的報告也傳入金春秋的耳中。據說當時的金春秋整天悵然若失地倚靠著柱子，不管是誰經過眼前，都沒有任何反應。

雖然金春秋遭受的傷痛與衝擊非比尋常，不過絕對的劣勢就迫在眼前，為了對抗百濟的侵略，金春秋便自告奮勇，奏請善德王允許向高句麗請求援軍。然而，新羅與高句麗積怨已久，而且新羅正與百濟交戰，所以要與高句麗聯手討伐百濟，簡直就是痴人說夢。儘管金春秋在十八年後，百濟滅亡之際得以報仇雪恨，但是有兩個故事足以證明，金春秋的痛苦對於他們全族而言，是難以痊癒的傷痛。第一個故事是，金庾信在奪回大耶城的戰役（六四八年）大勝之後，活捉了八位百濟將軍。此時金春秋要求百濟歸還埋在百濟監獄地底的金品釋夫妻遺骨，才答應釋放這八位百濟將軍。另一個故事是根據記載，六六〇年，與金春秋一起討伐百濟的太子金法敏，在百濟準備投降的七月十三日，命令義慈王的兒子扶餘隆下跪，不斷地痛罵扶餘隆將妹妹的屍體埋在監獄地底這件事，還吐口水在扶餘隆的臉上。之後，在百濟的泗沘城（今扶餘，當時的百濟人將泗沘城稱為「南扶餘」）舉辦慶功宴的當天，金春秋判處新羅人毛尺斬刑，因為在大耶城淪陷時，毛尺投靠了百濟，也因此害死金品釋夫妻，至於與毛尺共謀，帶領百濟軍隊進入大耶城，還殺害金品釋夫妻的黔日則被處以四肢解刑，被斬掉雙手雙腳，投進白馬江。

金春秋心中的這股怨念讓他甘冒風險，也要前往敵國高句麗，但是在前往高句麗之前，他與金庾信歃血為盟，約好來日再見。至於金春秋與情同兄弟的金庾信是如何相遇的呢？這就得從善德王時代（六三二—六四七年）的小故事說起。據說某天金春秋正在蹴鞠（踢球），金庾信故意踏住金春秋上衣的繩結，讓金春秋的上衣破洞，然後以恰巧待在家裡的妹妹能幫忙縫補為藉口，帶金春秋回到家裡，藉機撮合金春秋與妹妹。從兩人所生的長子金法敏是於六二六年出生的這點來看，這個小故事應該不是在善德王的時代發生，而是在真平王的時代（五七九—六三二年），換言之，早在金春秋與金庾信歃血為盟之前，他們已是接近二十年的摯友。順帶一提，這個小故事在《三國史記》文武王即位紀記載，也在《三國遺事》太宗春秋公一節的開頭介紹。從故事的劇情不難發現，金春秋與金庾信的相遇可說是金庾信一手安排的結果。即位之前的金春秋與心腹金庾信之間的關係，就像是同時代倭國的中大兄（後來的天智）與鎌足的關係，而且中大兄與鎌足的相遇也與踢球有關，雙方都是因為踢球而建立了深厚的關係。

不過，金春秋一踏入高句麗的領地，高句麗的權臣淵蓋蘇文便將金春秋請到客館招待。淵蓋蘇文在金春秋來訪之前的六四二年十月才剛發動政變，屠殺了榮留王與一百八十名高官，擁立先王姪子寶藏王，掌握了高句麗的大權。為了與高句麗聯手討伐百濟而前往高句麗的金春秋當然無從得知這件事。不過，淵蓋蘇文這次的政變還是震動了當時的國際社會，而這件大事也於一個月之後傳至唐朝，又於隔年傳至倭國。

在政變之後，迎接金春秋的寶藏王接受金春秋的要求，派出討伐百濟的援軍，同時也提出條件，要新羅歸還七十年前奪走的竹嶺西北地區。直到五五〇年為止，高句麗統治了漢江下游的漢城（今首爾）地區長達七十五年之久，但是新羅卻與百濟一同奪走了漢城地區，高句麗於此時要求歸還的是漢江上游的地區。

金春秋在聽到這個離譜的要求之後表示，這不是他一個人能夠決定的事情，沒想到立刻被關起來，生命也受到威脅。金庾信在聽到金春秋身陷如此險境之後，便召集了三千名勇士準備搭救。最終，金春秋雖然得以逃出生天，但是與高句麗的外交談判可說是以失敗收場。金春秋在造訪高句麗之前就推測蓋蘇文與百濟的義慈王之間早有密約，也早就知道這次的外交斷無成功的可能。

上大等毗曇之亂以及對倭、對唐的外交

當新羅西南部一半以上的土地被奪走，金春秋與高句麗的外交談判也失敗之後，新羅只剩下一條路可以走，那就是與唐朝建立外交，請求唐朝給予軍事支援。六四三年九月，新羅派遣使者出使唐朝，控訴高句麗與百濟的侵略，也請求唐朝派兵支援。唐太宗像是洞悉新羅困境般，給使者三個策略。第一個策略是帶著邊疆的契丹、靺鞨的士兵攻擊遼東，第二個策略是授予唐朝的軍服與軍旗，第三個策略是讓新羅的女王退位，改由唐朝王室的男子登上王位，之所以會如此提議，是基於新羅是由女王統治，所以才被鄰國瞧不起。不過，新羅的使者無法回應唐太宗這三個策略。

在唐太宗這三個策略之中，有一項是對新羅女王的責備，而這項策略最終讓新羅的統治階層產生內訌。最明顯的徵兆就是擔任最高官位上大等一職的水品[1]於出使之後的兩年，也就是六四五年十一月，與毗曇[2]交接。上大等是與國王共進退，一起操持國政、掣肘王權的官職。這個官職的名稱與定位源自高句麗最高官職的大對盧，這個官職負責率領多數的大等（來自六部而無任何派任的官員），主持大等會議。擔任大等的人通常來自新羅的六部，而六部是新羅的政治組織與社會組織。自古以來，新羅就是由六個部族於王都慶州盆地所組成的國家，而統治階層也由這六個部族的族長所組成。由於這六個部族彼此獨立，而且隸屬於哪個部族也是十分重要的指標，所以西元六至七世紀的石碑除了記載人名與官

位，也一定會注明部族名稱。上大等是在六部領袖與王都之間架起橋梁的角色，而上大等在國王在任時交接，可說是特殊案例之中的特殊案例。

接替水品擔任上大等的毗曇在上任之後的一年，也就是六四七年正月，以女王無德，不足以治國為由，發動叛變，要求女王退位。雖然唐太宗答應派兵的條件之一是女王必須退位，但是這個要求卻導致新羅的統治階層出現裂縫，這場權力鬥爭也演變成內亂。一般認為，王城的官兵與明活城的叛軍在三公里左右的距離僵持了十天之久。帶頭鎮壓叛軍的是金庾信。最終參與叛亂的人被誅九族，遭到處死的人數多達三十人。

一般認為，毗曇之所以帶頭叛亂，是因為唐太宗批判新羅的女王統治體制，而毗曇想要聽從唐太宗的意見所致。金春秋與金庾信平叛之後，儘管這場叛亂是為了逼女王退位才爆發，但是金春秋與金庾信卻毫不忌諱地再次擁立女王真德。如果只看這部分，其實無從得知金春秋的立場。這是因為毗曇打算臣服唐朝，但金春秋與金庾信卻似乎站在反對唐朝的立場。不過，事情可沒這麼單純。這場叛亂平息後，金春秋親自前往唐朝兩次（六四八、六四九年），推動親唐政策。由此可知，金春秋絕對無意與唐朝對立，說得更正確一點，金春秋陣營只是不希望採取毗曇這些叛軍過度依賴唐朝的路線，而是希望在親唐之餘，保有獨立的立場。乍看之下，這種解釋似乎有些難以理解，但只要參考日本在第二次世界大戰之後的政治路線，回想吉田茂不惜簽署《舊金山和約》的親美獨立路線，就不會太難理解金春秋的路線。

成功平叛的金春秋與金庾信擁立真平王的姪女、善德王的堂妹真德的舉動，雖然看似忤逆了唐太宗，但其實是為了徹底推翻叛軍逼女王退位的主張，也帶有一絲批判唐朝的意味。

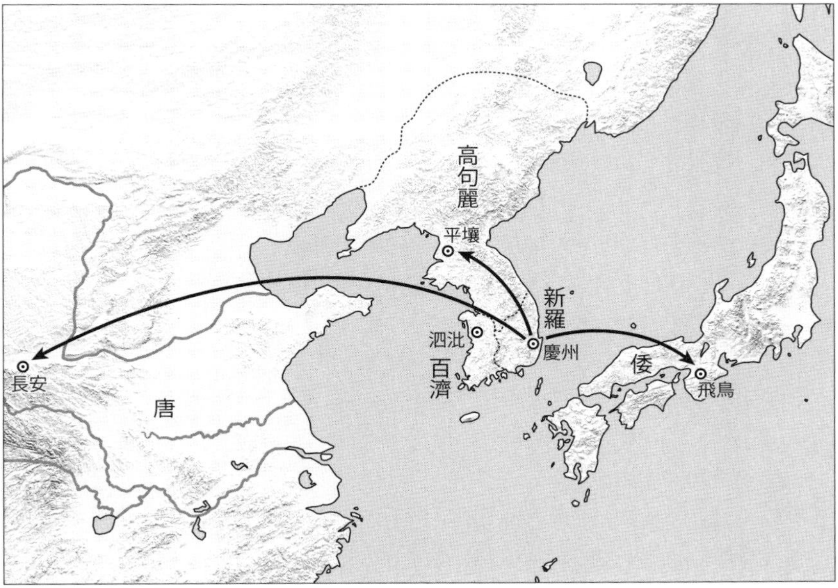

金春秋的足跡

之後，金春秋的行動變得十分複雜。根據《日本書紀》的記載，金春秋在平息叛亂的六四七年與派來新羅的高向玄理（黑麻呂）一起遠渡倭國。高向玄理是為了要求新羅派遣人質而前往新羅。儘管金春秋前往倭國一事遭到質疑，但《日本書紀》將金春秋形容成「容貌端正，擅於談笑」之人。假設金春秋真的曾造訪倭國，那應該是在距離倭國的乙巳之變（六四五年）一年幾個月之後的事情，「談笑」的對象應該是手握大權的中大兄或是鎌足。由於倭國與不斷攻擊新羅的百濟關係密切，所以在毗曇叛亂餘波未了之際，了解倭國的國情，應該是金春秋最在意的事情。繼高句麗之後，金春秋又目睹了倭國政變之後的政局。

當金春秋從倭國回到新羅，等著他解決的問題就是與唐朝修復關係。六四八年冬天，新羅派遣使者前往唐朝，但唐太宗卻質疑，為什麼新羅臣服唐朝，卻還使用自己的年號，對此，金春秋帶著兒子文王前往唐朝解釋。唐太宗十分禮遇金春秋，不僅讓他參觀了在唐朝教育機關「國學」舉行的釋奠（祭祀孔子的儀式）與講論，還答應他的要求，派兵討伐百濟，最後還在金春秋回國時，賜他特進（正二品）的官位，文王也獲封左武衛將軍（從三品）。唐朝這邊的史料盛讚金春秋的人品。唐太宗之所以如此禮遇金春秋，全因唐朝曾在六四〇年代三度討伐高句麗（六四五、六四七、六四八年）。

金春秋改革新羅的內政

金春秋在得到唐太宗出兵的允諾之後，一回到新羅便刻不容緩地推動親唐政策。第一步，在六四九年廢除自五二〇年以來維持的新羅衣冠制，改成唐朝的制度，隔年又廢除自五三六年起用的新羅年號，改採唐朝年號，立刻履行了與唐太宗互允的承諾。在透過親唐政策與唐朝建立堅若磐石的合作關係之後，又於六五一年針對新羅的官制進行一連串的改革。

改革的核心在於設立行政中樞，統掌所有國政的執事部。執事部的起源可回溯至六世紀中葉的真興王時代，但當時的執事部只是掌理王室財政的家政機關（內廷），執事部的長官稟主，是負責掌管倉庫（財政）的官員。金春秋讓這種內政官變成外政官，也於六五一年另外成立倉部與執事部，讓執事部成為推行國政的最高官署（最高行政機關），而管理這個最高官署的長官則改為中侍。

在六五一年執事部成立的同時，備受重視的是替那些在法興王時代（五一四—五四〇）到真平王時代（五七九—六三二）陸續設置的官署設立長官與令，讓這些官署成為主要官署。調府（五八四年）、禮部（五八六年）、乘府（五八四年）、領客府（五九一年）、船府（五八三年）即是其例。這些官署最初沒有設立長官，而在此時設立長官之後，各官署便設立了令、卿、大舍、舍知、史或是地位相當的官職，而這就是所謂的五等官制（第四等官的舍知到了六八五年才設立）。這些官署下轄中官署與小官署，而上、中、下級官署為主從關係，統整這些官署的則是執事部。在金春秋一連串的官制改革下，新羅的中央集權制度也臻於完善。

由此可知，執事部的長官中侍原本只是王室家政機關的官員，但在六五一年改革官制之後，新設置的中侍成為隸屬國王、輔佐國王的中樞官職，原則上，這個官職會每三年輪替一次。

這一連串改革的目的在於轉換新羅的權力結構。在過去，地位相當於副王的上大等與大等會透過合議的方式輔佐國王。設置執事部之後，新羅的權力結構便脫胎換骨。在改革官制之前，國王與上大等可說是一體同命，統率大等的上大等不僅於國王同進退，還擔任國家的要務；在執事部成立之後，中侍便取代上大等的地位，而且在設置之初，是由金春秋的近親擔任，所以與國王的近臣無異。第二，上大等這個最高官職原本只有一人，一旦改朝換代，就會由其他人擔任，但是在官制改革之後，便不再具有這種性質。比方說，金春秋即位後，全面輔佐金春秋的是擔任上大等的金庾信，但此時的上大等不再需要統率由六部領袖擔任的大等，如此一來，王權的影響力大增，政治實權也從上大等轉移至執事部，傳統的部族制度也因此式微。順帶一提，有許多意見指出，古代日本的太政官便是源自執事部。古代日本的大臣（oomaetukimi）與群臣（maetukimi）的關係酷似於新羅的上大等與大等的關係。

第三，金春秋掌握權力之後，便以宰相制取代由上大等主持的合議制，以上大等或兵部的長官兼任

完成期的新羅中央行政官制一覽（粗體字為景德王時代改名的官職，以○圈出者為真德王五年（六五一年）設置的官職）

		官署名稱（舊名）	官職名稱（舊名）						備注
			令	卿	監、佐	大舍	舍知	史	
上級官署	①	執事部	**侍中**（中侍）	**侍郎**（典大等）		**郎中**（大舍）	**員外郎**（舍知）	**郎**（史）	
	2	兵部	令	**侍郎**（大監）		**郎中**（大舍）	**司兵**（弩舍知）	史、**小司兵**（弩幢）	
	③	倉部	令	**侍郎**（卿）		**郎中**（大舍）	**司倉**（租舍知）	史	
	4	禮部	令	卿		**主簿**（大舍）	**司禮**（舍知）	史	
	5	大府（調府）	令	卿		**主簿**（大舍）	**司庫**（舍知）	史	
	6	**利濟府**（船府）	令	卿		**主簿**（大舍）	**司舟**（舍知）	史	
	7	**司馭府**（乘府）	令	卿		**主簿**（大舍）	**司牧**（舍知）	史	
	8	**司賓府**（領客府）	令	卿		**主簿**（大舍）	**司儀**（舍知）	史	
	9	**司位府**（位和府）	衿荷臣	上堂		**主簿**（大舍）		史	
	10	**修例府**（例作府）	令	卿		**主簿**（大舍）	**司例**（舍知）	史	
	11	**修城府**（京城周作典）	令	卿		**主簿**（大舍）	**司功**（舍知）	史	
	12	左、右議方府	令	卿	**評事**（佐）	**主簿**（大舍）		史	
	13	**肅正臺**（司正府）	令	卿	**評事**（佐）	**主簿**（大舍）		史	
相關官署	14	**監四天王寺府**（四天王寺成典）	**監令**（衿荷臣）	卿（上堂）		監（赤位）、**主簿**（青位）		史	
	15	**修營奉聖寺使院**（奉聖寺成典）	**檢校使**（衿荷臣）	**副使**（上堂）		**判官**（赤位）、**錄事**（青位）		**典**（史）	
	16	**修營感恩寺使院**（感恩寺成典）	**檢校使**（衿荷臣）	**副使**（上堂）		**判官**（赤位）、**錄事**（青位）		**典**（史）	
	17	**修營奉德寺使院**（奉德寺成典）	**檢校使**（衿荷臣）	**副使**（上堂）		**判官**（赤位）、**錄事**（青位）		**典**（史）	

寺院	18	**修營靈廟寺使院**（靈廟寺成典）		**判官**（上堂）		**錄事**（青位）		史	
	19	**監永興寺館**（永興寺成典）			監（大奈麻）			史	
中級官署	20	永昌宮成典		卿（上堂）		**主簿**（大舍）		史	
	21	**司勳監**（賞賜署）		**正**（大正）	佐	**主書**（大舍）		史	隸屬於倉部
	22	大道署		**正**（大正）		**主簿**（大舍）		史	隸屬於禮部
	23	**大學監**（國學）		**司業**（卿）	博士、助教	**主簿**（大舍）		史	隸屬於禮部
	24	**大樂監**（音聲署）		**司樂**（卿）		**主書**（大舍）		史	隸屬於禮部
下級官署	25	**典京府**（典邑署）			監	大司邑	中、小司邑	史	史之下為木尺，
		大日任典		省略					與典京府合併
	26	典祀署			監	**主書**（大舍）		史	隸屬於禮部
	27	**典祀署**（工匠府）			監	**主書**（大舍）		史	
	28	**典彩署**（彩典）			監	**主書**（大舍）		史	
	29	左、右司祿館			監	主書		史	
	30	**典設館**（新宮）			監	主書		史	
	31	東、西、南市典			監	**主事**（大舍）		**司直**（書生）、史	
	32	司範署				**主事**（大舍）		史	隸屬於禮部
	33	**都亭驛**（京都驛）				大舍		史	
	34	漏刻典			博士			史	
	35	食尺典				大舍		史	
	36	直徒典				大舍	舍知	史	
	37	古官家典						幢	幢之下為鉤尺、水尺、禾主

統一新羅的官僚制（據木村誠論文調整）

宰相；讓不受這些官職束縛的人物擔任宰相，藉以建立集權制度。

以六五一年為界，由上大等主持的合議制轉型為由多位宰相主持的合議制，新羅的權力基礎也由金春秋與金庾信重新建立。當新羅的權力結構發生如此變化，原本以六部領袖（大等）以及統領六部領袖的上大等為首的政治體制便式微，權力也往金春秋以及他的近親集中，政治體制亦改以執事部與轄下的官僚機關為主。在過去，由六部領袖把持的政治體制可說是人治制度，但在推動改革之後，新羅的政治體制便轉型為以官僚系統為主的法治制度。

真德王過世之後的即位問題與討伐百濟

正當新羅不斷地推動內政改革時，金春秋與金庾信支持的真德王卻在六五四年駕崩。新羅群臣本來打算擁立擔任上大等的閼川繼立，但閼川卻堅決不答應。據說閼川與金庾信聯手擁立金春秋三次，卻被金春秋拒絕了三次。由此可知，金春秋的即位從一開始就不是理所當然的事。

話說回來，放眼所有王族成員，最有資格繼位的血脈便是金春秋，更何況他的豐功偉業也足以登基，不過，金春秋卻一直等到五十二歲的時候才即位，而且是在屢次引起新羅統治階層內訌的兩任女王之後才即位。金春秋為何不願繼位，又為何到了最後才即位呢？

金春秋的祖父為第二十五代的真智王，是六世紀中葉宛如英雄降世的真興王的次子。不過，真智王即位三年就被眾臣逼下王位。隨後登基的是真興王的長子之子真平王，真平王的治世也長達五十三年之久。之後繼位的是真平王的女兒善德王。善德王即位時，金春秋已三十歲，就年齡與血統而言，金春秋都是最適合繼承王位的人選。金春秋的母親（天明夫人）與善德王是姊妹，而同時擁有真興王與真平王血脈的金春秋，之所以無法在重視女性血統的新羅統治階層之中即位，恐怕與祖父被迫退位這個理由有關。

此外，儘管善德王過世後，爆發了反對女王統治的叛亂，但是金春秋卻還是擁立真平王的姪女真德王即位。此時的金春秋已經四十五歲，照理說，在統治階層分裂的危難之際即位，解決當前的國難應該是最佳選擇，但金春秋還是選擇擁立真德王。前面提過，金春秋之後便在真德王的帶領之下與唐朝建立外交，又以此為槓桿，推動內政改革，調整權力結構，所以從這兩點來看，金春秋與金庾信當時的選擇是正確的。

話說回來，為什麼金庾信會在真德王駕崩之後，積極地擁立表面上推辭王位的金春秋呢？更何況眾臣早已屬意閼川即位。如果沒有金庾信的幫助，金春秋肯定無法登基。金庾信一族其實是外來的氏族。金庾信的曾祖父仇亥在五三二年，加耶諸國之一的金官國滅亡之後，率領族人投降了新羅，之後金庾信的祖父武力又替真興王立下不少汗馬功勞，其父舒玄則與真興王之弟肅訖宗的女兒私自成親，也因此被責難，而金庾信正是在這種情況下誕生的小孩。在新羅王族之內，金庾信可說是旁支，也可說是新興勢力吧。廣義來說，金庾信與金春秋都是真興王的血脈，至於透過蹴鞠接近金春秋與擁立金春秋的小故事，或許只是驗證了在新羅統治階層之中崛起的金庾信的確很有野心，因為支持金春秋等於削弱大等的權力，阻止族閥政治在新羅延續下去，也等於另闢戰場，提升自己的地位。

就事實而言，金春秋與金庾信的確在真德王的時代設置了以執事部為首的官僚體系，將上大等與大等主持的合議制轉換成宰相制，徹底調整了權力結構，從這點來看，金庾信的確是為了削弱大等的權力而支持金春秋。不管真相為何，金春秋之所以能夠洗刷祖父真智王被廢位的汙名與登上王位，絕對少不了金庾信的鼎力相助。

在金春秋統治的七年之間，最值得注意的事件就是立長子法敏為太子，讓王位繼承成為一種制度，以及將自己的女兒嫁給金庾信。此外，還拔擢自己的兒子文王擔任執事部的侍郎，也趁著擔任上大等的金剛去世，讓金庾信擔任上大等一職，藉此轉換上大等的政治屬性，鞏固自身的權力。自金春秋開始，連續八代的新羅國王都由他的嫡系男子擔任，而這段長達一百二十六年的時期又稱為中代，金春秋繼真德王之後即位，以及即位之後的一連串行動，既是金春秋本人的意志，也創造了全新的王室。

金春秋即位後，制定了理方府格六十餘條（六五四年）。一般認為，這是根據唐朝律令制定的施行細節，也是法制上的一大轉變。金春秋即位後，高句麗與百濟便聯手攻擊新羅的北邊，百濟也不斷侵擾與新羅接壤的國界，新羅因此時常陷入劣勢。在多次摸索與唐朝聯手的方式之後，最終唐高宗於六六〇年三月，命令蘇定方率十三萬兵力，從陸路與海路夾擊百濟，金春秋則跟著陸路的唐軍一起進攻，也於七月十二日一同包圍了百濟的王都泗沘城。儘管義慈王與太子孝一時遁走熊津城，最終還是被生擒活逮，被迫投降。這是唐軍在伎伐浦登陸之後，短短九天之內發生的事情。七月二十九日，金春秋抵達泗沘城，八月二日舉辦慶功宴。據說金春秋與蘇定方坐上主位之後，命令義慈王與王子隆站在旁邊服侍，並且在百濟眾臣痛哭失聲的時候，命令義慈王斟酒。雖然不知道折磨新羅長達二十年的義慈王在此時跟金春秋說了什麼，但此時的金春秋已足以與這些在東亞動亂時代手握大權的主角平起平坐。次月三日，義慈王與九十三重臣，以及一萬三千名左右的百濟子民離開泗沘，前往唐朝。

之後，百濟殘部趁著唐軍鬆懈之際，於百濟舊地四處作亂，高句麗軍隊也入侵漢城的北部。唐朝這邊也命令王文度擔任熊津都督，前往百濟舊地任職。從這些情況來看，百濟雖然滅亡，但當地仍是不容掉以輕心的情況，然而金春秋卻在國難當前的時候，拉下人生帷幕，享年五十八歲。至於掃蕩百濟復興軍，平定不斷攻擊新羅的高句麗，以及驅逐想要統治朝鮮半島的唐軍，全交由金春秋之子法敏，以及他的女婿兼結拜兄弟的金庾信負責。

金春秋死後，以新羅王的身分受諡武烈。一般認為，廟號太宗是於駕崩之際追諡，但實情是在神文王創設五廟（六八七年）的時候追贈的才對。之後，新羅與唐朝展開了長達六年的戰爭，而唐將薛仁貴於戰爭初期（六七一年七月二十六日）寫了一封信給文武王，信中嚴辭責備文武王對唐太宗不忠，即是對唐太宗的忠臣也就是其父金春秋不孝，所以很難相信文武王會於此時追贈金春秋太宗這個廟號。

神文王（？—六九二年）

即位之初爆發的謀反事件

神文王是第三十一代的新羅王，諱政明。祖父太宗武烈王啟動了三國統一戰爭，而父親文武王則終結了對唐戰爭，神文王則在如此不穩定的狀況之下，整合了新羅王朝國內的各股勢力，也建立了新的秩序，留下許多豐功偉業。

神文王是文武王的長子，於六六五年（文武王五年）受封為太子。祖父金春秋（武烈王）與其盟友金庾信的妹妹文明夫人是於六二六年結婚，而神文王的父親文武王就是金春秋的第一個兒子，所以一般認為，文武王應該是在二十歲左右受封為太子。在成為太子的同時與王族金欽突的女兒成婚。文武王去世之後，神文王於六八〇年（大概是三十五歲前後）即位，也為文武王服喪了一個月，沒想到岳父金欽突與興元、真功這些位居高位的人居然謀反。從神文王在事件結束之後的詔書來看，這次的謀反雖然計畫周詳，但是神文王卻在三、四天之內蕩平逆黨，也揪出所有餘孽，將首謀一族連根拔除。

傳說中的神文王陵 弘禮門（慶州）

在這封詔書頒布之後的二十天，於文武王在位期間擔任最高官職上大等，兼任宰相與兵部長官的金軍官與其嫡子也受這場叛亂之累而被誅殺。於神文王即位之後發動叛亂的首謀都是新羅部族身分制，也就是骨品制的真骨層（王族），一如王妃的父親金欽突就是真骨層的成員。六七六年，新羅與唐朝之間的戰爭暫時告一段落，而這場叛變則是於五年之後爆發。從新羅的角度來看，當時的唐朝正與吐蕃作戰，所以無力應付東方的新羅，但是與唐朝之間的關係依舊緊繃。

儘管新羅與唐朝的關係如此緊張，但是新羅與倭國之間的交流依舊頻繁。雖然新羅曾於六六三年與倭國交戰，但基於與唐朝之間的關係，還是得一邊提防倭國，一邊與倭國建立外交關係。從「欽突等惡積罪盈，所謀發露」這段詔書的內容來看，這場謀反的背景並不單純。

在文武王死後一個月旋即造反的新羅統治階層究竟有何心結？當時的新羅又有哪些內部矛盾？神文王又是如何解決？要想解開這些問題，就必須剖析在神文王即位之後發生的事件。

近親謀反的背景

首先說明這場謀反的基本背景。在其父文武王過逝之後，新羅陷入了國內外皆不穩定的狀態。若從今時今日來看，神文王是於百濟與高句麗滅亡（六六八年）十三年之後即位，換言之，大部分的人都會認為神文王的時代是達成三國統一大業的時代。不過，唐朝在殲滅百濟復興軍之後，以新羅為雞林大都督府，封文武王為雞林州大都督，並將新羅設為羈縻州，所以就名義來看，唐朝是將新羅視為藩屬國。在文武王與唐朝軍事對峙的六七〇年代，唐朝剝奪了文武王的官位，冊封文武王的弟弟金仁問為右驍衛員外大將軍與臨海郡公，同時還在長安冊封金仁問為新羅王（六七四年）。在新羅與唐朝長期緊繃的狀態下，對於想要實現父王的遺願，將百濟與高句麗的舊地納入版圖與統一這些地區的神文王而言，要整合百濟與高句麗的遺民，接納這兩國的統治階層，以及重新整編新羅統治階層，不是一件容易的事情。

尤其唐朝在百濟舊地設置了熊津都督府，間接統治了百濟舊民，所以文武王便利用高句麗遺民與之對抗。百濟滅亡之後，唐朝雖然在泗沘城設置了熊津都督府，但是文武王卻於六七〇年，將高句麗的遺民安置於與該地鄰接的金馬渚（今益山），還冊封王族安勝為高句麗王，藉此建立傀儡國家（報德國）。在唐朝眼中，新羅此舉是不可饒恕的挑釁行為，若是新羅變本加厲，唐朝很有可能將留在長安的金仁問冊封為新羅王，讓金仁問回國取代文武王。因此，神文王在即位之後，應該片刻也無法忘記留在唐朝的叔叔金仁問。

由此可知，神文王在即位之後，面臨了許多刻不容緩的問題，例如他必須強化從祖父武烈王、父親文武王繼承而來的王權，還得面對唐朝與倭國，以及處理因為連年征戰，國力陷入疲弊的問題。

神文王即位之後，首先處理的事情就是讓真福擔任新羅最高官職上大等。在新羅的政治史上，一王僅一任的上大等可說是最重要的職位。從六世紀初期以來，上大等除了輔佐國王，還負責牽制王權。不過，從武烈王在即位之後，立刻讓盟友金庾信擔任上大等這件事來看，上大等只剩下輔佐國王的功能。

雖然關於真福這個人，沒有太多的相關史料，不過他曾在文武王時代擔任執事部的長官中侍一職。中侍是負責管理官僚機構的最高職位，而武烈王與文武王都是讓自己的子弟擔任這個職務，所以真福很可能是神文王的近親，而神文王也讓身為近親的真福擔任負責輔助國王的上大等。真福不僅輔佐神文王，更在神文王過世後，守護年幼即位的孝昭王（六八七—七〇二，六九二—七〇二年在位），並在兩年之後辭官。此外，神文王在平叛之後，便在負責守護王宮的侍衛府設置六名將軍，強化宮中的守備。當時叛亂才剛結束，這也是理所當然的舉措。

在探討謀反事件的內情時，最重要的就是在神文王即位的隔年，將負責官僚人事的位和府改編為上級官署一事。在此之前，位和府不過是執事部轄下的部門，但是神文王卻讓位和府獨立出來，直接將位和府改編為上級官署。平叛之後發布的詔書也針對首謀無才，卻備受恩寵、升至高位這件事提出彈劾。設立直屬君王的官僚人事官署之後，又於兩個月之後設置了國學。

一般認為，新羅的國學與科舉制度類似，但其實是對中級官僚的一種禮遇。後面會提到的是，新羅的部族身分制為骨品制，而這個骨品制主要由八個階層組成，國學就是照顧中間階層的恩典。強化負責人事的官署與設立國學，都是為了進一步支配新羅統治階層的強力政策。

著眼於國家整合的骨品制

雖然堪稱新羅核心身分制度的骨品制形塑了新羅這個國家的屬性，但是這個制度到底是何時創立的，具體的屬性又如何？到目前為止，還沒有統一的見解。大致上，骨品制是由八個階層（聖骨、真骨、六頭品、五頭品、四頭品、三頭品、二頭品、一頭品）所組成，但有人認為聖骨根本不存在。在謀反事件之後設立的國學是讓八個階層的中間層，也就是五頭品與四頭品透過儒學跨過身分的藩籬，平步青雲的捷徑。由於六頭品與底下的階層有官位的上限，所以國學可說是依照個人能力破格提拔的優遇制度。關於由八個階層組成的骨品制會於後續補充說明。

雖然不斷強化對於新羅統治階層內部的管制，但歸根究柢，這也是收容百濟、高句麗遺民的政策，對新羅統治階層來說，亦是與既得利益有關的尖銳問題。

神文王於謀反事件結束的兩年後（六八三年）將報德國國王安勝從金馬渚遷至新羅的王都，同時賜姓為金，授予新羅第三等的官位。這等於將安勝編入新羅王族。此舉讓報德國的內部產生動搖，安勝一族的將軍大文也於隔年帶著高句麗遺民造反，不過，這一切似乎都在神文王的計算之內，神文王也立刻予以鎮壓。

在平定新羅統治階層內部叛亂，鞏固王權基礎，以及與唐朝作戰的危機漸漸淡化之際，完成歷史使命的報德國瓦解，完全在神文王的預料之中。六七〇年，文武王冊封安勝為高句麗王之後，新羅與倭國來往時，都會命令高句麗使節一同前往，神文王也曾於六八二年派遣高句麗使臣前往倭國。換言之，報德國也是應付倭國的策略之一。報德國解體後，金馬渚的高句麗遺民被遷至金馬渚南方的州郡，至於高句麗原本的官僚則授予新羅的官位。

這項政策其實仿效了文武王。六七三年，百濟投降新羅之後，文武王也將新羅的官位賜給百濟舊臣。百濟舊臣大致上分成兩種，一種是移居至新羅王都的官員，一種是留在百濟舊地的官員，而新羅則分別賜予京位與外位，藉此區分這兩種官員。不過，文武王又於隔年一視同仁，將外位改為京位。從六世紀初期開始，新羅就以京位與外位這兩種身分制度區分住在王都的六部統治階級，以及住在其他地區的地方首長。自六七四年廢除外位之後，投降新羅的百濟與高句麗的統治階級就被大幅降級，編入新羅的官僚體系。

不過，將百濟與高句麗的統治階級編入新羅的官僚體系時，遇到了非常棘手的問題。最大的問題就是對於引領新羅前進，住在新羅王都的六部統治階層而言，能否透過政策或是社會福利彌補新羅傳統派的既有利益，因為新羅傳統派不可能接受，稱霸朝鮮半島的新羅統治階層，與新來的百濟、高句麗遺民相提並論。

除此之外，新羅的六部統治階層自六世紀以來，都會在國家的紀念碑刻上名字、官位以及部族名稱，對他們來說，身為六部人是一種驕傲，所以就算百濟與高句麗那些人原本也是統治階層，但如今已是亡國之民，這些六部人又怎麼能接納這些亡國之民進入官僚體系，與勝利者的新羅人平起平坐呢？這裡想請大家回想一下，近代殖民地宗主國的官僚，與在當地任用的被殖民者官僚之間的心結。

上述的矛盾在報德國滅亡的隔年（六八五年），於新羅全境實施九州五小京制度的時候浮上檯面。當時新羅全境分成九大地區，而州即為各地區的據點，也就是都城。由於新羅的王都位處東南，所以才另外設置了五個小京，讓王都的文化得以傳播至各地區。

當時曾大規模地讓王京的六部人遷往九州五小京。如此一來，就很難分辨在各地區生活的新羅傳統派的六部人與百濟、高句麗的遺民。

近代的日本在統治朝鮮殖民地的時候，曾實施創氏改名政策，當時最反對這項政策的是住在朝鮮的日本人，因為一旦朝鮮人被迫改成日本姓名，住在朝鮮的日本人就會與朝鮮人混為一談，所以這種住在朝鮮的日本人與被迫移居偏鄉的新羅六部人的立場可說是十分相同。

神文王推行的九州五小京之所以受到矚目，在於九州與五小京的方格地割址（棋盤狀行政區劃）與城牆的遺跡已由考古學家挖掘與確認。前面提過，當六部人遷往王都之外的地方居住，住在王都的六部人長期累積的既得利益以及驕傲都被動搖。在九州五小京周遭建築城牆，設置方格地割，也是為了彰顯他們在各地區的地位。從小京遺址出土了記載六部部名的瓦片，瓦片上面的六部部名就像是在述說這段往事，也代表新羅人就算移居其他地方，也維持了六部的身分一段時間。神文王在這種狀況之下設置的

□ 新羅的五小京
● 新羅的九州
渤 海
營州
遼河
渾河
遼東城
安市城
建安城
渾江
鴨綠江
豆滿江
元山灣
大同江
禮成江
大谷郡（平山）
鐵圓（鐵原）
松岳（開城）
首若州（春川）
河西州（江陵）
新
羅
漢山州（廣州）
北原京（原州）
中原京（忠州）
西原京（清州）
熊川州（公州）
沙伐州（尚州）
金馬渚
完山州（全州）
王京（慶州）
大耶州（陜川）
南原京（南原）
歃良州（梁山）
武珍州（光州）
菁州（晉州）
金官京（金海）
清海鎮（莞島）
耽羅国

九州五小京制度

制度就是骨品制。

骨品制常被比擬為種姓制度。各階層不能通婚。就算同是六部人，只有王族，也就是統治集團的六部人才能得到「真骨」身分，至於其他的六部人依照各部的階級，分別受封為六頭品到一頭品的身分。不管六部人有沒有官職在身，這些骨品制的標籤都能彰顯自己是舊六部人的身分。換言之，官位只是個人的身分標誌，臣服新羅的百濟或高句麗舊官或是地方首長都能得到官位，但是骨品制則是舊六部人的身分象徵，無法透過官位制度取得。骨品制可說是神文王為了因應時代需求而發明的身分制度，骨品制的構造與功能也解決了神文王面對的問題。

此外，倭國的壬申之亂（六七二年）平息後，天武天皇於六八〇年代制定了「八色姓」，而日本學界過去也相當重視骨品制與「八色姓」的對應關係，儘管制度的格式不同，但八這個數字或是姓（kabane＝貴族頭銜＝骨）的確是讓日本學界想要探索八色姓與骨品制相關性的一大誘因，尤其兩國在這段時期交流頻繁，實在很難視為偶然。

中代王室的創始者

神文王為了補償六部人而創立了骨品制之外，也擬定了節制六部人的方式。比方說，新羅的王京沒有古代中國或藤原京、平城京的條坊制，不過，就在實施九州五小京制的同一時期，新羅王京的所在之地，也就是面積為四公里見方的慶州盆地，也實施了方格地割制度（棋盤狀行政區劃制度）。近年來，在挖掘相關道路的遺址之後，證實了這件事。在此之前，同為統治階層的六部在慶州盆地各有屬於自己的地盤，而神文王卻在慶州盆地設立了直線道路，實施了方格地割制度，藉此彰顯了君王在空間上的統治權。這次的王京改造可說是達成了其父文武王未能遷都的遺願，也是神文王展現力量的機會，讓長期為六部人把持的慶州盆地有機會迎來新的氣象。一如前述，九州五小京的都城已實施了方格地割這項制度，所以兩者可視為同一時期發生的事。

神文王也對六部統治階級的特權展示王權的權威。自六世紀以來，新羅的領土便不斷擴大，而新羅的真骨層，也就是六部，卻在新羅全國擁有不屬於國家統治的地盤（祿邑）。神文王在六八五年建立九州五小京制之後，便於六八七年將職田分配給文武百官，又於兩年後的六八九年廢止祿邑，改為支付租稅，藉此一邊保障六部統治階級的身分，一邊削弱他們的既得利益，同時讓特權階層轉型為官僚。

神文王即位後，一邊賜予新羅統治階級恩惠，一邊又剝奪他們的特權，但在強化王權的部分，骨品制算是一招險棋，因為讓多數的王族成為真骨之後，王族與王室就會變得難以區分，若從骨品制的原理來看，神文王與造反的首謀欽突都是真骨，因此神文王為了補強骨品制，另外引進了源自中國的宗廟制。

神文王於六八六年派遣使者前往唐朝，希望唐朝能賜予與宗廟制相關的書籍與文章，則天武后也應允新羅的使者將《吉凶要禮》、《文館詞林》的摘要五十卷帶回新羅，神文王也於隔年舉行了宗廟的相關儀式，一般認為，因為擁有了這些書籍與文章，所以才能舉行與宗廟有關的儀式。在神文王創立的宗廟之中，天子可以建造七座宗廟，而諸侯只能建造五座宗廟，這五座宗廟祭祀的是太祖大王、真智大王、文興大王、太宗大王與文武大王，如此一來，就能向六部的統治階層宣示，神文王的王統系譜是從真智王延續至神文王一事，也能讓真智王以來的嫡系血脈與其他的真骨層形成差異。

不過，建造五廟這件事卻未達成預期的效果，還遭到反彈。在舉行宗廟祭祀的五年後（六九二年），來到新羅的唐朝敕使強力叱責武烈王的廟號與聖祖（李世民）的廟號太宗重疊，認為這是僭越之舉。當時的新羅辯稱是為了強調武烈王統一三國的貢獻，才追諡太宗這個廟號，所幸最後沒有其他的敕命傳來，事情也就不了了之。

武烈王常被後人稱為太宗武烈王。之所以會如此演變，一來是因為太宗武烈王陵碑的題額就刻著「太宗武烈大王」，二來是神文王在建造五廟時，追封武烈王太宗這個廟號。

宗廟制另一點值得注意的是，武烈王在即位時，將其父龍春追封為文興大王，而神文王則在建立宗廟制的時候，將這位龍春定位為五廟的神主，藉此強調從真智王到文武王的嫡系王統。雖然始祖太祖大王是金氏的始祖味鄒王，但這麼一來，卻等於宣示了實際系譜是從真智王到神文王的嫡系血脈。前面提過，位於骨品制最上層的聖骨並不存在，因為只有聖骨不是族稱，而是在中代前的王之個人標章。雖然神文王創立了宗廟制，卻對中古時代（法興王到真德王的時代，據《三國遺事》的劃分）的諸王追封骨品制的聖骨，藉此與真骨形成差異。

宗廟制在新羅的歷史上，占有相當重要的地位。這是因為在武烈王之前，也就是六世紀初期之後的時代，新羅的王統都是於四親等之間繼承，其中也包含了母系的四親等。曾祖父龍春雖然是真智王的兒子，卻無法繼承王位，在真平王之後，出現了善德王、真德王這兩位女王，而武烈王則是以王族的身分，替這兩位女王推行外交政策與內政，直到五十二歲才即位。一如金春秋一節所述，武烈王的即位過程非常特別與複雜，所以對於神文王來說，宗廟制等於奠定了武烈王王室，也就是中代王室的歷史定位。

統一三國之人的苦惱

從武烈王到惠恭王，總共有八代君主，而《三國史記》將這一百二十六年的期間稱為「中代」。中代是新羅的全盛時期，現代的韓國歷史學界也將這個時期稱為專制王權時代[3]。不過，從整個新羅史來看，此時也是十分特別的時代。在王統系譜確定的六世紀以後的中代之前（中古），出現了兩位女王，也有母系的四親等王族登上王位。此外，在中代之後的下代（從宣德王到敬順王的時代，據《三國遺事》的劃分），就算扣除元聖王的系譜，還是有母系或女系繼承王位的情況，只有中代是由父系男子繼承。

因此，許多人認為中代是「王位由父系男子順利繼承」的時代，但事實絕非如此。讓後世產生如此錯覺，以及讓中代的王統看似順利繼承的人是神文王，而為了實現這點，神文王可說是耗盡心力。

六八一年爆發造反事件之後，被欽突牽連的王妃被神文王趕出王宮，神文王也於六八三年舉辦了盛大的婚禮，迎娶王族欽運的女兒。神文王在結婚四年後，也就是六八七年生下了理洪，也在理洪五歲時，將他冊封為太子。雖然神文王與造反首謀欽突的女兒之間沒有生下任何小孩，但在造反事件結束後，立刻迎娶王妃，也是為了中代王室的未來著想。神文王之所以急著冊立太子，為的是鞏固從父親與祖父傳承下來的父系系譜，以及為了讓中代王室得以永享安寧。幸運的是，他與新迎娶的王妃生下了理洪（孝昭王）與隆基（聖德王）這兩個兒子。

殲滅百濟與高句麗，結束長達三個世紀的鬥爭，成功統一三國的是祖父武烈王與父親文武王，但是該怎麼在統一三國之後，建立適當的統治體制，卻是神文王的難題。神文王為了強化王權，一邊讓歷史悠久的六部統治階層重新編制，削弱他們的力量，一邊成功地讓百濟與高句麗的遺民融入新羅，並在完成這些事情之後才離開人世。一如其父文武王的遺詔所述，早早成為太子的神文王雖然面臨了最困難的時代，卻也培養了洞悉事物的眼光。儘管如此，神文王在冊立理洪為太子之後的一年就過世。這實在是走得太急太快，來不及見證理洪未來的發展，而且對神文王來說，不得不將新羅的未來全部交付在幼子身上這件事，肯定令他感到十分遺憾吧。身為新羅中代王室的神文王在內憂外患的時代拼盡全力，帶領新羅進入全盛時代，這也是後世對神文王的評價。

金庾信（五九五—六七三年）

新羅最大的功臣

金庾信是新羅得以統一三國的最大功臣。於七世紀中葉立下無數戰功的他，輔助了新羅中代始祖的金春秋（武烈王），也以將軍的身分，與百濟、高句麗作戰。新羅之所以能在六六〇年殲滅百濟，並在六六八年滅了高句麗，金庾信可說是居功厥偉。

金庾信的家系源自加耶王族。《三國史記．金庾信傳》將加耶諸國之一的金官加耶始祖金首露視為

金庾信像

金庾信的第十二世祖先。金官加耶將根據地設於現代的慶尚南道金海市，也是加耶南部諸國的盟主。不過，自六世紀之後，金官加耶就為了加耶地區的統治權而與新羅、百濟鬥爭，到了第十代君王仇亥之後，金官加耶向新羅投降。

投降之後，金官加耶的王族被接到王京，也享有以母國為食邑（領地）的特權。仇亥么子金武力在成為新州的軍主（長官）之後，在新羅與百濟的戰役大展身手，最終還於管山城之役討伐了百濟的聖王，對於新羅擴大領土一事有所貢獻，這也讓他成為新羅第一等官位的角干。金武力就是金庾信的祖父。

金武力的兒子為舒玄。在地方擔任長官與將軍之後，擔位第三等官位的蘇判。〈金庾信傳〉收錄了下面這則與舒玄婚姻有關的小故事。舒玄十分愛慕肅訖宗的女兒萬明，未經正式的婚禮就與萬明「野合」，所以萬明的父親肅訖宗十分不諒解這段關係。肅訖宗的父親為立宗葛文王（副王），也是於六世紀讓新羅領土大幅擴張的真興王的父親，是與新羅王室淵源極深的人物。據說舒玄在前往地方的萬弩郡（今忠清北道鎮川郡）擔任太守時，就像是私奔一般，帶著萬明前往任地。五九五年，舒玄與萬明生了一個兒子，這個兒子就是金庾信。由此可知，金庾信除了是加耶王族的後裔，也繼承了新羅王族的血脈。

青年時期的金庾信留有許多近乎傳說的記錄。比方說，他在十七歲的時候就立下宏願，誓要併吞三國。當時的新羅與高句麗、百濟展開了一場又一場的激戰。在中嶽（新羅三山之一的穴禮）的石窟齋戒的金庾信向天立誓後，眼前出現了一位名為難勝的老人，這位老人也傳授了他祕法。隔年，金庾信又帶著寶劍進入咽薄山，並在齋戒之後向天祈求，天官（道教的神）的靈氣便進入寶劍之中。據說得到這股神祕力量的金庾信也因此立下彪炳戰功。與其說這些故事是為了證明金庾信具有超凡的神力，不如說是當時的新羅人認為金庾信就是如此特別的存在。

此外，金庾信在十五歲的時候成為花郎。所謂的花郎就是新羅青年貴族集會的領袖。新羅上級貴族子弟成為花郎後，被稱為花郎徒的青年會成為花郎的部下。花郎集團這種社交組織在平時得修養身心、唱歌作樂、遊遍名山勝地，藉此鍛練身心，一旦戰事爆發，就會成為拼死作戰的戰士集團。

金庾信有個讓人看出他曾是花郎的小故事。壯年的金庾信在六二九年八月新羅攻打高句麗的娘臂城時從軍。由於高句麗軍是以逸待勞，從城裡發兵，所以新羅軍陷入劣勢，也失去了士氣。此時金庾信向一起從軍的父親舒玄建議：「目前我軍正節節敗退，我比平日更重視忠孝，而臨戰必須勇敢。我聽聞立起衣襟，皮衣也將平整，只要拉繩子，網子就會綳緊，我會成為那條繩子與衣襟給你看。」說完便衝入敵陣，斬下敵將的首級，新羅兵見狀便士氣大振，奮勇殺敵，也因此大敗高句麗。在敗象已露的戰局下奮不顧命，重視忠孝之義，一馬當先殺入敵陣，令士兵奮起的模樣，雖然應該經過史學家潤飾，但與重視道義的花郎身影可說是完全重疊。

與金春秋之間的羈絆

金庾信的事跡與武烈王（金春秋）息息相關。兩人在早金春秋即位之前就已認識。六四二年八月，新羅的大耶城在遭受百濟猛攻之下淪陷，鎮守大耶城的都督金品釋與眾多部下一同戰死，其妻古陁炤也與夫婿淪為同一命運。古陁炤是金春秋的女兒。萬分悲傷的金春秋便決心報復百濟。為了與高句麗結盟，決定親自前往高句麗。

《三國史記．金庾信傳》記載了金春秋前往高句麗之前，金庾信與金春秋之間的互動。金春秋問金庾信：「吾與公（金庾信）同體，為國股肱。今我若入彼見害，則公其無心乎？」（我與公一心同體，同為國家的肱股之臣。如今我將前往高句麗，假若我遇害，你能冷靜嗎？）金庾信答：「公（金春秋）若往而不還，則僕之馬跡，必踐於麗、濟兩王之庭。」（公若一去不返，我將追著你的馬蹄痕跡，踏破高句麗與百濟的王宮。）對此感動不已的金春秋便與金庾信歃血為盟，往高句麗出發。

雖然金春秋順利抵達高句麗，卻被當時的掌權者淵蓋蘇文視為仇敵，也因此被禁錮。料想金春秋無法平安歸來的金庾信便組織了一支敢死隊，朝高句麗出發。抵達高句麗的國境時，金春秋就被釋放。金庾信這次的軍事行動可說是金春秋得以九死一生的原因。

從這段充滿戲劇張力的小故事便可得知，金庾信與金春秋之間的羈絆有多麼牢固。《三國遺事．卷一．紀異編．太宗春秋公》一節，也針對金庾信與金春秋的關係，記載了一個耐人尋味的故事。時值善德王的時代。正月，金庾信於自家門前與金春秋一起踢球時，金庾信故意踏破金春秋上衣的繩結，然後叫妹妹文姬縫補，之後金春秋也因為這件事結識文姬，最終迎娶了文姬。換言之，金庾信是金春秋的大舅子，而這位文姬就是文明夫人，也是文武王金法敏的母親（文明王后）。

另一方面，金春秋即位後，也將女兒嫁給金庾信。金庾信的這位夫人就是智炤夫人。這意思是，對金庾信來說，金春秋是妹夫，也是岳父。由此可知，金庾信與金春秋除了彼此信賴之外，實質上也是姻親。

金庾信與金春秋一起完成「三韓一統」（新羅人在三國統一之後的說法）。金春秋除了在內政與外交有所斬獲之外，也為了得到唐朝的援助而思索親唐政策，而且還一步步改革新羅國內的制度，至於金庾信則是在戰場大展身手，於六四二年成為押梁州（今慶尚北道慶山市一帶）的軍主，也與百濟連年征戰。

在金春秋不斷改革內政以及推動外交的努力之下，總算成功取得唐朝的軍事援助。六五四年，金春秋登上新羅王座之後，便於即位的第七年與唐軍一起殲滅百濟，金庾信此時也以大將軍之姿隨行，於黃山與百濟的將軍階伯展開死鬥。

最後的戰功

武烈王在殲滅宿敵百濟的翌年死去，由文武王（金法敏）繼位。六六一年，文武王即位的時候，正是朝鮮半島一片混亂之際。儘管百濟已經滅亡，百濟的殘黨仍在倭國的援軍協助下四處作亂。至於北部地區，唐軍雖然開始討伐高句麗，但情況並不順利，武烈王就是在這種狀況之下過世。

在武烈王屍骨未寒之際，唐軍要求新羅援助。攻打高句麗王都平壤的蘇定方因為缺乏軍糧，所以要求新羅補給。在情勢尚且不穩的情況下深入高句麗領地，可說是非常危險的任務，但是正因為情勢如此不穩定，新羅才更是得與唐朝維持良好關係，也難以拒絕唐軍的要求。

此時已超過六十歲，垂垂老矣的金庾信自告奮勇地說：「臣過叨恩遇，忝辱重寄。國家之事，雖死不避，今日是老臣盡節之日也。當向敵國，以副蘇將軍之意。」（臣一路走來，既領受了過多的恩惠，也扛起了不少重責大任。因此，只要是為了國家的大事，臣寧死不辭。今日正是老臣盡忠盡義的時候。我決定前往敵國，完成蘇將軍的要求。）之後便領著援軍前往高句麗。據說文武王握住金庾信的手，淚流滿面地感謝金庾信。

六六一年十二月十日，金庾信帶著九位將軍前往平壤，並在隔年的正月二十三日渡過七重河（臨津江）。七重河是新羅與高句麗的邊界。他不斷地鼓舞士兵，安撫士兵的不安之餘，也在途中不斷地遭受敵兵襲擊，也有士兵因為抵擋不了寒冷而凍死，最終還是於二月六日將軍糧送到蘇定方手中。蘇定方的遠征軍在得到補給後便撤退，回到唐朝。雖然這次的支援作戰沒讓高句麗滅亡，卻肯定是一次深入敵人領土，成功補給軍糧的高難度任務，新羅也因此得以與唐朝繼續維持友好關係。

這次的任務在金庾信無數的戰功之中，成為最後的一道光芒。儘管之後新羅與百濟遺民的戰爭或是與高句麗的戰爭，都提到了他的名字，卻再也沒有具體的記錄。六六四年，金庾信提出告老還鄉（辭職）的請求，也因為生病，無法參與六六八年殲滅高句麗的戰役。在見證了高句麗滅亡，以及新羅與唐朝展開一場又一場激戰之後，金庾信最終於六七三年過世，享壽七十九歲。

（植田喜兵成智）

文武王（六二六—六八〇年）

成功統一三國之人

文武王是第三十代新羅王，在位期間六六一—六八〇年。諱法敏。前面提過，武烈王是帶領新羅統一三國之人，而文武王則是武烈王與金庾信之妹文明夫人的長子。聰明早慧的文武王於六五〇年前往唐朝之後，被高宗封為太府卿，完成了重要的外交任務。其父武烈王於六五四年即位後，文武王被拔擢為統率軍隊的兵部令（長官），之後便於軍中擔任要職，於國政的第一線輔佐父親，也於隔年成為太子。由於武烈王在殲滅百濟之後猝逝，所以三十六歲的文武王便繼位。相貌端正的他散發內在的智慧與謀略。

文武王在位時，可說是片刻不得安寧，時時刻刻都在沙場征戰。究其生涯，他與百濟復興軍打了超過三年的戰爭，又在百濟滅亡之後，立刻與唐朝聯手攻打高句麗，等到高句麗滅亡後，又與覬覦朝鮮半島的唐朝展開長達六年（六七一—六七六年）的國家保衛戰。其間，得到舅父金庾信在軍事方面的支援，也被定位為統一三國的有功之人。

文武王在還是太子的時候，曾於六六〇年與唐朝聯手，攻陷百濟的王都泗沘城，在漢江江口以船隊迎接從山東半島走海路過來的唐將蘇定方，這件事在與百濟作戰時，立下了大功，這也是文武王在戰場初試啼聲的一戰。之後，文武王平定了百濟復興軍，接著又與唐軍聯手殲滅了高句麗。但是想要統治朝鮮半島的唐朝，為了間接統治異族而在百濟故地設置了熊津都督府，於是文武王為了驅逐唐朝的勢力，將百濟與高句麗的土地納入版圖，便與唐軍開戰，直到六七六年才結束。

有許多歷史事跡都讓後人有機會了解文武王在軍事方面的謀略與天分，比方說，當文武王與唐軍聯手討伐高句麗的時候，曾替唐軍補給兵糧與軍事物資。唐朝之所以遲遲無法攻下高句麗，在於難以確保補給路線，若沒有文武王在戰略上的幫助，唐朝斷不可能成功討伐高句麗。

第二點，利用高句麗遺民建立高句麗傀儡政權。文武王除了將高句麗的王族安勝迎入王都，還將高句麗遺民安置在與熊津都督府接壤的金馬渚，冊封安勝為新羅之臣，還將女兒嫁給安勝，成為彼此的親家，藉此牽制由唐朝設置的熊津都督府。等到唐朝撤退之後，神文王總算能讓安勝成為新羅王族的一員。

第三點，就是就是與倭國之間的外交關係。文武王看到唐朝的熊津都督府派遣使者前往倭國之後，便讓傀儡國家高句麗（報德國）的使臣跟著去，與倭國維持外交關係，藉此牽制唐朝的熊津都督府與倭國之間的外交關係。尤其文武王在高句麗滅亡（六六八年九月二十一日）的前七天就已經派遣使者前往倭國，展開一連串縝密的外交戰略。

第四點就是書面上的外交戰略，這部分可從文武王與唐朝交戰之際，與唐將薛仁貴之間的書信略知一二。薛仁貴在往來的書信之中，以文武王的父親武烈王是唐太宗的忠臣為由，斥責文武王為不忠不孝的逆臣，但文武王卻提出自己在討伐百濟復興軍的時候，以唐朝忠臣之姿做出貢獻，也在唐朝討伐高句麗的時候，持續補給軍糧，讓唐朝得以成功討伐高句麗，更提出唐朝讓新羅與熊津都督府的扶餘隆結盟，卻又讓扶餘隆攻擊新羅這些事實，一一反駁薛仁貴對文武王的指責。

最終，新羅在長達六年的戰爭打敗唐朝，不過這也拜唐朝與緊鄰西邊的吐蕃關係緊張之賜，但不可諱言的是，唐朝之所以從朝鮮半島撤退，絕對與文武王的謀略有關。

後世史學家的評價

編撰於十五世紀的朝鮮第一本編年體通史《東國通鑑》就指責文武王在晚年（六七九年）大興土木，修建宮殿這件事。「新羅得以吞併百濟與高句麗，全是其父武烈王的謀略以及金庾信的輔助，也與唐朝的支援大大有關，但是文武王卻因此變得傲慢，除了接納高句麗遺民，還以百濟故地為大本營，與唐軍作戰。這些背德的行為也讓文武王被唐朝剝奪爵位，文武王該引以為恥才是。雖然受父王餘蔭，得以恢復舊土，卻不圖安泰，反而禍及子孫，導致新羅衰退。」《東國通鑑》連新羅滅亡都歸因於文武王的傲慢。簡單來說，浸淫在儒教思想之下的後世史學家與薛仁貴站在相同的立場，將文武王批為不忠不孝之人。這也是讓我們反思該以何種價值觀評估歷史人物的絕佳範例。

順帶一提，雖然《東國通鑑》大力抨擊了文武王在結束與唐朝之間的戰爭之後，大興土木，建造宮殿與佛寺這些事，但其實這些事可從完全不同的角度解釋。其實，文武王最為出色的事跡就是戰亂期的復興事業。仔細觀察此時的新羅國內情況就會發現，新羅的王京湧入了大批百濟與高句麗的舊民，而這個危機讓新羅的統治階層難以像過去一樣穩定社會。在物資匱乏，內部有可能分裂的危急之際，文武王的各項政策無疑是讓國內復甦的事業。

此外，在了解新羅王族對於系譜的觀感時，最值得注意的是，身為統一三國有功之人的文武王，在舅父金庾信的出生地，也就是舊金官加耶國，讓過去的王統祭祀復活這件事。文武王於六六一年三月提到，「朕是伽耶國（金官）元君九代孫仇衡王（仇亥）之降於當國也。所率來子世宗之子率友公之子庶云匝干之女文明皇后寔生我者。茲故元君於幼沖人。乃為十五代始祖也。所御國者已曾敗。所葬廟者今尚存。合於宗祧。續乃祀事。」（加耶國始祖的第九代孫子仇衡王在投降新羅之際帶來的世宗之子成為率友公，其子庶云匝干的女兒文明皇后生了我，所以對我來說，始祖是第十五代之前的祖先。雖然加耶國已滅，但祖廟還在，所以除了在仇衡之後建造的祖廟，連這座祖廟我也要繼續祭拜。）文武王從母親文明皇后開始回溯，從已經斷絕六十年的金官國始祖到第十五代祖先全部祭拜。

薛仁貴與文武王之間的書信能讓我們知道文武王的歷史評價，而這些書信則以充滿兩國緊繃情勢的文體與修辭寫成，更是流傳後世的文章。《三國史記》登載了書信的全文，也占了〈新羅本紀〉百分之六的篇幅。這純粹是因為《三國史記》的編撰人金富軾非常重視這些書信所致。《三國史記》列傳也登載了文武王寫給薛仁貴的回信，但一般認為，這些回信應該是由文章名家強首所寫。到目前為止，雖然文武王這個諡號的由來仍眾說紛紜，但列傳卻認為，文武王這個諡號的「文」與「武」，源自強首的「文章」及其父武烈王的「武功」。

其他人物

一、新　羅

善德王

？—六四七年。新羅第二十七代君王（六三二—六四七年在位）。諱德曼，是真平王的長女，也是新羅史上首位女王。其父在位長達五十三年，去世時，膝下無子，所以善德王被擁立為王。六三五年，繼承父親的爵號，被唐朝封為柱國樂浪郡公新羅王。根據史書的記載，善德王具有相當的洞察力與預知能力，也有人認為，善德王是因為薩滿（類似巫女）的能力才得以即位。六四三年，新羅向唐太宗請求援軍時，曾因為新羅由女王統治這點而被唐朝批評，新羅的統治階層也因此分裂為兩半，擔任上大等的毗曇也因此作亂，善德王便死於這場造反之中。這個事件常讓女王統治被貼上負面的標籤，但是在其統治時代裡，百濟的攻擊相當激烈，新羅陷入絕對的劣勢，但她還是積極地指揮軍事與外交，也於國難當頭的六四五年聽從自唐朝回國的僧侶慈藏建議，建造皇龍寺九層塔，企圖透過佛教的加持救國，由此可知，她還是具有一定的政治實力。

此外，儘管對於善德王女性即位這件事仍有諸多議論，但其父王藉由佛教力量讓她順利即位的策略也受到相當多的關注。比方說，善德王父母的諱分別是白淨（釋迦的父親名叫淨飯王）與摩耶夫人，與釋迦父母的名字相同。此外，善德王的諱「德曼」則源自為了帶領眾生悟道而以女子之身誕生的「德鬘優婆夷」（《涅槃經》），繼善德王之後即位的真德王之諱則是「勝曼」，而勝曼則源自以女子之身成佛的勝鬘夫人（《勝鬘經》）。善德王的「善德」則源自《大方等無想大雲經》（簡稱《大雲經》）的「善德婆羅門」，至於善德這個概念也源自轉輪聖王。

五世紀初期，北涼的曇無讖將這部《大雲經》譯成中文，經中提到，佛對佛弟子淨光天女說：「捨棄天女的模樣，化身為女性，成為國家的君主，擁有統治世界的轉輪聖王的領地。」轉輪聖王是透過正義統治世界的王，而轉輪聖王手中的輪寶則分成金銀銅鐵四種，第二十五代真智王的諱為金輪，真平王的父親（真智王的哥哥）的諱則為銅輪。

由此可知，新羅的確有以源自佛教之名替王族命名，正當化女王即位的意圖。這不禁讓人聯想到，武則天也在即位之前，要求《大雲經》六卷改譯為四卷，然後發給全國寺院恭讀，或是在每一州建造大雲寺（大雲經寺），藉此合理化自己的即位。為了讓民眾以為武則天是承受天命，將天女改譯為女王的經書就是這部新的《大雲經》。此外，將《大雲經》之中的天女解讀為彌勒，再以彌勒下生的信仰推出，這點與新羅的前例有關，也不容忽視。

慈藏

約五九〇—約六五八年。新羅僧人，俗名為善宗郎。從這個名字可以推測，他是新羅傳統之中的花郎。父親金武林是新羅和白（掌權者的合議制度）的成員之一。六三六年（一說認為是六三八年）前往唐朝後，於六四三年回國。抵到唐朝的長安之後，受太宗禮遇，住進勝光別院，又發願於終南山修行三年。留下了在五台山與文殊菩薩對話的神祕故事。於六四三年回國後，看到國家西邊四十幾座城池被百濟奪走的國難，便撰寫上表文（乞師表），請求唐朝派兵支援。當唐太宗批評女王統治一事，輿論分兩派時，他仍於六四五年建議善德王在皇龍寺建造作為護國象徵的九層木塔，並於隔年完工。據說於真德王時代導入的唐代服制以及採用唐朝年號都是出自慈藏的手筆，所以能將慈藏視為金春秋的智庫。除了新羅的外交與內政之外，慈藏也對新羅的佛教做出諸多偉大貢獻，例如在通度寺創立戒壇就是他的功績之一。

真德王

？—六五四年。新羅第二十八代君王（六四七—六五四年在位）。是第二十六代真平王之弟國飯的女兒。諱勝曼。據說她天資聰穎，容貌秀麗，身材高䠷。當善德王於毗曇之亂死去，便在平叛的金春秋與金庾信的擁立之下即位。六四八年，命令金春秋與其子文王出使唐朝，真德王也於這一年被冊封為樂浪郡王。金春秋在真德王的時代不斷地強化新羅與唐朝之間的關係，也推行唐化政策，還為了鞏固王權而果斷改革官制。一尊從唐太宗昭陵出土的石像述說了真德王的對唐外交。唐太宗於六四九年死去之後，便葬於昭陵，而昭陵附近出土了石人與石馬。有文獻提到了作為唐太宗降伏各國君主象徵的「十四國蕃君長石像」，而這十四國包含突厥各族、薛延陀、吐蕃、吐谷渾、龜茲、于闐、焉耆、高昌、林邑、帝那伏帝，其中也包含了新羅。出土的石像象徵著唐朝周邊各族與各國的君主，也出現了以這些君主為藍圖所製作的石人與臺座，而在這八個臺座的某段銘文之中，提到了「新羅□□／郡□□□／德」，一般認為，這段銘文的內容應該是「新羅樂浪郡王金真德」。除了這個臺座之外，還發現了女性服飾的下半身部分，這也證明在東亞各國之中，真德王是唯一一位能躋身「十四國蕃君長」之列的女性。由此可知，新羅在東方各國之中的地位，金春秋於真德王時代推動的對唐外交也起了一定的作用。此外，另一件值得留意的是，武則天曾與高宗一起帶著戰俘前往昭陵報告戰爭勝利一事。對於武則天來說，「十四國蕃君長石像」之中有女性石像這點具有特殊意義，因為這意味著女王統治並非特例。

金仁問

六二九—六九四年。金春秋（武烈王）的第二子。字仁壽。在新羅伐百濟與高句麗的軍事行動作出貢獻。除了通曉儒教，也熟悉老莊思想與佛教，更是能文能武、見識與格局恢弘的人，因此被世人譽為有才之人。六五一年，受真德王之命前往唐朝擔任宿衛，唐高宗也因其貢獻，冊封左領軍衛將軍。六五三年回國後，前往新羅王京西方要衢擔任押督州總管（長官），得到武烈王的賞識。唐高宗為了討伐百濟，命令蘇定方為神丘道大總管，並將熟悉行軍路線的金仁問召來唐朝，任命為副大總管，金仁問也於此時討伐百濟的戰役立下軍功。之後，又前往唐朝擔任宿衛，於唐軍討伐高句麗的時候，將軍糧運往平壤，盡力拯救唐軍。接著金仁問前往唐朝。六六六年，唐高宗於泰山舉行封禪大典時，得以列席的金仁問受封右驍衛大將軍。六六八年，唐高宗命令李勣討伐高句麗之際，命令金仁問予以支援，也讓金仁問之兄文武王的新羅軍與唐軍合併，一起討伐高句麗，金仁問也於此時立下超群的功績。雖然金仁問後來便留在唐朝效忠唐高宗，但是當文武王接納高句麗王族安勝與其他遺民，又在百濟故地建造高句麗傀傀儡國家，唐高宗便於六七四年任命劉仁軌為雞林道大總管，率兵出征，也剝奪文武王的爵位，長期在唐朝效忠的金仁問則受封臨海郡公，代替文武王成為雞林州大都督開府儀同三司與新羅王，不過，金仁問卻予以婉拒，踏上回國的路途。由於此時文武王向唐高宗謝罪，所以唐高宗再次恢復文武王的爵位，金仁問也回到唐朝。六七九年，金仁問晉升為鎮軍大將軍行右武威大將軍，又於六九〇年受封輔國大將軍、上柱國臨海郡公、左羽林軍將軍，後在六九四年於唐朝病逝。遺體被送回新羅後，孝昭王追諡太大角干這個官位，又於六九五年，將金仁問厚葬於王京的西側平原。據說金仁問七度赴唐朝擔任宿衛，時間長達二十二年之久，生涯橫跨新羅七代王波瀾萬丈的治世。年紀輕輕就遠赴唐朝的金仁問多次從唐朝出發，為母國作戰，救母國脫離國難。是三國統一的功臣之一，從唐朝守護自己的祖國。

二、高句麗

淵蓋蘇文

？—六六六年。高句麗末期的權臣。《日本書紀》將他的名字記為伊梨柯須彌（イリカスミ），姓與名都為高句麗的發音。イリ這個發音對應的是「泉」，而カスミ對應的是蓋蘇文。一般認為，「淵」這個姓之所以改成「泉」是為了避免冒犯唐高祖的名字。《三國史記》提到，淵蓋蘇文的出身為高句麗五部的西部，但應該是東部才對，因為就《新唐書》所述，在高句麗末期掌權的是東部。淵蓋蘇文是東部「大人」，在擔任高句麗最高官職大對盧的父親死去之後，繼承了父親的職位。淵蓋蘇文曾在唐朝派軍威脅的六四一年正月，站在最前線指揮千里長城的建設，但是卻在隔年十月（《日本書紀》的記載為前年九月）發動武裝政變，殺害了榮留王等一百八十餘人，也讓王弟之子（寶藏王）即位。由於這場政變以及後續淵蓋蘇文的強權政治消息都傳至中國，可見這些事件在當時屬於東亞規模的大事件。此外，若以中國的史料為準，這場政變應該是在六四二年發生，而《日本書紀》則記載為六四一年，不過唐朝的資訊應該比較準確，所以一般認為是於六四二年發生。

雖然不知道淵蓋蘇文為何要發動政變，但是在事件爆發的前一年（六四一年），在唐朝負責處理軍事機密的職方郎中（長官）陳大德為了回應六四〇年前來朝貢的高句麗世子，特地前往高句麗，順便釐清從唐朝到高句麗的交通路線、地形地貌與高句麗的國內情勢，之後陳大德也將這些內容整理成《奉使高麗記》，呈交給唐太宗。一如前述，高句麗在承受來自唐朝的軍事壓力之下，由淵蓋蘇文負責建造千里長城，而陳大德來到高句麗的王都時，淵蓋蘇文也於官館接待陳大德。中國的史料指出，淵蓋蘇文在發動軍事政變之後，便以類似「吏部兼兵部尚書」的職位，登上最高的職位並一手掌握大權，但實情是他自動從高句麗最高官位的大對盧降級至第二位的莫離支（太大兄），然後掌握所有的權力。雖然大對盧是最高官位，但是部族的色彩過於濃厚，各部族也常為了爭奪這個官位而訴諸武力，因此淵蓋蘇文才決定透過武裝政變瓦解高句麗傳統部族的秩序，讓權力集中在自己身上。淵蓋蘇文的強權政治雖然在與唐朝的爭鬥，以及三國彼此之間的軍事爭鬥之中發揮作用，但是淵蓋蘇文死後，他的三個兒子（男生、男建、男產）便爆發內訌，長子男生臣服唐朝，成為唐軍的先鋒，帶領唐軍殲滅高句麗，弟弟淨土則投降新羅。由此可知，淵蓋蘇文讓權力集中在自己一族的強權政治，導致高句麗的瓦解。

三、百　濟

義慈王

？—六六〇年。義慈王是百濟第三十一代王（六四一—六六〇年在位）。諱義慈，因百濟滅亡所以沒有諡號。是第三十代武王的嫡子。據說是有勇有謀又有膽識的君主。六三二年被冊封為太子。從在唐朝過世的三子扶餘隆出生於六一五年來推算，義慈王被冊封為太子時，已經四十歲左右。

六四一年即位後，被唐朝冊封為柱國帶方郡王百濟王。由於此時國內仍然動盪不安，義慈王便於隔年流放同父異母之弟翹岐，及四位同母妹妹與四十幾位高官，讓所有權力集中在自己手上。在義慈王身後支持他的是王妃恩古。據說殘暴無道的恩古曾為了把持國政而誅殺賢臣，但這只是百濟滅亡之後的傳聞，無從查證。在倭國將義慈王即位之後的這些動亂稱為「大亂」，從中不難發現義慈王在掌握權力的過程之中，發生了許多糾葛與鬥爭。六四二年七月，義慈王親自率兵攻打新羅西方四十幾座城池，又於翌月突襲這塊地域的要塞大耶城。最終，百濟攻陷新羅西側國土四十幾座城池，也成功占領了這塊地區。義慈王與向來敵對的高句麗聯手，攻進了新羅領土後，隔月又與高句麗聯手，準備攻下從新羅前往唐朝的必經之地黨項城。除了與倭國強化結盟之外，還廢了被立為太子的扶餘豐，將扶餘豐與他的妻子、高官沙宅智積派去倭國當人質。六五五年，與高句麗成功攻下新羅北側的三十幾座城池後，便終日沉溺酒色，以及將食邑分別封給四十一名庶子，完全不理國家大事。六六〇年，唐朝與新羅的聯軍突襲百濟，交戰不滿數月，百濟的王都泗沘城就淪陷。太子孝、王子泰、隆、演與其他大臣、八十八位將軍、一萬兩千八百零七名百姓都被押送至唐朝，義慈王也於這年在長安過世，唐高宗追贈金紫光祿大夫、衛尉卿的稱號。

禰軍

六一三—六七八年。百濟人。於朝鮮半島、日本列島以及中國大陸之間活躍的官僚。根據二〇一一年在西安發現的墓誌所述，禰氏代代擔任百濟的佐平（在百濟十六等官位之中，是最上層的官位，也是主要官職的中樞），可說是名門一族。六六〇年，禰植帶領義慈王投降唐朝，中國正史也收錄了這段歷史。一說認為是由其弟禰寔進促成，但由此可知，禰氏一族在百濟末年的確擔任了重要的角色。禰軍於母國滅亡後，進入唐朝為官，過了一段時間之後，百濟故地的遺民叛變，他便被派去熊津都督府任職，以唐朝官吏的身分安撫百濟遺民。其間，也曾兩次出使倭國，參與唐朝的東方外交。六七〇年，唐朝與新羅的關係逐漸惡化，熊津都督府也與新羅對立。禰軍以使者的身分前往新羅時，被當成間諜逮捕，並於兩年後遣送回唐。之後便於唐朝居住，六七八年於長安過世。在朝鮮、中國、日本的史料都留下名字的禰軍，可說是象徵七世紀東亞有多麼動盪的人物。

（植田喜兵成智）

黑齒常之

六三〇—六八九年。百濟遺民。在朝鮮史上，是活躍於百濟復興運動的將軍，在中國史上，是於唐朝對外戰爭活躍的知名蕃將。《舊唐書》、《新唐書》都記錄了他的事跡，也在中國發現了他的墓誌，所以比較能夠了解他進入唐朝之後的事跡。另一方面，他的前半生，也就是在百濟的事跡較不為人所知。其實無法從朝鮮這邊的記錄確認他的名字為黑齒常之，而《三國史記》的〈黑齒常之傳〉也不過是前述《新唐書．黑齒常之傳》的摘要。

黑齒常之在百濟擔任了達率這個第二等的官位，也曾經擔任郡將這種地方官。六六〇年，百濟滅亡之後，他便參加了百濟復興運動，持續抵抗唐朝，最終還是於六六三年投降。投降後，照理是隸屬於唐朝的舊百濟領土治理機關熊津都督府，但有哪些具體活動則不得而知。讓黑齒常之站上歷史舞臺的是六七八年，唐朝與吐蕃的戰爭。唐軍在這場戰爭居於劣勢，甚至將軍之一的劉審禮還被俘虜。因此從軍的黑齒常之便發動夜襲，帶領唐軍逆轉情勢。到了六八〇年，黑齒常之被任命為指揮官，也於良非川的夜戰打敗吐蕃軍，之後更是屢屢在唐朝與吐蕃以及突厥的戰爭立下軍功，在唐高宗末期到武則天初期的軍事活動大展身手。

可惜的是，到了六八九年，被酷吏周興的讒言陷害，最終被刑求至死，直到六九八年才得以恢復名譽，這應該是因為其子黑齒俊在當時掌權者武三思的麾下立下戰功所致。從黑齒常之的事跡來看，足以證明百濟遺民在七世紀後半也成為唐朝的軍事力量之一。

（植田喜兵成智）

四、唐、渤海

薛仁貴

六一四—六八三年。唐朝前半期的名將。沒沒無名的薛仁貴於唐太宗（李世民）遠征高句麗之際從軍，也於此時立下軍功。為此，唐太宗曾說「朕不喜得遼東，喜得卿也」，對薛仁貴的勇猛讚譽有加。到了唐高宗的時代，薛仁貴也屢屢遠征高句麗，也靠著自身的英勇帶領唐軍戰勝契丹與九姓突厥，可惜於六七〇年敗於吐蕃，也在被追究責任之後失勢。

同一時期，接受新羅支援的高句麗遺民背叛唐朝，薛仁貴也於此時再次被起用，奉命征討新羅。當他率領水軍逼近新羅之後，還透過長篇書信譴責文武王，《三國史記》也記錄了這段書信往來的歷史，但還是不敵新羅軍。之後他擔任了地方的刺史與都督，也活躍於唐朝與突厥的戰役，最終於六八三年過世，享年七十歲。薛仁貴是在唐朝對外戰爭做出貢獻的軍人，也參加了唐朝與高句麗以及新羅的戰爭，是與朝鮮半島淵源極深的人物。

（植田喜兵成智）

大祚榮

?—七一九年。渤海國的建國者。七世紀末期，營州（今遼寧省朝陽市）契丹人李盡忠叛變，他便趁機與移居當地的高句麗遺民一起逃回自己的故地，在東牟山築城，又於六九八年創立震國（又名振國）。大祚榮的「大」為國姓，名字為祚榮，據傳是「高句麗的舊將」，不過從其父的名字為乞乞仲象來看，他應該是附屬於高句麗的粟末靺鞨族。唐玄宗於七一三年冊封大祚榮為左驍衛員外大將軍與渤海郡王，又加授忽汗州都督，所以國號才會是渤海國。渤海郡王的爵號源自西漢郡縣制的渤海郡。唐朝在六二四年冊封新羅的真平王為樂浪郡王之後，直到文武王為止，都冊封每位新羅君王為樂浪郡王，之所以冊封為樂浪郡王，也是源自西漢的樂浪郡，由此可知，唐朝應該是想將渤海與新羅一同納入傳統的版圖。九世紀的新羅文人崔致遠在上稟唐朝的奏文之中提到，新羅王授予大祚榮新羅第五位的官位大阿飡。假設這項記載屬實，新羅將新興的渤海國視為自己的從屬國，與傀儡國家高句麗（報德國）地位相同。對於將唐朝趕出朝鮮半島的新羅來說，北邊的動向絕對是不容忽視的大事。

注釋

1. 生卒年不詳。六三五年（善德王四年），受命與金春秋的父親龍春為地方州縣的巡撫，隔年正月擔任上大等一職。從其相關的事跡可以得知他是王族的成員，也是位居中樞的重要地位。
2. ？—六四七年。新羅的王族。六四五年（善德王十四年）代替水品擔任上大等一職。原則上，一任國王只任命一任上大等，所以有可能水品已經過世，或是毗曇透過一年後的政變奪走水品的地位，雖然兩者都有可能，但後者的可能性較高，因為是由毗曇為了促成女王廢位而發動的政變，也糾合了多數的統治階層。《三國史記》的〈金庾信傳〉提到，這場叛亂之所以得以平息，在於發生了神祕現象，可見在叛亂之初，占上風的是毗曇陣營。
3. 李基白著，武田幸福監譯，《新羅政治社會史研究》（學生社，一九八二年）。李基白著，武田幸男主譯，《韓國史新論》改訂新版（學生社，一九七九年）。

參考文獻

植田喜兵成智，《新羅・唐関係と百済・高句麗遺民——古代東アジア国際関係の変化と再編（新羅、唐關係與百濟、高句麗遺民——古代東亞國際關係的變化與重新編制）》，山川出版社，二〇二二年

木村誠，〈統一新羅の官僚制（統一新羅的官僚制）〉，《古代朝鮮の国家と社会（古代朝鮮的國家與社會）》，吉川弘文館，二〇〇四年

鈴木靖民，〈東アジアにおける国際変動と国家形成——七世紀の倭国（東亞的國際情勢變化與國家形成——七世紀的倭國）〉，《倭国史の展開と東アジア（倭國史的展開與東亞）》，岩波書店，二〇一二年

武田幸男，〈新羅骨品制の再検討（新羅骨品制的再檢視）〉，《東洋文化研究所紀要》六七，一九七五年

武田幸男，〈朝鮮三国の国家形成（朝鮮三國的國家形成）〉，《朝鮮史研究會論文集》一七集，一九八〇年

武田幸男，〈六世紀における朝鮮三国の国家体制（六世紀的朝鮮三國的國家體制）〉，武田幸男等編，《東アジア世界における日本古代史講座4　朝鮮三国と倭国（東亞世界的日本古代史講座4　朝鮮三國與倭國）》，學生社，一九八〇年

武田幸男，〈新羅「毗曇の乱」の一視角（新羅「毗曇之亂」的一視角）〉，三上次男博士喜壽記念論文集編集委員會編，《三上次男博士喜壽記念論文集　歷史篇》，平凡社，一九八五年

武田幸男，《新羅中古期の史的研究（新羅中古期的歷史研究）》，勉誠出版，二〇二〇年

陳蕾，〈新羅善徳・真徳女王即位の史的条件に関する考察（新羅善德、真德女王即位的歷史條件考察）〉，《史觀》一八四，二〇二一年

盧泰敦著、橋本繁譯，《古代朝鮮三國統一戰爭史》，岩波書店，二〇一二年
濱田耕策，《新羅国史の研究——東アジア史の視点から（新羅國史的研究——從東亞史的視點）》，吉川弘文館，二〇〇二年
三池賢一，〈金春秋小伝（金春秋小傳）〉一—三，《駒沢史学（駒澤史學）》一五—一七，一九六八—七〇年
李基白著，武田幸男監譯，《新羅政治社会史研究》，學生社，一九八二年
李成市，〈高句麗泉蓋蘇文の政変について（高句麗泉蓋蘇文的政變）〉、〈新羅僧・慈蔵の政治外交上の役割（新羅僧慈藏在政治外交扮演的角色）〉、〈新羅中代の国家と仏教（新羅中代的國家與佛教）〉，《古代東アジアの民族と国家（古代東亞的民族與國家）》，岩波書店，一九九八年
李成市，〈新羅文武・神文王代の集権政策と骨品制（新羅文武、神文王時代的集權政策與骨品制）〉，《日本史研究》五〇〇，二〇〇四年
李成市，〈六—八世紀の東アジアと東アジア世界論（六—八世紀的東亞與東亞世界論）〉，大津透等編，《岩波講座日本歴史第2巻　古代2》，岩波書店，二〇一四年
李成市，〈東アジアにおける女帝の歴史（東亞女帝的歷史）〉，《歴史地理教育》八四八，二〇一六年
李成市等編，《世界歴史大系　朝鮮史1》，山川出版社，二〇一七年
李成市，〈朝鮮史の形成と展開（朝鮮史的形成與展開）〉，荒川正晴責任編集，《岩波講座世界歴史6　中華世界の再編とユーラシア東部4~8世紀（岩波講座世界歷史6　中華世界的重組與歐亞大陸東部　4—8世紀）》，岩波書店，二〇二二年

第十一章
古代天皇制的成立

仁藤敦史

前　言

中國統一之後，透過外交與軍事政策對周邊的民族與各國造成深刻的影響，比方說，讓這些民族與國家彼此對立、內亂或是集中權力。隋帝國在五八九年收拾了魏晉南北朝時代的混亂，而中國也在西晉滅亡之後，時隔約二百七十年再次統一。當中國出現大一統的帝國，就強迫朝鮮三國接受冊封，也要求這三個國家納貢。唐帝國於六一八年滅了隋朝後，於六二八年統一中國全土，其統治勢力也慢慢地朝周邊各國延伸。六三〇年，大唐帝國先殲滅了東突厥，接著於六三五年降伏吐谷渾，又在六四〇年讓高昌國臣服。唐帝國以高壓的態度迫使東亞各國接受冊封，也禁止接受冊封的國家互相爭鬥。如此一來，在隋朝的時代，新羅與百濟都得到中國的認同，但是當唐朝建立新的冊封秩序，倭國就無法在文化與典章制度的部分保有優勢（無法維持大國的地位），也難以保有對舊加耶地區的影響力。

隨著唐朝討伐高句麗的可能性愈來愈高，無法置身事外的朝鮮半島諸國與倭國只好透過政變集中權力，如此一來，不是對外發動戰爭，就是內政陷入混亂。比方說，高句麗的淵（泉）蓋蘇文、百濟的義慈王、新羅的金春秋就將所有權力集中在自己身上，倭國的乙巳之變與「大化革新」這類政策，目的也都是為了集中權力。這些政變與集中權力的政策，皆被歸類為這些東亞國家在面臨隋唐帝國這種超大國家介入自國軍事與外交事務時的應對之道。周邊各國在面對唐帝國（以及被指定為交涉窗口的新羅）時，只有服從與對抗這兩條路可以選擇，高句麗、百濟、倭國選擇了對抗，新羅則選擇了服從。

「大化革新」前夕的東亞情勢與倭國

進入欽明朝之後，蘇我氏推動了看似穩定的親百濟路線，但是到了推古朝後半期，這條路線卻走到了盡頭，因為隋唐帝國加強了對東亞各國的壓力，朝鮮三國之間的鬥爭也更加頻繁。

在思考乙巳之變前後的外交關係時，可從推古朝後半期，也就是六二三年之後發生的事情確定外交層面的派系對立。在這一年之後，親新羅的勢力崛起，外交路線上的對立也浮上檯面。情勢之所以會如此演變，除了與蘇我氏保持合作關係的廄戶皇子（聖德太子）過世，從中國經過新羅回到日本的學僧藥師惠日的上奏也是一大原因。蘇我氏雖然接受透過百濟與隋朝交涉的方法，卻不太希望透過新羅與唐朝交涉。

比方說，六三二年倭國與唐朝使者高表仁之間的交涉，應該是王子的蘇我入鹿與高表仁爭禮，導致交涉決裂，高表仁也因此拂袖而歸（《舊唐書》、《新唐書》都有相關的記載）。一般認為，雙方的爭論點在於倭國是否為中國的冊封國。自此，直到六五三年為止，倭國未派出任何一位遣唐使，也保持了一陣子的親百濟、親高句麗路線，這也導致六三九年之後，大唐學僧隨著新羅送使回到倭國，無法得到重用。由於歸國者未受重用，所以家世顯赫的貴族子弟便於私塾接受教育，比方說，中臣鎌足向南淵先生（南淵請安）學習「周孔之教」（儒教），僧旻講解《周易》，中臣鎌足與蘇我入鹿齊聚一堂（《藤氏家傳》，以下簡稱《家傳》），藉此讓親唐路線得以普及。

百濟與高句麗分別於六三七年與六四〇年向唐朝進貢，唐太宗（李世民）也給予「優遇」。如此一來，原本在對唐關係之中，比百濟與高句麗更占優勢的新羅便失去原有的外交地位，也一時失去唐朝的強力後援。百濟與高句麗在確定唐朝不會插手朝鮮半島的鬥爭之後，便對新羅發動攻擊，新羅也為了尋求協助而想辦法接觸倭國，倭國的大國意識也因此得到短暫的滿足。

進入六四〇年代之後，百濟與高句麗接連發生政變。為了在外交與軍事上與唐朝抗衡，就必須建立專制的政治體制，而這些消息也傳到了倭國。蘇我入鹿在得知百濟的義慈王與高句麗的淵蓋蘇文透過專制制度獲得權力之後，也希望自己能如法炮製。

由於百濟與高句麗聯手侵略新羅，所以孤立無援的新羅只好向唐朝尋求協助。六四三年，唐朝以「而國女君，故為鄰侮」（爾國為女王，故受鄰國欺侮）為由，要求新羅以「我以宗室主而國」（唐朝的宗室為一國之主）才肯發兵救援新羅（《新唐書．高句麗傳》）。這項要求讓新羅國內的親唐派與反唐派對立，國內的輿論也分成兩派，間接引發了毗曇之亂。

在百濟方面，親倭國派被義慈王肅清與放逐，蘇我氏推行的親百濟路線也因此走到盡頭，倭國國內也漸漸對親百濟路線反感。六四四年，百濟與高句麗違背唐朝的停戰命令，對新羅發動攻擊，唐朝便遠征高句麗，也對百濟與新羅下達參戰命令。

導致蘇我大臣一家被鏟除的乙巳之變，是在唐朝要求新羅的女王退位、遠征高句麗以及政策必須大幅轉變之際發生。對於擁立皇極女帝的倭國而言，唐朝要求新羅女王退位這件事，絕不是遠在天邊的事情。換言之，在乙巳之變之後爆發的皇極生前讓位，很有可能是因為外交方針的對立所造成的強迫退位。《日本書紀》提到，古人大兄皇子認為「韓政」的對立是導致蘇我大臣家滅亡的理由，但這樣未能說明一切，一方面是因為新政權的單一外交方針曖昧不明，另一方面是將中大兄皇子（後來的天智天皇）視為推動改革的核心人物的一般論點，都讓中大兄皇子與孝德天皇在政策上的對立點變得不甚明朗。

改革時期的外交政策主要分成兩條路線，其一是由孝德天皇主導的親唐、親新羅路線，一派是由皇極（齊明）女帝、中大兄皇子主導的反新羅、親百濟路線，這也是傳統的路線。迎合超級大國「唐」的親唐、親新羅派，與繼承自欽明朝以來的蘇我氏路線，希望與百濟維持關係，想要與唐朝保持距離的獨立派互相對立。孝德天皇藉著遷都難波一事，積極推動與唐朝、新羅的外交政策，由高向玄理負責與新羅、唐朝交涉（六四六、六五四年），也要求將「任那之調」（倭國向新羅或百濟強徵的貢品）換成人質（其實是外交官）（六四七年）。

另一方面，皇極為了對抗被迫退位一事，而以齊明女帝的身分復辟，也繼續與百濟交涉（六五一—六五六年），還為了防衛國土將首都遷回飛鳥（六五三年），同時還大興土木。為了彰顯身為大國的地位，於飛鳥地區建造須彌山，又讓蝦夷臣服，並讓蝦夷與遣唐使一起向中國皇帝進貢。不過，卻無法讓唐朝承認自身的立場，也趁著唐朝征討高句麗與百濟之際（唐朝的海東之政），於白村江之戰與唐朝、新羅開戰。最終，倭國大敗。為了應對唐朝與新羅侵略的危機，自天武朝之後，積極推動國內改革。

天武的政策

六七二年，天武天皇在繼承天智天皇皇位之爭（壬申之亂）獲勝，因此握有莫大的權力之後，便想效法唐朝由皇帝統治國家的體制，建構以天皇為主的中央集權國家，制定了與中國的「皇帝」對應的「天皇」稱號[1]，自封「東夷小帝國」的君主，讓自己的地位高於由中國皇帝冊封的新羅王。

天武天皇不設置任何大臣，而是重用皇親國戚，由他們掌管政府各大機關以及擔任使者，希望能早日讓律令國家建設完成（皇親政治）。天武天皇在其詔書之中提到「凡政要者軍事也」之後，便實施軍國體制，讓畿內（都城周邊的各國）武裝化，至於對豪族的處置則制定了出身法，由家世決定是否任用為官僚，也制定了官人制，根據個人的能力以及對天皇的忠誠程度，考核勤務成績與升遷。在官僚的經濟基礎方面，廢止了傳統氏族單位的民部，轉換成針對官人個人給予食祿的食封制。

此外，也制定了八色姓階級制度，前四姓為上級貴族的氏族，藉此讓那些對壬申之亂有功的姓得以提高地位。此外，也制定律令，區分皇親與臣子，以及實施皇親位居上位的冠位制，藉此建立統治階層的秩序。也著手編撰國史，讓《古事記》與《日本書紀》於日後誕生。

律令國家的成立與持統天皇

天武天皇在造富本錢這種金屬貨幣的同時，也開始建造藤原京，可惜未能親眼見到律令制定、國史編撰、都城營造這些偉大的事業完成就死去。繼位的皇后，也就是鸕野讚良皇女（持統天皇）實施了《飛鳥淨御原令》，定於六九〇年開始，根據「戶令」與國評里的制度，製作全國性的庚寅年籍。由於當時每戶平均會有四位成年男子，如此一來，就能固定從每戶徵召一名成年男子為士兵，也開始於畿內實施班田收授制。當模仿唐朝首都的條坊制建造的藤原京於飛鳥地區的北方建造完成，便於六九四年遷都。

持統天皇將皇位讓給孫子文武天皇之後，也以太上天皇的身分監護天皇，所以仍握有政治實權。由藤原不比等與其他臣子負責撰修的《大寶律令》是於七〇一年（大寶元年）完成，如此一來，自大化革新開始推動的律令國家體制總算完成，[2]而這個律令國家的軸心便是前面提到的天皇制與官僚制。

天智天皇（六二六—六七一年）

重新建構天智天皇的形象

一般認為，天智天皇（六六八—六七一年在位）是在大化革新之後，致力建立律令制度的人物，不過這種說法存在著三個難以理解的疑問。[3]第一個疑問，也就是「大化革新」的改革主體是誰，改革的主體真的是中大兄皇子（當時）嗎？第二個疑問則是在死去前幾年才即位的理由。最後的第三個疑問則是撇除後世刻意彰顯的元素，天智朝的歷史地位為何？這些疑問都是近年來，《日本書紀》的內容與藤原氏祖先的傳記《家傳》記述相悖的重要論點。

關於第一個疑問，筆者對於乙巳之變與孝德朝的改革，抱持著與一般論點相左的看法，也認為中大兄是反對孝德推動改革的「抵抗勢力」。如果筆者的看法屬實，造成兩者對立的「韓政」的實情就是問題的癥結點。一般認為，大化革新的課題在於集中權力與均衡外交。如果將革新政治評價為「躁進改革的孝德天皇」與「抵抗勢力的中大兄」之間的對立，而孝德天皇並未奠定專制制度來看，當然會自然而然地認為這兩股政治勢力在外交議題方面產生對立，也就是所謂的分裂外交。

六二三年，惠日歸國後，關於外交政策的爭論便愈來愈激烈，有兩股勢力在革新期的外交政策形成對立，其中一股為推動革新的核心勢力，也就是想與超級大國的唐朝進行交流的親唐、新羅派（孝德、蘇我倉山田石川麻呂、中臣鎌足），另一股勢力則是繼承欽明朝以來的蘇我氏路線，希望與百濟、高句麗保持緊密關係，與唐朝保持距離的獨立派（皇極、中大兄、巨勢德太）。自白雉年間（六五〇—六五四年）之後，獨立派漸漸占得上風，一般認為，這也是白村江之戰爆發的導火線[4]。

天智天皇

第二個問題則是中大兄到了晚年才即位的理由。在當時，四十歲前後即位算是常態，所以中大兄之所以拖到晚年才即位，與年長的孝德、齊明以及間人（孝德的大后）的存在有關。在天智「稱制」（未即位，卻負責政事）期間，「大后」間人則定位為地位等同於大王的「攝政」[5]。

第三個問題是天智朝的歷史評價。對於革新期的評價可說是褒貶不一，這與從律令制的尺度如何評估《近江令》或「甲子之宣」、「庚午年籍」這類政策有關。傳統的論點對於革新期的評價非常高，卻認為《近江令》與甲子宣庚午年籍政策是天智朝對於廢止部民制（以民部、家部〔豪族私有民〕為代表的制度）妥協的政策。儘管作為法令體系之一的《近江令》是否存在仍是疑問，但是，面對外交危機的天智朝的確可定位為強化官僚制與地方統治力道的時期。

在天智死後被塑造為「律令國家的創始者」這點，奈良時代之所以將天智天皇視為「不改常典」的制定者，也是為了方便讓現任天皇自行決定皇位繼承者。最初彰顯天智的歷史定位的是他的女兒持統，以及鎌足的兒子不比等，元明天皇也繼承了這條路線，《日本書紀》有相關的記載。之所以會對革新的詔書進行修飾與潤色，有可能是為了彰顯天智的歷史定位。下列的記載也以這個立場記述。

青年時代

根據六四一年（舒明十三年），天智天皇已十六歲的記載來看，天智天皇的生年應是六二六年（推古三十四年）。不過於中世寫成的《本朝皇胤紹運錄》提到同母胞弟的大海人皇子（後來的天武天皇）的生年為六二三年（推古三十一年），所以不時有人主張天智天皇與天武天皇的生年是前後顛倒的，但這只是後世的記述有誤。雖然《日本書紀》沒有記載生年這點也是一大問題，但是大海人應該是在舒明朝前半期出生。

天智天皇原稱葛城皇子，一般認為，這個名字來自養育他的氏族或是地名，有可能是位於奈良盆地西南方的葛城地區，不然就是與這個地區的葛木稚犬養連氏（該族的網田於乙巳之變幫助了天智天皇）有關，因為一說認為，葛木稚犬養連氏是天智天皇的奶媽。天智天皇的父親為敏達系的田村皇子（後來的舒明天皇），母親也是同系的寶皇女（後來的皇極、齊明天皇）。根據《日本書紀》的記載，其父田村皇子擁有三位妃（kisaki，此時還沒有皇后或妃這類位階），以及四個兒子與一個女兒。與大臣蘇我馬子的女兒法提郎媛所生的是古人大兄皇子，也是最年長的小孩；與寶皇女所生的兒子之中，以葛城皇子為長子；與間人皇女所生的是大海人皇子。天智天皇與古人大兄不同的是，父母都是敏達天皇的血脈，

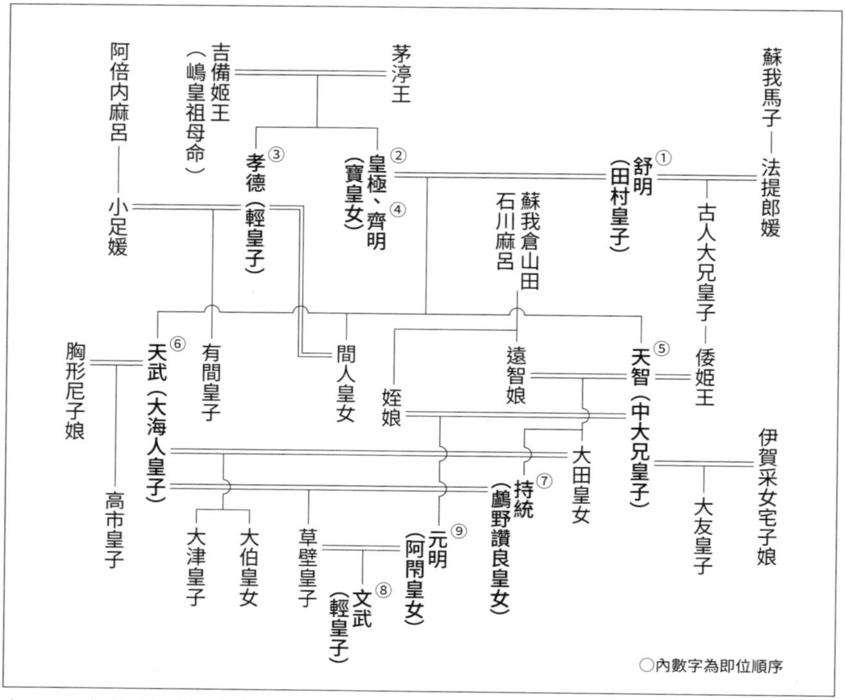

七—八世紀的天皇家世系略圖

所以未繼承蘇我氏這個強大豪族的血脈，是近親結婚生下的王族，而且父母相繼成為大王這點，也彰顯了天智天皇身為強大王族的立場。

不過，當時的大王即位適齡期為四十歲前後，《日本書紀》記載的皇太子制度也尚未成立，所以無法在母親齊明在世時即位（齊明死去時，中大兄皇子已三十六歲）。

其父田村皇子是從廏戶皇子死去的六二二年之後，才開始被視為有力的皇位繼承者。從天智的生年（六二六年）來看，其父田村皇子也是為了即位才與同為王族的寶皇女結婚。

天智又被稱為中大兄皇子，然而大兄與皇太子這個稱號不同，並非具有排他性的皇位繼承預定者的稱號。

每個大王都有多位妃以及子女，同母兄弟的長子都被稱為大兄，所以大兄同時會有好幾位。具體來說，在以舒明天皇為父親的同母集團之中，古人大兄皇子與中大兄皇子都是大兄，古人大兄最為年長，中大兄則是第二年長的孩子。除了中大兄這個稱號之外，還有開別皇子稱號，但這其實是後來追加的稱號，主要與謚號「天命開別天皇」有關。

他首次出現在歷史舞臺是在其父舒明天皇過世的六四一年。舒明天皇於百濟宮（今櫻井市吉備附近）過世後，喪禮在百濟宮北部舉辦了一年多（百濟大殯），最後由當年十六歲的中大兄上奏誄詞（弔辭）。之所以不是由年長的古人代表舒明的子嗣上奏誄詞，而是由中大兄代表，應該是主持喪禮的寶皇女的決定。這也是中大兄皇子首見的官方記錄。這份記錄雖然將中大兄皇子稱為「東宮開別皇子」，但不管是「東宮」或是「開別」都不是當時的稱號，可見這兩個稱號都是後來追加。在舉行喪禮途中，其母寶皇女即位為皇極女帝。雖然即位前紀未詳盡記載，不過身為王族與前妃的寶皇女並非「中繼之君」，而是在年齡與資質都得到群臣認同之後才即位的君主。

皇極即位之初，東亞發生巨變。由於唐朝北方與西方的情勢已穩定下來，所以唐太宗開始加強對高句麗的壓力。六四二年，高句麗與百濟為了對抗來自唐朝的壓力發生了以集中權力為目的的政變，例如高句麗這邊，是由臣子淵蓋蘇文獨攬大權，百濟這邊則是由義慈王一人乾綱獨斷。這些東亞情勢變化的消息也於隔年傳至倭國，引發了乙巳之變。雖然唐朝已在舒明朝派遣高表仁前往倭國，最終卻因與「王（子）」爭禮而在使命未能達成的情況下回到唐朝（《舊唐書》、《新唐書》），這代表蘇我政權較重視與百濟之間的同盟關係，所以才拒絕了唐朝的冊封。另一方面，從唐朝回到倭國，卻未受到重用的留學生與留學僧則改為替貴族子弟上課，講述東亞緊張的情勢。

中大兄皇子與中臣鎌足於蹴鞠場相遇的傳說非常有名，但其實中國與新羅都有類似的故事，所以這個傳承不過是為了強調英明君主與股肱之臣的相遇，並非真正的史實[6]。說得更精準一點，就像僧旻從中國回來後，鎌足與入鹿便前往僧旻的私塾學習（《家傳》），以及鎌足與中大兄一起接受南淵請安的指導一樣，這些年輕菁英的交流促成了彼此的邂逅，改革派也就此集結。

據說鎌足最先接觸的是輕皇子（後來的孝德天皇），但覺得輕皇子的格局太小，便投入中大兄陣營。《家傳·鎌足傳》提到早在乙巳之變前夕，鎌足就認為不可與輕皇子共謀大事（「皇子器量不足與謀大事」），所以便改投中大兄陣營，但這種「預定調和」（以上帝視角來看，必然發生的結果）的描述仍有可疑之處。孝德即位是由鎌足一手策劃，所以他若認為孝德的格局太小，前後的行為便產生矛盾。《日本書紀》也提到，鎌足在批評蘇我入鹿有失君臣長幼禮節之後，卻立刻投奔年輕的中大兄，這明顯是言行不一。因此，鎌足之所以轉投陣營，應與革新的主體改變有關，也應該是在乙巳之變爆發後，改變支持的對象。從中大兄即位當時的年齡來看，鎌足希望皇極讓位給中大兄的說法並不實際，從一開始鎌足就為了讓更年長的輕皇子能夠即位而奔走。一如前述，當時即位大王的適齡期為四十歲前後，年僅二十幾歲的中大兄皇子明顯過於年輕，不適合在這個時間點即位。之所以提到古人大兄依照長幼有序的禮法禪讓王位，也是為了美化輕皇子強迫皇極女退位一事。從孝德還於難波健在來看，事奉孝德的鎌足被任命為「內臣」，以及於六五三年（白雉四年），中大兄皇子與孝德天皇對立，回到飛鳥之後，鎌足立刻被封為紫冠與封戶，應該都是出自孝德的指示。因此，孝德還在世的時候，一直與鎌足維持良好關係的說法才是正確的。在奈良時代，由鎌足的子孫藤原仲麻呂編撰的《鎌足傳》提到了鎌足能默背《六韜》的小故事，也有「誠吾之子房也」的敘述，都將鎌足形容成西漢的功臣張良，以及讓王朝得以交替的軍師與忠臣。[7]

孝德期

乙巳之變於六四五年六月十二日（下列的日期皆為陰曆）爆發。雖然不都是史實，不過《日本書紀》或《鎌足傳》都記載了由中大兄皇子發動的蘇我入鹿殺害事件，也就是所謂的乙巳之變。這場乙巳之變的過程如下。

發動政變的陣營佯稱三韓（高句麗、百濟、新羅）準備奏上表文，而蘇我入鹿在信以為真之後，便為了接見三韓使者而派遣舍人。或許蘇我入鹿當時以為高句麗使者或百濟使者是來報告唐朝遠征高句麗一事，以及朝鮮半島的情勢。皇極天皇來到飛鳥板蓋宮的「大極殿」（此時還不是作為天皇舉行重要典禮的大極殿，而是大安殿這種天皇執掌政事的正殿），準備舉行由蘇我倉山田石川麻呂奉讀上表文的重要外交儀式。由於蘇我入鹿也很可能出席，所以發動政變的陣營便計畫在此時暗殺入鹿。

根據《古語拾遺》的記載，蘇我氏之所以另有一支「蘇我倉」的雙姓合併氏族，正是因為蘇我氏負責管理存放海外貢物的倉庫所致。蘇我氏擁有分配百濟貢物的權力，所以入鹿肯定會參加如此重要的外交儀式，而這場外交儀式也成為最適合發動政變的場合。

儘管入鹿覺得事有蹊蹺，但在舍人催促之下，迫不得已只好連忙趕去。凡事謹慎的他總是帶著

「釼」，所以中大兄便命令俳優（進行滑稽表演的藝人），巧妙地保管了入鹿的「釼」，讓入鹿在手無寸鐵的情況下出席儀式。宮門緊閉，中大兄持長槍，鎌足持弓箭，躲在宮殿的兩側。中大兄也命令作為刺客的佐伯古麻呂與葛木稚犬養網田拿著裝有兩支「釼」的箱子進入宮殿，準備斬殺入鹿。不過，這兩個人實在太過害怕與緊張，不小心把用水嚥進肚子的飯吐了出來。蘇我倉山田石川麻呂在念完上表文之後，因為刺客還不行動而全身冒汗，聲音與雙手也止不住顫抖，致使入鹿覺得事情有異。就在這時候，中大兄突然發難大喊，與古麻呂等人一起砍向入鹿。皇極天皇因為突如其來的意外而大吃一驚，中大兄便告訴皇極天皇，入鹿有意篡位。當日的傾盆大雨淹沒了庭院，入鹿的遺體則由草席與屏風包裹。雖然蘇我入鹿的父親蘇我蝦夷還健在，但是部下已四處逃竄，所以絕望的蘇我蝦夷便於隔日自殺。

一般認為，「大化革新」就是從這場政變開始的政治改革，也認為這場政變是日後律令國家成形的起點。到底傳統的部民制與國造制，也就是氏族制這類統治體制，有多少程度改革為公民制與官制，至今仍爭論不斷，而這與地方統治制度的評制及難波長柄豐碕宮這座新宮殿的評價有關。

皇極女帝退位後，由中大兄的舅舅孝德天皇（輕皇子）即位，中大兄則立自己為「皇太子」，但是當時還沒有被視為唯一皇位繼承者的「皇太子」，所以儘管古人大兄皇子已於吉野出家，表明自己對皇位沒有任何奢望，也表現出一副極為恭順的模樣，但還是有可能在豪族的擁立之下出面爭奪皇位，所以中大兄皇子認為有必要以謀反之罪處死古人大兄皇子。

《日本書紀》提到，作為革新政府核心人物的中大兄皇子負責處理古人大兄皇子謀反事件。這部分可視為《日本書紀》的編撰立場，但是另一個傳承提到了吉備笠臣垂向左右大臣密告古人大兄皇子謀反這件事，假設以這個說法為準，就有必要重視思考事情的真相。鑑於參加謀議的人物之中也有於日後繼續活躍的人，所以這些人應該是在接受說服之後投降。若重視九月與十一月記載了不同的人這點，或許能得出兩次派遣追討部隊的結論。由於中大兄與孝德派對立，所以中大兄應該會先吸收反孝德的勢力才對，至於希望蘇我一族的勢力被削弱的孝德派，中大兄則希望他們早點自首或投降，此外，中大兄也希望能夠吸收繼承蘇我氏血脈的古人大兄皇子反孝德勢力。

至於新政權的陣容，由阿倍倉梯麻呂（內麻呂）擔任左大臣，由蘇我倉山田石川麻呂擔任右大臣，中臣鎌足擔任內臣，僧旻與高向玄理為國博士。一直以來，左右大臣不過是將蘇我氏擔任的大臣分成左右而已，與律令制的大臣在本質上完全不同。內臣是側近的角色，國博士則是政策方面的智庫。

在新政權的政策方面，第一步是派遣東國國司前往全國各地。此舉是為了調查能繳稅的人口以及田地的面積，並準備任命評（地方行政區域）的官員與沒收武器。當上宮王家（廄戶皇子一族）與蘇我氏滅亡，便出現了權力真空的地區，所以此舉也有重組統治體制，確認從屬關係的意味。國司回到都城後，經過兩次的業績審查，從評價截然不同這點來看，政權內部可能出現了孝德派與中大兄派的對立。[8] 到了六四六年正月元旦，由四條命令組成的〈改新之詔〉頒布。雖然有許多部分由後續的《大寶令》修正，但是「田調」或「戶別調」這類稅制或是標記東西南北範圍的四至畿內，很有可能是當時就存在的規定。

此外，在〈改新之詔〉的第一條部民廢止這個大方針的部分，曾諮詢孝德天皇的意見，中大兄皇子也上繳了自己的御名入部與屯倉，不過這只是形式上的表現，實質上，中大兄皇子仍保有這兩個私有領地的權益。換言之，中大兄的〈皇太子奏請文〉只是根據〈改新之詔〉的原則，宣布一切從王土王民這種虛假的場面話，轉型為由大王決定徭役負擔（仕丁）的宣言。仕丁之外的王族所擁有的舊部民的民部（入部）或是奴婢的家部（所封民），都由王子宮內部的司負責，基本上，這項制度一直延續到六七五年部曲廢止之前。[9]由此可知，中大兄皇子對於孝德天皇主導的改革並不積極，反而站在對立的另一面。六四七年，「皇太子的宮」遇到火災，但從時代背景來看，雙方在政治上是對立的。此外，六四九年，革新政府的右大臣石川麻呂的同父異母弟弟蘇我日向密告，石川麻呂有意謀反，企圖殺害中大兄。雖然石川麻呂那難以言喻的態度被描寫為佳話，但從這次的密告可以一窺蘇我氏內部的主導權之爭，以及新政權內部的對立。

在孝德天皇推行的政治改革之中，最引人注目的莫過於遷都難波。一開始的計畫是先改造之前作為外交設施之用的小郡宮，並在改造完成之後，一直沿用到大化期為止，然後在這段期間建造長柄豐碕宮。豐碕宮於白雉年間完成，但那時象徵左右大臣交替的改革已遇到阻力。儘管豐碕宮好不容易竣工，但是中大兄卻突然建議還都飛鳥。雖然孝德天皇未允諾，但是有許多官員卻打著皇祖母尊（皇極天皇）的名號回到飛鳥，而孝德則像是要與之對抗般，命令國博士高向玄理為押使（比大使地位更高的使者）與派出遣唐使，最終卻在孤立無援的情況下死去。當主導親唐、新羅路線的孝德死去，親百濟路線便跟著復活。

齊明期

孝德死去後，回到飛鳥的皇極便以齊明天皇復辟。讓位與復辟的第一人都是皇極（齊明），此時，中大兄也未即位。若從即位的適齡期為四十歲前後這點來看，三十歲的中大兄可能還太過年輕，不足以即位[10]。與他競爭皇位的對手是同世代的孝德天皇之子有間皇子。或許因為如此，與中大兄友好，並於天智朝晉升至左大臣的蘇我赤兄便假意唆使對營造工程不滿的有間皇子謀反，藉此排除競爭對手，讓中大兄身為皇位繼承者的地位更加鞏固。

到了齊明朝之後，改造了倭京（實施條坊制之前的飛鳥都城），以及在六五八年到六六〇年這段期間，阿倍比羅夫在日本海這側遠征北方，侵略了蝦夷與肅慎（於中國東北地區定居的外族總稱，但在此應為定居於北海道的外族）。在陸奥國這邊也有相同的動作。在改造倭京的部分，首先建造了作為居宮之用的後飛鳥岡本宮（傳飛鳥板蓋宮上層遺跡），接著在多武峰的山頂建造了兩槻宮，也在後飛鳥岡本宮的東側山區建造了石垣（酒船石遺跡）。這裡有龜形石造物與石磚地板的廣場。建造石垣所需的石頭都來自石上山，從香久山開挖了稱為「狂心渠」的運河。此外，飛鳥寺的西側打造了在佛教世界觀之中，被譽為世界中心的須彌山的園地（石神遺跡），也在此對前來朝貢的夷狄舉行臣服儀式。

此外，為了管理官員上班時間，打造了漏刻（水時計，水落遺跡）。齊明朝留有命令「皇太子」（中大兄）「初造漏剋（漏刻），使民知時」（打造漏剋，讓百姓知曉時辰）（齊明六年五月是月條）的記錄，此外，天智朝也有「置漏剋於新臺，始打候時動鍾鼓，始用漏剋。此漏剋者，天皇為皇太子時，始親所製造也」（將漏剋置於新臺，開始報時，驅動鍾鼓，首用漏剋。這個漏剋為天皇在還是皇太子的時候親手製造）（天智十年四月條）[11]，從這些記錄便可得知，倭京以及日後的大津宮都是利用漏刻報時。如此一來，官員便能知道何時該進出役所，也就是知道該何時上下班，這對官僚制的整建可說是一大進步。漏刻與日時計的不同之處在於不管是晚上還是天氣惡劣的時候，都能正確地管理時間，倭京也因為這些設施具有城市機能，而且這些機能也歷久不衰。

白村江戰敗與稱制

唐朝雖然多次遠征高句麗，卻都遭到頑強的抵抗，遲遲未能成功，因此唐朝決定先攻擊與高句麗聯手的百濟。六六〇年，唐朝與新羅的聯軍殲滅了百濟，鬼室福信這些百濟遺臣便帶著百濟復興軍隊抵抗，也要求同盟的倭國派兵支援，並讓百濟王子餘豐璋回國，決心救援百濟的倭國便派兵前往朝鮮半島。齊明整建船隊之後，便與中大兄一起從難波出發，行經瀨戶內海，抵達九州的朝倉宮，並以朝倉宮為大本營。由於齊明已經年老，所以由中大兄代替齊明，向備中國徵召二萬士兵，並將此地命名為邇磨鄉（發音與「二萬」相近）。備中國也流傳著這個與地名起源有關的傳承（《備中國風土記》逸文）。

由於中大兄的母親齊明於這段期間死去，中大兄便以「稱制」的身分指揮軍隊。形式上，此時是由身為前大后的間人皇女代行大王職務（仲天皇），以及由中大兄擔任「稱制」。此外，賜予百濟王子豐璋織冠，再讓他娶倭國女性為妻，並在百濟即位。將倭國的冠位賜給豐璋，讓豐璋即位為王，意味著將百濟當成倭國的附庸國。中大兄帶著齊明的遺骨從筑紫前往飛鳥，並於川原宮舉行葬禮，之後便一直待在飛鳥，專心主持母親的葬禮，未回到九州。此時於九州指揮士兵的是弟弟大海人皇子，一般認為，這是王申之亂爆發之後，筑紫大宰支持大海人皇子的理由。

六六三年八月，倭國軍隊在百濟遺臣的據點周留城附近的白村江河口與唐朝的軍船交戰，最終吃了大敗仗。《日本書紀》對此事的描述如下。

日本諸將與百濟王不覩氣象而相謂之曰，我等爭先彼應自退，更率日本亂伍中軍之卒，進打大唐堅陣之軍。大唐便自左右夾船繞戰，須臾之際官軍敗績，赴水溺死者衆，艫舳不得迴旋。朴市田來津仰天而誓，切齒而嗔殺數十人，於焉戰死。是時，百濟王豐璋與數人乘船逃去高麗。（日本多位將軍與百濟王在看不清情勢的情況下決定「我若先發制人，敵必退怯」，於是率領陷入混亂的日本中軍士兵攻向陣勢固若金湯的唐朝大軍。唐朝大軍立刻從左右兩側夾擊船隻，瞬間官軍大敗，許多士兵都因此溺死，也無法讓船隻調頭轉向。朴市田來津向天發誓後，咬緊牙關怒殺數十人，卻仍然戰死。此時，百濟王豐璋與數人搭船逃往高麗。）[12]

中國方面的記載則是「仁軌遇倭兵於白江之口，四戰捷，焚其舟四百艘，煙焰漲天，海水皆赤，賊眾大潰」（《舊唐書．劉仁軌傳》）。

這一戰突顯了豪族軍隊缺乏統一的指揮系統的缺點，中大兄在這一戰之後，肯定認為中央集權制的律令體制必須盡速整建，也利用這個情況推動國土防衛政策與國內改革。

倭國從朝鮮半島撤退之際，也接收了大量的百濟流亡遺民，於倭國作為人質的義慈王之子善光也以百濟王的身分臣服倭國。此外，為了避免倭國受到唐軍與新羅軍的侵略，倭國在北九州設置守軍與建造水城，接著又在百濟流亡遺民的指導之下，於西日本各地打造了朝鮮式的山城。六六八年，唐與新羅聯手殲滅了高句麗，倭國也更害怕唐軍與新羅軍入侵本土。

六六四年二月，中大兄為了推動氏族改革而發布了由三條命令組成的〈甲子之宣〉，第一條是冠位從十九階新增至二十六階，第二條是將畿內豪族區分為大氏、小氏與伴造，第三條則是制定諸氏的氏上（氏的代表者）擁有的民部與家部。第一條命令進一步細分了中、下級官員的冠位，讓中、下級官員有機會晉升；第二條命令則是重新編制氏族，讓豪族成為官僚；第三條命令則是由朝廷認定新的氏族秩序，重新分配部民與私民。不過，直到六七五年部曲廢止，部民制轉型為食封制之前，部民制都還存在。

即位與遷都近江

齊明以及於六六五年死去的間人葬禮結束後，中大兄突然於六六七年遷都近江大津，也因此出現了許多諷刺此事的童謠，而這些童謠也反映了當時的混亂以及對這件事的反對。一般認為，遷都近江與防衛、交通、生產力這些多重的因素有關，宮都則模擬百濟的泗沘城（今扶餘）建造。

讓中大兄決定遷都近江的潛在理由在於齊明朝之後的對外戰爭與宮殿的建造，第二是一直以來，宮殿都位於飛鳥地區。這些因素都讓飛鳥地區的居民疲於奔命，也引發了在地居民的反彈，而且該地區已開發得差不多，生產力已經開始下滑，建造宮殿的建材也不足。從齊明與天智紀的記載便可一窺飛鳥地區的百姓有多麼疲累，而在失火與有間皇子謀反的時代背景之下，百姓對於營造宮殿一事也肯定非常反感。相較於疲弊的飛鳥地區，近江的生產力更高，而且也更有潛力。

廢都後，柿本人麻呂吟唱了下面這首和歌。

到底尊上有何顧慮呢？雖是遠在天邊的鄉下，遷都至飛石滿布的近江國樂浪之地的大津之宮治理天下。（《萬葉集》卷一—二十九番歌）

中大兄隔年正月總算於大津宮即位。一如前述，當時認為四十歲前後是適當的即位年齡，而且齊明與間人也都還在世，所以中大兄的即位才一再推遲。在朝鮮半島方面，高句麗雖然滅亡了，但是唐朝與新羅之間也爆發了戰爭，所以唐朝與新羅入侵本土的危機也已遠去。

中大兄迎娶了古人大兄皇子的女兒倭姬王為皇后，夫人的部分包含蘇我倉山田石川麻呂的女兒蘇我遠智娘（大田皇女、鸕野讚良皇女、建皇子的母親）和石川麻呂之女的蘇我姪娘（御名部皇女、阿閇皇女〔之後的元明〕的母親）。嬪妃的部分包含蘇我赤兄的女兒蘇我常陸娘（山邊皇女的母親），以及阿倍倉梯麻呂（內麻呂）的女兒阿倍橘娘（飛鳥皇女、新田部皇女的母親）、道君氏的女兒道君伊羅都賣（志貴皇子的母親）。采女的部分則包含伊賀國造的女兒宅子娘（大友皇子的母親）。宮人的部分包含忍海造小龍的女兒忍海造色夫古娘（川島皇子、大江皇女、泉皇女的母親）、栗隈首德萬的女兒栗隈首黑媛娘（水主皇女的母親）。除此之外，還有與天智、大海人皇子形成三角關係的額田王。

六七〇年，根據「庚午年籍」杜絕浮浪（逃離戶籍地的人）與盜賊之後，便於隔年實施了《近江令》。「庚午年籍」是根據氏別的造冊，也是氏族的戶籍正本，通常會永久保存。另一方面，也有人懷疑這部作為完整法典的《近江令》是否真的存在，認為其只是整建了朝廷的典章制度。

六六九年，股肱之臣中臣鎌足去世後，皇位繼承的問題便浮上檯面，中大兄的親生兒子大友皇子與弟弟大海人之間的關係也變得莫名緊繃。大海人皇子曾於宴會時，以長槍掀起地板，惹得天智天皇（中大兄）氣得想除之而後快，但在中臣鎌足的諫言之下作罷，這段故事也突顯了兩者之間的對立。隨著天智天皇死去，皇位繼承問題便演變成軍事對決，最終大海人皇子勝利，即位為天武天皇。

天智天皇之所以在奈良時代之後，被譽為律令國家的創始者，主要是他的女兒持統天皇與元明天皇刻意彰顯所致，而且中臣鎌足與其子孫藤原光明子（後來的聖武天皇皇后）與藤原仲麻呂也不斷讚揚天智天皇的偉大，奈良時代尊重先皇旨意的皇位繼承原則奉天智天皇制定的「不改常典」為圭臬也是表徵之一。

天武天皇（？—六八六年）

奠定古代國家基礎的天皇

天武天皇（六七三—六八六年在位）在壬申之亂這場被稱為古代史中規模最大的內亂獲勝，並在登基之後，奠定了古代律令國家的基礎，也是第一位使用天皇稱號的天武天皇。自幼相貌不凡，到了壯年之後，更是一副威武雄壯之姿，還精通天文與占星術。

《萬葉集》收錄了歌誦天武天皇為「神」的和歌。

> 因為大君是神，所以就算是水淹到赤駒肚子高度的田地，也能建造都城。（《萬葉集》卷十九—四二〇六番歌）
>
> 因為大君是神，所以就算是水鳥群集的水沼，也能建造都城。（同前，四二六一番歌）

就算與其他名留日本古代史的天皇相比，天武天皇也絕對是渾身散發著領袖風範的人物。天武天皇的幼名為大海人皇子，諡號為天渟中原瀛真人。由於凡海麁鎌在天武天皇的殯宮弔念壬生（養育）一事，所以一般認為，大海人這個幼名與養育他的氏族，也就是凡海氏有關。天渟中原瀛真人這個諡號之中的「瀛」源自道教三神山之一的瀛州，真人則是優秀的道士之意。生年不詳，但應該在六三一年左右，是舒明天皇與寶皇女之子，天智天皇則是他的胞兄。父親舒明天皇在推古女帝之後即位。病逝後，由妃寶皇女即位為皇極天皇（後來復辟為齊明天皇）。當時掌握政權的是蘇我蝦夷與入鹿，其兄中大兄（後來的天智天皇）與中臣鎌足一起發動「乙巳之變」政變，鏟除了蘇我氏，這段歷史也留為佳話。天智天皇是相當冷酷的政治家，而天武天皇則十分神祕。雙方看起來似乎互為對照組，但路線基本上是一樣的，只不過，天智天皇被評為較躁進的一方。

天武天皇

中大兄與大海人

根據《日本書紀》的記載，天武天皇直到青年時代之前，都活在胞兄中大兄皇子的陰影之下，是個不起眼的存在。就當時的王族居住習慣來說，同母兄弟的長子會擁有居宮以及其他家產與家政機構，其他的兄弟姊妹則是由大兄扶養。六五三年，孝德天皇與中大兄皇子的對立浮上檯面，在返回飛鳥河邊行宮的皇祖母尊（皇極）的一行人之中，天武天皇被記載為「皇弟」，這也是為數不多的記錄，而且還沒有任何屬於自己的活動。

不是大兄的大海人皇子到底是從何時開始，又是以何種身分參與國政，可從他的稱號出現變化得知。換言之，他的稱號隨著其兄中大兄皇子的地位而變化，比方說，在太子、皇太子眼中，大海人皇子是「皇弟」，在天皇眼中，他是「大皇弟」與「東宮」（與後來的皇太弟不同，並非唯一的皇位繼承預定者之意）。之所以要在皇弟之前加上「大」，稱為「大皇弟」，也是為了迎合天智稱制，與其兄的即位有關。

最能證明大海人皇子參與國政的證據就是六六四年之後，他參與了冠位制的修正，民部、家部的設定以及其他重要政策的發表，而且還以天皇代理人的身分，前往中臣鎌足府邸賜姓藤原，扮演極為重要的角色。大海人皇子之所以能參與這些活動，與祖母嶋皇祖母命於同年六月去世，將嶋宮的經營權委讓大海人皇子，大海人皇子得到「大皇弟」稱號有關。漸漸地，當時的統治階層明白他那卓越的人格與資質，也認為他應該獲得與大兄相當的地位，但是我們也不能忽略的是，當時的他並未獲得「皇太弟」這個保證成為下一任大王的地位。《日本書紀》的天武紀提到，六六八年（天智七年），大海人皇子被立為太子一事，但是天智紀卻未記載這件事，由此可知，這應該是為了合理化天武的即位才追加的記錄。

與天智的對立

儘管大海人皇子的實力有目共睹，自己與別人也都覺得大海人皇子是下一任的大王繼位者，但是其兄天智希望自己的長子大友皇子繼位，於是雙方的關係便趨於對立。《萬葉集》收錄了一首讓人覺得他、天智天皇與額田王之間有著三角關係的和歌，《家傳．鎌足傳》也提到，大海人曾在濱樓的酒宴用長槍刺穿地板，氣得天智想要除之而後快，但是中臣鎌足從旁諫阻。等到鎌足死去，雙方的關係也正式破裂。天智於臨終之際，曾把大海人叫到床邊，暗示要讓位給他，但是蘇我安麻呂認為其中必有陰謀，便建議大海人將皇位讓給皇后倭姬王，大海人也聽從建議，辭退了天智的讓位，而且還請求天智答應他，讓他於吉野宮出家。有意見認為，這簡直是「縱虎歸山」。

到了六七二年之後，大海人聽聞大友皇子假藉建造天智陵墓的名義召集士兵與拒絕搬運糧食一事之後，便決心起兵。他從吉野闖過鈴鹿關，進入東國，以美濃國不破郡的野上為大本營，調動東海與東山道的士兵。從他以紅色軍旗為標誌這點來看，應該是將自己比擬為漢高祖，藉此強調起兵的正當性，但他很有可能早就準備起兵。這場被後世稱為壬申之亂的混戰持續了約一個月左右，最後大海人皇子成功占領大津宮，他也於飛鳥淨御原宮即位。從近年來的考古調查得知，這座宮殿是繼承而來的宮殿，一般認為，應該是其母齊明天皇的「後飛鳥岡本宮」。即位之後，大海人皇子未改變宮殿的位置，而是在與先帝一樣的位置建造新宮殿，這應該是想要透過繼承先帝宮殿的舉動，強調繼承皇位的正統性，也是為了強調他是為了平撫遷都近江的反對聲浪而還都飛鳥。

天皇稱號的成立

在天皇繼位之爭的壬申之亂獲勝的天武天皇，在蕩平所有敵對勢力之後，才使用「天皇」的稱號，效法擁有絕對權力的中國皇帝，建立中央集權的國家。之所以讓「天皇」稱號取代過去的「大王」或是「倭王」稱號，為的是強調倭國是地位高於新羅的「東夷小帝國」。

由於王族或是豪族也會自稱「我大君」或是「吾大王」，所以舊的大王稱號是不成熟的君主稱號，反之，「天皇」這個君主稱號則讓天皇與其他的君主、王族、豪族有所區分，具有排他性的特徵。另一方面，也希望在與作為模範的中國斷交之際，從新羅引進先進的文化。

宰制空間與時間的天皇

天武編纂史書，透過神話與系譜強調天皇的正統性，也模仿唐朝皇帝的方式，在倭國建構天皇統治的模式。從《萬葉集》提到了「因為大君是神」這點來看，天武朝的君權可說是強化至極點，天武朝也推動了各種中央集權的政策。

其中最具劃時代意義的政策便是將天皇定位為空間與時間中心的君主。關於天皇一詞的意義，最為有力的就是天皇代表位於北方、永不偏移的北極星，象徵著空間的中心點。與這種思想緊密相關的是都城與大極殿的建造。

天皇後繼者之爭的「壬申之亂」爆發後，天武天皇巡幸伊勢與關原，同時宣傳自己得到神的庇佑，讓豪族跟隨他。要想在「壬申之亂」獲勝，就必須向眾人宣傳自己才是最適合繼承「皇位」的人，也是最具正統性的人。為此，天武天皇利用了天皇家的皇祖神，以及被視為始祖的天皇。有記錄指出，他在伊勢迹太川河畔遙拜天照大神，並且在高市郡的大領高市縣主許梅被神靈附身之後，聽從神靈的指示，將馬匹與各種兵器獻給神武天皇陵。天武天皇故意向自己人宣傳這些事情，宣示自己得到皇祖神與始祖的加護，強調自己才是最適合繼承皇位的人。

在贏得王申之亂，蕩平敵對勢力之後，他才開始使用天皇稱號。將都城從天智朝的近江搬回飛鳥的天武為了讓自己更接近神，建造了特別的建築物，那就是《日本書紀》提到的「大極殿」，近年來的調查也已將某處遺跡標記為「大極殿」。這座遺跡被稱為「EBINOKO郭」，是一處在王宮東南方特別劃分出來的空間，東西寬為九十四公尺，南北長為六十公尺左右，在乾淨的沙地廣場正中央，有座必須仰視的高床式建築。

不過，這裡沒有「高御座」這個與上天接觸的寶座，也不是臣子不許入內，專屬天皇的空間，與後來的「大極殿」完全不同。這裡有許多未臻圓熟之處，例如這裡設有側殿，也未禁止臣子進入，而且也不是舉行外交儀式或即位典禮的場地。反觀後世的大極殿則是天皇專屬的空間，設於大極殿的高御座則被視為天皇與上天的唯一接點，在舉辦即位典禮或是其他重要典禮時，天皇都會來到這裡。

建造大極殿的目的在於透過視覺強調天皇的權威，一改大王不常在臣下面前現身的舊習，讓臣子跪拜天皇成為一種固定的儀式，藉此建立君臣秩序與上下關係，進一步強調天皇的與眾不同。替天皇外出的每個時期制定儀式，再於這些儀式一再透過視覺效果向臣子宣揚天皇的絕對性。

當「大極殿」成為核心，都城也變得井然有序。在此之前，貴族與豪族在大王宮殿周遭地區擁有屬於自己的土地，也各自住在這些土地，但天武天皇效法先進的中國城市，將中國的城市規劃帶入倭國。

雖然天武天皇在即位之後，沒有將宮殿搬離飛鳥，不過他的心中卻有相當宏偉的計畫，也擘劃了新的都城。這座新的都城稱為「新城」，天武天皇除了親自前往建設預定地視察，還命令陰陽師或技術人員著手整地，他的雄心壯志也因此表露無遺。可惜的是，天武天皇過世之後，遷都一事便中止。

從考古調查結果發現，天武天皇早在構思的階段，就有意打造占地極廣的城市，而且這座城市除了對齊南北方位之外，城市之中的道路都呈直角相交的棋盤狀道路。調查指出，天武天皇預留了一處官員居住區，讓所有官員擠進有限的面積之內，此舉應該是為了接收在近江京廢止之後回到飛鳥的人。不過，後來的藤原宮於下層發現了先行道路，代表作為核心的宮殿在新城的階段還沒蓋好。如此一來，「新城」便成了只於存在記錄之中的夢幻之都，不過這個構想後來由其妻持統天皇繼承。傳統的飛鳥京城就如前述，大部分的豪族都在大王的宮殿周邊恣意設立居處。由持統天皇建造的藤原京則替不同位階的豪族或王族，預留了不同大小的居住空間。一般認為，建造一座象徵上天與凡間接點的建築物，代表舊制的都城已轉換成講究秩序的律令制都城。

在此之前的大王只要即位，都會建造新的宮殿，這就是所謂的「歷代遷宮」的儀式，但是藤原京卻被定位為「不動之都」的起源。若問為什麼不移動都城，是因為大王的住處不只是一個地點，還是政治、行政、祭祀、生產活動的中心，以及官員生活的場所，更是一座以南北道路為基準，設計合理的宏偉「都城」。一旦成為機能如此成熟的都市，就不太可能在換了君主之後，立刻廢棄，而這種機能如此成熟的城市也將成為永續運作的社會基礎架構。

天武天皇的飛鳥淨御原宮是對準南北軸線建造的宮殿，EBINOKO郭也是天皇背向北邊，臣子站在南邊的格局。於飛鳥地區替臣子設置的宅院只要沒有地形的限制，也都會沿著南北軸線建造。儘管天武天皇未一舉遷都，都能從這些規劃一窺天武天皇打造新城市的構想。

此外，畿內的外側領域則由從都城向外輻射的「七道」劃分。天武天皇透過設定曆法、改元、導入漏刻（水時計）這些舉動宰制了時間。他在官員的勤務與文書導入了時間的觀念與元號，並以天皇的一代記這種格式編撰國家的歷史。由於天武天皇著手整理當時由宮廷與豪族傳承的「帝紀」，也就是所謂的系譜，以及「舊辭」這類記載奉仕根源的故事，後代的元明天皇與元正天皇才得以完成《古事記》與《日本書紀》。天武天皇編撰這些系譜與故事的用意在於，讓天皇家的祖先與眾神的系譜連接，藉此強調自己的家世顯赫，與豪族完全不同。天武天皇在編撰史書之後，透過神話與系譜強調天皇的正統性，也模仿唐朝皇帝，將天皇統治模式帶入倭國。

從「因為大君是神」這句和歌來看，天武天皇確立了強大的君主權，也在這時代背景之下，推動了各種中央集權的政策。

官人制的整備

中央集權的政策之一就是官人制。天武天皇不顧豪族出身的大臣，重用皇親國戚為天皇的代理人與擔任要職，提升天皇的權威，打造中央集權的國家。要求畿內豪族武裝化與官化，整建官人出身法、勤務考核與升遷制度，藉此排除家世，根據能力採用人才。六七三年，為了讓豪族成為誓死效忠天皇的官員，在豪族踏上仕途之前，必須擔任大舍人，服侍天皇一段時間。

六七八年，規定官員勤務考核方式與升遷制度的考選法制定完畢，到了六八五年，修訂位階制，讓賜予臣子的位階增加至四十八階，也重新規定了親王的待遇。

天皇天皇對於在壬申之亂做出貢獻的豪族與皇子（壬申年功臣）給予了食封、功田的特別待遇。

六八四年，制定了真人、朝臣、宿禰等八色姓，建立了以皇室為核心的豪族身分秩序。位階高於臣、連位階較低的姓，都是上級貴族的氏族（例如朝臣、宿禰），也重新編制了禮遇壬申之亂有功之人的姓。透過這種方式區分皇親與臣子，實施讓皇親位於上位的冠位制之後，便可強化對天皇的忠誠之心，重整統治階層的秩序。

在經濟政策方面，六七五年，天武天皇廢止了天智朝通過的部曲，也就是官員的經濟基礎，從傳統氏族單位的民部，轉換成官員個人薪俸制度的食封制。

另一項天武天皇於飛鳥淨御原宮舉行的大事業，就是在六八一年頒布的律令制定事業。所謂的律令是仿效中國法律的體制，由刑罰相關法令的「律」，以及行政有關法令的「令」組成。太政官與神祇官這類中央集權官僚機關、官位與位號的規定、租庸調的徵稅制度、透過戶籍與計帳掌握百姓的方法，以及其他用於統治國家所不可或缺的制度，都是從此時開始建立。

這項事業在天武天皇在世之際未能完成。六八九年，持統天皇的時代實施了《飛鳥淨御原令》。不過，《淨御原令》只有「令」，沒有「律」，直到七〇一年（大寶元年）的《大寶律令》頒布，律與令才算完成建制。

中央集權的政策

天武天皇也致力推動宗教政策。在傳至現代的各種皇室的神事與儀式之中，有不少是由天武天皇首創，比方說，在天皇即位之際舉行的「大嘗祭」就是其中之一。所謂「大嘗祭」是與眾神一起享用這一年新收成的穀物，藉此繼承皇位的儀式。除了大嘗祭之外，伊勢神宮、廣瀨大社與龍田大社的神也由國家負責祭祀，亦由國造負責舉辦大祓的儀式。

在壬申之亂獲勝後，天武天皇建立了由皇女代替天皇事奉天照大神的「伊勢齋王」制度，也命令自己的女兒大伯皇女擔任第一代的齋宮[13]，如此一來，伊勢神宮便確定成為皇室的祖先神。此外，天武天皇也建造大官大寺這類國營寺院，強化對僧人與尼姑的統治。除此之外，也劃定了國界，整治禮樂制度，讓畿內官員武裝化，以及與新羅頻繁地交流。

對於致力打造中央集權國家的天武天皇而言，挑選繼承人是一大煩憂，因此他在六七九年提出了「吉野盟約」，除了四位天武天皇的皇子在場，還有先帝兼天武天皇兄長天智天皇的兩位皇子在場。天武天皇在此時宣布，鸕野讚良皇女（持統）所生的草壁皇子為繼承者，避免各皇子互相爭位與確認各皇子的忠誠之心。

雖然天武天皇提出了「吉野盟約」，但是草壁皇子的地位仍因為高市皇子、大津皇子的存在而顯得不夠鞏固，其中最為強力的競爭對手就是由天武天皇與天智之女大田皇女所生的大津皇子。大田皇女是持統天皇的姊姊，假設大田皇女不是年紀輕輕就離世，比草壁皇子更適合成為君主的大津皇子絕對更有機會即位。

六八六年，未能消除上述隱患的天武天皇在將後事託付給皇后與皇太子之後便過世。天武天皇在鑄造富本錢這項貨幣的同時，也著手建造藤原京，卻未能等到律令制度、國史編撰以及都城營造等事業完成的一天就離世。

孝德天皇（約五九七—六五四年）

孝德天皇是大化革新之際的大王（六四五—六五四年在位）。他是皇極女帝的同母弟弟，幼名為輕皇子。日式謚號為天萬豐日尊。父親為敏達天皇之孫，押坂彥人大兄皇子之子的茅渟王，母親為欽明天皇之孫吉備姬王（嶋皇祖母命）。本來該在六四二年舒明天皇的葬禮負責誦讀弔辭，卻由粟田臣細目代讀。根據《上宮聖德太子傳補闕記》的記載，六四三年，上宮王家滅亡時，孝德天皇曾加入蘇我入鹿的軍隊，可見當時已具有相當的實力。此外，《日本書紀》或〈鎌足傳〉也提到，在大化革新的前一夜，中臣鎌足曾試著接觸輕皇子，皇子也給予厚遇。就過去的一般論點，皇太子中大兄皇子是實際掌握之人，而孝德天皇推動了革新政治，以及頒布了大化革新之詔。不過，革新之詔有許多部分經過後世修飾，因此可信度有待質疑。此外，將當時年僅二十歲左右的中大兄皇子視為實際握有革新政權之人這點也有待商榷，由鎌足推舉的輕皇子為乙巳之變的主角，才是較可信的說法。

六四五年六月，孝德天皇打倒蘇我蝦夷與蘇我入鹿之後，便接受皇極女帝讓位，成為新任天皇。與阿倍小足媛生了有間皇子之後，將中大兄皇子的同母妹妹間人皇女立為皇后，也任命阿倍內麻呂為左大臣，蘇我倉山田石川麻呂為右大臣，中臣鎌足為內臣，僧旻與高向玄理為國博士，藉此推動改革。

孝德天皇在前半的革新期，於難波的小郡宮實施了一連串重要的政策，例如廢止了品部，實施了新冠位制，制定了男女之法（有關身分的法），派遣國司前往東國，以及派遣使者前往倭國六縣。在外交方面，從本來的親百濟立場轉為親唐、親新羅的路線。

不過，當左右大臣相繼死亡與失勢，並進入難波長柄豐碕宮竣工的白雉期之後，改革的力道便開始衰退。新的左右大臣為保守派，支持過去的親百濟外交路線，征討新羅的意見也逐漸浮上檯面。儘管孝德天皇有意推動革新政策，但是主導權卻逐漸轉移到中大兄皇子手中。

雙方對立之後，中大兄於六五三年提出返回倭京的請求，但孝德天皇不准，結果中大兄皇子便帶著皇祖母（皇極）、間人皇后、皇弟（大海人皇子）一行人前往飛鳥河邊行宮，臣子也都跟隨中大兄。孝德天皇便氣得拋下皇位，在皇宮正在山崎建造之際，於難波宮死去，後來葬於河內的大坂磯長陵（今大阪府南河內郡太子町山田）。

天皇被獨自留在難波時，曾寄給皇后一首知名的和歌，其中寫道：「吾以細木拘之，不欲愛馬脫走。原欲祕密養之，未料遭人奪之。」（為了不讓愛馬脫逃，我以細木將愛馬關在馬廄，也未曾從馬廄牽出這匹愛馬，沒想到別人在發現牠之後，便奪走了牠。）尊佛法、輕神道的孝德天皇被後世評為柔仁好儒，不分貴賤，頻賜恩赦之人。

中臣鎌足（六一四—六六九年）

中臣鎌足出身中臣氏，是掌管朝廷祭祀的家族。六世紀前半，佛教傳入日本之後，崇佛派的蘇我氏勢力便逐漸增強，於是中臣氏便與保守派豪族物部氏聯手對抗蘇我氏，但最終中臣氏與物部氏於五八七年被蘇我氏殲滅。雖然中臣家支流的鎌足逃過一劫，但是中臣氏在朝廷之內的勢力已不如以往，其中也包含了推古天皇的治世。

鎌足一開始打算接觸皇極天皇的弟弟輕皇子，但似乎覺得輕皇子的格局不足以寄託大事，便走皇極之子中大兄皇子的路線。當兩人同時向留學唐朝的南淵請安學習後，也提到打倒蘇我氏的事情。鎌足決定於六四五年六月發動政變（乙巳之變），並在短短兩天之內除掉蘇我蝦夷與蘇我入鹿這對父子，成功讓輕皇子（孝德天皇）登上皇位。

根據《家傳》的記載，鎌足能夠默背《六韜》，但這件事很可能是由後人（或許是奈良時代的吉備真備）潤色而成，因為《漢書．張良傳》提到，張良能默背太公望的兵法，而張良又被視為鎌足的原型，此外，《六韜》是否在鎌足的時代之前傳入日本，也有待釐清。在《家傳》之中有許多「誠吾之子房也」這類《日本書紀》沒有的表現方式，《家傳》編撰者藤原仲麻呂不斷地在這些《日本書紀》沒有的內容強調英雄、名君與伊尹、太公望、張良、諸葛孔明這類近臣、軍師、忠臣的搭擋促成了王朝交替，所以有必要從這類觀點批判鎌足能默背《六韜》這件事。假設孝德即位真的出自鎌足的本意，那麼放棄輕皇子，改為支持中大兄應該與大化革新的主要推手有關，也應該是在乙巳之變之後才改為支持中大兄。

新政府從孝德天皇、左大臣阿倍內麻呂、右大臣蘇我倉山田石川麻呂的陣容起步，而鎌足則擔任「內臣」。儘管內臣的權限或是職務未知，但應該是中大兄的政治顧問，或是負責指揮研擬新政策的國博士，從旁協助中大兄的職位。雖然鎌足於六六八年完成的《近江令》是否真的存在仍有待商榷，但當時的確趁著外部的危機推動了律令制。

晚年的鎌足為了調停天智天皇繼承者之爭操碎了心。中大兄原本想讓弟弟大海人皇子繼位，但隨著自己的兒子大友皇子長大，便開始疏遠大海人。某日中大兄設宴，同席的大海人不知何故，氣得用長槍刺向地板。正當中大兄準備制裁大海人，鎌足居中調停，才讓大事化小，小事化無。據說大海人一直都很討厭猶如中大兄懷中小刀的鎌足，但在這件事情之後才相信鎌足，並在鎌足臨終之際賜姓藤原。奈良時代操持朝政的藤原氏也以鎌足為祖先，窮盡所有言詞讚揚鎌足。

皇極天皇（齊明天皇）（五九四—六六一年）

皇極天皇是七世紀的女帝，在位期間六四二—六四五年。之後又復辟為齊明天皇，在位期間六五五—六六一年。也稱寶皇女、天豐財重日足姬尊、飛鳥川原宮天皇、後岡本宮天皇。父親為押坂彥人大兄皇子之子茅渟王，母親為櫻井皇子的女兒吉備姬王。最初與高向王生了漢皇子，後來成為舒明天皇的皇后，產下天智天皇、天武天皇與間人皇女。

推古天皇死後，敏達天皇的前妃都不具實力，所以舒明天皇之妃取而代之，成為地位最高的妃。在舒明天皇的妃之中，蘇我馬子的女兒，也就是生下古人大兄皇子的法提郎媛，以及生下中大兄皇子的寶皇女最有實力。寶皇女於舒明天皇死後即位的過程雖未詳記，但是從舒明天皇過世時，中大兄皇子才十六歲這點來看，身為舒明天皇之子的古人大兄皇子與中大兄皇子，年齡都還不足以即位，所以才由年齡（即位時四十九歲）與資質得到群臣認同的寶皇女即位。具體來說，寶皇女具有透過祭祀降雨的能力

（皇極元年八月條），以及在救援百濟之際展現的軍事指揮能力（齊明六年十二月庚寅條），可見寶皇女的確擁有卓越的資質，而且她也是舒明的妃，也是前大王的近親，更是王族內部的女性尊屬。

主導大化革新的孝德天皇為了迎合不承認女帝的唐朝而強迫皇極天皇退位，也以男帝的身分即位。被迫退位的皇極天皇與中大兄皇子也因此在面對唐朝時，採取獨立的立場，在面對新羅時，站在大國的立場，也重視過去的親百濟路線，之後才會爆發了白村江之戰。皇極天皇在弟弟孝德天皇即位之後，獲頒「皇祖母尊」（孝德即位前紀）、「王母」（難波宮跡出土木簡）這兩個稱號。孝德遷都難波之舉，象徵著倭國與唐朝、新羅積極展開外交，也派遣高向玄理前往新羅（六四六年），以及從「任那之調」轉換成人質（六四七年），至於與唐朝之間的外交，則是透過新羅交涉（六四八年）或是派遣遣唐使（六五三、六五四年）。

皇極與中大兄這邊則是繼續與百濟交涉（六五一—六五六年），也為了防衛國土而將都城遷回飛鳥（六五三年），被迫退位的皇極天皇以齊明女帝的身分復辟。從防衛國土的觀點來看，便不難了解成為政治批判對象的齊明天皇在飛鳥「大興土木」的理由。對於齊明天皇而言，能否得到中國的承認，建立屬於自己的世界觀，是政策方面的課題。齊明天皇為了救援百濟，親自領軍前往筑紫，卻在朝倉宮病逝，享年六十八歲。於行軍途中，在熟田津詠唱的和歌最為知名。此外，也命令阿倍比羅夫經營蝦夷一帶。至於陵墓（奈良縣高市郡高取町）的名稱，《日本書紀》記為小市崗上陵，《續日本紀》記為越智山陵，《延喜式》諸陵寮則記為越智崗上陵。

大友皇子（六四八—六七二年）

大友皇子是七世紀後半的王族，也是天智天皇的長子。母親是伊賀采女宅子娘，也因為母親的出生地被稱為伊賀皇子。大友這個名字應該與近江國滋賀郡大友鄉（今滋賀縣大津市坂本附近）這個地名，或是與以此地為根據地的大友村主氏為乳母有關。他的妃是天武天皇的皇女十市皇女，兩人生下了葛野王（《懷風藻．葛野王傳》）。《新撰姓氏錄》也將他記載為淡海真人之祖，《三代實錄》貞觀十五年條也將其記載為淡海朝臣之祖。

《懷風藻》有「淡海朝大友皇子二首」的和歌。根據這本書的記載，大友皇子相貌堂堂，而且體格壯碩，風度翩翩，文高八斗。據說唐朝使者劉德高在見到他之後，便直覺他的相貌非凡。此外，大友皇子曾與中臣鎌足提到他作了一個怪夢，他在夢中發現，象徵皇位的太陽被來路不明的人奪走之後，鎌足便預測之後將有動亂發生，也就是所謂的王申之亂。據說大友皇子十分博學，而且能文能武，也招攬沙宅紹明這些流亡的百濟人為智庫。

六七一年正月，大友皇子成為第一位太政大臣，並在天智天皇過世之後，主導近江朝廷的政治。皇子與左大臣蘇我赤兄這五位大官一起站在大津宮內院西殿的繡佛像面前，親自拿著香爐發誓絕對不違背天智天皇的命令。天智十分擔心大友皇子與實力派王族「皇太弟」大海人皇子（後來的天武天皇）為了爭奪皇位而爆發衝突，所以在臨終之前，向大海人提出讓位，但是卻遭到大海人堅拒，大海人還因此出家，遁入吉野山。大友只好於大津宮即位為弘文天皇，不過這項傳聞並未得到證實。

六七二年爆發壬申之亂之後，弘文天皇雖然向各地派出興兵使，卻無法召集足夠的兵馬，只能在不利的情況下開戰。弘文天皇於瀨田川以西的地區布陣之後，卻於決戰之際大敗。最終雖然得以與幾名舍人逃離戰場，但還是於「山前」（京都府乙訓郡大山崎町附近）自殺。首級被送到人在不破宮（岐阜縣不破郡）的大海人皇子手中。享年二十五歲。陵墓為近江長等山前陵。

《懷風藻》將大友皇子記載為皇太子，《西宮記》注釋、平安中期之後的《扶桑略記》或是《水鏡》都記載了皇子即位的這段歷史。進入江戶時代之後，伴信友與其他江戶時代的國學者主張，皇子雖然即位，但是《日本書紀》卻故意不予記錄，承認大友皇子的太子地位與即位的歷史，因此大友皇子也於一八七〇年（明治三年）七月被追諡為弘文天皇。之後，黑板勝美提出天智的皇后倭姬王的稱制說，喜田貞吉也提出皇后倭姬王的即位說。

持統天皇（六四五—七〇二年）

持統天皇是七世紀末的女帝（六八六—六八九年稱制，六九〇—六九七年在位）。父親為天智天皇，母親為蘇我倉山田石川麻呂的女兒遠智娘。諱為鸕野讚良皇女，諡為高天原廣野姬或是大倭根子天之廣野日女。

丈夫大海人雖是有望從天智天皇繼承皇位的皇太弟，卻在天智的晚年與天智對立，也因此離開了近江朝廷，於是妻子持統也帶著草壁皇子與其他皇子一起遁入吉野山。天智死後，大友皇子（於近代被追封為弘文天皇）繼位。六七二年，大海人於壬申之亂獲勝，推翻了大友皇子，於飛鳥淨御原即位，成為天武天皇，持統也因此成為皇后，後來也繼承丈夫天武天皇的皇位，成為持統天皇。基於天武的遺志，皇后（持統）與皇太子（草壁）得以在主持葬禮的兩年之間代行天皇職務，以特殊的形式掌握了政治實權。天武天皇去世的那一年，大津皇子被控謀反，持統天皇也下令賜死，然而這已非對等的權力鬥爭，只是正當地行使權力而已。

儘管如此，體弱多病的草壁皇子於天武天皇的葬禮結束之後立刻死去，所以持統便取而代之，即位為天皇，也在即位之後，任命高市皇子為太政大臣。

持統的使命在於讓天武構思的律令國家得以實現。第一步就是實施《飛鳥淨御原令》這項天武從六八一年開始編撰的正式法令。

從六九〇年開始，便根據《淨御原令》之中的「戶令」製作「庚寅年籍」。這個「庚寅年籍」是以國評里制為前提製作的全國性戶籍。在這個全國性戶籍編撰完成之後，每戶平均有四位成年男子，朝廷也能從這四人之中，常態性地召徵一名士兵。此外，以畿內為中心的班田收授法也開始實施。

至於在飛鳥的北方，藤原京這座正式的都城也竣工，因此持統天皇於六九四年將都城遷至藤原京。效法唐朝首都的藤原京採用了由南北（坊）大路與東西（條）大路組成棋盤狀交通路網的條坊制。持統天皇將皇位讓給孫子文武天皇之後，以太上天皇的身分擔任天皇的監護人，繼續握有政治實權。

由藤原不比等編撰的《大寶令》在七〇一年（大寶元年）頒布之後，以天皇、官僚制度為權力核心的律令國家也總算形成。

在天武天皇與持統天皇的努力之下，各項制度逐漸完備，因此天武與持統可說是制定律令制度的天皇。持統是第一位火葬的天皇，最後與天武天皇合葬於檜隈大內陵（今奈良縣明日香村）。

藤原不比等（六五九—七二〇年）

藤原不比等是飛鳥、奈良時代的政治家，也是中臣（藤原）鎌足的次子。為了說明他那異常的飛黃騰達之旅，《公卿補任》與《大鏡》都將不比等記載為天智天皇的皇胤（皇帝的後代），但這是後世的穿鑿附會，可信度不高。藤原不比等的不比等也記載為「史」。母親為車持君國子的女兒與志古（又稱車持夫人）。藤原不比等在十幾歲的時候，父親鎌足死去，也於壬申之亂爆發後，進入近江朝廷的核心，但是在天武朝卻沒有任何突出的作為。據說年幼時，為了避難而由山科的田邊史大隅扶養。史（不比等）這個名字便源自田邊史。

六八九年，藤原不比等被任命為判事，這也是他在正史的第一項記錄。一般認為，是受到天智的女兒持統天皇拔擢。之後便在刑部親王的手下負責編撰《大寶律令》，也因為對法律甚為熟稔，而被評為有能力的官員。鎌足於去世之際受封的藤原朝臣之姓，除了鎌足的子孫之外，中臣氏也會使用藤原這個姓，但是在六九八年之後，只有不比等與他的子孫使用。他與事奉持統天皇的縣犬養三千代結婚後，與皇室之間的關係變得更加深厚。在此之前，縣犬養三千代曾嫁給美努王，生下了葛城王（後來的橘諸兄）。由於三千代為後宮女官，所以不比等能被破格提拔，應該是受惠於三千代在後宮的勢力。女兒宮子之後成為文武天皇的夫人，並於七〇一年生下首皇子（後來的聖武天皇）。之後三千代又生了安宿媛（光明子），光明子則成為皇太子首皇子的妃子，與文武、聖武這兩代天皇結為姻親。七〇七年，因鎌足的功績而受賜食封五千戶，不比等辭去其中的三千戶，只接受了兩千戶的賞賜。根據七五六年寫成的《東大寺獻物帳》的記載，黑作懸佩刀這把傳給首皇子的刀，先由草壁皇子（文武天皇之父）賜給不比等，不比等又將這把刀傳給文武天皇，文武死後，將這把刀還給不比等，等到不比等死後，最後由首皇子繼承。由此可知，黑作懸佩刀是彰顯不比等與皇室淵源極深的寶物。不過，不比等是否從草壁皇子的時期就與皇室交往密切，仍有待釐清。

七〇一年，藤原不比等從直廣壹官位被拔擢為正三位，從中納言晉升為大納言，後來又於七〇八年晉升為右大臣。從遷都平城之後，不比等的邸院緊鄰平城宮東側這點，便可得知平城遷都是由不比等一手主導。不比等這座位於平城京的宅院後來由光明子繼承，最終成為法華寺。雖然不比等也參與了《養老律令》的編撰，卻未能親眼見證《養老律令》實施就過世。七二〇年八月，藤原不比等於六十二歲過世，時任右大臣正二位，後追贈太政大臣正一位。墳墓為大和國十市郡的多武岑墓（《延喜式》諸陵寮）。到了後世的七六〇年之後，又因為生前的功績與皇親國戚的身分，仿效齊國太公望的故事被稱為「淡海公」，受封近江國十二郡。

身為皇親國戚的藤原不比等奠定了藤原氏新興貴族的特權地位，也於律令國家草創時期主持朝政，對法律制度、城市建設以及奠定國家基礎立下大功。他的四個兒子日後分別成為藤原南家（武智麻呂）、北家（房前）、式家（宇合）、京家（麻呂）的先祖，也奠定了日後的發展。此外，從創建了興福寺與維摩會這兩件事來看，藤原不比等也篤信佛教。

文武天皇（六八三—七〇七年）

文武天皇是飛鳥時代的天皇（六九七—七〇七年在位）。幼名為珂瑠、輕皇子。日式謚號為天之真宗豐祖父尊。他是草壁皇子的次子，母親為阿閇皇女（天智天皇的女兒，後來的元明天皇）。於六九七年二月受封皇太子。同年八月，接受祖母持統天皇讓位後，以十五歲之姿，於藤原宮即位。娶藤原宮子（藤原不比等的女兒）為夫人，兩人生下了首皇子（後來的聖武天皇）。雖然文武天皇沒有冊立皇后，但後來元正天皇以皇祖母的身分，成為聖武天皇皇統系譜上的母親。持統成為第一位太上天皇之後，直到七〇二年之前，都與文武天皇一同治理國家，從旁協助政務。

這段時期的重要政策為《大寶律令》的編撰事業，而這項事業是由刑部親王與藤原不比等一同推進。七〇〇年三月，要求諸王臣熟讀令文與制定律法，同年六月，文武天皇因為刑部親王與相關人士制定律令有功而論功行賞，並在隔年三月實施《大寶令》之後，修正官名位號。四月，要求王臣百官熟讀《大寶令》，六月則派遣使者前往七道諸國，命令七道諸國實施《大寶令》，八月，由令十一卷與律六卷組成的《大寶律令》完成。這一年的年號也改為大寶，之後元號便未有中斷，一直延續到現代。隔年的七〇二年十月，向天下各國頒布《大寶律令》。之後的政策與課題就是貫徹律令與修正律令。

在修正律令的部分，以七〇六年二月的改革最為重要。《大寶律令》實施之後，進行了七大條的改制，其中包含諸臣諸王的食封制位階與封戶數、修改長官交接期限或是調庸的繳納方法。

此外，文武天皇設立了鑄錢司，鑄造了諸國印，還向各國頒布了尺與枡這類度量衡的標準，藉此整建國家體制，也復活遣唐使制度。他亦致力於擴張國土，例如曾派人前往南島（西南諸島），調查周邊群島，也曾派兵征討薩摩隼人。

儘管文武天皇曾策劃平城京遷都一事，但此事最終由繼任的元明天皇完成。體弱多病的文武天皇僅在位十一年，於七〇七年六月十五日辭世，年僅二十五歲。留下了敦請母親阿閇皇女即位，攝理萬機的遺詔。

據說他秉性敦厚寬仁（心胸寬大，心存憐憫），面無慍色（不會露出生氣的表情），通曉經史、精通射藝。《懷風藻》收錄了他的三首詩，《萬葉集》也收錄了一首和歌。御陵為檜隈安古岡上陵（一般認為位於今奈良縣高市郡明日村栗原）。不過，御陵為中尾山古墳（位於奈良縣高市郡明日香村上平田）的說法更為有力。

百濟王／百濟流亡遺民

六六〇年，百濟滅亡之際的國王為義慈王，義慈王的兒子為善光，而百濟王氏則是以善光為始祖的氏族。假設承認翹岐＝豐璋＝糺解為同一位人物的說法，那麼百濟王子的餘豐璋應該是在「百濟大亂」的六四三年，以「大使翹岐」的身分來到倭國。弟弟善光（禪廣）王也與豐璋一起來到倭國。之後，百濟被唐朝與新羅的聯軍殲滅，所有王族也被帶到唐朝。身為兄長的豐璋為了復興百濟而回到朝鮮半島，但還是被唐朝的軍隊俘虜，因此，留在倭國的善光後代成為唯一的百濟王族。

「百濟王」這個稱號是倭國於白村江之戰，也就是為了復興百濟的戰役戰敗之後受封的稱號，不同於豪族受封的氏姓。在此之前，都是被當成朝廷之內的蕃客，也就是百濟王族禮遇，但是善光在六九一年受封倭國的位階，成為天皇的臣子之後，百濟王這個稱號也因此成為氏族的氏姓。雖然只有百濟王氏可以受到王族的禮遇，但後來百濟王的「王」改讀為「kokishi」或「konikishi」，不再以音讀的方式發音。在倭國採用律令制之後，百濟王氏便依照位階受封官職，也於攝津國百濟郡、河內國交野郡定居。百濟渡來氏族的津連被賜姓為菅野朝臣時，曾於上表文提到百濟王元信，由此可知，百濟王氏為百濟氏族的核心，朝廷也承認百濟王氏在百濟氏族之中的地位。

在百濟王族的後裔之中，最為有名的是在擔任陸奥守之際獻上黃金的敬福，以及征討蝦夷有功的俊哲，從這兩件事也可以得知，百濟王族的後裔以經營東北地區或是征夷事業為主，直到平安時代中期為止，百濟王族都是中級貴族。和氣清麻呂編撰的《和氏譜》將桓武天皇的母親高野新笠的先祖和氏視為百濟王族的後裔，所以百濟王氏也因為是「皇親國戚」而受到禮遇。由於百濟王族的女性會嫁入後宮，百濟王族也因此位居高位。百濟王族的籍貫地一開始是攝津國百濟郡，但在平安期之前移至河內國交野郡，天皇也常行幸此地，或是於此地遊獵。

百濟滅亡之後，除了王族逃至倭國，貴族、官僚、農民也紛紛跟著逃往倭國。這群大規模的遺民接受朝廷的安排，住在近江大津宮周邊。六六五年，四百多名的百濟百姓男女被遷至近江國神崎郡，到了六六六年，又有兩千多名百濟男女被遷至東國，到了六六九年，佐平（百濟最高的位階）餘自信、佐平鬼室集斯與七百多名男女被遷至近江國蒲生郡。百濟的貴族與官僚也有許多被任用為朝廷的官僚。此外，百濟的武將也曾於九州、西國負責建造朝鮮式山城，對防衛倭國做出貢獻。尤其沙宅紹明與其他的百濟流民還成為大友皇子的智庫（賓客）。根據《家傳》的記載，擅於寫文的沙宅紹明也建造了藤原鎌足的石碑。

其他人物

一、乙巳之變前後

輕皇子、中大兄皇子、中臣鎌足殲滅蘇我本宗家的事件稱為乙巳之變，而接下來要介紹的是，在這場乙巳之變前後失勢的古人大兄皇子，以及從中國回來之後扮演重要角色的留學生與留學僧。

犬上君御田鍬

生卒年不詳。七世紀前半期的外交官，是最後的遣隋使，也是第一代的遣唐使，主要的活躍期間為推古朝與舒明朝，也記載為「三田耜」。冠位為大仁（十二階之中的第三位）。一般認為，犬上君氏為近江國犬上郡的豪族。六一四年六月，與佚名的矢田部造某（《舊事本紀》記載為御嬬）一起擔任第五次遣隋使，也是最後一次遣隋使，隔年九月與百濟使者一同回國。到了六三〇年八月，擔任第一次遣唐使，與藥師惠日一起前往唐朝。六三二年八月，與唐朝的返禮使者高表仁，以及新羅使者經由新羅回國。從隋朝開始留學的僧旻、靈雲、勝鳥養也於此時回國。

古人大兄皇子

？—六四五年。舒明天皇的皇子，又稱大兄皇子、古人大市皇子、吉野太子、吉野古人皇子。母親為大臣蘇我馬子的女兒法提郎媛，是中大兄皇子（葛城皇子，後來的天智天皇）、大海人皇子（後來的天武天皇）的異母兄長。古人大兄代表年長的兄長，中大兄代表排行第二的大兄，因此古人大兄皇子也是舒明天皇最年長的皇子。由於蘇我入鹿希望古人大兄皇子能繼承皇位，故襲擊山背大兄王所在的斑鳩宮，逼山背大兄王在斑鳩寺自殺，古人大兄皇子也因此成為有望繼承皇位的繼承者。蘇我大臣家滅亡之後，最年長的古人大兄雖然被要求即位，卻因為感受到威脅而立刻出家，遁入吉野山。但是到了六四五年九月之後，在吉備笠臣垂的密告之下，蘇我田口川掘的謀反計畫曝光，古人大兄參與其中一事也東窗事發，於是中大兄便於十一月下令討伐，殺害古人大兄。不過，古人大兄的女兒倭姬王後來成為天智天皇的皇后，參與此次謀反之人也步步高升，所以一般認為，中大兄之所以下令討伐，只是為了鏟除古人大兄這個眼中釘。

藥師惠日

生卒年不詳。第一代的遣唐使、七世紀的外交官與醫者，又記為醫惠日。名醫德來在雄略朝時從百濟來到倭國，而藥師惠日則是德來的第五代孫子。由於六〇八年的遣隋使名單之中，沒有藥師惠日的名字，所以不知道他是何時前往隋朝，但一般認為，是在推古朝遠渡隋朝，從「藥師」（醫）這種標記方式來看，他應該是學過醫術。六二三年七月結束留學，與新羅使者一起回國。惠日與其他留學生曾上奏朝廷，提及早日召回在唐留學生，以及與法制完整的大唐國交流的重要性。此次上奏也成為倭國改革為律令國家的契機。六三〇年八月，與犬上君御田鍬（三田耜）一起擔任第一代的遣唐使。當時的冠位為大仁。六三二年八月，與御田鍬一起回國。六五四年二月，擔任遣唐使的副使，與遣大唐押使高向玄理一起從新羅前往唐朝。當時的冠位為位階低於大仁的大山下。之後似乎是於六五五年八月，與大使一同回國，代代被賜姓為難波藥師，以行醫為志業。之後，惠日的子孫奈良提出改姓的申請，也於七五八年獲准，改姓為難波連。

南淵請安

生卒年不詳。是推古朝的入隋學問僧，也記載為南淵漢人請安（清安）。南淵是飛鳥川上游流域的地名，是在當地居住的東漢氏。六〇八年，隨著遣隋使小野妹子，與高向玄理、僧旻一同前往隋朝，之後留在中國三十年以上，親眼見證了隋的滅亡與唐的治世，六四〇年與高向玄理一同行經新羅，回到倭國。中臣（藤原）鎌足曾於「南淵先生」的門下學習周孔之教，這位南淵先生應該就是南淵請安。據說中臣鎌足曾在往返南淵先生之處的途中，討論鏟除蘇我入鹿、蘇我蝦夷的計畫。南淵請安傳授的學問與見聞可說是發動政變的一大契機。不過，南淵請安與成為新政府智庫的留學生玄理或僧旻不同，名字未於孝德紀出現，很有可能在孝德天皇即位之前就已離世。一般認為，南淵請安的墳墓就是稻淵（奈良縣高市郡明日香村）龍福寺之內的塚。

高向玄理

?—六五四年。是六世紀來到倭國的百濟裔渡來人的子孫，也是飛鳥時代的學者與前往隋朝留學的留學生。回國後，擔任大化革新政權的國博士（政治顧問）。玄理為中國名字，本名為黑麻呂。本姓為高向漢人，之後改為史。六〇八年，遣隋使小野妹子再次啟程時，高向玄理也跟著前往隋朝留學。留學期間長達三十三年，親眼見證了隋朝的滅亡與唐朝的崛起。六四〇年，與學問僧南淵請安一同回國。由於長期留學，所以通曉儒教與相關的學問，六四五年，蘇我大臣家被推翻，大化革新的新政權成立之後，高向玄理與僧旻一同被任命國博士，成為政治與外交的顧問。六四六年，被派往新羅，傳達停止任那之調，改為送上人質的新作法。此時的冠位為第二位的小德冠。隔年，由新羅上臣金春秋護送回國。六五四年，以遣唐押使的地位，經由新羅前往唐朝，也晉見了高宗皇帝（李治），卻於唐朝的長安客死他鄉。由此可知，高向玄理於孝德期的外交扮演了重要的角色，幫助倭國與唐朝、新羅展開交流。

二、齊明朝的前後

被視為神功皇后原型的齊明天皇曾於九州指揮白村江之戰，也曾命令阿倍比羅夫遠征東北，以及派遣遣唐使，讓倭國的大國意識得到中國的認同。

神功皇后

仲哀天皇的皇后。雖然《日本書紀》、《古事記》與《風土記》都可見到她的名字，卻是缺乏實際記錄的人物。《日本書紀》將神功皇后記為氣長足姬，《古事記》則記為息長帶比賣，但是與皇后有關的內容都只限於傳說。皇后有時是將神諭告知天皇的巫女。神功皇后曾跟著仲哀天皇一起征討熊襲。抵達筑紫的櫃日宮（福岡市東區香椎的香椎宮）之際，天照大神與住吉三神附身在皇后身上，要求仲哀天皇在祭神之後再帶著軍隊前往，不過仲哀天皇卻不相信這個神諭，之後就因為神明發怒而猝死。身懷六甲的神功皇后便聽從神諭，祭拜了天照大神與住吉之神，成功討伐了百濟與新羅。凱旋歸國的神功皇后回到九州之後，便在筑紫的宇美生下應神天皇。據說神功皇后在大和討伐了造反的麛坂王與忍熊王，直到應神天皇即位之前，攝政六十九年之久。一般認為，征討新羅的事跡或是神功紀的其他內容，都是根據七世紀皇極（齊明）天皇的事跡所捏造，不是真實的歷史，而神功皇后也是虛構的人物。《日本書紀》的編撰者將皇后視為《三國志．魏書．倭人傳》的「倭之女王」（卑彌呼及臺與），在連續四節的篇章引用了《三國志．魏書》或《晉書起居注》。自神功紀之後，出現了許多根據《百濟記》寫成的朝鮮交流史，但隨著時代推進，其中有些內容也被視為史實。到了近代之後，「三韓征伐」這段傳承被視為史實，明治新政府也在錦繪與紙幣使用神功皇后的形象，將神功皇后視為擴張國權的象徵。

有間皇子

六四〇—六五八年。七世紀的王族，也是孝德天皇唯一的皇子。母親為大化期的左大臣阿倍內麻呂的女兒小足媛。父親輕皇子曾因為腳病而於有間溫湯（今神戶市北區的有馬溫泉）療養，有間皇子也是於此時誕生，所以「有間」這個名字很有可能源自有間溫湯。乙巳之變爆發後其父即位，有間皇子也成為有望繼承皇位的後繼之人，但六五四年，其父於失意時病逝，有間皇子便難以迴避與握有實權的中大兄皇子之間的對立，中大兄也對有間皇子處處提防，導致有間皇子的地位岌岌可危。為了避免被捲入政爭，聰明的皇子假裝自己喪失心志，藉此避難。不過，有間皇子於六五七年，為了養病前往牟婁溫湯（今和歌山縣西牟婁郡白濱町的湯崎溫泉）之後，便向齊明天皇推薦牟婁溫湯的功效，敦請齊明天皇行幸此地。隔年蘇我赤兄在天皇行幸溫泉時，告知皇子天皇的三項失政，唆使皇子謀反，但是皇子卻暫停計畫。最終，皇子因為赤兄的背叛而被逮捕，也於護送過程中，在紀伊的藤白坂（今和歌山縣海南市藤白）被絞死，年僅十九歲。這個事件想必是中大兄皇子一手謀劃。《萬葉集》有首和歌：「磐代海濱，松枝打結，若然平安歸來，必定欣賞此處打結的松枝。」（卷二—一四一番歌）便是護送之際的和歌。

伊吉博德

生卒年不詳。是七世紀的外交官、法律專家，也是來自中國的渡來人，自稱是周宣王的後裔。最初的姓氏為史，後於六八三年改為連，也記為壹岐（伊岐）博得。六五九年，隨著遣唐大使坂合部石布前往唐朝，歷經漂流之苦，總算抵達洛陽，晉見唐朝皇帝高宗。在唐朝的時候，同行的韓智興因為隨從的讒言而被判處流放之刑，但是在博德的建言之後獲得赦免。由於唐朝準備進攻百濟，為了避免消息走漏而將伊吉博德一行人軟禁在長安。六六〇年，百濟滅亡之後，伊吉博德得到釋放，也在接受皇帝的慰勞之後回國。途中，耽羅（濟州島）的王子同行，這便是耽羅入朝的開端。回到筑紫之後，便前往筑紫的朝倉宮，向齊明女帝與中大兄秉告在唐朝的經歷。這段渡唐記錄後來整理成《伊吉連博德書》，也被《日本書紀》引用，伊吉博德也因此留名青史。六八六年，受到大津皇子的謀反事件牽連而被捕，但因為是被大津皇子欺騙而得到赦免。六九五年，成為遣新羅使。於制定律令有功而得到賞賜。死後，七五七年，其子也因為伊吉博德制定律令有功，得以繼承功田十町。

阿倍比羅夫

生卒年不詳。是齊明朝的武將，也是大納言阿倍宿奈麻呂的父親。阿倍氏的支族引田臣出身。六四九年，左大臣阿倍內麻呂死去，阿倍氏的本宗家絕嗣之後，應該是由旁系的引田臣繼承氏上的地位。根據《日本書紀》的記載，在六五八年到六六〇年這段期間，「越國守」阿倍比羅夫曾三次征討蝦夷與肅慎，換言之，比羅夫於六五八年率領一百八十艘船征討蝦夷，讓齶田（秋田）、渟代（能代）這兩郡的蝦夷人投降，任渟代、津輕二郡（評）的郡令，並在有馬濱（地點不明）設宴招待渡嶋（應是北海道）的蝦夷人。同年與隔年征討肅慎國兩次，以後方羊蹄為政所。六六〇年，第三次征討肅慎，讓肅慎獻上五十幾人。一般認為，這很可能是因為史料系統的不同所導致的重複記載，實際征討幾次，目前未有定論。此外，許多人也推測阿倍比羅夫在同一時期，於太平洋側踏上相同的征討之旅。之後與阿曇比羅夫一起前去救援百濟，聲討新羅，卻於白村江之戰被唐朝打敗。成為筑紫大宰帥之後，冠位也晉升至大錦上。

廬原君臣

生卒年不詳。是齊明朝的水軍將軍，統治駿河廬原國（之前的靜岡縣庵原郡或是現代的靜岡市清水區）的國造家出身。根據《先代舊事本紀》的記載，成務天皇任命池田與坂井之祖吉備武彥命的兒子意加部彥命為廬原國的國造。六六三年，百濟王豐璋斬殺重臣鬼室福信，唐朝與新羅的聯軍趁著百濟復興軍內訌出兵，攻下豐璋在韓國錦江下游沿岸占據的周留城。廬原君為了拯救豐璋，曾率領「一萬多名健兒」渡海。唐軍讓一百七十艘戰艦在白村江（錦江河口附近）布陣，以逸待勞，擊潰了廬原君的軍隊。一般認為，廬原君的軍隊是以氏為單位編成的烏合之眾，缺乏完整的指揮系統，所以才會大敗。

三、與百濟、唐朝的交涉

七世紀，倭國與唐朝以及朝鮮半島諸國的交涉日益頻繁，許多人也活躍於其中。在此列出一些在與倭國交涉過程中，扮演要角的人物。

高表仁

生卒年不詳。身為唐朝官員的高表仁曾擔任遣唐使的送使前往倭國。根據《隋書》的記載，高表仁是在隋朝開國與統一立下大功的開國元勳高熲的三子。一說認為，與隋朝太子勇的女兒大寧公主結婚的高表仁，就是遣倭使的高表仁。根據《日本書紀》的記載，遣唐使犬上君御田鍬回國時，除了高表仁之外，僧旻與新羅的送使也同行，於六三二年十月抵達難波津之後，在客館受到款待，但是沒有入京的記載，隔年一月便回國。在中國的史料方面，《舊唐書．倭國傳》提到，六三一年十一月，新州刺史高表仁出使倭國，倭國本想慰勞他，但高表仁無「綏遠之才」，與倭王（若是王子，有可能是蘇我入鹿）爭禮而未宣讀國書，直接返回唐朝。一般認為，此次爭禮源自唐朝有意冊封倭國，但倭國卻無意回應。

餘豐璋

生卒年不詳。是百濟最後一代君王義慈王的王子，也標記為（扶）餘豐、豐章、翹岐、糺解，又稱豐璋王或是百濟君。餘這個姓氏為扶餘的簡稱，是百濟王族的姓氏。豐璋（豐）是他的名字。翹岐與糺解則是百濟語的音譯。由於外交相關的記載非常混亂，所以「百濟太子」（皇極二年是歲條）、「大使」（皇極元年四月癸巳條）、以及「人質」（舒明三年三月庚申條、《三國史記．百濟本紀》義慈王二十年條）都是餘豐璋來到倭國的身分。來到倭國時，他的妻子、弟弟善光（禪廣、塞上、餘勇）、叔父忠勝、大佐平沙宅智積也同行。也有可能是因為捲入義慈王即位的政爭，而被派至倭國當人質。以大使的身分晉見天皇後，被邀至蘇我蝦夷的宅邸。同年，於大和三輪山嘗試養蜂，卻未能成功。六五〇年，穴門（長門）的國司獻上白雉時，孝德天皇曾詢問餘豐璋，這個徵兆有何意義，餘豐璋曾引用史書的例子告訴孝德天皇，此為祥瑞之兆。六六〇年，百濟滅亡之後，在鬼室福信眾人的要求之下，與倭國的援軍一起回國。不過，與福信不和的餘豐璋認為福信存有二心而斬殺福信，復興運動也因此失去動力。於白村江戰敗後，逃至高句麗，之後又在高句麗滅亡後，被唐朝抓住發配邊疆。

鬼室福信

？—六六三年。百濟末期的武將，也是義慈王的表兄弟。官位從恩率（第三位）晉升至佐平（第一位）。六六〇年七月，百濟為唐朝與新羅的聯軍所滅之後，鬼室福信便號召殘黨，起兵復興百濟，也試著奪回百濟舊都的泗沘城，於六六一年，以周留城為據點。六六二年，福信與其他遺臣將唐軍的俘虜續守言送至倭國，希望換取在倭國當人質的豐璋回國，以及倭國的軍事支援。得到倭國的援軍之後，鬼室福信便讓豐璋即位，也將所有國政交給豐璋。到了六六三年，福信與豐璋不和，懷疑福信存有二心的豐璋便斬殺了福信。根據《日本書紀》的記載，百濟王豐璋在福信的雙手挖洞，然後用皮繩穿過這個洞，將福信綁了起來。豐璋曾諮詢官居達率（第二位）的德執得，福信是怎麼樣的人，結果德執得認為福信是大逆不道之人，所以當福信被豐璋抓起來之後，曾唾罵德執得，福信也因此被殺，首級還被鹽漬。之後，百濟復興運動就因為白村江之戰敗北而受挫。

義慈王

？—六六〇年。百濟第三十一代君王，也是最後一位君王（六四一—六六〇年在位）。義慈王是武王的長子，豐（餘豐璋）、勇（百濟王善光）都是他的兒子。王妃為恩古。義慈王自幼尊敬父母，也與兄弟和睦相處，所以享有「海東的曾子」的美譽。六四一年三月，百濟的武王去世後，身為太子的義慈王即位，也被唐朝冊封為「柱國帶方郡王百濟王」。六四二年七月，義慈王親率大軍攻打新羅西部，也攻下四十幾座城池。八月，占領了舊加耶諸國的大部分領地，其中也包含位於舊多羅國的大耶城。接著透過和親的方式與高句麗交好，並奪回位於新羅西北一帶的黨項城，斷絕新羅前往唐朝朝貢的路線。新羅也因此與唐朝聯手，這也成為百濟滅亡的原因。即位之際，王母過世，寵妃恩古掌握了話語權，太子扶餘豐因此被廢，恩古的親生兒子扶餘隆取而代之，成為太子。無心治理朝政的義慈王不顧臣子的諫言，未加強國境的防衛。等到唐朝與新羅的聯軍兵臨首都泗沘城城下，義慈王才帶著太子逃向北方，但最終還是投降，百濟也就此滅亡。被俘的義慈王與妻子一同押至長安後，在唐朝病死。後來葬於洛陽，也立了一座小碑。死後被唐朝追封為金紫光祿大夫衛尉卿。根據《東大寺獻物帳》的記載，曾將一座赤漆槻木廚子送給內大臣（藤原鎌足）。

郭務悰

生卒年不詳。中國唐代的官員。於白村江之戰結束後，為了修復日唐關係屢屢訪日。六六四年五月，受唐朝百濟鎮將劉仁願之命前往倭國，這也是最後一次造訪日本。從他手上的書信來看，他應該是百濟鎮將的密使，不是由唐朝皇帝欽點的唐使，所以訪日一事未能上奏朝廷，使節團也未能入京（《善鄰國寶記》引用的〈海外國記〉）。此外，此時的他是勳官最上位的「上柱國」，帶著劉仁願交付的「牒書」來到倭國。隔年，劉德高一行人被派往倭國時，郭務悰與百濟人的禰軍也同行，並且獲准入京。此外，這艘船也載著結束留學，準備從中國回到倭國的鎌足之子定惠（《伊吉連博德書》）。六七一年十一月，郭務悰帶著兩千多名百濟難民前往日本，卻在隔年於筑紫被告知天智天皇的死訊之後回國。此時的目的是讓在白村江之戰成為俘虜的倭人回國，試著以懷柔政策拉攏倭國，以及向唐朝請求軍事支援。

劉仁願

生卒年不詳。中國唐代的將軍。「劉仁願紀功碑」刻有「字士元，雕陰大斌人也」。雕陰在現代的陝西省。父親大俱是夏州刺史。劉仁願曾是事奉唐太宗的內供奉，在六四五年被拔擢後，於遠征高句麗時從軍，立下戰功。之後，也在征討鐵勒、吐蕃時多次立下戰功。六五四年，成為蘇定方部下，參與平定百濟的戰役。六六〇年，以總管的身分平定百濟，抓住義慈王眾人，也被蘇定方任命為都護兼留鎮，留在百濟王都泗沘城鎮守，負責指揮駐紮當地的一萬名唐軍與八千名新羅軍。鬼室福信與百濟遺臣發動百濟復興運動之後，屢屢侵擾劉仁願鎮守的泗沘城，甚至還因此被包圍，幸虧在檢校帶方州刺史劉仁軌率兵支援之下才得以脫困。六六三年，率軍攻下周留城。於同年回國後，被任命為右威衛將軍魯城縣公，但隔年又為了支援百濟前太子扶餘隆而以熊津都尉的身分接受派遣。同年，以占領軍司令官的身分與倭國交涉，也見證了扶餘隆與新羅王弟金仁問之間的和親誓盟。六六七年，征討高麗之際，因延誤軍期而獲罪召回，隔年被流放至姚州（浙江省餘姚）。韓國的扶餘國立博物館收藏了「劉仁願紀功碑」，碑上記載了唐朝將軍劉仁願殲滅百濟，率軍駐守泗沘城，壓制百濟反抗勢力的過程。

劉仁軌

六〇二—六八五年。中國唐代的將軍。字正則，樂城文獻公，汴州（今河南省開封）尉氏縣人。於隋朝末年的六〇二年出生。曾坦言自己殺害部下一事而得到太宗青睞，也因此飛黃騰達，之後卻於六六〇年遠征百濟之際，因運漕失敗而被降級為兵卒。六六一年，百濟遺臣與鬼室福信包圍唐朝守將劉仁願駐守的百濟舊都泗沘城。由於劉仁願曾是劉仁軌的部下，所以劉仁軌便志願前往救援，也因此受封為檢校帶方州刺史。六六三年，白村江之戰爆發之後，劉仁軌率軍迎戰前來支援百濟復興軍的倭國水軍，也成功燒毀敵軍四百艘軍船，讓倭軍的鮮血染紅了整片大海，獲得了極大的勝利。之後，鎮壓百濟各地舊城，穩定民心。高宗於六六六年舉行泰山封禪儀式時，劉仁軌率領新羅、百濟、耽羅、倭國四國的首領參加。

耽羅王子

耽羅是古代到中世存在於朝鮮半島近海濟州島的王國。在三世紀稱為「州胡」，使用的語言也與韓國不同（《三國志．魏書》）。五世紀之後，朝貢百濟。不過，當百濟於六六〇年被唐朝與新羅的聯軍殲滅後，便於同年派遣使臣前往唐朝，此事也記載於《唐會要》。六六一年，遣唐使船漂流至耽羅，耽羅王子便跟著前往倭國，直到六七八年為止，都有向倭國朝貢的記錄。六七九年，新羅為了因應倭國的舉動，派遣使者前往耽羅，要求耽羅臣服，這件事也記載於《三國史記》。阿波伎以及後續的久麻伎（藝）都曾以耽羅王子的身分，在六六九、六七三、六七五年前往倭國。到了持統期，耽羅也曾派遣使者前往倭國，但是使者被留在大宰府，未能獲准入京。六七九年與六八四年，倭國曾為了回應耽羅的朝貢而派遣使者前往耽羅。此外，在白村江之戰投降者名單之中，也有「耽羅國使」的名字。

四、蘇我一族

蘇我氏除了稻目、馬子、蝦夷、入鹿這些嫡系的本家之外，還有許多分支，後來的石川麿呂、赤兄、日向眾人也十分活躍。

蘇我入鹿

？—六四五年。七世紀前半的豪族。入鹿這個名字有可能源自海豚（iruka）。蘇我入鹿是蘇我蝦夷（毛人）之子，也記為鞍作、林臣鞍作、太郎、林太郎。根據《家傳》的記載，青年時期的入鹿從唐朝回國後，便於新漢人旻的學堂學習，也得到旻的讚賞。從皇極女帝即位之際便負責操持國政，據說威嚴更勝其父蝦夷。六四三年十月，入鹿替代因病無法入朝為官的父親蝦夷，獲頒紫冠並晉升為大臣。入鹿曾策劃讓皇極讓位，並讓古人大兄皇子即位；也與輕皇子（後來的孝德天皇）襲擊位於斑鳩宮的山背大兄王（廄戶皇子之子），逼反對派的山背大兄王與身邊的年輕子弟、妃妾一起自殺。據說他的父親蝦夷在得知此事後動怒與感嘆。之後，〈中大兄皇子等人〉對蘇我大臣家的反感便急速上升。儘管蝦夷與入鹿這對父子固守甘檮丘的宅邸，但最終入鹿還是在飛鳥板蓋宮舉辦的「三韓進調」儀式被暗殺，其父蝦夷也於甘檮丘的宅邸放火自盡。蘇我入鹿的首塚在飛鳥寺附近。

蘇我倉山田石川麻呂

？—六四九年。七世紀前半期的豪族，大化期的右大臣。蘇我倉氏是蘇我氏的分支，主要的職務是管理倉庫。蘇我倉山田石川麻呂是大臣蘇我馬子的孫子、倉麻呂（雄當）的兒子，連子、赤兄的兄長。也記為倉山田麻呂、倉山田臣、山田臣、山田大臣。蘇我倉山田是姓，石川麻呂是名。曾為了繼承氏上的地位而與大臣家的入鹿對立，進而參加誅殺大臣家的政變計畫，女兒造媛（遠智娘）與姪娘都成為中大兄皇子（後來的天智天皇）的妃子。女兒的乳娘則是孝德天皇的妃子。六四五年，與中大兄皇子、中臣鎌足合謀，暗殺堂兄弟的蘇我入鹿。據說他們三人以在皇極女帝面前誦讀〈三韓上表文〉作為發動暗殺的口號，然而當石川麻呂已經快把上表文念完時，暗殺卻遲遲未發動，使得石川麻呂冷汗直流，聲線與雙手也不住顫抖。孝德天皇即位後，躋身實力派豪族的石川麻呂成為右大臣，與左大臣阿倍內麻呂一起操持朝政。六四九年三月，阿倍內麻呂過世後，蘇我氏爆發內鬥，孝德天皇聽信石川麻呂的異母弟弟蘇我日向的讒言，追討石川麻呂。石川麻呂從難波帶著兩名兒子逃往大和山田寺（櫻井寺）之後，雖然長子興志主張負隅抵抗，卻被石川麻呂駁斥，石川麻呂遂與妻子一同自盡。

蘇我赤兄

生卒年不詳。天智朝的左大臣，又號藏大臣。七世紀後半的豪族，是倉麻呂之子，也是大臣蘇我馬子的孫子，與石川麻呂、日向為兄弟。六五八年十月，齊明天皇行幸紀伊溫湯時，負責留守倭京，也於此時向孝德天皇的遺子有間皇子提及齊明天皇的三項失政，其中也提到齊明天皇大興土木一事，讓百姓極度不滿，並力勸有間皇子謀反。不過，蘇我赤兄卻向齊明告密，於是有間皇子與隨從在市經的家便被團團包圍，有間皇子與隨從也被押解至紀伊。當有間皇子被問到謀反的理由時，有間皇子回答「上天與赤兄知道」。之後，赤兄便得到中大兄皇子的信任，女兒常陸娘也成為中大兄皇子的妃子，生下了山邊皇女（大津皇子的妃子）。另一名女兒大蕤娘則成為大海人皇子（後來的天武天皇）的夫人，生下穗積皇子、紀皇女、田形皇女。六六九年，成為筑紫率，六七一年，大友皇子成為太政大臣時，蘇我赤兄也被任命為左大臣，成為輔助大友皇子五大夫之一。不過，在壬申之亂敗北後，便以高官的身分，與子孫一起被流放。自此，蘇我氏再無進入權力核心之人。

蘇我日向

生卒年不詳。七世紀的豪族，蘇我倉麻呂之子，蘇我馬子之孫，石川麻呂的異母弟弟，也標記為身刺、無耶志或是武藏。六四四年，在石川麻呂的長女準備成為中大兄皇子（後來的天智天皇）的妃子之前，與石川麻呂的長女私通，藉此陷害石川麻呂。不過，石川麻呂後來讓次女（遠智娘）代替長女進宮，也解決了這件麻煩。新羅的金春秋與金庾信之間也有同樣的故事（《三國史記》），不過，日向並未在此時被處罰。六四九年，日向向孝德天皇提到，身為右大臣的石川麻呂企圖謀害中大兄皇子，害得石川麻呂從難波逃往大和的山田寺，而日向則擔任將軍，負責帶兵追討石川麻呂，也逼得石川麻呂於山田寺自殺。之後，當石川麻呂的清白得到證實，後悔不已的中大兄便將日向貶為筑紫國的大宰帥，一般認為，就是貶至遠方為官的意思。據說筑紫的般若寺（筑紫野市）由日向一手建造（《上宮聖德法王帝說》）。

五、與天武天皇有關的皇子女

天武天皇讓自己的皇子與天智天皇的女兒建立穩固的姻親關係，藉此奠定了奈良時代的天武王族基礎。

大伯皇女

六六一—七〇一年。天武天皇的皇女，也是飛鳥時代的伊勢齋王，同時也是《萬葉集》的歌人。又標記為大來皇女。母親是天智天皇的皇女大田皇女，於大伯皇女六歲時過世。大伯皇女是大津皇子的同母姊姊。六六一年，齊明天皇為了救援百濟前往筑紫途中，中大兄皇子一行人搭船來到大伯海（今岡山縣瀨戶內市附近，舊邑久郡），大伯皇女也於此時在船上出生，所以命名為大伯。六七三年，齋王制度奠定後，大伯皇女成為首位齋王，成為伊勢的齋宮，隔年離開都城，於十三歲到二十六歲這段期間，出仕伊勢神宮。六八六年，父親天武天皇過世後，解除齋宮職位返京。於此同時，爆發了弟弟大津皇子謀反事件，大津皇子也因此被賜死。大伯皇女在《萬葉集》留了六首和歌，其中包含送大津皇子離開伊勢的和歌，以及詠嘆大津皇子之死的和歌。大伯皇女於七〇一年十二月去世。根據平安後期的《醍醐寺本藥師寺緣起》的記載，大伯皇女生前曾發願為父親天武天皇建造寺院，最終於去世之後的七二五年（神龜二年）完成，是為「昌福寺」，一般認為，夏見廢寺跡（今三重縣名張市夏見）就是這座昌福寺。

刑部親王

？—七〇五年。天武天皇的皇子，飛鳥時代的皇族。也標記為忍坂部皇子、忍壁皇子。母親為完人臣大麻呂的女兒櫰媛。官至三品，任知太政官事。在六七二年壬申之亂爆發時，跟隨父親大海人皇子從吉野前往東國，與草壁皇子一起登上史冊。六七四年，被派至石上神宮，以膏油打磨神寶的武器。六七九年，天皇、皇后、刑部一行人，天智、天武血脈的六位皇子前往吉野宮參拜，發誓異母兄弟之間必須互助，不得互相鬥爭（吉野盟約）。六八一年，與川島皇子、忌部子首一起受命校閱「帝紀、上古諸事」，這也被認為是《古事記》與《日本書紀》編撰的開端。七〇〇年六月，刑部親王以身為最年長的皇族之姿，與藤原不比等一同制訂《大寶律令》，也因為制訂《大寶律令》有功而獲得獎賞，隔年八月，讓律令正式上路。由於此時導入了大寶令位階制，所以刑部親王也晉升至三品。持統太上天皇死去之後，七〇三年被任命為統御太政官的知太政官事，負責輔助文武天皇。

高市皇子

六五四—六九六年。天武天皇最年長的皇子，也標記為高市皇子命、後皇子尊、高市皇子尊。後皇子尊是與草壁皇子的皇子尊對應的尊稱。母親為宗像大社神主的胸形（宗形、宗像）君德善的女兒尼子娘。高市皇子是長屋王、鈴鹿王、門部王、山形女王、河內女王的父親。在六七二年壬申之亂得知父親舉兵後，便逃出近江大津京，於伊賀的積殖山口與父親會合，也在美濃國不破全權負責軍事，因此大展拳腳。《萬葉集》的柿本人麻呂的輓歌描述了高市皇子活躍的模樣。高市皇子雖由身分低微的母親所生，卻是最年長的皇子，也因為在壬申之亂活躍而聲名大噪。一般認為，在天武天皇眾皇子之中，他是地位僅次於草壁皇子、大津皇子的皇子。六八九年，草壁皇子早逝後，高市皇子於隔年被任命為太政大臣，帶領皇親支持持統天皇。六九二年，封戶總計達到五千戶。這些財產應由其子長屋王繼承。六九三年，受封淨廣壹之位，卻於六九六年七月十日過世，年僅四十三歲（《扶桑略記》）。根據《懷風藻》葛野王傳所述，高市皇子死後，群臣開始討論擁立皇太子一事，但是卻因群臣的私心，而無法達成共識。

額田王

生卒年不詳。七世紀的王族。《萬葉集》的歌人。共有十二首作品（長歌三首、短歌九首）。天武天皇的妃子。父親是系譜不詳的鏡王。額田王是十市皇女的母親，從十市皇女之子葛野王的卒年（七〇五年）與年齡（六九七年時為三十七歲）為基準，額田王應該是在舒明朝出生的。

《萬葉集》收錄了她在持統天皇行幸吉野之際，贈與弓削皇子的贈答歌（卷二—一一一—一一三番歌），所以直到持統朝的七世紀末期為止，額田王應該都還在世。《萬葉集》收錄了由中大兄所作的「三山歌」，一般認為，這首歌之中的香具山為中大兄皇子，耳成山為大海人皇子，畝傍山為額田王，因此這首歌也被視為中大兄皇子與大海人皇子爭奪額田王為妻的歌。不過，這不過是江戶時代之後的解釋，歷史尚淺，很難讓人相信這三人之間存在著三角關係。額田王所寫的歌都集中在齊明朝與天智朝。在其左注之中，也有以齊明天皇或是中大兄皇子為作者的歌。由於王的歌多有異傳，所以將齊明天皇或是中大兄皇子視為實際作者也無不可，但是額田王在和歌的才能受到宮廷認可，所以也能解釋成額田王是在接受天皇的意旨之後代為寫歌。

六、與鎌足、不比等有淵源的人物

藤原氏在鎌足與不比等這兩代的努力之下，奠定了氏族的基礎，但是直到不比等的時代之前，藤原氏都被視為是中臣氏的一族。

定惠

六四三—六六五年。七世紀的僧侶，中臣鎌足的長子。也標記為貞慧。俗名為真人，是藤原不比等的兄長。《尊卑分脈》（源平藤橘的氏系圖）將定惠與不比等的母親記載為車持君與志古娘。六五三年，十一歲的定惠跟著第二次遣唐使的大使吉士長丹前往唐朝。根據《伊吉連博德書》的記載，定惠於六六五年搭乘唐使劉德高的便船回國。同年十二月二十三日，於大原過世，年僅二十三歲。十二月，高句麗僧道顯為他寫誄文。《家傳．鎌足傳》之中的定惠傳提到，定惠住在僧侶慧日位於長安懷德坊的道場，師從神泰法師，出家成為和上（和尚）。在唐鑽研佛法十幾年後，通曉內經外典，之後從百濟回到倭國。據說百濟士人無不嫉妒與怨恨定惠寫詩的才能。

中臣大嶋

?—六九三年。天武、持統朝的官員。氏姓為中臣連，之後改為中臣朝臣、藤原朝臣，也標記為葛原朝臣。是中臣渠每（許米）之子，糠手子之孫、中臣金的姪子，也是馬養之父。官至直大貳、神祇伯。繼承中臣鎌足、中臣金的地位，成為中臣氏的氏上。六八一年三月，受天武天皇之命，與川島皇子一起整理與記錄帝紀與上古諸事，尤其與平群子首一起執筆記錄，一般認為，這就是編撰《古事記》與《日本書紀》的開端。冠位為大山上。在天武天皇的殯宮誦讚兵政官生前之事，也在六九〇年持統天皇即位大典以及六九一年的大嘗會擔任神祇伯，吟詠天神壽詞。六九三年三月十一日死去，時任直大貳。《懷風藻》收錄了兩首他的五言詩。曾在天武朝後半期自稱藤原朝臣姓。曾發願為草壁皇子建造粟原寺（〈粟原寺露盤銘〉）。《懷風藻》將他記為大納言，《中臣氏系圖》引用的《大中臣本系帳》將他記為中納言。隨著不比等的崛起，又恢復中臣姓。

中臣意美麻呂

?—七一一年。持統、文武、元明期的官員。名字也寫作臣麻呂、臣萬呂，中臣國足之子、國子之孫，清麻呂東人之父。姓氏從一開始的中臣朝臣改為藤原朝臣，之後又恢復為中臣朝臣。換言之，在六九八年八月的詔令頒布之後，除了自稱藤原朝臣的不比等家族，其他原本自稱藤原朝臣的家族都恢復為原本的中臣姓。中臣氏代代相傳的家業為祭祀，而意美麻呂則負責這項家業，也因此將姓氏從藤原朝臣改回中臣朝臣。官至正四位上、中納言。與叔父藤原鎌足的女兒結婚，成為婿養子，直到鎌足的親生兒子藤原不比等長大成人之前，都是藤原氏的氏上。六八六年十月，身為大舍人的意美麻呂受到大津皇子謀反事件的牽連而被捕，但在事件結束之後被赦免。歷任鑄錢司長官、左大弁、中納言、神祇伯之後，於七一一年閏六月二十二日死去。

七、律令制的成立

要推動律令制就需要許多有能力的官僚，在此介紹兩位與律令制形成有關的官僚。

黃文本實

生卒年不詳。是天智朝到文武朝活躍的技術人員。也標記為黃書。姓氏一開始為造，後來改為連，是高句麗裔渡來人的子孫。一直以來，都以技師或繪師為家業。應該曾於六六九年，以遣唐使的身分前往唐朝。六七一年三月，獻上水臬這項土木建築工程所需的水準器（水平尺），這應該是他擔任遣唐使的時候，從唐朝引進的器具。六八三年九月，從黃文造改姓為連。六九四年，與大宅麻呂一同被任命為鑄錢司，時任勤大貳。七〇二年，於持統天皇的葬禮擔任作殯宮司，時任從五位下。七〇七年，於文武天皇的葬禮負責殯宮事宜，同年十月擔任御裝司。時任從五位下。根據《佛足石記》（藥師寺藏）的記載，日本使者黃書本實前往大唐國之後，於長安的普光寺抄印佛足跡圖，並將抄印的佛足跡圖送給奈良右京四條一坊的禪院。一說認為，他也是高松塚古墳或龜虎古墳壁畫的作者。

粟田真人

?—七一九年。奈良時代前半期的官員、公卿。曾參予《大寶律令》的編撰，也曾以遣唐使的身分前往大唐。六八一年，冠位晉升至小錦下，六八四年，賜姓朝臣。六八九年，以筑紫大宰的身分獻上隼人（南九州的原住民）、布匹、牛皮、鹿皮。七〇〇年，參與《大寶律令》的編撰，也因此獲得賞賜。隔年，以直大貳、民部尚書（民部卿）的身分官拜遣唐使的長官（執節使），可惜風強浪高，不得不放棄遠渡唐朝的念頭。隔年兼任參議，之後便前往唐朝。則天武后於麟德殿設宴招待他，也冊封他為司膳卿。在《舊唐書》亦有記載如下。「真人好讀經史，解屬文，容止溫雅」，可見粟田真人的評價極高。七〇四年回國後，因出使絕域而受賜二十町的大和田與一千石的穀子。在回朝之後的報告中提到，他抵達唐朝的楚州之後，曾與唐人問答，唐人提到「今傳海東有大倭國，名為君子國。國中人民豐樂，禮儀敦厚，今看使者，儀容大淨，所言不假」。粟田真人從中納言晉升至大宰帥之後，官至正三位，最終於七一九年二月五日辭世。

注釋

1. 此外，本章為了方便，將天皇稱號出現之前的大王或大后稱為天皇與皇后。
2. 若無特別注明，本書的出處皆為《日本書紀》。

3. 森公章，《天智天皇》（吉川弘文館，二〇一六年）。

4. 仁藤敦史，〈孝德期의 對外關係〉，高麗大學日本史研究組編，《東亞韓日關係史——半島與群島的交流》上（제이앤씨，二〇一〇年）。仁藤敦史，〈外交據點的難波與筑紫〉，《國立歷史民俗博物館研究報告》二〇〇（二〇一六年）。

5. 仁藤敦史，《女帝の世紀》（角川學藝出版，二〇〇六年）。

6. 山田英雄，〈關於中臣鎌足傳〉，《日本歷史》五八（一九五三年）。

7. 北條勝貴，〈鎌足之武的建構與忘卻——《太公兵法》的言說史〉，篠川賢、增尾伸一郎編《閱讀藤氏家傳》（吉川弘文館，二〇一一年）。

8. 仁藤敦史，〈外交據點的難波與筑紫〉。

9. 仁藤敦史，〈古代王權與「後期miyake」〉，《古代王權與統治構造》（吉川弘文館，二〇一二年）。

10. 仁藤敦史，《女帝の世紀》。

11. 小島憲之校注、譯，《新編日本古典文學全集4　日本書紀3》（小學館，一九九八年）。

12. 同前注。

13. 為了與賀茂神社的齋王（齋院）區分，伊勢神宮的齋王也以齋王御所的齋宮稱之。

參考文獻

荒木敏夫，《日本古代の皇太子（日本古代的皇太子）》，吉川弘文館，一九八五年

池內宏，〈百済滅亡後の動乱及び唐・羅・日三国の関係（百濟滅亡後的動亂與唐、羅、日三國的關係）〉，《滿鮮史研究

上世第二冊》，吉川弘文館，一九六〇年
池田温，〈裴世清と高表仁──隋唐と倭の交渉の一面（裴世清與高表仁──隋唐與倭交涉的一面）〉，《日本歷史》二八〇，一九七一年
上田正昭，《藤原不比等》，朝日新聞社，一九七八年
門脇禎二，《蘇我蝦夷、入鹿》，吉川弘文館，一九七七年
亀田隆之，《壬申の乱（壬申之亂）》，至文堂，一九六一年
川崎庸之，《天武天皇》，岩波新書，一九五二年
北村文治，〈伊吉連博徳書考〉，《大化改新の基礎的研究（大化改新的基礎研究）》，吉川弘文館，一九九〇年
北山茂夫，《天武朝》，中公新書，一九七八年
熊谷公男，〈阿倍比羅夫北征記事の研究史的検討（阿倍比羅夫北征記事的研究史檢討）〉，《東北學院大學論集》一六，一九八六年
小島憲之校注、譯，《新編日本古典文學全集2─4　日本書紀1─3》，小學館，一九九四─九八年
坂本太郎，〈日本書紀と伊吉連博徳（日本書紀與伊吉連博徳）〉，《日本古代史の基礎的研究（日本古代史的基礎研究）》上，東京大學出版會，一九六四年
瀧川政次郎，〈劉仁軌傳〉上中下，《古代文化》三六─七、九、一一，一九八四年
直木孝次郎，《壬申の乱（壬申之亂）》，塙書房，一九六一年
直木孝次郎，〈神功皇后伝説の成立（神功皇后傳說的成立）〉，《日本古代の氏族と天皇（日本古代的氏族與天皇）》，塙

書房，一九六四年
直木孝次郎，〈近江朝末年における日唐関係——唐使・郭務悰の渡来を中心に（近江朝末年的日唐關係——以唐使郭務悰為核心）〉，《古代日本と朝鮮・中国（古代日本與朝鮮、中國）》，講談社學術文庫，一九八八年
直木孝次郎，《額田王》，吉川弘文館，二〇〇七年
西本昌弘，〈豊璋と翹岐——大化改新前夜の倭国と百済（豐璋與翹岐——大化改新前夜的倭國與百濟）〉，大阪歷史學會編，*Historia* 一〇七，一九八五年
伴信友，〈長等の山風（長等的山風）〉，田原嗣郎校注，《日本思想大系50　平田篤胤 伴信友 大国隆正（日本思想大系50　平田篤胤 伴信友 大國隆正）》，岩波書店，一九七三年
森公章，〈古代耽羅の歴史と日本——七世紀後半を中心として（古代耽羅的歷史與日本——以西元七世紀後半為中心）〉，《古代日本の対外認識と通交（古代日本的對外認知與交流）》，吉川弘文館，一九九八年
横田健一，〈《懐風藻》所載大友皇子伝考（《懷風藻》所載大友皇子傳考）〉，《白鳳天平の世界（白鳳天平的世界）》，創元社，一九七三年
義江明子，《天武天皇と持統天皇（天武天皇與持統天皇）》，山川出版社，二〇一四年
利光三津夫，〈百済亡命政権考（百濟亡命政權考）〉，《律令制とその周辺（律令制與其周邊）》，慶應義塾大學法學研究會，一九六七年
李成市，〈三韓征伐——古代朝鮮支配の言説（三韓征伐——古代朝鮮支配的言說）〉，《闘争の場としての古代史（鬥爭之地的古代史）》，岩波書店，二〇一八年

第十二章
伊斯蘭的誕生

醫王秀行

前言

如今伊斯蘭教是信徒僅次於基督教的世界第二大宗教，穆斯林的居住地也跨出中東，延伸至中國、印度、東南亞、俄羅斯，此外，也以移民的方式滲透北美、歐洲、澳州的生活圈。於七世紀初期形成的伊斯蘭教，最初是由在阿拉半島麥加出生的穆罕默德所提倡的宗教。為什麼在這個當時僅是邊陲之地的小鎮，會出現日後信徒遍及全世界的宗教呢？

話說回來，阿拉伯半島雖然大部分地區都是沙漠，但在經濟方面並不匱乏。阿拉伯遊牧民族飼養的駱駝除了能提供乳製品、食用肉與皮毛之外，還能以十倍於羊的價格交易。鎮上的居民會為了累積財富而購買家畜，再將家畜交給值得信賴的貝都因人（飼養駱駝的阿拉伯遊牧民族）或是牧羊人。他們也會在綠洲種植大量的椰棗，因為椰棗的果實具有相當高的營養價值。各地都有金礦與銀礦，這些金銀也當成貨幣交易。降雨量相對較多的葉門自古以來就從事農業生產，除了生產穀物之外，也生產乳香與各式各樣香料。穆罕默德居住的麥加是古萊什族行商的小鎮，所以少不了交易所需的商品。儘管當地是人與人交流密切的血緣社會或部族社會，但也有不少阿拉伯人是在結婚之後，才從其他地區搬來這個小鎮。這些阿拉伯人又被稱為哈利夫（halīf），但這不是帶有歧視意味的稱呼。

在傳統的學說中，占有地中海東部的拜占庭帝國，與在當時占有現代伊拉克、伊朗一帶的波斯帝國不斷爭鬥，導致東西貿易路線（也就是所謂的絲路）中斷，所以到了六—七世紀之後，成為貿易中繼站的麥加便因此崛起。過度強調麥加多麼繁榮的史觀雖然不斷地被修正，但是就某種程度而言，商人的拜金主義導致當地居民道德淪喪，社會因此出現許多不公平的事情，想要匡正這般社會風氣的穆罕默德才有機會成立強調倫理的宗教的這種說法，具有一定的說服力。由於《古蘭經》主張拯救窮人與孤兒，所以伊斯蘭教也於社會弱勢的年輕族群之中普及。

麥加在伊斯蘭化之前的信仰為崇拜偶像的多神教，克爾白聖殿的內外都有許多偶像。現代的朝覲（哈吉）是在麥加郊外的阿拉法特山到米那山谷一帶盛大舉行，但是在伊斯蘭化之前的時代，就有許多來自半島各地的朝聖者在此地聚集，麥加則是這些朝聖者歇腳的聖地之一。其實阿拉伯半島各地都有許多與偶像崇拜有關的朝聖之地，而且各地會在不同的季節舉辦祭典，例如葉門是在印度洋的信風吹來的冬天舉辦祭典，敘利亞是在穀物收成之後的夏天，至於波斯灣沿岸則差不多是在秋天的時候舉辦，同時間，年市也會盛大召開。由於各地都設有禁止流血或戰鬥的神聖月，所以朝覲期間的朝聖者、商人也能平安地往來各地。在麥加郊外舉行的祭典與猶太教的逾越節、基督教的復活節，同時在春分的季節舉

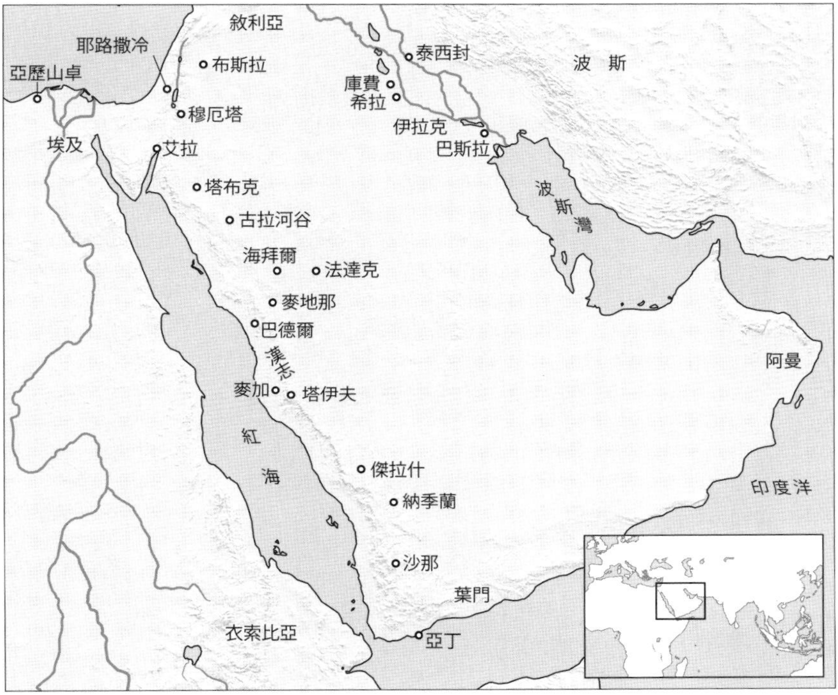

七世紀的阿拉伯半島

行，曆法依據的是與猶太曆一樣的太陰太陽曆。將麥加視為半島最重要的宗教中心是一種誤解，朝聖者與商人會於半島各處的聖地、朝聖祭與年市往來，將麥加視為唯一朝聖地的伊斯蘭教則徹底改革了上述的社會系統。

伊斯蘭教雖然是嚴謹的社會規範，但在討論伊斯蘭教的宗教面向時，無法忽視同為一神教的猶太教、基督教的影響。當時的駱駝商隊從麥加前往敘利亞，大約需要一個月左右的時間，而孕育猶太教與基督教的耶路撒冷就位於兩地之間。

唯一真神阿拉並非穆罕默德率先提出的概念。在猶太教與基督教的經典之中，創造天地的至高神在各地都有不同的名字，比方說耶和華或是德烏斯（Deus）都是其中之一。至高神會透過先知傳達信息，這些信息有時是鼓勵，有時卻是叱責。當時有部分猶太教徒從敘利亞離開，前往穆罕默德移居的麥地那或是位於麥地那北方的古拉河谷、海拜爾這些綠洲地帶定居。葉門的希木葉爾王國之王祖怒華茲皈依猶太教之後，迫害當地的基督教徒。基督教的一性論（只強調耶穌神性的立場），在半島對岸的衣索比亞扎根，到了六世紀之後，衣索比亞取代希木葉爾王國，占領了葉門。在穆罕默德誕生之前，衣索比亞的將軍阿伯拉哈曾帶著戰象入侵麥加。位於葉門附近的納季蘭自古以來就是信奉基督教的小鎮，基督教的一性論也在波斯灣沿岸扎根。基督教聶斯托留派以波斯薩珊王朝的附庸國拉赫姆王國的首都希拉為據點，前往各地布教，因此穆罕默德常有機會與猶太教徒及基督教徒接觸。穆罕默德的妻子赫蒂徹的堂兄是基督教徒，因此穆罕默德很有可能從他吸收相關的宗教知識。

穆罕默德是以神的使徒、先知宣達神的啟示，但在各種神啟之中，最強烈的訊息便是信奉唯一真神，而伊斯蘭這個名詞在阿拉伯語之中的意思是絕對服從真神，所以穆罕默德自然覺得不相信唯一真神阿拉，正是社會衝突的起源。當穆罕默德愈來愈了解基督教與猶太教，就愈來愈覺得必須擺脫這兩個宗教的桎梏，因為自己心目中的一神教與這兩個宗教的教義愈來愈乖離。他大力抨擊隨著時代而變質與墮落的猶太教及基督教，主張回歸先知亞伯拉罕的純粹一神教，也成功地在麥加創立了誕生於阿拉伯的宗教。

穆罕默德死後，阿拉伯軍隊開始四處征討，領土的西側最遠抵達摩洛哥一帶，東側則與中國的大唐、印度接壤，倭馬亞王朝、阿拔斯帝國這些世界級的帝國也興盛至極。以伊斯蘭信仰為核心，包容各地民族，永續穩固的文明圈也於七—八世紀形成。直到今時今日，阿拉伯語圈仍十分廣泛，伊斯蘭世界也不斷擴張。在西亞樹立霸權的阿拉伯伊斯蘭世界，在繼承羅馬帝國的古代遠東文化遺產以及波斯薩珊王朝的文明之後，孕育了屬於自己的文明，也讓這個文明開花結果。

穆罕默德（約五七〇—六三二年）

一、了解穆罕默德的線索

伊斯蘭教開宗祖師穆罕默德是真實存在的人物，也有不少充滿「人性」的小故事。若是從在麥加布教之後起算，大概可以時間軸的方式，列出他一生的事跡，也能確定他離世與墳墓的位置。換言之，可以將穆罕默德當成歷史人物研究，他與猶太教的摩西、耶穌基督、佛陀這些名聞遐邇卻充滿謎團的開宗祖師完全不同，也未被過度的神格化。伊斯蘭教的崇拜對象只有唯一真神阿拉，穆罕默德充其量只是人類，既不是神，也不是受敬拜的對象。儘管穆罕默德不是神，但不可諱言的是，穆斯林還是會慶祝他的生日，也會前往他那位於麥地那的墳墓，也就是先知清真寺參拜。簡單來說，他是集信徒的尊敬於一身的存在，他留下的一言一行也被整理成聖訓（哈迪斯），聖訓也成為以《古蘭經》為法源依據的生活規範，規範著信徒的生活。由於伊斯蘭教嚴禁描繪阿拉的形象與膜拜偶像，所以替穆罕默德畫肖像畫或是製作雕像都是禁忌，一旦觸犯禁忌將會被嚴懲。過去曾有歐洲的出版社因為刊載了諷刺穆罕默德的漫畫而遭受恐怖攻擊。就算現在已是能以言論自由為由，透過漫畫諷刺政治家的時代，只要知道穆罕默德在信徒的心目中，是比父母親更受敬愛的對象，應該就不敢草率地諷刺穆罕默德了吧。

為了更了解先知穆罕默德，他的生平、他所創立的伊斯蘭教的教義，全世界的研究學者都試著從不同的角度進行分析。不過，資料實在有限，最根本的資料只有自七世紀之後的幾個世紀所整理的文獻資料，其中又以《古蘭經》最為重要。在穆斯林心目中，《古蘭經》的一字一句就是唯一真神阿拉的話語，是天使加百列傳給穆罕默德的神諭。雖然《古蘭經》幾乎都是穆罕默德透過口述的方式布達給信徒的內容，但是《古蘭經》本身卻不是透過口耳相傳的方式傳承，而是穆罕默德從剛開始布教的時候，就著手編撰了《古蘭經》。正確解讀《古蘭經》的內容，是了解穆罕默德性格與思想的一步。不過，在將《古蘭經》視為歷史資料使用時，需要格外謹慎。比起《舊約聖經》與《新約聖經》，《古蘭經》缺乏所謂的故事性，雖然還是有一些聖經的小故事，或是闡述先知教誨的故事，但很難與穆罕默德那個時代的事件對應。話說回來，這些故事幾乎都沒有提到特定的人名、地名或是與事件有關的專用名詞，大多數的內容也很抽象與艱澀，與穆罕默德有關的資訊也不多。

因此，在此使用的是由伊本伊斯哈格整理的《先知穆罕默德傳》（以下簡稱《先知傳》）[1]。這本書原本被命名為《馬哈濟》（*Mahazi*），是一本從創造天地開始記錄的長篇史書。這本史書一開始先是獻給阿拔斯帝國第二代哈里發曼蘇爾（約七一三—七七五年），之後由伊本希夏姆（？—八三三年）重新編撰為穆罕默德的傳記。就目前而言，有英文、法文與日文的完整譯本。不過，就算是這本書，與麥加時代的穆罕默德有關的正確資訊並不多，而且全書多半屬於奇跡或是傳說的內容，有必要從如此龐雜的資訊之中，細心地篩出史實。其他可資利用的文獻資料還包含曾任巴格達法官的歷史學者瓦基迪（七四七—八二三年）整理的穆罕默德遠征記錄《戰役之書》，以及他的書記阿比薩阿德（約七八四—八四五年）整理的人物列傳，也都有許多獨有的資料與利用價值。

此外，自古以來，伊斯蘭世界就有許多整理了穆罕默德聖行的聖訓集。穆罕默德死後，好幾個世代的學者便以口述的方式傳承聖訓。至於在日本的譯本，則以穆罕默德布哈里（八一〇—八七〇年）或是穆斯林本哈加吉（約八一七—八七五年）整理的《聖訓》最為有名。這本《布哈里聖訓》將穆罕默德的一言一行分類為「禮拜」、「斷食」、「結婚」、「買賣」、「食物」這些項目，也成為信徒的生活指南。要注意的是，若將這本《布哈里聖訓》當成歷史資料看待，目前有許多非穆斯林的歷史學者認為其內容仍有許多存疑之處。

二、麥加時代的穆罕默德

生平

在猶太教與基督教的世界觀之中，所有人類都是亞當與夏娃的後代，而先知都是亞伯拉罕的子孫。《先知傳》也強調，穆罕默德所屬的古萊什族也是亞伯拉罕之子以實瑪利的後代。一般認為，在諸亞時

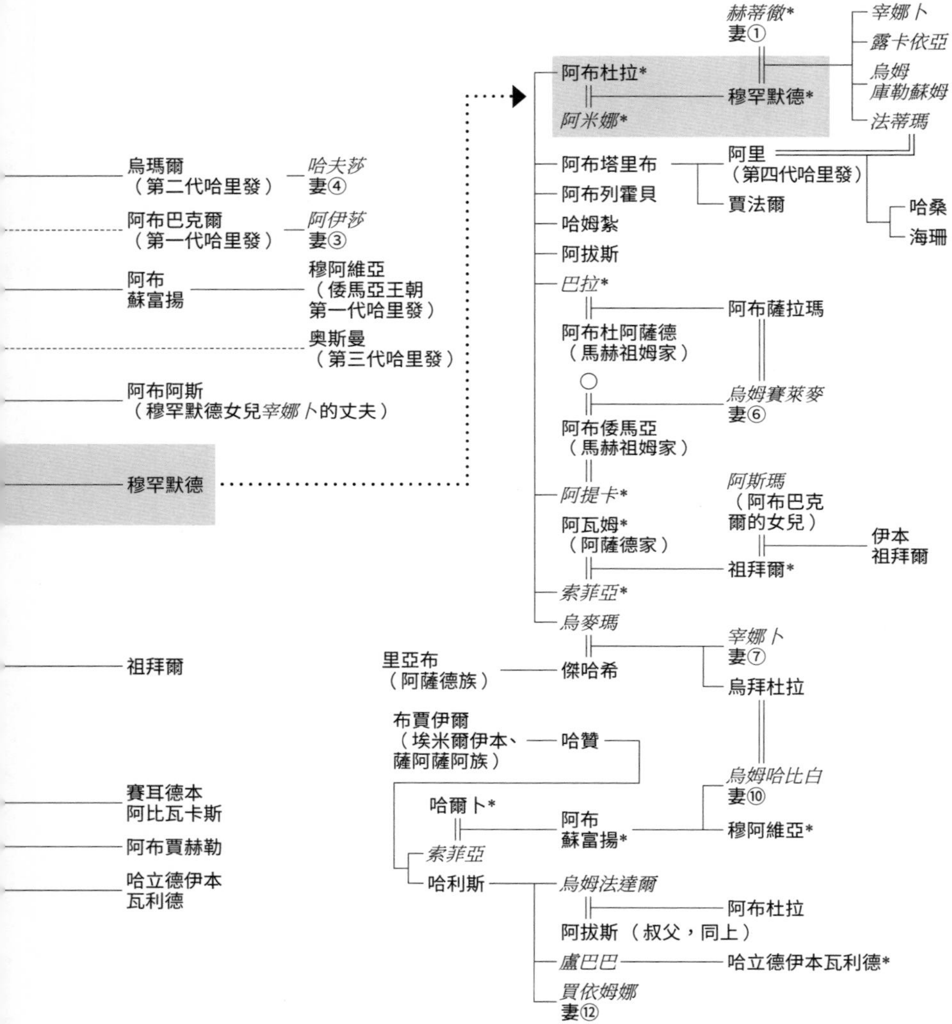

※明朝體斜體為女性
※在穆罕默德家系圖（右）登場的人物若已於古萊什族系譜（左）登場，便以*號標記

穆罕默德家系圖

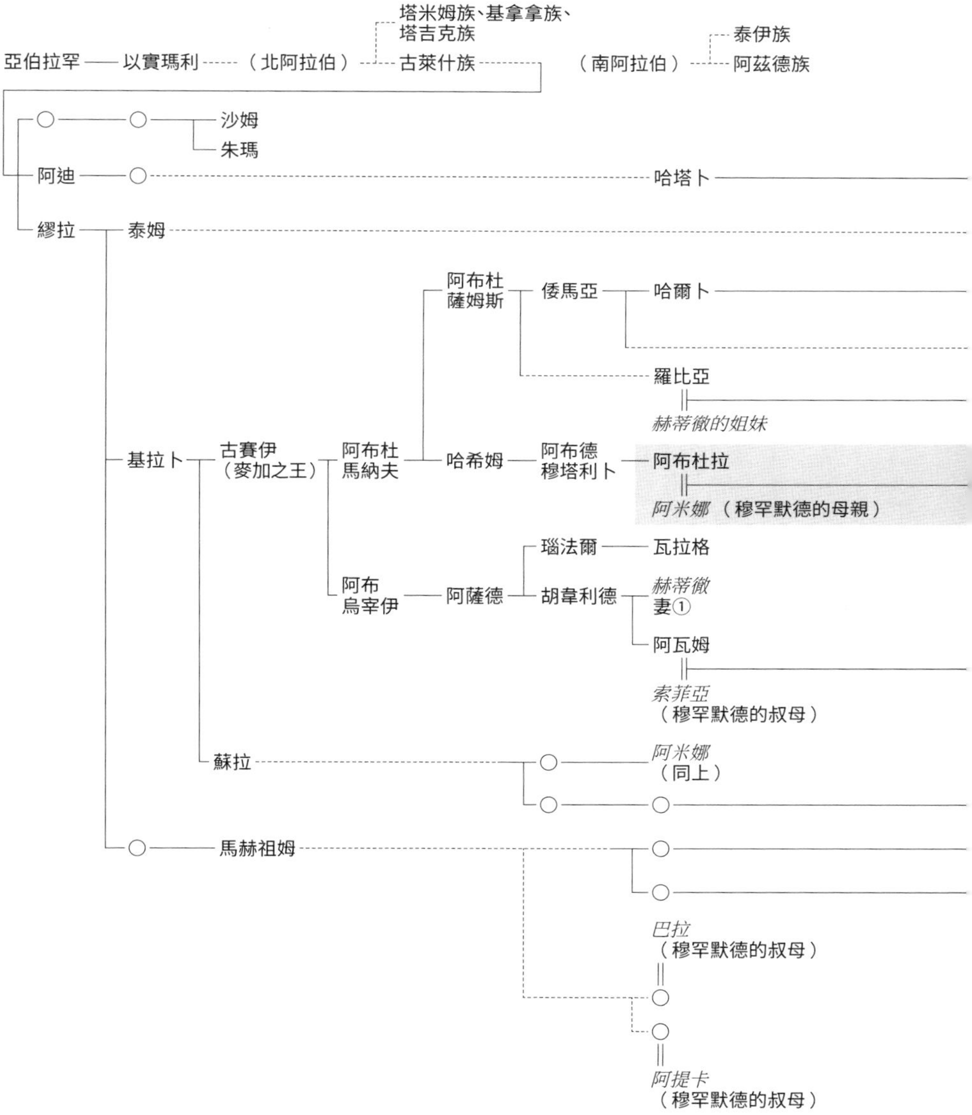
塔米姆族、基拿拿族、
塔吉克族
泰伊族
亞伯拉罕
以實瑪利
（北阿拉伯）
古萊什族
（南阿拉伯）
阿茲德族
沙姆
朱瑪
阿迪
哈塔卜
繆拉
泰姆
阿布杜
薩姆斯
倭馬亞
哈爾卜
羅比亞
赫蒂徹的姐妹
基拉卜
古賽伊
（麥加之王）
阿布杜
馬納夫
哈希姆
阿布德
穆塔利卜
阿布杜拉
阿米娜（穆罕默德的母親）
瑙法爾
瓦拉格
阿布
烏宰伊
阿薩德
胡韋利德
赫蒂徹
妻①
阿瓦姆
索菲亞
（穆罕默德的叔母）
蘇拉
阿米娜
（同上）
馬赫祖姆
巴拉
（穆罕默德的叔母）
阿提卡
（穆罕默德的叔母）

古萊什族系譜

代被洪水沖垮的麥加克爾白聖殿是由亞伯拉罕與他的兒子以實瑪利所重建。此外，一如被譽為彌賽亞的耶穌是大衛王的嫡系子孫，穆罕默德也被認為是麥加初代君王古賽伊的嫡系子孫。出身高貴的穆罕默德是受阿拉伯之民擁立的正統先知，但就歷史上的穆罕默德而言，他只是生於麥加古萊什族哈希姆家族的其中一人而已。

穆罕默德的父親是阿布杜拉，母親則是阿米娜。據說他的母親在懷穆罕默德的時候，就得到「你懷的是民族之長，將他取名為穆罕默德吧」的神諭[2]，而且身體還發出光芒，也從光芒之中看到敘利亞的布斯拉各城。雖然「穆罕默德」或是「阿布杜拉」（意思是阿拉的僕人）在現代是常見的名字，但是在伊斯蘭時代之前的史料或是詩集，卻幾乎看不到這兩個名字，代表他們很可能另有本名。穆罕默德的父親阿布杜拉在穆罕默德出生之前過世，所以穆罕默德注定是孤兒的命運。

沒有父親的穆罕默德是在祖父阿布德穆塔利卜照顧之下長大。年幼的穆罕默德依照麥加的風俗，交給遊牧民族的乳娘帶大。身為孤兒的穆罕默德在薩德族的乳娘哈里馬照料之下，與遊牧民族過了幾年牧羊的生活。一般來說，麥加的居民都會從遊牧民族購買羊隻或是駱駝，再交給沙漠的遊牧民族飼養。綠洲的居民與周邊的遊牧民族屬於同一個經濟圈，也會一起戰鬥，當然也常通婚。

母親阿米娜在穆罕默德六歲的時候過世，祖父阿布德穆塔利卜也在穆罕默德八歲的時候離世，所以由他的叔父阿布塔里布負責照顧他。阿布塔里布的兒子阿里是穆罕默德的堂弟，從小兩人就玩在一起。小時候的穆罕默德曾被這位叔父帶去參加前往敘利亞的商隊。途中，住在布斯拉的基督教傳教士巴希拉十分欣賞穆罕默德一行人，便款待了他們。據說留在貨物鞍座上面的少年穆罕默德被帶到巴希拉面前之後，巴希拉從穆罕默德的兩肩之間，找到了成為先知的印記。[3]

穆罕默德長大成人之後便從事貿易，將人們交給他的貴重物品，用駱駝載往敘利亞或是葉門，再帶回人們拜託他購買的物資，或是把人們交給他的貨品賣掉。從《古蘭經》的「當他們乘船的時候，他們誠懇地祈禱真主」（第二十九章六十五節）[4]的章節來看，穆罕默德在往返兩地時也會行經海路。穆罕默德與經濟無虞的女性實業家赫蒂徹結婚。兩人結婚的契機在於赫蒂徹看中他的誠實與善良，將前往敘利亞的商隊貿易交在穆罕默德手中。赫蒂徹向穆罕默德求婚之後，兩人總共生了七個小孩，但三個兒子全部夭折。不知道兒子早逝這件事，對於穆罕默德的精神面造成多少陰影。從《古蘭經》第九十三章七—八節「他曾發現你徘徊歧途，而把你引入正路；發現你家境寒苦，而使你衣食豐足」的章句來看，穆罕默德的生活應該不虞匱乏。

穆罕默德與啟示

據說穆罕默德在四十歲左右的時候，前往麥加郊外的希拉山洞窟「閉關」，得到神的啟示，也開始布教。這個閉關是否為古萊什族的宗教儀式，目前沒有相關的資料足以佐證，但有可能只是後代的人們仿效摩西在西奈山得到神諭所捏造的故事。根據傳承所述，當穆罕默德在洞窟睡覺時，拿著卷軸（或是錦布）的天使加百列現身，命令穆罕默德「宣讀」。結果穆罕默德回答「我不知道該怎麼宣讀」（一說認為是「不知道該宣讀什麼」），結果加百列又說「你應當奉你的創造主的名義而宣讀，他曾用血塊創造人。你應當宣讀，你的主是最尊嚴的，他曾教人用筆寫字，他曾教人知道自己所不知道的東西」（第

在希拉山的呼召　穆罕默德與天使加百列

九十六章一—五節）[5]。穆罕默德嚇得連忙下山，途中又於地平線看到加百列的身影。

穆罕默德將他在希拉山看到的異象告訴妻子赫蒂徹之後，赫蒂徹便與身為基督教徒的堂哥瓦拉格伊本瑙法爾商量，瓦拉格告訴她，這是來自神的神諭。之後，穆罕默德又斷斷續續地收到來自神的啟示，於是赫蒂徹成為第一位信徒，堂弟阿里成為第二位信徒。

雖然伊斯蘭教的教義提到，神的啟示是透過天使加百列布達，但在《古蘭經》之中，天使加百列是在麥地那時期才出現。一如麥加的初期啟示「教授他的，是那強健的、有力的，故他達到全美。……他把他所應啟示的啟示他的僕人」（第五十三章五—十節）所述，穆罕默德一開始是直接從神得到啟示。據說穆罕默德在得到神啟之後，總是會進入失神狀態，妻子們會用長衣包著他，讓他安睡。

在穆罕默德最初布道之地的阿拉伯半島有所謂的薩滿，也就是讓神祇附身，藉此布達神諭的巫師。當時的人們都相信世上有鎮尼（jinn）這種妖靈存在，許多人都害怕被這種妖靈附身。此薩滿教概念在當時的阿拉伯社會根深柢固，所以有些人也以為剛開始布教的穆罕默德是被鎮尼附身。此外，當時也有許多詩人，所以有些人也以為穆罕默德只是在模仿詩人。不難想像，要在這種環境之下向眾人闡述神的旨意需要多麼大的勇氣。

麥加時代的布教主旨是稱頌與感謝創造主與唯一真神的阿拉，所有的自然現象都是神的恩賜，也是神的恩寵之兆（ayah）。七重天、太陽、月亮、星辰、山巒、河川、風、雲、雨、火、人類、孩子、橄欖、椰棗、家畜，萬物都是神的恩惠，連在海上航行的船舶也是神的恩寵（二十二章六十四—六十五節）。

不過，當時的人們只一心相信偶像神，崇拜神靈棲宿的岩石、樹木與泉水的泛靈論（animism）也存在。據說在麥加的克爾白聖殿周遭共有三百六十座偶像。此外，也有人在市場販賣迷你版的偶像，百姓會將這些迷你版偶像擺在家裡供奉，或是在出門旅行時帶在身上。棲息在麥加郊外相思樹的女神烏扎（Uzzā）也受到眾人虔誠敬拜，就連穆罕默德本身都曾獻上白羊給女神烏扎。此外，在克爾白聖殿的守護神胡巴（Hubal）面前常常會舉行請示神諭，也擺著用於占卜的七支箭。麥加周邊是朝聖之地，郊外的阿拉法特山則是向神祈禱的地方，在米納獻上活祭的人們也會進入麥加，膜拜偶像神。每逢朝聖時期，塔伊夫附近的烏卡茲都會舉辦年市，也因為朝聖者而熱鬧不已。穆罕默德的布教形同挑戰這種社會系統。

雖然麥加的居民崇拜偶像，但是當時的人們已經知道阿拉的存在，一如《古蘭經》的「他們雖然大半信仰真主，但他們都是以物配主的（也就是造偶像）」（第十二章一〇六節），以及「如果你問他們：『誰創造了天地？』他們必定說：『真主』」（第三十九章三十八節）。當時的人們似乎已經默默地承認阿拉才是至高神。不過，當穆罕默德呼籲眾人，只信奉唯一真神阿拉之後，麥加的人們便覺得這否定了祖先傳承下來的信仰，也因此強烈反彈。在與穆罕默德爭辯時，眾人將偶像神視為天使（第四十三章十九節、第五十三章二十七節），或是視為神的使者（第十章十八節），以及神的女兒（第五十三章二十一節、第二十三章九十一節），不願接受他的主張。

一開始穆罕默德曾打算與麥加的偶像信仰妥協。根據史學家塔巴里（八三九—九二三年）的說法，在穆罕默德宣告「他們告訴我吧！拉特和歐薩以及排行第三，也是最次的默那，怎麼是真主的女兒呢？」（第五十三章十九—二十節）這個與漢志王國（阿拉伯半島西岸一帶）三女神有關的啟示之後，似乎又宣告「她們是高空之鶴。承認她們是神的代理人」，古萊什人也因為穆罕默德願意如此承認而開心，不過，後來穆罕默德宣稱，這是受到惡魔的誘惑，所以又取消這個說法。[6]

此外，穆罕默德也提到「因為保護古來氏（古萊什族），因為在冬季和夏季的旅行中保護他們，故教他們崇敬這天房的主，他曾為饑荒而賑濟他們，曾為恐怖而保佑他們」（第一〇六章一—四節），希望讓麥加的人們知道阿拉是商隊的守護者、麥加的守護神與克爾白聖殿之主。

眾人會因為犯下崇拜偶像的罪而墜入地獄。「你們和你們捨真主而崇拜的（偶像），確是火獄的燃料，你們將進入火獄。假若這些（偶像）是神靈，他們不進入火獄了，他們都將永居其中。他們在其中將經常歎息，他們在其中將一無所聞。」（第二十一章九十八—一〇〇節）

接著穆罕默德挑選的題材是有關懲罰的故事。古代的賽莫德人是非常興盛的民族，而使徒撒立哈被派去警告賽莫德人，但是賽莫德人卻置若罔聞，拒絕信奉神，神便降下懲罰，賽莫德人也因地震、閃電

古代城市瑪甸沙勒遺跡

與神的一聲怒喝而滅絕。「他們安全地鑿山為屋，但吶喊聲在早晨襲擊了他們。」（十五章八十二—八十三節）賽莫德人就是留下古代遺跡的瑪甸沙勒居民，穆罕默德似乎在跟隨商隊到敘利亞時，看到岩石被貫穿的遺跡。其實《聖經》也有這類懲罰的故事，例如諾亞洪水或是羅得的故事。穆罕默德也曾以提出警告的身分與麥加的居民對峙。賽莫德人說道：「撒立哈啊，以前，你在我們中間是眾望所歸的，難道你禁止我們崇拜我們祖先所崇拜的（偶像）嗎？」（第十一章六十二節）這段屬於懲罰故事的章節似乎是種啟示，反映了麥加居民與穆罕默德之間的對立。

麥加啟示的特徵在於強烈的倫理觀。「絕不然！但你們不優待孤兒，你們不以濟貧相勉勵，你們侵吞遺產，你們酷愛錢財。」（第八十九章十七—二十節）如果在活著的時候執著於金錢，不顧社會弱勢，來世必有懲罰等著。人們總是在接受最終審判，墜入地獄之後才懂得反省。

對於基督教教義一竅不通的麥加居民，似乎完全無法了解世界末日、復活、最終審判、天國與地獄的教義。進入最終審判之後，人們生前的善行與惡行將在神的面前表露無遺，而麥加居民是商人，所以也有許多以天秤、帳簿、積蓄、利息作為比喻的啟示。比方說，「絕不然！當大地震動複震動，你的主的命令，和排班的天神，同齊來臨的時候，在那日，火獄將被拿來；在那日，人將覺悟，但覺悟於他有何裨益呢？他將說：但願我在世的時候曾行善事」（第八十九章二十一—二十四節）。人將與兄弟、父母、妻子、孩子拆散，各自接受制裁。一切都是自作孽，將在地獄受業火焚燒。每個人都渴望天國的生活，但是直到世界末日與最終審判來臨，沒有人知道自己是否能進入天國。不過，唯有殉教者肯定能夠進入天國。儘管下列是於戰火不斷的麥地那時期提出的啟示，但《古蘭經》的確提到「為主道而陣亡的人，你絕不要認為他們是死的，其實，他們是活著的，他們在真主那裡享受給養」（第三章一六九節），指出殉教者能跳過最終審判，進入天國。穆罕默德之所以如此看重為聖戰而殉教的行為，在於上述《古蘭經》的啟示。

至於最終審判的教義，應該是從基督教徒得到的知識，有可能是透過耳濡目染的方式，從赫蒂徹的堂兄瓦拉格伊本瑙法爾這位基督徒身上學到的知識。

在麥加的布教

最初的信徒都是親戚，其中包含妻子赫蒂徹、堂弟阿里、養子宰伊德本哈里沙。麥加的殷實商人阿布巴克爾（穆罕默德死後的第一代哈里發）皈依之後，便公開呼籲眾人皈依伊斯蘭教，信徒也因此漸漸增加。信徒一開始都躲在麥加的山裡做禮拜，但是穆罕默德在得到啟示的三年多之後，便於麥加公然布教。

聽說反對穆罕默德的人大聲批判地說：「這個使者怎麼也吃飯，也往來於市場之間呢？為何真主不派一個天神降臨他，而與他同為警告者，或者把一個財寶賞賜他，或者他有一座果園，供他食用呢？」（第二十五章七—八節）這些反對穆罕默德的人也曾刁難地說，穆罕默德若是神的使徒，「就試著移動整座山」，或是「讓死去的父親或祖父復活」，據說穆罕默德回答：只有《古蘭經》的一字一句才是神的奇跡，藉此回擊這些人。

麥加的長老與地方士紳只要發現有親戚皈依伊斯蘭教，就會迫害這些親戚，逼他們背棄伊斯蘭教。哈希姆家的家長阿布塔里布雖然也承受了壓力，但是他仍堅持維護自己的姪子。在這個狀況之下，有部分的信徒移居至基督教國家衣索比亞，據說光是男性信徒就多達八十三人。衣索比亞王納賈什曾詢問賈法爾伊本阿布塔里布（穆罕默德的堂弟），有關伊斯蘭教的事情，結果他回道：「使徒將我們帶往神的身邊，我們知道神是唯一的，我們崇拜神，我們與父祖也捨棄了不是神的石頭與偶像。」當納賈什接著詢問耶穌的事情時，塔里布又回答：「一如我們先知所接受的啟示，耶穌是神的僕人，是神的使徒，是聖靈，是神在潔淨的處女瑪利亞身上棲息的話語。」據說納賈什在聽完這番回答之後，便盡力庇護這些信徒，讓他們在當地平安地生活。有部分信徒過沒多久就回到麥加，剩下的信徒則在穆罕默德移居至麥地那的幾年之後回鄉。

在麥加這邊，叔父哈姆紮與硬漢烏瑪爾皈依伊斯蘭教，保護穆罕默德與信徒。而古萊什族的人們決定對哈希姆家與穆塔利卜家施加壓力，還特地準備了協約。這份協約的內容是「兩家互不嫁娶，貨物互不買賣」，而這份協約之後也在克爾白聖殿內公開。穆罕默德的叔父阿布列霍貝投奔了迫害伊斯蘭的陣營。但這場排擠也在麥加的有志之士呼籲之下瞬間平息。

夜行登霄的故事　天使加百列與騎著天馬布拉克的穆罕默德

麥加布教期的重要事件之一就是夜行登霄。當穆罕默德在克爾白聖殿的旁邊就寢時，天使加百列現身，要穆罕默德騎上天馬布拉克。穆罕默德騎上去之後，天馬布拉克瞬間將穆罕默德載到耶路撒冷神殿[7]，穆罕默德也順著耶路撒冷神殿的梯子爬到了七重天，與亞伯拉罕、摩西、耶穌這些先知會面，最後晉見了真主。真主命令他，一天必須做禮拜五次，在啟示之中提到「讚美真主，超絕萬物，他在一夜之間，使他的僕人，從禁寺行到遠寺。我在遠寺的四周降福，以便我昭示他我的一部分跡象」（第十七章一節）。

在穆罕默德移居麥地那的三年前（約六一九年），一直支持他的妻子赫蒂徹與庇護他不受古萊什族迫害的叔父阿布塔里布相繼去世。穆罕默德前往鄰近的塔伊夫的小鎮，想要爭取塔吉克族的信徒，卻被當地的居民丟石頭驅趕。進入朝聖祭的時期之後，穆罕默德又前往每座來自半島各地的阿拉伯天幕，呼籲眾人信奉阿拉，尋求保護。就在此時，認識了來自麥地那[8]的居民。當時的麥地那正值歐斯族與卡斯拉族互相爭鬥的時期，而且這場爭鬥也捲入了猶太教徒。等到十二名來自麥地那的輔士（歐斯族與卡斯拉族的信徒、援助者）來訪，這兩族才在麥加郊外的亞喀巴離棄多神教，向穆罕默德發誓不再偷盜、姦淫，行正義之事。這就是第一次亞喀巴宣誓（又稱為女人之誓）。之後，穆罕默德將虔誠的信徒穆薩布伊本烏邁爾派至麥地那，命令朗誦《古蘭經》，宣揚伊斯蘭的教義，與帶領眾人做禮拜。在經過一番努力之後，七十五名輔士來訪，選出了十二名納吉布[9]，向穆罕默德宣誓效忠，這就是第二次亞喀巴宣誓。為了真主與任何敵人作戰，能夠得到讚揚，也能進入天國，所以第二次亞喀巴宣誓又稱為戰爭宣誓。麥地那的輔士請來穆罕默德調停紛爭後，穆罕默德命令麥加的信徒（移居之後稱為遷士）移居麥地那。貌似國家雛型的信仰共同體（烏瑪）也準備開創新天地。此時穆罕默德五十三歲，已在麥加布道十幾年。

三、麥地那時代的穆罕默德

奠定信仰基礎

等到大部分的信徒都移居麥地那之後，穆罕默德便帶著阿布巴克爾離開麥加，途中躲在郊外的蘇爾山山洞三天。來自麥加的追兵雖然追到了洞窟入口，卻因為看到入口處的蜘蛛網與鴿子巢，認為洞中沒人而撤退。這個蜘蛛與鴿子保護穆罕默德兩人的故事，在伊斯蘭世界非常知名。穆罕默德與阿布巴克爾跟著帶路的人，在夏至的炎熱天氣之中，騎著駱駝抵達了麥地那。這次的移居又稱為希吉拉（聖徙），而移居這年也在日後被第二位哈里發定為伊斯蘭曆（也稱為希吉拉曆）的元年（六二二年）[10]。當麥地那的人們紛紛邀請穆罕默德來到家中時，穆罕默德任由自己的駱駝帶路，並將駱駝屈膝坐下來的地方當成住處，也在旁邊建造了清真寺（禮拜所）。此外，在麥地那的正中央設立了蘇格（市場），免除這個市場所有的稅。麥加的古萊什族本來就是擅長做生意的民族。此外，為了孑然一身移居至此的遷士，穆罕默德讓遷士與輔士互結兄弟關係，要求輔士負起照顧遷士的責任。不過，穆罕默德自己卻未與任何輔士結為兄弟，但不知何故，宣布自己與堂弟阿里是兄弟關係。

穆罕默德移居之後，最該先處理的課題就是清算麥地那到目前為止的所有紛爭，調停阿拉伯部族之間的糾紛。穆罕默德先讓遷士與輔士互相交換了麥地那憲章。麥地那憲章總共由六十幾條條文組成，其中明文記載了遷士的古萊什族與輔士的各支族在流血的代價（殺人賠償金）與買回俘虜的責任，也鼓勵信徒互相保護與團結，遵守神的教誨。各支族還是維持原狀，穆罕默德只透過各支族的族長行使影響力。此外，穆罕默德也保障隸屬於輔士各支族的少數猶太信徒，但要求猶太信徒負擔戰爭所需的費用。在麥地那的中心地區住著三大猶太族，分別是蓋奴卡族、擁有廣大椰棗農園的納迪爾族與古萊扎族，而這三大族未在此時與穆罕默德交換盟約。

在自家旁邊建造清真寺的穆罕默德命令信徒在此做禮拜。其實早在麥加時期就必須做禮拜，但是不像現在規定一天要做五次禮拜，《古蘭經》也沒有做五次禮拜的規定。麥加啟示提到「你當在白晝的兩端（早晨與黃昏）和初更的時候謹守拜功」（第十一章一一四節），意思是，一天需要做禮拜三次（不過，有時會徹夜做禮拜）。進入麥地那時期之後，便加入「中間的禮拜」。在夜行登霄的傳說之中，穆罕默德抵達耶路撒冷之後，便升天拜見真主，而真主一開始命令他一天做五十次禮拜，後來真主接受摩西的建議，將次數減少到一天五次。一般認為，一天做五次禮拜，就能累積做五十次禮拜的功德。

在麥加的時候，無法堂而皇之地呼籲（宣禮）信徒做禮拜，但是移居到麥地那之後便沒有這個問題。基督教會是透過大鐘提醒信徒做禮拜，但伊斯蘭教是讓人站在清真寺的叫拜樓，大聲提醒信徒做禮拜。由於原本是衣索比亞奴隸的比拉勒擁有美妙的聲音，所以穆罕默德指定他為宣禮人。雖然早晨的禮拜是在日出之前進行，但是據說比拉勒每天都宣禮，沒有一天怠惰。

我們透過影像見到穆斯林的禮拜，通常都是在星期五中午進行集體禮拜。基督徒的彌撒在星期日，猶太教徒的安息日則是在星期六。為什麼伊斯蘭教的集體禮拜在星期五呢？麥地那約有一半的人口是猶太教徒，而這些猶太教徒會在星期五的日落之後，謹守安息日的規定[11]，所以麥地那的集市一直以來，都是從星期五的早上開到中午。想必集體禮拜就是要趁著信徒比較容易聚會的時段進行，也帶有示範的意思。從「信道的人們啊！當聚禮日召人禮拜的時候，你們應當趕快去紀念真主，放下買賣，那對於你們是更好的，如果你們知道。……當他們看見生意或遊戲的時候，他們離散了，他們讓你獨自站著」（第六十二章九—十一節）的啟示，便能想像當時集市的情況。

在麥地那啟示之中，常常出現「去做禮拜與天課」的內容。信徒應盡的宗教義務是做禮拜與天課（接濟貧困）。信徒在做禮拜的前後，會奉獻一些金錢，這也是接濟沒有收入的遷士的策略之一。由於沒有規定要捐多少金錢或是次數，所以信徒可以憑著自己的信心大小決定奉獻的金額。

與猶太教徒決裂與奠定亞伯拉罕的宗教

一開始，隸屬於輔士的阿拉伯部族的少數猶太教徒，有可能參加了清真寺的禮拜（禮拜的形式不同）。清真寺前面的凹壁（指示禮拜方向的凹洞），會與猶太會堂（synagōgē）裡的聖龕相似，絕非偶然，因為在清真寺做禮拜的時候，穆斯林與猶太教徒一樣，都是朝著耶路撒冷的方向禮拜。

穆罕默德受到猶太教徒許多影響，比方說，穆罕默德效法猶太教的贖罪日（Yom Kippur），將新年的第十天定位為斷食日（阿舒拉節）。當穆斯林問穆罕默德「該吃什麼才好」，穆罕默德回答「曾受天經者的食物，對於你們是合法的」（第五章五節）[12]。此外，聖徒之後，必須承擔遠征費用、戰爭資金與各項雜支的穆斯林，似乎也模仿猶太教的慈善行為，向居民募捐賽德蓋（奉獻金）[13]。

身為神的使徒的穆罕默德在聖徒之後，自稱源自希伯來語的納比（先知），將自己定位為亞伯拉罕、以撒、雅各、摩西這些《舊約聖經》先知的接棒人。穆罕默德認為，穆斯林與猶太教徒都是信奉同一位唯一真神的子民，所以應該一視同仁，不該區分彼此。穆罕默德的煩惱在於猶太教徒始終不願承認他是先知。其實猶太教徒也不承認耶穌是先知，所以同樣不承認穆罕默德是先知，但由於彼此已經交換了麥地那憲章，所以已是命運共同體，猶太教徒也答應要彼此幫助，但是這些猶太教徒在信仰上面的頑固讓穆罕默德很是頭痛。在聖徒過了十七個月之後，穆罕默德將禮拜的方向從耶路撒冷轉向麥加，整整轉了一百八十度[14]，也等於與猶太教徒決裂。

穆罕默德總算開創屬於自己的一神教路線。他一樣是受到阿拉啟示的先知。之前的一神教先知在引導自己的子民時，有時會被神嚴厲地叱責，有時會被神鼓勵，而穆罕默德與這些先知所做的事情完全一樣。伊斯蘭教之所以能夠擺脫猶太教與基督教的桎梏，在於純粹一神教的概念。穆罕默德將注意力放在亞伯拉罕身上。神曾將迦南這塊應許之地賜給亞伯拉罕，而對猶太教徒來說，亞伯拉罕可說是猶太民族的祖先。不過，穆罕默德既非猶太教徒，也不是基督教徒。猶太教從摩西十誡開始，而基督教當然是從耶穌的福音開始，然後穆罕默德卻將亞伯拉罕視為純粹一神教的教徒，換言之，穆罕默德認為猶太教與基督教是從亞伯拉罕的純粹一神教墮落與偏差的形態。《古蘭經》提到「他們說：『你們應當變成猶太教徒和基督教徒，你們才能獲得正道。』你說：『不然，我們遵循崇奉正教的易卜拉欣（亞伯拉罕）的宗教，他不是以物配主者。』」（第二章一三五節）也提到「信奉天經的人啊！你們為甚麼和我們辯論易卜拉欣（的宗教）呢？《討拉特》（律法）和《引支勒》（福音）是在他棄世之後才降示的。難道你們不瞭解嗎？」（第三章六十五節）猶太人是亞伯拉罕之子以撒的子孫，[15]北阿拉伯則是亞伯拉罕之子以實瑪利（埃及侍女夏甲為母親）的子孫。如此一來，伊斯蘭教的各種儀式與克爾白聖殿一樣，都被視為是源自亞伯拉罕與以實瑪利。

與麥加的異教徒作戰

移居之後，穆罕默德與遷士的當務之急就是經濟獨立。就算有輔士的照顧，只要沒有維生的方法，遲早有一天會遇到經濟上的困境。雖然當地有市集，但是手邊沒有能買賣的物品，也沒有做生意的資金，更何況麥地那的所有阿拉伯人，不是出自本願成為信徒。穆罕默德將這些人稱為穆納菲格（偽信者），其中的卡斯拉族族長烏拜伊伊本更是在穆罕默德來到麥地那之前，被推舉為王的領袖。心不甘情不願地成為信徒的烏拜伊伊本也從不掩飾自己對於穆罕默德的言行有多麼不認同。

最終，在移居之後的一年多，麥地那的穆斯林開始攻擊與敘利亞貿易的麥加商隊，藉著搶奪戰利品維生。當雙方正式開戰，麥地那的信徒變得十分團結，與異教徒的麥加居民對峙。

沒多久，雙方就爆發了大規模的衝突。六二四年（希吉拉曆二年），穆罕默德得知，屢次批判伊斯蘭教的麥加大商人阿布蘇富揚，正率領規模達幾十人的商隊從敘利亞返回麥加，於是命令信徒發動攻擊。阿布蘇富揚得知穆罕默德發動攻擊的情報之後，便派遣使者前往麥加請求支援。由於阿布蘇富揚的商隊退到海岸附近避開襲擊，所以麥加的古萊什族的援軍與穆罕默德的軍隊便在巴德爾的水域對陣。穆斯林陣營有遷士八十三人、輔士二三一人，總人數達三一四人，但是麥加這邊的古萊什族與周邊遊牧民族加起來卻接近一千人左右。穆罕默德在信徒的建議之下，從前線退回類似涼亭的地方觀察戰局。

開戰前，在麥加族長的呼籲之下，舉行了一對一單挑的對決。穆斯林陣營派出了穆罕默德的叔父哈姆紮、堂弟阿里以及信徒烏拜達伊本阿爾哈利斯應戰，也擊敗了對手。正式開戰之後，古萊什便潰敗，負責指揮的阿布賈赫勒與其他麥加實力派人士約有五十幾名戰死，四十三名古萊什族人被俘。戰利品的五分之一屬於穆罕默德（第八章四十一節），剩下的則分給戰士。族長拿取四分之一的戰利品是前伊斯蘭時期傳承下來的阿拉伯習俗。日後的大征伐也沿用了穆罕默德的這項裁定，哈里發政府可分得五分之一的戰利品，剩下的五分之四由戰士分取。至於俘虜麥加實力派人士，則可向麥加的居民索取高額贖金。

穆罕默德相信巴德爾的這場勝利為神的審判，穆斯林的信仰也因此得到驗證，穆罕默德的聲望在麥地那的烏瑪之中水漲船高。在這場戰鬥之後，穆罕默德對猶太三大部族之一，也就是在麥地那核心地帶從事工商業的蓋奴卡族發動攻擊，將他們逐出麥地那。由於巴德爾戰役是在賴買丹月發生，所以穆罕默德將賴買丹月定為齋戒月。一說認為，賴買丹月是穆罕默德受到啟示的月份。對信徒來說，賴買丹月是親身感受神的慈愛的月份，在現代則是與朝聖月同樣神聖的月份。

六二五年（希吉拉曆三年），兵力達三千多名的麥加軍隊為了報巴德爾戰敗之仇，直直地衝向麥地那。穆罕默德原本想以巷弄戰的方式應戰，但在信徒的堅持之下，親自穿上鎧甲，於北方的武侯德山山麓與敵軍展開戰鬥。一開始，穆斯林軍隊占據上風，但是當弓箭隊離開據點，開始收集戰利品時，穆斯林軍隊便被哈立德伊本瓦利德指揮的騎兵隊從背後偷襲，整個軍隊也因此分崩離析，手部受傷的穆罕默德也退至麥地那避難。此役穆斯林陣營有七十五名士兵戰死，長期支持穆罕默德的叔父哈姆紮也被長槍擲中而戰死。在穆罕默德的命令之下，所有戰死者的屍體都被埋在被擊斃的場所。也有信徒在戰爭之中，邊大喊穆罕默德已戰死邊逃走，但在此之前，早就有「穆罕默德只是一個使者，在他之前，有許多使者確已逝去了；如果他病故或陣亡，難道你們就要叛道嗎？」（第三章一四四節）與「真主已註定各人的壽限了」（第三章一四五節）的啟示。在這場戰役結束後，與穆罕默德敵對的麥地那猶太族納迪爾族被穆罕默德逐至北方的小鎮海拜爾，據說納迪爾族只有兩人皈依。廣大的椰棗農園也成為穆斯林的囊中之物。

由於許多穆斯林戰士在這場戰役戰死，所以誰來扶養被留下的寡婦或孤兒，便成了一大問題。「如果你們恐怕不能公平對待孤兒，那末，你們可以擇娶你們愛悅的女人，各娶兩妻、三妻、四妻。」（第四章三節）這個知名的一夫多妻啟示就是在此狀況下達的。

與麥加的第三次戰役為塹壕之役（六二七年，希吉拉曆五年）。波斯人皈依者沙爾曼提到，麥加軍隊一定會再次進攻，所以在武侯德山慘敗的穆罕默德便接受波斯人皈依者沙爾曼的建議，在郊外挖掘了塹壕，藉此抵禦麥加的騎兵隊。這項策略果然奏效，麥加軍隊在戰線拉長之後，便因為自亂陣腳而撤退。在這場塹壕之役結束後，穆罕默德認為猶太教徒的古萊扎族私通麥加陣營，於是便攻打古萊扎族的城寨。包圍這個城寨一個月之後，古萊扎族投降，但是穆罕默德將幾百名古萊扎族的成年男性全部處死，女性與小孩則淪為人口買賣的對象，如此一來，便清空了麥地那的三大猶太族。

到了六二八年（希吉拉曆六年），穆罕默德突然想去麥加的克爾白神殿進行小規模朝聖（副朝覲）[16]，便朝麥加出發。這是在朝覲的一個月之前，也就是聖月發生的事情。雖然看起來是有勇無謀的行為，但據說有七百人或是一千四百名信徒參加，途中穆罕默德與信徒還交換了「滿足之誓」，信徒也誓死效忠穆罕默德。由於麥加軍隊傾巢而出，阻止穆罕默德進入麥加，所以穆罕默德便在麥加郊外的侯代比亞與麥加軍隊議和，約定停戰十年，並於隔年實施副朝覲。後世的穆斯林與敵人簽訂和約的時候，都會以《侯代比亞和約》為前例，儘管不能向異教徒投降，但只要是加上期限的停戰協議就沒問題。現代的伊斯蘭主義團體哈瑪斯之所以會與世仇以色列停戰，也是基於穆罕默德的聖行。

似乎有部分信徒對於這項和約不滿，所以當穆罕默德回到麥地那之後，便征服了北方猶太教的綠洲、海拜爾與法達克。這些信徒答應讓猶太教徒住在原地，從事原本的工作，但是需要在收成椰棗之後，將一半的椰棗提供給穆斯林。基本上，這項占領政策也一直沿用至後來的大征服時代。

隔年，穆罕默德便依照和約，前往麥加的克爾白聖殿進行副朝覲。雖然只停留了三天，卻有許多麥加居民見證了這次朝聖，也在當地居民心中留下了深刻印象。副朝覲結束之後，六二九年（希吉拉曆八年），穆罕默德任命養子宰伊德為指揮官，率領遠征軍攻打敘利亞，不過，卻被拜占庭帝國與北方阿拉伯各部族的聯軍打敗。這場戰役稱為穆厄塔之戰，宰伊德在這場戰役戰死，成為信徒的哈立德伊本瓦利德率領剩下的士兵回到麥地那。

這一年發生了麥加的阿拉伯部族攻擊了與穆罕默德結盟部族的事件。於是穆罕默德便以違反和約為由，率領一萬多名士兵進攻麥加。雖然此時為賴買丹月（齋戒月），但是穆罕默德解除了信徒斷食的義務。最終，穆罕默德未遭到任何抵抗，幾乎是以兵不血刃的方式進入麥加。克爾白聖殿內外的三百六十座偶像悉數被破壞，神殿得到淨化後，麥加的實力派人士紛紛皈依伊斯蘭教，麥加也就此被視為連復活日都不准流血的聖域，也禁止砍伐樹木與狩獵。穆罕默德占領麥加之後，鄰近城市塔伊夫的塔吉克族以及周邊的遊牧民族哈瓦金族集結，準備與穆罕默德的軍隊一戰。儘管穆罕默德在這場胡奈戰役陷入苦戰，最終還是獲得勝利，俘虜了六千名女性與小孩，還得到數萬頭的駱駝與綿羊。隔年，塔伊夫投降，位於神殿的象徵物偶像拉特也被破壞。

阿拉伯半島的伊斯蘭化

穆罕默德回到麥地那之後，於隔年的六三〇年（希吉拉曆九年）的夏天遠征半島北部的塔布克。由於信徒之間瀰漫著一股厭戰的氣氛，因此最終以紅海北邊的艾拉與周邊小鎮的基督教徒支付吉茲亞（人頭稅）和平收場。這是第一次對異教徒徵收人頭稅，而且是以金幣支付。在晚年的啟示之中提到「不奉真教的人，即曾受天經的人，你們要與他們戰鬥，直到他們依照自己的能力，規規矩矩地交納丁稅」（第九章二十九節）。到了大征服時代之後，便向占領地的城市居民徵收人頭稅。

從塔布克遠征回來之後，穆罕默德的聲望傳遍了阿拉伯半島各地，來自半島各地的阿拉伯使節也紛紛前來晉見穆罕默德，穆罕默德也毫不吝嗇地款待這些遠道而來的使節，將他們看成「該讓他們心服之人」[17]，也把財物當成奉獻金賞賜給使節，希望使節皈依伊斯蘭教，所以這一年又被稱為「遣使之年」。

到了六三二年（希吉拉曆十年）的朝聖月，穆罕默德帶著妻子與大批信徒，舉行了移居麥地那之後的第一次朝覲。由於是在穆罕默德死前進行的朝覲，所以又被稱為「離別的朝覲」。朝覲的主要活動包含在麥加郊外的阿拉法特山逗留（wuqūf），以及在米納丟石頭與獻祭。這些其實都是從前伊斯蘭時代傳承下來的異教活動，但是穆罕默德決定除了在克爾白聖殿舉行的儀式之外，還在伊斯蘭教的儀式加入這些朝覲的活動，自此朝覲成為正式的伊斯蘭教活動，直到今日，模仿穆罕默德朝覲流程的儀式也每年舉行。在伊斯蘭的世界裡，阿拉法特山被視為亞當與夏娃重逢之地，米納的儀式則與亞伯拉罕、以實瑪利有關。穆罕默德在此時的布道廢止了閏月，讓希吉拉曆成為純粹的太陰曆，也宣告不可侵犯生命、財產、利息、血債血償的教律無效。

朝覲回來之後，穆罕默德便立刻向拜占庭帝國發動聖戰，並且讓烏薩瑪，也就是在穆厄塔之戰戰死的宰伊德之子擔任指揮官。同時間，穆罕默德為了籌措軍費，派出徵稅官前往阿拉伯半島各地徵收奉獻金，但是當奉獻金陸續匯集至麥地那的時候，穆罕默德卻生病了，並在阿伊莎與其他妻子的照顧之下辭世（六三二年，希吉拉曆十一年），因此在穆罕默德去世的房間挖掘墓穴，再由堂弟阿里親手埋葬穆罕默德。穆罕默德房子旁邊的清真寺也在之後擴建成「先知清真寺」，內部也設置了穆罕默德的墳墓。由於穆罕默德膝下無子，穆罕默德也沒有指定繼承者，所以繼承穆罕默德遺志的哈里發由信徒互相推舉。雖然穆罕默德留下了發動聖戰的遺言，但在他死後，拒絕繳納奉獻金的阿拉伯各族紛紛背叛與棄教(Ridda)。不過第一代哈里發阿布巴克爾仍然秉持穆罕默德的遺志，透過強而有力的領導能力鎮壓棄教風潮，繼續四處征服。

四、穆罕默德的家庭生活

穆罕默德總共娶了十二位妻子[18]，分別是（一）赫蒂徹、（二）莎黛、（三）阿伊莎、（四）哈夫莎賓特烏瑪爾、（五）宰娜卜賓特胡扎伊瑪、（六）烏姆賽萊麥、（七）宰娜卜賓特傑哈希、（八）朱韋麗婭、（九）索菲亞、（十）烏姆哈比白、（十一）瑪麗亞、（十二）買依姆娜。穆罕默德死時，只有十位妻子在世。穆罕默德似乎不在意「你們可以擇娶你們愛悅的女人，各娶兩妻、三妻、四妻」這個啟示的限制。信徒則因「在他之後，永不宜娶他的妻子」（第三十三章五十三節）的啟示，而被禁止與穆罕默德的寡婦結婚。

第一位妻子赫蒂徹從艱困的麥加時代開始，一直在穆罕默德的身邊，支持穆罕默德布道，直到赫蒂徹過世之前，穆罕默德都未曾娶過其他的妻子。赫蒂徹也很可能不允許這種事情發生。他們兩個人總共生了三個兒子與四個女兒，但兒子全部夭折。

長女宰娜卜嫁給赫蒂徹非常疼愛的外甥阿布阿斯（阿布杜薩姆斯家）。穆罕默德開始布教之後，宰娜卜就立刻皈依，但是丈夫阿布阿斯拒絕皈依，並且在巴德爾戰役被穆斯林軍隊抓住。宰娜卜為了丈夫而從麥加送出贖金，其中也包含母親赫蒂徹送給她的首飾。據說穆罕默德便心軟放了阿布阿斯，也將贖金還了回去。照理說，伊斯蘭教禁止信徒與異教徒結婚，但從宰娜卜的情況來看，不難一窺穆罕默德對女兒的疼愛。宰娜卜後來被送回麥地那，回到穆罕默德的身邊，六年後，阿布阿斯皈依，宰娜卜才又與阿布阿斯成親。兩人的兒子夭折，女兒烏瑪瑪則嫁給了穆罕默德的堂弟阿里。

次女露卡依亞嫁給了穆罕默德的叔父阿布列霍貝的兒子，但在穆罕默德開始布教之後，阿布列霍貝就改投迫害穆罕默德的陣營，露卡依亞也因此被休。《古蘭經》還留有「願焰父兩手受傷！他必定受傷」（第一一一章一節）這段強力譴責叔父的內容。露卡依亞後來與奧斯曼（後來的第三代哈里發）再婚，但是在巴德爾戰役之前病倒，擔心病情的穆罕默德便將奧斯曼留在麥地那，奧斯曼也未能參加巴德爾戰役。露卡依亞死後，穆罕默德的三女烏姆庫勒蘇姆嫁給奧斯曼。這三個女兒都在穆罕默德在世時陸續過世。

小女兒法蒂瑪嫁給了穆罕默德的堂弟阿里，也生下了哈桑與海珊這兩個兒子。

關於穆罕默德如何疼愛這兩個孫子有各種傳說。穆罕默德的血脈也從哈桑與海珊開始代代相傳。由此可知，穆罕默德的子孫是透過母系這邊延續，直到現在，他們仍被各地敬為賽義德與謝里夫。

除了赫蒂徹之外，替穆罕默德生下孩子的是埃及科普特正教會教徒的女兒（十一）瑪麗亞。她是六二八年（希吉拉曆七年）《侯代比亞和約》簽訂之後，由埃及科普特正教會教徒的總督送給穆罕默德的女奴隸。據說穆罕默德常跟這位瑪麗亞提到亞伯拉罕的侍女夏甲一樣來自埃及，也幫亞伯拉罕生了以實瑪利的故事。或許是這位瑪麗亞的處境與遭受正室冷眼看待的侍女夏甲相似，所以穆罕默德讓這位瑪麗亞住在遠離正室的地方，也常前去探望，所以反而比其他妻子更早誕下兒子易卜拉欣，不過，這個兒子也在兩歲的時候夭折，當時為希吉拉曆十年，是穆罕默德過世的前一年。

赫蒂徹一過世，寡婦（二）莎黛就成為正妻。來自埃米爾家的她是早期追隨穆罕默德的人，原本與身為堂哥的丈夫一起移居衣索比亞，回鄉後，於麥加與丈夫死別。據傳穆罕默德相當憐憫她的遭遇，而她也是一位溫厚樸實之人，未與其他妻子爭寵。

之後，阿布巴克爾將自己的女兒（三）阿伊莎送給穆罕默德。在麥加訂婚時，阿伊莎才七歲，在麥地那圓房時，阿伊莎才十歲。如此年輕的新娘或許令人驚訝，但是穆罕默德的女兒也在結婚之後相繼早逝（連法蒂瑪都在穆罕默德死後一年過世），穆罕默德的母親阿米娜也在穆罕默德還是少年的時候過世，由此可證，當時的壽命很短，所以不能就此斷定十歲不是適婚年齡。在穆罕默德的妻子之中，只有這位阿伊莎是以處女的身分嫁給穆罕默德，其他的夫人都曾經結過婚。

烏瑪爾也將自己的女兒（四）哈夫莎嫁給穆罕默德。一般認為，阿布巴克爾與烏瑪爾之所以能在日後成為哈里發，除了是穆罕默德忠實的近臣，更與身為穆罕默德遺孀之父這點有關。烏瑪爾的女兒哈夫莎留有下列這個小故事。某天，哈夫莎外出的時候，穆罕默德與（十一）瑪麗亞在哈夫莎的房間幽會。哈夫莎在得知此事之後，便責備穆罕默德，穆罕默德也要求哈夫莎保密。平日，穆罕默德的其他妻子就對生下易卜拉欣的瑪麗亞忌妒萬分，所以當哈夫莎向阿伊莎吐露此事，瞬間就掀起極大的風波。一時之間，甚至讓穆罕默德宣布與所有妻子斷絕來往。一般認為，「如果你們倆一致對付他，那末，真主確是他的保佑者」就是寫給阿伊莎與哈夫莎的啟示。據說斷絕來往的期間長達二十九日。直到穆罕默德領受「你可以任意地離絕她們中的任何人，也可以任意地挽留她們中的任何人。你所暫離的妻子，你想召回她，對於你是毫無罪過的」的啟示，穆罕默德才與妻子重修舊好。

一說認為，（五）宰娜卜賓特胡扎伊瑪的前夫是穆罕默德叔母烏麥瑪之子，也就是來自阿薩德族（於半島北部定居的民族）的阿布杜拉伊本傑哈希，據傳他在武侯德山一役戰亡。穆罕默德在接收了宰娜卜之後，宰娜卜沒多久就病死。（六）烏姆賽萊麥的前夫是馬赫祖姆家的阿布薩拉瑪，而阿布薩拉瑪則是穆罕默德的堂兄弟，夫婦二人皈依伊斯蘭教之後便移居衣索比亞，後來又移居至麥地那，結果阿布薩拉瑪在武侯德山一役受傷而死，穆罕默德便接收了成為寡婦的烏姆賽萊麥。

穆罕默德有一位養子，名叫宰伊德本哈里沙。宰伊德本哈里沙原本是妻子赫蒂徹的奴隸，但是很受穆罕默德喜歡，便由赫蒂徹收為養子，他也得以自稱宰伊德本哈里沙，膝下無子的穆罕默德待他如親生兒子，讓他娶了自己的姪女（七）宰娜卜賓特傑哈希。宰娜卜是穆罕默德叔母烏麥瑪的女兒，父親則是阿薩德族人。或許是因為男方原本是奴隸，女方是先知的姪女，所以門不當戶不對，婚姻並不順利，儘管穆罕默德百般勸說，兩人終究還是決定離婚。從敘述這段離婚緣由的小故事可以得知，穆罕默德造訪宰伊德的家時，宰伊德不在家，而穆罕默德卻被宰娜卜的美貌所打動，還喃喃自語地說：「神啊，請不要讓我的心囚禁於此。」據說宰伊德在得知這件事之後便決心離婚。儘管穆罕默德決定與這位宰娜卜結婚，但是這位宰娜卜是養子宰伊德的妻子，雖說宰伊德只是養子，但與親生兒子無異，所以此舉也牴觸了阿拉伯社會的禁忌。關於這件事，當穆罕默德接收了「當宰德離絕她的時候，我以她為你的妻子」（第三十三章三十七節）這個《古蘭經》的啟示，這段婚姻也因此被合理化。此外，穆罕默德也接收了「穆罕默德不是你們中任何男人的父親，而是真主的使者」（第三十三章四十節）以及「你們應當以他們的父親的姓氏稱呼他們」（第三十三章五節）的啟示，最終伊斯蘭律法禁止了養子制度。在伊斯蘭的世界裡，人們可以領養孤苦無依的幼子，卻不能認養養子（法律上的兒子）。不過，信徒似乎對此多有批判，這件事也淪為基督教徒抨擊的破口，九世紀，伊斯蘭統治了哥多華這個地方，而來自這個地方的基督教徒尤洛吉烏斯就曾痛批穆罕默德與宰娜卜的這場婚姻，也因此殉教。

據說貌美的宰娜卜常與阿伊莎爭寵，而好勝又善妒的阿伊莎則與哈夫莎、莎黛聯手，要其他兩位夫人在穆罕默德從宰娜卜的房間來到自己的房間時，問穆罕默德「是不是吃了大戟」。大戟是一種帶有強烈臭味的樹果，據說穆罕默德非常討厭這種大戟。莎黛偷偷告訴穆罕默德，在宰娜卜那邊所喝的蜂蜜，摻了這種大戟樹的花蜜，據說穆罕默德自此不喝宰娜卜準備的蜂蜜。不過，在阿伊莎遭受眾人誹謗（後述）之際，宰娜卜似乎挺身支持阿伊莎，阿伊莎之後也為宰娜卜的人品所折服。

（八）朱韋麗婭是穆斯塔里格族族長的女兒，在成為俘虜之後，被穆罕默德領進門。（九）索菲亞是海拜爾一帶的猶太教徒，原本也是戰俘。（十）烏姆哈比白原本是穆罕默德堂兄弟烏拜杜拉伊本傑哈希的妻子，父親則是倭馬亞家的阿布蘇富揚。烏姆哈比白與丈夫移居衣索比亞之後，生了小孩，但是丈夫卻皈依基督教，於是穆罕默德便娶了烏姆哈比白。（十二）買依姆娜是阿布蘇富揚的堂姊妹，買依姆娜的姊姊則是嫁給穆罕默德叔父阿拔斯的烏姆法達爾。穆罕默德與買依姆娜成婚時，由阿拔斯充作媒人。

穆罕默德的妻子除了是實力派信徒的女兒（三、四）、戰俘（八、九）或是由他人贈送的女子（十二），其餘都是近親的寡婦或是離婚之人（一、五、六、七、十、十二），這也反映了阿拉伯社會當時的風俗，其中只有阿伊莎未曾成親。在當時的阿拉伯社會之中，與不同的人結婚並不罕見，認為自己該成為模範的穆罕默德甚至希望其他信徒能奉行多妻制，藉此扶養與救濟女信徒，所以也未限制人數。

在家庭生活方面，穆罕默德允許信徒進入自己的房間，也就是妻子的房間吃飯，卻討厭花太多時間吃飯以及閒聊。此外，穆罕默德也命令信徒，若是要拜託妻子事情，務必從帷幕後方詢問（第三十三章五十三節），因為穆罕默德非常重視與妻子的私人時間。《古蘭經》提到，穆罕默德的妻子以外衣蒙著自己的身體（第三十三章五十九節），但是穆罕默德的妻子是否真以希賈布（頭巾）蒙著臉，至今仍是疑問。一如《古蘭經》的「你對信女們說，叫她們降低視線，遮蔽下身，莫露出首飾，除非自然露出的，叫她們用面紗遮住胸膛，莫露出首飾」（第二十四章三十一節）這段敘述，對於婦女該遮住多少身體部位，至今仍有分歧。據說穆罕默德光是要駕御這些活潑的妻子就傷透腦筋，就連《古蘭經》也有「你們應當安居於你們的家中，你們不要炫露你們的美麗，如從前蒙昧時代的婦女那樣」（第三十三章三十三節）這個啟示。這個啟示常被用來禁止女性與外人接觸，以及否定女性受教育的權利，但這本來是降給穆罕默德妻子的啟示。

據說穆罕默德常與別人密室對談，所以某次放了洋蔥或大蒜的晚餐端來時，討厭這些氣味的穆罕默德曾經碰都不碰，而且穆罕默德似乎也不喝酒。《古蘭經》提到的酒是葡萄酒。葡萄酒是從基督教徒與其他異教徒進口的商品。最初穆罕默德是允許信徒喝酒的，但是禁止在喝醉的時候做禮拜。《古蘭經》也有「信道的人們啊！你們在酒醉的時候不要禮拜，直到你們知道自己所說的是甚麼話」（第四章四十三節）的啟示。即使穆罕默德明言規定，但酒後鬧事的問題還是層出不窮，於是便透過「飲酒、賭博、拜像、求籤，只是一種穢行，只是惡魔的行為」（第五章九十節）禁止飲酒，但是進到天國之後，就能一醉方休（第四十七章十五節）。去清真寺的時候，必須刷牙、噴香水以及換上乾淨的衣服。

穆罕默德死後，女兒法蒂瑪向擔任哈里發的阿布巴克爾請求法達克這塊土地，作為父親的遺產，[19]但是阿布巴克爾卻以「先知不留遺產，除了部分挪作妻子的生活費，其餘全數充當奉獻金」這段穆罕默德親口所說的話，拒絕這項要求。據說，原本上繳給穆罕默德的椰棗也在穆罕默德死後由妻子們均分，而當阿拉伯大征服正式上了軌道之後，穆罕默德的妻子也領到鉅額的年金，據說阿伊莎領到了一萬兩千迪拉姆。在阿拉伯戰士之中，曾參與巴德爾之戰的遷士可領到最高金額的五千迪拉姆，最低只能領到三百迪拉姆，可見阿伊莎領到的年金特別高。活到六七八年的阿伊莎晚年過著宣揚穆罕默德人品的生活，也留下了為數眾多的聖訓。

阿布巴克爾（約五七三—六三四年）

阿布巴克爾是第一任哈里發（六三二—六三四年在位），來自古萊什族的泰姆家，比穆罕默德年輕二至三歲。於伊斯蘭教草創時期信教，也引導許多麥加人民皈依，是穆罕默德最信賴的親信，也在赫蒂徹死後，將年幼的女兒阿伊莎嫁給穆罕默德。在前往麥地那的聖徒時，與穆罕默德留到最後，才與穆罕默德一起逃出麥加。穆罕默德晚年病倒後，便由阿布巴克爾帶領禮拜。穆罕默德死後，也以「崇拜穆罕默德的人們啊，穆罕默德已死，崇拜神的人們啊，神是永生不死的啊」的話語激勵信徒。此外，當輔士準備自行推選領袖，自成一個團體時，阿布巴克爾還與烏瑪爾一同說服輔士，強調從古萊什族擁立領袖的重要性。最終，身為信徒帶頭長老的他在輔士與遷士的支持下，接受忠誠之誓（Bahia），成為第一代的哈里發（阿拉伯語為Khalīfah）。哈里發的意思是在地上的「神的代理人」（阿拉使者的繼承人），在《古蘭經》之中，是用來尊崇亞當或大衛的稱號，但在遜尼派的教義之中，哈里發不是神的代理人，只是穆罕默德在政治上的繼承人，「阿拉使者的繼承人」（Khalifat Rasul Allah）才是正式的稱號。

晚年，穆罕默德曾下令遠征敘利亞，也曾為了籌措軍費，派遣徵收官前往阿拉伯半島各地徵收奉獻金，但在穆罕默德死後，阿拉伯各地拒絕上繳奉獻金，還跟著偽先知一起叛教。不過，面對如此危機的阿布巴克爾命令烏薩瑪伊本宰伊德擔任指揮官，率領敘利亞遠征軍的同時，又命令哈立德伊本瓦利德率領叛教鎮壓軍，討伐阿薩德族的圖萊哈與哈尼法族的穆賽利邁、塔米姆族的薩賈夫這些偽先知。叛教運動結束，阿拉伯上繳奉獻金之後，阿布巴克爾為了繼續推動聖戰，命令哈立德轉攻伊拉克，這就是阿拉伯大征服的開端。阿布巴克爾可說是成功避免伊斯蘭國家分裂，以及繼承穆罕默德遺志，著手擴張伊斯蘭世界，功績顯著的哈里發。據說他非常熟悉阿拉伯的系譜。

烏瑪爾（約五九二—六四四年）

烏瑪爾是第二代哈里發（六三四—六四四年在位）。來自古萊什族的阿迪家，是穆罕默德的妻子哈夫莎之父。據說哈里發的稱號「信徒之長」（Amir al-Mu'minin）就是由他開始採用。當穆罕默德剛開始在麥加布教時，烏瑪爾是迫害穆罕默德的一員，曾經想要殺害穆罕默德，但是當他讀過先皈依伊斯蘭教的妹妹帶來寫著《古蘭經》塔哈章內容的紙片後，便感動不已，據說因此皈依伊斯蘭教，也因為這番經歷，被形容成伊斯蘭教的保羅，因為保羅原本也是迫害基督的人，等到皈依基督教之後便四處傳道。

據說烏瑪爾的臂力驚人，個性也十分好勝，所以當他皈依伊斯蘭教，信徒便得到保護，得以安心地在克爾白聖殿做禮拜，他也是與阿布巴克爾一同支持穆罕默德的長老級人物。穆罕默德死後，陷入混亂的烏瑪爾不斷地在眾人面前表示，穆罕默德沒死，只是去見真主，有朝一日就會回來，但是阿布巴克爾在此時以「穆罕默德只是一個使者，在他之前，有許多使者確已逝去了；如果他病故或陣亡，難道你們就要叛道嗎？」（第三章一四四節）點醒烏瑪爾。當教團因為穆罕默德的離去而產生分裂危機時，烏瑪爾與阿布巴克爾一起說服輔士，讓輔士效忠阿布巴克爾。

阿布巴克爾臨終時，指名烏瑪爾為繼任的哈里發，阿拉伯的疆土也在烏瑪爾的領導之下迅速擴張。烏瑪爾任命阿姆魯伊本阿斯為遠征埃及的司令官之後，占領了亞歷山卓與尼羅河三角洲。在敘利亞這邊，他任命阿布烏拜達為最高指揮官，穆斯林軍隊也在哈立德伊本瓦利德的帶領之下，於雅爾穆克戰役（六三六年）打敗拜占庭帝國的軍隊，在敘利亞樹立了霸權。在伊拉克這邊，烏瑪爾任命賽耳德本阿比瓦卡斯為最高指揮官之後，穆斯林軍隊在卡迪西亞戰役（六三七年）打敗波斯軍隊，攻占波斯首都泰西封，之後又於納哈萬德戰役（六四二年）獲勝，奠定征服波斯的勝局。阿拉伯戰士在戰勝之後，紛紛住進新建的軍營城市，例如在埃及住進了福斯塔特，在伊拉克住進了庫費與巴斯拉。關於戰利品的分配，則沿襲穆罕默德時代的習慣，將五分之一的戰利品上繳哈里發，其餘由戰士分配。不過，阿拉伯戰士征服的土地與人民則不准分割，從占領地徵收的租稅則分配給戰士。烏瑪爾於麥地那以及各地設立底萬（原本為帳簿之意，後來引申為政府機關），由底萬負責支付薪俸給戰士，至於支薪多少，則由皈依時期所定，參與巴德爾戰役的戰士以及其他早期跟隨伊斯蘭的信徒，都能領到高額的薪俸。一般認為，烏瑪爾趕赴敘利亞，在耶路撒冷與基督教徒、猶太教徒結盟，讓基督教徒與猶太教徒支付人頭稅，是為了保障他們的地位，但是也有研究學者認為，這次的結盟是由後人所捏造，因為猶太教徒就是在烏瑪爾的治世被逐出阿拉伯半島的。

烏瑪爾在就任哈里發的講演之中清楚提到，《古蘭經》有「通姦者，處以石刑」的啟示，但現行的《古蘭經》只有處以一百次鞭刑的規定（第二十四章二節）。烏瑪爾即位後，制定了以穆罕默德聖徙那一年（六二二年）為元年的希吉拉曆。穆罕默德在晚年的時候廢除了閏月，所以這部曆法為純粹的太陰曆。

烏瑪爾在麥地那的清真寺禮拜時，因私仇被信奉基督教的波斯人奴隸暗殺，臨死之際，將後事交給奧斯曼、阿里、塔魯哈（與阿布巴克爾同為泰姆家）、祖拜爾伊本阿瓦姆、阿布德拉夫曼伊本歐夫（與穆罕默德的母親阿米娜同為蘇拉族）、賽耳德本阿比瓦卡斯這六位哈里發繼任候補。

阿里（約六〇〇—六六一年）

阿里是第四代哈里發（六五六—六六一年在位），也是什葉派第一代伊瑪目（領袖）。阿里是穆罕默德的叔父阿布塔里布之子，配偶是穆罕默德的女兒法蒂瑪。兩人之間所生的哈桑與海珊繼承了穆罕默德的血脈，被伊斯蘭社會敬為賽義德與謝里夫。穆罕默德很早就從叔父阿布塔里布手中，將阿里帶在身邊養育，所以當穆罕默德受到真主呼召，阿里就立刻跟著赫蒂徹成為伊斯蘭教的信徒，據說當時的阿里只有十歲而已。

聖徙之後，穆罕默德讓輔士與遷士互結兄弟之盟，也宣布自己與阿里是兄弟，甚至提到「你對我而言，就像是摩西的亞倫」。《先知傳》在接二連三的聖戰之中提及阿里的英勇表現，比方說，阿里曾在巴德爾戰役自願與烏拜達伊本阿爾哈利斯單挑，而且還打敗了對手。阿布巴克爾與烏瑪爾都沒有如此勇猛的一面，也強調了阿里在當時有多麼年輕。

當阿伊莎被中傷誹謗時，阿里並未支持她，自此兩人關係便決裂。在簽訂《侯代比亞和約》之際，阿里擔任了穆罕默德的書記官，由此可知，阿里能夠讀書寫字（也證明穆罕默德能夠讀書寫字）。阿里於穆罕默德晚年遠征葉門，並在歸程時參與「離別的朝覲」，穆罕默德也與阿里一起將動物當作活祭獻給真主。

穆罕默德死後，阿里與祖拜爾一起躲進法蒂瑪的家裡，阿布巴克爾就是在此時與眾人交換忠誠之誓。在眾人替穆罕默德舉行葬禮的時候，阿里負責洗淨穆罕默德的遺體之外，還負責將穆罕默德的遺體埋入在穆罕默德離世的房間所挖掘的墓穴。阿里並未參與由阿布巴克爾與烏瑪爾一手主導的阿拉伯大征服，但是當第三代哈里發奧斯曼在六五六年被不滿的阿拉伯人暗殺，阿里就被麥地那的子民推舉為哈里發。這就是第一次內亂的開端。當反對阿里即位的阿伊莎、祖拜爾與塔魯哈占領巴斯拉，阿里便立刻移居伊拉克的庫費，得到當地駐紮軍的支持，也於駱駝之戰（後述）擊潰巴斯拉陣營。

希望替奧斯曼報仇雪恨的敘利亞總督穆阿維亞質疑阿里的正當統治之後，阿里便集結伊拉克的勢力，率軍進攻敘利亞，之後在六五七年的綏芬之戰，與穆阿維亞的敘利亞軍隊爆發衝突。儘管當下的戰況倒向阿里，但是敘利亞軍隊在槍尖綁上《古蘭經》的紙片，要求暫時休戰，阿里也能讓步。最終在雙方達成共識之下撤兵。對此次協議十分不滿的人認為，這種未得到真主同意的協議悖逆了真主的心意，而這群人也在日後成為所謂的哈瓦利及派。在他們的呼籲之下，有幾千名士兵離開了阿里的軍隊，也與持續跟敘利亞陣營調停的阿里敵對，阿里則派軍偷襲哈瓦利及派，殺害了許多哈瓦利及派的人。

六六一年，阿里在庫費的清真寺被哈瓦利及派的刺客殺害。之後，倭馬亞王朝在敘利亞成立，但在伊拉克，尤其是在庫費，還有許多人支持阿里，也愈來愈痛恨敘利亞陣營及倭馬亞王朝。最終，阿里的支持者被稱為「Shia-ne-Ali」，意思是阿里的追隨者，後來又被簡稱為什葉派，阿里與法蒂瑪所生的哈桑、海珊，以及哈桑與海珊的子孫都因為繼承了穆罕默德血脈，而被擁立為正統的領袖（伊瑪目）。這些代代傳承阿里的特別知識，以及絕對不會犯錯的伊瑪目，在經過漫長的歲月之後，被慢慢地神格化，一部分什葉派認為，離世的伊瑪目只是進入了「隱遁」（Ghaybah）的狀態，總有一天會以救世主（Mahdi）的身分，再次君臨伊斯蘭世界。第十二代伊瑪目的穆罕默德馬赫迪就被認為進入隱遁的狀態，期待伊瑪目君臨世界的人們即為十二伊瑪目派，第十二代伊瑪目的穆罕默德馬赫迪也為什葉派大國伊朗的人民所尊崇。

赫蒂徹（？—六一九年）

赫蒂徹是穆罕默德的第一位妻子，來自古萊什族阿薩德家。曾有過兩次婚姻，與兩位前夫分別生了兩個孩子。第一任前夫是塔米姆族的阿布哈拉希德，第二任前夫是與她同族（馬赫祖姆家）的堂兄弟阿提克伊本艾伊茲（母親為赫蒂徹的叔母），他的堂兄弟阿布杜阿薩德娶了穆罕默德的叔母巴拉。此外，赫蒂徹的兄弟阿瓦姆娶了穆罕默德的叔母索菲亞，一般認為，赫蒂徹之所以與穆罕默德結婚，與穆罕默德的兩位叔母一手促成有關。赫蒂徹是十分富有的商人，穆罕默德在她的委託之下參與了前往敘利亞的商隊，也透過商隊貿易獲利不少，赫蒂徹也趁機向穆罕默德求婚，不過，最終還是由穆罕默德的叔父哈姆紮向赫蒂徹的父親正式提親，穆罕默德也贈送了二十頭年輕母駱駝作為聘禮。一般認為，《古蘭經》的「發現你家境寒苦，而使你衣食豐足」（第九十三章八節）的啟示，是穆罕默德與赫蒂徹婚姻生活的描述。穆罕默德與赫蒂徹生了三個兒子與四個女兒。據傳赫蒂徹與穆罕默德結婚時正值四十歲，但從兩人生了七個小孩這點來看，四十這個數字應該帶有宗教方面的意義，因為穆罕默德也是在四十歲的時候蒙受呼召。當穆罕默德在希拉山接受真主的啟示後，嚇得身體止不住顫抖，赫蒂徹將外衣披在穆罕默德身上，安撫穆罕默德的情緒，再將穆罕默德帶到堂兄弟瓦拉格伊本瑙法爾身邊，確認真的是神的啟示，她也成為伊斯蘭教的第一位信徒。她的離世是讓穆罕默德下定決心移居麥地那的一大因素。聖訓也提到，真主答應在天國賜給她以珍珠蓋成的家。穆罕默德在赫蒂徹在世的時候，未曾另娶他人，直到移居麥地那之後，才娶了十一名妻子。

阿伊莎（約六一四—六七八年）

阿伊莎是穆罕默德的妻子，也是第一代哈里發阿布巴克爾的女兒，於六一四年左右在麥加出生，所以在穆罕默德開始布教時（約六一〇年），阿伊莎還沒出生。穆罕默德的妻子赫蒂徹離世之後，阿伊莎的父親阿布巴克爾就成為穆罕默德的左右手，所以在麥加時代結束時，阿伊莎便與穆罕默德訂婚，等到穆罕默德移居麥地那，兩人便舉行了婚禮，當時阿伊莎才十歲左右。

阿伊莎最為知名的事件就是「遭人汙衊」的事件。穆罕默德於六二八年（希吉拉曆六年），遠征穆斯塔里格族的時候，抽中了妻子阿伊莎同行。阿伊莎半夜上完廁所時，不小心弄掉了首飾，在她四處尋找首飾時，載著她的駱駝跑走，害得阿伊莎被留在原地。之後剛好經過附近的蘇萊姆族男性發現了阿伊莎，便讓阿伊莎騎著駱駝，直到早上才總算追上穆罕默德的隊伍，卻也因此傳出不該有的謠言。儘管被捲入醜聞的穆罕默德與阿伊莎之間有點尷尬，但等到「造謠者確是你們中的一夥人。……他們中的每個人，各應當受他所謀求的罪惡；他們中的罪魁，應受重大的刑罰」（第二十四章十一節）與「當時，你們道聽而途說，無知而妄言，你們以為這是一件小事；在真主看來，確是一件大事」（第二十四章十五節）的啟示降下，阿伊莎的清白便得到澄清，散播謠言的詩人哈桑伊本塔比特也因此遭受鞭刑。

阿伊莎在海拜爾遠征（六二八年）之中，以妻子的身分得到了部分的收成。她與穆罕默德一同參加「離別的朝覲」之後，穆罕默德便覺得身體不適，也輪流於每位妻子的房間休養，但最後留在阿伊莎的房間，由阿伊莎負責照顧，也是在她的懷裡嚥下最後一口氣。穆罕默德的遺體於臨終之處埋葬。阿伊莎失去丈夫穆罕默德的時候才十八歲，也沒有生下小孩。她與其他妻子一樣被稱為信士之母，之後也未曾再婚。穆罕默德總共有十二位妻子，但是除了阿伊莎之外，其他的妻子都曾經結過婚。據說在所有妻子之中，年輕貌美的阿伊莎最得穆罕默德的寵愛。

當阿伊莎遭受誹謗時，阿里曾嚴厲地指責她，所以從此時開始，兩人便意見不合。當阿里在奧斯曼死後成為哈里發，阿伊莎便與娶了姊姊阿斯瑪的姊夫祖拜爾伊本阿瓦姆，以及同為泰姆家的塔魯哈一起趕赴巴斯拉，並以巴斯拉為據點對抗阿里。兩軍在巴斯拉近郊開戰後，阿伊莎親自騎著駱駝趕赴戰場，所以這場戰役又稱為駱駝戰役，然而祖拜爾與塔魯哈於此役戰死，阿伊莎也成為俘虜，之後便不再插手政治，於麥地那隱居。

阿伊莎終其生涯，留下了許多與穆罕默德有關的聖訓，數量之多，僅次於阿布胡萊拉、伊本烏瑪爾、艾奈斯伊本馬立克，據說數量多達兩千多則，其中有三百多則收錄於布哈里所著的《穆斯林聖訓集》，而且有很多與她出生之前以及幼年時期的事件有關（例如希拉山的呼召、夜行登霄、麥加信徒移居衣索比亞等事件），一直以來，都有不少人討論這些內容的真偽。

其他人物

一、穆罕默德的家族與近親

阿布塔里布

？—約六一九年。阿布塔里布是先知穆罕默德的叔父，也是第四代哈里發暨什葉派第一代伊瑪目阿里的父親。穆罕默德的祖父阿布德穆塔利卜過世後，穆罕默德就交由阿布塔里布扶養。他帶著年少的穆罕默德隨著商隊前往敘利亞之後，與基督教傳教士巴希拉相遇。穆罕默德開始布教後，麥加的長老認為這否定了祖先傳下來的信仰，便對穆罕默德施加壓力，但是阿布塔里布卻以哈希姆家家長的身分保護穆罕默德。據說阿布塔里布在過世之前都未成為穆斯林。阿布塔里布死後，他的兄弟阿布列霍貝成為哈希姆家家長，而阿布列霍貝則投奔責備穆罕默德的陣營，因此遭受「願焰父兩手受傷！他必定受傷」（第一一一章一節）的責難。此外，在穆罕默德的叔父之中，很早皈依的哈姆紮直到在武侯德山戰役戰死之前，都很支持穆罕默德。再者，阿拔斯則在征服麥加的時候皈依。阿布塔里布死後，失去後盾的穆罕默德便決定移居麥地那。

哈夫莎賓特烏瑪爾

約六〇五—六六五年。哈夫莎賓特烏瑪爾是穆罕默德的妻子，也是第二代哈里發烏瑪爾的女兒。曾經嫁給古萊什族沙姆家的男性，但是當丈夫從巴德爾戰役回來之後過世，便嫁給穆罕默德。哈夫莎賓特烏瑪爾與先嫁給穆罕默德的阿伊莎感情十分融洽。活潑倔強的阿伊莎與個性沉穩的哈夫莎似乎非常合拍，兩人的關係也反映了雙方父親在教團之中的崇高地位。穆罕默德於哈夫莎的房間與埃及侍女瑪麗亞幽會時，哈夫莎賓特烏瑪爾也是先與阿伊莎商量才發難。寡婦哈夫莎將穆罕默德的遺物《古蘭經》原本留在身邊，奧斯曼於哈里發時期整理《古蘭經》的內容時，便讓宰伊德伊本薩比特根據哈夫莎手上的原本進行校訂，才得以完成《古蘭經》。相較於積極參與第一次內亂的阿伊莎，哈夫莎賓特烏瑪爾幾乎沒有什麼特別搶眼的政治活動。

法蒂瑪

？—六三三年。法蒂瑪是穆罕默德的女兒，在十八歲左右嫁給穆罕默德的堂弟兼第四代哈里發（也是什葉派第一代伊瑪目）的阿里，生下了哈桑與海珊。哈桑與海珊的子孫被尊稱為賽義德與謝里夫，也因為是穆罕默德的血脈而得到伊斯蘭世界的尊重。穆罕默德死後，法蒂瑪要求繼承穆罕默德留下來的法達克與海拜爾這些財產與土地，卻被阿布巴克爾拒絕。遜尼派的人認為，先知不會留下遺產，但是什葉派的人卻強調繼承穆罕默德衣缽的阿里以及身為穆罕默德後代的法蒂瑪有權繼承穆罕默德的遺產。法蒂瑪像是追尋父親的腳步一般，與穆罕默德在同一年（希吉拉曆）過世。在遜尼派的文獻之中，與法蒂瑪有關的記載不多，但在什葉派的眼中，法蒂瑪是神聖的理想女性，也得到什葉派的敬重。被視為具有消災解厄功效的掌型護身符「法蒂瑪之手」也於中東各地普及。在埃及由什葉派一手建立的法蒂瑪王朝（九〇九—一一七一年）就是以她的名字命名。

奧斯曼賓阿凡

？—六五六年。奧斯曼賓阿凡是第三代哈里發（六四四—六五六年在位）。古萊什族倭馬亞家的他是早期追隨穆罕默德的信徒，也深得穆罕默德的信任，也娶了穆罕默德的女兒露卡依亞。由於在麥加遭受迫害，所以奧斯曼賓阿凡為了暫避風頭，便與露卡依亞移居衣索比亞。露卡依亞死後，又娶了穆罕默德的女兒烏姆庫勒蘇姆，卻沒能替穆罕默德延續血脈。烏瑪爾死後，他便在信徒的互相推舉下成為哈里發，卻因為徇私讓同為倭馬亞家的穆阿維亞擔任敘利亞全境的總督而遭受批判。由於廣闊的征服地區利益分配不公，伊拉克與埃及的阿拉伯戰士之間也漸漸瀰漫著一股不滿的氣氛，其中一部分的戰士便衝到麥地那，包圍哈里發的宅子，殺害正在朗讀《古蘭經》的奧斯曼。此外，當時《古蘭經》的讀音尚未統一，所以他便命令宰伊德伊本薩比特將各地的《古蘭經》整理成正典，再將正典的抄寫本送至各地，這就是今時今日在伊斯蘭世界通用的「奧斯曼本」的原本。

海珊伊本阿里

六二六—六八〇年。海珊伊本阿里是第四代哈里發阿里的兒子，也是什葉派第三代伊瑪目。母親為穆罕默德的女兒法蒂瑪，與哥哥哈桑都是穆罕默德的孫子，年幼時，備受穆罕默德疼愛，也有不少相關的故事流傳至今。六八〇年，倭馬亞王朝第一代哈里發穆阿維亞過世後，由兒子雅季德繼位，但是據守庫費的什葉派為了反對這件事，而打算請住在麥地那的海珊出現。原本海珊遲遲不願應允，但最後還是眾情難卻，帶著少數的族人與隨從前往庫費，但是卻被庫費的倭馬亞王朝總督派遣的軍隊擋在城外。經過數周交涉之後，海珊既不願效忠雅季德，也不願撤退，所以便在卡爾巴拉與倭馬亞王朝的軍隊開戰，所有人也光榮戰死。穆罕默德的孫子壯烈戰死這件事讓當時的穆斯林大受衝擊，卡爾巴拉也成為什葉派最重要的朝覲之地。直到現在，什葉派都會在穆哈蘭姆月十日舉行阿舒拉節，藉此悼念受難的海珊。主要的什葉派伊瑪目都是他的子孫。在波斯語（什葉派）之中，海珊又被稱為胡笙。

宰伊德本哈里沙

?—六二九年。穆罕默德的養子。原本是赫蒂徹外甥在敘利亞買的少年奴隸，後來被送給赫蒂徹，又得到穆罕默德的青睞，所以穆罕默德便解放了他，並且領養其為養子。據說在穆罕默德蒙受呼召之後，他便跟著赫蒂徹與阿里成為伊斯蘭教的信徒。宰伊德雖然娶了穆罕默德的姪女宰娜卜賓特傑哈希，但兩人不太融洽，所以便離婚，穆罕默德也娶了自己的姪女。娶姪女這件事讓信徒十分不滿，也導致養子制度在伊斯蘭世界遭到否定。宰伊德本哈里沙指揮了無數次的遠征，也在敘利亞的穆厄塔之戰與拜占庭軍隊作戰，戰死時，手裡還拿著穆罕默德的戰旗。為此哀悼的穆罕默德在臨終之際，任命宰伊德的兒子烏薩瑪為遠征拜占庭的司令官，並從半島各地徵收軍費。雖然穆罕默德在烏薩瑪踏上征途之前過世，聖戰的遺志則由阿布巴克爾繼承。

瓦拉格伊本瑙法爾

生卒年不詳。出生於古萊什族阿薩德家的瓦拉格伊本瑙法爾是穆罕默德妻子赫蒂徹的堂兄弟，祖母是穆罕默德祖父阿布德穆塔利卜的親姊妹。瓦拉格伊本瑙法爾是在前伊斯蘭期拋下偶像崇拜，前往各地追求真正信仰的麥加年輕四人組之一。在成為基督教徒之後，擁有豐富的《舊約聖經》與《新約聖經》的知識。很早就告訴穆罕默德的妻子赫蒂徹，穆罕默德遲早會成為阿拉伯的先知。當他聽到穆罕默德在希拉山領受神的啟示之後，便認為穆罕默德才是真正的先知，而穆罕默德領受的訊息與摩西領受的神啟無異，藉此鼓勵赫蒂徹與穆罕默德。儘管與瓦拉格伊本瑙法爾有關的記錄不多，但是瓦拉格伊本瑙法爾在過世之前，都是基督教徒，一般認為，應該是在穆罕默德蒙受呼召之後，沒多久就過世。

祖拜爾伊本阿瓦姆

？—六五六年。母親是穆罕默德的叔母索菲亞，父親則來自古萊什族阿薩德家，是穆罕默德妻子赫蒂徹的親兄弟。阿布巴克爾的女兒阿斯瑪是他的妻子之一。兒子伊本祖拜爾在第二次內亂（六八三—六九二年）爆發之際自稱哈里發。祖拜爾伊本阿瓦姆是最早期的信徒，在遭受嚴重迫害之後，移居至基督教國家衣索比亞，接受當地國王納賈什庇護。回到麥加之後，便於聖徒之際移居麥地那，之後也參與了巴德爾戰役等主要戰役。穆罕默德以「哈瓦利」（使徒）這個用在耶穌門徒身上的名稱稱呼他。祖拜爾伊本阿瓦姆與阿里一起主持了穆罕默德的葬禮，也於第二代哈里發烏瑪爾時代遠征埃及，在烏瑪爾死後，成為烏瑪爾交託後事的六人之一。第四代哈里發阿里就任之後，對此不滿的祖拜爾伊本阿瓦姆聯合穆罕默德的遺霜阿伊莎（阿布巴克爾的女兒）與塔魯哈，一起對抗阿里，可惜的是，六五六年，在駱駝戰役之中戰死。

伊本祖拜爾

六二四—六九二年。父親是穆罕默德的近親祖拜爾伊本阿瓦姆，母親是阿布巴克爾的女兒阿斯瑪。伊本祖拜爾被譽為在聖徒之後，首位在遷士之間誕生的小孩。伊本祖拜爾在阿拉伯大征服的時代，與父親轉戰各地，也在第一次內亂爆發時，與父親、叔母阿伊莎（穆罕默德遺孀）一起對抗阿里（六五六年的駱駝戰役），戰敗後，與阿伊莎一同於麥地那隱居。倭馬亞王朝第一代哈里發穆阿維亞過世，其子雅季德繼承哈里發之位後，反對哈里發之位世襲的伊本祖拜爾便拒絕效忠。當阿里家的海珊於卡爾巴拉殉教之後，便以麥加為據點，抵擋倭馬亞王朝遠征軍的包圍。雅季德死亡沒多久，便自稱哈里發，也得到敘利亞、埃及、伊拉克的信徒支持，鎮壓在庫費爆發的穆赫塔之亂（六八五—六八七年）。之後，倭馬亞王朝哈里發阿布德馬拉克展開攻勢，六九二年，哈里發的心腹哈查吉攻進麥加，伊本祖拜爾也於麥加戰死。

二、文化人士、伊斯蘭相關人士

阿布胡萊拉

？—約六七八年。阿布胡萊拉是穆罕默德的教友，而這個名字是俗稱，有「小貓（胡萊拉）之父」

的意思，以愛貓成痴聞名。眾所周知，穆罕默德也很喜歡貓，所以阿拉伯世界非常寵愛貓咪，反觀狗在伊斯蘭世界就遭到嫌棄。來自葉門阿茲德族的阿布胡萊拉在穆罕默德遠征海拜爾（六二八年）之際來到麥地那。由於身無分文，只能寄宿在與穆罕默德家相鄰的清真寺走廊，一邊接受穆罕默德的施捨，一邊勉強度日。他留下了與穆罕默德有關的三千五百則聖訓，這也讓他成為留下最多聖訓的教友。雖然他能近距離接觸穆罕默德，但也只維持了短短四年，所以有許多現代的研究者質疑他留下的聖訓。穆罕默德死後，第二代正統哈里發烏瑪爾讓阿布胡萊拉擔任巴林總督，但沒多久阿布胡萊拉就被罷免，還被沒收了龐大的財產。阿布胡萊拉也曾在倭馬亞王朝暫代麥地那總督一職，最終於六七八年左右過世，享年七十八歲。

哈桑伊本塔比特

？—約六五九年。是穆罕默德的專屬詩人，比穆罕默德年長七歲。前伊斯蘭時代的阿拉伯半島出現了許多位詩人，例如阿莎、納比埃都是其中之一。著名的詩集《懸詩（七首長詩）》或是伊斯法哈尼所寫的《阿迦尼（詩歌集成）》，都是前伊斯蘭時期的詩集。穆罕默德開始布教之後，曾被麥加的居民揶揄「你以為自己是詩人嗎？」但是一如《古蘭經》的「我沒有教他詩歌」（第三十六章六十九節），證實穆罕默德沒有寫詩歌的才華。穆罕默德移居麥地那之後，重用了卡斯拉族詩人哈桑，哈桑也寫了許多讚揚伊斯蘭與穆罕默德的詩，同時也寫了許多嘲笑敵人的詩。他在阿伊莎的清白遭受質疑時，跟著誹謗阿伊莎，也因此遭受鞭刑。哈桑伊本塔比特在《先知傳》留下許多詩，連卷末哀悼穆罕默德之死的詩也是出自他手。

比拉勒

？—約六三八年。比拉勒是伊斯蘭教第一位宣禮（呼籲大家做禮拜）人。穆罕默德在麥地那的屋子旁邊建造了清真寺之後，才設立了宣禮制度，宣禮人會不斷地大喊「神是何等偉大」，「除了阿拉，別無真神」，「穆罕默德是神的使徒」，「快來做禮拜」。儘管比拉勒是來自衣索比亞的奴隸，但是很早就接受穆罕默德所傳之道與皈依伊斯蘭教。雖然比拉勒曾遭受嚴重迫害，最終由阿布巴克爾幫他贖身，讓他脫離奴隸身分。由於比拉勒擁有美妙的聲音，所以被穆罕默德指定為宣禮人。身為穆罕默德隨從的比拉勒總是跟在穆罕默德身邊，也參與了巴德爾戰役以及每一場主要戰役，在征服麥加的時候，曾爬上克爾白聖殿的屋頂宣禮。穆罕默德死後，參加敘利亞遠征，也於敘利亞當地過世。

宰伊德伊本薩比特

？—約六六二年。《古蘭經》的編撰者。麥地那卡斯拉族出身的他擔任穆罕默德的書記官。穆罕默德在世時，就不斷地編撰《古蘭經》的內容，也命令許多人以口述筆記的方式記錄《古蘭經》的內容，穆罕默德身邊的人或是代官（代行職務之人）常使用《古蘭經》的抄寫本在各地區布道。穆罕默德死後，各地出現了不同版本的《古蘭經》抄寫本，其中又以庫費的伊本馬蘇第手抄本最為知名。當占領的地區急速擴張，《古蘭經》的讀法便出現相當明顯的出入，所以第三代哈里發奧斯曼便命令宰伊德編撰《古蘭經》正典。宰伊德也依照先知遺孀哈夫莎手上的《古蘭經》原本（穆罕默德遺物）以及其他三名古萊什族人編撰，《古蘭經》的正典也就此編撰完成。奧斯曼命人抄寫這部正典，再將正典的抄寫本送至各地，同時命令各地的人廢除其他版本的抄寫本。自此，《古蘭經》的子音文本確定，直到現代都沒有任何改變，但是母音的讀法則稍有出入，就現代而言，共有七種讀音得到官方承認。

祖赫里

約六七〇—七四二年。足以代表倭馬亞王朝的傳承家。古萊什族蘇拉家出身的祖赫里於七〇一年左右，在大馬士革與倭馬亞王朝哈里發阿布德馬拉克會面，便得到哈里發的庇護，在倭馬亞王朝的宮廷鑽研學問，也常陪著哈里發前往麥加朝覲。晚年惹怒哈里發之後，移居至麥地那附近，伊本伊斯哈格也是於此時師從於他。祖赫里在《先知傳》之中留下了最多的傳承。在《先知傳》之中，也有許多「祖赫里告訴我（伊本伊斯哈格）」這類省略其他傳承者之名的傳承。他雖然留下了大量的著作，但多數已經散佚，不過，瓦基迪、伊本宰伊德、塔巴里所整理的伊斯蘭初期史料與聖訓集，除了是了解穆罕默德不可或缺的資料，也都大量引用了由祖赫里留下的傳承。

哈桑巴斯里

六四二—七二八年。伊斯蘭初期的禁欲主義者。父親是伊拉克的解放奴隸。生於麥地那的哈桑巴斯里在綏芬之戰（六五七年）結束之後移居巴斯拉。除了年輕時，因為參加阿拉伯遠征軍而於伊朗東部活躍之外，其餘時間都住在巴斯拉。據說以虔誠、禁欲的生活態度聞名的哈桑巴斯里總是穿著粗糙的羊毛衣服，表情也總是陰沉憂鬱，幾乎沒人看過他的笑容。他總是不斷地強調末日與來世即將到來，告誡自己遠離奢侈，還不斷地主張每個人都應該知道自己犯的罪有多麼沉重，必須每日警惕，才能面對最終的審判。他總是批判倭馬亞王朝的哈里發以及伊拉克總督，也否定以武力征討各地的行為，每天的生活都以在清真寺傳道為主。他常被視為日後興盛的伊斯蘭神祕主義的始祖，但是他主張的禁欲主義與隱遁、修行、冥想一點關係也沒有。

伊本伊斯哈格

約七〇四—七六七年。《先知傳》的作者。祖父為波斯人戰俘，而他在麥地那皈依伊斯蘭教之後，成為古萊什族的解放奴隸。他的祖父與父親都是傳承學者。伊本伊斯哈格從麥地那與麥加的多位傳承學者，以及出仕倭馬亞王朝的祖赫里，收集了許多與穆罕默德有關的傳承。在麥地那爆發饑荒時，曾一度移居埃及。之後與馬立克伊本艾奈斯、希沙姆伊本烏爾瓦這些知名學者在學術對立之後移居伊拉克。得到阿拔斯帝國第二代哈里發曼蘇爾的保護之後，擔任皇太子馬赫迪的家庭教師。在巴格達整理《先知傳》原著後，將《先知傳》獻給曼蘇爾。由於這本書得到阿拔斯帝國的背書，所以在阿拔斯帝國成為權威，知名史學家塔巴里在撰寫《年代記》的時候，也曾為了描述穆罕默德的時代，大量引用伊本伊斯哈格的《先知傳》。直到今日，《先知傳》在伊斯蘭世界仍是不可不讀的先知傳記。

亞伯拉罕

在《舊約聖經》的〈創世記〉之中，亞伯拉罕是從神領受迦南這塊應許之地的人，也是猶太人的祖先。在伊斯蘭的傳承之中，亞伯拉罕（阿拉伯語讀為易卜拉欣）與以實瑪利（易司瑪儀）這對父子來到麥加，奠定了克爾白神殿的基石之後，以實瑪利留在麥加，成為麥加子民的祖先。一如《古蘭經》的「當時，易卜拉欣和易司馬儀樹起天房的基礎，他們倆祈禱說：我們的主啊！求你接受我們的敬意」（第二章一二七節），也提到「易卜拉欣既不是猶太教徒，也不是基督教徒。他是一個崇信正教、歸順真主的人」（第三章六十七節），穆罕默德認為亞伯拉罕只信奉唯一真神阿拉，換言之，穆罕默德將亞伯拉罕視為穆斯林，也希望人們能回歸亞伯拉罕信奉的純粹一神教。此外，穆罕默德也認為猶太教與基督教偏離亞伯拉罕那純粹信仰的信仰，藉此強調伊斯蘭教的優越性，成功創立專屬阿拉伯的新宗教。

加百列

在《新約聖經》之中，加百列是告訴聖母瑪利亞，她即將因聖靈感孕，生下耶穌的天使，在阿拉伯語稱為吉布利爾。當穆罕默德知道加百列的存在，便相信自己接受的啟示並非直接來自真主，而是由天使加百列帶來的啟示。在《古蘭經》之中，只有兩處麥地那啟示提到了加百列，其中之一是「凡仇視吉蔔利裏（加百列）的，都是因為他奉真主的命令把啟示降在你的心上」（第二章九十七節）。《先知傳》提到，加百列在希拉山的洞窟拿著卷軸出現在穆罕默德面前，告訴穆罕默德《古蘭經》的第一個啟示，之後又告訴穆罕默德做禮拜的方法，也在夜行登霄的故事裡，讓穆罕默德坐上天馬布拉克，前往耶路撒冷的神殿，再讓穆罕默德爬上神殿的梯子，將穆罕默德帶到天國，讓穆罕默德與先知以及神見面。據說加百列也曾在巴德爾戰役幫忙拉馬的轡繩。

三、軍人、政治家

阿伯拉哈

生卒年不詳。基督教國家衣索比亞之王納賈什曾於六世紀，派遣阿伯拉哈擔任遠征葉門的司令官。阿伯拉哈占領了沙那之後，建造了宏偉的教會，也寫了一封信給納賈什，說明他想讓沙那這塊土地成為阿拉伯的朝覲之地。負責在麥加周邊通知朝覲時期的基拿拿族曆法調整人一聽到這個消息便立刻趕赴葉門，汙染這座教會。基拿拿族的曆法調整人之所以反應會如此劇烈，應該是因為春分時期在麥加周邊舉辦的朝覲，恰巧與基督教的復活節強碰所致。據說阿伯拉哈本打算帶著象軍攻打麥加，卻因為瘟疫蔓延而撤軍。《古蘭經》也有「難道你不知道你的主怎樣處治象的主人們嗎？難道他沒有使他們的計謀變成無益的嗎？」（第一〇五章一—二節）的記載。阿伯拉哈回到葉門之後便過世，改由他的兒子統治葉門，之後波斯薩珊王朝皇帝派了八艘軍船，將阿伯拉哈的兒子逐出葉門。據說穆罕默德就是在阿伯拉哈攻打麥加的「象年」出生，但最近的研究指出，阿伯拉哈的遠征應該比穆罕默德誕生早了幾十年。

哈立德伊本瓦利德

？—約六四一年。哈立德伊本瓦利德是大征服時代的指揮官，也享有真主之劍的美譽。來自古來什族馬赫祖姆家的他在武侯德山戰役所率領的麥加騎兵，曾讓穆斯林軍隊陷入苦戰。當他的姨母買依姆娜在希吉拉曆七年的副朝覲成為穆罕默德的妻子，他便立刻來到麥地那，皈依伊斯蘭教。他曾在穆厄塔之戰帶著所有存活的士兵撤退，也曾於征服麥加的戰役帶兵上戰場。當堂姊妹的烏姆賽萊麥也成為穆罕默德的妻子，他與穆罕默德的姻親關係也讓他就此平步青雲。穆罕默德死後，隨即爆發了叛教者戰爭，而哈立德伊本瓦利德則成功討伐了哈尼法族的穆賽利邁，以及鎮壓了其他的叛教者。當他接到繼承穆罕默德遺志，以遂行聖戰為使命的阿布巴克爾的命令之後，便前往伊拉克，征服希拉以及多處都市，也將許多戰利品送回麥地那。之後又前往敘利亞，打下大馬士革以及征服許多地區，但之後卻被第二代哈里發烏瑪爾疏遠，也被解除了最高指揮官的職務。哈立德伊本瓦利德在六三六年的雅爾穆克戰役率領騎兵打敗拜占庭軍隊之後，便於敘利亞隱居，最終落得英年早逝的下場。

阿姆魯伊本阿斯

？—六六三年。阿姆魯伊本阿斯是征服埃及的軍事司令官。來自古萊什族沙姆家的阿姆魯伊本阿斯早在穆罕默德征服麥加之前就皈依伊斯蘭教，也在穆罕默德晚年的時候，奉命前往阿曼徵稅，之後又奉阿布巴克爾之命，於巴勒斯坦一帶以及敘利亞各地征戰。當他建議第二代哈里發烏瑪爾征服埃及，便帶著四千騎兵進攻埃及，也於六四二年占領亞歷山卓，在尼羅河三角洲建造軍營城市福斯塔特。在法蒂瑪朝於北方建設開羅之前，福斯塔特都是由阿拉伯統治的據點。雖然之後他被解除了埃及總督一職，卻在六五六年第一次內亂爆發後，為了支援穆阿維亞而參加綏芬之戰。當戰局倒向敵人，他便建議穆阿維亞將《古蘭經》的紙片綁在槍尖，藉此與敵人議和。他也參加了在阿蘇爾舉辦的調停會議。之後，直到過世之前他都是埃及總督。在現代被稱為舊開羅的福斯塔特遺址留有阿姆魯建造的清真寺，而這座清真寺也是埃及最古老的清真寺。

賽耳德本阿比瓦卡斯

約六〇〇—六七八年。賽耳德本阿比瓦卡斯是伊拉克征服軍的最高指揮官，來自古萊什族蘇拉家。父親是穆罕默德之母阿米娜的堂兄弟。賽耳德本阿比瓦卡斯是早期追隨者之一，曾暫時流亡至衣索比亞，後來於穆罕默德的主要遠征戰役從軍。發兵攻打伊拉克的哈立德伊本瓦利德轉戰敘利亞之後，伊拉克的穆斯林軍隊於「橋之戰」被波斯薩珊軍隊擊潰，其後烏瑪爾便任命賽耳德本阿比瓦卡斯為司令官，他也在卡迪西亞戰役打敗了波斯軍隊。之後他占領了波斯薩珊王朝的首都泰西封，也於幼發拉底河河畔建造了軍營城市庫費，成為第一代的波斯總督。賽耳德本阿比瓦卡斯也是烏瑪爾臨終之際，託付後事的六人之一。未參與第一次內亂，保持政治中立的賽耳德本阿比瓦卡斯最終在麥地那過世。在中國穆斯林之間流傳的傳說中，他（記為斡葛思）曾帶著《古蘭經》的手抄本前往廣州，也在當地建造了懷聖寺。懷聖寺被譽為中國最古老的清真寺，郊外也有他的墳墓。

阿布蘇富揚

？—約六五三年。出身古萊什族倭馬亞家。阿布蘇富揚是抨擊穆罕默德布教的麥加長老之一。當人在麥地那的穆罕默德打算襲擊阿布蘇富揚從敘利亞返回麥加的商隊時，雙方之間便爆發了巴德爾戰役。阿布蘇富揚在武侯德山戰役與塹壕戰役指揮麥加的軍隊與穆罕默德作戰。當穆斯林軍隊進攻麥加，阿布蘇富揚便在穆罕默德叔父阿拔斯的居中調停之下與穆罕默德見面，也因此臣服伊斯蘭教，之後又在他的呼籲之下，讓麥加無血開城。阿布蘇富揚遠征塔伊夫之後，破壞了當地的偶像，也擔任傑拉什與納季蘭的總督。穆罕默德死後，阿布蘇富揚移居敘利亞。女兒烏姆哈比白從衣索比亞回來之後，成為穆罕默德的妻子，所以阿布蘇富揚等於是穆罕默德的岳父。阿布蘇富揚的表姊妹買依姆娜也嫁給穆罕默德。得益於這層與穆罕默德的姻親關係，倭馬亞家可說是極盡榮華富貴。在阿拔斯帝國寫成的《先知傳》之所以將阿布蘇富揚形容成壞人，應該是因為阿拔斯帝國推翻了倭馬亞王朝所致。

穆阿維亞

約六一〇—六八〇年。穆阿維亞為倭馬亞王朝第一代哈里發（六六一—六八〇年在位）。父親是麥加實力派人士阿布蘇富揚。他的妹妹烏姆哈比白再婚時，嫁給了穆罕默德，換言之，穆阿維亞是穆罕默德的大舅子。

穆阿維亞在穆罕默德征服麥加之後皈依伊斯蘭教，成為穆罕默德的祕書，在穆罕默德的身旁記錄《古蘭經》。到了阿布巴克爾時代，穆阿維亞加入敘利亞遠征軍，並在烏瑪爾時代擔任大馬士革的長官，最終在奧斯曼時期成為敘利亞總督。當同屬倭馬亞家的哈里發奧斯曼被暗殺，阿里繼任哈里發之後，對此不滿的穆阿維亞便要求替奧斯曼報仇雪恨，也因此高舉反旗。之後，便與將據點移至庫費的阿里在綏芬開戰。當雙方陷入苦戰，便議和停戰。六六〇年，穆阿維亞在耶路撒冷宣布自己為哈里發，六六一年阿里被暗殺之後，逼阿里的兒子退位，讓自己成為唯一的哈里發。在之後的二十年都將敘利亞的大馬士革設為首都，統治廣大的領土，他也派出拜占庭遠征軍，不斷地攻打君士坦丁堡。他指定兒子雅季德為繼承人，將哈里發世襲制帶入伊斯蘭國家。

阿布德馬拉克

六四六—七〇五年。倭馬亞王朝第五代哈里發（六八五—七〇五年在位），被譽為倭馬亞王朝中興之祖。在第二次內亂（六八三—六九二年）如火如荼展開之際，從父親馬爾萬手中接下哈里發之位，努力拯救頹傾的倭馬亞王朝。他率軍進攻伊拉克，打敗伊本祖拜爾的弟弟穆薩布，占領庫費之後，將心腹哈查吉派往麥加，在戰場殺死伊本祖拜爾，之後任命哈查吉為伊拉克總督，建設瓦西特，讓敘利亞軍隊屯軍此地，在軍事方面牽制伊拉克。當政局穩定後，便不斷對拜占庭帝國發動夏季遠征，也派遣遠征軍前往伊比利半島、中亞與信德一帶，不斷地擴張王朝的領域，到了後繼的韋立德一世時代，倭馬亞王朝的領土擴張至有史以來最大的範圍。此外，他在內政方面也多有貢獻，例如在耶路撒冷建造了圓頂清真寺(Dome of the Rock)，鑄造了阿拉伯世界首見的第納爾金幣，以及將底萬的官方語言統一為阿拉伯語，讓伊斯蘭世界趨於穩定。

屈底波伊本穆斯林

六六九—七一五年。第一位正式征服中亞河中地區（又稱為Transoxiana或是Sogdiana）的司令官。七〇五年，在倭馬亞王朝第五代哈里發阿布德馬拉克的治世之下，被伊拉克總督哈查吉任命為呼羅珊總督，占領布哈拉、撒馬爾罕這些主要城市。屈底波答應撒爾馬罕王，每年納貢就能保有自治權，以懷柔政策的方式與當地的王侯締結盟約，藉此經營廣大的占領地區。據說屈底波讓占領地區的最東邊抵達了塔什干、費爾干納盆地一帶，其勢力甚至觸及大唐帝國的塔里木盆地。根據中國史書的記載，他在此時派遣了穆斯林使者前往大唐帝國。哈查吉死後，失去後盾的屈底波便背叛第七代哈里發蘇萊曼，卻無法得到遠征軍的支持，最後於混亂之中死於費爾干納。之後，中亞的穆斯林勢力直到阿拔斯帝國初期之前，都不斷地被土耳其遊牧民族侵擾，也為了粟特人王侯的一再背叛所煩惱。

查理馬特

約六八八—七四一年。是墨洛溫王朝法蘭克王國的宮相。父親丕平二世死後，繼任宮相，握有王國實權。七一一年，開始進攻伊比利半島的穆斯林軍隊瞬間占領了西哥德王國的領土，又分兵翻越庇里牛斯山，占領那邦尼、卡爾卡松、尼姆、波爾多。為了扼止朝圖爾北上的穆斯林軍隊而南進的查理馬特，於七三二年，在圖爾戰役（普瓦捷戰役）打敗穆斯林軍隊，又於七三八年打敗了占領亞爾、亞維農的穆斯林軍隊，自此，本來是西哥德王國領土的南法便成為法蘭克王國的領土，穆斯林軍隊也不敢再翻越庇里牛斯山進攻。查理馬特在信奉基督教的歐洲世界被奉為猶如救世主的人物，但是穆斯林世界的史料很少提及圖爾戰役，穆斯林的史學家也將圖爾戰役視為某個小地區的戰爭。查理馬特死後，其子丕平三世推翻墨洛溫王朝，創立了加洛林王朝。

烏瑪爾二世

六八二—七二〇年。烏瑪爾二世是倭馬亞王朝第八代哈里發（七一七—七二〇年在位）。繼承了第二代哈里發烏瑪爾的血脈。時代進入倭馬亞王朝中期之後，征服地的非阿拉伯裔信徒（馬瓦里）愈來愈多，與享有年金（Aṭā）或免稅特權的阿拉伯穆斯林之間的不平等，也逐漸成為社會問題。當什葉派在庫費暴動，以及穆赫塔之亂爆發時，馬瓦里都被派上戰場平亂，也因此得到年金。為了化解馬瓦里的不滿，以及消弭信徒之間的不平等，烏瑪爾二世便著手推動改革。比方說，他獎勵非阿拉伯裔的子民皈依，也讓人民能自由地移居至城市，更以在底萬登記就支付年金為原則，平等地向信徒徵收地租。不過，當時馬瓦里的年金只有二十五迪拉姆，遠遠不及阿拉伯戰士最低年金的三百迪拉姆。烏瑪爾二世的理念直到進入阿拔斯帝國之後，才與趨於完善的伊斯蘭法律一同實現。

注釋

1. 現存的是從伊本希夏姆所著的《馬哈濟》摘要與編撰而成的內容。
2. 《新約聖經．路加福音》第一章二十八節之後，提到與聖母瑪利亞類似的體驗。

3. 應該是根據《舊約聖經．撒母耳記上》第十六章撒母耳與大衛的故事所捏造的傳承。

4. 作者參考井筒俊彥所譯的《古蘭經》（上中下，岩波文庫），翻譯《古蘭經》的內容。譯注：中譯本則以馬堅譯本為準，唯人名略加修改。

5. 「用筆寫字」之後的內容有神賜予聖經的意思。

6. 穆斯林在做禮拜或是念誦《古蘭經》的句子時，都會高喊「願神保護我們遠離邪惡的惡魔」。

7. 《舊約聖經．創世記》第二十八章十—十二節提到，雅各在晚上睡覺時，夢見天使在從天而降的梯子上上下下，所以應該是受到這段內容的影響。

8. 位於麥加北方三百五十公里遠的綠洲。在當時稱為雅士里布，但是當穆罕默德移居至此，便被稱為先知之城（madīnat an-nabī，簡稱麥地那）。

9. 領袖、一族之長。《古蘭經》第五章十二節提到，神從以色列子民之中，立十二人為納吉布。立十二人為領袖也是受到猶太教與基督教的影響。

10. 伊斯蘭曆（希吉拉曆）為一年十二個月的太陰曆，一年的天數比太陽曆少十一天。

11. 太陰太陽曆的猶太曆以日落為一天的開始，希吉拉曆也是一樣。

12. 《古蘭經》也禁止死肉、血、豬肉以及未誦念真主之名而被宰殺的東西（第五章三節、第六章一四五節）。

13. 《古蘭經》第九章六十節提到了奉獻金的分配對象。其中包含「窮者」、「管理奉獻金的人」、「該讓他們心服之人」、「無力贖身之人」、「負債者」、「為主道工作者」、「旅人」，其中的「為主道工作者」指的就是聖戰的費用。

14. 有傳承指出，在麥加時代，是從克爾白聖殿的南側讓視線越過克爾白聖殿，望向耶路撒冷朝拜，但目前未有定論。

15. 葉門、阿曼與阿拉伯各部族被稱為南阿拉伯，麥加與其他北方的阿拉伯部族被稱為北阿拉伯。

16. 朝覲是在希吉拉曆的第十二個月，於麥加郊外舉行。副朝覲則是在其他月份，於麥加的克爾白聖殿周邊舉行。

17. 在《古蘭經》第九章六十節提到，「該讓他們心服之人」是奉獻金的分配對象之一。也有討「接受信仰的人們」（也就是新信徒）歡心的用意。

18. 穆斯林可圓房的人數。包含原本是女奴隸的瑪利亞。

19. 《古蘭經》承認女性的繼承權。如果有小孩，妻子可得到八分之一，其餘由小孩分配，兒子可拿到女兒的兩倍（第四章十一—十二節）。

參考文獻

醫王秀行，《預言者ムハンマドとアラブ社会（先知穆罕默德與阿拉伯社會）》，福村出版，二〇一二年

井筒俊彥譯，《コーラン（古蘭經）》上中下，岩波文庫，一九六四年

伊本伊斯哈格著，伊本希夏姆編注，後藤明、醫王秀行、高田康一、高野太輔譯，《預言者ムハンマド伝（先知穆罕默德傳）》全四卷，岩波書店，二〇一〇—一二年

小杉泰編譯，《ムハンマドのことば——ハディース（穆罕默德的話——聖訓）》，岩波文庫，二〇一九年

後藤明，《マホメットとアラブ（先知與阿拉伯）》，朝日文庫，一九九一年

蔀勇造，《物語 アラビアの歴史——知られざる3000年の興亡（故事 阿拉伯的歷史——不為人知的三千年興亡）》，中公新書，二〇一八年

嶋田襄平，《初期イスラーム国家の研究（初期伊斯蘭國家的研究）》，中央大學出版部，一九九六年

Fred McGraw Donner著，後藤明監譯，亀谷學譯，《イスラームの誕生（伊斯蘭的誕生）》，慶應義塾大學出版會，二〇一四年

Jonathan P. Berkey著，野元晉、太田（塚田）繪里奈譯，《イスラームの形成（伊斯蘭的形成）》，慶應義塾大學出版會，二〇一三年

拜拉祖里著，花田宇秋譯，《諸國征服史》全三巻，岩波書店，二〇一二－一四年

藤本勝次譯，《コーラン（古蘭經）》全二巻，中央公論新社，二〇〇二年

布哈里著，牧野信也譯，《ハディース——イスラーム伝承集成（聖訓——伊斯蘭傳承集）》全六巻，中公文庫，二〇〇一年

Richard Bell著，醫王秀行譯，《コーラン入門（古蘭經入門）》，筑摩學藝文庫，二〇〇三年

三浦徹編，《イスラームを知る3　イスラームを学ぶ（了解伊斯蘭3　學習伊斯蘭）》，山川出版社，二〇一三年

三田了一譯、注解，《日亜対訳・注解 聖クルアーン（日亞對譯、注解 聖古蘭經）》，日本穆斯林協會，一九八二年

穆斯林著，磯崎定基譯，《日訳 サヒーフ ムスリム（日譯穆斯林聖訓實錄）》全三巻，日本穆斯林協會，一九八七－八九年

家島彥一，《イスラム世界の成立と国際商業（伊斯蘭世界的成立與國際商業）》，岩波書店，一九九一年

作者簡介

李成市

一九五二年出生，早稻田大學教授。早稻田大學大學院文學研究科博士課程肄、博士（文學）。專攻東亞史。主要著作包含《鬥爭之地的古代史——東亞史的去向》（岩波書店）。

齋藤明

一九五〇年出生，國際佛教學大學院大學教授。澳洲國立大學博士課程修畢。博士學位專攻印度佛教思想史。主要編著《大乘佛教叢書 第一卷 大乘佛教是什麼？》（春秋社）。

馬場紀壽

一九七三年出生，東京大學東洋文化研究所教授。東京大學大學院人文社會系研究科博士課程修畢、博士（文學）。專攻佛教學。主要著作為《初期佛教——探索佛陀的思想》（岩波書店）。

佐川英治

一九六七年出生，東京大學教授。大阪市立大學大學院文學研究科博士課程東洋史學修畢、博士（文學）。專攻中國古代史。主要著作包含《中國古代都城的設計與思想——圓丘祭祀的歷史沿革》（勉誠出版）。

齋藤希史

一九六三年出生，東京大學教授。京都大學大學院文學研究科博士課程中輟。專攻中國古典文學。主要著作包含《漢文脈的近代——清末=明治的文學圈》（名古屋大學出版會）。

村井恭子

神戶大學大學院人文學研究科副教授。大阪市立大學大學院文學研究科博士後課程取得學分後肄，北京師範大學歷史學院博士（歷史學）。專攻中國古代史。主要著作包含《高句麗、渤海史的射程——古代東北亞史研究的新動向》（汲古書院）。

河上麻由子

一九八〇年出生，大阪大學大學院人文學研究科副教授。九州大學大學院人文科學府博士後課程取得學分肄、博士（文學）。專攻東亞史。主要著作包含《古代日中關係史——從倭五王到遣唐使》（中央公論新社）。

井上直樹

一九七二年出生，京都府立大學副教授。早稻田大學大學院文學研究科博士後課程研究指導認定肄、博士（文學）。專攻朝鮮古代史。主要著作包含《高句麗的歷史沿革與東亞》（塙書房）。

田中俊明

一九五二年出生，滋賀縣立大學名譽教授。京都大學大學院文學研究科博士課程認定修畢。專攻朝鮮古代史、古代日朝關係史。主要著作有《大加耶同盟的興亡與「任那」——只有加耶琴殘存》（吉川弘文館）。

河內春人

一九七〇年出生，關東學院大學經濟學部副教授。明治大學大學院博士後課程中輟、博士（史學）。專攻日本古代史、東亞國際交流史。主要著作包含《日本古代君主稱號的研究——倭國王、天子、天皇》（八木書店）

植田喜兵成智

一九八六年出生，學習院大學東洋文化研究所研究員。早稻田大學大學院文學研究科博士後課程取得學分後肄、博士（文學）。專攻東亞古代史。主要著作包含《新羅、唐關係與百濟、高句麗遺民——古代東亞國際關係的變化與重新編制》（山川出版社）。

仁藤敦史

一九六〇年出生，國立歷史民俗博物館教授。早稻田大學大學院文學研究科博士後課程滿期肄、博士（文學）。專攻日本古代史。主要著作包含《女帝的世紀——皇位繼承與政爭》（角川學藝出版）。

醫王秀行

一九五九年出生，前東京女學館大學教授。中央大學大學院博士後課程修畢、博士（史學）。專攻初期伊斯蘭史。主要著作包含《先知穆罕默德與阿拉伯社會——解讀信仰、曆法、朝覲、交易、稅與伊斯蘭化的時代》（福村出版）。

＊總監修

姜尚中

一九五〇年出生，東京大學名譽教授。主要著作包含《馬克斯韋伯與近代》、《邁向東方主義的彼方》（以上皆為岩波書店）、《煩惱的力量》（集英社）。

圖片出處

照片皆出自 UNIPHOTO PRESS

p.132 參考川合康三等譯注《文選　詩篇》（全六卷，岩波文庫，二〇一八—一九年）繪製

p.144 參考興膳宏編《六朝詩人傳》（大修館書店，二〇〇〇年）繪製

p.148 同右

p.187 參考沖本克己編著《新亞洲佛教史6　中國Ⅰ南北朝 佛教的東傳與融入》（佼成出版社，二〇一〇年）繪製

p.188 參考愛宕元〈隋末唐初蘭陵蕭氏對佛教的接受——以蕭瑀為研究對象〉、福永光司編《中國中世紀的宗教與文化》（京都大学人文科学研究所，一九八二年）繪製

p.191 參考氣賀澤保規《中國的歷史6　絢爛的世界帝國》（講談社，二〇〇五年）繪製

p.198 同右

p.208 同右

p.212 參考森安孝夫《興亡的世界史第5卷　絲路與大唐帝國》（講談社，二〇〇七年）繪製

p.216 參考氣賀澤保規《中國的歷史6　絢爛的世界帝國》（講談社，二〇〇五年）繪製

p.221 參考丸橋充拓《中國的歷史叢書2　江南的發展》（岩波新書，二〇二〇年）繪製

p.260 參考河上麻由子《古代日中關係史——從倭五王到遣唐使》（中公新書，二〇一九年）繪製

p.279 參考氣賀澤保規《中國的歷史6　絢爛的世界帝國》（講談社，二〇〇五年）繪製

p.282 參考金子修一《隋唐的國際秩序與東亞》（名著刊行會，二〇〇一年）繪製

p.483　參考中村太一《日本古代的都城與交通》（八木書店出版部，二〇二〇年）繪製

pp.538-539　參考木村誠《古代朝鮮的國家與社會》（吉川弘文館，二〇〇四年）繪製

p.550　參考武田幸男編《新版世界各國史2　朝鮮史》（山川出版社，二〇〇〇年）繪製

pp.658-659　參考Muṣ'ab al-Zubayrī, *Kitāb Nasab Quraysh*, ed. E.Lévi-Provençal, Cairo: 1976; Zubayr b. Bakkār, *Jamhara nasab Quraysh wa Akhbār-hā*, ed. Maḥmūd Muḥammad Shākir, Cairo: 1381 [1961].，由作者自行繪製

亞洲人物史2
世界宗教圈的誕生與群雄割據的東亞：2—7世紀

2025年2月初版 定價：新臺幣950元

總監修	姜尚中
著者	李成市等
譯者	許郁文
叢書主編	王盈婷
特約主編	蕭遠芬
內文排版	菩薩蠻
封面設計	許晉維

出版者	聯經出版事業股份有限公司
地址	新北市汐止區大同路一段369號1樓
叢書主編電話	(02)86925588轉5316
台北聯經書房	台北市新生南路三段94號
電話	(02)23620308
郵政劃撥	帳戶第0100559-3號
郵撥電話	(02)23620308
印刷者	文聯彩色製版印刷有限公司
總經銷	聯合發行股份有限公司
發行所	新北市新店區寶橋路235巷6弄6號2樓
電話	(02)29178022

編務總監	陳逸華
副總經理	王聰威
總經理	陳芝宇
社長	羅國俊
發行人	林載爵

行政院新聞局出版事業登記證局版臺業字第0130號

本書如有缺頁，破損，倒裝請寄回台北聯經書房更換。 ISBN 978-957-08-7535-5 (平裝)
聯經網址：www.linkingbooks.com.tw
電子信箱：linking@udngroup.com

Supervised by Kang Sang-Jung,
Edited by Toru Aoyama, Toshikatsu Ito, Hisao Komatsu,
Shinji Shigematsu, Tatsuhiko Seo, Ryuichi Narita, Ryosuke Furui, Toru Miura,
Yujiro Murata, Lee Sungsi

ASIA JINBUTSU SHI GREAT FIGURES IN THE HISTORY OF ASIA
DAINIKAN SEKAISHUKYOKEN NO TANJO TO KAKKYOSURU HIGASHIASIA

Edited and first published in Japan in 2023 by SHUEISHA Inc., Tokyo.

This Traditional Chinese edition published by arrangement with Shueisha Inc., Tokyo
in care of Tuttle-Mori Agency, Inc., Tokyo, through Keio Cultural Enterprise Co., Ltd.,
New Taipei City.

國家圖書館出版品預行編目資料

世界宗教圈的誕生與群雄割據的東亞：2—7世紀/
姜尚中總監修．李成市等著．許郁文譯．初版．新北市．聯經．
2025年2月．720面．15.5×22公分（亞洲人物史2）
譯自：アジア人物史第2巻：世界宗教圏の誕生と割拠する東アジア
ISBN 978-957-08-7535-5（平裝）

1.CST：佛教 2.CST：伊斯蘭教 3.CST：宗教文化 4.CST：傳記
5.CST：亞洲

781 113016514